CAPITALISMO NATURAL

CRIANDO A PRÓXIMA REVOLUÇÃO INDUSTRIAL

Paul Hawken, Amory Lovins,
L. Hunter Lovins

CAPITALISMO NATURAL
CRIANDO A PRÓXIMA REVOLUÇÃO INDUSTRIAL

Tradução
LUIZ A. DE ARAÚJO
MARIA LUIZA FELIZARDO

Editora
Cultrix
SÃO PAULO

Título do original: *Natural Capitalism.*

Copyright © 1999 Paul Hawken, Amory Lovins e L. Hunter Lovins.

Copyright da edição brasileira © 2000 Editora Pensamento-Cultrix Ltda.

1ª edição 2000 (catalogação na fonte, 2007).

10ª reimpressão 2014.

Todos os direitos reservados. Nenhuma parte deste livro pode ser reproduzida ou usada de qualquer forma ou por qualquer meio, eletrônico ou mecânico, inclusive fotocópias, gravações ou sistema de armazenamento em banco de dados, sem permissão por escrito, exceto nos casos de trechos curtos citados em resenhas críticas ou artigos de revistas.

A Editora Cultrix não se responsabiliza por eventuais mudanças ocorridas nos endereços convencionais ou eletrônicos citados neste livro.

"Hypercar" é uma marca da Hypercar Inc. "The Hypercar Center" é uma marca de serviço do Rocky Mountain Institute. Outras marcas usadas neste livro pertencem a seus respectivos proprietários. Os autores são gratos a David Whyte pela permissão de usar seu poema "Loaves and Fishes" do *The House of Belonging: Poems* de David Whyte (Many Rivers Press). Copyright © 1996 David James Whyte.

Dados Internacionais de Catalogação na Publicação (CIP)
(Câmara Brasileira do Livro, SP, Brasil)

Hawken, Paul
    Capitalismo natural : criando a próxima revolução industrial / Paul Hawken, Amory Lovins, L. Hunter Lovins ; tradução Luiz A. de Araújo, Maria Luiza Felizardo. — São Paulo : Cultrix, 2007.
    Título original : Natural capitalism : creating the next industrial revolution.
    6ª reimpr. da 1ª ed. de 2000.
    Bibliografia
    ISBN 978-85-316-0644-1

    1. Capitalismo — Estados Unidos — Previsão 2. Estados Unidos — Política econômica — 1993-2001 3. Previsão econômica 4. Século 21 — Previsão I. Lovins, Amory. II. Lovins, L. Hunter. III. Título.

07-2840   CDD-338.973

Índices para catálogo sistemático:
1. Estados Unidos : Política econômica 338.973

Direitos de tradução para o Brasil adquiridos com exclusividade pela
EDITORA PENSAMENTO-CULTRIX LTDA., que se reserva a
propriedade literária desta tradução.
Rua Dr. Mário Vicente, 368 — 04270-000 — São Paulo, SP
Fone: (11) 2066-9000 — Fax: (11) 2066-9008
E-mail: atendimento@editoracultrix.com.br
http://www.editoracultrix.com.br
Foi feito o depósito legal.

Sumário

Apresentação da Edição Brasileira ix
Prefácio xiii
Agradecimentos xix

1. A Próxima Revolução Industrial 1
2. A Reinvenção da Roda 20
3. Não Desperdice 45
4. Como Fazer o Mundo 58
5. Ferramentas Básicas 77
6. Como Abrir um Túnel na Barreira do Custo 104
7. O *Muda*, o Serviço e o Fluxo 117
8. Os Ganhos de Capital 135
9. Os Filamentos da Natureza 159
10. Alimento para a Vida 177
11. Soluções Hídricas 199
12. O Clima 219
13. Como Fazer os Mercados Funcionar 244
14. Capitalismo Humano 268
15. Era uma Vez um Planeta 290

Notas 303
Bibliografia 331

A Dana, David, Herman e Ray

PÃES E PEIXES

Esta não é a era da informação.
Não, esta *não é*
a era da informação

Esqueçamos as notícias,
o rádio
e a telinha embaçada.

Este é o tempo
Dos pães
e dos peixes

Há tanta gente com fome
E uma palavra amiga é pão
para milhares.

— *David White*

Apresentação da Edição Brasileira

Oscar Motomura*

Este é um livro escrito para pessoas que querem fazer diferença. Pessoas que querem assegurar mais coerência em tudo o que fazem. Pessoas que percebem os paradoxos presentes em nosso dia-a-dia: enormes desperdícios de um lado, muita carência de outro; busca obsessiva de ganhos de curto prazo que são verdadeiros saques contra o futuro; evolução tecnológica que aproxima seres virtuais e, ao mesmo tempo, isola o ser humano. Pessoas em busca de soluções para esses paradoxos.

Um livro para pessoas em busca de carreiras de futuro e trabalhos significativos. Para governantes que intuitivamente procuram criar um jeito diferente de catalisar a evolução da sociedade. Um jeito que funcione. E uma evolução genuína. Para executivos que querem "reinventar" suas organizações tornando-as mais coerentes com as necessidades da sociedade e, simultaneamente, gerando mais produtividade e mais empregos. Para quem busca "viabilizar o impossível" o tempo todo. Para especialistas que gostariam de usar seu conhecimento de forma sistêmica (e não de forma isolada, fragmentada, fechada na especialidade) para gerar uma sociedade mais equilibrada e saudável, inclusive a longo prazo. Este é um livro para pessoas que querem fazer acontecer.

Mas não um fazer acontecer "perde-perde", com muito suor e poucos resultados. Ao invés, um fazer acontecer que chega à "causa da causa da causa", que vai ao cerne das questões. Que chega ao próprio sistema viciado que gera os paradoxos.

Se o capitalismo tradicional, como sistema,não tem funcionado a contento (desequilíbrios sociais, destruição de recursos naturais, mudanças climáticas, que geram inundações, secas, expansão do crime organizado, aumento do desemprego etc.), qual a alternativa que temos?

O que funcionaria melhor? Um sistema diferente. Não mecanicista. Mais biológico, natural. Algo que honre *todos* os "participantes" do todo. Inclusive o próprio ecossistema e o serviço que ele nos provê o tempo todo. Um serviço refinadíssimo, cujo valor pode estar perto de 30 trilhões de dólares por ano, ou seja, quase do nível de um PNB mundial.

Funcionaria melhor um sistema que considerasse o ecossistema como um ativo de excepcional valor. Um sistema que valorizasse a natureza em vez de – de forma insana – destruí-la a cada dia. Um sistema que aprendesse com a natureza. Um sistema que considerasse a natureza como capital. Um ativo insubstituível.

Num sistema como esse, como as coisas poderão funcionar melhor?

Como assegurar menos desperdícios e evolução do ambiente ("capitalização do meio ambiente") ao mesmo tempo que se gera mais valor, mais riqueza, mais lucro? Como assegurar que a evolução do conhecimento humano seja aplicada de forma nobre na criação de soluções ganha-ganha (para todos os segmentos da sociedade e para a própria natureza)? Como criar novos empreendimentos mais sistêmicos, construtivos e ecologicamente responsáveis -e ao mesmo tempo mais "competitivos" do que as empresas tradicionais (mais fragmentadas e menos produtivas do ponto de vista sistêmico)? Como criar uma economia em que se use cada vez menos materiais e energia ao produzir produtos cada vez mais eficazes e acessíveis? Como potencializar o valor dos produtos/serviços por unidade de recurso natural aplicado?

Capitalismo Natural é uma obra que busca responder a essas equações conciliando o conceitual ao pragmático e nos mostrando o caminho para um novo modo de viver. Mais coerente, mais equilibrado. Um modo de vida ganha-ganha. Que funcione para todos. ■

Capitalismo Natural está sendo publicado na série Cultrix/Amana-Key, que tem como objetivo trazer ao Brasil trabalhos inovadores que - longe de serem receitas e modismos - desafiam nosso modo de pensar, nossos paradigmas, nossas premissas. Trabalhos que expõem os paradoxos à nossa volta. Que nos ajudam a enxergar a "realidade real" de nossas vidas, fazendo-nos transcender as ilusões que pontilham nosso dia-a-dia. As ilusões do jogo do poder, do jogo ganha-perde da competição predatória, do jogo do crescer a qualquer preço.

Foi com esse espírito que já publicamos na série Cultrix/Amana-Key obras como A *Teia da Vida*, de Fritjof Capra, *Liderança* e *a Nova Ciência* e *Um Caminho Mais Simples*, de Margaret Wheatley, *Transcendendo a Economia* e *Construindo um Mundo Onde Todos Ganhem*, de Hazel Henderson e, mais recentemente, *High Tech • High Touch*, de John Naisbitt. São obras de pessoas que transcendem o "quadrado" dos sistemas tradicionais e nos forçam a imaginar inovações de base, capazes de construir um futuro melhor para todos. Nesse sentido, são todos "futuristas" e estrategistas na acepção mais profunda.

APRESENTAÇÃO DA EDIÇÃO BRASILEIRA

Você também gostaria de participar deste processo de criação do futuro? Ao ler esta obra, pense sobre o Brasil. Como um país que possui ativos ecológicos do nível que temos (talvez os mais valiosos do mundo) deveria se posicionar estrategicamente no contexto global? Que oportunidades abrem-se a todos nós - como indivíduos, como profissionais, organizações e sociedade - ao olharmos o país sob a ótica do "capitalismo natural"?

Que paradoxos você vê à sua volta na medida em que passa a considerar o modo de pensar e agir descrito neste livro? São paradoxos presentes no Brasil, em sua cidade, em seu dia-a-dia. Megaparadoxos, microparadoxos. Inconsistências geradas pelo sistema em vigor. Qual o paradoxo (a história, a descrição)? Quais as causas de essência do paradoxo (o problema do sistema)? O que eliminaria o paradoxo (idéias práticas ou casos reais como os descritos neste livro em que o paradoxo já está sendo resolvido com base em outro "modelo mental", outro sistema)? Envie suas contribuições para paradoxos@amanakey.com.br. E entre também na rede "Estratégia de País" para outras contribuições.

É na transição eficaz para um outro sistema, um outro modo de pensar e viver que reside nossa maior esperança. *Vamos Jazer acontecer?*

---

* Oscar Motomura é Diretor Geral da Amana-Key, organização especializada em "produtos de conhecimento" nas áreas de gestão, estratégia e inovações
http://www.amana-key.com.br

Prefácio

Capitalismo Natural, como idéia e tese para um livro, surgiu em 1994, um ano após a publicação de *The Ecology of Commerce* [*A Ecologia do Comércio*]. Tendo discutido com diversas instituições empresariais, governamentais e acadêmicas logo após o aparecimento do livro, Hawken compreendeu claramente que a indústria e o governo precisavam de um arcabouço biológico e social no qual fosse possível realizar e praticar a transformação do comércio. Com tal objetivo, escreveram-se artigos e ensaios que vieram a constituir a base de um livro sobre o capitalismo natural. Um elemento-chave dessa teoria era a idéia de que a economia estava retirando a ênfase da produtividade humana para colocá-la sobre o aumento radical da produtividade dos recursos. Esta mudança engendraria mais empregos significativos com salários dignos, melhor padrão de vida para os carentes em todo o mundo e uma redução drástica do impacto da humanidade sobre o meio ambiente. Assim, embora o contexto de *Capitalismo Natural* existisse em termos teóricos, faltava-lhe a exposição.

Paralelamente, Amory e Hunter Lovins haviam chegado à mesma conclusão: de que era necessária uma estrutura comum, capaz de unir o talento empresarial, para solucionar os mais profundos problemas ambientais e sociais do mundo. Ambos estavam preparando *Factor Four: Doubling Wealth, Halving Resource Use* [*Fator Quatro: Como Duplicar a Riqueza e Reduzir pela Metade o Uso dos Recursos*] para a publicação na Alemanha em 1995. O autor sênior de *Factor Four*, Ernst von Weizsäcker, um dos maiores inovadores da política ambiental européia, uniu esforços com os Lovins a fim de associar a experiência de seus respectivos centros de pesquisa sem fins lucrativos — o Instituto Wuppertal, na Alemanha, e o Instituto Rocky Mountain (RMI), no Colorado. Os três autores reuniram cinqüenta estudos de casos de produtividade de recursos pelo menos quadruplicada a fim de demonstrar que, em economias inteiras, as pessoas podiam viver duas vezes melhor empregando a metade do material e da energia. *Factor Four* mostrou que esses ganhos impressionantes em eficiência de recursos tinham tudo para ser lucrativos e que os obstáculos a sua implementação podiam ser superados se se combinassem inovações na prática empresarial e na ação pública.

Tanto *Factor Four* quanto *The Ecology of Commerce* exortavam o setor privado a assumir a vanguarda das soluções ambientais. *Factor Four* descrevia um quadro de política criativa capaz de promover a concorrência leal e aberta, ao mesmo tempo que se perseguia esse objetivo. *The Ecology of Commerce* propunha técnicas que, uma vez combinadas com as forças únicas da empresa, eram capazes de habilitá-la a enfrentar o desafio com sucesso.

Hunter Lovins enviou um esboço de *Factor Four* a Paul Hawken no começo de 1995. Sabia ser ele a exposição de que o capitalismo natural precisava se quisesse tornar suas afirmações teóricas demonstráveis e dignas de crédito. As idéias não só se ajustavam como eram absolutamente complementares. Nós concordamos em trabalhar em um livro, com o título *Capitalismo Natural*, que contivesse tanto a teoria quanto a prática. Ao iniciar o trabalho, descobrimos que não seria tão simples. *Factor Four* era factual, voltado para a Europa (em 1997, fora publicado também na Inglaterra depois de ser *best-seller* na Alemanha durante quase dois anos) e mais dirigido aos ativistas políticos e ambientalistas que aos empresários. Não se tratava de adaptá-lo, mas de reescrevê-lo por completo. Ademais, os exemplos oferecidos concentravam-se principalmente na eficiência, sem levar totalmente em conta a necessidade de restauração do capital natural nem diversos outros elementos importantes do capitalismo natural, que vão muito além da mera eficiência de recursos. Afortunadamente, os pesquisadores do Instituto Rocky Mountain nas áreas de construção, indústria, água, agricultura, florestas e veículos vinham compilando informações sobre as maneiras de transformar os retornos, em termos de expansão da produtividade de recursos avançada, em um prática empresarial comum. As transformações culturais no interior da comunidade empresarial começavam a acelerar o ritmo da mudança, oferecendo exemplos práticos ainda mais expressivos que os disponíveis em 1995. Tornava-se possível e rentável uma agenda muito mais vasta e ambiciosa.

Ao procurar despertar no público americano a consciência da revolução emergente na produtividade de recursos, nós nos demos conta da existência de uma mensagem mais ampla. A ecoeficiência, conceito cada vez mais popular entre as empresas para designar aperfeiçoamentos no uso do material e redução do impacto ambiental, não passa de uma pequena parcela de uma rede bem mais rica e complexa de idéias e soluções. Sem repensar fundamentalmente a estrutura e o sistema de retorno do comércio, manter estreitamente o foco na ecoeficiência pode vir a ser um desastre para o meio ambiente, com uma excessiva economia de recursos e um crescimento ainda maior da produção de produtos errados, produzidos em processos errados, com materiais errados, no lugar er-

PREFÁCIO

rado, na escala errada e distribuídos mediante modelos empresariais errados. Com tantos erros a pesar sobre um único acerto, a produção mais eficiente, em si, pode tornar-se não o auxiliar, mas o inimigo de uma economia durável. Reconciliar as metas ecológicas com as econômicas exige não só a ecoeficiência como também três princípios adicionais, todos interdependentes e a reforçarem-se mutuamente. Apenas a combinação dos quatro princípios é capaz de gerar todos os benefícios e a consistência lógica do capitalismo natural.

Centenas de exemplos animadores da experiência empresarial em rápido desenvolvimento emergiram nos mais diversos setores: transporte e uso do espaço, construção e imóveis, indústria e materiais, florestas, alimentação, água. Porém, ao filtrar e destilar esses novos casos de empreendimento, nós percebemos que a concepção convencional se equivoca ao considerar conflitantes as prioridades das políticas econômica, ambiental e social. As melhores soluções baseiam-se não em barganhas ou em "equilibrar" tais objetivos, mas em uma integração de *design* que os realize a todos ao mesmo tempo: em cada nível, dos dispositivos técnicos aos sistemas de produção e às empresas, aos setores econômicos, a cidades e a sociedades inteiras. Este livro conta a história da integração de projetos, desdobrando-se graças ao encadeamento de sucessivos capítulos tópicos e entremeado de explicações dos conceitos de projeto que eles revelam.

A história não é simples nem está completa. Cada uma dessas idéias merece uma explanação muito mais extensa do que o espaço permite. Suas conclusões são intrigantes, ainda que não inteiramente claras. Embora o livro abunde em soluções, elas não são "fixas". Tampouco se trata de um manual de "como fazer". O livro é uma descrição de oportunidades que, se aproveitadas, levarão nada menos que a uma transformação do comércio e de todas as instituições sociais. O capitalismo natural mapeia a direção geral de uma viagem que exige o abandono de antigas concepções e até o questionamento do que valorizamos e de como havemos de viver. Sem embargo, resulta que as primeiras etapas dessa odisséia de décadas já vêm trazendo benefícios extraordinários. Entre eles acham-se o que o inovador empresário Peter Senge chama de "reservas ocultas dentro da empresa": a "energia perdida" em relações cediças com empregados e consumidores, que pode ser canalizada para o sucesso dos acionistas de hoje e das gerações futuras. Nós três testemunhamos esse entusiasmo e promovemos o fator produtividade total em muitas empresas que assessoramos. É real; é reproduzível; seus princípios e sua prática estão documentados neste livro e em suas cerca de oitocentas referências.

A ordem dos capítulos requer alguma explicação. O Capítulo 1, "A Próxima Revolução Industrial", estabelece os princípios e a teoria subjacente ao capitalismo natural. Aqui, se enunciam e elaboram as quatro estratégias principais. O Capítulo 2, sobre os *Hypercars* e os bairros, demonstra imediatamente como os quatro princípios do capitalismo natural estão transformando uma das maiores e mais nocivas indústrias do mundo — a automobilística — e como o uso sensível do espaço e a concorrência leal entre os modos de acesso podem reduzir a um nível ótimo a dependência com relação aos carros. O Capítulo 3, "Não Desperdice", estabelece os fundamentos de mudanças radicais no uso dos recursos. Mostra que estamos perdendo desnecessariamente material, energia, dinheiro e até pessoas, um ponto crítico porque o potencial e as oportunidades inerentes ao capitalismo natural não podem ser sondados ou aceitos sem que se compreenda o desperdício extraordinário do sistema industrial atual. O Capítulo 4, "Como Fazer o Mundo", delineia os princípios engenhosos e fundamentais da produtividade dos recursos na indústria e no material. O Capítulo 5, "Ferramentas básicas", tal qual o capítulo sobre os automóveis, mostra como os princípios do capitalismo natural estão se tornando manifestos ao revolucionar as indústrias de construção e imobiliária. O Capítulo 6, "Como Abrir um Túnel na Barreira do Custo", retorna uma vez mais a um conjunto de princípios de *design* a fim de mostrar que os ganhos muito grandes em produtividade de recursos geralmente são bem mais lucrativos que os menores. O Capítulo 7, "O *Muda*, o Serviço e o Fluxo", explica que a eliminação implacável do desperdício combinada com a redefinição empresarial pode lançar as empresas em um novo terreno comercial e ajudar a estabilizar toda a economia. O Capítulo 8, "Os Ganhos de Capital", define e analisa a perda de capital natural e o que pode ser feito para reverter a perda da "nossa única morada". Os três capítulos seguintes discutem os processos naturais, mostrando que o *design* biologicamente inspirado é capaz de reduzir radicalmente o impacto humano nas propriedades rurais, nas florestas e na água, ao mesmo tempo que conserva a capacidade de aumentar a qualidade de vida de todos. O Capítulo 12, "O Clima", combina os princípios com os exemplos e mostra como eliminar literalmente a ameaça de aquecimento global em benefício de todas as nações, as ricas e as pobres. O Capítulo 13, "Como Fazer os Mercados Funcionar", examina as virtudes e os conceitos errôneos sobre os princípios baseados no mercado e analisa como uni-los para se obterem ganhos tanto a curto quanto a longo prazo em todos os setores. O Capítulo 14, sobre uma cidade brasileira quase lendária chamada Curitiba, descreve um pequeno grupo de *designers* que, com pouco dinheiro mas com uma integração conceitual e um espírito empreendedor brilhantes, modificaram o conceito do que pode ser uma cidade, melhorando enormemente tanto a qualidade de vida dos cidadãos quanto o meio ambiente. Por fim, o Capítulo 15 explora o percurso rumo a uma economia durável e sustentada, que está se tornando o movimento mais poderoso do mundo atual e o que isso prenuncia para as futuras décadas.

Se o livro parece errático e não chega a ser uma exposição retilínea da teoria e do fato, é porque o próprio tema nada tem de linear. Em suma, *Capitalismo Natural* trata da integração e da restauração, é uma visão sistêmica de nossa sociedade e de sua relação com o meio ambiente, que desafia a categorização em subdisciplinas. O leitor pode estranhar que o livro não faça caso das meninas dos olhos do mercado: a biotecnologia, a nanotecnologia, o comércio eletrônico e a florescente Internet. Há pilhas de livros sobre o quanto a tecnologia vem revolucionando a nossa vida. Embora isso seja inegável, pelo menos para

PREFÁCIO

uma minoria da população do mundo, a nossa proposta é quase inversa. Nós procuramos descrever como a nossa existência e a própria vida revolucionarão as tecnologias. Independentemente do fato de um negócio ser uma loja da Internet, uma casa de ferragens de Cleveland ou uma empresa de *software* da Índia, a reconciliação da relação entre o humano, no caso os negócios, e os sistemas vivos dominará o século XXI.

Os críticos de esquerda argumentarão que os empresários só se preocupam com o interesse próprio a curto prazo, a menos que sejam guiados por uma legislação no interesse público. No entanto, nós acreditamos que o mundo está no limiar de alterações básicas nas condições dos negócios. As empresas que não levarem em conta a mensagem do capitalismo natural estão se expondo ao perigo. De modo que a nossa estratégia, aqui, não é a de nos dirigirmos aos homens de negócios como suplicantes, pedindo às empresas que mudem e melhorem o mundo respeitando os limites do meio ambiente. Aliás, é crescente o número de empresários e executivos que estão mudando suas empresas a fim de as tornarem mais responsáveis ecologicamente em virtude de convicções e valores profundamente arraigados. É maravilhoso testemunhar tal mudança. Porém, o que temos a dizer é mais premente que um pedido. O livro traz exemplos e referências que mostram que o movimento rumo à produtividade de recursos radical e ao capitalismo natural está começando a se mostrar inevitável, não meramente possível. É parecido com um trem, na estação, prestes a partir. Ele não sabe se a sua empresa, o seu país ou a sua cidade está em segurança a bordo nem se a sua passagem foi picotada ou não. Existem hoje evidências suficientes de mudança que sugerem que, se a sua empresa ou instituição não der atenção a essa revolução, acabará perdendo a vantagem competitiva. Nesse clima de negócios modificado, os que tolerarem tal perda serão considerados negligentes ou até irresponsáveis. A oportunidade de mudança construtiva e significativa é crescente e animadora. Se, por vezes, parecemos mais inclinados ao entusiasmo que à imparcialidade, é porque enxergamos a ordem extraordinária de possibilidades de sanar os problemas mais difíceis de nossa época. É o que estamos tentando compartilhar com você.

Há muitos mais bons exemplos a serem incluídos aqui. Boa parte das idéias pedem melhor explicação. Por esse motivo, diversos outros exemplos e centenas de notas que ampliam o texto estão disponíveis na *World Wide Web*, no *site* http://www.natcap.org. Seu conteúdo incorporará com freqüência novos casos e discussões de idéias. Os leitores estão afetuosamente convidados a acrescentar casos pela Internet, tornando este livro não um documento estático, mas um corpo vivo de prática.

Ao oferecer este livro e o nosso *site*, esperamos servir a uma rede em rápido crescimento de pessoas que vêem o mundo tal qual ele pode vir a ser, não apenas como é. Wendell Berry escreve em seus *Recollected Essays* [Ensaios Reunidos]:

Nós vivemos até agora na suposição de que o que era bom para nós era bom para o mundo. Foi um engano. Precisamos alterar nossa existência de modo que seja possível viver com a convicção contrária, de que o que é bom para o mundo há de ser bom para nós. E isso exige que nos esforcemos para conhecer o mundo e aprender o que é bom para ele. Temos de aprender a colaborar com seus processos e compreender os seus limites. Porém, o que é ainda mais importante, devemos aprender a reconhecer que a criação é cheia de mistério; nunca a entenderemos claramente. Devemos abandonar a arrogância e respeitar. Temos de recobrar o sentido da majestade da criação e a capacidade de honrar sua presença. Pois só nas condições de humildade e reverência perante o mundo é que a nossa espécie será capaz de permanecer nele.

— PGH, ABL, LHL
Sausalito, Califórnia e Old Snowmass, Colorado

Agradecimentos

É impossível citar individualmente todos os que contribuíram para a elaboração deste livro. Beneficiou-nos a obra de muitos que nos precederam, assim como a daqueles que consideramos colegas nossos neste trabalho. Também devemos reconhecimento a algumas das muitas instituições que serviram de laboratório, mestres e patrocinadores do nosso labor. Aqui se incluem tanto as entidades sem fins lucrativos quanto as empresariais.

Foi difícil selecionar, em um conjunto bem mais amplo, as firmas e os exemplos particulares apresentados em *Capitalismo Natural*. A escolha se baseou unicamente na importância e no mérito pedagógico; nenhuma instituição pediu nem pagou para ser mencionada. Sem embargo, como escrevemos com base em nossa experiência, grande parte da qual se enriqueceu no trabalho com e para as empresas citadas neste livro, parece-nos justo arrolar nossa clientela pessoal e institucional do setor privado (omitindo a bem maior do setor público e das entidades sem fins lucrativos), com a qual, na última década, tivemos relações que vão desde os compromissos de um só dia até as consultorias e pesquisas a longo prazo. O fato de listarmos as instituições não pressupõe nenhum endosso de nossa parte nem da delas. São elas, em ordem alfabética: Aerovironment, American Development Group, Arthur D. Little, Ashland Chemical, Aspen Ski Co., Atlantic Electric, AT&T, Baxter, Bayernwerk, Bechtel, Ben & Jerry's, Bosal, Boston Consulting Group, Boston Edison, BP, Calvert, Carrier div. da UTC, Cesar Pelli, CH2M Hill, Ciba-Geigy, Citicorp, Collins & Aikman, ComEd, Continental Office, Daimler-Chrysler, Datafusion, Delphi, Diamonex, Dow Chemical, Emmett Realty, Esprit de Corps, First Chicago Building, Florida P&L, General Mills, GM, Gensler, Global Business Network, Grand Wailea Resort, Herman Miller, Hexcel, Hines, Honda, Hong Kong Electric, HP, IBM, Imagine

Foods, Interface, Landis & Gyr, Levi Strauss & Co., Lockheed Martin, Michelin, Minnesota Power, Mitsubishi Electric, Mitsubishi Motor Sales America, Monsanto, Motorola, Nike, Nissan, Nokia, Norsk Hydro, Northface, NYSE&G, Odwalla, Ontario Hydro, OG&E, Osaka Gas, Patagonia, PG&E, PGE, Phillips Petroleum, Prince div. da Johnson Controls, Rieter, Royal Dutch/Shell, SAGE J.B. Goodman Properties, Schott Glas, Schweizer, SDG&E, Searle, Shearson Lehmann Amex, STMicroelectronics, Stonyfield Farms, Sun Microsystems, Sun [Oil], Swiss Bank Corp./UBS, UniDev, Unipart, US West, Volvo, VW, Xerox e Zoltek. Algumas dessas empresas enriqueceram generosamente a nossa pesquisa com dados e idéias, porém não se usou aqui nenhum banco de dados com reserva de propriedade. Os autores agradecem a assistência, assim como a ajuda de seus administradores e profissionais pioneiros.

Parte de nossa pesquisa e de nosso trabalho contou com o apoio e a autorização de: Surdna, Columbia, Geraldine R. Dodge, MacArthur, Energy, Joyce, Aria, William e Flora Hewlett, Sun Hill, Charles Stewart Mott, as fundações Turner e Goldman, assim como da Educational Foundation of America, Environmental Protection Agency, G. A. G. Charitable Corporation, Merck Family Fund, J. M. Kaplan Fund e Wallace Global Fund. A nossa gratidão por tal apoio vai muito além da publicação deste livro. Juntamente com outros, eles estão investindo na preservação e na restauração da vida no nosso planeta e são todos líderes.

Igual é o nosso débito para com centenas de outros colegas, pesquisadores e editores. Grande parte da pesquisa básica foi feita pela equipe do Rocky Mountain Institute. O Capítulo 2 expõe o trabalho do Hypercar Center do RMI: Mike Brylawski, Dave Cramer, Jonathan Fox-Rubin, Timothy Moore, Dave Taggart e Brett Williams. O Capítulo 5 resume a experiência do Green Development Services do RMI, principalmente de Bill Browning, Huston Eubank, Alexis Karolides e Jen Seal-Uncapher, e da experiência ACT^2, patrocinada pela Pacific Gas and Electric Co., o Natural Resources Defense Council e o Lawrence Berkeley National Laboratory. O Capítulo 9 (fibra) apoiou-se muito em uma tese de mestrado da Yale, de autoria de Chris Lotspeich, e em colaboradores externos do Systems Group on Forests do RMI, sobretudo em Dana Meadows, Jim Bowyer, Eric Brownstein, Jason Clay, Sue Hall e Peter Warshall. O Capítulo 10 (agricultura) deve muito à diretora do RMI, Dana Jackson, e ao conselheiro Allan Savory. O Capítulo 11 apóia-se em numerosos estudos dos pesquisadores de recursos hídricos do RMI Scott Chaplin, Richard Pinkham e Bob Wilkinson. Boa parte do trabalho sobre eficiência em energia baseia-se na pesquisa definitiva do grupo COMPETITEK, do RMI, transferida do RMI a sua subsidiária E SOURCE, em 1992, e dirigida a partir de então por Michael Shepard e atualmente por Jim Newcomb. O Capítulo 14 não teria sido escrito sem a obra de Jonas Rabinovitch e baseou-se nos escritos de Bill McKibben, além das idéias e dos esforços do Economic Renewal do RMI dirigido por Michael Kinsley. Muitos dos conceitos de "magro, limpo e verde" aqui relatados foram identificados primeiro por Joe Romm, que escreveu *Lean and Clean Management* (1994) na qualidade de pesquisador do RMI. Nós consultamos com muita freqüência as publicações essenciais de nossos amigos do Worldwatch Ins-

AGRADECIMENTOS

titute. E, naturalmente, o padrinho do nosso trabalho sobre a produtividade dos recursos é o principal autor de *Factor Four*, atualmente membro do Bundestag alemão, o extraordinário Ernst von Weizsäcker.

Queremos registrar nosso reconhecimento especial a Herman Daly, cujo trabalho pioneiro em economia ecológica forneceu a base da tese deste trabalho. Suas contribuições seminais a uma disciplina econômica verdadeiramente integrada torna-se ainda mais notável devido à sua modéstia e humildade. Estendemos o mesmo reconhecimento a Dana Meadows pelas contribuições extraordinárias para a compreensão de nossa sociedade e de nosso meio ambiente enquanto sistema. Sua sabedoria e equilíbrio são a pedra de toque para nós e para muitos outros.

Foi muito o que aprendemos com outros profissionais e professores destacados, boa parte dos quais também reviram o manuscrito. Entre eles acham-se Rebecca Adamson, Jan Agri, Abigail Alling, Mohamed El-Ashry, Bob Ayres, J. Baldwin, Spencer Beebe, Janine Benyus, Wendell Berry, Paul Bierman-Lytle, Dick Bourne, Peter Bradford, Michael Braungart, Chip Bupp, Jody Butterfield, Ralph Cavanagh, Nancy Clanton, John Clarke, Jim Clarkson, Gordon Conway, Mike e Judy Corbett, Robert Costanza, Peter Coyote, Robert Cumberford, Mike Curzan, Gretchen Daily, Joan Davis, Steve DeCanio, Murray Duffin, Paul e Anne Ehrlich, John Elkington, Don Falk, Chris Flavin, Peter Forbes, Greg Franta, Ashok Gadgil, Thomas Gladwin, Peter Gleick, José Goldemberg, David Goldstein, Robert Goodland, Tom Graedel, Sue Hall, Ted Halstead, Stuart Hart, Randy Hayes, Allen Hershkowitz, Buzz Holling, John Holmberg, Wes Jackson, Dan Jones, Thomas B. Johansson, Joel Jamison, Greg Kats, Phillipp Kauffman, Yoichi Kaya, Byron Kennard, Tachi Kiuchi, Florentin Krause, Jonathan Lash, Eng Lock Lee, Nick Lenssen, Jaime Lerner, Paul MacCready, Bob Massie, Gil Masters, William McDonough, Dennis Meadows, Niels Meyer, Norman Myers, Steve Nadel, Jon Olaf Nelson, Jørgen Nørgård, Joan Ogden, Ron Perkins, John Picard, Amulya Reddy, Bob Repetto, Karl-Henrik Robèrt, Tina Robinson, Jim Rogers, Dan Roos, Art Rosenfeld, Marc Ross, Peter Rumsey, Wolfgang Sachs, Yasushi Santo, Robert Sardinsky, Anjali Sastry, Jan Schilham, Bio Schmidt-Bleek, Steve Schneider, Peter Schwartz, Floyd Segel, Sarah Severn, Ed Skloot, Rob Socolow, Jim Souby, Walter Stahel, Maurice Strong, David Suzuki, Nickolas Themelis, Sandy Thomas, Andy Tobias, John e Nancy Jack Todd, Michael Totten, Haruki Tsuchiya, Christine von Weizsäcker, Stuart White, Bob Williams, Daniel Yergin, Susumu Yoda e Vlatko Zagar.

Inclui-se nesse grupo um outro, menor, de revisores — Alan AtKisson, Dave Brower, Fritjof Capra, Diana Cohn, Robert Day, Christopher Juniper, Fran e David Korten, Scott McVay, David Orr, Peter Raven, Bill Rees, Peter Senge, Frank Tugwell, Joanna Underwood, Sarah Van Gelder, Mathis Wackernagel, Peter Warshall, Jim Womack e outros — que ofereceram críticas excepcionalmente pertinentes que muito serviram para melhorar o livro e pelas quais estamos deveras agradecidos. Também é enorme a nossa dívida para com Bio Schmidt-Bleek e sua obra pioneira sobre a produtividade dos recursos. Sua liderança levou o tema para o primeiro lugar da agenda ambiental européia e acrescenta riquíssimas informações a este trabalho. Um obrigado muito especial ao arquiteto Tom Bender, que já no início da década de 1970 sugeriu a possibilidade da produtividade Fator Dez na revista *RAIN* e, embora tenha sido ouvido por poucos na época, agora fala a muitos nesta e em outras obras. Muito obrigado a Ray Anderson, presidente da Interface, por seu apoio e liderança, assim como a seus colegas inovadores, inclusive Charlie Eitel, Mike Bertolucci, Jim Hartzfeld e John McIntosh, que estão criando talvez a melhor empresa arquetípica até a próxima revolução industrial.

Nossa pesquisa contou com o apoio decisivo de, entre outros, Dan Bakal, Jennifer Constable, Rick Heede, Ross Jacobs, Dan LeBlanc, André Lehmann, Louis Saletan, Auden Schendler, do RMI, de Kipchoge Spencer e dos assistentes de Paul Hawken: Kelly Costa, Andre Heinz e Jeanne Trombly; manifestamos a nossa gratidão também aos companheiros de Paul no Natural Step, que se mostraram extraordinariamente solícitos e generosos: Catherine Gray, Jill Rosenblum, John Hagen, Dane Nichols, Kate Fish, Karl-Henrik Robèrt e Ed Skloot. Kerry Tremaine deu-nos sugestões e prestou uma ajuda decisiva no primeiro esboço de um artigo de revista que precedeu o livro. Agradecemos também a ajuda gráfica de Ema Tibbetts, o acompanhamento editorial de Norm Clasen, Dave Reed e Farley Sheldon, assim como o apoio logístico de JoAnn Glassier, Marty Hagen, Ruth Klock, Chad Laurent, Lisa Linden, Robert Noiles, Jennifer Schwager e Marilyn Wien.

Ainda um obrigado muito especial às seguintes pessoas, cujas contribuições para este livro não são fáceis de sumariar nem de agradecer, pois superam as expectativas e os limites da generosidade: Michael Baldwin, Jennifer Beckman, Maniko Dadigan, Cindy Roberts, Reed Slatkin e Roz Zander.

Por fim, é o editor quem dá vida a uma obra e a entrega ao público. Por sua firmeza, paciência e capacidade, agradecemos a Rick Kot, da Little, Brown. A fé que ele depositou neste trabalho e em suas implicações foi inestimável.

Muitos fatos, idéias e lições do livro provêm dessas centenas de colaboradores. As interpretações e os erros que porventura nos tenham escapado são de nossa inteira responsabilidade. Os leitores que apontarem os equívocos e omissões, e acrescentarem casos e melhores maneiras de narrá-los merecerão a nossa gratidão, assim como a de todos os que se empenham em continuar construindo sobre este alicerce.

Os autores podem ser encontrados em:

Paul Hawken	Amory B. Lovins
Natural Capital Institute	L. Hunter Lovins
	Rocky Mountain Institute
P.O. Box 2938	1739 Snowmass Creek Road
Sausalito, CA 94966	Snowmass, CO 81654
telefone: 415/332-6990	telefone: 970/927-3851
fax: 415/332-7933	fax: 970/927-4178
e-mail: info@naturalcapital.org	e-mail: natcap@rmi.erg

CAPÍTULO 1

A Próxima Revolução Industrial

Possibilidades emergentes — Um novo tipo de industrialismo — A perda dos sistemas vivos — Valorização do capital natural — A atitude industrial — O padrão emergente de escassez — Quatro estratégias de capitalismo natural — A produtividade radical dos recursos — Como impor dieta ao sedentário inveterado do industrialismo — Uma economia de serviços e de fluxo estáveis — Restauração das bases da vida e do comércio

Imagine por um momento um mundo em que as cidades tenham se tornado silenciosas e tranqüilas porque os automóveis e os ônibus circulam sem ruído, os canos de escapamento não emitem senão vapor de água e as obsoletas vias expressas deram lugar a parques e áreas verdes. Um mundo em que a OPEP haja deixado de existir porque o preço do barril de petróleo caiu a cinco dólares e, mesmo assim, são poucos os compradores, pois agora existem meios melhores e mais baratos de se obterem os serviços que outrora dependiam desse combustível. O padrão de vida de todos elevou-se drasticamente, sobretudo o dos pobres e o dos países em desenvolvimento. O desemprego involuntário deixou de ser uma constante e grande parte do imposto de renda foi eliminada. As habitações, mesmo as mais populares, têm condições de financiar-se com a própria energia que *produzem*; são poucos os aterros sanitários em atividade, se é que ainda existem; em todo o mundo ampliam-se incessantemente as áreas de floresta; as barragens vêm sendo demolidas; o nível de CO_2 na atmosfera começou a diminuir pela primeira vez em duzentos anos; e a água que sai do esgoto das fábricas é mais limpa do que a que nelas entra. Os países industrializados reduziram em oitenta por cento o consumo de recursos naturais e, ao mesmo tempo, elevaram a qualidade de vida.

Em meio a essas mudanças tecnológicas, vêm ocorrendo importantes alterações sociais. O esgarçado tecido social dos países ocidentais foi reparado. Com a expansão dos empregos com salário-família, caiu a demanda de políticas sociais. Um movimento sindical progressista e dinâmico assumiu a direção do trabalho conjuntamente com empresas, ambientalistas e governos a fim de criar "meras transições" para os operários enquanto a sociedade elimina gradualmente o carvão, a energia nuclear e o petróleo. As comunidades e cidades pequenas, as igrejas, as empresas e os sindicatos promovem acordos baseados em um novo salário mínimo: um modo mais barato de garantir o crescimento e a preservação do valioso capital social. Seria uma visão utópica? Na verdade, as mudanças aqui descritas podem vir a ocorrer nas próximas décadas por força de tendências econômicas e tecnológicas já existentes.

Este livro trata dessas e de muitas outras possibilidades. Trata das possibilidades que hão de surgir com o advento de um novo tipo de industrialismo, diferente, na filosofia, nos objetivos e nos processos fundamentais, do sistema industrial padrão de hoje em dia. No próximo século, com a população duplicada e os recursos disponíveis *per capita* reduzidos à metade ou em três quartos, pode ocorrer uma transformação notável na indústria e no comércio. Graças a essa transformação, a sociedade terá condições de criar uma economia vital que consuma radicalmente menos material e energia. Tal economia será capaz de liberar recursos, reduzir o imposto de renda das pessoas físicas, aumentar a despesa *per capita* na solução dos problemas sociais (ao mesmo tempo que restringe tais problemas) e começar a reparar os danos causados ao meio ambiente. Essas transformações necessárias, se implementadas adequadamente, promoverão a eficiência econômica, a preservação ambiental e a justiça social.

A revolução industrial que deu origem ao capitalismo moderno expandiu extraordinariamente as possibilidades de desenvolvimento material da humanidade. E continua expandindo-as até hoje, se bem que a um custo elevadíssimo. A partir de meados do século XVIII, destruiu-se mais a natureza que em toda a história anterior. Se os sistemas industriais alcançaram apogeus de sucesso, tornando-se capazes de criar e acumular vastos níveis de capital produzido pelo homem, o *capital natural*, do qual depende a prosperidade econômica da civilização, vem declinando rapidamente,[1] sendo que o índice de perdas cresce na mesma proporção dos ganhos em termos de bem-estar material. O *capital natural* compreende todos os conhecidos recursos usados pela humanidade: a água, os minérios, o petróleo, as árvores, os peixes, o solo, o ar etc. Mas também abrange sistemas vivos, os quais incluem os pastos, as savanas, os mangues, os estuários, os oceanos, os recifes de coral, as áreas ribeirinhas, as tundras e as florestas tropicais. Estes estão se deteriorando em todo o mundo num ritmo sem precedente. No interior de tais comunidades ecológicas acham-se os fungos, as lagoas, os mamíferos, o húmus, os anfíbios, as bactérias, as árvores, os mastigóforos, os insetos, os pássaros, as samambaias, as estrelas-do-mar e as flores, que possibilitam a vida e fazem com que valha a pena habitar este planeta.

Quanto mais pessoas e empresas sobrecarregam os sistemas vivos, tanto mais os limites da prosperidade passam a ser determinados pelo capital natural, não pela capacidade industrial. Isso não significa que o mundo enfrentará escassez de bens no futuro próximo. Os preços da maioria das matérias-primas estão baixos há 28 anos e continuam caindo. Os víveres são baratos e parecem abundantes devido a uma série de motivos: o colapso das economias asiáticas, a globalização do comércio, a redução dos custos do transporte, os desequilíbrios do poder de mercado que permitem aos comerciantes de bens e aos intermediários pressionar os produtores e, em grande medida, o sucesso da nova e poderosa tecnologia extrativista, cujos correspondentes e extensos danos ao meio ambiente raramente são calculados em termos de valor monetário. Uma vez exauridas as reservas minerais mais ricas, as empresas de mineração mais competentes têm capacidade, hoje em dia, de erguer montanhas inteiras de minério de pior qualidade a fim de extrair os metais desejados. Porém, se a tecnologia consegue contornar o esgotamento dos recursos naturais, fornecendo metais que parecem cada vez mais baratos, estes são mais baratos apenas na aparência, pois o desmatamento das florestas tropicais e a grande quantidade de resíduos tóxicos derramada nos rios, o empobrecimento dos povoados e a erosão das culturas indígenas — conseqüências que ela vai deixando em sua esteira — não são computados no custo de produção.

Não é o abastecimento de petróleo ou cobre que começa a limitar o nosso desenvolvimento, mas a própria vida. Hoje em dia, não é o número de pesqueiros que restringe o nosso progresso contínuo, e sim a diminuição do número de peixes; não é a força das bombas hidráulicas, e sim a escassez de mananciais; não é o número de motosserras, mas o desaparecimento das florestas primitivas. Se os sistemas vivos são a fonte de bens desejáveis como a madeira, o peixe ou o alimento, importância ainda maior têm os *serviços* que eles oferecem,[2] serviços estes muito mais decisivos para a prosperidade dos seres humanos que os recursos não-renováveis. Uma floresta fornece não só a madeira como também os serviços de armazenagem de água e de regulagem dos oceanos. Um meio ambiente saudável oferece automaticamente não só ar e água limpos, chuvas, produtividade oceânica, solo fértil e elasticidade das bacias fluviais como também certas funções menos valorizadas, como o processamento de resíduos (tanto naturais quanto industriais), a proteção contra os extremos do clima e a regeneração atmosférica.

A humanidade herdou um acúmulo de 3,8 bilhões de anos de capital natural. Em se mantendo os padrões atuais de uso e degradação, muito pouco há de restar no final do próximo século. Não é apenas questão de estética e moralidade, trata-se do mais elevado interesse prático da sociedade e de todas as pessoas. Malgrado as copiosas denúncias da imprensa quanto ao estado do meio ambiente e a profusão de leis que buscam impedir novas perdas, o estoque de capital natural vem diminuindo e os serviços fundamentais de geração de vida que dele fluem estão se tornando críticos no que diz respeito a nossa prosperidade.

O capitalismo natural reconhece a interdependência fundamental entre a produção e o uso do capital produzido pelo homem, por um lado, e a conservação e o fornecimento do capital natural, por outro. Tradicionalmente, o capital se define como a riqueza acumulada na forma de investimentos, fábricas e equipamento. Na realidade, uma economia requer quatro tipos de capital para funcionar adequadamente:

- o capital humano, na forma de trabalho e inteligência, cultura e organização
- o capital financeiro, que consiste em dinheiro, investimentos e instrumentos monetários
- o capital manufaturado, inclusive a infra-estrutura, as máquinas, as ferramentas e as fábricas
- o capital natural, constituído de recursos, sistemas vivos e os serviços do ecossistema

O sistema industrial utiliza as três primeiras formas de capital para transformar o capital natural no material de nossa vida cotidiana: os automóveis, as ferrovias, as cidades, as pontes, as casas, o alimento, os medicamentos, os hospitais e as escolas.

O debate sobre o clima é uma questão pública na qual os ativos em risco não são recursos específicos como o petróleo, o peixe ou a madeira, mas o sistema que sustenta a vida. Um dos ciclos mais críticos da natureza é a troca contínua de dióxido de carbono por oxigênio entre plantas e animais. A natureza presta gratuitamente esse "serviço de reciclagem". Na atualidade, porém, está se formando dióxido de carbono na atmosfera devido, em parte, à queima de combustíveis fósseis. O resultado é que se excedeu a capacidade do sistema natural de reciclar o dióxido de carbono, do mesmo modo como a pesca excessiva pode exceder a capacidade da área de pesca de repor o estoque. No entanto, é particularmente importante perceber que não se conhece nenhuma alternativa para o serviço natural do ciclo do carbono.

À parte o clima, têm se generalizado as alterações na biosfera. Nos últimos cinqüenta anos, o mundo perdeu um quarto da camada superior do solo e um terço da cobertura florestal. Mantendo-se o ritmo atual de devastação, no espaço de uma geração o planeta perderá setenta por cento dos recifes de coral, os quais hospedam 25 por cento da vida marinha.[3] Nas últimas três décadas, consumiu-se nada menos que um terço dos recursos da Terra, ou seja, de sua "riqueza natural". Estamos perdendo ecossistemas de água doce à razão de seis por cento ao ano, ecossistemas marinhos à proporção de quatro por cento ao ano.[4] Já não se discute, em nenhum debate científico sério, que a deterioração de todo sistema vivo no mundo atingiu níveis tais que um número cada vez maior deles começa a perder, geralmente em um ritmo acelerado pelas interações de seu declínio, a própria capacidade de sustentar a continuidade do processo de vida. Nós chegamos a um limite extraordinário.

O reconhecimento desse lado sombrio do sucesso da produção industrial desencadeou a segunda das duas grandes guinadas intelectuais do final do século XX. O fim da Guerra Fria e o colapso do comunismo foi a primeira mudança; a segunda, que atualmente emerge discretamente, é o fim da guerra contra a vida na Terra e a conseqüente ascensão do que denominamos capitalismo natural.

O capitalismo, tal qual vem sendo praticado, é uma aberração lucrativa e insustentável do desenvolvimento humano. O que se pode designar como "ca-

A PRÓXIMA REVOLUÇÃO INDUSTRIAL

pitalismo industrial" não se ajusta cabalmente aos seus próprios princípios de contabilidade. Ele liquida seu capital e chama isso de renda. Descuida de atribuir qualquer valor ao mais importante capital que emprega: os recursos naturais e os sistemas vivos, assim como aos sistemas sociais e culturais que são a base do capital humano.

Todavia, essa deficiência nas operações empresariais não pode ser corrigida mediante a simples atribuição de valores monetários ao capital natural por três motivos. Em primeiro lugar, muitos serviços que recebemos dos sistemas vivos não têm substituto conhecido, seja lá pelo preço que for; por exemplo, a produção de oxigênio pelas plantas verdes. Isso ficou notoriamente demonstrado em 1991-93, quando os cientistas ocupados na experiência Biosfera 2, que custou 200 milhões de dólares, descobriram que eram incapazes de manter os níveis de oxigênio necessários à vida das oito pessoas que viviam em seu interior, no Arizona. O Biosfera 1, aliás mais conhecido como planeta Terra, presta esse serviço diária e gratuitamente a 6 bilhões de pessoas. Em segundo lugar, avaliar o capital natural é um exercício na melhor das hipóteses difícil e impreciso. Sem embargo, em diversas tentativas recentes, calculou-se que os serviços biológicos que fluem diretamente para a sociedade a partir do estoque de capital natural valem 36 trilhões de dólares anuais.[5] Tal cifra se aproxima muito do PIB mundial de cerca de 39 trilhões de dólares: o que nos dá uma medida impressionante do valor do capital natural na economia. Se se atribuísse valor monetário às provisões de capital natural, supondo os "juros" rendidos por 36 trilhões de dólares em ativos, o capital natural do mundo seria avaliado em algo entre quatrocentos e quinhentos trilhões de dólares: dezenas de milhões para cada habitante no planeta. Trata-se, indubitavelmente, de uma cifra conservadora visto que uma coisa sem a qual não podemos viver e que é insubstituível, seja qual for o seu preço, há de ter um valor infinito.

Soma-se a isso o fato de que, além de a tecnologia não ter como repor os sistemas de manutenção da vida, as máquinas se mostram igualmente incapazes de substituir a inteligência humana, o conhecimento, o saber, a capacidade organizacional e a cultura. O *Wealth Index* de 1995, do Banco Mundial, calculou que o valor total do capital humano corresponde ao triplo de todo o capital financeiro e manufaturado refletido nas folhas de balanço globais.[6] Também essa parece ser uma estimativa conservadora, visto que só contabiliza o valor de mercado do emprego humano, sem levar em conta o esforço não compensado nem os recursos culturais.

Não é objetivo deste livro explicar como se determina o valor dessas formas não-contabilizadas de capital. Não obstante, está claro que proceder como se elas não tivessem valor algum nos levou às portas do desastre. Mas, se na prática é difícil computar o valor do capital natural e humano em folhas de balanço, como podem os governos e os empresários conscientes tomar decisões quanto ao uso responsável dos sistemas vivos da Terra?

O CAPITALISMO CONVENCIONAL

Conforme a máxima de Einstein, segundo a qual os problemas não podem ser resolvidos nos limites da mentalidade que os criou, o primeiro passo para qualquer mudança econômica e ecológica abrangente consiste em compreender o modelo mental que constitui a base do pensamento econômico atual. Pode-se sintetizar a mentalidade do sistema capitalista contemporâneo da seguinte maneira:

- O progresso econômico tem melhores condições de ocorrer em sistemas de produção e distribuição de mercado livre em que os lucros reinvestidos tornam o trabalho e o capital cada vez mais produtivos.
- Obtém-se vantagem competitiva quando fábricas maiores e mais eficientes produzem mais produtos para a venda no mercado em expansão.
- O crescimento da produção total (PIB) maximiza o bem-estar humano.
- Todo advento de escassez de recursos estimula o desenvolvimento de substitutos.
- As preocupações com a saúde do meio ambiente são importantes, mas devem equilibrar-se com as exigências do crescimento econômico se se quiser manter um alto nível de vida.
- As empresas e as forças de mercado livres alocarão pessoas e recursos para o seu uso superior e melhor.

Conquanto a origem dessa visão de mundo remonte a séculos, foi a revolução industrial que a estabeleceu como ideologia econômica principal. Essa repentina e quase violenta transformação nos meios de produção e distribuição de bens, em um setor econômico após outro, introduziu um novo elemento que veio redefinir a fórmula básica da criação de produtos materiais: as máquinas movidas a vapor, a lenha, a carvão vegetal, a carvão mineral, a petróleo e finalmente a eletricidade aceleraram ou realizaram, em parte ou em sua totalidade, o trabalho outrora executado pelos operários. A capacidade produtiva humana começou a crescer exponencialmente. O que exigia duzentos trabalhadores em 1770 podia ser feito por uma só máquina de fiar da indústria têxtil britânica em 1812. Com a produtividade tão assombrosamente acrescida, a força de trabalho tornou-se capaz de fabricar um volume muito maior de produtos básicos, como o tecido, a custos enormemente reduzidos. Isso, por sua vez, elevou rapidamente o padrão de vida e os salários reais, fazendo crescer a demanda de outros produtos de outras indústrias. Os novos avanços tecnológicos continuaram proliferando e, à medida que uma indústria após outra se mecanizava, tornando os preços cada vez menores e a renda cada vez maior, todos esses fatores passaram a estimular uma procura auto-sustentável e crescente de transporte, habitação, educação, vestimenta e outros bens, lançando os fundamentos do comércio moderno.[7]

Os últimos dois séculos de crescimento maciço em prosperidade e capital industrial fizeram-se acompanhar de um prodigioso corpo de teorias econômicas que os analisavam, todas baseadas na falácia segundo a qual o capital natu-

A PRÓXIMA REVOLUÇÃO INDUSTRIAL

ral e o humano tinham pouco valor em comparação com o produto final. No modelo industrial padrão, a criação de valor é apresentada como uma seqüência linear de extração, produção e distribuição: introduzem-se as matérias-primas. (Entra a natureza. Esquerda.) O trabalho emprega a tecnologia para transformar tais recursos em produtos, os quais são vendidos a fim de criar lucro. Os resíduos do processo de produção — e, em breve, os próprios produtos — são de algum modo encaminhados a algum lugar. (Saem os detritos. Direita.) Em tal cenário, esse "algum lugar" não interessa à economia clássica: conforme reza a teoria, dinheiro suficiente compra recursos suficientes e suficientes "outros lugares" onde deles se desfazer ulteriormente.

Essa visão convencional da criação de valor não é imune a críticas. Encarar o processo econômico como um fluxo incorpóreo e circular de valor entre a produção e o consumo, argumenta o economista Herman Daly, é o mesmo que tentar compreender um animal somente em termos do seu aparelho circulatório, sem levar em conta o fato de que ele também conta com um aparelho digestivo que o vincula firmemente ao meio ambiente em ambos os extremos. Aqui, porém, pode-se aplicar uma crítica ainda mais fundamental, baseada na lógica simples. A evidência dos nossos sentidos é suficiente para nos assegurar que toda atividade econômica — tudo que são os seres humanos, tudo quanto eles podem realizar — está fixada em um determinado planeta. Como este planeta não cresce, o "algum lugar" ou os "outros lugares" estão sempre conosco. A extração crescente de recursos naturais, seu transporte e uso, assim como sua substituição por resíduo, erodem permanentemente o nosso estoque de capital natural.

Com cerca de dez mil pessoas chegando à Terra por hora, vemos emergir atualmente um novo e estranho padrão de escassez. No começo da revolução industrial, a mão-de-obra era superexplorada e relativamente escassa (a população total correspondia a aproximadamente um terço da atual), ao passo que os estoques globais de capital natural eram abundantes e inexplorados. Hoje, porém, a situação se inverteu: após dois séculos de aumento da produtividade do trabalho, de liquidação dos recursos naturais ao custo de sua extração, não no valor de sua substituição, e de exploração dos sistemas vivos como se fossem gratuitos, infinitos e em perpétua renovação, as pessoas é que passaram a ser um recurso abundante, enquanto a *natureza* tornou-se assustadoramente escassa.

Aplicar a mesma lógica econômica que levou a revolução industrial a esse novo padrão emergente de escassez implica que, se há de haver prosperidade no futuro, a sociedade deve lançar mão de *recursos* bem mais produtivos — derivando quatro, dez ou mesmo cem vezes mais proveito de cada unidade de energia, água, material ou qualquer outra coisa retirada do planeta e consumida. Alcançar semelhante grau de eficiência pode não ser tão difícil quanto talvez pareça porque, do ponto de vista do material e da energia, a economia é altamente ineficiente. Nos Estados Unidos, o material utilizado no metabolismo da indústria equivale a mais de vinte vezes o peso de cada cidadão por dia: cerca de 450 toneladas por norte-americano ao ano. O fluxo global de matéria, umas 500 toneladas anuais, a maior parte das quais se desperdiça, é em grande parte invisível. Todavia, obtê-la, transportá-la, usá-la e dela desfazer-se vem solapando permanentemente a saúde do planeta, que tem dado sinais cada vez mais claros de estresse e até de colapso biológico. Os seres humanos já usam mais da metade da água potável de superfície disponível, transformaram entre um terço e metade da superfície da Terra firme, fixam mais nitrogênio que todos os sistemas naturais do planeta e se apropriam de mais de dois quintos de toda a produtividade biológica primária terrestre.[8] A duplicação dessa sobrecarga com o crescimento demográfico deslocará muitos milhões de outras espécies, destruindo o próprio tecido da vida.

As conseqüentes tensões ecológicas também têm causado ou exacerbado diversas formas de problemas e conflitos sociais. Por exemplo, a pobreza extrema, a fome, a subnutrição e as moléstias infecciosas afetam um terço do mundo e estão crescendo em números absolutos; não é de surpreender que a criminalidade, a corrupção, a ilegalidade e a anarquia também se achem em ascensão (a indústria que mais rapidamente cresce no mundo é a da segurança e dos serviços de vigilância); nos anos 90, as populações deslocadas de refugiados aumentaram pelo menos dezenas de milhões; mais de um bilhão de desempregados, no mundo, não encontram trabalho ou se ocupam de atividades tão humildes que não conseguem sustentar-se nem a suas famílias;[9] entrementes, a perda de florestas, da abertura do solo e de água potável não faz, em certos casos, senão avivar os conflitos regionais e nacionais.

Como seria se nossa economia valorizasse plenamente *todas* as formas de capital, inclusive o humano e o natural? E se ela se organizasse não em torno das abstrações inanimadas da economia e da contabilidade neoclássicas, mas com base nas realidades biológicas da natureza? E se a Prática da Contabilidade Geralmente Aceita computasse o capital natural e humano não como um artigo supérfluo gratuito, em quantidade supostamente inesgotável, e sim como um fator de produção finito e integralmente valioso? E se, na falta de um modo rigoroso de praticar tal contabilidade, as empresas passassem a agir *como se* tais princípios estivessem em vigor? Essa escolha é viável e essa economia ofereceria um novo e admirável conjunto de oportunidades a todos os membros da sociedade, o que significaria nada menos que a *próxima revolução industrial*.

UM CAPITALISMO QUE DÊ IMPORTÂNCIA AOS SISTEMAS VIVOS

O capitalismo natural e a possibilidade de um novo sistema industrial alicerçam-se em uma mentalidade e em uma escala de valores muito diferentes das do capitalismo convencional. Entre seus pressupostos básicos, figuram os seguintes:

- O meio ambiente não é um fator de produção sem importância, mas "um invólucro que contém, abastece e sustenta o conjunto da economia".[10]

A PRÓXIMA REVOLUÇÃO INDUSTRIAL

- Os fatores limitadores do desenvolvimento econômico futuro são a disponibilidade e a funcionalidade do capital natural, em particular dos serviços de sustentação da vida que não têm substitutos e, atualmente, carecem de valor de mercado.
- Os sistemas de negócio e de crescimento populacional mal concebidos ou mal projetados, assim como os padrões dissipadores de consumo, são as causas primárias da perda do capital natural, sendo que as três coisas devem tentar alcançar a economia sustentável.
- O progresso econômico futuro tem melhores condições de ocorrer nos sistemas de produção e distribuição democráticos baseados no mercado, nos quais todas as formas de capital sejam plenamente valorizadas, inclusive o humano, o industrial, o financeiro e o natural.
- Uma das chaves do emprego mais eficaz das pessoas, do dinheiro e do meio ambiente é o crescimento radical da produtividade dos recursos.
- O bem-estar humano é mais favorecido pela melhora da qualidade e do fluxo da prestação de serviços desejáveis que pelo mero aumento do fluxo total de dólares.
- A sustentabilidade econômica e ambiental depende da superação das desigualdades globais de renda e bem-estar material.
- A longo prazo, o melhor ambiente para o comércio é oferecido pelos sistemas de governo verdadeiramente democráticos, que se apóiam nas necessidades das pessoas, não nas das empresas.

Este livro apresenta quatro estratégias centrais de capitalismo natural, que são meios de habilitar os países, as empresas e as comunidades a operar comportando-se como se todas as formas de capital fossem valorizadas. Garantir uma anuidade perpétua de valiosos processos sociais e naturais a fim de servir uma população em crescimento não é só um investimento sensato, mas também uma necessidade crítica nas décadas vindouras. Pode evitar a escassez, perpetuar a abundância e estabelecer uma base sólida para o desenvolvimento social: a base da administração responsável e da prosperidade no próximo século e além.

    1. A PRODUTIVIDADE RADICAL DOS RECURSOS. A produtividade radicalmente acrescida dos recursos é a pedra de toque do capitalismo natural, pois o uso mais efetivo dos recursos oferece três significativas vantagens: desacelera seu esgotamento, em uma extremidade da cadeia de valor, diminui a poluição, na outra, e fornece as bases do crescimento do emprego em atividades significativas em todo o mundo. Disso podem resultar custos mais baixos para os negócios e para a sociedade, que já não terá de custear as causas principais das perturbações ambientais e sociais. Quase toda deterioração social e no ecossistema é produto do emprego economicamente dissipador dos recursos humanos e naturais, porém as estratégias de produtividade dos recursos podem praticamente deter a degradação da biosfera, tornando-a mais rentável para empregar as pessoas e, assim, evitar a perda dos sistemas vivos indispensáveis e da coesão social.

CAPITALISMO NATURAL

2. O BIOMIMETISMO. A redução do uso dissipador de material — ou seja, a eliminação da própria idéia de desperdício — pode ser obtida redesenhando-se os sistemas industriais em linhas biológicas que modifiquem a natureza dos processos industriais e materiais, possibilitando a reciclagem constante do material em ciclos fechados contínuos e, com muita freqüência, a eliminação da toxicidade.

3. UMA ECONOMIA DE SERVIÇO E DE FLUXO. Trata-se de uma alteração fundamental na relação entre produtor e consumidor, de uma transformação da economia de bens e aquisições em uma economia de *serviço* e de *fluxo*. Essencialmente, a economia baseada em um fluxo de serviços econômicos pode proteger melhor os serviços do ecossistema do qual ela depende. Isso acarretará uma nova percepção do valor, uma mudança na aquisição de bens, como medida de riqueza, para uma economia em que a recepção contínua de qualidade, utilidade e desempenho promove o bem-estar. Tal conceito oferece incentivos para que se coloquem em prática as duas primeiras inovações do capitalismo natural, reestruturando a economia a fim de focalizar as relações que melhor atendem às necessidades de mudança de valor do consumidor e recompensando automaticamente tanto a produtividade dos recursos quanto os ciclos fechados de emprego do material.

4. INVESTIMENTO NO CAPITAL NATURAL. Trata-se de reverter mundialmente a destruição do planeta mediante reinvestimentos na sustentação, na restauração e na expansão dos estoques de capital natural, de modo que a biosfera possa produzir serviços mais abundantes de ecossistema e mais recursos naturais.

As quatro mudanças são inter-relacionadas e interdependentes; todas elas geram numerosos benefícios e oportunidades em mercados, finanças, material, distribuição e emprego. Juntas têm condições de reduzir a deterioração ambiental, promover o crescimento econômico e aumentar o emprego significativo.

A PRODUTIVIDADE DOS RECURSOS

Imagine se, em 1750, alguém fizesse um discurso no Parlamento prevendo que, dentro de setenta anos, a produtividade humana aumentaria de tal modo que uma pessoa poderia executar o trabalho de cem. O orador seria taxado de louco ou de coisa pior. Pois imagine a mesma cena hoje. Um grupo de especialistas declarando no Congresso que, nos próximos setenta anos, vamos aumentar quatro, dez ou mesmo cem vezes a produtividade de nossos recursos. Exatamente como era impossível, há 250 anos, conceber que um indivíduo pudesse trabalhar duzentas vezes mais, é difícil para nós imaginar um quilowatt-hora ou uma unidade de medida dez ou cem vezes mais produtivos que no presente.

Embora se venha preparando há décadas o movimento rumo à produtividade radical dos recursos, a clarinada que o anunciou soou no outono de 1994, quando um grupo de dezesseis cientistas, economistas, funcionários governamentais e empresários convocados e patrocinados por Friedrich Schmidt-Bleek, do Instituto para o Clima, o Ambiente e a Energia, de Wuppertal, na Alemanha, publicaram a "Declaração de Carnoules". Os participantes da Europa, dos Estados Unidos, do Japão, da Inglaterra, do Canadá e da Índia reuniram-se na cidadezinha francesa de Carnoules a fim de discutir sua convicção de que as atividades humanas estavam sob séria ameaça devido ao impacto ecológico e social do uso dos materiais e da energia. O Clube Fator Dez, como passou a se chamar, propôs um salto na produtividade dos recursos a fim de reverter o dano cada vez mais grave. A declaração começava com as proféticas palavras: "No espaço de uma geração, as nações podem decuplicar a eficiência com que empregam a energia, os recursos naturais e outros materiais".[11]

Desde então, o Fator Dez (redução de noventa por cento da intensidade dos materiais e da energia) e o Fator Quatro (redução de 75 por cento) passaram a fazer parte do vocabulário dos funcionários, dos planejadores, dos acadêmicos e dos empresários de todo o mundo.[12] Os governos da Áustria, da Holanda e da Noruega comprometeram-se publicamente a buscar a eficiência Fator Quatro. A mesma abordagem foi endossada pela União Européia como novo paradigma do desenvolvimento sustentável. Os ministros do meio ambiente da Áustria, da Suécia e da OECD conclamaram à adoção das metas do Fator Dez, assim como o World Business Council for Sustainable Development e o United Nations Environment Program (UNEP).[13] O conceito, além de haver-se incorporado à linguagem de todos os ministros do meio ambiente do mundo, passou a ser visto pelas grandes multinacionais, como a Down Europe e a Mitsubishi Electric, como uma estratégia poderosa para obter vantagem competitiva. Entre as nações industriais mais importantes, provavelmente são os Estados Unidos a que menos conhece e menos compreende tais idéias.

Em termos simplificados, aumentar a produtividade dos recursos significa obter de um produto ou processo a mesma quantidade de utilidade ou trabalho empregando menos material e energia. Na indústria, no transporte, no reflorestamento, na construção, na energia e em outros setores industriais, as evidências empíricas sugerem que um aumento radical da produtividade dos recursos é tanto prática quanto eficaz em termos de custos, mesmo nas indústrias mais modernas. Empresas e planejadores estão desenvolvendo meios de fazer com que os recursos naturais — a energia, os metais, a água e as florestas — trabalhem cinco, dez e mesmo cem vezes mais do que hoje. Tal eficiência transcende os ganhos marginais em desempenho a que a indústria aspira constantemente como parte de sua evolução. Os saltos *revolucionários* no *design* e na tecnologia alterarão a própria indústria como se demonstra nos capítulos seguintes. Os investimentos na revolução da produtividade não só retornam com o tempo, através dos recursos poupados, como, em muitos casos, podem *reduzir* o capital inicial.

Os engenheiros, quando falam em "eficiência", referem-se à quantidade de *output* que um processo oferece por unidade de *input*. Por conseguinte, maior eficiência significa fazer mais com menos, sendo ambos os fatores medidos em termos físicos. Já os economistas, quando aludem à eficiência, partem de uma definição diferente em dois aspectos. Em primeiro lugar, eles geralmente medem um processo ou resultado em termos de despesa em dinheiro: qual o valor de mercado do que foi produzido em comparação com o custo de mercado do trabalho e de outros insumos que concorrem para a sua criação? Em segundo, a "eficiência econômica" refere-se tipicamente à medida em que os mecanismos de mercado estão sendo controlados plena e perfeitamente a fim de minimizar o fator custo monetário total da produção. Naturalmente, é importante controlar os mecanismos de mercado economicamente eficientes, e nós compartilhamos a dedicação dos economistas a esse objetivo. Contudo, para evitar confusão, quando sugerimos o uso das ferramentas do mercado para obter "produtividade de recursos" e "eficiência de recursos", estamos empregando esses termos tal qual o faz a engenharia.

A produtividade dos recursos não se limita a economizar recursos e dinheiro; pode também melhorar a qualidade de vida. Ao ouvir a barulheira da existência cotidiana — o tráfego nas cidades e nas estradas, os aviões, os caminhões de lixo na rua —, pense no seguinte: o desperdício e o ruído são sinais de ineficiência e representam dinheiro jogado fora. Vão desaparecer como desapareceu o estrume das ruas da Londres e da Nova York do século XIX. Inevitavelmente, a indústria redesenhará tudo o que faz atualmente a fim de participar da revolução da produtividade que nos aguarda. Nós enxergaremos melhor graças aos sistemas de iluminação com eficiência de recursos, produziremos bens de melhor qualidade nas fábricas eficientes, viajaremos com mais segurança e comodidade em veículos eficientes, teremos mais conforto (e trabalharemos substancialmente mais e melhor)[14] em prédios funcionais, nos alimentaremos melhor de víveres eficientemente produzidos. Um sistema de ar-condicionado que usa noventa por cento menos energia ou um edifício tão eficiente que dispensa o condicionador de ar podem não chegar a fascinar o cidadão médio, porém o fato de serem silenciosos e proporcionarem mais conforto, ao mesmo tempo que reduzem as despesas de energia, deve atrair até mesmo os que são avessos à tecnologia. O fato de tais opções economizarem dinheiro há de interessar a todos.

Como mostrarão os capítulos subseqüentes, as inesperadas melhoras a serem obtidas com a produtividade dos recursos oferecem um campo inteiramente novo à invenção, ao crescimento e ao desenvolvimento empresariais. Suas vantagens podem também baldar a antiga crença segundo a qual os valores empresariais básicos são incompatíveis ou conflitam com a responsabilidade ambiental. A verdade é que a ineficiência maciça, que provoca a degradação do meio ambiente, quase sempre sai mais cara que as medidas capazes de revertê-la.

No entanto, ainda que as metas do Fator Dez estejam levando a reduções no fluxo de material e energia, certos governos continuam criando e administrando leis, políticas, tributos e subsídios que surtem o efeito contrário. Centenas de bilhões de dólares do dinheiro dos contribuintes são desviados anualmente para promover o uso ineficiente e improdutivo de material e energia. Aqui se incluem os subsídios às indústrias da mineração, do petróleo, do carvão, da pesca e florestais, assim como a práticas agrícolas que deterioram a fertilidade

A PRÓXIMA REVOLUÇÃO INDUSTRIAL

do solo e impõem o uso de quantidades devastadoras de água e produtos químicos. Muitos desses subsídios são arcaicos, alguns chegam a datar do século XVIII, época em que as potências européias ofereciam incentivos para que os empresários descobrissem e explorassem os recursos coloniais. Os impostos extraídos do trabalho subsidiam padrões de uso de recursos naturais que, por sua vez, eliminam os trabalhadores, uma situação irônica que vem se tornando cada vez mais flagrante e inaceitável, particularmente na Europa, onde o desemprego é cronicamente elevado. Já se instituíram na Holanda, na Alemanha, na Grã-Bretanha, na Suécia, na Dinamarca — e vêm sendo discutidas seriamente em todo o continente europeu — reformas fiscais que visam aumentar as oportunidades de trabalho desviando os impostos das pessoas físicas para o uso dos recursos naturais.

Nos países menos desenvolvidos, há necessidade de meios realistas e exeqüíveis de melhorar a existência das pessoas. A sempre crescente população mundial não atingirá o padrão de vida ocidental trilhando os caminhos tradicionais rumo ao desenvolvimento, pois os recursos exigidos são vastos demais, excessivamente caros e muito prejudiciais aos sistemas local e global. O aumento radical da produtividade dos recursos, pelo contrário, expande suas possibilidades de crescimento e tem o potencial de abrandar a polarização da riqueza entre os segmentos ricos e pobres do globo. Quando as nações do mundo se encontraram no Brasil, durante a Conferência da Terra de 1992, a fim de discutir o meio ambiente e o desenvolvimento humano, alguns tratados e propostas mostraram-se altamente polêmicos porque davam a impressão de duvidar da capacidade de desenvolvimento das nações não industrializadas. O capitalismo natural oferece uma agenda prática de desenvolvimento, na qual as ações tanto dos países desenvolvidos quanto dos subdesenvolvidos apóiam-se mutuamente.

O BIOMIMETISMO

Para avaliar o potencial de produtividade radical dos recursos, é útil reconhecer que o sistema industrial atual, falando em termos práticos, não passa de um sedentário inveterado: come alimentos de má qualidade em excesso e quase não faz exercício. Já em plena maturidade, a sociedade industrial continua mantendo sistemas de vida que exigem uma enorme quantidade de calor e pressão, que dependem da indústria petroquímica e de intensificadores de material, além de precisar de grandes fluxos de produtos químicos tóxicos e perigosos. Essas "calorias inúteis" acabam se convertendo em poluição, chuva ácida e efeito estufa que prejudicam o meio ambiente e os sistemas social e financeiro. Ainda que a reengenharia e a tendência da década passada a construir modelos mais compactos de automóveis pretendessem varrer a ineficiência empresarial, a economia norte-americana continua sendo assombrosamente ineficiente: estima-se que apenas seis por cento de seu vastíssimo fluxo de material resultam realmente em produtos.[15] De modo geral, a proporção de desperdício de produtos *duráveis* que constituem a riqueza material deve estar próxima de cem para um. O conjunto da economia tem menos de dez por cento — provavelmente bem menos — da eficiência energética que as leis da física permitem.[16]

De ordinário, o desperdício é recompensado com distorções deliberadas, no mercado, na forma de políticas como o subsídio às indústrias que extraem matéria-prima da Terra e danificam a biosfera. Enquanto não se contabilizar esse estrago, enquanto os preços dos recursos virgens forem mantidos em níveis artificialmente baixos, faz sentido continuar usando materiais virgens em vez de reutilizar os recursos descartados pelos produtos anteriores. Enquanto continuar vigorando a suposição de que existem "bens gratuitos" no mundo — água pura, ar limpo, combustão de hidrocarboneto, florestas virgens, veios minerais —, predominarão os métodos de fabricação em larga escala, intensivos em energia e material, e o trabalho ficará cada vez mais marginalizado.[17] Em compensação, se os subsídios que distorcem os preços dos recursos fossem retirados ou invertidos, tornar-se-ia vantajoso empregar mais pessoas e usar menos material virgem.

Mesmo sem a eliminação dos subsídios, a economia da produtividade dos recursos já vem estimulando a indústria a reinventar-se a fim de melhor ajustar-se aos sistemas biológicos. As crescentes pressões competitivas para poupar recursos têm aberto estimulantes fronteiras para os químicos, os físicos, os engenheiros de processo, os biólogos e os desenhistas industriais. Eles passaram a reexaminar a energia e os materiais e a manufaturar os sistemas requeridos para oferecer as qualidades específicas (força, calor, estrutura, proteção, função, velocidade, tensão, moção, revestimento) exigidas pelos produtos e pelos consumidores finais, procurando afastar-se dos sistemas mecânicos, que requerem metais pesados, combustão e petróleo, na busca de soluções que usem o mínimo de insumos, temperaturas mais baixas e reações enzimáticas. As empresas tentam imitar os processos biológicos e do ecossistema, reaplicando métodos naturais de produção e engenharia na fabricação de produtos químicos, de materiais, de compósitos e, em breve talvez, de microprocessadores. Alguns dos mais interessantes desenvolvimentos resultaram da emulação da temperatura da vida na natureza, da baixa pressão, das técnicas de montagem com energia solar, cujos produtos rivalizam com tudo o que é feito pelo homem. A cientista Janine Benyus comenta que as aranhas fazem seda resistente como Kevlar,* porém muito mais dura, a partir de grilos e moscas digeridos, sem necessidade de ácido sulfúrico em ebulição nem de compressores de alta temperatura. O haliote gera uma concha interna duas vezes mais dura que a melhor cerâmica e as diatomáceas fazem vidro, sendo que ambos os processos utilizam a água do mar e dispensam os fornos. As árvores transformam a luz do sol, a água e o ar em celulose, um açúcar mais rígido e mais forte que o náilon, e a prendem à madeira, um composto natural com mais poder aglutinante que o concreto e mais rigidez que o aço. Pode ser que nós nunca venhamos a ser habilidosos como as

---

* Kevlar (marca registrada): fibra sintética dura e leve usada na fabricação de coletes à prova de bala, cascos de barco, peças de avião etc. (N. do T.)

aranhas, os haliotes, as diatomáceas ou as árvores, mas os projetistas mais inteligentes estão se fazendo discípulos da natureza a fim de aprender a química benigna de seus processos.

A indústria farmacêutica transformou-se numa fazendeira microbiana e passou a criar rebanhos de enzimas. A agricultura biológica trata do ecossistema do solo a fim de aumentar a quantidade de biota e de vida por hectare mediante o estudo aplicado das cadeias alimentares, das interações entre as espécies e dos fluxos de nutrientes, minimizando as perdas nas colheitas e maximizando a produção à medida que favorece a diversidade. Os engenheiros metaindustriais estão construindo parques industriais de "emissão zero", cujos inquilinos constituirão um ecossistema industrial no qual uma empresa se alimentará dos resíduos não tóxicos e úteis da outra. Os arquitetos e construtores vêm criando estruturas que processam a água de seus próprios esgotos, captam a luz, criam energia e provêem de hábitat a vida silvestre e de saúde a comunidade, ao mesmo tempo que melhoram a produtividade, o moral e a saúde do trabalhador.[18] As usinas de energia elétrica centralizadas de alta temperatura começam a ser substituídas por geradores renováveis de menor escala. Na química, já se pode antever o fim do caldeirão de bruxa das perigosas substâncias inventadas neste século, do DDT, o PCB, os CFCs e a talidomida ao dieldrin e os xenoestrogênios. Os 80 mil diferentes produtos químicos atualmente fabricados acabam indo parar em toda parte, como observa Donella Meadows, da nossa "estratosfera ao nosso esperma". Foram criados para desempenhar funções que podem ser executadas com muito mais eficiência por substâncias biodegradáveis que ocorrem na natureza.

SERVIÇO E FLUXO

No início da década de 1980, o analista industrial suíço Walter Stahel e o químico alemão Michael Braungart propuseram, independentemente, um novo modelo industrial que hoje começa a tomar forma gradualmente. No lugar de uma economia em que os *bens* são produzidos e vendidos, esses visionários imaginaram uma *economia de serviço* na qual os consumidores obtêm *serviços* tomando os bens emprestados ou alugando-os em vez de comprá-los. (Não se deve confundir esse plano com a definição convencional de economia de serviço, na qual o número de cozinheiros excede o de metalúrgicos.) Os fabricantes deixam de conceber-se a si mesmos como vendedores de produtos para se tornar prestadores de serviços por intermédio de bens altamente duráveis e passíveis de aperfeiçoamento. Sua meta é muito mais vender resultados que equipamento, desempenho e satisfação no lugar de motores, hélices, plástico e condensadores.

Pode-se demonstrar o sistema com um exemplo corriqueiro. Em vez de adquirir uma máquina de lavar roupa, os consumidores pagariam uma mensalidade para obter o *serviço* de lavagem. O encarregado de tal serviço teria o seu balcão, tal qual uma fotocopiadora, e seria mantido regularmente pelo fabricante, à semelhança do que ocorre com os grandes computadores e seus diversos terminais. Se a máquina cessasse de prestar o serviço específico, o fabricante seria responsável pela sua substituição ou seu reparo sem nada cobrar do consumidor, pois o equipamento continuaria sendo propriedade sua. Pode-se aplicar o conceito igualmente a computadores, automóveis, aparelhos de vídeo, refrigeradores e praticamente qualquer outro bem durável que, hoje em dia, as pessoas compram, usam e jogam fora. Como os produtos seriam continuamente devolvidos aos fabricantes para conserto, reutilização e refabricação, Stahel denominou o processo de "berço-a-berço".[19]

Muitas empresas vêm adotando os princípios de Stahel. A Agfa Gaevert foi pioneira no *leasing* de serviços de cópia, que se disseminou em toda a indústria.[20] A Carrier Corporation, uma divisão da United Technologies, está criando um programa de venda de "frio" (o contrário de calor) a empresas, ao mesmo tempo que conserva a propriedade do equipamento de ar-condicionado. A Interface Corporation já começou a vender o calor, a beleza e o conforto de seus revestimentos de piso, não mais os carpetes.

O modelo de *economia de serviço* de Braungart concentra-se na natureza dos ciclos do material. Nesta perspectiva, se um determinado produto dura muito tempo, mas deixa resíduos que não podem ser reincorporados em novos ciclos de produção ou biológicos, o fabricante é obrigado a assumir a responsabilidade por esses resíduos com todos os problemas que os acompanham, como a toxicidade, o uso excessivo de recursos naturais, a segurança do trabalho e os danos ao meio ambiente. Braungart vê o mundo como uma série de metabolismos, na qual as criações dos seres humanos, assim como as da natureza, transformam-se no "alimento" dos sistemas interdependentes, retornando ao ciclo industrial ou biológico quando sua vida útil chega ao fim. Para alguns, principalmente os frugais escoceses e os habitantes da Nova Inglaterra, pode ser que tal conceito nada apresente de novo. Ralph Waldo Emerson escreveu certa vez: "Nada na natureza se exaure em seu primeiro uso. Quando uma coisa serviu ao máximo a um fim, é inteiramente nova para um serviço ulterior".[21] Em épocas de maior simplicidade, essa sabedoria proverbial tinha aplicações altamente práticas. Hoje em dia, a complexidade dos materiais modernos torna isso quase impossível. Assim, Braungart propôs um Sistema Inteligente de Produto, através do qual os produtos que não se degradam e não retornam aos ciclos nutrientes naturais sejam projetados de modo a ser desconstruídos e totalmente reincorporados aos ciclos *nutrientes técnicos* da indústria.[22]

Outra maneira de conceber esse método é imaginar um sistema industrial que não conte com aterros sanitários, válvulas de escape nem chaminés. Se souber que nada do que entra em suas fábricas pode ser jogado fora e que tudo que elas produzem acabará retornando, de que modo uma empresa projetará seus componentes e produtos? A questão é bem mais que uma divagação teórica, pois a Terra funciona precisamente sob tais restrições.

Em uma *economia de serviço*, o produto é um meio, não um fim. O fato de o fabricante alugar e, por fim, recuperar seu produto significa que este continua sendo um ativo. A minimização do uso de material, a maximização da durabi-

A PRÓXIMA REVOLUÇÃO INDUSTRIAL

lidade do produto e a maior facilidade de manutenção não só melhoram a experiência e o valor do consumidor como também protegem o investimento do fabricante e, assim, seu balanço. *Tanto* o produtor *quanto* o consumidor são incentivados a aumentar constantemente a produtividade dos recursos, a qual, por sua vez, protege os ecossistemas. Com esse estímulo compartilhado, ambas as partes formam uma relação que antecipa e atende continuamente a evolução das necessidades de valor do consumidor — e, ao mesmo tempo, as duas partes são recompensadas à medida que se reduz a sobrecarga do planeta.

O paradigma de serviço oferece ainda outros benefícios: aumenta o emprego porque, sendo os produtos projetados para reincorporar-se aos ciclos de fabricação, o desperdício se reduz e a demanda de mão-de-obra aumenta. Na indústria, cerca de um quarto da força de trabalho dedica-se à fabricação de matérias-primas básicas como o aço, o vidro, o cimento, o silicone e as resinas, ao passo que três quartos se ocupam da fase de produção. Ocorre o inverso nos insumos energéticos: utiliza-se três vezes mais energia para extrair material virgem ou primário que para fabricar produtos com esse material. Por conseguinte, a substituição do material primário por bens manufaturados reutilizados ou mais duráveis requer menos energia e oferece mais empregos.[23]

Uma economia baseada no modelo "serviço e fluxo" pode também ajudar a estabilizar o ciclo dos negócios, pois os consumidores passariam a adquirir fluxos de serviços dos quais precisam continuamente, não mais equipamento durável, que é acessível somente nos anos favoráveis. Os prestadores de serviço seriam estimulados a manter seus ativos produtivos durante o máximo de tempo possível em vez de desmontá-los prematuramente a fim de vender as peças. A capacidade ociosa e a subutilização tenderiam a desaparecer, uma vez que, contratando um prestador de serviço, a empresa já não teria por que se preocupar com o fornecimento ou o estoque. Desapareceriam também os abatimentos de fim de ano para vender o excesso de automóveis fabricados para consumidores que não os encomendaram, pois as quotas de produção foram aumentadas a fim de amortizar o caríssimo capital em equipamento que, para começar, não era necessário. Tal como são as coisas hoje, os fabricantes de bens duráveis têm uma relação de amor e ódio com a durabilidade. No entanto, tornando-se prestadores de serviço, os incentivos a longo e a curto prazo se harmonizam perfeitamente com o que querem os consumidores, com o que o meio ambiente merece, com o que o trabalho necessita e com o que a economia pode suportar.[24]

INVESTINDO NO CAPITAL NATURAL

Ao constatar que o fornecedor de um componente-chave não consegue honrar os compromissos ou atrasa as entregas, o fabricante toma providências imediatas para que suas linhas de produção não se paralisem. Os sistemas vivos são um fornecedor de componentes indispensáveis à vida do planeta e, atualmente, não estão conseguindo atender às encomendas. Até há pouco tempo, as empresas podiam se dar o luxo de não levar em conta tal déficit porque ele não afetava a produção e não aumentava os custos. Sem embargo, essa situação pode estar se alterando à medida que cada vez mais problemas relacionados com o clima passam a sobrecarregar as companhias de seguros e a agricultura mundial. (Em 1998, os rigores do clima provocaram mais de 90 bilhões de dólares de prejuízo em todo o mundo, cifra esta que representa mais perdas relacionadas com o clima do que as que se registraram durante toda a década de 80. Tais danos se deveram em grande parte ao desmatamento e às alterações climáticas, fatores que aumentam a freqüência e a gravidade dos desastres. Em termos humanos, 300 milhões de pessoas foram obrigadas a abandonar seus lares temporária ou definitivamente; esse número inclui os deslocamentos causados pelo Furacão Mitch, a mais deletéria tormenta atlântica em dois séculos.)[25] Se se quiser manter ou aumentar o fluxo de serviços dos sistemas industriais no futuro, para atender a uma população crescente, é necessário conservar e acrescer o fluxo vital de serviços que sustentam a existência dos sistemas vivos. Isso só será possível com investimentos em capital natural.

À medida que avançam a globalização e a balcanização e à medida que continua declinando a disponibilidade *per capita* de água, terra arável e peixe (como vem acontecendo desde 1980), o mundo enfrenta o perigo de se dilacerar em conflitos regionais instigados, pelo menos em parte, por esse déficit ou desequilíbrio de recursos e pelas polarizações de renda a ele associadas.[26] Trate-se de petróleo[27] ou de água,[28] de cobalto ou de peixe, o acesso aos recursos vem desempenhando um papel cada vez mais importante na geração de conflito. Ademais, muitos conflitos sociais e deslocamentos de população — atualmente há dezenas de milhões de refugiados perambulando no mundo — são criados ou agravados pela destruição ecológica, do Haiti à Somália e à Jordânia. No dia 9 de abril de 1996, o secretário de Estado Warren Christopher proferiu o primeiro discurso de um ministro norte-americano que vinculava a segurança global ao meio ambiente. Pode ser que suas palavras se tornem proféticas nas futuras decisões políticas: "[...] as forças ambientais transcendem fronteiras e oceanos para ameaçar diretamente a saúde, a prosperidade e os empregos dos cidadãos americanos [...] posicionar-se perante as questões relativas aos recursos naturais é quase sempre decisivo para garantir a estabilidade política e econômica e para alcançar as nossas metas estratégicas em todo o mundo".

As sociedades precisam adotar objetivos comuns a fim de aumentar o bem-estar social, os quais, porém, não devem ser a prerrogativa de nenhum sistema de valores e de crenças específico. O capitalismo natural é um desses objetivos. Sem ser conservador nem liberal na ideologia, ele apela para ambas as posições. Sendo um meio, não um fim, longe de preconizar um resultado social particular, possibilita muitos. Portanto, por variadas que sejam as visões esposadas pelos diferentes partidos e facções, a sociedade pode empenhar-se hoje mesmo a favor da produtividade dos recursos, sem aguardar a solução das disputas políticas.

A PRÓXIMA REVOLUÇÃO INDUSTRIAL

Os capítulos seguintes descrevem uma série de oportunidades e possibilidades reais, práticas, testadas e documentadas. Os engenheiros já projetaram automóveis movidos a células de hidrogênio que se podem plugar em geradores elétricos, os quais talvez venham a ser as usinas do futuro. Já existem edifícios capazes de produzir oxigênio, energia solar e água potável e capazes de autofinanciar-se enquanto seus moradores trabalham dentro dele. O papel e as tintas desimprimíveis e reimprimíveis, juntamente com outros meios inovadores de uso da fibra, permitem que todo o abastecimento de madeira e polpa do mundo seja produzido em uma área do tamanho de Iowa.* As ervas podem gerar importantes produtos farmacêuticos; já se comprovou que o plástico à base de celulose é resistente, reutilizável e compósito; e é possível fabricar tapetes de luxo a partir do lixo. Os telhados, as janelas e até mesmo as estradas podem ter a função adicional de coletar a energia elétrica solar; e estão sendo projetadas cidades eficientes, sem automóveis, para que as pessoas não percam tempo locomovendo-se a fim de adquirir os bens e serviços da vida cotidiana. Essas são algumas das milhares de inovações resultantes do capitalismo natural.

Este livro é ao mesmo tempo um apanhado geral das notáveis tecnologias que já estão sendo empregadas e um apelo à ação. Muitas das técnicas e métodos aqui descritos podem ser aplicados pelos indivíduos e pelas pequenas empresas; outros são acessíveis às grandes empresas ou até a setores industriais inteiros; e há os que ficariam à disposição dos governos locais e centrais. Coletivamente, essas técnicas oferecem um rico cardápio de novas maneiras de tornar a produtividade dos recursos o fundamento de uma economia duradoura e próspera: da rua principal a Wall Street, de sua casa à Casa Branca, do vilarejo ao globo.

Embora este livro dê muita ênfase ao que fazemos com as nossas máquinas, com nossos processos de fabricação e com os materiais, seu objetivo é apoiar a comunidade humana e todos os sistemas que sustentam a vida. Há uma vasta literatura sobre a natureza dos sistemas vivos específicos, dos recifes de coral aos sistemas de estuário e à formação do solo em todo o mundo. Nossa preocupação é a de possibilitar mudanças no lado humano da economia capazes de ajudar a preservar e reconstituir esses sistemas, assim como tentar mostrar que não há, nem agora nem no futuro, uma separação verdadeira entre economia e ecologia.

---

* Iowa, Estado do Meio-Oeste dos Estados Unidos, com 146.354 km². (N. do T.)

CAPÍTULO 2

A Reinvenção da Roda
Os *Hypercars* e os Bairros

A primeira indústria automobilística — Modificação da estrutura industrial do mundo — Os Hypercars ultraleves, o acionamento híbrido — Um por cento de eficiência para começar — Carros leves mais seguros — A revolução da célula combustível de hidrogênio — O fim da idade do ferro — O controle de natalidade dos automóveis — Do transporte à comunidade.

A maior indústria do mundo, a do transporte automotivo, já avançou muito rumo a um Fator Quatro, ou até mais do que isso, em termos de produtividade dos recursos. Também passou a fechar o ciclo de materiais, adotando matéria-prima durável, que pode ser reutilizada continuamente na fabricação de carros novos, e reduzindo drasticamente a pressão que exerce sobre a atmosfera, o clima e outros elementos fundamentais do capital natural, ao mesmo tempo que começa a repensar totalmente o modo de fazer um automóvel locomover-se. A reestruturação de um segmento tão firmemente estabelecido da economia vem ganhando impulso graças não a leis reguladoras, a impostos ou subsídios, mas em virtude de forças recentemente desencadeadas pela tecnologia de ponta, pelas exigências dos consumidores, pela concorrência e pelo espírito empresarial.

Imagine uma reunião no fim do século XIX. Um grupo de empresários poderosos e clarividentes anuncia que pretende criar uma nova e gigantesca indústria, nos Estados Unidos, capaz de empregar milhões de pessoas, vender uma unidade de seu produto a cada dois segundos e oferecer mobilidade quase ilimitada aos que o consomem. No entanto, essa inovação trará outras conseqüências, de modo que dentro de cem anos terá feito ou estará fazendo o seguinte:

- pavimentar uma área igual a toda a terra cultivável dos Estados de Ohio, Indiana e Pensilvânia*, com custo de manutenção superior a 200 milhões de dólares por dia;

---

* O que corresponde a uma área total de 318.534 km², ou seja, pouco menor que a do Estado do Maranhão. (N. do T.)

A REINVENÇÃO DA RODA

- revolucionar as comunidades e a vida norte-americanas de modo a restringir a mobilidade da maioria dos cidadãos que não quiserem ou não puderem possuir ou operar o novo produto;
- ferir ou aleijar 250 milhões de pessoas e matar mais americanos do que todas as guerras da história do país;
- queimar 8 milhões de barris de petróleo por dia (1.703,25 litros anuais por pessoa);
- tornar os Estados Unidos cada vez mais dependentes do petróleo estrangeiro ao preço de 60 bilhões por ano;
- fazer com que o país dependa de uma porcentagem cada vez maior do petróleo oriundo de uma região instável e geralmente hostil, armada, em parte, com o próprio pagamento norte-americano do petróleo, obrigando-o a empreender grandes expedições militares e a manter-se em estado de alerta permanente;
- matar um milhão de animais silvestres por ano, incluindo veados, alces, pássaros, rãs e gambás, à parte as dezenas de milhares de animais domésticos;
- criar barulho e uma nuvem de poluição constantes em todas as regiões metropolitanas, afetando o sono, a concentração e a inteligência e tornando o ar de certas cidades de tal modo irrespirável que as crianças e os idosos não se atreverão a sair de casa em certos dias;
- provocar uma incidência espetacular de asma, enfisema, cardiopatias e infecções bronquiais;
- emitir um quarto dos gases que formam a estufa norte-americana, ameaçando a estabilidade climática e a agricultura mundiais;
- criar 3,5 milhões de toneladas de lixo e resíduos por ano.

Imagine agora que eles tenham conseguido.

Eis a indústria automobilística: um setor do comércio de tal modo maciço que, em 1988, cinco das sete maiores empresas norte-americanas produziam ou automóveis, ou o combustível para eles. Se essa indústria for capaz de se transformar fundamentalmente, qualquer outra há de ser. E vai se transformar. Este capítulo descreve como o negócio dominante no mundo está se modificando a fim de tornar-se muito menos prejudicial à biosfera.

Tal modificação reflete — hoje apenas em parte, mas em breve totalmente — a última de uma longa série de inovações automotivas. Em 1991, um projeto do Rocky Mountain Institute chamado *Hypercar*[1] sintetizou boa parte das tecnologias automobilísticas emergentes. Com o intuito de maximizar a competitividade e a aceitação, o *design* passou para o domínio público (tornando-se não-patenteável), na esperança de desencadear a maior guinada na estrutura industrial do mundo desde os microprocessadores. Como é próprio das revoluções, esta se iniciou silenciosamente, a partir de simples observações e de idéias heterodoxas.

A indústria automobilística do fim do século XX é, sem dúvida alguma, a expressão suprema da Idade do Ferro. Complicada reunião de umas 15 mil peças, confiável sob uma vasta ordem de condições e muito avançado em termos de segurança e limpeza, o carro atual custa, por quilo, menos que um sanduíche do McDonald's. Entretanto, a indústria que o produz é senil, estando o seu conceito central de *design* prestes a ser superado. Seus produtos, bastante parecidos entre si, disputam pequenos nichos saturados do mercado; hoje em dia, eles são comprados pela Internet, do mesmo modo que um armário de arquivo, e a maior parte das agências vende carros novos com prejuízo. Até o meado da década de 1990, foram se tornando cada vez mais pobres as inovações introduzidas pelas montadoras. Como observou o autor James Womack, "A gente sabe que está em uma indústria estagnada quando a grande inovação do produto, no último decênio, foi acrescentar mais porta-copos".[2] Virtualmente, todos os ganhos em eficiência, limpeza e segurança deveram-se à legislação criada graças às reivindicações dos ativistas sociais. O processo de *design* tornou os automóveis mais pesados, mais complexos e geralmente mais caros. Tudo isso é um sinal insofismável de que a fabricação de automóveis está madura para a mudança. Nos anos 90, a revolução na eletrônica, no *software*, nos materiais, na fabricação, na computação e em outras técnicas viabilizou o projeto de um carro que estivesse muito à frente das limitações ordinárias dos demais.

Depois de um século de engenharia, é constrangedora a ineficiência do veículo contemporâneo: pelo menos oitenta por cento da energia do combustível que ele consome se perdem, principalmente no calor e na exaustão do motor, de modo que, atualmente, no máximo vinte por cento são utilizados para que as rodas girem. Levando-se em conta os pesos proporcionais, 95 por cento da força resultante servem para pôr o carro em movimento, sendo que apenas cinco por cento deslocam o motorista. Ora, cinco por cento de vinte por cento é um por cento: não chega a representar um resultado gratificante para os automóveis americanos que queimam seu próprio peso em gasolina todo ano.

O carro convencional é pesado e quase todo feito de aço. Com muitas saliências e ângulos, dá a impressão de que o ar passa por ele com turbulência. Seu peso enorme repousa sobre os pneus, que desperdiçam energia dilatando-se e aquecendo-se. Ele é movido por um motor de combustão interna mecanicamente ligado às rodas. Um projeto inteiramente novo de automóvel que reconfigure três elementos básicos do *design* economizará pelo menos setenta a oitenta por cento do combustível atualmente consumido ao mesmo tempo que o tornará mais seguro, mais esportivo e mais confortável. As três mudanças são:

1 tornar o veículo ultraleve, com peso de duas a três vezes menor que o dos carros de aço;
2 diminuir a resistência oferecida ao seu deslocamento, de modo que ele possa deslizar no ar e rodar na estrada com muito mais facilidade; e
3 quando os passos um e dois tiverem reduzido à metade ou em dois terços a energia necessária para mover o veículo, tornar sua propulsão "elétrico-híbrida".

No acionamento elétrico-híbrido, as rodas são movidas, em grande parte ou totalmente, por um ou mais motores elétricos; todavia a eletricidade, em vez de ficar armazenada em pesadas baterias, que devem ser plugadas na tomada para recarregar quando o carro está estacionado (como ocorre com os veículos elétricos a bateria), é produzida a bordo a partir do combustível e conforme a necessidade. Isso é viável de muitas maneiras: um gerador elétrico pode funcionar com um eficiente motor a gasolina, diesel ou Stirling (de combustão externa), ou ainda com uma turbina a gás. Alternativamente, a eletricidade pode ser gerada por uma pilha de células de combustível: em estado sólido, com peças fixas, sem dispositivos de combustão, que transforma silenciosa, eficiente e confiavelmente o hidrogênio e o ar em eletricidade, água quente e nada mais.[3]

A propulsão elétrica oferece muitas vantagens decisivas. É capaz de converter em tração mais de noventa por cento da eletricidade produzida. Não gasta energia nenhuma quando o veículo está em ponto morto ou desengrenado. Os motores elétricos são leves, simples (só contêm uma parte móvel), confiáveis, baratos em volume de produção e capazes de fornecer altos torques mesmo em baixa velocidade: vários cavalos-vapor continuamente ou cerca de dez, por pouco tempo, em um motor do tamanho de um punho cerrado. Por fim, o motor movido a eletricidade, ao acelerar um automóvel, pode também ter a função de gerador que recupera a eletricidade pela desaceleração. A energia recuperada nesse "frear regenerativo" seria reutilizada, não se desperdiçaria como no caso dos freios mecânicos.[4]

Os carros ultraleves de acionamento híbrido são mais duráveis e, virtualmente, podem custar menos que os tradicionais. A combinação das melhores tecnologias atuais é capaz de produzir um carro de passeio, esporte ou utilitário que una o conforto e o requinte do Lexus, a resistência do Mercedes, a segurança do Volvo, a aceleração do BMW e o preço do Taurus, com consumo de combustível de quatro a oito vezes menor (ou seja, capaz de rodar de 35 a 85 quilômetros por litro) e um alcance de 970 a 1290 quilômetros entre um reabastecimento e outro: tudo isso com emissão zero. É possível que semelhante integração demore uma ou duas décadas para se realizar plenamente, mas todas as tecnologias de que necessita já existem hoje.[5]

Os *Hypercars* também têm a possibilidade de reduzir em até dez vezes cada um dos quatro parâmetros básicos da fabricação. Estes são o tempo que um *design* conceitual demora para se transformar em um novo carro na rua, o investimento exigido pela produção (a principal barreira que impede que novas empresas ou modelos entrem no mercado e a principal fonte de risco financeiro para os fabricantes), o espaço e o tempo necessários para a montagem e, finalmente, o número de peças na carroceria do carro — talvez até no carro inteiro. Juntas, tais vantagens decisivas muito favoreceriam economicamente os primeiros fabricantes em uma indústria de um trilhão de dólares atualmente.

Para introduzir *Hypercars* no mercado com sucesso, não há necessidade de novos impostos sobre os combustíveis nem de normas legais. Também não é preciso adotar a suposição de muitos ambientalistas — e a esperança dos produtores — de que haverá uma sensível elevação nos preços do petróleo a longo prazo. (Dois motivos tornam improvável esse aumento de preço. Primeiro, é intensa a competição de outros modos de produzir ou economizar energia. Segundo, como em qualquer outro bem, os preços do petróleo se comportaram de maneira perfeitamente aleatória nos últimos 118 anos,[6] e não convém deixar nenhum objetivo social importante na dependência de uma variável aleatória.) Por fim, os *Hypercars* tampouco seriam obrigatoriamente pequenos, lentos ou inseguros; pelo contrário, como um produto firme e superior, seriam comprados pelo mesmo motivo que leva as pessoas a preferirem os CDs aos discos de vinil.

Por esses motivos, durante os anos de 1993-98, o setor privado investiu algo em torno de 5 bilhões de dólares no desenvolvimento de linhas dentro do conceito do *Hypercar*: investimentos que produziram uma explosão de avanços.[7] Em abril de 1997, a Daimler-Benz anunciou um esforço conjunto com a empresa canadense Ballard, no valor de 350 milhões de dólares, para criar motores a células de combustível de hidrogênio. A Daimler prometeu uma produção anual de 100 mil unidades desse veículo por volta de 2005, um sétimo de sua produção total atual. Seis meses depois, o presidente da Toyota declarou que iria além dessa meta e previu que os automóveis elétrico-híbridos dominariam um terço do mercado mundial de carros em 2005.

Em dezembro de 1977, uma década antes do que a maior parte dos analistas esperava, a Toyota lançou o sedã elétrico-híbrido Prius. Grande sucesso da sempre inovadora Feira de Automóveis de Tóquio, o modelo recebeu duas vezes o prêmio Carro do Ano. Tendo entrado no mercado japonês por apenas 16 mil dólares, vendeu, no primeiro dia, nada menos que dois meses de produção. Entrementes, a Ford acrescentou 420 milhões de dólares à pesquisa da célula de combustível da Daimler/Ballard. No mês seguinte, A GM deu sua resposta na Feira de Automóveis de Detroit, expondo três protótipos híbridos de quatro lugares (movidos respectivamente a turbina, a diesel e a célula de combustível) de seu carro elétrico de bateria EV-1. E ainda prometeu estar pronta para produzir os híbridos em 2001 e a versão célula de combustível em 2004. A *Automotive News* noticiou que um modelo Ford P2000 comercializável — um carro de passeio de alumínio, quarenta por cento mais leve, cujas versões híbridas de 26/30 km/l tinham sido testadas naquele mesmo ano — podiam estar no mercado por volta do ano 2000. A Chrysler apresentou um híbrido de 30 km/l leve, de baixo custo e de compósito moldado.

Em fevereiro de 1998, o presidente da Volkswagen, Ferdinand Piëch (cujo avô, Ferdinand Porsche, inventou a propulsão elétrica-híbrida em 1900) declarou que sua empresa, prestes a iniciar a produção em série de um automóvel de 33 km/l, iria além e passaria a produzir modelos de 50 e 100 km/l. De fato, na primavera de 1998, pelo menos cinco fabricantes preparavam a iminente produção em série de automóveis em torno de 34 km/l.

Nos meados de 1998, a Toyota, ainda expandindo a produção do Prius a fim de atender à demanda e de se preparar para os lançamentos americanos e europeus em 2000, anunciou seus planos de pôr automóveis de célula de combustível no mercado "bem antes de 2002, data que posteriormente passou para 2003". Em outubro de 1998, a GM confirmou que a combinação de células de combustível com o acionamento elétrico tem "mais potencial que qualquer outro sistema de propulsão conhecido". Em novembro de 1998, a Honda deu a conhecer que o seu híbrido de 30 km/l chegaria ao mercado norte-americano no outono de 1999, um ano antes do Prius.

Tais inovações precedem uma revolução tecnológica, cultural e de mercado[8] capaz de abalar, qual um terremoto, não só a nossa maneira de viajar de automóvel como o próprio funcionamento da economia global. Os *Hypercars* podem, em última instância, determinar o fim das atuais indústrias de automóvel, de petróleo, de aço, de alumínio, de eletricidade e de carvão, anunciando o nascimento de indústrias sucessoras bem mais benignas.

Por fim, os *Hypercars* incorporarão os quatro diferentes elementos do capitalismo natural. Seu *design* reflete muitas formas avançadas da produtividade dos recursos. Os materiais empregados fluirão em circuitos fechados, com a toxicidade cuidadosamente confinada ou excluída e a longevidade incorporada aos projetos. É provável que eles sejam arrendados como serviço, até como parte de um "serviço de mobilidade" diversificado, e não vendidos como produto. A transformação direta e indireta que trarão aos setores de energia e material, como se discutirá abaixo, torná-los-á poderosos meios de reverter a erosão do capital natural, particularmente o aquecimento global — sobretudo se estiverem associados a políticas de transporte e de uso da terra sensíveis, que dêem mobilidade às pessoas sem que haja necessidade de possuir carros particulares.

Mas o que é exatamente um *Hypercar*?

NO CAMINHO DA EFICIÊNCIA

Para corrigir o desperdício de 99 por cento da energia do automóvel entre o encher o tanque e o locomover o motorista, é preciso analisar dois defeitos fundamentais de *design*: o veículo é cerca de vinte vezes mais pesado que o motorista, sendo seu motor aproximadamente dez vezes maior do que exige uma viagem média. Ambas as deficiências resultam da escolha pioneira que fez Henry Ford para produzir carros em massa e acessíveis, ou seja, a de fabricá-los em aço. É necessário um motor grande para acelerar rapidamente um veículo tão pesado. Mas o automóvel só precisa de um sexto da potência de que dispõe para viajar em uma autopista e várias vezes menos na cidade. O resultado é uma discrepância equivalente a pedir a um halterofilista de 150 quilos que dispute uma maratona: a defasagem entre a enorme capacidade de rendimento do motor e sua modesta carga normal corta a eficiência pela metade. O aço é um material fantástico desde que o peso seja um fator sem importância ou vantajoso; em um carro, porém, o peso não é nem uma coisa nem outra. O automóvel eficiente, do mesmo modo que o bom avião, não pode ser feito de aço. E quando se projetam carros menos como tanques de guerra e mais como aeronaves, começam a acontecer coisas mágicas graças às leis da física.

Há muito tempo, Detroit se concentra no aprimoramento da eficiência do *drive-line*: a fração de energia do combustível que o motor converte em torque e, a seguir, passa para as rodas por intermédio da transmissão. Porém há uma abordagem ainda melhor. O conceito de *Hypercar* ataca o problema por outro lado, reduzindo antes de mais nada a quantidade de potência necessária nas rodas. Como é preciso algo entre cinco e sete litros de gasolina para imprimir o equivalente a um litro de energia às rodas de um automóvel convencional, o aumento da eficiência da energia *nas* rodas reverte essas perdas e, por conseguinte, permite uma economia enorme de combustível.

A potência exigida para deslocar um carro pode ser reduzida sistematicamente de três modos. Na cidade, em ruas planas, cerca de um terço da potência é usada para acelerar o veículo e, conseqüentemente, acaba por esquentar os freios quando ele pára. Outro terço aquece as cerca de quatro ou 4,5 toneladas de ar que o automóvel é obrigado a empurrar para os lados a cada quilômetro que viaja — o que se denomina "resistência aerodinâmica". O terceiro terço da potência aquece os pneus e a pista na forma de resistência rotativa. A chave para projetar um carro eficiente consiste, pois, em eliminar todas essas perdas.

Os automóveis moldados em compósitos de fibra de carbono chegam a pesar duas ou três vezes menos, o que reduz proporcionalmente as perdas tanto na resistência dos freios quanto na rotativa, assim como o tamanho do sistema de propulsão requerido para alcançar uma determinada aceleração. Detalhes aerodinâmicos simples, como fazer a parte de baixo do carro tão lisa quanto a capota e a frente ligeiramente mais estreita, podem, juntos, diminuir a resistência do ar em quarenta a sessenta por cento sem restringir a flexibilidade estilística. Esse veículo mais leve, uma vez equipado com os pneus de dupla eficiência já existentes no mercado, tem a possibilidade de eliminar de 66 a oitenta por cento da resistência rotativa.[9] Unidas, tais alterações reduziriam à metade, ou até mais, a potência necessária para deslocar o carro e seus passageiros — e, portanto, diminuiria várias vezes a quantidade de combustível exigida para gerar a potência reduzida.

Em meados da década de 1980, muitos fabricantes de automóveis apresentaram protótipos — modelos feitos à mão para testar novas idéias — capazes de transportar de quatro a cinco passageiros, mas que pesavam algo em torno de 450 quilos, um terço da média dos carros americanos de hoje. Com potência convencional, eram duas ou três vezes mais eficientes que o automóvel novo médio, mas feitos de metais bem mais leves, como o alumínio e o magnésio. É possível alcançar mais facilmente os mesmos resultados, hoje, substituindo a carroceria de metal prensado por material compósito moldado, empregando o Kevlar (poliaramida), a fibra de carbono, a de vidro e outras fibras ultrafortes, especialmente os plásticos moldáveis. Esses automóveis de compósitos avançados pesariam, inicialmente, uns 680 quilos se tivessem seis lugares, com um volume comparável ao do Ford Taurus, de 1.400 quilos, e poderiam chegar a cerca de 600 quilos ou menos com mais aperfeiçoamento. Um carro de passeio típico, de quatro ou cinco lugares, chegaria a pesar uma ou duas centenas de quilos a menos.

Convém dar uma atenção especial à fabricação de automóveis ultraleves porque a economia, em peso, tende a multiplicar-se. Reduzir quatrocentos gramas em um veículo pesado significa, na verdade, torná-lo aproximadamente seiscentos gramas mais leve, pois ele passa a precisar de estrutura e suspensão mais leves para suportar esse peso, de um motor menor para locomovê-lo, de freios menores para detê-lo e de menos combustível para acionar o motor. Meio quilo a menos, em um carro ultraleve, implica uma economia ainda maior de peso, pois os componentes do veículo não se limitam a diminuir em tamanho; alguns podem vir a ser dispensáveis. Por exemplo, tornam-se desnecessários o motor de direção mecânica e os freios motores para dirigir com facilidade os veículos leves. O acionamento elétrico-híbrido passa a ser bastante pequeno e barato e, portanto, particularmente atraente em um carro assim leve, e consegue, por sua vez, eliminar a embreagem, a transmissão, o eixo motor, as juntas universais, os eixos, o diferencial, o motor de arranque, o dínamo etc. As características especiais da carroceria ultraleve e do acabamento podem também combinar-se com técnicas inovadoras para reduzir o barulho e oferecer conforto, luz e outros serviços acessórios com muito menos energia e peso.

COMO TORNAR SEGURO O CARRO LEVE

Henry Ford disse que um homem leve pode vencer um pesado: o peso não é um pré-requisito da força. Os materiais compósitos avançados de hoje demonstram essa verdade: os testes de colisão provaram que os inovadores *designs* ultraleves são pelo menos tão seguros quanto os automóveis convencionais, mesmo nas colisões em alta velocidade com pilares de ponte ou veículos pesados de aço. Os compósitos são tão extraordinariamente resistentes que conseguem absorver cinco vezes mais energia por quilo que o aço. Cerca de cinco quilos de cone oco quebrável de fibra de carbono e plástico são capazes de absorver suavemente toda a energia de colisão de um automóvel de 550 quilos com uma parede, a oitenta quilômetros por hora. Tais propriedades permitem novos *designs* de segurança capazes de compensar sobejamente a desvantagem, em termos de massa, dos carros ultraleves quando se chocam com veículos esportivos ou utilitários pesados.

Milhões de pessoas, ao assistir à cobertura da Fórmula Indy, vêem os carros de corrida colidirem com os muros. Trata-se de automóveis ultraleves de fibra de carbono, cujas peças foram projetadas para dissipar a energia de colisão, desviando-a ou detendo-a. Embora sujeitos a energias de colisão muitas vezes maiores que a dos acidentes rodoviários, a estrutura do carro de corrida e os dispositivos de proteção ao piloto evitam ferimentos graves. Os *Hypercars* combinariam o desempenho desses materiais com um *design* adaptado a toda sorte de acidentes possíveis. Metaforicamente, poder-se-ia falar em "uma pessoa envolta em espuma cercada de uma fortíssima concha embrulhada em papel-bolha". Ao mesmo tempo que protegem seus passageiros, os automóveis ultraleves também oferecem menos perigo aos ocupantes dos veículos com que colidem — revertendo a absurda "corrida às armas em massa" dos carros cada vez mais pesados. Os dispositivos adicionais de segurança, da tração nas quatro rodas aos sensores para os pontos cegos, dos espelhos retrovisores sempre secos ao manejo rápido, poderiam, antes de mais nada, tornar menos provável a ocorrência de acidentes.

A ECONOMIA DO ULTRALEVE

Grande parte da vantagem dos *Hypercars* reside no abandono de quase um século de experiência em material e fabricação baseada no aço. Tal noção pode parecer quixotesca à primeira vista. O aço é onipresente e bem conhecido; sua fabricação, altamente desenvolvida. Em geral, o carro de aço moderno satisfaz muito bem às mais conflitantes exigências: ser eficiente, ainda que relativamente seguro; potente, ainda que relativamente limpo. A maioria dos fabricantes de automóveis continua acreditando que só o aço é barato a ponto de permitir a produção de veículos acessíveis e que as alternativas, como a fibra de carbono, são proibitivamente custosas. Sem embargo, a história industrial está repleta de exemplos nos quais o material padrão foi rapidamente substituído. Os automóveis americanos, que eram 85 por cento de madeira em 1920, passaram a ser setenta por cento de aço em 1927. Os mesmíssimos executivos de Detroit, que acham que os compósitos de polímero jamais se afirmarão na indústria automobilística, costumam passar os fins de semana navegando barcos feitos de compósitos de vidro e poliéster: o material sintético já domina a construção naval e vem ganhando terreno rapidamente na construção aeroespacial. É lógico que os carros são os próximos, pois os novos métodos de fabricação e as novas maneiras de pensar a economia da produção de um veículo inteiro sugerem que, embora seja um material barato, o aço acaba saindo caro na fabricação de um automóvel, ao passo que a fibra de carvão, mesmo sendo cara, acaba resultando barata.

As fibras de carbono são filamentos rígidos, pretos, brilhantes, mais finos que um fio de cabelo humano; embora tenham um quarto da densidade do aço, são mais duras e resistentes. Em 1995, o preço por quilo da fibra de carbono estrutural correspondia a mais ou menos vinte vezes o do aço. No ano 2000, essa razão terá caído a doze. No entanto, desde que alinhadas adequadamente para suportar a pressão e urdidas para distribuí-la, a dureza e a resistência do aço podem ser obtidas com duas ou três vezes menos quilos de fibra de carbono embutida em uma forte "matriz" de polímero para formar um material compósito. Ademais, dependendo da utilização, as fibras de vidro e de Kevlar são tão boas ou até melhores que as de carbono e, ao mesmo tempo, de duas a seis vezes mais baratas. As combinações de fibras oferecem uma enorme flexibilidade de *design* que lhes permite ajustar-se precisamente às propriedades de que determinadas peças necessitam. Os compósitos também viabilizam o uso dos mais leves *designs* de carroceria, inclusive o dos "monocoques", absolutamente desprovidos de estrutura (como um ovo: a própria carroceria *é* a estrutura), cuja extrema rigidez aumenta a maneabilidade e a segurança. (Se você duvida da força de um monocoque fino, rígido e sem estrutura, tente comer a patola de uma lagosta ou de um siri sem nenhuma ferramenta.) Esses projetos economizam o uso de materiais custosos, exigindo apenas cinqüenta quilos de fibra de carbono por automóvel.

O quilo de fibra de carbono, mesmo usado frugalmente, parece ser demasiado custoso. Ocorre que o preço por quilo é uma base de comparação errônea, pois os automóveis são vendidos por unidade, não pelo peso, e precisam ser fabricados a partir das matérias-primas. Só quinze por cento do custo de uma peça de carro de aço típico corresponde ao próprio aço; o resto paga a prensagem das chapas, a solda e o acabamento. Os compósitos e outros produtos sintéticos moldados, ao contrário, saem do molde *já* prontos e acabados. Mesmo as unidades muito grandes e complexas podem ser moldadas em uma peça única. A carroceria de um automóvel compósito só precisa ter de cinco a vinte partes, ao passo que a de aço reúne de duzentas a quatrocentas. Cada uma dessas centenas de peças de aço precisa de uma média de quatro máquinas operatrizes de aço, cada qual ao preço médio de um milhão de dólares. Já os compósitos de polímero são moldados na forma desejada em uma única etapa, usando prensas de baixa pressão que até podem ser feitas de epóxi esmaltado, reduzindo em noventa por cento o preço das máquinas operatrizes. As peças, leves e fáceis de manejar, dispensam o guindaste para ser erguidas. Ajustam-se entre si com precisão, sem necessidade de trabalho adicional, e são unidas com o uso de colas extremamente fortes em vez de centenas de soldas robotizadas. A pintura — a etapa mais custosa, difícil e poluente da fabricação de automóveis, que responde por um quarto ou até cinqüenta por cento do custo final das partes pintadas da carroceria — pode ser eliminada pela tinta aplicada no próprio molde. Juntas, essas características têm tudo para tornar os automóveis de fibra de carbono mais competitivos que os de aço.[10]

As diferenças entre o uso do aço e o dos compósitos são profundas em todos os níveis da fabricação. Em um modelo convencional, mil engenheiros passam um ano projetando e um ano fazendo moldes de aço do tamanho do automóvel — um campo de futebol cheio deles — no valor de mais de um bilhão de dólares, custo esse cujo retorno chega a demorar anos ou até décadas. Esse trabalho inflexível com máquinas operatrizes exige, por sua vez, gigantescas operações de produção e amplia os riscos financeiros à medida que torna os ciclos do produto muito mais prolongados com relação à previsibilidade confiável dos mercados. Se o produto fracassar, perdem-se efetivamente investimentos gigantescos. O material dos *Hypercars*, que pode ser transformado em chapa bruta no espaço de uma noite, anula essas desvantagens. A estratégia do *Hypercar* explora pequenas equipes de projetistas, pouco tempo de produção, baixíssimo volume de defeitos por modelo, experimentação e diversificação rápidas de modelos e maior flexibilidade. A combinação da baixa intensidade de capital com os ciclos rápidos de produto implica menores riscos financeiros, combina processos já demonstrados individualmente e deve ser mais salubre e seguro para os operários.[11]

A PROPULSAO ELÉTRICA-HÍBRIDA E A REVOLUÇÃO DA CELULA DE COMBUSTÍVEL DE HIDROGÊNIO

Os *Hypercars* têm em comum com os automóveis elétricos movidos a bateria o uso muito eficiente de motores elétricos para movimentar as rodas e a capacidade de recuperar boa parte da energia de freagem para a reutilização. No entanto, os *Hypercars* diferem de seus similares elétricos não só no peso muito menor como também na fonte de eletricidade. A despeito do impressionante progresso recente, as baterias recarregadas na rede elétrica continuam excessivamente pesadas e caras, além de ser um meio pouco durável de armazenar a energia necessária às viagens mais longas. Os veículos a bateria, como observou o professor Van den Koogh, da Universidade de Delft, são "carros para transportar principalmente baterias — mas não até muito longe e tampouco com rapidez: para tanto, teriam de transportar ainda mais baterias".

Como a gasolina e os demais combustíveis líquidos armazenam centenas de vezes mais energia útil por quilo do que as baterias, para percorrer longas distâncias é melhor levar a energia na forma de combustível e, então, conforme a necessidade, transformá-la em eletricidade com o uso, a bordo, de um pequeno motor, de uma turbina ou de uma célula de combustível. O sistema de acionamento híbrido ajusta-se melhor às cargas de transmissão típicas porque o motor não precisa ficar diretamente acoplado às rodas e sempre funciona muito próximo das condições ideais. Em conseqüência, o sistema de acionamento híbrido moderno tem só um terço do peso das baterias de meia tonelada exigidas pelo carro elétrico, sendo quase tão grande a sua capacidade de armazenamento temporário de energia. Assim, os híbridos oferecem todas as vantagens da propulsão correspondente à norma do Veículo de Emissão Zero, da Califórnia, mas sem as desvantagens da bateria.

Dependendo da escolha do gerador de bordo, os *Hypercars* podem usar gasolina ou qualquer combustível alternativo menos poluente, inclusive os líquidos feitos a partir dos resíduos da agropecuária ou das florestas.[12] Existem suficientes "biocombustíveis" desse tipo para alimentar um eficiente sistema de transporte nos Estados Unidos, sem necessidade de safras especiais nem de hidrocarbonetos fósseis. Também o gás natural ou o hidrogênio comprimidos são opções convenientes de combustível nesses carros eficientes, pois mesmo um tanque pequeno, leve e acessível tem capacidade de armazenar combustível gasoso suficiente para os longos percursos — principalmente se o combustível for o hidrogênio usado em uma célula de combustível, cuja eficiência altíssima reduz ainda mais a quantidade de combustível a ser transportado para percorrer uma determinada quilometragem.

Sem embargo, é bem possível que o maior impacto do *Hypercar* esteja na transformação que ele representará não só para as indústrias automobilística, do petróleo, siderúrgica e do alumínio, mas também para a do carvão e da eletricidade. Se isso ocorrer, será porque a mais limpa e mais eficiente maneira conhecida de acionar um *Hypercar* é a célula de combustível de hidrogênio: uma tecnologia inventada em 1839, mas que só na década de 1990 conseguiu superar as barreiras que lhe tolhiam a difusão generalizada.

Você já entrou em contato com o princípio da célula de combustível nas aulas de química, no colégio, e deve ter feito aquela experiência que consiste em passar uma corrente elétrica pela água, em um tubo de ensaio, decompondo-a em bolhas de hidrogênio e oxigênio. Este processo se chama "eletrólise". Uma célula de combustível faz exatamente a mesma coisa, mas no sentido inverso: usa uma fina membrana[13] plástica polvilhada de platina para combinar o oxigênio (fornecido pelo ar) com o hidrogênio a fim de criar eletricidade, água quente pura e nada mais. Não há combustão. O processo eletroquímico, parecido com o da bateria, se bem que usando um fluxo contínuo de combustível, é silencioso, potente, além de ser a maneira conhecida mais eficiente e confiável conhecida de transformar combustível em eletricidade em qualquer escala, alimentando desde um aparelho de ouvido[14] até uma fábrica. As tripulações dos submarinos e os astronautas bebem o subproduto da célula de combustível, a água. Os prefeitos foram fotografados tomando a água expelida pela exaustão dos ônibus movidos a célula de combustível que foram testados em Vancouver e em Chicago.

Para serem utilizadas competitivamente nos *Hypercars*, as células de combustível precisam tornar-se mais baratas, coisa que acontecerá se forem projetadas para a produção em massa e produzidas em quantidade suficiente. Elas requerem uma quantidade modesta de materiais relativamente simples (ainda que sofisticados) — e são potencialmente muito mais fáceis de fabricar do que, digamos, os motores dos carros com suas mil peças móveis de metal. É um truísmo da indústria moderna, verificado em uma vastíssima série de produtos, que toda duplicação do volume cumulativo de produção torna os bens manufaturados de dez a trinta por cento mais baratos. Não há nenhum motivo para duvidar de que as células de combustível acompanhem essa tendência. Em 1998, os protótipos de célula de combustível feitos à mão por PhDs custavam aproximadamente 3 mil dólares por quilowatt. Em uma primeira produção em massa — digamos, entre 2000 e 2001 — um quilowatt provavelmente cairá para qualquer coisa entre quinhentos e oitocentos dólares e, nos anos seguintes, para cerca de cem dólares à medida que a produção se expandir e se aperfeiçoar o *design*. É apenas várias vezes o custo dos geradores a gasolina de hoje (depois de mais de um século de aprimoramento), cerca de dez vezes mais barato que uma fábrica termelétrica a carvão e diversas vezes mais barato que apenas os cabos que transmitem a energia elétrica da fábrica ao seu prédio, onde já pode estar instalada a célula de combustível. Uma vez fabricadas em grandes volumes, as células de combustível têm tudo para tornar-se baratíssimas: provavelmente menos de cinqüenta dólares por quilowatt,[15] o que corresponde a mais ou menos um quinto ou um décimo do custo das usinas geradoras mais baratas de hoje em dia. A maioria dos fabricantes de automóveis acredita que é necessário atingir esses custos baixos para que as células de combustível tenham condições de competir com os motores de combustão interna. No entanto, os *Hypercars*, sendo tão leves e aerodinâmicos, precisam de menos energia — menos quilowatts — de modo que podem tolerar perfeitamente custos de cem dólares por quilowatt, coisa que viabiliza a adoção das células de combustível com anos de antecedência.[16]

Pode-se chegar prontamente a um volume de produção suficiente para que o custo por quilowatt não ultrapasse os cem dólares se se utilizarem as células de combustível primeiramente nos imóveis: um mercado gigantesco que responde por dois terços do consumo de eletricidade nos Estados Unidos. A razão para começar por aí é que as células de combustível são capazes de transformar de cinqüenta a mais de sessenta por cento da energia do hidrogênio em eletricidade altamente confiável e de ótima qualidade, sendo que o resto é água quente a cerca de 77 °C: temperatura ideal para as tarefas de aquecer, gelar e desumidificar. Em uma estrutura típica, tais serviços ajudariam a pagar um processador a gás natural e o combustível[17] que o converte naquilo de que a células de combustível necessita: hidrogênio. Assim, com boa parte das despesas de combustível cobertas, a eletricidade da produção anterior das células de combustível sairia barata a ponto de diminuir até mesmo o custo de operação das usinas termelétricas e nucleares, sem falar no custo extra de *fornecimento* de energia que, em 1996, chegava a uma média de 2,4 centavos de dólar por quilowatt-hora.[18] As redes de fornecimento de eletricidade ou gás arrendarão e operarão as células de combustível lucrativamente se as instalarem inicialmente nos prédios situados nos bairros em que a rede de fornecimento estiver sobrecarregada e exigir expansões custosas para atender à demanda crescente, ou onde a qualidade e a confiabilidade inigualáveis das células de combustível forem importantes para usos especiais como o abastecimento de computadores.

Quando as células de combustível se tornarem viáveis em termos de custo e estiverem instaladas em um *Hypercar*, estes se tornarão, efetivamente, uma usina geradora limpa e silenciosa sobre rodas, com capacidade de gerar de vinte a quarenta quilowatts. O carro americano médio fica aproximadamente 96 por cento do tempo estacionado, geralmente no mesmo lugar. Suponha que você pague um aluguel anual de quatro ou cinco mil dólares pelo privilégio de dirigir sua "usina geradora" nos quatro por cento de tempo restantes. Quando não o estiver usando, em vez de ligar o carro na tomada para recarregá-lo — como exigem os veículos a bateria — você o pluga na rede elétrica a fim de gerar ativos. Enquanto você está sentado à escrivaninha, seu gerador ambulante devolve à rede vinte quilowatts excedentes de eletricidade. E recebe automaticamente um crédito por essa produção ao preço do momento, que é mais elevado no horário comercial. Assim, o seu segundo ativo doméstico, anteriormente ocioso, passa a reembolsar uma fração significativa do preço de seu próprio aluguel. Não seria necessário que muita gente se aproveitasse dessa vantagem para que todas as usinas termelétricas e nucleares se tornassem supérfluas, pois a frota norte-americana de *Hypercars* teria de cinco a dez vezes a capacidade geradora da rede elétrica nacional.

A REINVENÇÃO DA RODA

No caso dos veículos a célula de combustível, não têm o menor sentido os temores tão freqüentemente expressos quanto à segurança do hidrogênio. Embora nenhum combustível esteja livre de acidentes potenciais, levar hidrogênio comprimido em um carro eficiente pode ser mais seguro que transportar um tanque de gasolina de capacidade equivalente.[19] A modesta quantidade de hidrogênio[20] do automóvel ficaria armazenada em um tanque de fibra de carbono extremamente resistente. À diferença da gasolina derramada, o hidrogênio que porventura escapar não fará senão dissipar-se: ele é muito leve e se dispersa rapidamente. Embora se inflame com facilidade, a ignição exige uma mistura quatro vezes mais rica, no ar, que os vapores de gasolina. Para fazer o hidrogênio explodir é necessária uma mistura dezoito vezes mais rica e, à parte isso, uma geometria extraordinária. Ademais, um incêndio de hidrogênio só o queimaria se você estivesse praticamente dentro dele, ao contrário da gasolina e de outros hidrocarbonetos em combustão, cujas partículas de fuligem incandescente emitem um calor intenso capaz de provocar sérias queimaduras a distância. (Ninguém morreu em virtude das propriedades combustíveis particulares do hidrogênio no desastre do *Hindenburg*, em 1937. Alguns perderam a vida devido ao óleo diesel incendiado ou porque saltaram do dirigível, porém os 62 passageiros que voltaram à terra com o veículo em chamas, as claras labaredas do hidrogênio a subirem em espirais acima deles, ficaram ilesos.)[21]

Igualmente improcedente é a outra objeção comum aos carros movidos a hidrogênio, segundo a qual o veículo não poderá ser vendido enquanto o país inteiro não estiver dotado de uma rede de usinas de produção de hidrogênio, de ductos e postos de abastecimento de bilhões de dólares. O aparato fornecedor pode ser construído desde já, com os métodos e os mercados existentes e com uma estratégia lucrativa a cada passo. A princípio, os automóveis célula de combustível podem ser alugados às pessoas que trabalham em edifícios nos quais as células de combustível já estiverem instaladas. Os veículos serão abastecidos com o excedente de hidrogênio que os processadores de combustível do prédio gerarem no tempo ocioso. Entrementes, esses mesmos processadores, produzidos em massa, começarão a ser instalados também fora dos edifícios. Tais "postos de abastecimento" serão mais lucrativos que os que hoje vendem gasolina e não precisarão de um novo sistema de distribuição porque explorarão a capacidade ociosa excedente dos sistemas existentes de distribuição de gás natural e energia elétrica. A competição entre essas fontes de energia pressionará os preços do hidrogênio para baixo, até que fiquem, segundo prevê a Ford Motor Co., aquém do custo atual da gasolina por quilômetro.

A produção de hidrogênio já utiliza cinco por cento do gás natural americano, principalmente em refinarias e fábricas petroquímicas.[22] À proporção que a produção descentralizada expandir o mercado de hidrogênio para abastecer as células de combustível em prédios, fábricas e veículos, tornar-se-ão atraentes os métodos de produção mais centralizados e o fornecimento por intermédio de ductos. Uma oportunidade particularmente lucrativa envolverá a refinação do gás natural na própria jazida, onde uma grande refinaria pode retirar o hidrogênio para o embarque rumo aos mercados atacadistas através dos gasodutos já existentes ou de novos. O professor Robert Williams, da Universidade de Princeton, indica[23] que o outro produto do processo de separação, o dióxido de carbono, pode ser reinjetado na jazida, aumentando a pressão que, por sua vez, ajudará a recuperar suficiente gás natural adicional para pagar a reinjeção. Desse modo, o carbono há de ficar seguramente "segregado" na jazida, que normalmente é capaz de conter o dobro do carbono, na forma de CO_2, do que continha originalmente na forma de gás natural. Os abundantes recursos deste último — pelo menos dois séculos ainda — podem, desse modo, ser usados limpa e eficientemente em veículos de célula de combustível, assim como em edifícios e fábricas equipados com a mesma tecnologia, sem prejudicar o clima da Terra. O fornecedor de hidrogênio seria pago três vezes: pelo hidrogênio embarcado, pelo aumento da recuperação do gás natural e, ainda, conforme o futuro Protocolo de Quioto de comércio, por isolar o carbono. Essa oportunidade já está levando diversas empresas de petróleo e gás a ingressar no negócio do hidrogênio. O uso da eletricidade para decompor a água a fim de produzir hidrogênio também será benigno para o clima se a eletricidade derivar de fontes renováveis como as fotocélulas ou o vento que geralmente auferirão lucros bem mais elevados vendendo hidrogênio ao invés de eletricidade.

Quanto mais amplamente o hidrogênio for utilizado, mais a sua produção benigna para o clima — pelo vento, os campos de gás natural, os biocombustíveis etc. — se expandirá para atender à demanda. A concorrência dos preços no varejo será intensa, pois as quatro principais maneiras de gerar hidrogênio — contra a corrente e a favor da corrente, a partir da eletricidade e a partir do gás natural — estarão competindo pelos mesmos consumidores. Tecnologia para tanto já existe; a principal tarefa que nos aguarda é desencadear essa estratégia de comercialização, fabricando células de combustível em quantidade suficiente para que elas se tornem baratas e ubíquas. As empresas dispostas a fazer isso nos próximos anos hão de figurar numa espécie de *Who's Who* das maiores firmas do mundo em tecnologia e fabricação.

Essa combinação de tecnologias tem condições de reduzir, com lucro, quase dois terços de toda a emissão de dióxido de carbono dos Estados Unidos e, ao mesmo tempo, preservar a mobilidade, a segurança, o desempenho e o conforto dos automóveis tradicionais. Todavia, com ou sem células de combustível, os *Hypercars* bem-sucedidos e seus parentes próximos, dos ônibus e caminhões[24] supereficientes às bicicletas elétricas híbridas[25] e aos veículos ultraleves e baratos sobre trilhos,[26] acabarão economizando tanto petróleo quanto o vende a OPEP atualmente e tornarão o preço da gasolina ao mesmo tempo baixo e irrelevante. Entre os *Hypercars* e outros novos meios de substituir o petróleo, a baixo custo, em cada um de seus principais usos atuais, o mais provável é que o petróleo deixe de ser competitivo mesmo com preços baixos, antes de tornar-se inacessível a preços altos.[27] Como a maior parte do carvão e do urânio que atualmente se encontram no seio da Terra, o petróleo enfim só servirá para sustentar o solo.

ALÉM DA IDADE DO FERRO

O *Hypercar*, pesando duas ou três vezes menos que o automóvel convencional, exigiria cerca de 92 por cento a menos de ferro e aço, um terço a menos de alumínio, três quintos a menos de borracha e até quatro quintos a menos de platina. Aliás, não precisaria absolutamente deste metal a não ser que fosse movido por células de combustível, caso em que utilizaria menos platina que um conversor catalítico atual. Os novos avanços eliminariam cerca de três quintos dos demais metais, com exceção do cobre.[28] O *design* do *Hypercar* duplicaria a quantidade de polímero de cada veículo, porém, mesmo que todos os automóveis americanos fossem *Hypercars*, o uso total de polímeros, nos Estados Unidos, não teria aumento superior a três por cento, ou seja, menos que o crescimento anual médio.[29]

Inicialmente, a fabricação do *Hypercar* reduziria a tonelagem da indústria siderúrgica norte-americana em aproximadamente um décimo e centuplicaria o volume da produção de fibra de carbono. Tal nível de demanda faria com que esse deixasse de ser um produto especial, transformando-se em um artigo normal; ademais, reduziria seu alto preço à metade ou até a um terço dos sete a oito dólares a libra em 1998. A queda de preço, por sua vez, também permitiria que a fibra de carbono competisse com o aço em quase todas as outras aplicações industriais, das traves e vigas aos gabinetes de refrigerador e às barras de aço. Os *Hypercars* consumiriam cerca de dez vezes menos substâncias líquidas como o óleo, o anticongelante e os fluidos de freio e transmissão (dos quais um carro padrão usa quatorze tipos), sendo que se verificaria um decréscimo semelhante nas 21 peças automotivas mais rotineiramente substituídas.[30] A carroceria compósita, não sujeita à ferrugem nem à fadiga, inquebrável e quase impossível de amassar duraria décadas até ser enfim reciclada.[31] Juntamente com o reduzido fluxo de materiais nas indústrias de processamento, cada *Hypercar* representaria, assim, uma economia total de materiais equivalente a dezenas de vezes o seu peso: um total de bilhões de toneladas por ano.

E, o que é muito melhor para o proprietário, os complexos sistemas mecânicos do automóvel tradicional seriam substituídos, em grande parte, por produtos eletrônicos e *softwares* em estado sólido. O benefício mais imediato seria que as vinte e poucas causas mecânicas mais freqüentes de avarias *deixariam de figurar entre os acessórios do carro*. Em vez disso, uma conexão sem fio com a fábrica manteria o veículo em perfeito estado, calibrado e regulado, coisa que aumentaria sua confiabilidade. Uma série em expansão de dispositivos inteligentes de *software* aumentaria a segurança, a economia, a tranqüilidade, a conveniência e a personalização.

COMO CHEGAR ATÉ LÁ?

As vantagens inerentes fariam com que os *Hypercars* tivessem sucesso rápido entre os motoristas. No entanto, as vantagens estratégicas adicionais que oferecem economizando petróleo, protegendo o clima e fortalecendo a economia devem dar aos fabricantes grandes incentivos para buscar de maneira ainda mais agressiva a sua introdução no mercado. Um poderoso estímulo adotável seriam os "taxacontos":[32] sempre que adquirisse um veículo novo, o consumidor ou pagaria uma taxa, ou receberia um desconto. A alternativa e a importância envolvidas dependeriam da eficiência do carro. Ano a ano, as taxas pagariam os descontos.[33] Uma estratégia ainda melhor consistiria em calcular o desconto, no preço do carro novo, com base no quanto ele é mais eficiente que o antigo, o qual iria para o ferro-velho em vez de ser negociado.[34] Esse plano estimularia a competição, recompensaria os fabricantes por colocar automóveis eficientes no mercado e abriria um nicho de mercado onde vendê-los: uma série de benefícios que levou a GM, recentemente, a manifestar interesse pelo conceito.

Como os híbridos ultraleves não são meramente um novo tipo de automóvel, o mais provável é que sejam fabricados e vendidos de maneira inteiramente nova. Mudarão os empregos na indústria automobilística, embora seu número total possa ser mantido ou até elevado.[35] Também a estrutura do mercado se alterará por completo. Os carros de hoje são vendidos, em média, por um preço cinqüenta por cento superior ao custo de produção; há mais americanos vendendo-os que fabricando-os. Contudo, é possível que, devido à moldagem barata, a escala ideal de produção dos *Hypercars* venha a ser mais ou menos a de uma unidade regional de engarrafamento de refrigerante. Os automóveis podem ser encomendados diretamente a uma fábrica local, montados sob encomenda e entregues no domicílio do consumidor em um ou dois dias. Essa fabricação imediata eliminaria o estoque, os custos de frete e venda, assim como os descontos e abatimentos necessários para aliviar o estoque, no pátio, fabricado com antecedência e em defasagem com a procura do momento. Sendo os *Hypercars* simples e confiáveis, sua manutenção pode ser automática, mediante assistência técnica por telefone sem fio, como a Ford já faz hoje em dia na Grã-Bretanha. Já que essa estrutura de mercado funciona, atualmente, com computadores pessoais de 1.500 dólares, comprados por reembolso postal, por que não haveria de funcionar com um automóvel de 15.000?[36]

Por enquanto, os Estados Unidos têm tudo — tanto em dinamismo empresarial quanto em capacidade técnica — para assumir a liderança da indústria do *Hypercar*. Os principais obstáculos não são técnicos nem econômicos, mas culturais. Como observou o analista de energia Lee Schipper, os grandes fabricantes de automóveis têm duas graves desvantagens: ser grandes e ser fabricantes de automóveis. Os *Hypercars* hão de se parecer mais com computadores com rodas que os atuais automóveis com *chips*. Serão dirigidos mais por *software* que por *hardware*, e a concorrência favorecerá não os mais eficientes prensadores de aço, mas os integradores de sistemas mais ágeis e simplificadores. Fabricantes como a Dell e empresas de integradores de sistemas como a Sun Mycrosistems ou a Intel podem se dar muito melhor com o negócio que a GM ou a Mitsubishi. Como disse o professor Daniel Roos, do Massachusetts Institute of Technology, na Feira do Automóvel de Paris de 1998, "Nos próximos vinte anos, a indústria automotiva mundial enfrentará uma transformação radical que modificará totalmente a natureza de suas empresas e produtos [...] Pode ser que, em duas décadas, os maiores fabricantes já não controlem a indústria de veículos; pode ser que se verifique uma transferência radical do poder para os fornecedores de peças e sistemas. É possível que protagonistas completamente novos, como as empresas de eletrônica e de *software*, venham a ser os verdadeiros concorrentes da indústria automobilística".

ALÉM DA EFICIÊNCIA:
O MELHOR ACESSO PELO MENOR CUSTO

Um problema que os *Hypercars* não são capazes de solucionar é o de haver muita gente viajando muito em muitos carros: ao tornar o carro mais acessível e mais atraente, podem até piorar as condições do tráfego e o congestionamento nas estradas. A gasolina americana é hoje mais barata que a água mineral. O Dr. Paul MacCready revela que, tomando como base o valor do dólar em 1986, o combustível para viajar quarenta quilômetros em um carro novo médio custava 4 dólares em 1929, três em 1949, dois em 1969 e um em 1989. Extrapolando, chegaria a zero em 2009. No caso dos *Hypercars*, o cálculo teria de ser feito em centavos. O combustível economizado na década de 1980, com a duplicação da eficiência dos carros americanos novos, foi logo anulado pelo aumento do número de veículos e de viagens: os Estados Unidos têm mais motoristas habilitados que eleitores. O licenciamento global de veículos cresce duas vezes mais rapidamente que a população: 50 milhões de automóveis em 1954, 350 milhões em 1989, 500 milhões em 1997.[37] Quinze por cento da população do mundo possuem 76 por cento dos veículos motorizados, sendo que boa parte dos 85 por cento restantes também deseja ter o seu. As projeções padrão sugerem que as viagens globais (pessoa por quilômetro por ano) mais do que duplicará entre 1990 e 2020, redobrará novamente em 2050, sendo que as viagens de carro no mundo triplicarão entre 1990 e 2050.[38] O setor de transportes é o de crescimento mais rápido e, aparentemente, a fonte mais persistente de emissão de carbono (21 por cento do total relacionado com a energia). Isso se deve, em parte, ao fato de ele ser o setor mais subsidiado e centralmente planejado da maioria das economias do mundo — pelo menos no que se refere às modalidades favorecidas como o transporte rodoviário e o aéreo. É o que sofre menor concorrência entre as modalidades disponíveis e que pratica os preços mais artificiais.

Por esse motivo, é mais importante ampliar as vantagens do *Hypercar* em termos de produtividade de recursos do que tornar menos necessário qualquer tipo de automóvel. Isso multiplicaria os ganhos em eficiência dos carros mediante reduções no número de veículos e de viagens a fim de se chegar ao Fator Dez ou a uma economia geral ainda maior. A chave é promover um *design* efetivo de comunidade que possibilite mais acesso com menos viagens. Você continuaria podendo pôr a família inteira no carro, sempre que quisesse, e viajar de Los Angeles a um parque nacional maravilhoso: mas quando lá chegasse, conseguiria vê-lo de fato.

Com ou sem *Hypercars*, o problema do automobilismo excessivo se dissemina.[39] O congestionamento vem sufocando a mobilidade que, por sua vez, solapa a comunidade. As pessoas precisam viajar muito e carecem de meios não automotivos para fazê-lo. Isso imobiliza efetivamente os velhos ou jovens demais, os doentes, os pobres e, enfim, todos os que carecem de condições de possuir ou dirigir um carro: grupo esse que abrange um terço da população dos Estados Unidos e cujo número não cessa de crescer. A convivência e a vida social acabam sacrificadas quando passamos a só ter contato com os vizinhos pelo pára-brisa. Como comenta o arquiteto Andres Duany, essa estratificação "reduz as relações sociais a uma disputa agressiva por um metro quadrado de asfalto".

Uma frota de automóveis espaçosos, não poluentes, seguros, recicláveis, facilmente abastecidos e capazes de percorrer 85 quilômetros com um litro de combustível pode poupar os motoristas de ficar sem gasolina ou sem ar puro, mas não os impede de ficar sem estradas, sem lugar, sem paciência: a nova mazela do momento. Grande parte do custo social do automobilismo tem menos a ver com o uso do combustível que com o congestionamento, a morosidade do trânsito, os acidentes, as avarias na estrada, o uso do espaço e outros efeitos colaterais do ato de dirigir. Esse custo social é de quase um trilhão de dólares anuais: cerca de um oitavo do PIB dos Estados Unidos. Como tais valores não se refletem nos custos diretos do motorista, a despesa é efetivamente subsidiada por todos.[40]

Os carros provocam diversas moléstias causadas pela poluição e vários problemas sociais. Os acidentes no trânsito custam cerca de 90 bilhões de dólares por ano, matando mais de 40 mil americanos, ou seja, aproximadamente tanto quanto o diabetes ou o câncer de mama, e ferindo outros 5 milhões. Em termos globais, os desastres de automóvel são a quinta — e em breve passarão a ser a terceira — maior causa de óbitos: atualmente, matam meio milhão de pessoas e ferem 15 milhões todos os anos.[41] Se o automobilismo fosse uma doença, não se poupariam vastíssimos recursos internacionais na busca de sua cura.

Aliás, a cura já se definiu amplamente, mas trata-se de uma solução complexa, cheia de minúcias, que exige muito tempo para ser implementada. Certos instrumentos criativos de política pública podem introduzir mecanismos de mercado capazes de reconfigurar o sistema de transporte há tanto tempo dependente de subsídios e planejamento central. Estão surgindo três tipos de solução que se apóiam mutuamente e que:

1. Fazem com que estacionar e dirigir custem seu valor real;
2. Promovem uma concorrência genuína entre os diferentes meios de transporte;
3. Enfatizam o *uso sensível do espaço* em detrimento da mobilidade física — sintoma de estar no lugar errado.

Desde que a Roma antiga sofreu engarrafamento de bigas,[42] o congestionamento urbano vem sendo combatido com uma oferta excessiva de estradas e estacionamentos aparentemente gratuitos — isto é, deprimindo os custos ou simplesmente não cobrando os recursos das rodovias e dos estacionamentos.[43] Sem embargo, em vez de adotar a prática quase universal, nos Estados Unidos, de oferecer estacionamentos "grátis" que ocupam muitas vezes a área do espaço de trabalho dos empregados, os empregadores poderiam cobrar o preço de mercado do estacionamento e, em compensação, pagar a todo empregado um auxílio transporte de igual valor líquido. Os trabalhadores — um terço de cuja quilometragem ordinariamente percorrida é entre a residência e o trabalho — teriam a opção de usar essa importância para pagar o estacionamento *ou* para achar um meio mais barato de ir ao trabalho: morar perto, ir a pé, de bicicleta, de carona, organizando um serviço particular de lotação, servindo-se do transporte coletivo ou trabalhando em casa.[44] Os que usassem dessas alternativas embolsariam o auxílio transporte. Tal conceito de "estacionamento pago" é, atualmente, lei na Califórnia para as empresas com cinqüenta ou mais empregados nas regiões afetadas pela poluição. E sabe-se que muitas empresas que o implementaram estão extremamente satisfeitas com o resultado.[45] Em 1997, o Congresso estimulou a disseminação dessa prática.

A maior parte da legislação americana da construção civil exige que os engenheiros projetem tanto espaço de estacionamento para lojas, escritórios ou apartamentos quando as pessoas exigiriam *se ele fosse gratuito*. Essa norma mal concebida desvia os investimentos dos prédios para os estacionamentos, tornando mais escasso o espaço disponível para a moradia.[46] Ao contrário, um vereador de San José, na Califórnia, propôs certa vez que se proibisse a construção de estacionamentos nos novos edifícios comerciais ou residenciais do centro da cidade, mas que, em compensação, se exigisse que todas as unidades fossem dotadas de passarelas permanentes. Em Frankfurt, na Alemanha, é proibido construir escritórios com estacionamento associado: os trabalhadores que se virem. A Grã-Bretanha está instituindo um imposto local sobre as empresas que oferecem aos empregados estacionamento gratuito ou a preço inferior ao do mercado.[47] A região metropolitana de Sidney cobra taxas de todas as áreas de estacionamento não-residenciais para financiar estacionamentos associados às estações de trem suburbano e a outros meios de transporte coletivo. Em Tóquio, ninguém pode comprar um automóvel sem provar que tem um espaço próprio ou alugado onde estacionar. Estocolmo chegou a propor que se instituísse uma autorização mensal para que os habitantes fossem de carro ao centro da cidade — mas a mesma autorização também serviria de passe livre ao sistema viário regional (que ela financia). Em muitas cidades norte-americanas, permitir que os habitantes alugassem a terceiros o seu espaço de estacionamento no horário comercial renderia o suficiente para pagar o imposto predial.[48]

O automobilismo excessivo do Ocidente é análogo ao uso extravagantemente dissipador de energia na antiga União Soviética, cujo preço correspondia a menos de um terço do custo de produção. Naturalmente, as pessoas a esbanjavam. Contudo, quando os verdadeiros custos sociais começaram a se refletir nos preços, todos passaram a consumir energia com muito mais eficiência e sensibilidade. Fingir que dirigir um veículo é gratuito provocou uma onda comparável de custos insuportáveis.[49] Aos poucos, os cidadãos e os governos, em todos os níveis, estão se dando conta de que os motoristas devem começar a pagar os custos em que incorrem.

A prosperidade de Cingapura podia tê-la transformado em outra Bangkok saturada de veículos, cujo congestionamento — que prende o motorista médio no trânsito o equivalente a 44 dias inteiros por ano — reduz, segundo se estima, o PIB da Tailândia em cerca de um sexto. Todavia, Cingapura raramente enfrenta engarrafamentos, pois tributa pesadamente os carros, leilôa o direito de adquiri-los, impõe uma taxa de três a seis dólares a qualquer um que dirija no centro da cidade *e* canaliza esses recursos para um excelente sistema de transporte. Só no horário do *rush* matinal, uma taxa de três dólares corta em 44 por cento o número de automóveis que entram na cidade e em sessenta por cento as viagens de uma só pessoa, ajudando o tráfego a deslocar-se vinte por cento mais depressa. Londres, que atualmente pretende seguir o exemplo, espera dobrar o ganho em velocidade com uma taxa de um dólar.[50]

Cobrar mais pelo uso de estradas, túneis, viadutos ou áreas de estacionamento nos horários de maior movimento[51] é fácil com os tipos de passes eletrônicos que já pesam nas contas dos motoristas de mais ou menos vinte Estados norte-americanos, quando passam pelo pedágio. Indicadores de preços precisos podem ser efetivamente aumentados redesenhando-se fisicamente as rodovias. Converter as pistas das estradas existentes em pistas para veículos de lotação elevada — e, assim, permitir viagens mais rápidas — é um dos muitos incentivos para transportar o mesmo número de passageiros com menos veículos. Da Europa à Austrália, os "calmantes do trânsito" — i.e., diminuir a velocidade dos carros com ruas estreitas, arborizadas e ajardinadas — estão emergindo como meio efetivo de diminuir a velocidade e desestimular as viagens de automóvel de modo que as pessoas venham a recobrar seus bairros.[52] Só os acidentes que a medida evita pagam seu custo em dobro: ao contrário do dogma da engenharia de tráfego, que agora está sendo tardiamente abandonado, as ruas estreitas adequadamente projetadas são na verdade mais seguras que as largas.[53] Nos Estados Unidos, onde a maioria das ruas são amplas e a maior parte dos motoristas dirige em alta velocidade, "as pessoas arriscam mais morrer atropeladas nos subúrbios que baleadas no centro da cidade".[54] Em contraste, a preocupação com a segurança e a qualidade da vida levou Amsterdã a banir os automóveis gradualmente do distrito central: a cidade começou por introduzir calçadas mais largas e novas pistas para bicicletas, estacionamentos mais raros e mais caros e um limite de velocidade urbana de trinta quilômetros por hora. Quatro outras cidades holandesas estão desenvolvendo projetos semelhantes. Tais iniciativas tendem a se impor por si sós. Em um país como a Dinamarca, em que há duas vezes mais bicicletas que automóveis (as quais são vendidas quatro vezes mais atualmente) e em que caminhar ou viajar de ônibus são costumes generalizados, não há necessidade de "estradas gigantescas nem de estacionamentos. Isso permite chegar de transporte coletivo às cidades pequenas e às aldeias, assim como percorrê-las a pé e de bicicleta".[55] Os dinamarqueses estão, pois, revertendo a dinâmica de mais carros, vida mais sedentária e mais viagens: um círculo vicioso que aumentou em trinta por cento a média das viagens, nos Estados Unidos, nos anos 1983-90.[56]

Reduzir os perigos do tráfego e remover as barreiras que dificultam os deslocamentos a pé ou de bicicleta podem ajudar esses métodos de "trânsito individual em massa",[57] que já respondem por trinta a quarenta por cento de todas as viagens em algumas cidades importantes da Europa.[58] Não obstante, em 1990, embora cerca de 54 por cento dos americanos empregados morassem a no máximo oito quilômetros do local de trabalho, só três por cento iam trabalhar de bicicleta, sendo ainda menos os que preferiam ir a pé. E os valores são elevados: uma análise canadense constatou que se apenas cinco por cento da quilometragem norte-americana fora dos horários de *rush* passassem dos automóveis para as bicicletas, economizar-se-iam mais de 100 bilhões de dólares.[59] Na busca de tais benefícios, algumas comunidades estão favorecendo as bicicletas. Pasadena, na Califórnia, chegou à conclusão de que é compensador, em termos de custo, dar bicicletas gratuitamente aos trabalhadores que se comprometerem a servir-se delas como meio de transporte e pretende expandir o projeto para o público em geral, imitando o muito usado programa de 2.300 bicicletas grátis (depósito de três dólares) de Copenhague. Palo Alto, na Califórnia, exige que os prédios comerciais ofereçam cadeados e chuveiros aos empregados ciclistas. A polícia norte-americana pode dar um grande impulso ao ciclismo: suas unidades ciclistas têm revelado maior eficiência no policiamento, melhores relações com a comunidade e custos de equipamento de dez a 25 por cento menores.[60]

À medida que se desenvolvem o uso do espaço e as opções de transporte, alternativas como um só carro por família começam a se tornar atraentes. Em Berlim, o compartilhamento de automóveis, que agora começa a se espalhar em toda a Europa, reduz a um terço a propriedade de carros e em quase noventa por cento o seu uso no transporte, embora conserve plenamente as opções de mobilidade.[61] No cantão de Zurique e em Leiden, a colaboração entre o transporte coletivo e as locadoras de automóvel garante a mesma mobilidade a um custo menor do que possuir um carro para quem viaja menos de 9.650 quilômetros por ano. As reservas pela Internet integram as locadoras urbanas com o transporte ferroviário suíço. Todo indivíduo que compartilha um carro pode se beneficiar: um imigrante empreendedor, nos Estados Unidos, alugava seu automóvel a uma empresa de táxi enquanto estava assistindo às aulas, o que lhe rendeu o suficiente para comprar um carro novo a cada dois anos e pagar as despesas da faculdade.

Os sistemas de informação modernos podem melhorar muito inclusive os antigos meios de locomoção, permitindo o "paratrânsito" e os serviços de "disque-corrida". A superauto-estrada da informática também tem condições de ajudar a deixar de lado as auto-estradas físicas em uma época em que a metade dos norte-americanos trabalha na economia da informática.[62] Levar a fibra óptica a todos os lares dos Estados Unidos custaria menos do que gastamos a cada dois anos construindo novas rodovias. Nas atividades e empregos passíveis de serem "virtualizados", as telecomunicações cada vez melhores e mais baratas têm como transportar somente a informação, na forma de elétrons, deixando em casa os pesados núcleos na forma de seres humanos. Isso pouparia uma grande quantidade de tempo, fadiga, energia e custos. Em muitos empregos burocráticos, o principal benefício de semelhante "mobilidade virtual" tende a ser mais o aumento da liberdade e da flexibilidade pessoais que as grandes reduções no tráfego, porém ambos são importantes. Uma multinacional canadense de engenharia, que vem crescendo permanentemente desde sua fundação em 1960, mantém pessoal em mais de setenta lugares espalhados pelo mundo, muito embora não tenha sede, de modo que suas despesas são mínimas. De propriedade dos 1.700 empregados e dirigida por uma equipe de nove membros que só se reúne eletronicamente a partir de três continentes, a Golder Associates é um exemplo de "empresa virtual" emergente que não está em lugar nenhum e está em toda parte.[63]

DO TRANSPORTE A COMUNIDADE

Na década de 1970, Portland, no estado de Oregon, calculou que conseguiria reduzir em cinco por cento o consumo de gasolina se simplesmente ressuscitasse a idéia da mercearia de bairro. Semelhantes conceitos são o alicerce da recriação da comunidade. O zoneamento e o planejamento do uso do espaço são capazes de oferecer abrangentes incentivos, com base no mercado, a fim de recompensar a aglomeração de moradias, empregos e estabelecimentos comerciais, como é típico nas cidades e vilarejos mais densos e mais homogêneos do Canadá. As gratificações e os encargos da densidade podem basear-se na proximidade dos corredores de transporte coletivo e, desde os anos 50, vem ajudando a orientar quase todo o desenvolvimento de Toronto à distância de uma viagem de cinco minutos de metrô ou bonde. Estudos recentes na Califórnia sugerem que, em pouco mais de um década, tais estímulos à aglomeração devem alterar de tal modo os padrões de uso do espaço que cada pessoa-quilômetro de transporte coletivo, na forma de ônibus ou bonde, suprirá as necessidades de quatro a oito pessoas-quilômetros de viagem de carro.[64] Arlington, na Virgínia, diminuiu o tráfego usando as estações de metrô como focos de desenvolvimento. Toda vez que se abre uma nova estação de metrô na região de Washington, eleva-se em dez por cento o valor dos imóveis nos quarteirões próximos, estimulando mais desenvolvimento privado: no valor de 650 milhões de dólares só nos três primeiros anos do sistema.

O uso sensível do espaço tornaria desnecessárias muitas viagens, aglomerando a uma distância que se pode percorrer a pé os principais lugares a que as pessoas vão. Os incorporadores que o fazem têm tido sucesso no mercado. No entanto, muitas jurisdições norte-americanas proíbem os aglomerados cumprindo normas de zoneamento obsoletas criadas, como o expressa a principal decisão da Suprema Corte de 1927, para "manter os porcos fora da sala de estar". O zoneamento atual geralmente impõe padrões de uso do espaço que maximizam a distância e a dispersão, proíbem a proximidade e a densidade, segregam os usos e os níveis de renda e exigem o trânsito universal de carros em amplas e sofisticadas rodovias. Tal zoneamento, outrora criado para aumentar o conforto e proteger contra a poluição, torna atualmente todos os lugares poluídos, caros e inabitáveis.

As normas hipotecárias e tributárias que subsidiam os subúrbios dispersos são outra causa permanente do mau uso do solo. Principalmente a partir de 1945, quando elas receberam o reforço dos automóveis e das estradas subsidiados, tais medidas estimularam o êxodo dos Estados Unidos rumo aos subúrbios. Assim, estes últimos receberam cerca de 86 por cento do crescimento da nação desde 1970. A Europa, que tratou de evitar semelhante descentralização, tem hoje em dia densidade urbana quatro vezes maior.[65] Lá, de quarenta a cinqüenta por cento das viagens se fazem a pé ou de bicicleta e aproximadamente três por cento pelo transporte coletivo.[66] A dispersão dos Estados Unidos impõe custos cada vez mais elevados. Em 1992, o Centro de Estudos Urbanos da Universidade Rutgers concluiu que, se meio milhão de novos habitantes se mudassem para Nova Jersey nos próximos vinte anos, cada novo proprietário de imóvel teria de pagar pelos custos indiretos da dispersão, como as rodovias e a infra-estrutura estendida, doze ou quinze mil dólares a mais do que se o desenvolvimento fosse mais compacto.[67] Um estudo recente do Bank of America alertou para "os custos enormes a que a Califórnia já não pode fazer face. Ironicamente, a dispersão incontida, outrora o motor do crescimento da Califórnia, hoje ameaça *inibir* o crescimento e degradar nossa qualidade de vida".[68]

Um bom começo para corrigir essas custosas distorções seria fazer com que as incorporadoras arcassem com as despesas que impõem à sociedade. Outro seriam as "hipotecas eficientes de localização", que permitem efetivamente ao mutuário da casa própria capitalizar as despesas evitadas com o carro de que já não precisa para ir trabalhar. As normas de Fannie Mae e Freddie Mac, hoje existentes, habilitam os lares americanos eficientes em energia a uma hipoteca maior com base em renda menor, porque seus custos baixos de energia podem suportar uma dívida maior e com menor risco de inadimplência. O Dr. David Goldstein, cientista-chefe do Conselho de Defesa dos Recursos Naturais, propôs que a inclusão na mesma fórmula dos custos de *transporte* típicos de um bairro (que são muitas vezes maiores, por casa, que as contas diretas de energia) baratearia a habitação urbana e encareceria a dispersão suburbana, refletindo melhor seu impacto social.[69] Fannie Mae propôs uma experiência de um bilhão de dólares, em 1995, para ver como funcionava esse esquema; agora está se expandindo nacionalmente. Ele pode, enfim, reduzir drasticamente as viagens de carro, já que estudos em três cidades mostraram que, em comparação com a dispersão, a maior densidade urbana reduz essas viagens em até dois quintos, a proximidade do transporte coletivo, em um quinto.[70]

Fazer com que a dispersão se pague aumentará mais a vantagem de mercado do *design* New Urbanist, que busca, ao contrário, concentrar os lugares onde as pessoas moram, trabalham, fazem compras e se divertem a uma distância de *cinco minutos de caminhada*: padrão observado em todo o mundo nas aglomerações humanas que cresceram organicamente. Por sua vez, a organização espacial favorável ao pedestre recria a comunidade. Como explica Alan Durning, do Northwest Environment Watch, "A maioria das pessoas acredita que a alternativa para os automóveis é o transporte coletivo melhor — na verdade, são os bairros melhores".[71] Eis a chave para tornar o carro "um acessório da vida, não seu princípio organizacional central".[72]

Em resumo, tanto na mobilidade pessoal quanto no transporte de cargas, a demanda de tráfego tem afinidade com a demanda de energia, de água ou de armas: não é um destino e sim uma escolha. Atualmente, estão surgindo métodos que minimizam os custos e nos permitem escolher entre investir mais em carros, em outros meios de transporte, em substitutos do transporte como as vídeo-conferências e os escritórios via satélite, ou em um uso mais inteligente do espaço e em bairros mais fortes. Entrementes, o automóvel está sendo reinventado mais depressa do que as implicações de sua nova concepção vêm sendo repensadas. A história recente dos computadores, das telecomunicações e de outras convergências tecnológicas sugere que a mudança para o *Hypercar* pode ocorrer mais rapidamente que a reflexão sobre onde as pessoas moram, trabalham, fazem compras e se divertem ou sobre a escolha entre os meios de mobilidade. Pode ser que os *Hypercars* nos dêem mais tempo para estudar essas questões, mas eles não saberão resolvê-las. A não ser que a reforma básica do transporte e do uso do espaço evolua ao mesmo tempo e no mesmo ritmo dos *Hypercars*, os automóveis hão de se tornar extremamente limpos e eficientes antes que cheguemos a não mais precisar deles. Esse sucesso pode até sabotar a reforma do transporte, pois se a poluição desaparecer e a luta pelo controle do petróleo se tornar desnecessária, será difícil exaltar-se com o tráfego insuportável e o efeito mais sutil e insidioso da mobilidade excessiva sobre a eqüidade, a forma urbana e o tecido social.

Os *Hypercars* estão se tornando realidade rapidamente. Se suas vantagens técnicas e de mercado pareciam especulativas e controversas ainda em 1995, em 1999 é evidente que já se iniciou uma das maiores aventuras da história industrial. No entanto, como em muitos outros contextos, as tecnologias poderosas de eficiência de recursos deviam coexistir com um senso aguçado de propósito social: os meios não são satisfatórios sem fins estimáveis. T. S. Eliot avisou: "Mil policiais a orientar o tráfego / Não podem lhe dizer por que você vem ou aonde vai". Mobilizar a engenhosidade para criar um carro melhor deve vir a par da sabedoria para criar uma sociedade em que vale a pena dirigir: mas com menos freqüência.

CAPÍTULO 3

Não Desperdice

Metabolismo industrial — A quantidade impressionante de desperdício — Quando o emprego desaparece, um bilhão e a contagem continua — Superprodutividade — Dois trilhões de dólares em economias potenciais — Crescimento versus progresso

Os automóveis são um grande componente da economia industrial moderna, mas apenas uma parte dela. Pense nos fluxos de material necessários à manutenção da produção industrial dos Estados Unidos em termos biológicos, como se fosse seu fluxo metabólico. A indústria ingere energia, metais e minerais, água e floresta, pesca e produtos agropecuários. Excreta resíduos líquidos e sólidos — diversos poluentes tóxicos degradáveis ou permanentes — e exala gases, que são uma forma de lixo molecular. Os resíduos sólidos vão para os aterros, os depósitos, o ferro-velho, a reciclagem e o mar. O lixo molecular passa para a atmosfera, os oceanos, os rios, os córregos, os lençóis de água, o solo, as plantas e a carne dos animais e das pessoas. Tal qual o aparelho circulatório humano, a maior parte dos fluxos industriais são invisíveis ou só parcialmente visíveis. As pessoas tendem a tomá-lo por coisa líquida e certa, do mesmo modo que suas funções orgânicas. Parte do fluxo pode ser vista nas latas de lixo, nos *shopping centers*, nos postos de gasolina, nos restaurantes à beira da estrada ou nos contêineres empilhados no cais do porto. Embora suas manifestações mais óbvias sejam os bens que se compram e se usam cotidianamente — o sabão, os víveres, a roupa, os carros etc. —, os itens domésticos não constituem senão uma pequena fração do material necessário à manutenção do nosso padrão de vida. As construções, as rodovias e a infra-estrutura exigem uma quantidade bem maior. Contudo, mesmo isso, tomado em conjunto, se apequena diante do maior contribuinte do fluxo diário de material: o lixo na forma de refugo, de ganga, de cinza, de cimento, de fuligem, de escória, de gases de chaminé, de entulho, de metano, além de outros resíduos dos processos extrativo e fabril.

Uma diferença fundamental entre os processos industrial e biológico é a natureza da produção. Os sistemas vivos são regulados por fatores limitantes como as estações do ano, o clima, o sol, o solo e a temperatura, os quais, por sua vez, governam-se pelos ciclos de realimentação. Na natureza, a realimentação é contínua. Elementos como o carbono, o enxofre e o nitrogênio são permanentemente reciclados. Se fosse possível acompanhar a história do carbono, do cálcio, do potássio, do fósforo e da água em seu corpo, você provavelmente descobriria que é feito de pedaços do Mar Negro, de peixes extintos, de cadeias de montanha erodidas e de exalações de Jesus e de Buda. Os sistemas industriais, ao contrário, embora recebam realimentação da sociedade na forma de patrões, empregados, Wall Street e máquinas monitoradoras, têm estado alheios a grande parte da realimentação ambiental. Os ciclos de material tiram da natureza o capital natural de altíssima qualidade na forma de petróleo, madeira, minerais ou gás natural e o devolve na forma de resíduo. Daqui a vinte séculos, nossas florestas e nossos descendentes serão constituídos de pedaços de copos de poliestireno, de *walkmen* da Sony e de tênis Reebok. Os componentes desses produtos não se reciclam. Isso significa, obviamente, que o lixo industrial se acumula e está se acumulando na natureza.

Um interessante estudo de caso mostra a complexidade do metabolismo industrial no livro *Lean Thinking* [O Pensamento Estéril], de James Womack e Daniel Jones, que acompanha a origem e a trajetória de uma lata de Coca-Cola inglesa. A fabricação da lata resulta mais custosa e complicada que a da própria bebida. A bauxita é extraída na Austrália e transportada para um separador, que, em meia hora, purifica uma tonelada de minério, reduzindo-a a meia tonelada de óxido de alumínio. Quando acumulado em quantidade suficiente, o estoque é embarcado em um gigantesco cargueiro que o leva à Suécia ou à Noruega, onde as usinas hidroelétricas fornecem energia barata. Depois de um mês de travessia de dois oceanos, ele passa outros dois meses na fundição. Ali, um processo de duas horas transforma cada meia tonelada de óxido de alumínio em um quarto de tonelada de metal alumínio em lingotes de dez metros de comprimento. Estes são tratados durante quinze dias antes de embarcar para as laminadoras da Suécia ou da Alemanha. Lá, cada lingote é aquecido a quase quinhentos graus Celsius e prensado até atingir a espessura de 0,30 centímetros. As folhas resultantes são embaladas em rolos de dez toneladas e transportadas a um armazém e, depois, a uma laminadora a frio do mesmo país ou de outro, onde voltam a ser prensados até ficar dez vezes mais finas e prontas para a fabricação. O alumínio é, então, enviado à Inglaterra, onde se moldam as folhas em forma de latas que, a seguir, são lavadas, secadas, esmaltadas e pintadas com a informação específica do produto. Depois de laqueadas, rebordadas (ainda não têm tampa), recebem uma camada protetora interna, que evita que o refrigerante as corroa, e passam pela inspeção. Colocadas em paletes, são erguidas pelas empilhadeiras e ficam armazenadas nas prateleiras. No momento do uso, são transportadas até a engarrafadora, onde as lavam e limpam uma vez mais e as enchem de água misturada com xarope aromatizado, fósforo, cafeína e gás de dióxido de carbono. O açúcar vem das plantações de beterraba da França depois de passar pelo transporte, a usina, a refinação e o embarque. O fósforo, originário de Idaho, nos Estados Unidos, é extraído em minas profundas — processo esse que também desenterra o cádmio e o tório radioativo. As empresas de mineração consomem permanentemente a mesma quantidade de eletricidade que uma cidade de 100 mil habitantes a fim de dar qualidade alimentar ao fosfato. A cafeína vai da indústria química para o fabricante do xarope na Inglaterra. As latas cheias, depois de vedadas com uma tampa *pop-top* de alumínio em um ritmo de 1.500 por minuto, são embaladas em caixas de papelão com as mesmas cores e esquemas promocionais. Estas foram feitas com polpa de madeira oriunda de qualquer lugar, da Suécia à Sibéria e às antigas florestas virgens da Colúmbia Britânica, que são o hábitat dos ursos pardos, dos cachorros-do-mato, das lontras e das águias. Uma vez mais empilhadas em paletes, as latas são transportadas ao armazém de distribuição regional e, pouco depois, ao supermercado, onde normalmente as compram em três dias. O consumidor adquire 350 mililitros de água com açúcar colorida com fosfato, impregnada de cafeína e aromatizada com caramelo. Beber a Coca-Cola é questão de alguns minutos; jogar a lata fora, de um segundo. Na Inglaterra, os consumidores jogam no lixo 84 por cento das latas, o que significa que a taxa geral de alumínio desperdiçado, sem contar as perdas de produção, é de 88 por cento.[1] Os Estados Unidos ainda obtêm do minério virgem três quintos do alumínio que consomem, gastando vinte vezes a energia do metal reciclado, sendo a quantidade de alumínio que jogam fora suficiente para renovar toda a frota de aviões comerciais do país de três em três meses.

Todo produto que consumimos tem uma história oculta semelhante, um inventário não escrito de material, recursos e impactos. É também acompanhado pelo desperdício gerado por seu uso e disposição. Na Alemanha, essa história oculta é chamada "mochila ecológica". A quantidade de refugo produzido para fazer um *chip* semicondutor é de mais de 100 mil vezes o seu peso; o de um *laptop* chega a quase 4 mil vezes o seu peso.[2] São necessários dois litros de gasolina e mil de água para produzir um de suco de laranja da Flórida.[3] Uma tonelada de papel exige o emprego de 98 toneladas de diversos recursos.[4]

No Canadá e em outras partes do mundo, vem crescendo o uso de um conceito conhecido como "a pegada ecológica", criado por Mathis Wackernagel e William Rees, que avalia a capacidade ecológica necessária para sustentar o consumo de produtos e até mesmo os estilos de vida. Calcula-se uma pegada ecológica somando os fluxos de material e energia requeridos para sustentar qualquer economia ou segmento de economia. Tais fluxos são então convertidos em medidas padrão da produção que se exige das regiões de terra e água. Pegada é a superfície total de terra necessária para sustentar uma determinada atividade ou um produto. Em todo o mundo, o solo produtivo disponível *per capita* declinou de 5,6 hectares, em 1900, para 1,4, dos quais menos de 0,4 é arável. Por outro lado, a quantidade de terra exigida para sustentar as populações dos países industrializados aumentou de um hectare por pessoa, em 1900, para uma média de quatro atualmente. Em troca do excedente de 4,5 hectares nos países desenvolvidos em 1900, hoje há um déficit de quase três por pessoa. Para que todo o mundo tenha o padrão de vida de um americano ou um canadense, são necessários dois outros planetas Terra; três outros, se a população dobrar, e nada menos que doze se o nível de vida mundial dobrar nos próximos quarenta anos.[5]

QUANTO DESPERDÍCIO HÁ?

Fresh Kills — o maior aterro sanitário do mundo, situado em Staten Island, Nova York — é o repositório do lixo diário das cinco unidades administrativas da cidade de Nova York. Os visitantes ficam admirados com o gigantesco monturo que recebe quase 12 milhões de toneladas de dejeto comercial e doméstico por dia.[6] Ocupando 6,4 quilômetros quadrados e com mais de trinta de altura, contém cerca de 880 milhões de metros cúbicos de lixo constituído de 100 milhões de toneladas de jornal, latas de tinta, cascas de batata, poliestireno, conchas de marisco, ossos de frango, comida estragada, pontas de cigarro, latas de refrigerante, fibra de roupa e, ocasionalmente, um cadáver.[7] Quando tiver atingido a capacidade máxima e for fechado, em 2001, será a montanha mais alta da planície litorânea da costa leste. No entanto, por enorme que seja, Fresh Kills recebe apenas 0,0018 por cento dos desperdícios gerados cotidianamente nos Estados Unidos. Os americanos ou a indústria do país criam e se desfazem de 5.500 vezes mais resíduos sólidos em outros lugares.

A indústria desloca, escava, extrai, revira, queima, desperdiça, bombeia e joga fora 1.815 toneladas de material para abastecer uma família norte-americana de classe média durante um ano. Em 1990, as atividades econômicas e pessoais nos Estados Unidos mobilizaram, em média, um fluxo de aproximadamente 56 quilos de material por dia — o equivalente à carga de 250 milhões de carretas por ano. Isso resulta em 21,3 quilos de combustível, 20,8 de material de construção, 6,8 de produtos agrícolas e 2,7 de florestais, 2,7 de minerais industriais e 1,3 de metais, dos quais noventa por cento são ferro e aço. Os 2,7 quilos líquidos de material reciclado correspondentes à média diária das atividades norte-americanas lançaram no ar 58 quilos de material gasoso, criaram 20,4 de artefatos materiais, geraram 5,8 de lixo concentrado e disseminaram 1,5 de resíduos não gasosos no meio ambiente em forma esparsa, como é o caso dos pesticidas, dos fertilizantes e dos fragmentos produzidos pelo atrito dos pneus. Ademais, as atividades pessoais diárias impuseram o consumo de cerca de 907 quilos de água, a qual, após o uso, fica contaminada a ponto de não poder ser devolvida pelos emissários marinhos ou ribeirinhos, e produziram 167,8 quilos de rocha, ganga, refugo e água tóxica em conseqüência da extração de petróleo, gás, carvão e minério.[8]

Em suma, os norte-americanos jogam fora ou fazem com que se joguem fora quase quinhentas toneladas de material por pessoa por ano. Esta cifra inclui: 1,6 bilhão de quilos de lixo (um "tapete" de 840 milhões de metros quadrados),[9]

1,5 trilhão de quilos de carbono no CO_2 lançado na atmosfera,[10] 8,6 bilhões de quilos de fragmentos de poliestireno, 12,7 bilhões de quilos de comida jogada fora em casa, 163 bilhões de quilos de produtos químicos orgânicos e inorgânicos usados na fabricação e no processamento,[11] 322 bilhões de quilos de resíduos aleatórios gerados pela produção química[12] e 1,7 trilhão de quilos de entulho de construção. E essas são apenas as cifras domésticas do fluxo de material: não levam em conta os detritos gerados pelos americanos no estrangeiro. Por exemplo, a mina de ouro Freeport-McMoRan, em Irian Jaya, na Indonésia, produz anualmente 181 quilos de refugo e lixo tóxico por homem, mulher e criança americanos. Ocorre que só uma fração ridícula das 130 mil toneladas do fluxo diário de material chega aos Estados Unidos: em ouro. O resto fica lá, na forma de lixo tóxico, dos quais as sanguessugas tratam de fugir e os quais destroem as regiões baixas e ribeirinhas da floresta tropical.

Atualmente, o total anual de desperdícios nos Estados Unidos, excluindo-se a água usada, excedem os 22,7 trilhões de quilos. (Um trilhão é um número enorme: contar 22,7 trilhões, à base de um por segundo, exigiria a vida inteira de 24 mil pessoas.) Se incluirmos no cálculo a água jogada fora, o fluxo anual de detritos do sistema industrial norte-americano é de 113 trilhões de quilos.[13,14] Menos de dois por cento do deflúvio total desse lixo é realmente reciclado — principalmente o papel, o vidro, o plástico, o alumínio e o aço. No curso de uma década, 226 trilhões de quilos de recursos norte-americanos terão se transformado em gases e sólidos improdutivos.

Esses são os números dos Estados Unidos. As nações em desenvolvimento geralmente aspiram a uma economia como a norte-americana, porém muitas estão crescendo e se industrializando bem mais depressa. A Grã-Bretanha demorou mais de um século para dobrar sua renda na primeira revolução industrial. A Coréia levou menos de 25 anos. Depois de iniciar a industrialização, os Estados Unidos tardaram cinqüenta anos para dobrar a renda; a China o fez em nove. Por conseguinte, essa cifra assombrosa de desperdícios norte-americanos pode ser rapidamente superada pelo resto do mundo, cuja população é 21 vezes maior que a dos Estados Unidos.

DESPERDÍCIO DE GENTE

Na sociedade, o desperdício assume uma forma diferente: a vida humana. Conforme a Organização Internacional do Trabalho, sediada em Genebra, quase um bilhão de pessoas (cerca de 30 por cento da força de trabalho do mundo) ou não podem trabalhar, ou têm empregos tão humildes que não conseguem sustentar-se nem a suas famílias. Na China, prevê-se que o número de desempregados ou subempregados chegará a 200 milhões no ano 2000, situação essa que já vem provocando protestos, jovens drogados, consumo de heroína, guerras de traficantes, violência e criminalidade.[15] Nos Estados Unidos, em 1996, ano em que o mercado de ações atingiu picos elevadíssimos, o "índice de saúde social" da Universidade Fordham não chegou a tanto. Esse índice, que reflete problemas como o abuso de crianças, o suicídio de adolescentes, a dependência de drogas, a evasão escolar, a pobreza infantil, a má distribuição da renda, a mortalidade infantil, o desemprego, a criminalidade, assim como o abuso e a pobreza dos idosos, caiu 44 por cento em relação ao seu valor mais elevado de 1973.[16] Globalmente, as taxas de subemprego e desemprego elevaram-se mais depressa que as de emprego em mais de 25 anos. Por exemplo, o índice de desemprego na Europa, em 1960, era de dois por cento; em 1998, havia subido a quase onze por cento.[17] Em muitas partes do mundo, chegara a algo entre vinte e quarenta por cento.

Os Estados Unidos se orgulham de sua taxa de desemprego relativamente baixa de 4,2 por cento (1999), e não deixam de ter razão. No entanto, as cifras oficiais dissimulam um quadro mais complexo. Segundo a autora Donella Meadows, dos 127 milhões de norte-americanos empregados em 1996, 38 milhões trabalhavam meio período, sendo que outros 35 milhões, embora tivessem emprego, não ganhavam o suficiente para sustentar uma família. A lista oficial de 7,3 milhões de desempregados não leva em conta os 7 milhões de pessoas adicionais desestimuladas, compulsoriamente aposentadas ou que têm ocupações temporárias. Dentre as consideradas empregadas, 19 milhões trabalhavam por conta própria e ganhavam menos de 10 mil dólares por ano, geralmente sem o benefício de nenhum tipo de previdência social.

As porcentagens de desemprego também mascaram a verdade sobre a vida dos moradores do centro da cidade. Em *When Work Disappears* [Quando o trabalho desaparece], W. Julius Wilson cita quinze bairros predominantemente negros de Chicago, com população total de 426 mil habitantes. Só 3,7 por cento dos adultos dessas regiões estão empregados. Embora sejam numerosas as causas das altas taxas de desemprego, a preponderante é o desaparecimento dos empregos: entre 1967 e 1987, Chicago perdeu 360 mil vagas na indústria; Nova York, mais de 500 mil. Ao comentar a reestruturação das empresas, a imprensa se concentra nos empregos perdidos. Quando faz a cobertura do centro da cidade, dá ênfase aos problemas sociais, à criminalidade e às drogas; raramente menciona a questão do trabalho significativo.[18] A ironia das cidades norte-americanas está em que cinqüenta anos depois da II Guerra Mundial, partes de Detroit, da Filadélfia e de Newark parece que foram bombardeadas, ao passo que Dresden, Londres e Berlim florescem e transbordam de vida.

É comum considerarem-se as pessoas um recurso — toda grande empresa tem seu departamento de "recursos humanos" — mas tudo indica que não é dos mais valiosos. Faz tempo que os Estados Unidos se transformaram na maior colônia penal do mundo. (A China está em segundo lugar: a maioria dos americanos provavelmente já comprou ou usou alguma coisa feita em um presídio chinês.) Aproximadamente 5 milhões de norte-americanos aguardam julgamento na prisão, em liberdade ou em liberdade condicional.[19] Só em 1997, o número de presidiários nas cadeias distritais ou municipais elevou-se em nove por cento.[20] Um em 25 homens, nos Estados Unidos, está de algum modo envolvido com o sistema penal ou judiciário. Entre os negros, quase um em três, na faixa etária entre vinte e trinta anos, se encontra no sistema correcional.[21] Haverá uma relação entre o fato de 51 por cento da população das prisões serem cons-

NÃO DESPERDICE

tituídos por negros e o de 44 por cento dos jovens negros crescerem na pobreza? Embora as estatísticas mostrem que a criminalidade diminuiu drasticamente desde 1992 em virtude da combinação do crescimento econômico com alterações demográficas e um policiamento mais eficaz, nós continuamos de tal modo habituados à criminalidade que as municipalidades rurais buscam construir novas penitenciárias sob a rubrica do "desenvolvimento econômico". Aliás, apesar do recuo da criminalidade no período 1990-94, a indústria da construção de presídios cresceu a uma taxa anual de 34 por cento, ao passo que as despesas com a criminalidade ou a ela relacionadas aumentaram a ponto de se calcular que chegam a sete por cento da economia do país.[22] Acaso esse nível de criminalidade se deve realmente aos chefes do narcotráfico colombiano, à violência na televisão e ao colapso dos valores da família? Não haverá alguma coisa mais fundamentalmente errada em uma sociedade que trancafiar tanta gente em *bunkers* de concreto a custos assombrosos para a sociedade? (Não há diferença de custo entre o encarceramento e a educação na Ivy League*; o que muda é o currículo.) Embora se possa atribuir razoavelmente culpa individual a cada usuário de droga, a cada criminoso, a cada ladrão ou a qualquer um que transgrida a lei civil ou penal, não seria demais perguntar até que ponto um padrão tão elevado de perda e desperdício afeta a nossa nação. O direito que temos de atribuir responsabilidade individual não nos pode cegar para uma causa e um efeito sociais bem mais abrangentes.

Em um mundo em que um bilhão de trabalhadores não encontram um emprego decente ou simplesmente um emprego, somos obrigados a afirmar o óbvio: não é possível — por meio algum: monetário, governamental, caritativo — criar uma noção de valor e de dignidade na vida das pessoas se, ao mesmo tempo, criamos uma sociedade que evidentemente não precisa delas. Quem não se sente valorizado há de reagir de maneira manifesta e por vezes chocante ao desprezo com que a sociedade o trata. Robert Strickland, pioneiro no trabalho com crianças do centro da cidade, disse certa vez: "Não se pode ensinar álgebra a uma pessoa que não quer estar aqui". Com isso ele queria dizer que suas crianças não queriam de jeito nenhum estar vivas "aqui", ou seja, em nenhum lugar da Terra. Elas tentam falar conosco e, como não as ouvimos, elevam o nível de risco em seu comportamento — voltando-se para o sexo sem proteção, para as drogas ou para a violência — até que reparemos nelas. A essa altura, geralmente já se cometeu um crime, e nós respondemos construindo mais cadeias e dando a isso o nome de "crescimento econômico".

Não há curativo para as chagas sociais nem "salvação" para o meio ambiente enquanto as pessoas continuarem apegadas às concepções obsoletas do industrialismo clássico, segundo as quais o *summum bonum* do empreendimento econômico consiste em empregar mais capital natural e menos gente. Quando

---

* Ivy League: grupo de universidades do nordeste dos Estados Unidos. A expressão geralmente é empregada para designar as modas, os padrões, as atitudes etc. associados aos seus alunos. (N. do T.)

a sociedade carecia de bem-estar material e a população era relativamente pequena, semelhante estratégia tinha sentido. Hoje, com as condições materiais e os números populacionais substancialmente alterados, passou a ser contraproducente. No que diz respeito a satisfazer às necessidades do futuro, a economia empresarial contemporânea, em sua ótica, equivale aos pré-copernicanos. O fator básico é: uma sociedade que desperdiça recursos desperdiça gente e vice-versa. E ambos os tipos de esbanjamento custam caro.

Mas não são unicamente os pobres que vêm sendo "esbanjados". Em 1994, pediu-se a vários altos executivos das empresas da *Fortune 500* que se manifestassem sobre as seguintes perguntas: Você quer passar os próximos cinco anos trabalhando mais do que agora? Você conhece alguém que queira trabalhar mais do que trabalha atualmente? Você passa ou conhece quem passe tempo demais com os filhos? Ninguém ergueu a mão.[23]

Assim como a superprodução esgota o solo, a superprodutividade exaure a força de trabalho. A suposição de que a maior produtividade levaria a mais lazer e bem-estar, embora válida durante muitas décadas, deixou de ser verdadeira. Nos Estados Unidos, os que têm emprego (e, presumivelmente, vêm se tornando mais produtivos) acham que trabalham anualmente de cem a duzentas horas a mais do que trabalhavam há vinte anos.[24]

Do ponto de vista dos economistas, a produtividade do trabalho é um Santo Graal, sendo simplesmente impensável que a busca continuada de elevá-la a níveis cada vez mais altos esteja, de fato, tornando o conjunto do sistema econômico menos produtivo. Nós *trabalhamos* de maneira mais inteligente, porém levar um *laptop* do aeroporto a uma reunião e, depois, enfrentar um vôo exaustivo de volta para casa — tudo isso a fim de melhorar o desempenho — pode atualmente ser um problema, não uma solução. Entre 1979 e 1995, oitenta por cento dos norte-americanos economicamente ativos não tiveram aumento real de renda; no entanto, hoje as pessoas trabalham mais do que nunca desde a II Guerra Mundial.[25] Embora a renda tenha aumentado dez por cento no período de quinze anos a partir de 1979, 97 por cento desse ganho foram abocanhados pelos vinte por cento da população com nível de renda mais elevado. A verdade é que a maioria das famílias viu sua renda declinar no mesmo período. Trabalham mais, porém ganham menos,[26] em parte porque uma porção maior de nossa renda está pagando o ônus desse crescimento mal orientado, ou seja, a criminalidade, o analfabetismo, o transporte e o colapso da família. Ao mesmo tempo, continuamos esbanjando energia e recursos: extravagância que enfim há de cobrar seu tributo na forma de níveis de vida ainda mais baixos, custos mais elevados, diminuição da renda e inquietação social. Embora aumentar a produtividade humana seja decisivo para manter a renda e o bem-estar econômico, uma produtividade que corrói a sociedade equivale a queimar a mobília para aquecer a casa.

A produtividade dos recursos apresenta um cenário alternativo para as empresas e os governos: promover reduções radicais no uso dos recursos, mas, ao mesmo tempo, aumentar as taxas de emprego. Ou, em outras palavras: conduzir a economia à produtividade dos recursos pode elevar os níveis e a qualidade gerais de emprego enquanto reduz drasticamente o impacto que exercemos sobre o meio ambiente. Atualmente, as empresas estão demitindo pessoal perfeitamente capaz a fim de acrescentar ao balanço mais um ponto percentual de lucro. Parte da reestruturação é necessária e já devia ter sido feita. Contudo, podem-se obter maiores ganhos "demitindo" o desperdício de quilowatts-hora, de barris de petróleo, de polpa das florestas nativas, e empregando mais gente para fazê-lo. Em um mundo que clama pela restauração ambiental, por mais empregos, por um sistema universal de saúde, por mais oportunidades educacionais e por habitação melhor e mais acessível, não há como justificar o desperdício de pessoas.

A RIQUEZA PERDIDA

Finalmente, na avaliação do desperdício nacional, entra também o dinheiro. Os Estados Unidos, que se orgulham de ser o país mais rico do mundo, não conseguem equilibrar seu orçamento (o presente orçamento federal *não* se equilibrou com o uso dos métodos convencionais de contabilidade), financiar adequadamente o sistema educacional, consertar as pontes nem prestar assistência aos enfermos, idosos, deficientes mentais e sem-teto. Afinal, aonde vai toda a nossa riqueza?

O grau de desperdício de recursos e de pessoas aparece, de fato, no produto interno bruto. Dos nove trilhões de dólares que se gastam anualmente nos Estados Unidos, pelo menos dois trilhões são desperdiçados. Que quer dizer "desperdício" nesse contexto? Em termos simples, representa o dinheiro gasto sem que o comprador tenha adquirido nenhum valor. Um exemplo de desperdício conhecido por todos é ficar preso no trânsito congestionado de uma via expressa. Está se perdendo dinheiro em gasolina, tempo e desgastando o automóvel e o motorista, mas o valor que isso produz é zero. Caprichos como dirigir um carro de luxo ou atravessar o Lake Mead com uma lancha de 600 hp não contam como desperdício aqui. O desperdício é o apanágio de um sistema industrial fora de moda que solapa a nossa força nacional. Eis uma lista parcial de como se esbanja dinheiro nos Estados Unidos:

Os acidentes nas estradas custam à sociedade mais de 50 bilhões de dólares por ano, incluindo-se as despesas do seguro-saúde, a perda de produtividade, o imposto de renda perdido, o dano à propriedade, além dos custos policiais, judiciários e dos serviços sociais. Conforme o World Resources Institute [Instituto Mundial de Recursos], o congestionamento do tráfego custa 100 bilhões por ano em perda de produtividade; essa cifra não inclui a gasolina, o aumento dos acidentes e os custos de manutenção. Só nos Estados Unidos, o total de custos sociais ocultos do ato de dirigir, não pagos pelo motorista, chegam a quase um trilhão, levando-se em conta despesas como a de construir e conservar as rodovias, as perdas econômicas devidas aos engarrafamentos, os problemas de saúde causados pela poluição do ar e as despesas médicas das vítimas de 2 milhões de acidentes por ano.[27] Nós gastamos anualmente 50 bilhões de dólares com as forças militares que protegem, principalmente, as fontes de petróleo do Oriente Médio do qual não precisaríamos se a administração Reagan não tivesse apagado do mapa os padrões de eficiência dos veículos leves em 1986.[28] Desperdiçam-se quase 200 bilhões de dólares por ano em custos de energia porque nós não aplicamos as práticas de eficiência do Japão nas empresas, nos lares e no transporte.

No serviço de saúde, gastam-se 65 bilhões de dólares anualmente em testes e procedimentos não-essenciais ou mesmo fraudulentos (inclusive 420 mil cesarianas desnecessárias).[29, 30] De acordo com certas estimativas, o sistema atual de convênio gera despesas médicas superfaturadas e desnecessárias no valor de 250 bilhões de dólares.[31] Gastamos 50 bilhões por ano em saúde por conta de nossas opções dietéticas e nada menos que 100 bilhões em despesas relacionadas com os efeitos do ar poluído.[32, 33] Gastamos 69 bilhões de dólares em obesidade, 274 bilhões em moléstias e ataques cardíacos[34] e 52 bilhões em abuso de substâncias químicas. Atualmente, o orçamento do serviço de saúde vê-se cada vez mais sobrecarregado por doenças "antigas" como os estafilococos e a tuberculose, que estão aparecendo em novas formas resistentes às drogas graças aos cortes feitos na saúde pública, nas prisões, nos albergues e no tratamento médico: tudo isso com o objetivo de economizar dinheiro.

Os expedientes legais, de auditoria, contábeis, escriturais e de registro exigidos pelo desnecessário, complexo e inexeqüível código tributário custam aos cidadãos pelo menos 250 bilhões de dólares por ano. O imposto de renda que os americanos deixam de pagar custa outros 150 bilhões.

Nós pagamos 40 bilhões de dólares anuais a delinqüentes para comprarem drogas ilegais.[35] O crime nos custa 450 bilhões por ano.[36] Outros 300 bilhões são gastos em processos (pode-se calcular quanto dessa importância é necessária pelo fato de os Estados Unidos terem setenta por cento dos advogados do mundo).

Essa relação não leva em conta as despesas para limpar ou conter os locais do Superfund*. Não leva em conta o desmonte das instalações de armamento nuclear (estimada em nada menos que 500 bilhões de dólares) nem o custo de se desfazer de 25 bilhões de toneladas de detritos materiais. Tampouco são considerados os subsídios a indústrias que agridem o meio ambiente como a da mineração, a das instalações nucleares, a da agricultura e do reflorestamento deficientes. As perdas do solo, da pesca, os danos provocados pelo mau uso da terra e a poluição da água, assim como os prejuízos potenciais devidos às mudanças climáticas, são subsidiados das mais diversas maneiras. E há ainda o desperdício do governo, a fraude contra o consumidor, o jogo legal e ilegal, as despesas relacionadas com a substituição dos produtos de má qualidade e o custo social do desemprego. É plausível atribuir algo próximo da metade do PIB norte-americano a alguma forma de desperdício. Se apenas uma parte dessas despesas fos-

---

* Superfund: recursos reservados pelo governo norte-americano para a limpeza e a erradicação dos lugares em que se depositou lixo tóxico perigoso para o meio ambiente. (N. do T.)

NAO DESPERDICE

se canalizada para usos mais produtivos, haveria dinheiro disponível para equilibrar o orçamento e aumentar a ajuda aos menos afortunados. Se essa parece uma projeção exageradamente otimista, considere-se que, se tivéssemos adotado, em 1974, algumas práticas de energia eficiente de alguns outros países industrializados avançados e aplicado o que se poupou ao déficit público, não teríamos déficit público nenhum hoje em dia.

O DESPERDÍCIO COMO SISTEMA

Devido à natureza perdulária dos processos industriais atuais, o mundo enfrenta três crises que ameaçam estropiar a civilização no século XXI: a deterioração do meio ambiente natural; a dissolução contínua das sociedades civis na ilegalidade, no desespero e na apatia; e a falta da vontade pública necessária para mitigar o sofrimento humano e promover o bem-estar. Os três problemas têm o desperdício como causa comum. Aprender a lidar de forma responsável com esse desperdício é uma solução comum, uma solução raramente reconhecida, muito embora se apresente de forma cada vez mais clara.

Nada há de original nesse registro do desperdício nacional; o que há de novo é que os três tipos de desperdício passaram a ser apresentados como sintomas entrelaçados de um problema: o uso excessivo de recursos para tornar muitíssimo pouca gente mais produtiva. Essa fórmula industrial cada vez mais cara é uma relíquia do passado que já não serve para o presente nem há de servir para o futuro.

Neste ponto, cabe perguntar: nós temos motivos para depositar esperança no futuro? A história demonstrou que as sociedades podem agir de maneira estúpida durante alguns períodos, mas por fim acabam trilhando o caminho da menor resistência econômica. A perda dos serviços do capital natural já está impondo altos custos. A despeito dos complicadíssimos sistemas de contabilidade e teorias econômicas inventados para nos persuadir de que esses problemas não são graves, os custos estão começando a tornar-se visíveis, inegáveis e inevitáveis, como evidenciou acima o preço do desperdício.

Ademais, se o crescimento do capital feito pelo homem está sendo genuinamente afetado pela perda de capital natural, devem existir indicadores econômicos e sociais de tal fato, medidas que possam ser reconhecidas e consideradas pelos homens de negócio e pelos políticos. Ocorre que os sinais estão aí para quem os quiser ver. O crescimento econômico dos Estados Unidos talvez não seja tão robusto quanto nos levaram a acreditar; na verdade, pode ser que a economia nem esteja crescendo. A afirmação há de parecer absurda, porém é crescente o número de economistas que levam a sério essa possibilidade. Obviamente, "crescimento", neste contexto, não se refere ao PIB expresso em dólares, que vem aumentando 2,5 por cento ao ano desde 1973. Foi o crescimento *líquido* que se estagnou: o crescimento na qualidade de vida, em lazer, em tempo com a família, em salários reais mais altos, em melhor infra-estrutura e em maior segurança econômica. Não se pode dizer com confiança que os Estados Unidos estão crescendo porque o índice em que nos baseamos, o PIB, só mede o dinheiro gasto, não o valor recebido. Porém, há um mundo inteiro de diferença entre a troca de dólares e a criação de bem-estar. De acordo com as definições econômicas atuais, a maior parte do desperdício industrial, ambiental e social é computada como produto interno bruto, ou seja, exatamente como os televisores, as bananas, os carros e as bonecas Barbie. A definição de crescimento econômico abarca *todas* as despesas, sem levar em conta se a sociedade se beneficiou ou saiu perdendo. O crescimento inclui a criminalidade, as taxas das salas de emergência, a manutenção das prisões, o serviço de coleta de lixo, a restauração do meio ambiente, os custos das doenças pulmonares, o derramamento de petróleo, o tratamento do câncer, o divórcio, os albergues para mulheres espancadas, todos os objetos jogados nas rodovias e a bebida alcoólica vendida aos sem-teto. Quando os índices econômicos aceitos divergem da realidade de maneira tão flagrante, é porque estamos presenciando o claudicante fim de um sistema de fé. Essa fé se torna ainda mais frágil quando os especialistas se põem a garantir que mais crescimento desse tipo há de nos salvar dos próprios males que esse tipo de crescimento cria.[37] Aliás, já se sugeriu um nome alternativo para o que o país está experimentando no presente: crescimento deseconômico.[38]

Conforme Jonathan Rowe, da Redefining Progress [Redefinindo o Progresso], um centro de pesquisa de política pública que vem analisando e reformulando as medidas para o progresso, "O PIB não passa de uma medida bruta da atividade do mercado, do dinheiro que troca de mãos. Ele não faz nenhuma diferença entre o desejável e o indesejável, entre despesas e ganhos. Ainda por cima, leva em conta somente a porção da realidade que os economistas querem considerar: a parte envolvida nas transações monetárias. As funções econômicas decisivas realizadas nos setores doméstico e voluntário ficam totalmente excluídas. Em conseqüência, o PIB não só mascara o colapso da estrutura social e dos hábitats naturais dos quais, em última instância, a economia — e a própria vida — dependem, como faz coisa pior: apresenta tal colapso como um ganho econômico".[39] Já que o crescimento, como o define a convenção, abrange tanto a decadência quanto o desenvolvimento, uma contabilidade honesta subtrairia o declínio da renda a fim de determinar se o resultado é um crédito líquido ou um débito. Semelhante cálculo não pode ser feito enquanto o governo continuar usando uma calculadora sem sinal de subtração. Por outro lado, se se levar em conta o fato de que o capital natural não é sequer valorizado e, teoricamente, vale tanto quanto toda a atividade econômica que aparece nos livros, pouco importa que sinais há na calculadora.

Ao dissimular o empobrecimento na sociedade, o PIB envia às empresas sinais tão enganosos quanto os que manda ao governo e aos cidadãos. Como não é da sua responsabilidade recalcular os indicadores do governo, elas se vêem obrigadas e envolver-se mais em tais debates a fim de receber o tipo de informação de que necessitam para planejar estrategicamente um futuro viável no qual tenham um papel a representar. Ironicamente, a maioria dos economistas tampouco gosta do padrão PIB. Em 1972, William Nordhaus e James Tobin escreveram: "A maximização do PIB não é um objetivo adequado da política". O economista Robert Repetto vai mais longe: "Pelo sistema atual de contabilidade nacional, um país pode esgotar seus recursos naturais, destruir todas as florestas, erodir o solo, poluir os lençóis de água e exterminar os animais silvestres e peixes; mesmo assim sua renda nacional não será afetada enquanto esses ativos estiverem desaparecendo [...] O resultado pode ser ganhos ilusórios em renda e perdas permanentes em riqueza".[40] Em face das pressões exercidas sobre os sistemas vivos, é decisivo para as empresas examinar seu próprio metabolismo industrial e tratar de mudar de rumo. Os competidores que se adiantarem e souberem olhar para a frente não tardarão a reconhecer o terreno e a aprender a fornecer, com lucro e com reduções radicais no emprego de material, o que as pessoas vão precisar.

Em todo caso, estamos destruindo os sistemas mais produtivos que já se viram na Terra, ao mesmo tempo que nos cegamos estatisticamente para o problema. A economia não vai funcionar como um guia confiável enquanto o capital natural não figurar nas folhas de balanço das empresas, dos países e do mundo. Tal como é, o sistema capitalista baseia-se em princípios de contabilidade que arruinariam qualquer empresa. Uma economia sadia precisa, como sabe qualquer estudante de contabilidade, de uma folha de balanço precisa. Ao mesmo tempo, agir como se o capital natural e humano *fosse* adequadamente valorizado é primordialmente importante. Quando o capital natural deixar de ser considerado grátis, ilimitado e sem conseqüências, e passar a ser tratado como uma parte integrante e indispensável do processo de produção, todo o nosso sistema de contabilidade há de mudar. Os preços, os custos e a maneira de calcular o valor se alterará drasticamente.

Os próximos quatro capítulos mostrarão o que acontecerá quando os limites biológicos e materiais forem encarados como uma oportunidade, não como um problema. Na indústria, a questão do "desperdício" tem sido abordada com métodos e tecnologias engenhosos. Os avanços na produtividade radical dos recursos, que se deram em um tempo relativamente breve, são mais que surpreendentes; são revolucionários. Nessas técnicas e processos reside todo um novo conjunto de princípios empresariais e de *design*.

CAPÍTULO 4

Como Fazer o Mundo

Menos calorias, mais energia — Uma nova mentalidade no design *— Sem limites para a inovação — Distribuição de controle — Empresas que aprendem — Ficar inteligente como os mariscos — O suíço "repurificador" bebe água — "Efemerização" — Materiais renascidos*

A indústria faz coisas, retira o material — geralmente do solo — e o processa na forma desejada. Esses objetos são distribuídos, vendidos, usados, descartados e acabam novamente jogados sobre o solo ou dentro dele. Como o consumo econômico não cria nem destrói[1] matéria, limitando-se a modificar-lhe a localização, a forma e o valor, as mesmas toneladas que foram extraídas do solo como recursos e, depois, tratadas, transportadas, transformadas em bens e distribuídas aos consumidores, voltam a ser expelidas como lixo ou disseminadas na forma de poluição.

Para o norte-americano médio, os fluxos diários de material (à parte a água) totalizam mais de vinte vezes o peso do corpo de uma pessoa, sendo que quase tudo se desperdiça. Mas grande parte do desperdício pode ser reduzida sem comprometer nosso bem-estar. Qualquer avanço que forneça um deflúvio de *serviços* igual ou melhor, a partir de um fluxo menor de *matéria*, é capaz de produzir a mesma riqueza material com menos esforço, menos transporte, menos desperdício e menor custo.

FABRICAÇÃO MAIS EFICIENTE EM ENERGIA

Há séculos, há milênios talvez, os engenheiros procuram reduzir o uso de energia e recursos na indústria. A revolução industrial anterior acelerou a transição do motor a vapor de Newcomen, 0,5 por cento eficiente, para os motores diesel de hoje, mais de cinqüenta por cento eficientes. Há décadas que a energia usada para fabricar um determinado produto vem diminuindo tipicamente um ou dois por cento ao ano: mais depressa quando o preço da energia sobe, mais devagar quando ele cai. Não obstante, em cada etapa do processo industrial, continua existindo toda uma legião de oportunidades de fazer mais e melhor com muitíssimo menos. Mesmo nos países e nas indústrias mais eficientes, à medida que o engenho humano desenvolve novas tecnologias e descobre melhores maneiras de aplicá-las, as oportunidades de eliminar o desperdício e melhorar a qualidade do produto se expandem mais depressa do que são aproveitadas. Isso se deve, em parte, a que a tecnologia avança mais aceleradamente do que se substituem as fábricas obsoletas, porém muitas vezes apenas porque as pessoas e as empresas ainda não conseguem aprender com a rapidez com que deviam. Sem dúvida, um dia os avanços possíveis acabarão perdendo o impulso, mas esse dia ainda está tão longe quanto o fim da criatividade humana.

Para examinar só um exemplo, a indústria química emprega o calor e a pressão, primeiro para provocar reações que deslocam e moldam as moléculas nas formas desejadas, depois para separar certos produtos dos indesejáveis. Há mais de um século que os engenheiros químicos vêm economizando energia e custos de material, sendo que a partir de 1970 chegaram a cortar pela metade a intensidade da energia da indústria química norte-americana. Acabaram com o vazamento do vapor, instalaram isolamento térmico e recuperaram e reutilizaram o calor. Contudo, ainda se pode economizar mais, muito mais. A "tecnologia econômica" ajuda a fornecer calor exatamente na temperatura requerida e, depois, a recuperá-lo. Esses dois avanços geralmente conseguem economizar a outra metade ou mais da energia restante, e ainda pagam-se a si mesmos rapidamente: dentro de seis meses, com os retornos típicos.[2] Entrementes, estão sendo projetados catalisadores especiais que ajudam a acelerar e a aumentar a eficiência de reações químicas específicas, diminuindo a massa do material indesejável que, no caso dos produtos químicos finos, representam de cinco a cinqüenta vezes o produto desejado e, no dos farmacêuticos, de 25 a cem.[3]

Nenhuma indústria carece de potencial para melhorar radicalmente a eficiência energética, nem mesmo o setor mais avançado do mundo, o da fabricação de microprocessadores — o de mais alto valor agregado da indústria dos Estados Unidos[4] e, em breve, um dos maiores empregadores do mundo. As fábricas de processadores são consistentemente projetadas e com tal economia de material que a maior parte de sua energia pode ser poupada com retorno líquido de cem por cento a mais que os investimentos em reaproveitamento, melhores operações e a construção mais rápida e mais barata de novas fábricas.[5] Por exemplo, uma grande unidade asiática de montagem de processadores, em 1977, reduziu suas contas de energia em 69 por cento por processador em menos de um ano; um fabricante de processadores de Cingapura, entre 1991 e 1997, cortou em sessenta por cento o consumo de energia por placa com a metade do retorno em seis meses e quatro quintos dele em dezoito; outra economizou 5,8 milhões de dólares por ano a partir de um investimento de 700 mil em projetos de reaproveitamento.[6] Os fabricantes de processadores, que, no mundo, estão com 169 bilhões de dólares em novas fábricas na prancheta,[7] acabam de descobrir que as unidades altamente eficientes, assim como o *design* e a filosofia administrativa que elas refletem, permitir-lhes-ão excluir os rivais da concorrência.

Seriam necessários muitos livros especializados para descrever o potencial de economia de energia, recursos, poluição, desperdício e dinheiro no reino industrial, tão diversa e complexa é a extensão de suas atividades. Só o setor químico norte-americano abrange mais de trinta indústrias que fabricam mais de 70 mil produtos diferentes em mais de 12 mil fábricas.[8] Entretanto, se considerados em termos suficientemente gerais, os métodos de aumento da produtividade da energia e do material, na indústria, podem se classificar em pelo menos seis categorias principais, as quais muitas vezes reforçam-se mutuamente.

- o *design*
- as novas tecnologias
- os controles
- a cultura empresarial
- os novos processos e
- a economia de material

O *DESIGN*

A abordagem genérica do sistema aplicada aos *Hypercars* também pode ser empregada no resto da indústria: virtualmente, todo o equipamento consumidor de energia atualmente em uso foi projetado com regras empíricas e equivocadas. A formulação de diversas perguntas, tal qual fez o cientista Edwin Land ao definir a invenção como "a súbita cessação da burrice", pode apontar setores que merecem inovação. Isso possibilitará grande economia de energia em equipamentos elementares como válvulas, ductos, ventiladores, amortecedores, motores, filtros, cambiadores de calor, isolantes e muitos outros elementos do *design* técnico na maioria dos sistemas que utilizam energia, na maior parte das aplicações, em todos os setores. Essa revolução na eficiência, em grande parte reaproveitável, depende não tanto de nova tecnologia quanto de uma aplicação mais inteligente da tecnologia existente, parcela da qual remonta ao período vitoriano.

Às vezes, as melhores mudanças no *design* são as mais simples. Para que as quinhentas mil chaminés de laboratório dos Estados Unidos passem a consumir de sessenta a oitenta por cento menos energia nos ventiladores e mesmo assim tornem-se mais seguras, basta, em grande parte, mudar a posição do lanternim.[9] Na tarefa corriqueira, porém muito cara, de remover o ar contaminado das salas, um novo controlador mecânico de fluxo,[10] que usa uma só peça móvel, operando unicamente pela gravidade e pela passagem do ar, é capaz de reduzir o emprego de energia em cerca de cinqüenta a oitenta por cento, diminuindo o custo total de construção e aumentando a segurança e o desempenho. Novas geometrias podem dobrar a eficiência das bombas de esgoto[11] e quintuplicar seus aeradores.[12] Essas oportunidades simples mas grandes são também abundantes nas indústrias mais pesadas. As placas de aço normalmente são fundidas longe das laminadoras que as tornam mais finas, de modo que quando lá chegam precisam ser reaquecidas; ora, aproximar os dois processos economiza aproximadamente dezoito por cento da energia de reaquecimento.[13] A meta da indústria de vidro dos Estados Unidos de cortar pela metade o consumo de energia em seu processo, em 2020[14], dependerá em parte de perder menos calor nas fornalhas regenerativas. Até agora, a R&D se concentrou principalmente na perda menor: os 23 por cento que se dissipam subindo pela chaminé. Mas por que não se ocupar primeiramente da perda maior: os quarenta por cento que escapam pela parede da fornalha, passível de ser superisolada?

Pode ser necessário um grito de alerta para que ocorram mudanças na mentalidade do *design* de certas indústrias mais teimosas. Pouca gente acreditava que a Weiss, uma refinaria de petróleo de Hamburgo, eliminaria sua descarga ilegal até que os ativistas da Greenpeace perderam a paciência, taparam a tubulação e anunciaram que a fábrica tinha duas horas para conceber um modo de resolver o problema antes que os tanques começassem a transbordar. A Weiss passou meio ano de portas fechadas, elaborou um *design* totalmente novo do processo de refinação e, desde então, deixou de despejar detritos.[15]

AS NOVAS TECNOLOGIAS

Os novos materiais, o *design*, as técnicas de fabricação, a eletrônica e o *software* podem fundir-se em padrões inesperados: tecnologias mais eficientes que a soma de suas partes. Das serpentinas de refrigeração supereficientes aos motores de resistência variável (capazes de adaptar continuamente seu *software* à eficiência máxima em todas as condições de operação), dos materiais inteligentes aos sensores sofisticados, da prototipagem rápida à fabricação de ultraprecisão, dos semicondutores de energia alternada avançados à manipulação em escala atômica, aos microfluidos[16] e às micromáquinas,[17] há revoluções em curso em uma miríade de técnicas e ciências.

Tudo indica que a inovação não corre perigo de definhar. As tecnologias atualmente disponíveis são capazes de economizar cerca de duas vezes mais eletricidade do que era possível há cinco anos, a apenas um terço do custo real. O índice de progresso tem sido consistente nos últimos quinze ou vinte anos. Grande parte do avanço contínuo da eficiência da energia deve-se a tecnologias cada vez melhores para extrair mais trabalho de cada unidade de energia e recurso. Ultimamente, porém, as mudanças na mentalidade do *design* — os modos de aplicar as tecnologias estabelecidas — vêm se tornando cada vez mais decisivas.

Toda vez que os limites práticos à inovação — ou mesmo os impostos pelas leis da física — parecem estreitar-se, alguém concebe um meio de contorná-los mediante a redefinição do problema. Gerações inteiras de engenheiros eletricistas aprenderam que as usinas geradoras jamais seriam mais que 40 e poucos por cento eficientes devido à Lei de Carnot, a primeira a descrever os limites teóricos. Surpresa: hoje em dia, podem-se comprar em qualquer lugar turbinas de gás de ciclo combinado que são cerca de 60 por cento eficientes, pois utilizam um ciclo termodinâmico diferente, não sujeito à Lei de Carnot. As células de combustível são ainda melhores. E naturalmente o resto, o calor "desperdi-

62 CAPITALISMO NATURAL

çado", não precisa ser desperdiçado. Sua recuperação pode elevar o trabalho útil extraído, a maior parte em forma de eletricidade, a mais de noventa por cento da energia original do combustível.

OS CONTROLES

As tecnologias de informação possibilitam grandes economias à medida que diversas indústrias as vão adotando. Uma termelétrica a carvão que funcionava à maneira antiga — operários de capacete, munidos de chaves inglesas enormes, que ficavam ajustando válvulas enquanto um supervisor examinava um painel repleto de medidores hidráulicos — contratou um par de jovens engenheiros recém-egressos da Georgia Tech. Eles obrigaram o patrão a comprar um computador portátil Radio Shack de duzentos dólares, no qual instalaram um programa simples para ajudá-los a otimizar as operações da usina. A iniciativa economizou milhões de dólares no primeiro ano. Não tardou para que os engenheiros recrutas fossem chamados a contar a história ao conselho diretor, lançando uma transformação na cultura da Companhia de Energia da Geórgia.[18]

No mundo inteiro, a maioria das fábricas ainda carece da mais simples otimização em larga escala e de controles. Ademais, muitos dos controles existentes não são utilizados adequadamente. Estes devem medir o que está acontecendo, não o que aconteceu há uma hora, pois os problemas não detectados e não resolvidos causam desperdício. O império Toyota foi construído com a renda obtida pelos teares "automonitorados" da Sakichi Toyoda, que paravam instantaneamente quando um fio se rompia, evitando fazer um tecido defeituoso. Esse princípio óbvio continua freqüentemente ignorado nas indústrias em que o que sai mais caro é o adiamento da inovação. As colunas de destilação usam três por cento da energia total dos Estados Unidos para separar o óleo dos produtos químicos; contudo os operadores, em vez de controlar continuamente a pureza do produto à medida que ele emerge, testam-no apenas ocasionalmente para verificar se as amostras coincidem com a especificação. Entre os testes, num vôo cego, eles geralmente recolocam o mesmo material nas colunas mais vezes do que necessário — consumindo um excesso de energia de trinta a cinqüenta por cento — para se assegurar de que o produto passará pelo teste. Melhores controles, que medissem a pureza real e ajustassem o processo de modo a obter o resultado desejado, cortariam o desperdício mais ou menos pela metade.[19] Uma civilização que conta com robôs capazes de analisar a composição das rochas de Marte devia ter condições de controlar a composição de um produto químico destilado na Terra.

A inteligência da medição e do controle pode ser distribuída a cada peça do equipamento de fabricação de modo que todas as partes do processo se autogovernem. As reações podem ser conservadas na temperatura certa; as ferramentas das máquinas, alimentadas a fim de trabalhar à taxa ideal; os têxteis, aquecidos até ficarem secos, não assados. Quanto mais localizados forem os controles e informações, tanto mais precisos hão de ser os níveis de controle. Os microprocessadores onipresentes permitem atualmente não só esses controles simples, mas também a construção de redes neurais que aprendem e o uso da lógica que toma decisões inteligentes.

O próximo passo, na inteligência distribuída, são os sistemas auto-organizados de todos os tipos. Os sistemas de controle hierárquicos têm um chefe centralizado, humano ou computadorizado, que diz a todos o que fazer e impõe o cumprimento dos comandos por intermédio de níveis de autoridade. A inteligência distribuída, ao contrário, serve-se de muitos tomadores de decisões descentralizados e com poder comparável, que interpretam os fatos conforme regras compartilhadas, colaboram, aprendem uns com os outros e controlam seu comportamento coletivo mediante a soma das diversas decisões locais, mais ou menos como funciona o ecossistema. Kevin Kelly explica, em *Out of Control* [Fora de Controle], como o modelo parecido com o ecossistema, no qual muitas pequenas partes se unem para criar um todo altamente adaptativo, vem dominando gradualmente o mundo à medida que os sistemas complexos se organizam e adaptam em coevolução com seus ambientes cambiantes, exatamente como a própria vida. Assim, o "mundo do fabricado" se parecerá cada vez mais com "o mundo do nascido": os artefatos técnicos começarão a ser organizados e controlados cada vez mais pelo biológico, porque os sistemas biológicos já desenvolveram soluções de *design* bem-sucedidas.[20]

Dessa e de outras importantes maneiras, os projetistas começam a incorporar às aplicações industriais os bilhões de anos de experiência de *design* refletidos nos princípios biológicos. Coisa que se está levando a cabo não meramente no *design* de processo, mas também em áreas da arquitetura de sistema e do controle. A fábrica cujos operadores dependem da sorte ou da intuição para otimizar processos complexos, com centenas de variáveis intervenientes, já está perdendo terreno para aquelas cujos operadores se voltaram para poderosos computadores equipados de inteligência artificial e "algoritmos genéticos" capazes de desenvolver as soluções mais convenientes por intermédio de uma versão matemática da seleção natural de Darwin. O operador que lê infinitas tabelas de números não há de entender o que está acontecendo tão bem quanto aquele cujos gráficos de computador permitem ver o que se passa na fábrica, saber como melhorar e como projetar uma próxima fábrica ainda mais aperfeiçoada. Enfim, se se tornarem realmente inteligentes, as fábricas já não terão necessidade de sistemas de controle especiais. Dirigirão mesmo os processos mais assustadoramente complexos com a tranquilidade e a despreocupação com que as células autocontroladas criam uma miríade de produtos bioquímicos e os ecossistemas autocontrolados se adaptam às mudanças do meio ambiente.

A CULTURA EMPRESARIAL

Uma empresa que funcione qual uma instituição de ensino — recompensando a medição, a monitoração, o pensamento crítico e o aperfeiçoamento contínuo — sempre estará à frente da cultura empresarial povoada de gente que observa mostradores e aperta botões. Uma empresa que aproveite a vantagem de poderosos instrumentos de medição, simulação, emulação e exposição gráfica tem como transformar os processos de operação lineares — precisar, desenhar, construir, repetir — em cíclicos — precisar, desenhar, construir, *medir, analisar, aperfeiçoar*, repetir. Uma empresa que ignore a medição ficará inevitavelmente atrasada em descobertas úteis e que diminuam os custos — como a empresa química que, durante décadas, manteve em funcionamento sob o estacionamento, o ano todo, um aquecedor elétrico de quarenta quilowatts para derreter a neve. Ninguém se lembrou do dispositivo nem reparou nele até que a medição constatasse que a contabilidade da energia não se equilibrava e toda a fiação fosse vistoriada em busca da causa da discrepância.

Muitas fábricas convivem involuntariamente com semelhantes sangrias financeiras no sistema de ar comprimido: basta percorrer suas instalações para ouvir o dinheiro escapando pelas frestas. A manutenção avançada do ar comprimido e o *hardware* produzem uma economia próxima dos cinqüenta por cento, com retorno em seis meses.[21] Todavia, se ninguém prestar atenção, a má administração persistirá. E só há de melhorar quando alguém passar um fim de semana refletindo, reparar no compressor trabalhando para repor a pressão que vaza pelas fendas e se lembrar de perguntar por que ele está funcionando plenamente se ninguém mais está.

Às vezes, é evidente para todos que alguma coisa anda errada, mas ninguém consegue imaginar por quê. Um hotel de adobe do Sudoeste, durante muito tempo fresco, de repente passou a ficar superaquecido. O proprietário já estava prestes a comprar um condicionador de ar quando um hóspede, por acaso um israelense especialista em energia solar, diagnosticou o problema: as paredes, originalmente caiadas, tinha sido pintadas de cor escura.

Pode-se pensar que respostas tão óbvias deviam ser encontradas facilmente em fábricas modernas cheias de engenheiros inteligentes. Mas não são.[22] Por vezes um equipamento é instalado de maneira inadequada porque foi mal etiquetado na fábrica. Em 1981, a Companhia de Gás e Eletricidade do Pacífico montou de maneira invertida os principais suportes da tubulação da usina nuclear de Diablo Canyon, o que lhe custou milhões de dólares para reparar, simplesmente porque alguém tinha colocado a planta de ponta-cabeça. O projeto do Telescópio Espacial Hubble, de vinte anos e 2,5 bilhões de dólares, lançou um espelho defeituoso no espaço devido a um sinal errado em uma equação algébrica. Ou, para citar um caso banal, a medição em três mil casas da Califórnia constatou que um quinto delas estava com a fiação errada, sem um terra funcional ou com o terra e o neutro trocados. Os eletricistas encarregados das instalações elétricas das fábricas são igualmente falíveis.

Durante décadas, mesmo depois que a memória de computador tornou-se tão barata que a justificativa original desapareceu, os programadores de computador, geralmente por ordem direta dos superiores, economizaram dinheiro escrevendo as datas com anos de dois dígitos em vez de quatro — ameaçando os *chips* do *hardware* e do *software* do mundo inteiro com o *bug* do milênio. Os custos para resolver o problema são de tal modo incalculáveis que podem anular boa parte ou todo o ganho em produtividade da computadorização mundial. Afortunadamente, a maior parte dos erros são mais ridículos que economicamente catastróficos: para testar o projeto de um trem de alta velocidade, a British Rail tomou emprestada da aeronáutica uma arma que dispara frangos mortos nos pára-brisas dos aviões a fim de verificar se estes suportam a colisão com uma ave. Os engenheiros da BR ficaram horrorizados quando o frango do teste não só atravessou o pára-brisa como também o banco do maquinista e fez um grande estrago na parede do fundo. Depois de examinar o protocolo, a aeronáutica recomendou um novo teste: "mas desta vez não esqueçam de descongelar o frango".

OS NOVOS PROCESSOS

As inovações nos processos de fabricação ajudam a cortar etapas e a reduzir materiais e custos. Obtêm melhores resultados com o uso de insumos mais simples e mais baratos. Praticamente em toda indústria, os visionários têm aperfeiçoado os processos e os produtos graças ao desenvolvimento de materiais, técnicas e equipamento altamente eficientes em recursos. Mesmo na siderurgia, uma das indústrias mais antigas, maiores e de mais intensiva utilização de recursos, os pesquisadores descobriram meios de reduzir em cerca de quatro quintos o emprego de energia, com melhor qualidade do produto, menos tempo de fabricação, menor espaço, muitas vezes menos investimento e, provavelmente, menor custo total.

Uma área particularmente interessante do progresso em saltos é o potencial de substituir os processos de altas temperaturas por outros mais amenos e baratos, baseados em modelos biológicos que muitas vezes envolvem o uso de verdadeiros microrganismos e enzimas. Tais descobertas provêm da observação e da imitação da natureza. Ernie Robertson, do Biomass Institute, de Winnipeg, notou que há três maneiras de transformar a pedra calcária em material estrutural. Pode-se cortá-la em blocos (o que é bonito mas desinteressante), moê-la e calciná-la a cerca 1.480° C,[23] transformando-a em cimento Portland (o que é deselegante), ou com ela alimentar uma galinha e recuperá-la, horas depois, na forma de uma casca de ovo ainda mais resistente. Se nós fôssemos inteligentes como as galinhas, sugere ele, dominaríamos essa tecnologia elegante, próxima da temperatura ambiente, expandindo-lhe a escala e a velocidade. Se fôssemos inteligentes como os mariscos e as ostras, até conseguiríamos fazer o mesmo devagar, a cerca de 4,5 °C, ou então transformar a água fria do mar em microestruturas tão impressionantes quanto a concha interna do haliote, que é mais dura que a cerâmica da ogiva dos foguetes.[24]

Ou considere a já mencionada indústria química sofisticadíssima que a humilde aranha tem dentro de si. Janine Benyus contrasta o aracnídeo com o processo industrial:

> A única coisa que possuímos que se aproxima da seda (da aranha) [...] é o Kevlar de poliaramida, uma fibra tão dura que consegue deter uma bala. Todavia, para fabricar o Kevlar, colocamos moléculas de derivado de petróleo em uma

caldeira pressurizada de ácido sulfúrico concentrado e as fervemos a mais de cem graus Celsius a fim de obrigá-las a tomar a forma de um cristal líquido. Depois as submetemos a altas pressões para forçá-las a alinhar-se quando as retiramos. A energia necessária é extrema; os subprodutos tóxicos, odiosos.

A aranha consegue fabricar uma fibra igualmente forte e muito mais resistente à temperatura do corpo, sem alta pressão, sem calor nem ácidos corrosivos [...] Se aprendêssemos a fazer o que fazem as aranhas, poderíamos tomar uma matéria-prima solúvel, que seja infinitamente renovável, e fabricar uma fibra superforte, insolúvel na água, com um consumo insignificante de energia e nenhum subproduto tóxico.[25]

Muitas vezes, as lições de *design* da natureza acabam servindo a propósitos inesperados. Assistindo a um programa de televisão sobre as lontras do mar atingidas pelo derramamento de petróleo do *Exxon Valdez* em 1989, o cabeleireiro do Alabama Philip McCrory notou que a pele da lontra absorvia o óleo extraordinariamente bem. Isso era muito útil para mantê-la seca na água limpa, mas, pelo mesmo motivo, tornava-se fatal quando ela se via obrigada a nadar no petróleo. Acaso era possível aproveitar essa característica para *retirar* o petróleo da água? Será que o cabelo oleoso humano fazia a mesma coisa? McCrory pegou o cabelo varrido no chão de seu salão de beleza, socou-o em um par de meias para fazer o boneco tosco de uma lontra e o jogou em uma piscina de bebê cheia de água e com quatro litros de óleo lubrificante. Em dois minutos, conta ele, "a água ficou cristalina". As clientes do salão que trabalhavam para a Nasa puseram-no em contato com um especialista que fez um teste em grande escala. Constatou-se que "630 mil quilos de cabelo contido em almofadas podiam ter absorvido em uma semana todo o petróleo derramado pelo *Exxon Valdez*", economizando boa parte dos 2 bilhões de dólares que a empresa gastou para retirar apenas doze por cento dos 42 milhões de litros derramados.[26]

Na natureza, nada do que se come se acumula; todos os materiais fluem em ciclos que convertem os detritos em alimento, e esses ciclos são curtos o bastante para que os detritos realmente cheguem à boca. Os tecnólogos deviam procurar fazer o mesmo. Um interessantíssimo fechamento de ciclo desse tipo ocorreu em 1988, quando a Universidade de Zurique decidiu reformar o curso elementar de laboratório de 1971 que acompanhava as aulas introdutórias de química inorgânica, orgânica e física.[27] Todo ano, os exercícios dos estudantes, no laboratório, transformavam reagentes puros e simples, no valor de 8 mil dólares, em uma porcaria tóxica, repugnante, sendo que a despesa para desfazer-se dela chegava a 16 mil dólares. O curso também estava ensinando aos alunos o pensamento linear. Assim, os professores Hanns Fischer e C. H. Eugster decidiram *inverter o processo*: reformulando certos exercícios, passaram a ensinar o contrário, ou seja, a transformar novamente o refugo tóxico em reagentes puros e simples; coisa que reduziria os custos em ambas as extremidades e estimularia o "pensamento cíclico": "Algumas gerações de estudantes de ciência treinadas neste domínio", propuseram eles, "são o melhor investimento em proteção ambiental por parte da química". Os alunos da faculdade se apresentaram voluntariamente durante as férias para esse trabalho de recuperação e, em 1991, a demanda de resíduos já havia superado a oferta. Desde então, o curso produz somente alguns quilos de lixo químico por ano — menos de cem gramas anuais por estudante, uma diminuição de 99 por cento — e reduziu as despesas anuais de operação a cerca de 20 mil dólares ou aproximadamente 130 dólares por aluno.

A indústria química que empregará esses estudantes já vem descobrindo múltiplas vantagens em muitos outros tipos de inovações de processo. Por exemplo, estão surgindo os polioximetalatos para substituir o cloro no embranquecimento do papel, o qual pode formar dioxinas. Os novos agentes de embranquecimento funcionam bem, regeneram-se facilmente, diminuem os resíduos das fábricas de papel, aumentam a água reciclada no processo e economizam a metade da eletricidade.[28] Uma pequena empresa do Oregon[29] desenvolveu um método de fazer produtos alimentícios, como o extrato de tomate, com o uso de membranas no lugar da fervura; é mais simples, gera mais produtos de melhor qualidade e gasta 95 por cento menos energia. Uma peneira molecular, uma espécie de celofane com orifícios minúsculos, concentra os produtos alimentícios *à temperatura ambiente* e retém o sabor, a textura e o valor nutritivo que a fervura convencional destrói. Uma solução de salmoura cria intensa pressão osmótica — algo em torno de setenta quilos por centímetro quadrado — que "suga" a água do alimento, fazendo-a passar pela membrana a fim de diluir a salmoura. Por não romper as moléculas grandes, que dão viscosidade ao purê de tomate e outros alimentos, a osmose direta conserva a textura com menor remoção de água, produzindo mais produto alimentício intacto, com maior valor por quilo de insumo. Estão se utilizando semelhantes membranas para remover os metais pesados e outras matérias tóxicas do estrume do gado, decompondo toda uma lagoa de uma pasta tóxica em água potável e um adubo dois terços mais leve e, portanto, mais fácil de transportar.[30]

Algumas inovações de processo proporcionam muitos benefícios ao mesmo tempo. O arquiteto William A. McDonough escreve sobre um projeto premiado para a DesignTex, uma divisão da Steelcase, o maior fabricante de móveis de escritório dos Estados Unidos:

> Há alguns anos, ajudamos a conceber e criar um tecido reciclável de estofamento — um nutriente biológico [...] um pano tão seguro que pode ser literalmente comido [...] Recentemente, os fiscais do governo [europeu] passaram a considerar as aparas de tecido [da indústria têxtil] [...] um lixo perigoso. Nós procuramos dar um fim diferente a nossas aparas: em grande parte para o clube de jardinagem local [...] Se o tecido [derivado da natureza] precisava retornar ao solo com segurança, devia estar livre de agentes mutagênicos ou cancerígenos, de metais pesados, de desestabilizadores endócrinos, assim como de substâncias tóxicas persistentes ou bioacumulativas. Convidamos sessenta em-

presas químicas a integrar-se ao projeto, mas todas declinaram [...] Por fim [...] a Ciba-Geigy [...] concordou em participar. Com a ajuda dessa empresa, a equipe do projeto analisou mais de 8 mil produtos empregados na indústria química e eliminou 7.962. O tecido — na verdade, toda uma linha de tecidos — foi criado com o uso de apenas 38 produtos químicos [...] Quando os fiscais vieram testar os resíduos, pensaram que seus instrumentos estavam avariados. Depois de testar também os insumos, perceberam que o equipamento estava funcionando perfeitamente — a água que saía da fábrica era tão limpa como a água [potável suíça] que entrava. O próprio processo de fabricação a filtrava.[31]

McDonough também fala na redução dos custos de produção: nada de regras, apenas produtos químicos mais baratos. O conceito de *design*, como ele diz, "tirou os filtros da tubulação e os colocou no lugar certo: *na cabeça dos projetistas*". Tudo que não devia estar no processo foi eliminado pelo *design*. A mentalidade do *design* tem condições de dar nova forma aos processos de produção — e até ao conjunto da estrutura e à lógica de uma empresa.

Enfim, tudo indica que as fábricas e o equipamento em larga escala, especializados, projetados para processos de um produto específico, até podem ser substituídos pela "manufatura de balcão". Os "montadores" flexíveis unirão os átomos em escala molecular para produzir exatamente o que queremos com desperdício quase igual a zero e quase sem consumo de energia. A tecnologia, perfeitamente viável, não viola nenhuma lei física, porque é exatamente isso que acontece toda vez que a natureza transforma o solo e a luz do sol em árvores, os insetos em pássaros, o capim em vacas, e o leite materno em bebês. Nós também já estamos começando a imaginar como fazer essa alquimia molecular: as "tecnologias infinitesimais" estão se saindo surpreendentemente bem no laboratório.[32] Quando elas chegarem à escala comercial, as fábricas, tal como as conhecemos, serão coisa do passado, assim como cerca de 99 por cento da energia e do material que utilizam. O impacto dessa tecnologia reduzirá à insignificância o de qualquer proposta técnica deste livro. Contudo, enquanto a tecnologia infinitesimal não for amplamente comercializada, a indústria deve continuar pesquisando meios de reduzir os fluxos maciços de material nos processos de produção convencionais. Mesmo que a revolução da tecnologia infinitesimal nunca venha a ocorrer, uma economia quase tão grande continuará sendo possível se nos concentrarmos na última e talvez mais rica de nossas seis oportunidades possíveis: a eficiência dos materiais.

Tanto quanto a fabricação de seda da aranha, a eficiência dos materiais é uma lição de *design* biológico: o biomimetismo pode inspirar não só o *design* de processos de fabricação específicos como também a estrutura e a função de toda uma economia. Conforme observa Benyus, uma economia ecologicamente reprojetada há de funcionar, não como uma espécie de ecossistema agressivo e colonizador, e sim como um sistema maduro. Longe de ser um ecossistema de grandes fluxos de material relativamente perdulário e pouco diversificado, parecer-se-á com o que os ecologistas denominam um ecossistema Tipo Árvore, ou seja, igual a uma floresta estável de carvalhos e nogueiras. Sua economia sustenta uma grande diversidade de formas biológicas ao mesmo tempo que consome relativamente pouco insumo. Conta com uma miríade de nichos repletos de organismos ocupadíssimos em absorver e refazer cada migalha de detrito, transformando-a em mais vida. Esse é o rumo que segue a sucessão do ecossistema: do mesmo modo que a evolução das economias sustentáveis. Benyus nos lembra: "Não precisamos inventar um mundo sustentável: isso já foi feito".[33] Está em toda parte. A única coisa que nos falta é aprender com o seu sucesso em sustentar o máximo de riqueza com o mínimo de fluxo de material.

A ECONOMIA DE MATERIAL

Se todos, na sociedade, devem ter uma coisa qualquer, quantas dessas coisas é preciso fazer por ano? Apenas o suficiente para acomodar o número que se quebra, se desgasta ou se perde, mais o necessário para atender ao crescimento do número de pessoas. Uma variável decisiva nos níveis de produção é, naturalmente, *quanto tempo* esse bem dura. Se se trata de um objeto usado para beber, precisamos de muito menos canecas de cerâmica que de copos de plástico ou papel, pois a cerâmica dura praticamente a vida inteira, a menos que a joguemos fora, ao passo que os copos descartáveis só podem ser usados uma ou duas vezes antes de se inutilizar. Se fabricarmos canecas de cerâmica inquebráveis — principalmente se também forem bonitas de modo que as pessoas gostem de possuí-las e usá-las —, é bem possível que elas acabem ficando para os nossos bisnetos. Uma vez que se hajam fabricado canecas suficientes para que todos estejam equipados de uma ou de quantas precisarem, seria preciso produzir relativamente poucas, nos anos subseqüentes, para que cada pessoa estivesse perpetuamente abastecida do serviço prestado por elas.

Naturalmente, se estiver substituindo os copos de plástico ou de papel, a caneca de cerâmica continuará poupando permanentemente o material descartável — feito de florestas, gás natural, pássaros e rios — durante todo o tempo em que for usada no lugar dele. Sem dúvida, a metade do prazer de comprar bens de consumo consiste em adquirir uma série crescente de itens diversos. No entanto, para a maior parte do que a indústria produz, isso não chega a ser uma consideração: pouca gente coleciona máquinas de lavar roupa, não só porque custam dinheiro e ocupam espaço, mas porque são usadas com relativamente pouca freqüência e tão raramente consertadas e refabricadas que chegam a gastar de dez a oitenta vezes mais material, por lavagem realizada, do que as máquinas semiprofissionais, como as das lavanderias dos prédios de apartamento, usadas por todos os moradores.[34] Portanto, ainda que uma fração modesta das pessoas compartilhasse uma máquina de lavar, evitar-se-ia um fluxo considerável de material.

Os itens podem ser ainda mais econômicos se forem projetados com a simplicidade e a elegância de uma cadeira vienense ou de um vaso Ming. O bom *design* é o que usa menos material para criar um objeto belo e funcional. Hoje em dia, o talento para a escultura pode receber o reforço do *design* computadorizado, que calcula o *stress* e determina exatamente a quantidade mínima de material necessária para que o objeto tenha a resistência desejada — porém não mais do que isso. Em geral, requer-se várias vezes menos material. A resistência também pode ser colocada somente onde é necessária: se um objeto tende a quebrar-se num lugar inerentemente mais fraco, seria um desperdício fazê-lo mais forte em outro. Inversamente, pequenas alterações no *design* podem produzir funções muito melhores. Os pinos cirúrgicos para os ossos costumavam quebrar-se com freqüência, levando a novas, dolorosas e caras operações. Porém, graças ao computador, a engenharia revelou que deslocar uma pequena porcentagem do material de onde ele não era necessário para onde era faria com que os pinos segurassem com firmeza e dificilmente se quebrassem.[35]

Outra área onde se pode poupar é a da eficiência com que se transforma a matéria-prima em objeto acabado. O fator depende do processo de fabricação: não há necessidade de remover material excedente para obter a forma desejada se todo o material *já estiver* nessa forma. A fabricação da "forma líquida" ou da "forma semilíquida" faz com que virtualmente toda molécula do material que entra no processo saia como produto útil. (A Pratt & Whitney costumava lixar noventa por cento de seus caríssimos lingotes para transformá-los em pás de turbina de jato até resolver pedir aos fornecedores que já fundissem a liga metálica em forma de pá.)[36] Muitos processos implementam a recuperação da sobra de material para a reutilização; o ideal, porém, é que não haja sobra nenhuma, pois ela terá sido excluída desde o começo do *design*.

A produção em forma líquida descortina outra maneira de economizar material: consolidar muitas pequenas partes, cada qual fabricada individualmente numa única, maior, moldada como forma líquida. Uma válvula de descarga de banheiro feita principalmente de peças de latão fundido ou torneado foi redesenhada, passando de seiscentos para 95 gramas, de quatorze partes a uma só, feita de plástico moldado, e de um custo de produção de 3,68 dólares para 58 centavos. Um triciclo de aço de seis quilos e 126 peças foi redesenhado para pesar um quilo e meio, em uma versão de 26 peças de plástico, por um quarto do custo. Um braço de limpador de pára-brisa de 49 partes foi reprojetado de modo a ter uma só, com custo total mais baixo, mesmo sendo feito de compósitos de fibra de carbono de 150 dólares o quilo.[37] Como as partes de plástico moldado produzem uma quantidade muito pequena de aparas de fabricação em comparação com os metais,[38] esses exemplos na verdade pouparam muito mais material de insumo do que peso nas partes acabadas: as sobras evitadas ampliaram a economia direta da consolidação das partes. Ademais, não só o plástico e a argila podem ser moldados em forma líquida, mas também as peças de metal, mediante técnicas como a hidrofusão, a fusão semiplástica, o *spray* de plasma e o metal em pó. Elas vêm eliminando cada vez mais as sobras das máquinas à medida que eliminam as próprias máquinas.

A eliminação das sobras toma as mais diversas formas. Em uma serraria, a medição tridimensional a *laser* pode "visualizar" a melhor maneira de cortar a tora combinando o mais alto valor da madeira com o mínimo de serragem, exatamente como na indústria de confecção, onde os computadores projetam complexos padrões de corte dos moldes a fim de minimizar a perda de tecido. No avançado sistema robótico de construção de arranha-céus da Shimizu, os materiais pré-cortados e pré-montados são controlados por computadores e entregues sob encomenda no canteiro de obras, o que elimina a armazenagem no local, assim como o roubo, o dano e as perdas devidas à intempérie, além de reduzir em até setenta por cento as perdas em embalagem e construção.[39] A construtora sueca Skanska tem um sistema semelhante, que evita fornecer ao canteiro de obras qualquer coisa que não vá para o prédio, escapando assim não só à perda de material como também, o que é importantíssimo, ao transporte em ambas as direções.

Outra maneira fundamental de diminuir a perda material consiste em melhorar a qualidade da produção. A indústria de fundição de metal dos Estados Unidos[40] tem aproveitamento médio de apenas 55 por cento; os 45 por cento restantes saem com defeito e precisam ser derretidos e novamente fundidos. Joga-se fora quase a metade do equipamento, do trabalho e da energia de fundição. No entanto, as inovações disponíveis poderiam elevar o aproveitamento a oitenta ou noventa por cento, praticamente dobrando a produção da indústria por unidade de capital, trabalho e energia, e reduzindo duas ou quatro vezes o desperdício de material.[41]

Outro modo de economizar material é fazer determinada unidade de produto mais *eficiente* no fornecimento do serviço desejado. Em 1810, as caldeiras de ferro das locomotivas pesavam uma tonelada por cavalo-vapor. Em meados do século, as de aço reduziram essa razão em um terço. Em 1900 ela era de cem quilos por cavalo-vapor; em 1950, com as locomotivas elétricas, passou a cerca de 55; e em 1980, com materiais magnéticos mais avançados, chegou a aproximadamente 31.[42] Grande parte desse aumento de 71 vezes na eficácia de massa do ferro proveio da mudança de processo da tração a vapor para tração elétrica. Há muitos outros exemplos de substituição de qualidade e inovação para massa na vida moderna. Nos Estados Unidos, as latas de alumínio pesam 40 por cento menos do que a uma década;[43] a Anheuser-Busch economizou nada menos que 10.000 toneladas de metal por ano reduzindo em 0,3 centímetros o diâmetro de suas latas de cerveja sem por isso diminuir-lhes o conteúdo.[44] Um novo processo da Dow, que elimina o verniz, o *spray* e a secagem térmica, é capaz de economizar 99,7 por cento do desperdício de material e 62 por cento da energia necessária ao preparo das latas de alumínio para receber a bebida. A massa média da embalagem européia de iogurte diminuiu 67 por cento entre 1960 e 1990; a da garrafa de cerveja, 28 por cento no período 1970-90; ao invólucro protetor dos filmes Kodak, 11 por cento.[45] Um prédio comercial que precisava de 100 mil toneladas de aço, há trinta anos, atualmente pode ser construído com apenas 35 mil toneladas em virtude do aço melhor e do *design* mais inteligente.[46] O carpete da Interface, com peso de face reduzido, menor altura da face felpuda e densidade mais alta, é bonito, *mais* durável e economiza duas vezes a energia incorporada necessária para o funcionamento da fábrica que o produz.[47]

Conforme sua filosofia, que afirma com veemência que "o crescimento sustentável deve se concentrar na *funcionalidade*, e não em um produto", e que "*o próximo passo importante rumo ao crescimento sustentável é aumentar o valor de nossos produtos e serviços por unidade de recursos naturais empregados*" — isto é, elevar de forma generalizada a produtividade dos recursos[48] —, a DuPont está diminuindo a espessura do filme de poliéster. Torná-lo mais fino, mais resistente e mais valioso permite à empresa "vender menos material por um preço maior. Em média, para cada dez por cento de material reduzido, há dez por cento de aumento em valor e preço". A DuPont diz: "Nossa capacidade de aperfeiçoar continuamente as propriedades inerentes permite que esse processo prossiga por tempo indefinido".[49] O próximo passo é reciclar o filme e outros produtos de poliéster usados "soltando-lhes" as moléculas. Com esse fim, está se desenvolvendo uma fábrica de metanólise de 45 milhões de quilos por ano "a fim manter essas moléculas em atividade indefinidamente, reduzindo a necessidade de matéria-prima oriunda dos recursos naturais". O mesmo processo de fechamento de circuito está em curso na indústria de carpete, cujos produtos, 95 por cento baseados na petroquímica, atualmente vão parar nos aterros sanitários à razão de quase cinco milhões de quilos por dia.[50]

Outro método de economizar material consiste em aperfeiçoar o *design* não só do componente específico como também de todo produto ou processo que os utiliza: o *designer* Buckminster Fuller deu à essência dessa abordagem o nome de "efemerização",[51] i. e., a execução do trabalho com apenas um punhado de material desdobrado otimamente. Nas palavra de J. Baldwin, "Quanto menos material uma função empregar, mais próximo do princípio puro fica o *design*". Mesmo as versões bem mais modestas que a de Fuller são capazes de resultados impressionantes. Por exemplo, um engenheiro romeno-americano notou que os guindastes, um meio ubíquo de erguer objetos pesados nas fábricas e nos portos, eram feitos de vigas de aço muito resistentes. Isso era necessário porque o motor de içamento se deslocava em toda a extensão da viga-mestra, sendo que, ao chegar ao meio, seu peso enorme dobrava qualquer material, a não ser o duríssimo aço. Ele projetou um novo *design* do guindaste, de modo que o motor ficasse na extremidade da viga-mestra, onde sua força seria sustentada verticalmente pela estrutura de suporte ou pela parede. Uma polia leve, não o pesado motor, deslocava-se ao longo da viga-mestra para içar os objetos. Resultado: a mesma capacidade do guindaste e seis sétimos de aço a menos.

OS MATERIAIS RENASCIDOS

A verdade, porém, é que as pessoas se cansam mesmo dos objetos bem projetados e feitos com eficiência, ou eles acabam irreparavelmente destruídos ou desgastados. O conserto, a reutilização, o aperfeiçoamento, a refabricação e a reciclagem são as cinco principais maneiras de fazer com que as qualidades do bom material e do bom trabalho continuem passando para outros usuários e outros usos. O conserto, que funciona melhor quando o produto é projetado para facilitá-lo, restitui os bens defeituosos ao serviço satisfatório do mesmo proprietário ou de outro mais frugal. A reutilização os transfere a um novo usuário ou a uma nova existência com outros fins.

A indústria já despertou para essas oportunidades. Em todo o mundo, a refabricação vem economizando energia equivalente à produção de cinco usinas gigantescas e poupando, anualmente, matéria-prima suficiente para encher um trem de carga de 1.800 quilômetros de comprimento.[52] Em 1996, mais de 73 mil empresas norte-americanas de refabricação, que empregam diretamente 480 mil pessoas, geraram uma renda de 53 bilhões de dólares, "valor superior ao de toda a indústria de bens de consumo duráveis (instrumentos, móveis, áudio e vídeo, equipamento agrícola e de jardinagem)."[53] E o maior refabricante dos Estados Unidos, que reconstrói regularmente tudo, de radares a fuzis e aviões, é o Departamento de Defesa.[54] O segundo maior produtor de móveis do país, Herman Miller, tem uma fábrica especial, exclusivamente dedicada a refabricar, tornando quase novo todo tipo de mobília que a empresa já produziu.[55] Seu maior rival, a Steelcase, é uma das várias empresas de grande porte que concorre com as independentes pelo benefício da refabricação de seus próprios produtos.[56]

São grandes os benefícios, tanto para os consumidores quanto para os fabricantes quando os produtos renascem. As câmeras "descartáveis" tornaram-se acessíveis porque a Fuji e a Kodak as recuperam, junto aos reveladores de fotografia, refabricam-nas, recarregam os filmes e as vendem novamente. A IBM refabrica computadores; em 1997, seu Centro de Recuperação de Ativos de 3 mil metros quadrados, em Endicott, Nova York, estava recuperando 16 milhões de quilos de computadores e peças de computador por ano.[57] Em 1993, a firma italiana Bibo, que fabricava pratos descartáveis de plástico, passou a cobrar pelo seu uso e a reciclá-los, tornando-os novos.[58] As operações mundiais de remanufaturação da Xerox aumentaram os ganhos em cerca de 200 milhões de dólares em três anos recentes[59] e em cerca de 700 milhões em toda a sua história; espera-se que sua mais nova fotocopiadora, com todas as partes reutilizáveis ou recicláveis, venha a economizar um bilhão de dólares mediante a refabricação a longo prazo.[60] A faculdade de administração da Universidade da Carolina do Norte já contratou um professor de "logística inversa": a "desdistribuição" dos produtos dos consumidores para a remanufatura.[61]

Obviamente, é muito mais fácil desmontar um produto para a refabricação ou reutilizar suas peças se eles já forem projetados com esse fim em mente. Atualmente, os *softwares* de microcomputador podem ajudar os *designers* a minimizar o tempo de desmontagem e comparar o impacto da manufatura e do descarte nas alternativas de *design*.[62] Na Alemanha, em um número crescente de produtos que inauguraram o conceito de "responsabilidade ampliada do produto" — faça-o e use-o definitivamente —, fábricas que produzem de tudo, de televisores a automóveis, projetam-nos de modo a facilitar a desmontagem e o descarte, pois do contrário são proibitivos os custos da responsabilidade após o uso. O sistema, que está se disseminando em toda a Europa e no Japão, elevou a taxa de reciclagem de embalagens de 12 por cento, em 1992, a 86 por cento em 1997, sendo que no período de 1991-97, aumentou a coleta de plástico em

1.790 por cento, reduzindo em 17 por cento o uso de embalagens em casa e nas pequenas empresas.[63] No fim de 1998, cerca de 28 países haviam implementado leis de "devolução" de embalagens; dezesseis, de baterias, sendo que doze planejavam regular a restituição de produtos eletrônicos.[64] Tal responsabilidade pelo ciclo de vida também cria benefícios inesperados: a BMW projetou, principalmente por razões ambientais, uma carroceria totalmente termoplástica e reciclável para os carros esporte Z-1, a qual pode ser separada do chassi de metal em vinte minutos na "linha de desmontagem", porém tal configuração também facilitou muito o conserto.[65] Ou, quando se sentiu onerado pelos custos de limpeza das embalagens de pasta de solda devolvidas, o grupo Alpha-Fry, da Alemanha, passou a fazer recipientes de estanho puro que, quando restituídos, são refundidos em nova solda: 11 por cento mais barata por recipiente.[66] Evitar a dissipação de materiais custosos na compra e tóxicos quando se dispersam é um negócio inteligente: ao anunciar um programa de investimento ambiental de um bilhão de dólares em dez anos, a Dow não estava sendo apenas socialmente responsável. Também havia antecipado um retorno anual de trinta a quarenta por cento.[67]

E se as opções de um item para o reparo, a reutilização e a refabricação estiverem esgotadas? Nesse caso, ele pode ser reciclado para reconstituir-se em outro produto similar. Em último caso, também pode ser reciclado: moído, derretido ou dissolvido para que seus materiais básicos venham a reencarnar-se em um fim inferior como material de enchimento. (Assim, boa parte do plástico reciclado, que já não é suficientemente puro ou resistente para seu fim original, acaba se transformando em estacas de barraca ou bancos de praça.) A troca de detritos, como o intercâmbio regional via Internet patrocinado por Camberra (que pretende eliminar o refugo até 2010) ou uma iniciativa do setor privado na região de Brownsville, no Texas, e em Matamoros, no México, procura colocar o material descartado à disposição dos compradores potenciais.[68] Mesmo os materiais de difícil reciclagem, como os pneus, os plásticos, os isolantes, o vidro e os biossólidos, podem ser desintegrados e pulverizados, mediante intensas ondas sonoras, a fim de facilitar o reprocessamento.[69] É possível substituir o material não-biodegradável por compósitos, como o 1,8 bilhão de embalagens de amido de batata e calcário que a McDonald's está tentando substituir por invólucros de concha de marisco: substituições que não custam mais e requerem muito menos energia na fabricação.[70]

Essas opções podem alternar-se com os avanços tecnológicos e a redução dos preços à medida que a inovação transforma o lixo em dinheiro. As fábricas de automóveis originais de Henry Ford tinham toda uma seção dedicada a recuperar caixotes e paletes de madeira, grande parte dos quais eram aproveitados na carroceria dos carros.[71] Em 1994, a Mitsubishi Motors, no Japão, que embarca 2.800 caixas de peças de automóvel por ano a um distribuidor alemão, abandonou as caixas de papelão ou madeira para usar as de aço, que são esvaziadas, dobradas e remetidas ao Japão, onde se espera reutilizá-las durante dez anos antes de refabricá-las ou reciclá-las.[72] Três quartos dos produtos perecíveis da Alemanha são atualmente embarcados em caixotes padronizados e reutilizáveis, vendidos ou alugados pela International Fruit Container Organization: mais uma conseqüência da lei da devolução de 1991.[73] O processo Petretec, da DuPont, tem condições de regenerar indefinidamente o filme de poliéster descartado (quatro quintos de seu negócio bilionário no setor), produzindo novos filmes exatamente da qualidade dos fabricados com matéria-prima bruta, mas com custo um quarto mais baixo.[74] A reciclagem das baterias de automóvel usadas, cuja devolução todos os estados exigem na compra de uma nova, fornece atualmente de 93 a 98 por cento do chumbo de todas as baterias de ácido de chumbo americanas.[75]

Certos materiais reciclados, como os tijolos velhos, as vigas e as pedras de calçamento chegam realmente a valer mais que os novos. Outros podem adquirir novas propriedades pelo reprocessamento. O biocompósito "Environ", por exemplo, é um material decorativo, não estrutural, de superfície acabada, feito de papel reciclado e biorresina, que parece pedra, pode-se cortar como madeira, é duas vezes mais duro que o carvalho vermelho e tem a metade do peso do granito, embora seja mais resistente ao desgaste.[76] Quando a tudo se aplicarem esses princípios de circuito fechado, da embalagem[77] aos três bilhões de toneladas de material de construção usados anualmente,[78] estaremos diante de uma quantidade considerável de recuperação — e cada tonelada não extraída, não ameaçada e não deslocada significa menos dano ao capital natural.

Qual é o efeito potencial, no sistema industrial, da combinação de *todas* essas etapas: a eficácia e a longevidade do produto, os projetos e a fabricação com o mínimo de material, a recuperação, a reutilização, a refabricação e a reciclagem das sobras, assim como a economia de material graças à melhor qualidade, à maior eficiência do produto e do *design* mais inteligente? Ninguém sabe ainda. Porém, muitos especialistas acreditam que, se se aplicasse sistematicamente todo o espectro da economia de material a todo e qualquer objeto material que fabricamos e usamos e se se desse tempo para que a economia indireta de material tivesse efeito sobre a estrutura da economia como um todo,[79] a redução do *fluxo* total de material necessário para a manutenção de um determinado *estoque* de artefatos ou do *fluxo* de serviços chegaria muito perto de cem ou mais para dez. Em grande parte, isso se deve a que o *design* inteligente geralmente consegue extrair mais serviço de um determinado produto, de modo que todas essas economias não se limitarão a somar-se: elas se multiplicarão. E, à medida que essas economias multiplicadoras transformarem menos espaço verde em terra arrasada, menos combustível fóssil em mudanças climáticas, menos matéria em refugo, elas acelerarão a restauração e o aumento da abundância de capital natural.

Em resumo, todo o conceito da dependência da indústria de um fluxo cada vez mais rápido de material, do esgotamento à poluição, a antiga marca registrada do progresso, está se transformando em um estigma de falta de competitividade. Já desanima muito saber que, em comparação com seu potencial teórico, é muito pequena a porcentagem de eficiência mesmo dos países mais eficientes em termos de energia.[80] Pior ainda é saber que só um por cento do fluxo total de material, na América do Norte, transforma-se em produto e continua sendo usado seis meses após a venda. Esse um por cento bruto de eficiência de material vem assumindo cada vez mais as feições de uma gigantesca oportunidade de negócio. Todavia, essa oportunidade vai muito além da mera reciclagem de garrafas e papel, pois envolve nada menos que o *redesign* fundamental da produção industrial e a miríade de usos para os seus produtos. A próxima fronteira consiste em repensar tudo quanto consumimos: para que serve, de onde vem, para onde vai e como podemos continuar obtendo seus serviços de um fluxo líquido muito próximo de absolutamente nada — a não ser idéias.

CAPÍTULO 5

Ferramentas Básicas

Um banco cujos empregados não querem ir para casa — Um córrego passa por ele — Construções verdes e trabalhadores radiantes — Só recompensas e incentivos perversos — Janelas, luz e ar — Todo edifício é um presságio — Bananas colhidas nas Montanhas Rochosas — Florestas urbanas — Cidades transitáveis

No sudeste de Amsterdã, em um lugar escolhido pelos empregados devido à proximidade de suas casas, fica a sede de um importante banco.[1] Construído em 1987, esse complexo de 16.400 metros quadrados consiste em dez torres esculturais ligadas entre si por uma sinuosa rua interna. Lá dentro, o sol se reflete no metal colorido — apenas um dentre os muitos elementos artísticos que decoram a estrutura — para inundar os pavimentos inferiores de matizes permanentemente cambiantes. Os jardins internos e externos são regados com a água da chuva recolhida no telhado. Todos os escritórios recebem ar e luz naturais. O aquecimento e a ventilação ficam a maior parte do tempo desligados, sendo que não se usa nenhum sistema convencional de ar-condicionado. Bem-humorados, os banqueiros sobriamente vestidos molham os dedos na água que escorre das esculturas dos corrimões de bronze das escadas. É evidente a satisfação dos ocupantes do prédio com o novo local de trabalho: o absenteísmo diminuiu quinze por cento, a produtividade aumentou, sendo que, no local, os empregados participam de numerosas atividades culturais e sociais noturnas ou de fim de semana.

Semelhante resultado superou até mesmo a expectativa dos diretores com relação às características, às qualidades e ao processo de execução do projeto que encomendaram. O prospecto do projeto estipulava um edifício "orgânico" que "integrasse a arte, os materiais naturais e locais, a luz do sol, as plantas verdes, a conservação da energia, o silêncio e a água" — para não falar em empregados felizes — e que "não custasse um centavo a mais por metro quadrado" que a média do mercado. Aliás, o dinheiro empregado nos sistemas de economia de energia retornou nos primeiros três meses. Desde a ocupação inicial, o complexo consumiu 92 por cento menos energia que um banco adjacente, construído na mesma época, o que representou uma economia de 2,9 milhões de dólares por ano e fez dele um dos edifícios mais eficientes em energia da Europa.

O arquiteto Ton Alberts levou três anos para concluir a planta do prédio. Demorou tanto principalmente porque a diretoria do banco fez questão de que todos os participantes do projeto, inclusive os empregados, compreendessem cada detalhe: o sistema de controle do ar, por exemplo, teve de ser explicado aos paisagistas; as obras de arte, aos engenheiros mecânicos. No fim, foi esse nível de integração que contribuiu para tornar o edifício tão confortável, bonito e eficiente em termos de custo. Quando pronta, a estrutura passou a ser uma das mais conhecidas da Holanda depois do prédio do Parlamento. Com a sede central pronta, o banco, que então se chamava NMB, adquiriu uma imagem pública e uma cultura empresarial dinâmicas, ainda que não se possa provar que isso esteja diretamente relacionado com o projeto da nova sede. Da quarta que era, passou a ser a segunda maior instituição bancária da Holanda, mudou o nome para ING e comprou o venerável banco mercantil inglês Barings.

Quando Michael e Judy Corbett iniciaram o Village Homes em Davis, na Califórnia, na década de 1970, não havia nenhum projeto habitacional parecido. Consistia em tipos mistos de residência em ruas mais estreitas, com cinturões verdes repletos de árvores frutíferas, zonas agrícolas em meio às casas, drenagem natural da superfície, orientação solar e abundante espaço aberto. Nos anos 80, crescera a ponto de abranger 240 casas em 28 hectares e tornara-se um bairro agradabilíssimo, com ótimo ambiente, serviços públicos e gêneros alimentícios a preços baixos e um forte espírito comunitário.[2]

Um exemplo da filosofia singular do projeto foi o uso das depressões naturais na drenagem em vez dos custosos drenos subterrâneos de concreto, escolha que economizou oitocentos dólares de investimento por unidade habitacional. Tal economia pagou grande parte do paisagismo dos vastos parques e cinturões verdes; ao mesmo tempo, o próprio sistema de drenagem permite que essas áreas absorvam muita água, de modo que suas necessidades de irrigação caíram de um terço à metade. As próprias depressões da drenagem integram-se às alamedas que proporcionam não só as vias de circulação de pedestres e as ciclovias como também são um foco de vida comunitária. As vivendas — algumas das quais praticamente se escondem atrás das vinhas, das flores e dos arbustos — erguem-se umas em frente às outras nessas alamedas. Os automóveis ficam discretamente estacionados nos fundos, em ruelas estreitas (7 metros de largura) e arborizadas.

As ruas e alamedas entram no local por direções opostas, como dedos entrelaçados, de modo que não há cruzamentos. A salvo do tráfego de veículos, as crianças brincam tranqüilamente nas movimentadas e bem vigiadas alamedas. Graças à intensa vida na rua e ao forte senso de comunidade, os índices de criminalidade correspondem a apenas um décimo dos das subdivisões adjacentes, construídas segundo o habitual esquema dominado pelo carro. O número médio de automóveis por residência é 1,8, em Village Homes, contra os 2,1 das outras partes de Davis.

As ruas mais estreitas não só reduzem a intensidade e a velocidade do tráfego e economizam dinheiro e espaço como também exigem menos material de pavimentação, coisa que melhora o microclima de verão: como a sombra das árvores cobre toda a rua, é muito menor a quantidade de asfalto que absorve e irradia o calor do sol. Combinadas com o projeto solar passivo e a adequada disposição local, essas características aumentam o conforto e reduzem pela metade ou em dois terços as contas de energia: uma realização impressionante para o *design* e os materiais da década de 70.

Os moradores também foram autorizados a exercer atividades comerciais em casa, o que era ilegal em muitas comunidades norte-americanas da época. As hortas e pomares orgânicos fornecem frutas frescas para o café da manhã. Village Homes também ajuda a financiar a manutenção de suas áreas verdes com a venda de hortaliças orgânicas e amêndoas: o fruto, por assim dizer, dos investimentos originalmente financiados com o que se poupou com eliminação dos bueiros, ou seja, oitocentos dólares por lote.

Por ser comprovadamente um excelente lugar de moradia, Village Homes, que a princípio ocupava uma posição modesta no mercado, consegue atualmente um dos mais altos preços de revenda por metro quadrado em Davis. As unidades são vendidas em menos de um terço do tempo normal (isto é, quando anunciadas, quase todas são rapidamente adquiridas por compromisso verbal) e chegam a 36 dólares por metro quadrado acima do valor normal de mercado. Outrora considerada tão exótica que mal despertava o interesse dos corretores, Village Homes hoje é descrita, nos prospectos das imobiliárias, como a "subdivisão mais cobiçada de Davis".

O Inn of the Anasazi é um hotel de luxo de 59 quartos localizado a curta distância de Governor's Plaza, em Santa Fé, Novo México. O prédio, inaugurado na década de 1960, não passava de um horroroso caixote de aço e vidro — uma espécie de contêiner gigante usado como presídio juvenil e quartel-general penitenciário. Em 1991, os incorporadores do hotel transformaram-no em uma estrutura que imita o adobe, dando a impressão de existir há séculos.

O Inn of the Anasazi é extremamente confortável e muito eficiente. Contudo, a visão que o inspirou refletia bem mais que o mero desejo de conservar os recursos físicos. O material de construção, a mobília e os elementos artísticos são produzidos com recursos locais por artesãos tradicionais; os artigos de toalete, feitos de ervas medicinais indígenas, são vendidos pelo hotel em benefício dos produtores, do mesmo modo que a arte que decora os quartos e o saguão. O pessoal, constituído de representantes das três culturas locais — a nativa, a hispânica e a anglo-americana —, é treinado na solução dos conflitos e, nesse sentido, até presta serviço voluntário a outras instituições comunitárias. Os empregados também são pagos para prestar duas horas semanais de trabalho voluntário junto aos grupos locais e podem optar por assinar um compromisso que os autoriza a empreender trabalho ecológico responsável em nome do hotel. A rotatividade do pessoal é mínima: o que causa admiração nos hotéis concorrentes, cuja administração, atualmente, vem participar dos seminários oferecidos pelo hotel a fim de aprender a emular semelhante sucesso.

O famoso restaurante de luxo do Inn obtém 90 por cento dos ingredientes na agricultura orgânica local, boa parte da qual é praticada por famílias assentadas pelo governo. (Manter a produção agrícola permite-lhes pagar impostos rurais, bem mais baixos que os urbanos.) A comida que sobra vai para os albergues de sem-teto; os restos da cozinha, para os chiqueiros orgânicos; os dos pratos, para a composição de adubo. Com o tempo, novos e mais profundos vínculos vêm integrando o hotel ao lugar e a sua população. Por que nem todos os edifícios são assim, organicamente enraizados? *Ou igualmente lucrativos?* Apesar dos preços elevados, o Inn of the Anasazi ficou lotado já em seu segundo ano de funcionamento — uma raridade nos hotéis novos. Tem uma média anual de 83 por cento de ocupação, coisa sem precedentes no mercado altamente sazonal de Santa Fé, sendo seu tráfego de repetição de 35 por cento.

Que têm em comum um banco holandês, uma incorporadora da Califórnia e um hotel do Novo México? Os três projetos são arquétipos da fusão bem-sucedida da eficiência de recursos com a sensibilidade ambiental, a atenção pelo bem-estar humano e o sucesso financeiro, que ficou conhecida como o "desenvolvimento verde".[3]

Bem ou mal, os prédios são o lugar onde os norte-americanos passam cerca de noventa por cento do tempo. Consomem um terço da energia total e dois terços da elétrica. Sua construção consome um quarto de toda a madeira colhida; no mundo, empregam-se anualmente três *bilhões* de toneladas de matéria-prima na construção.[4]

No passado recente, a escolha do projeto e do material de construção foi feita com descuido, o que gerou baixos retornos em capital humano ou até perdas na sociedade. No futuro, o paradigma ilustrado pelos três exemplos acima tem tudo para proporcionar benefícios muito maiores às pessoas, ao seu bolso e à Terra. Os prédios verdes são competitivos em termos tanto econômicos quanto estéticos. Além de relativamente baratos na construção e na operação, têm flexibilidade no uso à medida que as necessidades humanas evoluem inevitavelmente. Os sistemas mecânicos que lhes mantêm o conforto são pequenos e bem projetados ou, melhor ainda, acabam eliminados no próprio projeto. Novos prédios serão construídos perto, dentro ou a partir do material reciclado dos velhos. Aos materiais novos vêm somando-se os antigos, redescobertos, como a terra batida, os fardos de palha, o adobe e a caliça (uma argila densa) — nenhum deles tóxico, todos seguros, duráveis e versáteis. A tecnologia de ponta terá sua contribuição a dar. As camadas de fibra de carbono reforçadas já estão se integrando com eficiência de custo às vigas estruturais simples em madeira, criando uma sensação de leveza que se estende ao projeto estrutural e anti-sísmico. Tais inovações fazem parte de uma nova mentalidade do *design*, que imita a força arejada das teias de aranha e das plumas, cercando o máximo de espaço com o mínimo de material estrutural.

Semelhante eficiência econômica e de recursos na construção, assim como a sensibilidade ambiental, não provêm meramente do desejo de poupar dinheiro e evitar a poluição, e sim de uma consciência profunda que integra a arte do *design* à sensibilidade, ambas durante muito tempo divorciadas da arquitetura e da engenharia. O desenvolvimento verde funde uma apreciação biológica e culturalmente informada do que as pessoas são e querem com um acervo de tecnologias com que satisfazer tais necessidades. Seus protótipos mais extraordinários, como os três projetos acima descritos, ocorrem quando todos esses elementos se integram e sua sinergia é captada. A princípio, os resultados parecem mágicos, no sentido da observação de Sir Arthur Clark, segundo a qual "qualquer tecnologia suficientemente avançada se confunde com a magia". No entanto, as práticas que criam essa magia estão começando a ser amplamente valorizadas e apreciadas. Vão levar as edificações e nossa maneira de habitá-las a uma verdadeira revolução.

Os benefícios que podem surgir do projeto inteligente vão muito além dos próprios prédios. A distribuição das estruturas no espaço também nos afeta o senso de comunidade, pois determina aonde precisamos ir e como viajamos entre os lugares onde moramos, trabalhamos, fazemos compras e nos divertimos. Ela também governa a disponibilidade de espaço para as fazendas, os sítios, as florestas, a vida e os lugares silvestres. Poucos projetistas perguntam, como o poeta e fazendeiro Wendell Berry: "Que este lugar nos pede que façamos? Que nos permitirá fazer? Que nos ajudará a fazer?" Berry também disse: "Eu sou responsável pelo lugar onde piso" — lembrando-nos que a terra deve ser medida não só em hectares e dólares, mas também em amor e respeito.

Esses três projetos e os que descreveremos abaixo começam a redefinir o desenvolvimento imobiliário cada vez mais como uma arte: não uma arte que simplesmente cause menos danos, mas que seja capaz de reconstruir ativamente a comunidade, de restaurar a segurança e o acesso do pedestre e de reduzir o contexto propício ao crime. E pode ser ainda mais lucrativa.

VERDE NOS DOIS SENTIDOS

Fundamentalmente, os edifícios verdes são superiores às estruturas comuns em conseqüência do mesmo tipo de projeto e integração que tornam os *Hypercars* melhores que os automóveis comuns. A parte externa, a iluminação e as máquinas internas dos prédios, assim como os implementos e o equipamento, são de tal modo eficientes em energia que se pode manter o conforto interno com pouco ou nenhum aquecimento nem refrigeração ativos. Em um prédio verde, a economia de energia pode acumular-se tanto quanto a redução do peso aperfeiçoa o *Hypercar*. Em ambos os casos, um alto nível de integração do projeto, superando os limites profissionais tradicionais, com o planejamento cuidadoso, que significa dar os passos certos na ordem certa, cria sinergias capazes tanto de reduzir o custo quanto de melhorar o desempenho: a vantagem econômica do *design* verde se estende por toda a vida operacional do projeto e vai além, mas começa com o *design*, a aprovação e o processo de construção. Inicialmente, o projeto integrativo pode parecer mais custoso, todavia, essa despesa excedente não tarda a desaparecer, à medida que os projetistas adquirem experiência, e é mais do que compensada pela economia em material. Embora muitos incorporadores suponham que as construções dos prédios verdes custam necessariamente mais, o *design* verde tem condições de *diminuir* os custos de construção, economizando sobretudo nos custos de infra-estrutura e usando técnicas passivas de aquecimento e refrigeração, que tornam desnecessários o equipamento mecânico mais caro.[5]

Ao mesmo tempo que economizam de setenta a noventa por cento do consumo tradicional de energia e, com freqüência, uma grande porcentagem do custo de capital, os novos edifícios eficientes oferecem três benefícios econômicos adicionais e ainda mais valiosos:[6]

- Os projetos verdes são vendidos ou alugados mais depressa e conservam os inquilinos mais tempo, pois combinam atração e conforto superiores com custos operacionais mais baixos e em termos mais competitivos. Os ganhos resultantes em ocupação, aluguéis e resíduos ampliam o retorno financeiro.
- O maior conforto visual, térmico e acústico do prédio cria um ambiente de pouco *stress* e alto desempenho, que gera ganhos valiosos na produtividade do trabalho, nas vendas a varejo, assim como na qualidade e na produção industriais. Tais características, por sua vez, trazem uma vantagem competitiva decisiva, além de aumentarem o valor do imóvel e o desempenho no mercado.
- A excelente qualidade do ar interior melhora a saúde e aumenta a produtividade, reduzindo os riscos de processos de responsabilidade social. A EPA* estima que as enfermidades relacionadas com o imóvel, nos Estados Unidos, são responsáveis pela perda anual de 60 bilhões de dólares em produtividade, sendo que um estudo mais abrangente avaliou esse prejuízo em bem mais que 400 bilhões.[7]

As pessoas não são entidades simples e uniformes que florescem dentro de uma caixa. São, pelo contrário, organismos vivos complexos que se desenvolveram e continuam funcionando melhor em um meio dinâmico e diversificado. O engenheiro mecânico ocidental típico esforça-se para *eliminar* a variabilidade nos ambientes criados pelo homem, com a ajuda de termostatos, umidificadores e fotocélulas, a fim de maximizar as condições nas quais uma fração estatística de pessoas diferentes sentir-se-á "bem" de acordo com uma equação padrão. Os edifícios japoneses de última geração, ao contrário, variam intencional e constantemente a temperatura em escala reduzida. O controle dos microprocessadores fornece ar não em uma corrente invariável, mas em lufadas aparentemente aleatórias. Chega-se até mesmo a injetar no sistema de ventilação

---

(*) EPA, Environmental Protection Agency, órgão norte-americano de proteção ambiental. (N. do T.)

sopros subliminares de perfume de jasmim e sândalo a fim de estimular os sentidos. Essa variabilidade reflete a convicção de que as pessoas ficam mais sadias, mais satisfeitas e mais alertas em condições sutilmente dinâmicas que nas constantes. Os projetistas ocidentais estão começando a perceber que essa visão inspirada na evolução pode oferecer uma base superior ao *design*.

Pouca gente experimenta o verdadeiro conforto — térmico, visual ou acústico — mas, quando o fazem, tendem a querer mais. As revoluções na tecnologia, no *design* e na consciência do consumidor já começam a criar condições de mercado nas quais, para os incorporadores e profissionais do *design*, é arriscado oferecer produtos inferiores. Os prédios que são alternativamente um forno ou uma geladeira, desconfortáveis e com altas contas de energia começam a tornar-se inaceitáveis. Na era do *design* verde, que está chegando rapidamente, os edifícios que custarem mais do que devem para ser construídos e administrados, que funcionarem mal, que tiverem má aparência e fizerem com que o consumidor informado se sinta pior do que deseja estão simplesmente fadados a ficar vazios.

O tema da satisfação e do desempenho superiores do trabalhador cabe como uma luva na mentalidade do desenvolvimento verde. Considere os seguintes exemplos:[8]

- O Edifício da Lockheed 157, em Sunnyvale, Califórnia, utilizou um sofisticado sistema para aproveitar a luz natural e, assim, economizar três quartos da energia elétrica, tornando o espaço mais atraente e mais propício ao trabalho. Os proprietários esperavam recuperar em quatro anos o custo da instalação. No entanto, uma queda de quinze por cento no absenteísmo e um ganho de outros quinze na produtividade do trabalho pagaram a iluminação natural no primeiro ano. Ademais, a redução das despesas fixas deu à empresa uma margem para participar de uma dura concorrência, sendo que os lucros desse contrato inesperado renderam à Lockheed mais do que lhe havia custado o prédio inteiro.
- Quando a velocidade e a exatidão da triagem da correspondência em uma agência de correio de Reno, Nevada, subiu repentinamente de um nível medíocre para o melhor desempenho do Oeste dos Estados Unidos, os administradores se deram conta de que a reforma da iluminação introduzida para economizar energia fizera com que os empregados passassem a enxergar melhor. Outras mudanças no *design* do teto também reduziram a distração e a fadiga.
- A VeriFone reformou um armazém de concreto de 23 mil metros quadrados, na Califórnia, a fim de transformá-lo em uma nova central de distribuição.[9] O antigo prédio tinha poucas janelas e um sistema de controle do ar inadequado para filtrar os poluentes que vinham de fora. A reforma incluía iluminação natural, um novo sistema de filtragem, materiais não tóxicos e maior eficiência de energia ao mesmo tempo que se ajustava ao orçamento modesto de 128 dólares o metro quadrado. Com a economia de 65 a 75 por cento de energia, previa-se o retorno do investimento em sete

anos e meio — dez por cento líquidos anuais —, porém a redução do absenteísmo em 45 por cento foi uma gratificação imprevista.

- Quando a Boeing Corporation reformou os sistemas de iluminação dos setores de *design* e manufatura, não só cortou em 90 por cento as despesas de energia (recuperando o investimento em menos de dois anos) como também ajudou os empregados a enxergar os defeitos nos aviões que estavam construindo. O resultado foi uma valiosa melhora ao evitar-se o refazer, nos prazos de entrega e em satisfação do consumidor.
- A "Eco-Loja" experimental do Wal-Mart, em Lawrence, Kansas, instalou um novo sistema de iluminação natural na metade da loja, mantendo a luz fluorescente normal no resto. Os registros da caixa enviados à administração central da empresa revelaram vendas significativamente superiores na área iluminada com luz natural em comparação com o movimento das outras lojas. Também os empregados a preferiam. Atualmente, o Wal-Mart está experimentando a luz natural em outras unidades protótipos.

Tais exemplos representam uma fonte especial de economia potencial para muitas empresas. Esses e outros casos bem estudados apresentam, agora, ganhos consistentes em produtividade do trabalho (algo entre seis e dezesseis por cento), uma vez que os trabalhadores se sentem mais à vontade em termos de temperatura, enxergam melhor o que estão fazendo e conseguem ouvir os próprios pensamentos.[10] No entanto, como mostra o gráfico da página 85, o escritório americano típico gasta cerca de cem vezes mais com pessoal por metro quadrado (salários, benefícios, impostos e equipamento individual) que com a energia. É bem possível que os administradores possam *deixar* de reformar os prédios para economizar energia, mas não para tornar os trabalhadores mais produtivos. Se a produtividade do trabalho aumentar apenas um por cento, o benefício será equivalente à *eliminação* de toda a conta de energia. Por conseguinte, os ganhos em produtividade do trabalho que os estudos de caso mostram valeriam pelo menos dez vezes a economia direta em energia, a qual, por sua vez, vale dezenas de bilhões de dólares por ano nas empresas de todos os Estados Unidos.

Essa conclusão, que devia ser óbvia, não foi percebida até agora. Nos últimos sessenta anos, as escolas de administração de empresas não ensinaram senão o mito de que só a administração — não as condições de trabalho — é capaz de afetar substancialmente a produtividade do empregado.[11] É evidente que o trabalhador tende a render mais quando é respeitado e recebe atenção. Mas as condições de trabalho também são importantes e faz muito tempo que têm sido negligenciadas.

RECOMPENSA PARA AQUILO QUE QUEREMOS

Em um projeto típico de prédio convencional, geralmente cada projetista "vai empurrando" a planta para o outro. Por fim, integram-se todas as recomendações dos especialistas participantes, às vezes com o uso de um simples grampeador. Já os construtores verdes, ao contrário, fazem questão de implementar um processo de *design* altamente integrado, como foi o do banco de Amsterdã, o qual une diversas aptidões e perspectivas em um todo bem maior que a soma das partes constituintes. Uma das melhores maneiras de garantir tal coisa consiste em fazer com que os arquitetos, os engenheiros, os paisagistas, os hidrólogos, os artistas, os construtores, os supervisores (especialistas que acompanham o funcionamento adequado do prédio entre a construção e a ocupação), os ocupantes, a equipe de manutenção e todos os demais que tenham relação com o imóvel o projetem juntos. Os participantes colaboram em uma espécie de mesa-redonda breve, intensiva, multidisciplinar, orientada para trabalho de equipe, a fim de assegurar que sejam captadas as principais sinergias entre os elementos do projeto e que estes últimos funcionem em conjunto para gerar uma grande economia de energia e de recursos ao mais baixo custo possível.

Uma das coisas que torna os edifícios ineficientes é o fato de a remuneração dos arquitetos e engenheiros basear-se, via de regra, direta ou indiretamente, em uma porcentagem do *custo* do próprio edifício ou do equipamento para ele especificado. Os projetistas que procuram eliminar o equipamento custoso acabam recebendo honorários mais baixos ou, na melhor das hipóteses, os mesmos honorários por uma quantidade maior de trabalho. O engenheiro Eng Lock Lee, especializado em energia, descreve com irreverência o padrão de prática operativa da engenharia mecânica nos projetos típicos de prédios grandes:

- Pegue uma coleção de plantas anteriores bem-sucedidas.
- Mude o nome do projeto.
- Apresente as plantas ao cliente.
- O prédio é construído.
- O cliente reclama da falta de conforto.
- Espere que ele pare de se queixar.
- Repita o processo.

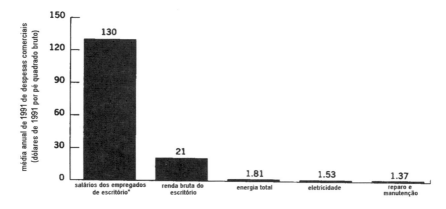

Esse procedimento seguro, embora pouco inspirado, exige um equipamento grande, complexo e custoso. Funciona mal-e-mal e, em geral, ninguém processa ninguém, pois não há lei contra a ineficiência — só contra a insuficiência. O engenheiro não será responsabilizado pelo capital nem pelos custos de operação, mesmo que o equipamento seja várias vezes maior e menos eficiente do que devia. A engenharia parece barata aos olhos do proprietário; com efeito, a remuneração do engenheiro, paga uma só vez, corresponde apenas a *um milésimo* dos custos da folha de pagamento a longo prazo da empresa inquilina, que remunera empregados cuja produtividade, como se observou acima, depende significativamente do conforto gerado pelo trabalho do engenheiro. Portanto, ao economizar no projeto, o proprietário adquire equipamento mais caro, despesas de energia mais elevadas e um prédio menos competitivo e menos confortável; os inquilinos obtêm produtividade mais baixa e custos operacionais e de aluguel mais elevados. Desde a II Guerra Mundial, essas prioridades retrógradas e esses incentivos invertidos levaram os Estados Unidos a empatar cerca de um *trilhão* de dólares de capital na construção de aproximadamente 200 milhões de toneladas[12] de equipamento de ar-condicionado, mais 200 mil megawatts de energia para colocá-lo em funcionamento (dois quintos do pico da carga nacional): nada disso seria necessário caso esses mesmos edifícios tivessem sido projetados eficientemente de modo a produzir o mesmo conforto — ou mais — por um custo mínimo. [13]

Para o incorporador, um modo óbvio de corrigir semelhante despropósito consiste em estipular um incentivo positivo para a obtenção da eficiência. Os projetos-pilotos lançados pelo Rocky Mountain Institute, em 1996-97, atualmente estão testando até que ponto os edifícios podem tornar-se eficientes se os *designers* forem recompensados com base no que economizam, não no que gastam. Mediante um simples adendo contratual, eles teriam direito a uma gratificação correspondente a uma parcela da energia economizada em um período de vários anos.[14] Tal gratificação também pode ser compensada por uma multa pelo mau desempenho. Por outro lado, pode-se adiantar uma parcela do estímulo; a outra será paga vários anos depois, conforme a economia medida, de modo que os *designers* tenham o devido direito de ver se suas intenções se realizaram plenamente na construção, no comissionamento, no treinamento e na operação. Qual um "médico chinês", eles poderiam até mesmo receber uma pequena remuneração, com base no desempenho, por acompanhar, manter e melhorar o desempenho do prédio indefinidamente.

Todavia, os incentivos perversos aos profissionais do *design* são apenas um sintoma de um problema muito maior. Em qualquer grande negócio, a cadeia de valor de um imóvel consiste em mais ou menos 25 partes que concebem, aprovam, financiam, projetam, constroem, comissionam, operam, mantêm, vendem, alugam, ocupam, reformam e se desfazem da propriedade. A maioria dessas partes, se não todas, são sistematicamente recompensadas pela ineficiência e punidas pela eficiência.[15] São necessárias correções nas estruturas do incenti-

FERRAMENTAS BÁSICAS

vo a todos os participantes do empreendimento imobiliário, assim como às sociedades profissionais, aos órgãos públicos e a outros agentes do mercado.[16]

Já começam a surgir instrumentos produtivos e estimulantes. Por exemplo, pode-se estipular, mediante cláusulas contratuais, uma divisão justa da economia obtida entre proprietários e inquilinos, de modo que ambas as partes sejam incentivadas a superar o problema da "fragmentação do incentivo", em que uma parte escolhe a tecnologia e a outra paga as despesas de energia. A economia que normalmente se faz no espaço próprio quase sempre falta no alugado. Tradicionalmente, os inquilinos dão pouca atenção à eficiência do equipamento de escritório, de iluminação e de controle de ar que instalam. Seriam mais conscientes se, no momento das compras para o aluguel ou quando estivessem negociando este último, o proprietário lhes mostrasse um gráfico das contas extras de energia e água, tanto as diretas quanto as do espaço comum, assim como do aluguel extra (pelo custo de capital dos sistemas mecânicos de um prédio novo) que eles teriam de pagar se fizessem escolhas ineficientes — ou os descontos de que se beneficiariam caso seus projetistas colaborassem com os proprietários no sentido de minimizar os custos totais do edifício. Semelhante fragmentação de incentivos onera os fabricantes e consumidores de todo tipo de equipamento usado nos prédios e nas fábricas. Grande parte dele é ineficiente e projetada apenas para minimizar os custos iniciais, já que seus *designers*, construtores e vendedores não se responsabilizam pelos custos operacionais do usuário e os compradores, em sua maioria, não compram com cuidado. Aliás, na maior parte dos casos de equipamento, simplesmente não há disponibilidade de modelos eficientes — pelo menos até que um grande cliente os exija, como fez com sucesso o Wal-Mart com os sistemas de iluminação natural e ar-condicionado. É notável a rapidez com que o "Lamento, nós não trabalhamos com isso" se transforma em "Para quando o senhor quer o equipamento?" quando o cliente faz uma encomenda grande.

Como também os avaliadores raramente creditam a economia de energia aos prédios eficientes, não se pode capitalizar o valor da eficiência, o que dificulta o financiamento e a avaliação. (Uns poucos avaliadores começam a capitalizar a economia na renda operacional líquida.) É típico dos corretores de locação fazer um cálculo *pro forma* dos *supostos* custos operacionais médios, não dos reais. Poucos edifícios contam com qualificações de eficiência e raros inquilinos têm acesso às antigas contas de energia para calcular as despesas. Conseqüentemente, certas jurisdições instituíram leis do "direito de saber", ao passo que outras obtêm resultados semelhantes instruindo inquilinos e compradores para que façam verificações. Alguns corretores passaram a distinguir o serviço que prestam oferecendo orientação para minimizar os custos de ocupação. Estão surgindo sistemas de avaliação da energia dos prédios residenciais e comerciais. Um mercado mais transparente e preciso já começa a reconhecer que a eficiência em energia dos imóveis é um fator importante do valor financeiro. A capacidade de melhorar a eficiência do estoque imobiliário dos Estados Unidos depende sobretudo da criação de uma informação com base no mercado e de estruturas exatas de incentivo tanto para os inquilinos quanto para os proprietários. Um passo importante será a divulgação, em 2000, do sistema de avaliação[17] do U. S. Green Building Council [Conselho do Edifício Verde dos Estados Unidos] da Leadership in Energy and Environmental Design (LEED) [Liderança em Energia e *Design* Ambiental], que oferece um padrão nacional de avaliação e comparação do desempenho dos edifícios verdes.

Outro modo de aumentar a eficiência das novas edificações, mesmo das estruturas com muitas famílias ou muitos inquilinos, é aplicar um desconto nas taxas [taxasconto] pelas instalações de energia, exatamente como no caso dos carros eficientes. Nesse sistema, a pessoa ou paga uma taxa ou recebe um desconto ao conectar-se ao sistema elétrico ou de fornecimento de gás, mas a alternativa que vigorará e seu valor dependerão da eficiência do prédio. Todo ano, as taxas pagam os descontos, o que constitui uma neutralidade de renda politicamente atraente. Ao contrário de uma legislação sobre os imóveis ou os padrões dos utensílios — que é melhor do que nada, mas não tarda a ficar obsoleta e não oferece nenhum incentivo para o aperfeiçoamento dos padrões —, os descontos nas taxas promovem um avanço contínuo: quanto mais eficiente você for, maior o desconto que receberá. É possível visar esse benefício desde o começo, quando se tomam as decisões relacionadas ao projeto, o que tem mais possibilidade de influenciar o projeto do que os custos operacionais a longo prazo.[18] Os descontos nas taxas para economizar energia foram experimentados apenas em escala reduzida nos Estados Unidos, porém têm sido utilizados com êxito por alguns fornecedores de água e de serviços de esgoto.

A TRANSFORMAÇÃO DOS PRÉDIOS COMERCIAIS

Com o aperfeiçoamento constante dos padrões de projeto, muitos projetos bem-sucedidos provam que a atual tecnologia de ponta tem condições de produzir prédios comerciais capazes de atingir múltiplas metas sinergéticas.

Por exemplo, a Sede Mundial de 76.200 metros quadrados da S. C. Johnson, concluída em 1997 em Racine, Wisconsin, procurou economizar a metade de seu consumo de energia, evitar a poluição, reduzir o risco e o desperdício, aproximar de zero o consumo líquido de água e restaurar a biodiversidade nas proximidades. É também um espaço muito mais agradável onde trabalhar — e também onde comer, pois sua cantina é abastecida por hortas e pomares próprios.

Igualmente impressionantes são os 4.800 metros quadrados do escritório regional da Associação do Automóvel do Estado da Califórnia,[19] em Antioch, Califórnia. Esse edifício de 1994 combinou melhor isolamento e características solares com janelas avançadas, iluminação natural e iluminação artificial eficiente para economizar 63 por cento da energia permitidos pelo rigoroso e supostamente ótimo Título 24 do Código estadual. É também a estrutura mais barata que a AAEC já construiu, sendo que só a economia de energia equivale ao dobro do seu custo.

FERRAMENTAS BÁSICAS

São evidentes as características que tornam esse edifício superior. Primeiro, uma nova estrutura comercial bem projetada terá a forma física e estará voltada para a direção que melhor aproveita a vantagem do ganho solar e desvia o calor e o vento indesejáveis. Apenas essas considerações simples geralmente economizam cerca de um terço do consumo de energia de um prédio, sem nenhum custo extra.[20] Aliás, um edifício cuidadosamente projetado há de usar não só a orientação e a forma como também sua massa térmica, a sombra, o acabamento das superfícies, a paisagem e outros elementos arquitetônicos para otimizar os ganhos em aquecimento solar e refrigeração passivos.

O alinhamento adequado do edifício também proporciona luz natural sem ofuscamento em toda a estrutura com a ajuda de técnicas como os suportes de luz curvos, as tubulações de luz, as superfícies coloridas pela luz e as divisórias com a parte superior de vidro. Seja qual for o tempo, enquanto o sol estiver acima do horizonte, a iluminação artificial raramente é necessária. A luz elétrica diminui automaticamente de intensidade ou se desliga conforme a luz natural, a não ser que não esteja acionada. Menos luz elétrica reduz o calor no prédio, diminuindo a necessidade de ar-condicionado. Com luz natural, sabe-se que nas escolas os alunos aprendem mais, têm melhor saúde física e crescimento, além de tirarem melhores notas.[21]

Os sistemas modernos de iluminação elétrica são desenhados para projetar a luz exatamente nas direções que banham o teto e as paredes sem inundar o volume vazio da sala. As fontes de luz avançadas eliminam as oscilações, o zumbido, a ofuscação e produzem cores agradáveis e precisas porque as lâmpadas estão sintonizadas com o modo como os olhos vêem o vermelho, o verde e o azul. As luminárias articuladas ajustáveis nas escrivaninhas ajustam-se à iluminação ambiente variável a fim de controlar o contraste e embelezar o espaço. Tais características facilitam e tornam menos cansativas as tarefas visuais. Toda iluminação artificial e a maior parte das opções de iluminação natural podem ser reaproveitadas com lucro; há equipamento disponível capaz de adaptar-se praticamente a todos os usos. Nos novos edifícios, a economia típica em energia de iluminação costuma ser de oitenta ou noventa por cento, com os mesmos ou mais baixos custos, ou de aproximadamente setenta a noventa por cento com retorno de um a três anos na maior parte dos casos. O melhor equipamento de iluminação muitas vezes faz mais do que se pagar a si mesmo só pelo fato de sua manutenção custar menos, antes mesmo que se registre a economia de energia elétrica.[22] Chega inclusive a custar menos já na compra e na instalação. A tecnologia avança tão rapidamente que pode valer a pena reaproveitar os sistemas de iluminação a intervalos de alguns anos. O reaproveitamento de 1998 da loja de departamentos Malden Mills economizou 93 por cento da energia de iluminação, melhorou enormemente a visibilidade, sendo que o retorno tardou apenas oito meses (na verdade, seis, devido a um desconto do fornecedor de energia), muito embora o sistema substituído fosse de um tipo — de metal halogênio — normalmente considerado eficientíssimo e, por isso, tradicionalmente usado para melhorar as antigas lâmpadas incandescentes e de mercúrio.[23]

A boa iluminação se complementa com o equipamento de escritório supereficiente e ergonomicamente projetado. Por exemplo, as telas planas de cristal líquido, de alto contraste, livres de clarão excessivo e de oscilação, adaptadas dos computadores portáteis para os de mesa justificam-se, hoje em dia, por todas as cinco vantagens que oferecem: melhor visibilidade e confiabilidade, economia de energia, economia de espaço na escrivaninha e eliminação de problemas de saúde potenciais devidos aos campos eletromagnéticos. Com a combinação dessas cinco vantagens, as telas de cristal líquido são a melhor escolha apesar do preço mais elevado. Novas variedades de equipamento de escritório de alto desempenho, inclusive as impressoras, os aparelhos de fax e as copiadoras, reduzem sua carga de calor a três quintos de watt por metro quadrado, ou seja, cerca de um terço do normal.[24] Podem-se obter ganhos comparáveis pela escolha cuidadosa de tudo, dos refrigeradores às cafeteiras.

Também são possíveis drásticas melhorias no fechamento do edifício, ou seja, no invólucro que separa as pessoas das intempéries. O aperfeiçoamento do isolamento e da calafetação são fatores importantes, porém a inovação decisiva nesse setor são as "superjanelas". Estas entraram no mercado no começo da década de 1980 e, desde então, vêm se tornando cada vez mais sofisticadas, diversificadas e amplamente acessíveis.[25] As superjanelas, que mantêm o ambiente aquecido no inverno e fresco no verão, normalmente combinam dois ou três revestimentos invisivelmente finos (que deixam a luz passar, mas refletem o calor) com enchimento de gás pesado como o criptônio, que bloqueia o fluxo de calor e o ruído. As versões produzidas em massa, com preço competitivo (cerca de dez a quinze por cento superiores ao das janelas de vidraça dupla) isolam 4,5 vezes mais ou o equivalente a oito vidraças. As unidades mais eficientes isolam tanto quanto doze folhas de vidro, mas parecem de vidraça dupla e custam menos que as de vidraça tríplice. As superjanelas possibilitaram os edifícios experimentais superisolados dos anos 80 e 90 para conservar o conforto sem nenhum equipamento de aquecimento ou refrigeração e com temperaturas externas entre 27 °C negativos e 46 °C positivos. Geralmente são "sintonizadas" de modo que, nos diferentes lados do edifício, embora tendo a mesma aparência, são dotadas de diferentes propriedades infravermelhas, característica que otimiza independentemente o fluxo de calor e de luz em todas as direções da estrutura. Essa técnica é capaz de tornar as edificações de tal modo passivas que dispensa os elaborados e pouco confiáveis sistemas de controle ativo que, na linguagem do mercado, definem os edifícios "inteligentes". Um edifício verdadeiramente inteligente conserva o conforto sem necessidade de controles.

Em breve chegarão ao mercado janelas ainda melhores. Estão prestes a ser comercializadas as vidraças de aerogel, cuja espuma de sílica, quase invisível e mais leve que o ar, consegue isolar várias vezes mais que as melhores superjanelas de hoje. A seguir, sairão dos laboratórios vidraças dotadas de microprocessadores e sensores fotoelétricos que variam constantemente suas propriedades de transmissão de luz e calor, maximizando o conforto sem nenhum controle ou intervenção externos.

O invólucro do prédio não se limita a impedir a passagem da temperatura ou do ruído, a deixar entrar a luz e a mostrar ao mundo uma face arquitetônica. Ele deve integrar o isolamento, a massa térmica (geralmente incorporada ao material das paredes) e as funções de controle passivo. E, nas estruturas mais recentes, como o Four Times Square de Nova York e diversos prédios-vitrines da Europa, tem uma função adicional: a de gerar energia. A força geradora fotovoltaica está agora comercialmente disponível, a preços cada vez mais atraentes, nas formas de vidro fosco ou transparente, de telhas de madeira com aparência de asfalto, de telhados metálicos e de outros elementos que geralmente substituem as partes normais do invólucro do edifício. Tem aparência e função iguais às do material de construção comum, mas produz eletricidade sempre que nela incide a luz, mesmo em dia nublado. Durante o dia, um prédio eficiente revestido desse material é capaz de produzir, renovadamente, mais eletricidade do que consome. É exatamente o que fazem as melhores dentre as 500 mil casas com energia solar do mundo[26].

Assim, as melhores conquistas em eficiência de meados da década de 1990 — edifícios que economizam cerca de 99 a cem por cento da energia de aquecimento e 97[27] a cem[28] por cento da energia do ar-condicionado — podem ser aperfeiçoadas tornando o prédio um *exportador* líquido de energia. Por exemplo, o maior conjunto habitacional solar do mundo, que está sendo construído na Vila Olímpica, em Sidney (Austrália), incluirá um quilowatt de fotocélulas instalados no telhado de cada unidade. Contudo, graças ao bom *design* passivo, as unidades também manterão o conforto sem ar-condicionado, liberando a maior parte da energia para outros fins. Em 1998, o Mauna Lani Bay Hotel, de 350 quartos, um balneário da AAA Five-Diamond no litoral de Kona-Kohala, na ilha do Havaí, transformou seu telhado de 3.050 metros quadrados em uma usina de cem quilowatts — a maior de qualquer hotel do mundo — atelhando-o com placas fotoelétricas.

As construções menores podem utilizar as fotovoltaicas, que produzem corrente alternada, a energia que provém de uma tomada na parede, porém com melhor qualidade e sem poluição. Essa função de corrente alternada é igual à de qualquer tipo de fornecimento de energia: a exceção é que, quando está ligada e a luz do sol incide sobre ela, torna a devolver eletricidade ao prédio em vez de retirá-la — algo próximo de 250 watts em uma placa de um metro e vinte por um e oitenta. Semelhante inovação torna a energia solar local conveniente e cada vez mais acessível aos usuários não sofisticados, aos inquilinos que preferem levar consigo as placas fotoelétricas quando se mudam e aos 2 bilhões de pessoas que ainda não dispõem de energia elétrica. Como diz *The Economist*, "Assim como as aldeias que nunca viram um poste telefônico jamais o verão em virtude da tecnologia celular, outras, que nunca viram [uma torre de transmissão elétrica] [...] podem não chegar a vê-las devido às placas solares [...]"[29]

Nos edifícios, consome-se muita energia para que o ar circule. Esse custo pode ser reduzido com o uso de materiais não-tóxicos, tanto de construção quanto de limpeza, e pela ventilação durante a construção. Uma vez eliminada a toxicidade no próprio projeto, os prédios verdes geralmente permitem que os ocupantes abram janelas ou aberturas próximas. Se necessário, é possível introduzir mais ar fresco, silenciosa e discretamente, no nível do pavimento a fim de eliminar o ar estagnado. Essa "ventilação de deslocamento" geralmente pode ser controlada individualmente pelos usuários, ou automaticamente, ou ambas as coisas. À medida que o ar eliminado sobe e sai, pode-se recuperar seu calor ou frescor, sua umidade ou secura. Muitos desses projetos utilizam cem por cento de ar fresco sem nenhuma recirculação. Seja como for, os benefícios da ventilação avançada incluem melhor saúde, um silêncio acolhedor e maior economia de energia.

Outro benefício vital emerge da *combinação* de muitas das características dos prédios verdes. Por exemplo, o Rocky Mountain Institute ajudou empresas importantes a conceber um novo tipo de edifício comercial experimental, que funde ventilação de deslocamento sob o piso, fiação sob o piso, superjanelas, iluminação natural, iluminação artificial supereficiente suspensa no teto e dele separada, além de certas inovações estruturais. A custosa tubulação e os tetos suspensos para ocultá-las foram virtualmente eliminados. Isso aumenta o pé-direito, favorecendo a distribuição da luz, mas diminui a altura do espaço entre os andares, de modo que é possível ajustar seis pavimentos, e não os cinco habituais, à legislação que impõe um limite de altura de 23 metros. O conforto, a beleza e o desempenho visual melhoram muito. Os custos totais de construção não se alteram e pode ser que diminuam ligeiramente. A despesa de energia cai pela metade ou até em três quartos se o inquilino for educado e incentivado a usar equipamento eficiente. O maior benefício para as empresas em acelerada mudança, que tendem a redistribuir o pessoal a cada seis a dezoito meses, é que o custo de reconfiguração fica enormemente reduzido. Não há necessidade de readaptar a iluminação nem a ventilação, sendo que toda fiação da instalação elétrica e telefônica é acessível instantaneamente — basta abrir uma tampa acarpetada no piso elevado. Essa flexibilidade, por si só, é de tal modo valiosa que, no primeiro ano de ocupação, economizou para a Owens-Corning 300 dólares por trabalhador por mudança, ou 4,40 dólares por metro quadrado ao ano: o equivalente a três quartos da conta total de energia de um prédio comercial médio.

Alguns edifícios avançados movimentam o ar com ventiladores altamente eficientes e ductos de baixa fricção que reduzem a energia dos ventiladores a apenas um décimo das normas industriais, ao mesmo tempo que diminui o barulho e o custo do capital. No entanto, os prédios mais inovadores não têm ventilador nenhum. Eles são projetados com dinâmica fluida computacional — simulações de fluxo de ar dirigidas pela flutuação natural e calculados por supercomputadores — para deslocar o ar passiva e silenciosamente. Com o emprego dessa técnica, os 32.600 metros quadrados do Queens Building — uma

FERRAMENTAS BÁSICAS

estrutura de 1993 de ensino de engenharia e laboratório na DeMontfort University, em Leicester, Inglaterra — eliminaram todo o equipamento de ar-condicionado e os ventiladores, mantiveram o conforto e cortaram 1,4 milhão de dólares dos custos de construção. Sessenta por cento da área do invólucro do edifício consistem em janelas e aberturas operáveis. Os estudantes de engenharia mecânica são obrigados a aprender sobre o equipamento mecânico a partir de diagramas porque a escola não dispõe de tal equipamento para demonstrações; os de engenharia elétrica aprendem o projeto da iluminação em salas com iluminação natural e com as lâmpadas apagadas. O edifício tem custo de construção (360 dólares por metro quadrado sem acabamento ou 600 por metro quadrado acabado e completamente equipado) mais baixo que o de qualquer prédio de engenharia recente conhecido. Um projeto em elaboração deve eliminar a energia de refrigeração, de circulação de ar e provavelmente a de aquecimento das novas instalações do EpiCenter de ciência da pesquisa de materiais da Montana State University, em Bozeman. Também se espera cortar o custo de capital.

Nos poucos climas extremos a ponto de ainda exigirem aquecimento ou refrigeração (comumente apenas desumidificação), essa função será cada vez mais executada não só com eficiência muito maior (a economia de energia demonstrada oscila entre 65 e cem por cento) como também sem o uso direto de eletricidade ou combustível. Em seu lugar, tais funções serão movidas pelo calor excedente a partir de células de combustível, de microturbinas e de dispositivos solares para qualquer tempo. Por exemplo, a reforma da sede de muitos milhares de metros quadrados de uma multinacional está sendo projetada, atualmente, para utilizar turbinas a gás miniaturadas a fim de gerar a eletricidade necessária. O calor liberado pelas turbinas fornecerá o aquecimento, a refrigeração e a desumidificação. O sistema será lucrativo em comparação com o custo do fornecimento de energia, que se aproxima da média nacional.

EDIFÍCIOS, MATERIAIS E TERRA RECICLADOS

As inovações no *design* não se limitam aos prédios. Pouco a pouco, o projeto verde também substituirá ou reformará praticamente todas as antigas estruturas. Por exemplo, em 1992, a National Audubon Society reciclou um edifício de um século e 30.000 metros quadrados a um custo aproximadamente 27 por cento inferior ao de um prédio novo e próximo dos níveis mais baixos do mercado. Contudo, a reforma não só rendeu uma economia de energia de dois terços como também criou um ambiente de trabalho bem melhor, com excelente iluminação natural e trinta por cento de ar fresco a mais, estabilizou setenta por cento de reciclagem eficiente do lixo de escritório e reduziu grande parte — se é que não eliminou — da incidência tóxica. Todas essas realizações reembolsaram seus custos em cinco anos — em três, se contarmos os descontos do fornecimento de serviços públicos. De modo semelhante, em 1996, quando a cidade de San Diego reformou os 22.250 metros quadrados do prédio municipal Ridgehaven, de treze anos, transformando-o na mais eficiente estrutura comercial da cidade, a redução de sessenta por cento nas despesas de energia gerou retorno em quatro anos. Para aumentar a durabilidade, a reforma também utilizou materiais não-tóxicos ou de baixa toxicidade e de conteúdo altamente reciclável, oriundos de fontes sustentáveis, reciclou mais de quarenta toneladas de entulho e melhorou a qualidade do ar interior.[30] A combinação de inovações técnicas com *financeiras* é capaz de gerar resultados ainda mais impressionantes.

Os edifícios de hoje "reencarnam" com freqüência, tornando-se um novo elemento da vida comunitária e adquirindo valor comercial. O sensato conselho de Steward Brand em *How Buildings Learn* [Como os edifícios aprendem], de 1994 — "Todo edifício é um presságio. Todo presságio é errado" — já está levando a inovações que aumentam a flexibilidade, como paredes, tubulações e outros elementos interiores que podem ser facilmente deslocados. Alguns destacados prédios verdes recentemente construídos, como o Audubon e a sede do Natural Resources Defense Council [Conselho de Defesa dos Recursos Naturais], em Nova York, ou o Inn of the Anasazi, em Santa Fé, são edifícios reciclados. Isso economiza energia e o espaço de aterro sanitário incorporado ao material de construção, responsável por quarenta por cento de todo o fluxo de materiais e, principalmente, acaba como lixo, gerando uma despesa equivalente a algo entre dois e cinco por cento dos orçamentos de construção. Dependendo da região, entre quinze e quarenta por cento do conteúdo dos aterros sanitários norte-americanos são constituídos de entulho: sete toneladas por casa típica de 550 metros quadrados.[31]

Não sendo possível reciclar um prédio inteiro, o melhor é reutilizar a madeira, os tijolos e outros materiais da estrutura anterior. Isso é preferível a usar madeira sustentavelmente colhida e outros materiais naturais, porque é um despropósito tornar a produzir o que já foi produzido. No caso de um prédio eficiente, a energia requerida para criar a madeira, o reboque, a fiação, as instalações hidráulicas, os tijolos etc. pode superar a energia de aquecimento e refrigeração que ele há de consumir em meio século.[32] Reutilizar essa energia incorporada economiza tanto a própria energia quanto custos de capital. O Centro de Recursos de Energia da California Gas Company foi erigido a custos cerca de 31 por cento inferiores mediante a reciclagem de um antigo prédio e o uso de oitenta por cento de material reciclado.[33] Demolir os prédios e vender o material também pode ser lucrativo.[34] A demolição de uma prisão pela British Columbia Building Corporation, em 1991, custou 26 por cento menos e reduziu em 95 por cento o lixo destinado ao aterro sanitário, pois a venda do material recuperado mais do que pagou as bem-vindas seis semanas de trabalho da equipe de demolição. Estão aparecendo mercados regionais e locais, na Internet, para fornecedores e usuários de material de construção reciclado, tanto o convencional quanto o "imaginativo". (Na Audubon House, as únicas lâmpadas incandescentes em uso são as que foram trituradas e recicladas em ladrilhos antiderrapantes.) Ao reformar um complexo de escritórios da IBM, a maior construtora de Vermont foi obrigada a remover 5.500 folhas de *drywall* de doze por trinta centímetros. Jogá-las no aterro sanitário teria custado 20 mil dólares. Como nas proximidades não havia uma fábrica que remanufaturasse essas peças, a empresa anunciou que as estava doando e delas se livrou rapidamente.[35] Quando estava construindo a arena do Rose Garden, em Portland, Oregon, a Turner Construction encaminhou para reciclagem 45 mil toneladas de concreto, aço, gipsita, papel e outros detritos de construção, reduzindo seu volume de lixo, do qual 95 por cento iam para os aterros, e transformando o que seria despesa de lixo em uma renda de 190.000 dólares.

Os terrenos podem ser reciclados tão eficazmente quanto o material. Muitas bases militares, áreas enormes como o antigo Aeroporto de Stapleton, em Denver, e numerosos terrenos usados como depósito de lixo estão sendo reutilizados criativamente. A Agência de Proteção Ambiental dos Estados Unidos está ajudando os incorporadores particulares a eliminar qualquer material tóxico remanescente de modo a reaproveitar o meio milhão de terrenos com refugo industrial em todo o país. Por exemplo, Portland reciclou uma área intensamente industrial em um florescente e financeiramente bem-sucedido projeto misto chamado RiverPlace: uma parceria do setor público com o privado avaliou e os incorporadores pagaram a limpeza do lixo tóxico. O principal obstáculo a esse tipo de redesenvolvimento é o temor à responsabilidade, porém a APA e alguns Estados estão modificando as normas a fim de estimular o uso seguro desses terrenos, que em sua maioria são urbanos, de fácil acesso, com infra-estrutura, mão-de-obra abundante e, portanto, com vantagem de mercado sobre os terrenos em áreas rurais.

AS RESIDÊNCIAS ADEREM A REVOLUÇÃO

A maioria dos norte-americanos mora em prédios tão ineficientes e desconfortáveis quanto aqueles em que trabalha ou faz compras. A maior parte das casas dos Estados Unidos, em comparação com as construídas com as melhores técnicas atuais, são caixas expostas e mal isoladas, projetadas com praticamente todas as deficiências dos prédios comerciais mais algumas suplementares. Por exemplo, as residências típicas da costa noroeste do Pacífico têm a tubulação de ar quente de tal modo sujeita a vazamento que de 25 a trinta por cento da energia a gás da calefação ou um excesso de quarenta a cinqüenta por cento da energia elétrica de calefação perdem-se antes mesmo de chegar à casa. Tal desperdício de energia e dinheiro torna as temperaturas irregulares e chega até a ameaçar os ocupantes com a exaustão tóxica das fornalhas.[36] De modo semelhante, um condicionador central de ar de três quilowatts, típico da Califórnia, fornece apenas dois quilowatts de ar frio; o resto escapa da tubulação.[37] Esses defeitos são fáceis de reparar: o método mais moderno consiste em borrifar no interior dos canos uma espécie de goma de mascar em forma de aerossol, chamada Aeroseal, que se aloja automaticamente nas fendas (até as do tamanho de uma moeda) vedando-as. Isso elimina mais de noventa por cento do vazamento e pode gerar uma taxa interna de retorno de cerca de 30 por cento ao ano, o que, para o país, representa uma economia anual de mais de um bilhão de dólares e a eliminação de dez usinas gigantes.[38] Acontece que a tubulação não devia ter vazamento nenhum, mas costuma ser instalada sem cuidado.

Embora seja um dos mais fragmentados da economia dos Estados Unidos — sua unidade de produção geralmente é a caminhonete —, o setor da construção de residências vem experimentando um progresso estimulante. Tal qual os prédios comerciais, esses avanços englobam processos integrados de *design*, novas tecnologias e uma compreensão mais biológica e adaptativa das necessidades humanas.

Os arquétipos das casas mais eficientes de hoje, em climas que vão do subártico ao tropical, existem desde a década de 1980, sendo que alguns surgiram bem antes.[39] As técnicas americanas de superisolamento adotaram e adaptaram o que havia de melhor nas práticas escandinavas e canadenses. As superjanelas, comercializadas já em 1983, eram capazes de obter calor líquido no inverno, mesmo quando voltadas para o norte. Por exemplo, a sede de 1.200 metros quadrados do Rocky Mountain Institute[40] situa-se a 2.160 metros de altitude, no oeste do Colorado, com um clima que às vezes chega a menos de 44 °C negativos. Aqui, há apenas 52 dias de estação fértil entre as rigorosas geadas, sendo que os períodos nublados do inverno chegam a durar 39 dias seguidos. Mesmo assim, o prédio não tem sistema de calefação, à parte as duas pequenas lareiras. Contudo, sua economia de 99 por cento do aquecimento do espaço faz com que a despesa seja *menor* que a normal nas construções de 1982-84, pois o superisolamento, as superjanelas e os ventiladores de recuperação do calor com 92 por cento de eficiência custaram menos do que se economizou, no começo, com a eliminação da fornalha e da tubulação. Ademais, a estrutura conseguiu economizar a metade do consumo de água, cerca de 99 por cento da energia de aquecimento da água e noventa por cento do consumo doméstico de eletricidade — cuja conta, se o prédio fosse apenas uma casa, seria de cerca de cinco dólares por mês antes de aproveitar sua produção muitas vezes maior de energia fotovoltaica. A economia de energia pagou em dez meses todos os custos desse aperfeiçoamento em eficiência. Isso foi possível com a tecnologia de 1983; hoje em dia, ela é melhor e mais barata.

Semelhante prédio é capaz de manter os ocupantes mais ativos, satisfeitos e sadios. Suas características são as formas curvas, a luz natural e o ruído de cachoeiras. Não se ouve barulho mecânico (mesmo porque não existem sistemas mecânicos) e tampouco há campos eletromagnéticos. A temperatura do ar é baixa; a de irradiação, alta; a umidade do ar, elevada mesmo em um clima desértico; a boa qualidade do ar interior e um jardim central semitropical oferecem a vista, o cheiro, os íons, o oxigênio e, ocasionalmente, o sabor das plantas. As buganvílias florescem junto a lagoas em que saltam rãs e tartarugas; as carpas e outros peixes nadam livremente. É possível chegar ali debaixo de uma nevasca e sentir o perfume do jasmim em flor e avistar os porcos-espinhos a caçar insetos. Em dezembro de 1997, o RMI colheu sua 26ª safra de bananas: talvez o recorde mundial de altitude para as bananas solares passivas.

FERRAMENTAS BÁSICAS

Obtiveram-se resultados comparáveis nos mais diferentes climas. Na nublada Darmstadt, na Alemanha, a "Passivhaus" sem fornalha do Dr. Wolfgang Feist consome menos de dez por cento da quantidade normal de calor (todo ele produzido por um aquecedor hídrico) e 25 por cento da quantidade normal de eletricidade. Para satisfazer a todas as necessidades, ela utiliza tanta energia quanto uma casa alemã típica com utensílios pequenos. Em 1996, um de seus arquitetos, Folkmer Rasch, projetou um plano habitacional público igualmente eficiente com preços competitivos; na Expo 2000, em Hannover, toda uma cidade chamada Kronsberg Siedlung deve ser construída com eficiência energética quadruplicada, mas nenhum custo extra. Em 1999, quarenta residências igualmente "hiperinsoladas", que dispensam qualquer sistema de aquecimento, estavam sendo construídas em duas frias e nubladas cidades da Suécia.[41] Inversamente, na abafada Bangkok, na Tailândia, onde as pessoas se sentem bem ao ar livre somente quinze por cento do ano, o professor de arquitetura Soontorn Boonyatikarn construiu uma elegante e confortável casa de três andares, com 1.140 metros quadrados, cujas superjanelas, saliências e outras características do *design* reduziram em noventa por cento a necessidade de ar-condicionado, com um sistema tão pequeno que foi difícil encontrar um engenheiro que nele trabalhasse. A construção da casa não saiu mais cara que a de um modelo padrão.[42]

Os custos de capital podem até *diminuir*. Uma experiência da Pacific Gas and Electric Company eliminou o equipamento de refrigeração em duas residências de aparência normal. A primeira, em Davis, Califórnia, onde as temperaturas podem elevar-se a 45 °C, foi uma casa experimental de valor médio (249.500 dólares), com quinhentos metros quadrados, concluída em 1993. Durante as ondas de calor do verão, que chegaram a 40 °C, a temperatura interior não ultrapassou os 27 °C, sendo que os vizinhos saíram de suas casas ineficientes, cujos condicionadores de ar se mostraram inúteis, para se refugiar naquela que não tinha ar-condicionado nenhum. Contudo, se construída rotineiramente, não no âmbito de uma experiência, a casa de Davis custaria 1.800 dólares *a menos* para construir e 1.600 dólares *a menos* para manter do que um imóvel comparável mas ineficiente, pois não tinha de manter equipamento de calefação nem de refrigeração. Um modelo posterior saiu-se ainda melhor.[43]

Providenciar para que essas casas eficientes sejam viáveis é apenas o primeiro passo. Os construtores vivem às voltas com jurisdições reguladoras fragmentadas, legislações e outras normas de construção obsoletas, fiscais mal informados, além de compradores, avaliadores e corretores de imóveis que não atribuem nenhum valor de mercado à eficiência em energia, aos incentivos parcelados entre proprietários e inquilinos e uma miríade de outras formas de falhas do mercado. No entanto, tais empecilhos podem ser afastados, e o aquecimento solar passivo está se tornando comum em certas regiões.

As novidades sempre podem ser convertidas em vantagens de mercado. Certos construtores inovadores oferecem garantia de contas máximas de calefação de, digamos, cem a duzentos dólares por ano — uma técnica que vem sendo usada há mais de uma década pelo construtor experimental Perry Bigelow, de Palatine, Illinois, graças à qual já vendeu mais de mil residências confortáveis e sem fornalha. Nessas casas, o aquecedor a água fornece todo o apoio necessário, mesmo sem superjanelas. (Naturalmente, ninguém a chama de casa sem fornalha; mais vale anunciá-la como de aquecimento hidrônico radiante.)

A maior parte das residências norte-americanas que existirão daqui a algumas décadas já estão sendo construídas. Felizmente, porém, é possível aperfeiçoar basicamente os invólucros dessas estruturas, que deixam vazar o ar e o calor. Graças aos esforços pioneiros dos engenheiros canadenses e escandinavos, a partir de 1970, estão atualmente quase maduras as técnicas inovadoras de adaptação do superisolamento e do "isolamento externo" às residências existentes, a fim de vedar os vazamentos de ar, aplicar revestimentos adesivos seletivos e acrescentar envidraçamento seletivo de modo a fazer de cada janela uma quase superjanela. Sua adoção generalizada pode coordenar-se com reformas normais de fachada ou com a substituição das fornalhas e dos condicionadores de ar a fim de reduzir os custos — ou pode ainda combinar-se com o aproveitamento do material das casas demolidas.[44]

UTENSÍLIOS

As casas que não desperdiçam calor podem ser complementadas com uma vasta série de utensílios eficientes. A Agência de Proteção Ambiental americana está trabalhando em parceria com centenas de fabricantes voluntários para oferecer aparelhos mais eficientes com a etiqueta especial da Estrela da Energia. Esses modelos são capazes de reduzir em trinta por cento a despesa doméstica típica de energia, com uma taxa também de 30 por cento de retorno interno. Nos próximos quinze anos, a adoção plena de utensílios com a Estrela da Energia promete economizar algo em torno de 100 bilhões de dólares nos lares norte-americanos.[45] (Um esforço equivalente domina agora o mercado de equipamento de escritório.) Outra iniciativa voluntária conjunta da APA com a indústria eliminará a necessidade de cerca de dez usinas elétricas e economizará 3 bilhões de dólares anuais no consumo doméstico norte-americano, eliminando a maior parte da energia "standby" do equipamento supostamente desligado.

Todavia, esses dispositivos representam apenas o começo de uma revolução nos utensílios eficientes. Os protótipos de máquinas de lavar roupa têm sensores de sujeira e gordura que controlam os microprocessadores que, por sua vez, acrescentam água fresca e sabão somente até que a água comece a sair limpa. As novas panelas de indução economizam energia e não têm nenhum elemento quente que possa queimar uma criança curiosa. Estão surgindo os secadores de roupa com bomba de calor. Vinte e poucas inovações podem economizar dois terços da energia para aquecer a água de uma casa e, mesmo assim, pagar seu custo em aproximadamente um ano.[46] Os aparelhos domésticos também se integrarão melhor entre si. Uma máquina de lavar que usa um novo tipo de motor inteligente é capaz de realizar a centrifugação em alta velocidade, retirando praticamente toda a água, para depois sacudir a roupa e alisar as rugas, tudo is-

FERRAMENTAS BÁSICAS

so com o uso de nada mais que uma pequena porcentagem da energia consumida por um secador a ar quente. Ademais, como é feita de polímeros, a máquina pode se transformar em um secador de microondas: rápido, delicado com a roupa e eficiente.[47]

As geladeiras consomem um sexto da eletricidade doméstica dos Estados Unidos: o equivalente à produção de cerca de trinta usinas gigantes. A maior parte dos refrigeradores em uso não passam de caixas miseravelmente isoladas, com o ineficiente compressor montado na parte de baixo, de modo que seu calor sobe até o compartimento dos alimentos. Atrás, geralmente elas trazem um pequeno condensador esfriado a ventilador, todo coberto de poeira, vedantes de ar com vazamento e aquecedores internos para evitar o "suor" causado pelo fino isolamento, além de luz, ventiladores e serpentinas de descongelamento ineficientes, na parte interna, que geram ainda mais calor. Cada uma dessas geladeiras consome tanta energia elétrica que o carvão queimado anualmente para gerá-la seria capaz de encher totalmente o seu espaço interior.

No entanto, o aperfeiçoamento recente do *design* melhorou drasticamente a eficiência energética dos refrigeradores. Se um modelo médio vendido nos Estados Unidos em 1972, combinando espaços de geladeira e de congelador, consumia o que podemos chamar de cem "unidades" de eletricidade para gelar um determinado volume:[48]

- Em 1987, quando a Califórnia introduziu padrões de eficiência, o novo refrigerador médio passou a usar somente 56 unidades.
- Em 1990, um novo padrão federal proibiu a venda de geladeiras que consumissem mais de 45 unidades. A melhor das produzidas em série consumia somente 39 unidades, muito embora não fosse mais cara que os modelos menos eficientes que a precederam.
- Em 1993, o padrão federal baixou para 35 unidades e, em 1997, para 25, forçando a adoção de novas tecnologias eficientes em custo.[49]
- Em 1994, a Whirlpool ganhou uma concorrência, na Suécia, com um modelo de 32 unidades que os mais importantes fabricantes norte-americanos concordaram em reduzir para 26 unidades em 1998.
- Desde 1988, a empresa dinamarquesa Gram vem produzindo em série um modelo de 13 unidades, passível de baixar rapidamente para apenas 8 e — com o superisolamento, o compressor e outras tecnologias melhores de 1997 — a uma ou duas unidades.[50]

Assim, os refrigeradores atualmente disponíveis podem economizar cerca de 87 por cento — e, com a melhor tecnologia existente, 98 ou 99 por cento — da quantidade de energia normalmente consumida pela geladeira de 1972. No entanto, eles conservam o alimento igualmente gelado — aliás, graças aos controles melhores, fresco durante mais tempo — e têm a mesma aparência, fazem menos barulho, são mais confiáveis e, produzidos em série, custariam o mesmo ou até menos.

Na cozinha, também é possível combinar panelas e chaleiras eficientes, que economizam mais ou menos um terço do tempo e da energia para esquentar a comida ou a água, com métodos de aquecimento eficientes, como a indução, e com controles de microprocessadores a fim de obter e conservar apenas a temperatura desejada, não mais. Assim, uma sobremesa à base de leite, que outrora era preciso mexer durante uma hora para que não queimasse, pode simplesmente ser colocada em um fogão controlado por um *chip* e esquecida até ficar pronta. Essas tecnologias que combinam a eficiência com a conveniência e a melhor qualidade da comida também já existem.

A Universidade Técnica da Dinamarca descobriu que a combinação de todos os avanços nos utensílios domésticos demonstrados em 1989 podia economizar três quartos da energia elétrica total por eles consumida, oferecendo ao mesmo tempo serviços melhores. O custo extra envolvido seria recuperado em menos de quatro anos: o equivalente a uma conta bancária que pagasse juros de 22 por cento ao ano.[51] Uma década depois, as tecnologias estão melhores.

A COMUNIDADE REDESENHADA

Repensar o *design* não é só questão de aperfeiçoar as coisas, mas de olhar para o contexto mais amplo no qual moramos e trabalhamos diariamente. Por exemplo, as lições de conforto e de uso do espaço do Novo Urbanismo — o qual integra a habitação e outros usos do solo a distâncias mais curtas e em comunidades compactas — podem, em breve, combinar-se com as alterações demográficas, o zoneamento mais flexível e as atitudes em rápida mudança do setor imobiliário a fim de introduzir outras inovações. Por exemplo, aglomerar as casas ao redor de pequenas áreas verdes preserva a privacidade, mas oferece um bolsão comum de parques e jardins que promove o espírito comunitário. Isso, por sua vez, poderia tornar mais atraente o compartilhamento de outros itens importantes de capital. O equipamento comum, em sintonia com as reformas habituais, a longevidade do produto, o *design* para a devolução e a refabricação, a minimização do material e da fabricação, poderia reduzir muito o fluxo de materiais na vida doméstica. Instalações compartilhadas de lavagem de roupa nos prédios de apartamentos poderiam substituir as máquinas de lavar individuais menos eficientes, nem sempre carregadas completamente e menos duráveis, quadruplicando a eficiência energética e decuplicando a dos materiais.[52] Também surgirão novos tipos de empresas, uma espécie de amálgama de centro comunitário, jardim interior, creche, instalações de lavanderia e café Internet.

Os novos projetos ao estilo das aldeias também têm condições de estimular um retorno às famílias de três ou até quatro gerações. Aliás, apesar das condições diversas e cambiantes da vida familiar contemporânea, certos aspectos dos melhores valores e atitudes da primeira metade do século, conforme certos historiadores sociais, podem ressurgir com a ajuda da onipresente informação sem fio e os sistemas de telecomunicação que estimulam o aprendizado doméstico e permanente.

FERRAMENTAS BÁSICAS

Tal qual no setor comercial, os *designers* progressistas e os incorporadores estão descobrindo muitas outras maneiras de melhorar a qualidade da vida comunitária. Em 1996-97, as investigações históricas constataram que as ruas norte-americanas eram geralmente muito largas porque alguns planejadores da defesa civil, nos anos 50, acreditavam que seria necessário espaço para o equipamento pesado a fim de remover os escombros após um ataque nuclear.[53] Retornar a larguras mais racionais, como começam a fazer as incorporadoras e a administração pública,[54] permite que as ruas desfrutem da sombra das árvores e estimula um trânsito mais seguro (como se observou no capítulo 2, é maior a possibilidade de morrer atropelado em um subúrbio que baleado no centro da cidade),[55] o uso dos pedestres e agradáveis microclimas. Também cria uma vida vibrante nas ruas, o "terceiro lugar"[56] local (como o *pub* inglês, nem casa, nem trabalho) para a agradável convivência local, verdadeiros alpendres na frente das casas, e casas em frente a outras casas, que participam da rua em vez de isolar-se dela — coisas que tendem a reduzir os índices de criminalidade.

A melhor compreensão das ilhas de calor urbanas e da sombra vegetal está encorajando os esforços no sentido do reflorestamento urbano e do uso de pavimentação e fachadas levemente coloridas. Por ajudar a refletir o calor do sol, tais medidas podem reduzir a temperatura de Los Angeles em cerca de 14 °C, coisa que diminuiria em aproximadamente vinte por cento a despesa de refrigeração e em doze por cento a fumaça da cidade, economizando mais de meio bilhão de dólares por ano.[57] Em 2015, quando as árvores crescessem e os telhados fossem substituídos, a nação pouparia 4 bilhões por ano em despesas de ar-condicionado, 7 milhões de toneladas métricas anuais de emissões de carbono e numerosos óbitos devidos a emergências oriundas da poluição e do calor.[58] Uma árvore urbana conserva cerca de nove vezes mais carbono fora do ar que a mesma árvore plantada em uma floresta, sendo que também economiza energia de ar-condicionado porque conserva as pessoas e os prédios refrescados e à sombra.[59] Fazer ruas mais estreitas e arborizadas nas comunidades do sufocante Central Valley da Califórnia diminuiria em até 15 °C as temperaturas do verão em amplas regiões, reduzindo muito os custos de energia com ar-condicionado.[60]

Enquanto isso, a hidrologia urbana está lançando um movimento de restauração das superfícies porosas que ajuda a terra a absorver mais rapidamente a água da chuva e liberá-la devagar. Um técnica importante ajuda as plantas a crescer nos prédios e por cima deles, não apenas nas proximidades. Os telhados "verdes", onde nasce grama, musgo ou flores são agora tão populares, sofisticados e competitivos nos países de língua alemã, na Europa Central, que é difícil conseguir alvará para um prédio de telhado horizontal sem torná-lo verde. Esses sistemas são estimulados e até subsidiados porque reduzem tanto os riscos de inundação quanto as necessidades de refrigeração.[61] Seguindo o exemplo de Village Homes, cidades como Scottsdale, no Arizona, estão substituindo a cara tradição da engenharia civil de drenos pluviais de concreto pela drenagem natural. Ela permite que a água da chuva flua naturalmente pelas artérias da terra.

Essa reforma hidrológica faz parte de um movimento de *design* mais amplo que tira do solo os dólares desnecessários em infra-estrutura e os investe em casas, sistemas de apoio dos bairros e paisagismo.[62] Em 1974 um estudo industrial patrocinado pelo governo federal, chamado *The Costs of Sprawl* [O preço do espalhar-se],[63] descobriu que em uma determinada área de terra, um plano habitacional planificado de alta densidade podia deixar mais da metade da área como espaço aberto *e* reduzir significativamente os investimentos em rodovias e serviços públicos, em comparação com o traçado suburbano tradicional. A redução da quantidade de pavimentação levaria a também diminuir as enxurradas. As distâncias mais curtas permitiriam um consumo menor de combustível automotivo e menos poluição. Aglomerar e ligar certas residências, de modo a diminuir a área de paredes externas, também ajudaria muito. Esse conjunto seria capaz de reduzir o custo de preparação do local[64] em cerca de 35 por cento ou 4.600 dólares (de 1987) por casa. Ao adotar um plano do Novo Urbanismo em vez de espalhar as casas, Haymount, uma cidade nova da Virgínia, reduziu os custos projetados de infra-estrutura em nada menos que quarenta por cento.[65]

Recentemente, os incorporadores começaram a experimentar esses conceitos — e descobriram que podiam obter custos mais baixos e valores de mercado *mais elevados*. Em 1994, Prairie Crossing, um centro residencial de 270 hectares, perto de Chicago, iniciou a construção de infra-estrutura projetada para minimizar o dano ambiental. O incorporador abriu ruas de 2,5 a 3,5 metros mais estreitas que a norma suburbana, minimizou a área de calçadas impermeáveis e instalou valas com vegetação e piscinas de contenção em vez de bueiros. Tais medidas economizaram 4.400 dólares por lote, os quais foram reinvestidos nas áreas comuns e em outros projetos para aumentar o conforto, aumentando também o valor das propriedades. O projeto habitacional Laguna West, de quatrocentos hectares, em Sacramento, inaugurado em 1991, investiu 1.500 dólares por casa em um lago e na arborização das ruas — aumentando o valor das propriedades em 15.000 dólares por casa. Ainda mais impressionante foi um projeto do Alabama, no qual os imóveis a beira-mar, dispostos segundo um traçado suburbano tradicional, foram vendidos recentemente a 22 dólares o metro quadrado, ao passo que os do outro lado da rua, em um traçado de bairro tradicional, mas sem vista para a praia, foram vendidos a 72 dólares o metro quadrado.[66]

Esses projetos neotradicionais começam a desafiar o hábito norte-americano de sujeitar o *design* da comunidade à engenharia de tráfego. Sua aceitação generalizada e as vantagens econômicas que oferecem mostram que as oportunidades que eles criam de "não-carros" e "não-viagens", de convivência comunitária, e de lugares mais seguros e melhores onde criar os filhos podem ser bem-vindas aos anseios dos que lá moram e dos negócios das incorporadoras.

O sucesso inesperado e extraordinário desses projetos do no mercado imobiliário começa a persuadir as incorpora rem muitas de suas suposições básicas e a imaginarem novi tacionais como uma ferramenta com que restaurar a comunidades. Aonde levarão essas tendências ainda em de não se sabe. Mas o que é evidente é que o isolamento, a depe tomóvel e as patologias sociais que afligem os subúrbios no do século XX são uma aberração.

As cidades pequenas e grandes também estão começando a mento desnecessário de dólares da economia local graças ao uso vo dos recursos locais. Estão descobrindo que a forma mais pode volvimento econômico local, como certa vez observou Malcolm BBC, falando de uma banheira cuja água vaza constantemente, nãc aquecedor maior, mas tapá-la. As tampas oferecidas pela eficiência recursos estão se transformando em motores cada vez mais barato ples e mais potentes para a criação de economias locais sustentávei ponta.[67]

Desenhar grandes prédios e projetos não é simplesmente um n crar. Trata-se de criar os espaços em que vivemos, crescemos e aprend mo disse Winston Churchill, primeiro nós damos forma aos nossos pré pois os nossos prédios dão forma a nossa vida. Esses objetivos elevados requ *designs* que celebrem a vida, não a esterilidade; o controle, não a extravagân a beleza, não a ostentação. Os prédios verdes não envenenam o ar com fumaç nem a alma com artificialidade. Pelo contrário, criam prazer quando neles entramos, serenidade e saúde quando os ocupamos e tristeza quando os deixamos. Crescem organicamente em seu lugar e a partir dele, integrando as pessoas com o resto do mundo natural; não prejudicam seus ocupantes nem a Terra; promovem uma vida mais diversa e abundante do que a que recebem; tomam menos do que dão. Realizar tudo isso, ombro a ombro, com funcionalidade e lucro exige um nível de integração de *design* que não é uma mera técnica, mas um desafio estético e espiritual.

Esse desafio tem nome. Há anos, o biólogo Bill McLarney estava criando uma cultura aquática avançada no New Alchemy Institute, na Costa Rica. Um dia, quando mexia em um tanque de algas, uma exuberante senhora norte-americana entrou e perguntou: "Por que você fica aí, mexendo com essa porcaria verde, se o que realmente importa é o *amor*?"

Bill pensou um momento e respondeu: "Bem, existe o amor *teórico* e o amor *aplicado*." E continuou o seu trabalho. Hoje, os melhores projetos habitacionais e os motivos que os criam são essa aplicação.

CAPÍTULO 6

no Abrir um Túnel na rreira do Custo

Aperfeiçoar a mente — Otimizar sem comprometer — Mais custa menos — Enxergar o óbvio mais cedo — Tubulação grande, bomba pequena — Otimizar o sistema — Tal como comer uma lagosta — Pensar para trás — Fazer as coisas na ordem certa — O padrão solução

Os exemplos do *Hypercar*, das técnicas industriais e dos materiais avançados, assim como dos edifícios verdes, demonstram que o *design* não é senão a previsão aplicada: aquilo que se faz agora, cuidadosa e responsavelmente, a fim de realizar mais tarde o que se quer.

No momento em que se conclui o *design* da maior parte dos artefatos humanos, mas antes que eles tenham sido efetivamente construídos, de oitenta a noventa por cento dos custos econômicos e ecológicos de seu ciclo de vida já se tornaram inevitáveis.[1] Em um prédio típico, explica o especialista em eficiência Joseph Romm, "Embora as despesas iniciais de construção e projeto representem só uma fração dos custos do ciclo de vida do prédio, quando se gasta apenas um por cento dos custos iniciais de um projeto, já se comprometeram até setenta por cento dos custos de seu ciclo de vida. Quando se gastam sete por cento dos custos do projeto, comprometem-se 85 por cento dos de seu ciclo de vida".[2] Esse um por cento inicial é decisivo porque, como diz o adágio do *design*, "Todos os erros verdadeiramente importantes são cometidos no primeiro dia". Este capítulo apresenta meios de pensar de outro modo — de usar uma mentalidade diferente — já no primeiro dia.

Não existe investimento mais lucrativo no futuro do que melhorar a qualidade da "mente" dos *designers*: ativo esse que, ao contrário dos físicos, não se desvaloriza, mas amadurece com a idade e a experiência. O engenheiro mecânico sênior Eng Lock Lee oferece o seguinte exemplo. Normalmente, um colega pode especificar todo ano quase 3 milhões de dólares em equipamento de calefação, ventilação e ar-condicionado — o bastante para acrescentar um megawatt ao pico do fornecimento de energia no verão. A produção e o fornecimento desse megawatt a mais exigem, convencionalmente, que o serviço público invista vários milhões de dólares em infra-estrutura. Se uma formação melhor, na faculdade de engenharia, fosse responsável pela produção de equipamentos de vinte a cinqüenta por cento mais eficientes (meta razoavelmente atingível e até conservadora), nos trinta anos da carreira de um engenheiro, o serviço público pouparia, no valor atual, algo entre seis e 15 milhões de dólares de investimentos *por cérebro*, sem contar a economia em energia operacional e poluição. Isso restitui pelo menos de cem a mil vezes o custo extra dessa formação melhor. Tal economia sairia ainda mais barata se os bons profissionais disseminassem as práticas aperfeiçoadas mediante palestras, assessoramento ou concorrência; assim, a educação de um único engenheiro influenciaria muitos outros. Ademais, os bons projetos da vida de um engenheiro podem aumentar o conforto de uns 65.000 empregados de escritório, cujo salário total em trinta anos, nos valores de hoje, chega a cerca de 36 bilhões de dólares. Se mais conforto aumenta a produtividade do trabalho, tal como ficou exposto no Capítulo 5,[3] é possível que a sociedade se beneficiasse um milhão de vezes mais que o custo adicional de uma melhor formação profissional em engenharia.

Sem embargo, não são muitos os arquitetos, engenheiros e outros *designers* que recebem uma boa formação profissional. No primeiro dia de aula, disseram a J. Baldwin, há anos editor de tecnologia da *Whole Earth Review*, que "o *design* é a arte do compromisso". *Design*, ensinaram-lhe, significa escolher a opção menos insatisfatória entre muitas metas desejáveis mas incompatíveis. Ele chegou a acreditar que essa formulação descrevia "uma técnica política fantasiada de processo de *design*", mas não tardou a perceber que estava equivocado. A inspiração lhe veio quando Baldwin, olhando pela janela da sala de aula, viu um pelicano pegando um peixe. Nos últimos 3,8 bilhões de anos ou algo assim, a natureza vem administrando um bem-sucedido laboratório de *design*, no qual tudo é continuamente aperfeiçoado e rigorosamente retestado. O resultado, a vida, é o que funciona. O que não funciona é chamado de volta pelo Fabricante. Qualquer naturalista sabe, pela observação, que a natureza não faz compromisso; ela otimiza. Um pelicano próximo da perfeição (por ora), depois de uns 90 milhões de anos de desenvolvimento, não é um compromisso entre a gaivota e o corvo. É, isto sim, o melhor pelicano possível.

Não obstante, um pelicano não se otimiza dentro do vácuo. Existe em um ecossistema, e cada parte desse ecossistema, por sua vez, otimiza-se em coevolução com ele. Uma alteração no pelicano ou em qualquer aspecto do ecossistema podia ter espalhado ramificações em todo o sistema, porque todos os seus elementos coevoluem a fim de trabalhar juntos eficientemente. Pelo mesmo motivo, um engenheiro só pode desenhar um ventilador ótimo como parte integral do sistema de refrigeração que o cerca, e só pode projetar um sistema de refrigeração ótimo integrando-o ao prédio que o rodeia, e só pode conceber um prédio ótimo integrando-o ao terreno, ao bairro, ao clima e à cultura. Quanto maior for o grau em que se otimizarem, juntos, os componentes de um sistema, mais desnecessários hão de se tornar os compromissos e barganhas aparentemente inevitáveis no âmbito do componente individual. Tais processos criam sinergias e vantagens para o conjunto do sistema. E isso, por sua vez, evidencia que um princípio econômico básico não passa de um mito.

COMO ABRIR UM TÚNEL NA BARREIRA DO CUSTO

O dogma econômico sustenta que quanto mais se poupar em um recurso, mais se deve pagar a cada incremento dessa poupança. Isso pode ser verdade se cada incremento for obtido da mesma maneira que o anterior. No entanto, quando bem-feita, a poupança de uma grande quantidade de energia ou de recursos geralmente custa *menos* que a de uma quantidade pequena.[4] Essa afirmação pode parecer absurda e, aliás, não faltariam teóricos econômicos capazes de "provar" que está errada. Felizmente alheios à teoria econômica, contudo, os engenheiros inteligentes praticam todos os dias uma abordagem denominada *engenharia de todo o sistema*.

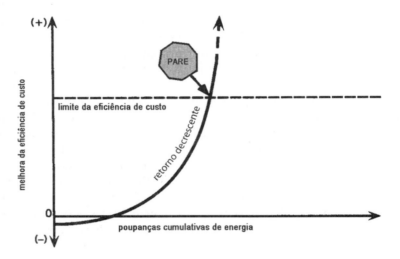

Se você for construir uma casa, dirão que o isolamento mais espesso, as janelas de melhor qualidade e o equipamento mais eficiente são mais caros que as versões normais e menos eficientes. Se for construir um carro, dirão que os materiais mais leves e os sistemas de propulsão mais eficientes são as opções mais custosas. Essas afirmações em geral estão corretas — se bem que no âmbito dos componentes avulsos, considerados isoladamente. No gráfico acima, que opõe o custo à poupança, à medida que se poupa mais energia (ou seja, se você for da extremidade inferior esquerda da curva para a direita), o custo da poupança da próxima unidade de energia inicialmente sobe cada vez mais verticalmente. Isso se chama "retorno decrescente". Uma vez ultrapassado o limite da efetividade de custo, o melhor é cessar de investir dinheiro, pois o resultado já não o justifica. Essa parte da curva ilustra o princípio comum segundo o qual o melhor geralmente custa mais, princípio esse que se apoderou da nossa consciência.

Entretanto, a prática atual da engenharia apresenta uma possibilidade diferente. Existe uma parte adicional da curva, mais à direita, que só recentemente foi notada (vide o gráfico abaixo): ali, poupar ainda mais energia muitas vezes "abre um túnel na barreira do custo", fazendo com que este comece a *cair*, ao passo que o retorno do investimento aumenta. Quando entram em ação a engenharia e o *design* inteligentes, as grandes poupanças, *desde o começo*, geralmente custam ainda menos que as pequenas ou que nenhuma. O isolamento suficientemente espesso e as janelas de suficientemente boa qualidade podem eliminar a necessidade de uma fornalha, a qual representa um investimento de mais capital que o custo dessas medidas de eficiência. O equipamento melhor também ajuda a eliminar os sistemas de refrigeração, diminuindo ainda mais o custo de capital. Do mesmo modo, um automóvel mais leve, mais aerodinâmico e um sistema de propulsão mais eficiente colaboram para lançar uma espiral descendente de peso, complexidade e custo. Uma casa e um carro apenas moderadamente mais eficientes custam, de fato, mais para ser construídos, contudo, quando projetados como sistema inteiro, uma casa e um carro *super*eficientes geralmente acabam custando menos que as versões originais não aperfeiçoadas.

Há duas maneiras principais de se conseguir esse resultado, ou seja, mais por menos. A primeira consiste em integrar o *design* de todo um pacote de medidas de modo que cada uma delas proporcione múltiplos benefícios, como, por exemplo, poupar *tanto* em energia *quanto* em custo de equipamento.[5] O segundo método consiste em apoiar-se em melhorias feitas por outros motivos, como a renovação do equipamento velho, a reforma das fachadas deterioradas do prédio ou a remoção de elementos perigosos como os clorofluorcarbonetos, o amianto e a bifenila. Essas duas práticas, que também se podem combinar, não se baseiam em nenhuma tecnologia nova e secreta, e sim em fundamentos conhecidos de engenharia, aplicados com rigor. Um engenheiro bem preparado orienta-se pelos três preceitos seguintes:

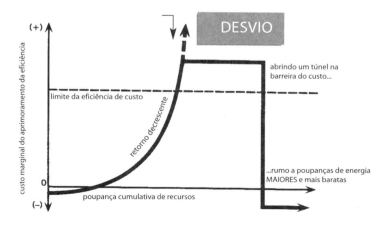

- O sistema inteiro deve ser otimizado.
- Todos os benefícios mensuráveis devem ser contados.
- É preciso dar os passos certos no tempo certo e na seqüência certa.

A maioria dos engenheiros concordaria com esses princípios no abstrato, mas a verdade é que foram treinados para fazer coisa diferente. Talvez o esquema seja *simples* demais. (Como observou certa vez o radialista Edward R. Murrow, "O obscuro a gente acaba vendo cedo ou tarde; o óbvio parece que demora um pouco mais".) Abrir um túnel na barreira do custo exige não uma mudança no que já conhecemos, e sim uma transformação do que já conhecemos em novos padrões: padrões capazes de levar a inovações tão ricas e diversas quanto o *Hypercar*, o prédio passivo supereficiente ou o bairro do Novo Urbanismo. Tal transformação pode finalmente alcançar a escala de uma indústria, de uma cidade ou de uma sociedade, porém deve começar em nível mais imediato e em escala mais reduzida: no prédio ou na fábrica, e até antes disso, nos seus sistemas e subsistemas constituintes. Este capítulo aborda o *design* nesse nível, i. e., no reino da maquinaria e da infra-estrutura, sendo que o próximo analisa as implicações mais amplas dessa abordagem na fabricação e no desenvolvimento industrial.

COMO INTEGRAR O *DESIGN* PARA OBTER BENEFÍCIOS MÚLTIPLOS

Os motores consomem três quintos da eletricidade do mundo. Seu uso mais intenso, pelo menos um quinto de sua atividade total, é no bombeamento. Praticamente toda fábrica e todo edifício grande está cheio de enormes bombas que, em geral, funcionam 24 horas por dia. No caso do bombeamento industrial, a maior parte da energia do motor se consome na luta contra o atrito. Mas este pode ser reduzido — aliás, quase eliminado — com lucro se se olhar para além da bomba individual, ou seja, para o conjunto do *sistema* de bombeamento do qual ela faz parte.

Em 1997, a Interface, um dos principais fabricantes norte-americanos de carpetes, estava construindo uma fábrica em Xangai. Um de seus processos industriais requeria quatorze bombas. Ao otimizar o *design*, a mais importante empresa especializada ocidental projetou-as com uma potência de 95 cavalos-vapor. Todavia, a intervenção de Jan Schilham, um engenheiro da Interface holandesa, aplicando os métodos que aprendeu com o especialista em eficiência cingapuriano Eng Lock Lee,[6] reduziu a potência de bombeamento do projeto a apenas 7 cavalos-vapor — uma economia de energia de 92 por cento ou doze vezes —, ao mesmo tempo que *diminuía* o custo de capital e melhorava o desempenho do motor em todos os aspectos.

As novas especificações impunham duas mudanças ao *design*. Primeiro, Schilham preferiu usar grandes tubulações e bombas pequenas em vez das bombas grandes com tubos pequenos do projeto original. A força do atrito se reduz em quase um quinto do diâmetro da tubulação, de modo que, com tubos cinqüenta por cento mais grossos, ela diminui cerca de 86 por cento. O sistema passa a precisar de menos energia de bombeamento — *e* de bombas e motores menores para vencer o atrito. Se a solução é tão simples, por que os tubos não foram projetados maiores originalmente? Por causa de um pequeno mas importante ponto cego: a otimização tradicional compara o custo dos tubos mais grossos unicamente com o valor da *energia de bombeamento* economizada. Tal comparação não leva em conta o tamanho e, portanto, o custo de capital do *equipamento* — a bomba, o motor, os circuitos de impulsão do motor e os componentes de abastecimento elétrico — necessário para combater o atrito da tubulação. Schilham descobriu que não precisava calcular com que velocidade a poupança pagaria o custo inicial extra da tubulação mais grossa, pois o custo de capital cairia mais no bombeamento e no equipamento de impulsão do que se elevaria devido à tubulação, o que tornava mais barata a construção do sistema eficiente inteiro.

Segundo, Schilham instalou antes a tubulação e *depois* o equipamento, invertendo a ordem convencional na qual se instalam os sistemas de bombeamento. Normalmente, o equipamento é colocado em um lugar conveniente e arbitrário; a seguir, o instalador é instruído para conectar o ponto A ao ponto B. Com freqüência, a tubulação é obrigada a seguir as mais sinuosas trajetórias para ligar-se ao equipamento que está muito longe, virado para o lado errado, montado na altura equivocada e separado por outras máquinas instaladas no meio do caminho. Graças às curvas e ao comprimento extras, o atrito, no sistema, chega a ser de três a seis vezes maior do que devia. Os instaladores não se importam com o trabalho extra: recebem por hora para instalar os tubos e fazer os ajustes; não são eles que pagam os custos de capital ou operacionais da bomba.

Ao instalar a tubulação antes do equipamento que ela conecta, Schilham conseguiu fazê-la mais curta e reta que longa e tortuosa. Coisa que lhe permitiu aproveitar o atrito menor e fazer bombas, motores, inversores e instalações elétricas também menores e mais baratos.

Os tubos mais grossos e o desenho mais simples geraram não só 92 por cento a menos de energia de bombeamento a um custo de capital mais baixo como também uma construção mais simples e mais barata, menor uso do espaço, operação mais confiável, manutenção mais fácil e melhor desempenho. E, numa espécie de gratificação adicional, o isolamento térmico mais simples da tubulação mais reta economizou setenta por cento da perda de calor, o suficiente para deixar de queimar cerca de um quilo de carvão de quatro em quatro minutos, com retorno em três meses.

Schilham não se conformava com o fato de ele e seus colegas terem passado décadas sem se dar conta de oportunidades de tal modo simples. Seu novo projeto exigiu, como costumava dizer o inventor Edwin Land, "não tanto uma idéia nova quanto o abandono de uma idéia velha". Esta última, no caso, resumia-se a "otimizar" somente parte do sistema — a tubulação — com um único parâmetro — a energia de bombeamento. Schilham, ao contrário, otimizou o sistema *inteiro* com *múltiplos* benefícios: economia na energia de bombeamento consumida e no custo de capital. (Ele não chegou a avaliar explicitamente os benefício indiretos mencionados, mas podia ter avaliado.)

O cálculo do custo do ciclo de vida de todo o sistema, no qual se levam em conta todas as vantagens a longo prazo, é amplamente aceito em princípio, mas quase sempre deixado de lado na prática. Em geral, os componentes são considerados isoladamente. Projetar uma janela sem o prédio, uma iluminação sem a sala ou um motor sem a máquina que ele move é tão inútil quanto desenhar um pelicano sem o peixe. *Otimizar os componentes isoladamente tende a "pessimizar" o sistema como um todo* — e, portanto, o resultado econômico final. Na verdade, pode-se tornar um sistema menos eficiente, fazendo mais eficiente cada uma de suas partes: para tanto, basta não ligar adequadamente os componentes entre si. Se um não for projetado para funcionar com o outro, todos tenderão a funcionar uns contra os outros.

Em um estudo para aperfeiçoar o projeto de uma indústria química, notou-se uma grande bomba que tinha a função de movimentar um fluido em uma tubulação. Como essa função era muito importante, a bomba requeria outra igual, de reserva. O projetista desenhou dois retângulos idênticos, lado a lado, que representavam as bombas. De cada um deles saía uma linha que representava um tubo. As duas linhas se dobravam em ângulo reto, encontravam-se, dobravam-se novamente para cima e continuavam subindo qual um cano de saída comum, com uma válvula em cada um dos três lados da junção em T. A intenção do projeto ficou claríssima no desenho. O problema foi ele ter sido construído exatamente como foi desenhado. Que há de errado no desenho? O fluxo principal, que sai da primeira bomba 99 por cento do tempo, tem de passar por duas curvas em ângulo reto e por duas válvulas. Para combater esse atrito suplementar, a bomba, o motor, o controle do impulso do motor e o consumo de energia precisam ser maiores e, portanto, mais custosos, além de sempre consumirem mais energia. O projetista devia ter desenhado (e o cliente devia ter instalado) a tubulação que saía da bomba principal de modo que fosse diretamente ao seu destino *sem nenhuma dobra e* (geralmente) *sem válvulas*. A tubulação da bomba de reserva, por sua vez, devia subir e unir-se à principal em um ângulo mais obtuso, provavelmente sem necessidade de válvula. Esse desenho pode parecer menos ordenado, mas funciona melhor, faz menos barulho, tem menos partes sujeitas a falhas, oferece acesso mais fácil para a manutenção e custa menos tanto na construção quanto no funcionamento. Também exige menos espaço, dispensa a compra e a instalação de uma ou duas válvulas, assim como seu conserto quando elas se entupirem ou vazarem, e diminui o número de encaixes de tubulação.

Essa nova disposição da tubulação, do mesmo modo que quando Schilham repensou o sistema de bombeamento, exige *uma mudança na mentalidade do design*. Uma vez ocorrida, a mudança tende a ser irreversível. Um engenheiro exposto a uma idéia tão simples e atraente dificilmente tornará a usar um desenho de curvas em ângulo reto e tubos finos e sinuosos — pelo menos não sem protestar. E a transformação na mentalidade do *design* abre a porta mental para outras: o desenho é apenas o primeiro passo na redução do atrito nos sistemas de tubulação, e o atrito é apenas uma das forças que as bombas têm de vencer.

Tradicionalmente os desenhos ruins muitas vezes persistem durante gerações, durante séculos até, porque se considera que eles funcionam, são convenientes, fáceis de copiar, e raramente aparece quem os questione. Uma história que acompanha a bitola de 144 centímetros dos trilhos norte-americanos remonta à ferrovia britânica, aos bondes e às carroças, e recua dois milênios até o espaçamento entre as marcas de rodas nas estradas romanas. Portanto, conclui a história, se você olhar para uma especificação moderna e perguntar quem foi a cavalgadura que a projetou, não estará muito longe da verdade: pois essas marcas de rodas eram deixadas pelas bigas projetadas para acomodar entre os balancins os traseiros de dois cavalos do Exército Imperial Romano.

Economizar muita energia ou qualquer outro recurso a baixo custo é como comer uma lagosta. Para fazê-lo com sucesso, é necessário ter uma idéia da anatomia do sistema e atenção ao detalhe. Há grandes e óbvias quantidades de carne na cauda e nas patas dianteiras. Há também uma quantidade mais ou menos igual e não menos deliciosa escondida nas reentrâncias, que exigem habilidade e persistência, mas valem o esforço. Foi essa abordagem "da lagosta como um todo", como a descrevemos no Capítulo 5, que eliminou os sistemas de calefação e refrigeração tanto na casa de Davis quanto na sede do Rocky Mountain Institute. As duas estruturas, em extremos climáticos de mais 70 °C, funcionam tão bem ou melhor que as casas convencionais, mas custaram menos para ser construídas.[7] Seu sucesso resultou da combinação dos detalhes certos com um importante princípio subjacente que desconhece praticamente toda e qualquer orientação de manual para selecionar os elementos básicos de *design* nos prédios eficientes em energia. Essa orientação manda acrescentar mais isolamento, comprar janelas que retenham mais calor e adquirir utensílios mais eficientes só até o ponto justificado pelo valor da quantidade de energia que *cada um desses componentes individuais* há de economizar ao longo do tempo. Mas essa instrução serve para projetar uma parede ou uma janela isoladas, não uma casa que as combine e integre. Quando se trata de uma casa inteira, ela dá a resposta errada. Nos Estados Unidos, há imóveis no valor de 6 trilhões de dólares cuja eficiência térmica repousa em um erro metodológico de *design*.

A falácia é a mesma que Schilham descobriu na escolha do diâmetro dos tubos: contar a poupança de custos de energia como único benefício significa ignorar as poupanças adicionais em *capital* de equipamento, como os sistemas de calefação e refrigeração, que pode ser reduzido ou eliminado se a eficiência aumentar o bastante. Essa despesa evitada tornou mais barata a construção de casas muito mais eficientes graças à redução do custo de construção maior que as despesas com as medidas de eficiência. No prédio do Rocky Mountain Institute, isso envolveu simplesmente substituir por superisolamento, superjanelas e recuperação do calor da ventilação pelo sistema de calefação, além do combustível e do fornecimento de energia a ele associados, as aberturas, a tubulação, as instalações hidráulicas e elétricas, assim como os controles.[8] A casa de Davis recorreu a uma série mais complexa de substituições, mas o efeito líquido foi o mesmo: abrir um túnel na barreira do custo a fim de obter uma economia muito maior a custo negativo.[9] Em suma, nenhum dos dois prédios tem equipamento de calefação ou refrigeração pela razão mais simples possível: foi mais barato construí-los assim.

APROVEITAR AS REFORMAS JÁ PLANEJADAS

Um prédio comercial de 61 mil metros quadrados, todo de vidro[10], com divisórias removíveis, próximo de Chicago, precisava substituir as janelas de vinte anos que, com a vedação desgastada, estavam começando a vazar. Os enormes sistemas de ar-condicionado também requeriam a troca das peças móveis e a substituição da refrigeração à base do clorofluorcarboneto devorador de ozônio. A análise revelou que a alteração do *design* da reforma, no sentido de uma abordagem do sistema inteiro, aumentaria drasticamente o conforto, quadruplicaria a eficiência energética e custaria mais ou menos o mesmo que uma reforma normal. As superjanelas, a iluminação natural combinada com a artificial eficiente e o equipamento de escritório reduziriam em 85 por cento a carga de refrigeração (fora a causada pelos ocupantes). Isso, por sua vez, permitiria que o novo equipamento de ar-condicionado fosse três quartos menor que o original, quatro vezes mais eficiente *e* 200 mil dólares mais barato: uma importância suficiente para financiar os demais aperfeiçoamentos. A conta anual de energia diminuiria 75 por cento ou 3,60 dólares por metro quadrado ao ano: pelo menos dez vezes a diferença competitiva de aluguel no mercado local. A quadruplicação da eficiência energética custaria essencialmente o mesmo que a reforma padrão que estava prestes a ser empreendida (seu custo extra retornaria em um mínimo de cinco e um máximo de nove *meses*), com muito mais conforto, beleza e rentabilidade.[11] Numa época em que os cerca de 100 mil edifícios comerciais de vidro maduros para a renovação do país foram reformados, outra geração igualmente numerosa de estruturas semelhantes está chegando à idade da reabilitação. Se o prédio acima discutido for típico em todos os aspectos (o que é uma aproximação bastante válida), reprojetar de modo semelhante a reforma rotineira de todos os prédios comerciais norte-americanos pode poupar aproximadamente 45 bilhões de dólares por ano.

A redução do custo total de capital, nesse projeto, dependia de gastar o dinheiro da reforma em lugares diferentes dos que seriam escolhidos por uma renovação padrão: mais em janelas, iluminação natural e instalação de iluminação artificial eficiente, menos em sistemas de ar-condicionado compactados. Isso exigiu *a otimização do prédio inteiro como um sistema*, não a engenharia de valorização dos componentes individuais. A "engenharia de valorização" normal, que, na verdade, nem valoriza nem é engenharia, teria eliminado as janelas mais caras e quaisquer outros componentes que não fossem o ativo mais barato possível, considerados em termos isolados. Porém, como quando se comprime um balão, os custos teriam se dilatado em outro lugar: nesse caso, na forma de um equipamento de ar-condicionado quatro vezes maior.

A chave é a engenharia do sistema inteiro com meticulosa atenção ao detalhe. A atenção suficientemente detida costuma revelar mais do que apenas dois benefícios por tecnologia. Não surpreende que as superjanelas ofereçam dez vantagens econômicas. Estas incluem o conforto irradiante, a eliminação dos radiadores sob as janelas, a tubulação menor, o bloqueio melhor do ruído e dos raios ultravioleta, a eliminação da condensação, a iluminação natural melhor e os controles mais simples. Algumas tecnologias comuns trazem ainda mais benefícios: os motores especialmente eficientes e a diminuição do lastro eletrônico oferecem dezoito vantagens cada uma. Tais benefícios múltiplos ficaram demonstrados em uma vasta série de aplicações.[12] São a chave de um desempenho econômico extraordinário. Com freqüência, fazem da superjanela a tecnologia isolada mais importante dos edifícios altamente eficientes, confortáveis e de construção mais barata. Também permitem reformas abrangentes nos sistemas de motor e de iluminação que, aplicadas em âmbito nacional, poupariam a baixo custo mais da metade da eletricidade consumida nos Estados Unidos.[13]

AVANÇAR PENSANDO PARA TRÁS
Grande parte da arte da engenharia da eficiência de recursos avançada implica gerar interações úteis entre medidas específicas de modo que, tal qual os pães e os peixes, a poupança se multiplique. A maneira mais básica de chegar a tanto consiste em "pensar para trás", nadando correnteza acima no sistema. Por exemplo, um sistema típico de bombeamento industrial (como é ilustrado a seguir) contém tantas perdas parciais que cerca de cem unidades do combustível fóssil queimadas em uma usina geradora média produzem eletricidade suficiente para que os controles e o motor gerem os torques necessários para que a bomba forneça apenas dez unidades do fluxo que percorre a tubulação: um fator de perda de cerca de dez vezes.

Porém, basta inverter essas perdas parciais de dez para um, como no equipamento de direção do *Hypercar*, para que se passe a gerar uma *economia* parcial de um para dez. Ou seja, poupar uma unidade de energia mais adiante (como reduzir o fluxo ou o atrito na tubulação) evita perdas parciais suficientes, desde a usina elétrica até o uso final, economizando cerca de *dez* unidades de combustível, custo e poluição no sentido inverso, ou seja, até retornar à usina.

Essa poupança parcial representa uma significativa vantagem econômica e ambiental: o mesmo princípio empregado pelo *Hypercar* para transformar em grande economia de combustível a redução da resistência do ar e de rodagem. Esses efeitos parciais também permitem que cada componente sucessivo, quando se retorna correnteza acima, torne-se menor, mais simples e mais barato. Isso, por sua vez, significa que *as poupanças correnteza abaixo merecem o máximo de ênfase.* O motivo é simples. Em uma cadeia de aperfeiçoamentos sucessivos, todas as poupanças se multiplicarão, coisa que faz com que todas pareçam ter importância *aritmética* igual. Ocorre, no entanto, que a importância *econô-*

UM SISTEMA TIPICO DE BOMBEAMENTO INDUSTRIAL

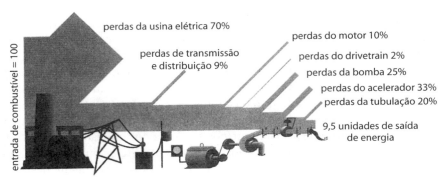

Do *Drivepower Technology Atlas*. Cortesia do E SOURCE, www.esource.com.

mica de uma medida de economia de energia depende de sua posição na cadeia. As poupanças correnteza abaixo viabilizarão muito mais o emprego de *equipamento* menor correnteza acima e isso economiza não só energia como também custo de capital. Portanto, as poupanças correnteza abaixo deviam ser feitas em primeiro lugar a fim de economizar o máximo de dinheiro.

O "pensamento correnteza acima" é, pois, um caso especial de uma regra mais geral: fazer a coisa certa *na ordem certa*. Por exemplo, se você vai reformar sua iluminação artificial ou seu ar-condicionado, comece pela iluminação a fim de poder instalar um ar-condicionado menor. Se fizer o contrário, pagará por uma capacidade de refrigeração maior do que lhe será necessária depois da reforma do sistema de iluminação e ainda tornará o condicionador de ar menos eficiente, pois ele ou funcionará com carga parcial ou será ligado e desligado com demasiada freqüência. Existe uma seqüência igualmente lógica nas medidas comuns de aperfeiçoamento da eficiência como no caso da reforma da iluminação de um escritório[14] ou na hipótese de oferecer o conforto de um clima quente.[15] Uma vez feitas as coisas certas na ordem certa, de modo a maximizar as interações favoráveis, será pouquíssimo o consumo de energia restante: os passos sucessivos o terão eliminado progressivamente, com cada economia do aprimoramento de cada parte que restou do passo anterior. A aritmética desses termos multiplicadores é poderosíssima.

A distribuição eficiente do ar de ventilação, geralmente do piso para o teto, é outro sistema que recebe o benefício múltiplo do "pensar para trás". De fato, quando adequadamente projetado, esse sistema de ar oferece muitas vantagens adicionais:

- Permite que as pessoas fiquem mais satisfeitas e sadias porque elimina os materiais tóxicos, aumentando o conforto térmico, oferecendo opções de controle individual de ventilação e até janelas ou válvulas operáveis, e permitindo que o ar flua sem ventiladores, por meio da gravidade, das brisas e de outras forças naturais.

COMO ABRIR UM TÚNEL NA BARREIRA DO CUSTO · 115

- Distribui mais efetivamente o ar fresco pelo corpo das pessoas, particularmente o nariz.
- Minimiza o atrito do sentido correnteza abaixo (as grades) para o sentido correnteza acima (tubulação, filtros, silenciadores, ventiladores).
- Torna menores os ventiladores resultantes — e mais eficientes os controles e o consumo de energia —, reotimizando-os em suas novas condições de funcionamento.

Por sua vez, o manejo do ar interage com os outros sistemas do prédio: as superjanelas, a iluminação artificial, a natural, a refrigeração e toda uma série de elementos de *design*. Por exemplo, os ventiladores menores aquecem menos o ar, exigindo menos refrigeração e, portanto, ventiladores menores.

O mestre mundial na nova mentalidade do *design* no tratamento dos fluidos e dos sistemas de ar-condicionado — o engenheiro cingapuriano Eng Lock Lee — foi treinado nos mesmíssimos princípios de engenharia que todos os demais. Compra o material nas mesmas empresas e estuda os dados nos mesmos manuais. Sem embargo, seus projetos normalmente são de três a dez vezes mais eficientes, prestam melhores serviços e custam menos para construir. Decisiva é a sua maneira de *pensar*. Ele trata de eliminar toda sorte de atrito e desperdício, correnteza abaixo e correnteza acima, de ponta a ponta. Para economizar terreno (muito caro em Cingapura), ele desemaranha e compacta as plantas das fábricas de modo que estas ocupem menos espaço e, mesmo assim, sejam de manutenção mais fácil. Seja o espaço, o dinheiro ou o metal, seja a energia, o tempo ou as palavras, Lee utiliza exatamente a quantidade certa de cada recurso, no lugar, na hora e da maneira certos. Mede cada insumo e cada resultado, não deixa nada de lado. Consome energia com frugalidade, depois a recupera e a reaproveita até que não sobre quase nada. Certa vez, quando o elogiaram por haver concebido um modo particularmente inteligente, sem consumo de energia nem emprego de peças móveis, de utilizar o ar que saía de um prédio para pré-secar o que entrava fresco, ele respondeu: "É como na cozinha chinesa. Usar de tudo. Comer de tudo".

Inevitavelmente, a grande engenharia como a de Lee é elegantemente simples. A simplicidade e a frugalidade elegante são parceiras naturais. Usar menos material significa que há menos em que errar, menos trabalho envolvido, menor custo e melhor desempenho. Tudo isso é produto da mesma mentalidade do *design*. Tudo isso reflete o que o poeta fazendeiro Wendell Berry chama de "padrão solução", ou seja, achar soluções que sejam boas "em todos os aspectos", que resolvam, não só a parte que se mostra problemática, mas todas as partes do sistema que a contém.[16] Como o expressa Michael Corbett, o idealizador de Village Homes: "A gente sabe que está no caminho certo quando a solução encontrada para um problema resolve, acidentalmente, vários outros. Por exemplo, você resolve minimizar o uso do automóvel para preservar os combustíveis fósseis e percebe que isso reduz o barulho, conserva o espaço porque minimiza ruas e estacionamentos, multiplica as oportunidades de contato social, embeleza os bairros e os torna mais seguros para as crianças". Corbett usou o padrão solução tal qual ensina Christopher Alexander em seu famoso texto *A Pattern Language* [Uma linguagem padrão] sobre o *design*:[17] "Ao construir uma coisa, você não deve construí-la isoladamente; deve, isso sim, consertar o mundo que a cerca, assim como o que existe dentro dela, de modo que o mundo mais amplo fique mais coerente e mais completo nesse determinado lugar; e que a coisa construída já ocupe o seu lugar na rede da natureza enquanto você a estiver construindo".

CAPÍTULO 7

O *Muda*, o Serviço e o Fluxo

Os óculos mentais do muda — Um fluxo contínuo de valor — Redemoinhos e ressacas de desperdício — Simples agora e sempre — Deixar o valor fluir — Ganhar dinheiro da mesma maneira — O aluguel de carpetes, tintas e produtos químicos — Conclusão do ciclo industrial

"**O** mais feroz inimigo do desperdício que a história humana produziu"[1] talvez tenha sido Taiichi Ohno (1912-90). Ohno-*sensei* foi o pai da Toyota Production System, a base conceitual da mais importante organização industrial do mundo, e um dos maiores inovadores da história da indústria. Sua visão, embora adotada com sucesso pela Toyota, continua pouco divulgada no Japão. Não obstante, apresentou resultados notáveis nos Estados Unidos, assim como em outras partes do Ocidente, e está fadada a expandir-se rapidamente agora que dois especialistas industriais, o Dr. James Womack e o Prof. Daniel Jones, a sistematizaram. Com sua gentil autorização, temos o prazer de citar e parafrasear seu livro *Lean Thinking* [O pensamento enxuto] na esperança de que outros líderes empresariais venham a lê-lo.[2]

Ohno criou o arcabouço intelectual e cultural da eliminação do desperdício: que ficou definido como "qualquer atividade humana que absorve recursos sem criar valor". Ele se opunha a toda e qualquer forma de desperdício.[3] Womack e Jones reformularam da seguinte maneira sua classificação das formas de desperdício: "os erros que exigem retificação, a produção de itens que ninguém quer e o conseqüente acúmulo de estoques e bens, os passos desnecessários no processamento, o movimento de empregados e o transporte de bens injustificáveis, os grupos de pessoas ociosas em uma atividade correnteza abaixo, porque uma atividade correnteza acima não funcionou a tempo, e os bens e serviços que não atendem às necessidades do cliente". Ohno chamava isso de *muda*, palavra japonesa que significa "desperdício", "futilidade" ou "despropósito". Cada um desses tipos de *muda* pressupõe toda uma família de descuidos que vão desde a atividade de inspecionar um produto para ver se tem a qualidade que devia (etapa desnecessária no processo) até encher um pátio de veículos que não correspondem à demanda específica — se correspondessem, os consumidores já os teriam comprado — e, depois, fazer desconto para poder vendê-los. A vasta experiência prática de Ohno e seus alunos os ajudou a desenvolver os mais penetrantes tipos de percepção — os "óculos mentais do *muda*" — que evidenciam o desperdício que nos rodeia e que até agora ficou invisível.

Mas onde está todo esse *muda*? Basta visitar um canteiro de obras de uma casa construída sob encomenda. Você detectará períodos recorrentes de inatividade. Essas paralisações não se devem à preguiça dos operários. O construtor Doyle Wilson descobriu que cinco sextos da agenda típica dessas construções esvaem-se na *espera* de que certas atividades especializadas sejam concluídas e encaixadas num programa complexo ou *reiniciadas*: desfazer ou refazer um trabalho tecnicamente errado ou que não corresponde às necessidades e expectativas do cliente. A eliminação, pelo menos, de parte do tempo perdido pode gerar uma grande vantagem competitiva para uma construtora eficaz.

Ou tomemos uma experiência muito mais corriqueira: as viagens de avião. É comum não conseguir vôo direto para o lugar aonde se quer ir. O passageiro é obrigado a se deslocar até um aeroporto importante, a viajar em um avião grande até um ponto de baldeação longe do lugar desejado, a tornar-se, ao chegar, uma espécie de "carga autônoma" em um gigantesco complexo terminal e a embarcar em outro avião, igualmente grande, rumo ao destino original. A maioria dos viajantes tolera isso porque acredita que se trata de um sistema altamente eficiente, que utiliza plenamente aviões e aeroportos caríssimos. Ledo engano. Ele parece eficiente unicamente porque os aviões são dimensionados para esses aeroportos enormes, projetados menos para a eficiência que para monopolizar os portões e os espaços do tráfego aéreo, *reduzindo* assim a concorrência e a eficiência econômica, do mesmo modo que a conveniência.

Grande parte do tráfego aéreo, se não todo ele, produziria menos ruído total e seria aproximadamente duas vezes mais rápido de um ponto a outro se usasse aviões muito menores e mais numerosos, que fossem diretamente da cidade de partida para a de chegada. Esse conceito, reforçado por um intervalo de quinze minutos entre as decolagens, não de trinta, é o segredo dos lucros da Southwest Airlines. Ao contrário, a maioria das empresas de aviação estabeleceu sistemas destinados a transferir para os clientes a ociosidade do capital. Esses sistemas são de tal modo eivados de desperdício que Jones certa vez descobriu que quase a metade do tempo de uma viagem aérea típica na Europa, de um ponto a outro, fora gasto na espera em dez linhas diferentes, em sete procedimentos de entrega de bagagem, em oito inspeções nas quais se fizeram as mesmas perguntas e em 23 etapas do processo realizadas por dezenove empresas. Cada uma delas era especializada em executar "com eficiência" a sua tarefa estreitamente definida — de um modo que, em última instância, acabava aumentando a horrorosa ineficiência para o passageiro. Eliminar semelhante ineficiência por meio da engenharia do sistema inteiro da empresa é a próxima grande fronteira do *redesign* empresarial.

O antídoto quase universal contra essas práticas esbanjadoras é o que Womack e Jones chamam de "pensamento enxuto", um método que tem quatro elementos interligados: o *fluxo contínuo* de valor, tal qual o *define* o cliente, e o *impulso* do cliente na busca da *perfeição* (que, afinal de contas, é a própria eliminação do *muda*). Os quatro elementos são essenciais ao pensamento enxuto: por exemplo, "se uma empresa adotar técnicas enxutas apenas para fazer com que bens indesejáveis fluam mais depressa, o resultado continuará sendo o *muda*".[4] As partes da definição também se reforçam funcionalmente. "Fazer com que o valor flua mais rapidamente sempre expõe o *muda* no fluxo do valor. E quanto maior é o impulso, mais se evidenciam os obstáculos ao fluxo, de modo que eles podem ser removidos. As equipes de produção dedicadas, em diálogo direto com os clientes, sempre encontram meios de especificar o valor com mais precisão e, muitas vezes, de aprender como aumentar o fluxo, assim como o impulso."

O valor que flui continuamente conforme o impulso do consumidor — ou seja, nada se produz correnteza acima a menos que alguém o exija correnteza abaixo — se opõe à mentalidade do "fazer-e-esperar", que produz antecipadamente grandes quantidades em série com base numa demanda prevista. No entanto, o "fazer-e-esperar" está de tal modo enraizado — e tão profundamente incrustado no hábito de organizar por departamentos funcionais com tarefas especializadas — que Womack e Jones alertam: "Por favor, saibam que o [pensamento enxuto] requer uma disposição totalmente nova da nossa mobília mental". Sua conclusão básica, a partir dos dados de estudos de casos práticos, é a de que os departamentos e o equipamento de produção especializados, em larga escala, de alta velocidade e sumamente eficientes são a chave da *ineficiência* e da *falta* de competitividade, e que maximizar a utilização da capacidade produtiva, que é o orgulho dos administradores de empresa, revela-se quase sempre um equívoco.[5]

Considere a produção típica de pára-brisas de automóvel. A mentalidade da economia de escala diz que a gigantesca fornalha deve ser a maior possível: a situação teoricamente ideal seria que todo o vidro do mundo fosse produzido na mesma fábrica. As enormes chapas de vidro saem da fornalha e são cortadas em pedaços um pouco maiores que um pára-brisa. O vidro é resfriado, embalado, encaixotado e enviado ao fabricante, que fica a oitocentos quilômetros. Lá, 47 dias depois, é desembalado e cortado na devida forma, processo esse que leva a uma perda de 25 por cento. A seguir é reaquecido e prensado para adquirir as curvas necessárias. (Como cada modelo de automóvel tem especificações diferentes, grandes quantidades de pára-brisas são moldadas de uma vez enquanto se instala uma determinada série de moldes.) A seguir, o vidro é resfriado, novamente embalado e remetido ao encapsulador de vidro, a setecentos quilômetros de distância. Então, 41 dias depois, ele é desembalado para receber as devidas gaxetas e outros acabamentos e reembalado para viajar mais novecentos quilômetros até a montadora. Passaram-se mais de cem dias e o vidro viajou quase 2.500 quilômetros, sendo que isso não acrescentou praticamente nada em termos de valor ao consumidor.

Cada uma das partes dessa seqüência pode parecer eficiente ao seu proprietário, mas, na realidade, o resfriamento, o reaquecimento, a desembalagem, a reembalagem, o transporte e o que inevitavelmente se quebra em semelhante processo, tudo é *muda*. Um sistema eficiente de fabricação de pára-brisas construiria uma pequena fábrica perto da montadora e realizaria todas as etapas do processo de produção em sucessão imediata debaixo do mesmo teto, mesmo que diversas máquinas e empresas estivessem envolvidas. O maquinário seria dimensionado para fornecer pára-brisas somente à medida que a linha de montagem automotiva os pudesse absorver.

A tradicional substituição de pessoas por máquinas complexas pode sair pela culatra, como descobriu a Pratt & Whitney. A maior fabricante do mundo de motores de avião a jato pagou oitenta milhões de dólares por um "elefante branco": um esmerilhador robótico alemão de última geração para fazer as chapas das turbinas. Os esmerilhadores eram fantasticamente rápidos, porém seus complexos controles computadorizados requeriam mais ou menos o mesmo número de técnicos que o antigo sistema de produção manual exigia em mecânicos. Ademais, os esmerilhadores rápidos dependiam de processos de apoio caros e poluidores. Como tinham sido projetados para produzir grandes quantidades uniformes do produto e como a Pratt & Whitney precisava de uma produção ágil de quantidades pequenas e diversificadas, os doze moderníssimos esmerilhadores acabaram sendo substituídos por oito bem mais simples e quatro vezes mais baratos. O tempo de polimento subiu de três para 75 minutos, mas a duração total do processo inteiro *caiu* de dez dias para 75 minutos porque se eliminaram os nocivos processos de apoio. Vistas da perspectiva do processo de produção completo, não só da etapa de polimento, as enormes máquinas eram tão rápidas que o retardavam excessivamente e tão automatizadas que exigiam demasiados empregados. O sistema de produção revisado, utilizando a força de trabalho tradicional e bem remunerada e máquinas simples, produziu o valor de 1 bilhão de dólares anuais em um espaço único e facilmente controlável. Custou a metade do preço, trabalhou cem vezes mais depressa, reduziu o tempo de *changeover* de oito horas para cem segundos e teria retornado os custos de conversão em um ano, mesmo que os esmerilhadores sofisticados simplesmente fossem para o ferro-velho.

Assim como o peso indesejável em um carro ou o calor indesejável em um prédio tendem a aumentar e multiplicar-se, o *muda* tende a dilatar-se, pois, em qualquer etapa da produção, a escala ou a velocidade excessivas transformam o fluxo normal de materiais em redemoinhos turbulentos e ressacas que engolem os ganhos e afundam indústrias inteiras. Lembra-se da saga da lata de alumínio de refrigerante do Capítulo 3? Ela passa 319 dias sendo produzida antes de chegar às mãos do consumidor; e em dez minutos está na lata de lixo. São 99 e $^{96}/_{100}$ por cento de puro *muda*. Para que um sistema tão maciço, na base do fazer e esperar, produza o que o consumidor percebe como um abastecimento ininter-

O *MUDA*, O SERVIÇO E O FLUXO

rupto de refrigerante são necessários estoques gigantescos em cada etapa corrente acima para enfrentar as flutuações imprevistas da demanda ou os atrasos do fornecimento. Onde quer que haja um afunilamento, o fornecedor trata de montar estoques de reserva para superar o problema — e, com isso, piora o já congestionado tráfego de materiais.

Tudo isso redunda da discrepância entre uma operação insignificante — tomar um refrigerante — e uma gigantesca: produzi-lo. O processo de produção é projetado para lidar com quantidades enormes, em velocidades altíssimas, com custos de *changeover* também muito elevados. Mas essa lógica provém da aplicação, no âmbito industrial, exatamente do mesmo defeito de *design* — discutido no capítulo anterior no âmbito dos componentes —, ou seja, a otimização de um elemento isolado dos demais e, com ela, a "pessimização" do sistema como um todo. Comprar a máquina de enlatar mais rápida do mundo a fim de realizar o custo mais baixo do mundo por lata cheia pode parecer uma estratégia eficiente para a engarrafadora. Mas isso, do ponto de vista do consumidor, nem acrescenta valor ao produto nem diminui o preço, devido a despesas como o trabalho indireto (na forma de suporte técnico, por exemplo), os estoques paralisados ao longo da cadeia de valor e os inevitáveis custos e perdas no manuseio, no transporte e na estocagem entre todas as gigantescas etapas do processo de produção. Assim como os esmerilhadores da Pratt & Whitney pareciam rápidos e baratos por polimento, mas se mostraram lerdos e caros por chapa acabada, do ponto de vista do sistema inteiro, a gigantesca máquina de enlatar refrigerante pode acabar custando *mais* por lata vendida que uma máquina pequena, vagarosa e desprovida de sofisticação, que produz local e imediatamente as latas de refrigerante conforme a encomenda do varejista.

A essência da abordagem enxuta é que, em quase toda fabricação moderna, os benefícios combinados e geralmente sinérgicos do menor investimento de capital, da maior flexibilidade, da freqüentemente maior confiabilidade, dos custos mais baixos de inventário, assim como do transporte de um equipamento de produção muito menor e mais localizado, compensarão com vantagem qualquer decréscimo modesto na "eficiência" definida com estreiteza de cada etapa do processo. No todo, acaba sendo mais eficiente, em termos de recursos, tempo e dinheiro, escalonar adequadamente a produção, utilizando máquinas flexíveis capazes de alternar rapidamente os produtos. Desse modo, cada uma das diferentes etapas do processo pode se realizar na adjacência imediata da outra, mantendo o fluxo contínuo do produto. A meta é eliminar os intervalos, os adiamentos, os recuos, os inventários, as remessas, os afunilamentos, os estoques de reserva e sobretudo o *muda*. Surpreendentemente, isso vale para a produção tanto em larga quanto em pequena escala.

A SIMPLIFICAÇÃO E A ESCALA

Uma das chaves do pensamento enxuto é a simplificação. No capítulo precedente, apresentou-se a simplificação como uma oportunidade de *design* para os componentes e os produtos. Ampliada ao contexto de todo o processo ou da fábrica inteira, ela adquire uma capacidade mais ampla de poupar simultaneamente recursos como o espaço, os materiais, a energia, o transporte e o tempo.

Os espelhos do Golf, da Volkswagen, têm quatro *designs* completamente diferentes, cada um com dezoito ou dezenove partes elaboradamente desenhadas, todos eles disponíveis em dezessete cores. Os espelhos retrovisores externos que a Nissan projetou para o modelo Micra, montado na Grã-Bretanha, têm um *design* de quatro partes e são oferecidos em quatro cores. Em conseqüência, o sistema de produção da Nissan envolve apenas quatro especificações de espelho, ao passo que a Volkswagen é obrigada a lidar com 68, cada qual com um número de partes mais de quatro vezes maior.[6] Embora não seja óbvio que a Volkswagen acrescente valor extra ao oferecer mais opções ao cliente — opções que este nem sempre quer e entre as quais não se dá o trabalho de decidir —, é óbvio que multiplicar a variedade pela complexidade do produto resulta num pesado ônus.

Outra questão-chave: qual é o tamanho certo da tarefa? Como ilustram os estudos de caso anteriores neste capítulo, ajustar a escala do equipamento de produção à taxa de absorção da etapa seguinte, na linha de produção, é mais um tema fundamental do pensamento enxuto. *Toda* ferramenta, *toda* máquina e *todo* processo devem ter a dimensão adequada ao trabalho que realizam. Ser grande demais é no mínimo tão ruim quanto ser excessivamente pequeno — e quase sempre pior, pois diminui a flexibilidade e cria muitas formas indiretas de *muda*. Não obstante, o tamanho certo não significa que tudo deva ser pequeno. E. F. Schumacher, cujo clássico *Small Is Beautiful* [O pequeno é bonito] (1973) foi o primeiro a contestar o culto do gigantismo na empresa, enfatizou que era tão inútil pôr um fundidor de alumínio em funcionamento com pás de vento pequenas quanto aquecer uma casa com um reator nuclear rápido; em ambos os casos haveria discrepância de escala. Ademais, tanto Schumacher quanto o pensamento enxuto ensinam que o dimensionamento correto é um atributo do *sistema*.[7] O tamanho certo de um laminador, de uma máquina de enlatar refrigerante ou de fazer pára-brisa depende do conjunto do processo de produção visto no contexto total das estruturas de mercado e da lógica empresarial. Uma vez mais, otimizar as dimensões de uma máquina isoladamente "pessimiza" o sistema do qual ela faz parte: o tamanho certo *depende da taxa e da localização do desejo do consumidor.*

A história confirmou plenamente essa conclusão no que diz respeito aos sistemas de energia elétrica, o setor da economia mais intensivo em capital. Não se pode determinar o tamanho adequado de uma usina geradora isoladamente do sistema que a abastece de combustível, fornece eletricidade aos usuários e cria um contexto empresarial competitivo. A indústria de serviços públicos dos Estados Unidos e a maior parte de seus equivalentes estrangeiros levarão decênios para se recuperar das conseqüências do gigantismo doutrinário. A partir dessa experiência negativa, surgiu, nos anos 70 e no começo dos 80, uma interessantíssima literatura sobre a economia da escala das usinas elétricas, a qual voltou a emergir na década de 1990. Combinando os rigorosos instrumentos

O *MUDA*, O SERVIÇO E O FLUXO

analíticos da teoria de portfólio, engenharia elétrica e outras disciplinas, uma síntese recente descobriu[8] que, normalmente, cerca de 75 efeitos não levados em conta da escala na economia tornam as fontes de energia descentralizadas cerca de dez vezes mais valiosas do que se supunha tradicionalmente. É o bastante para que as fotocélulas sejam efetivas em termos de custo *agora mesmo*, na maior parte das aplicações.

Embora muitos detalhes difiram, aplica-se o mesmo imperativo do *design* do sistema inteiro, sendo que já começam a surgir críticas análogas dos sistemas de água e de esgoto. O conjunto do sistema, que compreende as estações centrais de tratamento e sua enorme coleção de canos — cada peça otimizada isoladamente —, é muito mais caro que as soluções locais ou mesmo diretas de tratamento biológico. Isso ocorre porque, mesmo custando mais por unidade de capacidade (o que em geral não acontece), as estações menores exigem muito menos investimento em canos e bombas — muitas vezes noventa por cento do investimento do sistema — para coletar o esgoto de uma área maior a fim de servir uma estação maior. Também recuperam mais os valiosos nutrientes e a água, com melhor qualidade e mais perto de onde eles são necessários, poupando mais os custos de distribuição.

Economias comparáveis do sistema inteiro são aplicáveis à maior parte dos sistemas técnicos, inclusive ao transporte, às comunicações e até à fabricação — cujo fluxo de materiais entre as diferentes etapas da produção é até certo ponto análogo ao fluxo de energia, água ou esgoto. A exploração de tais aplicações está apenas começando. Contudo, as lições conceituais da síntese do sistema de energia revelaram surpresas que confirmam a adequação da escala da produção à taxa de absorção da demanda, tal qual a propõe o pensamento enxuto.

O PENSAMENTO ENXUTO EM AÇÃO

Mas, afinal, como funciona a teoria de Ohno na prática? Em uma vasta amplitude de indústrias, muitas delas nos Estados Unidos, são dramáticos os resultados empíricos da aplicação do pensamento enxuto. Aproximadamente cinqüenta empresas que experimentaram essa abordagem descobriram que, utilizando os mesmo trabalhadores e o mesmo capital, em um período de cinco a dez anos, a produção aumenta de duas a quatro vezes, ao passo que os inventários, os atrasos, os defeitos, os erros, os acidentes, as perdas de material e outros resultados indesejáveis diminuem de quatro a dez vezes. Grande parte da melhoria é imediata e drástica: Womack e Jones concluem: "Se você não consegue reduzir rapidamente o tempo de fluxo pela metade no desenvolvimento do produto, 75 por cento no processamento das encomendas e noventa por cento na produção física, alguma coisa está errada".[9] Com a mudança para um fluxo contínuo de valor, o sistema de absorção da demanda desencadeia os tipos de desenvolvimento incremental que tornam a redobrar o sucesso, e então, as duas coisas juntas montam o cenário de novas melhorias virtualmente infinitas. Eis dois exemplos de Womack e Jones que oferecem impressionantes estudos de caso do pensamento enxuto em ação:

■ A maior fabricante norte-americana de vedação e calafetagem, a Freudenberg-NOK General Partnership, acompanhou, de fevereiro de 1992 a agosto de 1995, a produção de uma peça particular em uma fábrica de Indiana, na qual se introduziu o pensamento enxuto. O número de operários necessários para fazê-la diminuiu de 21 para três; as peças produzidas por trabalhador aumentaram de 55 para seiscentas; e o espaço utilizado decresceu 48 por cento. No entanto, esses ganhos enormes (76 vezes maiores, no caso) em produtividade do trabalho não levam os empregados a perderem o emprego. Pelo contrário, a mesma força de trabalho geralmente produz uma quantidade muito maior e mais diversa de produtos com o mesmo capital e as mesmas instalações, expandindo muito os mercados da empresa — ainda que à custa dos infelizes operários empregados em empresas que não acompanham semelhante progresso. Aliás, o processo específico de adoção do pensamento enxuto geralmente começa com a garantia de nenhuma demissão na empresa ou na fábrica. E cumpre a promessa.

■ A Lantech, uma firma de Louisville, em Kentucky, reorganizou o desenvolvimento e a manufatura de máquinas de *stretch-wrapping*, passando, entre 1991 e 1995, do "fazer-e-esperar" para o fluxo contínuo. Isso diminuiu o tempo de desenvolvimento de uma nova família de produtos de 3-4 anos para um. Cortou pela metade o tempo de trabalho e quase pela metade o espaço ocupado por máquina. Também reduziu a um décimo os defeitos, em 27 por cento o inventário no processo (dinheiro ocioso), cortou o tempo de fluxo da produção de dezesseis semanas para 0,6-5 dias e o prazo para o fornecimento do produto de 4-20 semanas para 1-4. Em 1991, a maior parte desse prazo era necessária à produção. Em 1995, os eventuais atrasos eram causados pela espera de uma brecha na produção enquanto os operários lutavam para acompanhar o aumento das vendas. As ações, no mercado, subiram de 38 a cinqüenta por cento, sendo que as grandes perdas operacionais se transformaram em um dos melhores desempenhos financeiros na indústria.

Ganhos de tal modo impressionantes geralmente exigem uma mudança cataclísmica na maneira de pensar. Sob a orientação de um especialista em mudança treinado por Ohno, uma enorme fábrica da Pratt & Whitney diminuiu quatro vezes por unidade o esforço, o espaço e o trabalho das máquinas operatrizes: tudo isso em *uma semana*. Na Jacob's Vehicle Manufacturing Company, da Danaher Corporation, o *sensei* japonês pegou um pé-de-cabra, à uma hora da madrugada, arrancou as máquinas que havia décadas achavam-se no mesmo lugar e colocou em novas posições para a produção em fluxo contínuo. A mensagem e o método são radicais: não estude, faça, continue tentando. Se você resolveu o problema, resolva-o novamente.

O pensamento enxuto reduz fundamentalmente o desperdício não só no nível da empresa como no de toda a sociedade, porque, como disse o *Financial Times*, "só se há de fazer o que for necessário". Ele chega até a mudar os padrões para mensurar o sucesso empresarial. Tendo feito apenas seis anos antes uma comparação global pioneira[10] de numerosos aspectos do desempenho dos fabri-

O MUDA, O SERVIÇO E O FLUXO

cantes de automóvel, Womack e Jones agora acham que tais pontos de referência são uma perda de tempo para os administradores que compreendem o pensamento enxuto e uma perigosa distração para os que não o entendem. Como eles o expressam: "O nosso conselho mais sério para as firmas enxutas de hoje é simples. Os concorrentes que vão para o inferno; concorram com a *perfeição* identificando e eliminando todas as atividades que são *muda*. Esse é um padrão absoluto, não relativo, capaz de mostrar a Estrela do Norte essencial a qualquer empresa".

Charlie Eitel, então presidente e Diretor Presidente da Interface, fabricante de material de decoração interior, introduziu o mesmo conceito muitos anos antes, quando, em parte reagindo ao livro *The Ecology of Commerce* [A ecologia do comércio], o diretor Ray Anderson pediu um "orçamento do desperdício igual a zero". O desperdício, explicou Eitel (repetindo inconscientemente Ohno-*sensei*), era "todo insumo mensurável que não cria valor para o consumidor" — e insistiu em que todo e qualquer insumo devia ser considerado desperdício presumido até prova em contrário. Ao começar a medir seus insumos, a Interface descobriu que a maior parte deles era deveras desperdiçada. Quanto mais ela aprendia sobre o potencial de processos radicalmente mais simples, maior se tornava a fração de desperdício aparente. Em toda a empresa, os trabalhadores passaram a combater o desperdício agora visível. O que se pode considerar genuinamente "desperdício" é um alvo móvel, porém tentar descobrir como eliminar *cada* insumo é um poderoso estímulo para a produtividade dos recursos e uma fonte de desafio e satisfação contínuos.

Essa satisfação é um benefício oculto: a produção enxuta torna as pessoas mais felizes, e não só porque os empregados gostam de ver o desperdício eliminado. O psicólogo da Universidade de Chicago Mihaly Csikszentmihalyi descobriu[11] que, em todo o mundo, as pessoas se sentem melhor quando sua atividade envolve um objetivo claro, concentração intensa, sem distrações, retorno imediato em seu progresso e uma sensação de desafio. Praticar esqui, alpinismo ou caiaque, caçar um animal que pode devorá-lo, escrever ou ler um bom livro são exemplos óbvios. Ao criar, como dizem Womack e Jones, "uma condição psicológica de *fluxo* altamente satisfatória", essas tarefas convertem-se em um fim em si, deixando de ser apenas um meio para realizar outra coisa. Já o trabalho na produção tradicional à base do "fazer-e-esperar" carece, pelo contrário, de todos esses critérios, e é esse o motivo pelo qual tão pouca gente gosta dele. Todavia, as empresas em que o valor flui continuamente também criam "condições de fluxo psicológico. Todos os empregados sabem imediatamente se o trabalho foi feito corretamente e podem perceber a situação do sistema inteiro".

O SERVIÇO E O FLUXO

A lógica do pensamento enxuto, com ênfase na eliminação de todas as formas de desperdício, combina-se com o trabalho de analistas como Walter Stahel, o pai da produção berço-a-berço, para gerar o terceiro princípio do capitalismo natural: *o serviço e o fluxo*.

CAPITALISMO NATURAL

A produtividade dos recursos e os ciclos fechados oferecem melhores serviços durante longos períodos, com menos material, menos custo e menos dificuldade. O pensamento enxuto faz com que o valor definido pelo consumidor flua continuamente com o objetivo de produzir desperdício zero. Juntas, essas práticas oferecem os fundamentos de uma nova e poderosa lógica empresarial: em vez de vender ao consumidor um *produto* que você espera que ele use a fim de obter o serviço de que realmente precisa, ofereça-lhe o próprio serviço, à taxa e do modo que ele desejar, preste-o da maneira mais eficiente possível, compartilhe a poupança resultante na medida do necessário para que você continue competitivo, e embolse o resto.

Essa idéia não é inteiramente nova. Faz muito tempo que 10 milhões de prédios, na França metropolitana, são aquecidos pelos *chauffagistes*; em 1995, 160 empresas do ramo empregavam 28 mil profissionais.[12] Em vez de vender energia na forma de petróleo, gás ou eletricidade — que não é o que o consumidor quer, e sim o calor —, essas firmas são contratadas para conservar o espaço do cliente a certa temperatura, durante certo número de horas e a certo custo. A taxa normalmente é um pouco menor que a dos métodos de calefação tradicionais, como os fornos a querosene; a *maneira* como isso é feito é problema do prestador do serviço, que pode transformar seu forno em aquecedor a gás, tornar seu sistema de calefação mais eficiente ou até isolar o seu prédio. Ele é pago pelo resultado — o calor —, não pelo modo como o obtém nem pelos insumos de que se serve. Quanto menos material e energia usar — quanto mais eficiente for —, mais dinheiro ganhará. A concorrência entre os *chauffagistes* fez com que caísse o preço de mercado desse "serviço de calor". Certos serviços públicos importantes da Europa fornecem o aquecimento em bases semelhantes, sendo que recentemente alguns, como a Göteborg Energi, da Suécia, fizeram desse serviço a peça principal de sua estratégia de crescimento.

Algumas empresas americanas estão começando a testar semelhante conceito. A Carrier, a mais importante fabricante de equipamento de ar-condicionado do mundo, decidiu que também pode captar os benefícios operacionais muito eficientes e confiáveis do equipamento oferecendo "serviço de refrigeração". O novo "aluguel de conforto" da Carrier é exatamente como o contrato do *chauffagiste*, só que se concentra em manter o conforto no calor, não no frio. Os consumidores, pensou a empresa, querem não o que um sistema de ar-condicionado *é*, e sim o que ele *faz*. Como se aluga o frio? Primeiramente, o plano se resumia apenas a fornecer a refrigeração como uma mercadoria. Agora, porém, a Carrier está começando a unir-se a outros prestadores de serviços para oferecer não só a refrigeração, mas a reforma da iluminação, a instalação de superjanelas e outras maneiras de aprimorar o prédio do consumidor, de modo que ele acabe precisando menos de ar-condicionado para ter mais conforto — e assim, a Carrier passa a fornecer não a refrigeração, mas o conforto.

Embora possa parecer insensato, à primeira vista, uma empresa esforçar-se para vender menos produtos, a verdade é que a Carrier está no processo de redefinir o "produto" que vende. Os líderes da empresa entendem que fazer com que o conforto flua à medida que o consumidor o absorve significa que ela pode desenvolver relações em vez de só fazer transações. O sistema também oferece novas e importantes oportunidades de fornecer e captar valor em constante crescimento. Quanto menos equipamento a empresa tiver de instalar para oferecer conforto, mais dinheiro ganhará. Quanto mais tempo o equipamento durar e quanto menos energia e manutenção exigir, tanto mais a Carrier há de faturar. Se ela reformar um prédio de modo que não precise de muito de sua capacidade de condicionamento de ar, ou simplesmente não precise dela, a Carrier pode retirar esses módulos e reinstalá-los em outro lugar. Não há mal algum em não instalar os condicionadores de ar, contanto que haja uma maneira ainda mais barata de fornecer o conforto desejado, e a empresa pode embolsar a diferença de custo antes dos concorrentes.

A lógica do negócio de oferecer soluções contínuas, adaptadas às necessidades do cliente e de custos decrescentes a um problema individual do consumidor é interessante porque *tanto* ele *quanto* o fornecedor *ganham dinheiro do mesmo modo* — graças ao crescimento da produtividade dos recursos. Não é assim quando se trata de vender equipamento: o vendedor procura convencê-lo a comprar um equipamento maior e mais caro do que o necessário e você procura pagar menos. Tampouco é como o *leasing* tradicional de equipamento, que muitas vezes baseia-se na esperança de tornar a alugar um equipamento novo e mais avançado quando o primeiro prazo expirar (ou até mais cedo). Também isso deixa as partes com interesses opostos.[13] Pelo contrário, uma relação que fornece um fluxo contínuo de serviços para suprir as necessidades sempre cambiantes do consumidor alinha automaticamente os interesses das partes, criando vantagens mútuas.

A forma de compensação do fluxo de serviço pode ser a venda (por um determinado prazo de fluxo de serviço, pela vida útil do produto ou o que for), um aluguel com prazo fixo ou contínuo ou quem sabe algum outro tipo de contrato. Mas, seja qual for a forma contratual, tal relação, estando centrada nos fins, não nos meios, é capaz de recompensar ambas as partes pela escolha de meios que minimizem os custos. Essa lógica conduzirá a um mundo, em um futuro não muito distante, em que os meros vendedores de produtos se tornarão suspeitos. Ora — pode perguntar o comprador potencial —, se o seu produto fornece esse serviço com todas as vantagens operacionais que você afirma que tem, não é melhor você mesmo ficar com todas essas vantagens, possuindo o produto, e só me fornecer o serviço? Se você insiste tanto em vendê-lo, para que eu arque com os custos operacionais, alguma coisa deve estar errada!

Certos prestadores públicos e terceiros têm oferecido "serviço de torque" que aciona as engrenagens de sua fábrica ou bomba por uma taxa fixa; quanto mais eficientes forem, mais eles ganharão. A mesma idéia está surgindo no transporte, que agora começa a ir além do mero aluguel de automóveis (que atualmente cobre um terço dos carros dos Estados Unidos) ou da modalidade a curto prazo "dirija-o você mesmo", rumo a conceitos como aquele em que a Schindler foi pioneira. A grande fabricante suíça de elevadores realiza setenta por cento de seus ganhos alugando serviços de transporte vertical em vez de vender (ou alugar) ascensores. A lógica é impecável: os elevadores Schindler são mais eficientes e confiáveis que muitas marcas concorrentes,[14] portanto, alugando seus serviços, a empresa capta a poupança operacional. À medida que ficam disponíveis melhores maneiras de transportar verticalmente as pessoas, a Schindler pode adotá-las a fim de prestar serviços melhores a mais baixo custo;[15] ela aluga o serviço, não o equipamento específico.

A Dow Chemical Company faz um negócio extensivo alugando solventes orgânicos, muitos dos quais são tóxicos ou inflamáveis ou as duas coisas. O consumidor que os compra fica com a responsabilidade de manuseá-los e de se desfazer deles com segurança. Contudo, por meio do aluguel dos produtos da Dow e sua concorrente, a SafetyKleen, os especialistas daquela indústria química fornecem o solvente, auxiliam em sua aplicação, trabalham com o cliente para recuperá-lo e o levam embora. O cliente não é dono dele e, portanto, não arca com nenhuma responsabilidade; o solvente pertence ao fornecedor do "serviço de dissolução", mas está sempre à disposição da sua empresa. A sócia alemã da Dow, a SafeChem, que elevou a vida útil de certos solventes atribuindo-lhes cem utilidades, planeja dar o próximo passo lógico — cobrar pelo centímetro quadrado desengordurado, não pelo litro usado — e, assim, incentivar-se a si mesma a usar menos, não mais litros. Ela se acha em boas condições de fazer tal coisa, pois desenvolveu um contêiner de transporte especialmente hermético a fim de eliminar as perdas pela evaporação.[16] (Melhor ainda será o uso de solventes benignos ou de nenhum solvente.)[17]

Esse conceito está se disseminando rapidamente na indústria química: uma empresa holandesa, por exemplo, fez sucesso alugando produtos químicos fotográficos, reciclando-os muitas vezes e, no processo, recuperando a valiosa prata.[18] (Uma vez mais, há um concorrente benigno: a Imation's DryView, que elimina os produtos químicos.) A Divisão de Pigmentos da Ciba está tomando providências para prestar "serviços de cor" em vez de simplesmente vender tintas e pigmentos.[19] A Cookson, na Inglaterra, aluga o serviço de isolamento do revestimento refratário das fornalhas siderúrgicas, ajudando a fechar o ciclo do material.[20] O conceito de serviço também se tornou uma prática-padrão no acelerado mundo dos serviços de informática. A Xerox administra centros de distribuição de documentos em vez de apenas alugar copiadoras (eles pegam o original e o devolvem com as cópias).[21] A Pitney Bowes cuida da correspondência da sua empresa em vez de simplesmente alugar os metros de expedição postal. No processamento de dados, as rendas dos pacotes de prestação de serviço estão crescendo mais depressa que as vendas de *hardware* e de *software*.[22] Uma vez mais, o que o consumidor quer e recebe é a função; o que o fornecedor usa e como ele faz o trabalho é de somenos importância.

EXISTE UM NOVO ALUGUEL

O aluguel de serviços pode combinar-se com outros aspectos do capitalismo natural descritos nas páginas anteriores, principalmente porque o fornecedor con-

O **MUDA**, O SERVIÇO E O FLUXO

serva a propriedade do equipamento.[23] Isso reforça a meta do capitalismo natural de proteger os serviços vitais do ecossistema. Por exemplo, ajusta-se com perfeição à responsabilidade pelo ciclo de vida, que obriga o fabricante a remanufaturar ou a tomar outras providências enquanto nutriente técnico do metabolismo industrial. A família de fotocopiadoras DocuCenter, da Xerox, mencionada no Capítulo 4, que é 95 por cento reciclável e virtualmente cem por cento refabricável, foi desenvolvida com essa meta "zero para o aterro sanitário". Ela supera todos os padrões norte-americanos e europeus de eficiência ambiental e energética e emite menos ruído, ozônio, calor e poluentes que qualquer outra máquina comparável existente no mercado. Foi projetada para utilizar papel cem por cento reciclado, que muitas vezes trava as outras copiadoras. Mas um modo de pensar semelhante entrou em sua cadeia de valor. A máquina é fabricada com técnicas enxutas, construída sob encomenda e entregue diretamente da fábrica ao consumidor, o que elimina o *muda* (e o custo) de tempo, transporte e distribuição. Inclusive foi desenhada com poucas peças. Grande parte da manutenção fica por conta do próprio consumidor, o que reduz o *muda* de assistência técnica.

Avanços de projeção ainda maior estão surgindo na Eletrolux da Suécia.[24] Por exemplo, a empresa desenvolveu o conceito de oferecer aos clientes uma garantia de qualidade e confiabilidade, o *serviço* prestado por seu equipamento profissional de limpeza de piso, refrigeração hospitalar e vendedoras automáticas. Também está fazendo experiências com conceitos semelhantes no setor de serviços comerciais relacionados com a alimentação, como a refrigeração e o cozimento. Tais serviços são cobrados mensalmente durante o tempo que o cliente deles precisar — porém não mais do que isso, de modo que ele não fica atado a prazos contratuais ou de arrendamento mercantil. Como não há custos ocultos, as despesas do consumidor são totalmente previsíveis. Além de garantir o uso otimizado dessas máquinas eficientes em recursos, semelhante conceito "permite que as máquinas e as peças usadas sejam reutilizadas, uma vez que o fornecedor sempre garante o desempenho e a aparência dos produtos usados" e, por conseguinte, dá à Eletrolux um forte incentivo para continuar renovando-as. Também há garantia de que os operadores sejam treinados adequadamente. O serviço, além de abrangente, é da inteira responsabilidade do contratado: um único e dedicado parceiro cuida de todas as questões relacionadas com o equipamento, e fornece inovação e aprimoramento contínuos.

A Eletrolux obtém vantagem competitiva de quatro maneiras principais: oferecendo equipamento melhor, conseguindo aumentar-lhe a vida útil através do uso ótimo e da manutenção, sabendo unificar a oferta e controlar seus custos e dividindo uma frota diversa de equipamento com muitos usuários, de modo a conservá-la bem ajustada aos usos cambiantes e bem ocupada com um mínimo de risco financeiro. Essa abordagem vai, evidentemente, muito além da prestação de serviços tradicional. Aliás, transcende as distinções entre "produtos" e "serviços" à medida que "ambos se fundem num só para se tornar uma oferta".[25] O foco concentra-se na *relação* que fornece e aperfeiçoa continuamente, para benefício mútuo, o que Womack chama de "soluções para as necessidades de valor". A aceleração dos negócios torna a relação cada vez mais importante para o sucesso. Com ciclos de vida do produto mais curtos, como observa o Ernst & Young Center for Business Innovation, "Não existe mais algo como vender um produto ao consumidor e esquecê-lo. Os seus clientes de hoje tornarão a sê-lo daqui a seis meses — se não forem seus, serão de outro. Quando se lida com o mesmo consumidor com tal freqüência, a relação não começa a se qualificar como prestação de serviço?"[26]

A relação que oferece soluções também tem dimensões psicológicas importantes. Antigamente, alugar levava consigo o estigma de ser pobre demais para comprar e uma correspondente penalidade de interesse; atualmente, está adquirindo o prestígio de aquisição inteligente de uma solução total, acompanhada do incentivo do benefício mútuo. Retirar o capital da folha de balanço — e assim valorizar o "fluxo e a mudança, não [...] o estoque e a estagnação" — está se tornando um sinal de administração astuta e ágil.[27] E, como a relação exige confiança recíproca e se concentra nas soluções para o consumidor, não nos produtos do fornecedor, também eleva a níveis superiores o princípio de que "o freguês sempre tem razão".[28]

A aplicação quiçá mais nova e estimulante do conceito de fluxo de serviço está surgindo na Interface, em Atlanta, o principal inovador no que costumava chamar-se indústria do carpete. Tradicionalmente, o antiquado carpete inteiriço precisa ser trocado de dez em dez anos porque vai se desgastando em certos lugares. Um escritório, por exemplo, precisa ser fechado, retiram-se os móveis, o carpete velho é rasgado e enviado ao aterro sanitário, o novo é colocado, o escritório volta a ser montado, as operações se reiniciam e talvez os empregados fiquem expostos às emanações da cola de carpete. É necessário um quilo de combustível fóssil para transformar em carpete meio quilo de matéria-prima, geralmente derivada do petróleo, mais uma quantidade adicional para transportá-lo até o consumidor e, depois, ao aterro sanitário, onde ele deve passar os próximos 20.000 anos. Mais de 2 bilhões e meio de quilos dos carpetes agora instalados têm a marca Interface. O diretor Ray Anderson percebeu que parar de jogar energia e dinheiro no lixo representa uma grande oportunidade de negócio.

Assim, a Interface lançou uma transição entre a venda de carpete e a prestação de serviço de revestimento do piso. As pessoas desejam pisar e olhar para o carpete, não possuí-lo. Podem obter esses serviços a custo muito mais baixo se a Interface continuar sendo a proprietária do carpete e responsável por conservá-lo limpo e novo em troca de uma taxa mensal administrada pela Evergreen Lease, da própria empresa. Sempre que as inspeções mensais assim o recomendarem, a Interface troca, em uma noite, 10-20 por cento das placas de carpete que apresentarem 80-90 por cento de uso. Isso reduz em cerca de oitenta por cento a quantidade de material de carpete exigida porque a parte não usada fica onde está. Também oferece um serviço melhor, a um reduzido custo de ciclo de vida, aumenta o emprego líquido (menos fabricação, porém mais manutenção) e elimina a paralisação do trabalho do escritório, pois raramente as partes desgastadas estão debaixo dos móveis. Como o carpete é instalado na forma de placas, as emanações de cola ficam significativamente reduzidas ou talvez cheguem a ser eliminadas.[29] O antigo investimento de capital do cliente passa a ser uma despesa de aluguel.

Até aqui, tudo bem: uma poupança de material Fator Cinco, mais uma economia considerável de energia e dinheiro. Todavia, a última inovação técnica da Interface vai muito além quando se põe a transformar o lixo em poupança. Outros fabricantes já começam a reciclar o carpete à base de náilon e PVC para um uso de qualidade inferior — a forração —, perdendo assim o valor energético incorporado do náilon. Em vez disso, a Interface transformou um novo material polimérico em outro tipo de serviço de revestimento do piso, chamado Solenium, capaz de ser completamente refabricado. O material usado pode ser e será totalmente decomposto e refeito, sendo que cada um de seus componentes torna a integrar um produto novo e idêntico. O processo de produção também é mais simples (diversas etapas importantes tornam-se desnecessárias) e desperdiça menos: a fabricação da superfície superior gera 99,7 por cento menos desperdício que a produção do carpete normal, e os 0,3 por cento restantes são reutilizados. Ademais, o novo produto presta melhor o serviço: é altamente resistente às manchas e não embolora; fácil de lavar com água, é 35 por cento menos intensivo em materiais e, mesmo assim, quatro vezes mais durável, de modo que consome sete vezes menos fluxo de massa por unidade de serviço. Adaptado a matérias-primas renováveis, ele foi aperfeiçoado acústica e esteticamente — tão superior em todos os aspectos que não será sequer comercializado como produto ambiental. Na verdade, criou-se uma nova categoria de revestimento de piso, que combina a durabilidade do piso flexível com a estética do tapete. Ele também é instalado, mantido e recuperado na forma de prestação de serviço. Em comparação com o carpete inteiriço de náilon convencional, a *combinação*, no Solenium, de atributos físicos aperfeiçoados (menos fluxo de massa Fator Sete pela desmaterialização e a maior durabilidade) *com* a prestação de serviço (uma diminuição Fator Cinco no fluxo de massa por substituir somente as partes desgastadas) multiplica-se devido à redução de 97 por cento do fluxo líquido de materiais e da energia incorporada: Fator 31. Seu impacto climático líquido é nulo. Também os custos de fabricação ficam substancialmente reduzidos e a margem aumenta.

Esse desempenho superior e a vantagem competitiva não se desenvolveram graças a melhorias incrementais. Emergiram, isso sim, do esforço deliberado no sentido de redesenhar a indústria de revestimento de piso desde o começo, de modo a fechar todos os ciclos, sem nada retirar da crosta terrestre e sem acrescentar nada de nocivo à biosfera. O desenvolvimento do produto começou pela busca de "novas maneiras de satisfazer diretamente às necessidades dos consumidores, não de novas maneiras de vender o que nós queríamos fabricar", explica o vice-presidente de pesquisa da Interface, Jim Harzfeld. "O pensamento ecológico nos levou a expandir radicalmente as possibilidades que achávamos que atendiam a essas necessidades, em vez de [nos levar] a uma nova lista de restrições que estreitassem o *design* ou o espaço criativo."[30] Aliás, o arcabouço filosófico é ainda mais amplo: o Solenium reflete a ambição da Interface de vir a ser a primeira empresa verdadeiramente sustentável do mundo.[31] No que se refere à energia, por exemplo, Ray Anderson acrescentou recentemente todos os insumos de combustível fóssil a sua lista de "desperdícios" a serem eliminados. Substituindo o *redesign* de processo, os ganhos de produtividade energética e as fontes renováveis, a Interface evitará os custos de combustível, aumentará a confiabilidade do abastecimento, gerará créditos de carbono para o comércio eventual e ganhará uma margem de mercado. Enfim, a empresa visa não usar mais nenhuma gota de petróleo.

Oferecer um fluxo de serviços traz ainda outras vantagens. Caso o serviço prestado não apresente qualidade satisfatória, o problema tem condições de ser atacado direta e imediatamente. Muitas vezes os fluxos de serviço podem ser estruturados como aluguel operacional, cujo custo é totalmente dedutível do imposto de renda, exatamente como qualquer despesa operacional normal. O valor do produto não precisa ser capitalizado, pois seu custo de capital está inteiramente excluído da folha de balanço e incluído na da empresa prestadora — o que, por outro lado, a incentiva a minimizar as exigências de capital por unidade de fluxo de serviço.

A relação de um cliente com uma empresa prestadora de serviços também conduz a novas direções. Seria razoável, por exemplo, que a Interface alugasse não só as placas de carpete como também o sistema de piso elevado sob elas. Isso, por sua vez, pode se ligar à ventilação de deslocamento que faz parte do aluguel de conforto da Carrier, o qual, por sua vez, pode vir a ser parte de todo um conjunto de serviços de energia no local, a ser fornecido, digamos, pela Carrier, a Enron ou a Trigen. O ideal é que esses prestadores de serviços também ajudem o cliente a projetar seu prédio de modo a não consumir nenhuma energia e a não precisar de equipamento especial para que haja conforto. Esse serviço de *design* pode ser alugado — em separado ou como parte do custo do aluguel do espaço.

Um dia, a indústria vai alugar os móveis e o equipamento de escritório, o equipamento de fabricação e até o prédio inteiro, do mesmo modo que pode terceirizar seus serviços de manufatura, *marketing*, tomada de pedidos e entregas a fim de criar uma empresa virtual em forma de rede. Essas tendências cada vez mais visíveis, à medida que novas firmas tomam decisões diárias de fazer-comprar-alugar, estão criando uma economia produtiva e competitiva definida não pela venda esporádica de objetos, mas pelo fluxo contínuo de serviços.

Tal economia tem importantes implicações macroeconômicas. O conceito de *serviço e fluxo* atinge o coração do ciclo empresarial, ou seja, os *booms* e os recuos periódicos de investimento de capital e de inventários. Os bens duráveis

O *MUDA*, O SERVIÇO E O FLUXO

se desgastam e precisam ser substituídos, sejam eles tornos mecânicos ou caminhões. Em termos estatísticos, os bens de capital desgastam-se uniformemente ano após ano, porém isso não se vê pela observação dos fortes fluxos e refluxos nas compras dos indivíduos e das empresas. As pequenas alterações no crescimento econômico e a recessão causam grandes mudanças de comportamento, pois os fundos excedentes disponíveis para o investimento em bens de capital representam uma pequena diferença entre duas cifras enormes: renda total e custo total. As flutuações de renda modestas ampliam-se para se transformar em grandes oscilações nas compras, seja de casas novas ou de máquinas operatrizes, de carros ou de computadores. Nos períodos de recuo econômico, a pequena diferença diminui, de modo que os produtos passam a ser mais reparados que comprados. Quando a economia vai bem, descartam-se os produtos velhos e compram-se novos. Quando as rendas flutuam moderadamente, as compras giram vigorosamente, acompanhando o movimento das cifras da economia como a fabricação, a produção de automóveis, o emprego, o dinheiro disponível e o crescimento do PIB.

Por exemplo,[32] há mais de uma década, quando a quilometragem global viajada por passageiro subia uniformemente cerca de três por cento ao ano, as encomendas de aeronaves comerciais inflavam-se e despencavam repetidamente. Em 1989, encomendaram-se 1.650 fuselagens. Em 1993, descontando os cancelamentos, as encomendas foram menos cem. Em 1997, elas voltaram a subir para 1.200. Semelhante frenesi aquisitivo exagera os altos e baixos do ciclo econômico. O aluguel de serviços, por outro lado, "amortece" a volatilidade. Esta última provoca a dispensa dos trabalhadores e causa ansiedade. Também reforça a mentalidade de "comprar nos bons tempos" e a necessidade de muita capacidade excedente para acompanhar a demanda dos anos de expansão, o que ajuda a provocar volatilidade. Em 1997, a Boeing se empenhou em fabricar mais depressa e, não podendo acelerar suficientemente a produção, foi obrigada a recusar enormes pedidos porque a venda de aeronaves *ia bem demais*. No ano seguinte, ela se viu forçada a dispensar empregados porque as encomendas voltaram a cair. Converter essa volátil economia "de bens", com os riscos inerentes aos anos de vacas gordas e de vacas magras para os produtores de longo prazo, em uma "economia de soluções", como a denomina Womack,[33] e de fluxo contínuo, reduziria as flutuações ao encurtar os prazos: menos consumidores encomendariam cedo demais na tentativa de superar o pico. Mais importante: os ativos iriam para as mãos de entidades "provedoras de solução" competentes, fortemente interessadas em maximizar o potencial de ciclo de vida de seus ativos e sem nenhum interesse em especular. Se este caminho é capaz de nos levar a uma "economia pós-cíclica", "as firmas produtoras podem parar de arrastar por aí toda a capacidade ociosa média que mantêm ao longo do ciclo, a fim de evitar [perder mercado] [...] e os antigos clientes durante os picos. Essa capacidade ociosa média permanente [...] é a derradeira porção de *muda* a ser eliminada na economia enxuta e centrada na solução".[34]

Em uma economia de serviço e fluxo, pode ser que toda uma empresa acabe possuindo pouco ou nada e, mesmo assim, realize mais e, sem estar localizada em lugar nenhum, venda em toda parte. Quanto mais os serviços que os consumidores querem puderem ser prestados pela eficiência, a desmaterialização, a simplificação e a fabricação enxuta, tanto maior há de ser o entusiasmo com que esses consumidores se mostrarão dispostos a pagar equipes de provedores de serviços. Pela primeira vez, temos condições de imaginar, plausível e praticamente, uma economia mais compensadora e menos arriscada, cuja saúde, perspectivas e ritmos revertem as antigas suposições sobre o crescimento: uma economia em que crescemos usando cada vez menos e nos tornamos mais fortes sendo mais enxutos.

CAPÍTULO 8

Os Ganhos de Capital

O pouco-caso que fazemos dos sistemas vivos — O enigma dos recursos — O provedor original de qualidade — Uma colher de chá de terra — Os trabalhadores da natureza demitidos — 33 trilhões de dólares e a contagem continua — Substitutos ou complementos — Quando o fator limitador muda — Subsídios à perda global — Tributar o desperdício, não o trabalho — A primeira empresa sustentável.

A eliminação do desperdício, na indústria, leva a uma cadeia de eventos e processos que podem vir a formar a base de uma surpreendente inovação na esfera empresarial. Em última instância, porém, a cadeia nos reconduz aos sistemas biológicos, a esfera da vida da qual provém toda prosperidade.

Até agora, o vínculo entre a indústria e os sistemas vivos tem sido em grande parte menosprezado. O *Wall Street Journal* não conta com uma coluna dedicada às últimas notícias sobre o capital natural, porque este quase sempre foi irrelevante no planejamento dos negócios. A exclusão do capital natural das folhas de balanço é uma omissão compreensível. Ele era disponível em tal quantidade que não valia a pena levá-lo em conta. Em toda a Revolução Industrial, o capital manufaturado — o dinheiro, as fábricas, a maquinaria — era o principal fator da produção industrial, sendo o capital natural considerado apenas um insumo marginal, que raramente afetava a economia, a não ser nos períodos de guerra ou fome, quando a escassez podia se tornar um problema sério.

Em 1972, um livro encomendado pelo Clube de Roma, intitulado *The Limits to Growth* [Os limites do crescimento], investigou as conseqüências a longo prazo dos padrões vigentes de consumo e produção em fatores como o crescimento demográfico, a capacidade industrial, a produção de alimentos e a poluição.[1] Utilizando o modelo de dinâmica de sistema criado pelo engenheiro Dr. Jay Forrester, professor da Sloan School of Management do MIT, os autores previram que nos próximos cem anos, se as tendências atuais de crescimento demográfico, industrialização e esgotamento dos recursos continuassem inalteradas, o mundo se veria confrontado com os verdadeiros limites físicos do crescimento. A escassez com que nos depararíamos seria o mesmo que jogar areia nas engrenagens da máquina industrial. A prosperidade poderia ser preservada, porém só se essa tendência se alterasse. Pouco depois da publicação do livro, foi como se as sérias advertências que ele trazia tivessem se tornado realidade quando, em 1973, o embargo do petróleo pelos árabes e a subseqüente crise energética se apoderaram da nação. Os motoristas engalfinhavam-se para garantir lugar nas filas de dez quilômetros diante dos postos de gasolina; enquanto isso, o preço dos gêneros alimentícios subia vertiginosamente. Os mais ansiosos pela sobrevivência puseram-se a armazenar papel higiênico, lâmpadas e caixas de trigo e feijão.

Venderam-se 9 milhões de exemplares de *The Limits to Growth* em treze línguas. O livro representa o primeiro modelo de aplicação sistemática abrangente dos futuros globais. Embora não se haja compreendido bem a metodologia e os termos empregados, ele causou furor. Os homens de negócios o atacaram, dizendo que o mundo se havia adaptado com sucesso em outros períodos de escassez e que as crises futuras não seriam exceções. Robert Ayres, que cunhou a expressão "metabolismo industrial", criticou o modelo porque achava que ele não levava em conta o papel que teriam os preços ao sinalizar a escassez com antecedência suficiente para precipitar a inovação.[2] Os analistas de energia, como Daniel Yergin, afirmaram que tais inovações, principalmente as medidas de eficiência energética, compensariam a escassez e previram corretamente que, com o tempo, o preço do petróleo cairia em vez de subir.

Passados 27 anos, o que mais ficou na lembrança de muitos observadores é que algumas das previsões mais específicas (e equivocadas) de *The Limits to Growth* quanto à escassez de recursos não se confirmaram.[3] Ademais, embora o livro falasse em "reservas atualmente conhecidas"[4] e explicasse que elas aumentariam, com o tempo, graças à exploração mais cabal e à tecnologia mais avançada, ele não afirmou explicitamente que as empresas de mineração e as petrolíferas careciam de incentivo financeiro para avaliar as reservas muito além dos próximos trinta e poucos anos. Por isso, alguns leitores tiveram a falsa impressão de que os autores achavam que as reservas conhecidas em 1972 correspondiam a toda a base de recursos geológicos. Os autores não pensavam assim. Sem dúvida, constatou-se que as reservas conhecidas na época eram apenas uma parte da base de recursos, de modo que a exploração e as descobertas continuariam expandindo-as rotineiramente. Em 1970, as estimativas mais válidas das reservas de petróleo falavam em 455 bilhões de barris; em 1996, as cifras mais confiáveis elevavam-se a 1.160 bilhões.[5] No caso do gás natural, os números são ainda mais expressivos. Em 1970, a reservas eram de 347 trilhões de metros cúbicos; em 1996, tinham passado a 1.559 trilhões.[6] O que é mais importante: o crescimento composto anual da demanda mundial de petróleo, que em 1972 fora projetada para se manter indefinidamente em torno de quatro por cento, tornou-se negativo em 1974 e, a seguir, subiu a uma média de apenas 0,9 por cento nos vinte anos seguintes, ampliando muito a vida útil das reservas. Naquilo que continua sendo um equilíbrio durável entre preço, disponibilidade, percepção da escassez e eficiência energética, os preços caíram e se estabilizaram. Hoje em dia, as pessoas estão convencidas de que crise energética não existe, e De-

OS GANHOS DE CAPITAL

137

troit fabrica carros esporte de mais de 4 mil quilos para que a classe média alta dos subúrbios vá buscar os filhos na escola. Em outras palavras, no quarto de século que decorreu desde a publicação de *The Limits to Growth*, tudo indica que temos mais "mais" do que menos.

Como o livro foi amplamente acolhido como uma previsão de desgraça não realizada[7] — coisa que de modo algum era a intenção dos autores, que não queriam senão indicar que o uso dos recursos a uma taxa superior à da reposição levaria a dificuldades que podiam ser evitadas com vantagem —, a idéia de limites de recursos é, hoje em dia, ridicularizada em muitos círculos empresariais e políticos e caiu no descrédito. O que, no entanto, se perdeu nessa rejeição simplista foi a compreensão genuína do que é um recurso de fato. A palavra vem de *resurgere*, do latim, que significa *ressurgir*. Ou seja, um verdadeiro recurso é algo que retorna sempre, pois faz parte de um processo cíclico. Naturalmente, a definição mudou com o tempo e agora descreve coisas não-renováveis como o carvão e o petróleo. Aliás, mesmo estes podem ser recriados dentro de mais ou menos um bilhão de anos; o diabo é que nós não temos tempo de esperar.

OS SERVIÇOS DO ECOSSISTEMA

Para calcular o valor dos serviços do ecossistema, convém refletir sobre a experiência Biosfera 2, de 200 milhões de dólares. Em 1991, oito cientistas se internaram em uma estrutura de 1,3 hectare, toda vedada e cercada de vidro, nas proximidades de Oracle, no Arizona, onde passaram dois anos. Lá havia uma diversidade de ecossistemas, todos eles construídos a partir de zero, inclusive um deserto, uma floresta tropical, uma savana, um pântano, um campo de cultivo e um oceano com um recife de coral. Nesse hábitat, os "bionautas" ficaram na companhia de insetos, polinizadores, peixes, répteis e mamíferos selecionados para conservar as funções do ecossistema. Ali, deviam viver inteiramente da terra. Toda a reciclagem do ar, da água e dos nutrientes ocorria dentro da estrutura.

O Biosfera 2 foi o projeto mais ambicioso que já se empreendeu para estudar a vida no interior de um sistema fechado. Nunca se haviam encerrado tantos organismos vivos em uma estrutura de tal forma hermética. Na cúpula, a qualidade do ar começou a declinar constantemente. Embora se esperasse um aumento do dióxido de carbono, os cientistas se surpreenderam com a queda dos níveis de oxigênio. Ainda que conservasse a vida e, em certos casos, chegasse a florescer, o ecossistema apresentou muitas surpresas ecológicas. As baratas se reproduziram muito, porém, felizmente, assumiram o papel de polinizadores *de fato* à medida que muitos outros insetos se extinguiam. Das 25 espécies iniciais de vertebrados no Biosfera 2, dezenove desapareceram. Ao cabo de dezessete meses, devido à queda dos níveis de oxigênio, os seres humanos estavam respirando um ar cuja composição equivalia à do que se encontra a uma altitude de mais de 5 mil metros.[8] A lição, para os leigos, é que foram necessários 200 milhões de dólares e algumas das maiores sumidades científicas do mundo para construir e fazer funcionar um ecossistema que teve sérias dificuldades para manter oito pessoas vivas durante 24 meses. Nós pomos oito pessoas no planeta de três em três segundos.

Uma das lições mais importantes dessa experiência é que existem alguns recursos que nenhum dinheiro pode comprar.[9] Muito poucos ou talvez nenhum substituto feito pelo homem é capaz de nos abastecer verdadeiramente da diversificada série de benefícios que flui da natureza. Não temos como fabricar bacias hidrográficas, lagoas, camadas de solo, pântanos, sistemas ribeirinhos, porque nos falta capacidade de interromper ou substituir com bom resultado as complexas inter-relações dos ecossistemas. O que nós, *sim*, sabemos é que os sistemas não-lineares são capazes de manter o equilíbrio dinâmico em face de rupturas — mas só até certo ponto. A partir daí, bastam alterações mínimas no equilíbrio para que ocorram mudanças críticas, expondo o sistema ao desequilíbrio e à perturbação rápida, sendo possível que ele nunca mais retorne ao padrão original.

Por exemplo, um leve aquecimento global pode precipitar não a estufa que muitos esperam, mas uma súbita glaciação. No presente, a Corrente do Atlântico Norte, uma massa de águas quentes cem vezes maior que a do rio Amazonas, conserva a Europa e sua agricultura a temperaturas entre -12,7 °C e -7,7 °C mais elevadas do que normalmente seriam. Londres se acha na mesma latitude de Calgary, mas graças à maneira como o Atlântico se organiza, não há esquis nem trenós no Hyde Park. No entanto, o aumento dos fluxos de água fria oriundos do derretimento da camada de gelo da Groenlândia pode simplesmente anular a Corrente do Atlântico Norte em questão de poucos anos. Ao se misturar com essa corrente marítima, a água mais doce do gelo derretido impediria o *downwelling*, o processo pelo qual a Corrente do Atlântico Norte, sendo mais pesada, afunda e acaba retornando ao equador. Seria o mesmo que desligar a calefação na Europa.[10]

É preciso compreender a possibilidade real de uma alteração súbita e drástica no sistema. Nossa vida está repleta de mecanismos que, com uma pequeníssima pressão ou força, são passíveis de causar mudanças ou reviravoltas rápidas, do interruptor ao termostato, do extintor de incêndio ao gatilho de um revólver.[11] A experiência ensina que os ecossistemas também estão repletos de semelhantes gatilhos e, antes de sentir cócegas nos dedos, nós faríamos bem se déssemos mais atenção às advertências da ciência quanto aos possíveis resultados de nossas ações.[12]

O MEIO AMBIENTE COMO FONTE DE QUALIDADE

A ciência dá às empresas a base necessária para compreender a economia emergente dos sistemas vivos e dos serviços do ecossistema. Em termos científicos, não existe fenômeno chamado produção, o que há é transformação. Pouco importa como são usados, espalhados ou dispersados os recursos ou a energia, sua soma permanece essencialmente a mesma, como dita a Lei da Conservação da Matéria e da Energia. Tal lei é de grande interesse porque significa que o termo "consumo" não passa de uma abstração, de uma ficção, criada pela imaginação

OS GANHOS DE CAPITAL

dos economistas — e fisicamente impossível em todo e qualquer processo ou transformação.[13] Esse conceito é de importância decisiva, pois é da "qualidade" que a indústria se serve para criar valor econômico. Em vez de nos interrogarmos sobre a possibilidade do esgotamento dos recursos naturais, é mais útil que nos preocupemos com os aspectos específicos da qualidade que o capital natural produz: a água e o ar puros, o solo fértil, o alimento, os animais, as florestas, a polinização, os oceanos, os rios; as fontes de energia disponíveis e exploráveis; e muito mais. Se a indústria retirar do sistema matéria[14] concentrada e estruturada mais depressa do que ela pode ser reposta e, ao mesmo tempo, destruir os meios de sua criação, ou seja, os ecossistemas e os hábitats, estará introduzindo um problema fundamental na produção.

A humanidade tem uma longa história de destruição do meio ambiente, especialmente do solo e da cobertura florestal. A região mediterrânea mostra claramente os efeitos de assoreamento, pastio excessivo, desmatamento e erosão ou salinização causados pela irrigação.[15] No tempo dos romanos, era possível percorrer de ponta a ponta a costa da África do Norte à sombra das árvores; hoje, aquilo é um deserto escaldante.[16] As atuais atividades humanas estão provocando um declínio global em todos os sistemas vivos. A perda de 750 toneladas métricas da superfície do solo por segundo e de mais de 2 mil hectares de floresta por hora está se tornando crítica. Tampouco é sustentável transformar diariamente 16 mil hectares em terreno árido: a taxa atual de desertificação.[17] Em 1997, os industrialistas do arquipélago indonésio destruíram mais de 2 milhões de hectares de floresta na base do "cortar-e-queimar". Em 1998, a bacia amazônica, que contém vinte por cento da água doce do mundo e um número de espécies vegetais e animais maior que o de qualquer outra região da Terra, assistiu a 19.115 queimadas em um período de seis semanas: cinco vezes mais que em 1995.[18] Nos oceanos, as perdas não são menores. Nossa capacidade de esvaziar os mares com redes de 55 quilômetros de comprimento resulta em 20 milhões de toneladas anuais de pesca inútil: espadas, tartarugas, golfinhos, macaira e outros peixes que são descartados, jogados no mar ou dos quais se aproveitam somente as barbatanas para a sopa, como é o caso dos tubarões. Essa pesca excedente e jogada fora equivale a cinco quilos de peixe para cada habitante da Terra.[19] Atualmente toda a pesca do mundo está sendo explorada no limite da capacidade ou além dele, sendo que um terço das espécies de peixes (em comparação com um quarto das mamíferas) corre o risco de extinção.[20] No litoral da Louisiana, já existe uma "zona morta" de 11.300 quilômetros quadrados — isto é, do tamanho da Nova Jersey. Lá, nenhuma vida marinha é possível porque a descarga de nitrato, na forma de fertilizantes agrícolas, trazida pelo rio Mississípi, esgotou o oxigênio. Esse deserto marinho em expansão ameaça uma indústria pesqueira de 26 bilhões de dólares por ano.[21] Cada queimada, cada hectare degradado de terra arável ou de floresta nativa e cada rio ou pesqueiro poluído reduzem a produtividade e a integridade do nosso planeta vivo. Tudo isso diminui a capacidade dos sistemas de capital natural de processar o refugo, de purificar o ar e a água e de produzir novos materiais.

Em face da perda implacável dos sistemas vivos, os conflitos políticos sobre a legislação, a regulação e a economia tornam-se mesquinhos e ridículos. Não porque essas questões careçam de importância, mas porque não levam em conta o contexto maior. Nós estamos reduzindo sistematicamente a vida e a capacidade de recriar a ordem na Terra ou não? É nesse âmbito que devia ocorrer o nosso discurso, pois é nele que se acha o arcabouço em que se podem formular tanto a compreensão quanto a ação. Apesar de tudo quanto indicam certos sinais como o PIB ou a Média Industrial da Dow Jones, em última instância, não é senão a capacidade do mundo fotossintético e de seus fluxos nutrientes que determina a qualidade e a quantidade de vida na Terra.

Com a duplicação da população humana, no próximo século, e a significativa redução da disponibilidade per capita de serviços do ecossistema no mesmo período, ninguém pode prever exatamente quando uma limitação em determinado recurso ou serviço do ecossistema afetará o comércio e a sociedade. Sem embargo, nos próximos anos e décadas, é evidente que o valor do capital natural se alterará no mesmo passo. Não é necessário que a economia chegue a um consenso quanto a certos problemas ambientais específicos ou quanto à análise reguladora para perceber que é inexorável uma mudança básica na disponibilidade de capital: capital natural mais escasso.

O CAPITAL NATURAL

O capital natural não aparece por obra de um milagre singular; é, isso sim, o produto do trabalho permanentemente executado por milhares e milhares de espécies em interação complexa. Embora os cientistas tenham como identificar os organismos que fornecem coisas como o alimento, os produtos farmacêuticos, os condimentos ou as fibras, ninguém sabe ao certo qual é o seu papel na saúde do ecossistema. O melhor exemplo disso é o ecossistema mais complexo da Terra: o solo. A fertilidade deste mantém-se graças a processos de conversão realizados por um número extremamente elevado de organismos, alguns dos quais mal compreendemos ou nos são totalmente desconhecidos. Apesar dos fertilizantes, é impossível conservar os fluxos de nutrientes sem tais processos. A bióloga Gretchen Daily, da Universidade de Stanford, qualifica de "assombrosa" a profusão de formas de vida no solo. "Uma colher de chá de terra de pastagem", explica o biólogo/jardineiro Evan Eisenberg, "chega a conter 5 bilhões de bactérias, 20 milhões de fungos e 1 milhão de protoctists".[22] Basta expandir o censo a um metro quadrado para se encontrar, ao lado de um número impensável das criaturas já mencionadas, talvez mil formigas e a mesma quantidade de aranhas, tatuzinhos, besouros, assim como suas larvas e as de mosca; 2 mil minhocas[23] e outros tantos miriápodes (milípedes e centopéias); 8 mil lesmas e caracóis; 20 mil pot worms, 40 mil colêmbolos, 120 mil acarinos e 12 milhões de nematódios.[24] Essas formas de vida subterrânea pesam mais que as da superfície: o equivalente a 29,6 cavalos por hectare.[25]

Ademais de oferecer fertilidade, o solo armazena água, retendo as chuvas e as enxurradas para liberá-las posteriormente, alimentando os cursos ao mesmo

OS GANHOS DE CAPITAL

tempo que impede as inundações. As finas partículas em meio quilo de solo rico em argila contêm cerca de quarenta hectares de área superficial[26] onde acolher interações biológicas e físico-químicas que inclusive amenizam a acidez da chuva. O solo decompõe o lixo e remove a sujeira, transformando em nutrientes e meios de crescimento os dejetos animais, vegetais, bem como diversos tipos de desperdícios humanos. O solo limpa e filtra as substâncias patogênicas e tóxicas. O antibiótico foi descoberto no solo. Este e seus organismos têm um papel integral nos ciclos do nitrogênio, do carbono e do enxofre: os grandes ciclos que afetam quase todos os aspectos do clima.

A interação entre os vegetais e os animais, combinada com os ritmos naturais do clima, da água e das marés, provê a base do ciclo da vida, ciclo este que é antigo, complexo e altamente interconectado. Quando se rompe um de seus componentes — o ciclo do carbono, por exemplo — ficam afetados os oceanos, o solo, as chuvas, o calor, o vento, as moléstias e as tundras, para citar apenas alguns componentes. Hoje em dia, todas as regiões da Terra estão sob a influência da atividade humana, sendo as conseqüências um mistério inextricável. Como não é possível determinar com precisão que espécies são necessárias à manutenção do solo ou de outros sistemas vivos, não há como saber com um mínimo de certeza que organismos podemos dispensar (se é que podemos dispensar algum). Charles Darwin previu e avaliou o que os biólogos descobririam quando escreveu: "Não conseguimos imaginar a maravilhosa complexidade de um ser orgânico [...] Cada criatura viva deve ser encarada como um microrganismo — um pequeno universo formado de uma legião de organismos em propagação, inconcebivelmente minúsculos e numerosos como as estrelas do firmamento".[27] Como comentou o biólogo E. O. Wilson, as espécies obscuras, em infinita diversidade, não precisam de nós. Será que podemos dizer com certeza a mesma coisa sobre elas?[28]

O capital natural pode ser encarado como a soma total dos sistemas ecológicos que sustentam a vida — difere do capital feito pelo homem na medida em que não pode ser produzido pela atividade humana. Algo difícil de ser visto porque é a própria lagoa em que nadamos e, tal qual os peixes, nós não temos consciência de estar na água. Pode-se viver perfeitamente sem pensar uma única vez no ciclo do enxofre, nas formações do micorrizo ou dos alelos, nas funções dos banhados ou no porquê de as sequóias gigantes não se reproduzirem sem os irrequietos esquilos. Não é preciso saber que oitenta por cento das 1.330 espécies cultivadas de plantas que nos abastecem de alimento são polinizadas por polinizadores silvestres ou semi-silvestres,[29] mas devíamos ter consciência de que estamos perdendo muitos desses polinizadores, inclusive a metade das colônias de abelhas nos últimos cinqüenta anos nos Estados Unidos, um quarto desde 1990. Como escrevem os biólogos Gary Paul Nabhan e Steven Buchmann em *Forgotten Pollinators* [Os polinizadores esquecidos], "Os trabalhadores mais produtivos da natureza vêm sendo demitidos lentamente".[30]

Só quando os serviços prestados pelas funções do ecossistema sofrem uma perturbação inequívoca é que paramos para pensar. Virtualmente todo peixe apanhado e consumido na região dos Grandes Lagos foi afetado por certa quantidade de contaminação industrialmente produzida. Quando as chuvas desaparecem e o solo se racha no Meio Oeste, quando cidades inteiras sofrem inundações, rio abaixo, devido ao desmatamento rio acima, evidencia-se mais a ausência do capital natural. Por vezes, só lamentamos a perda muito tempo depois. As algas marinhas vêm se tornando uma mercadoria cada vez mais valiosa, fornecendo uma vasta série de produtos desde os aditivos alimentares até os suplementos nutritivos e farmacêuticos. Contudo, os caçadores russos maltrataram exageradamente os leitos de algas marinhas quando, nos séculos XVIII e XIX, caçaram as lontras do mar até quase exterminá-las. As lontras comiam os ouriços que comiam as algas. Sem as lontras, a população de ouriços se dilatou, e as algas, descritas pelos primeiros exploradores como vastas florestas submarinas, foram dizimadas. Os russos queriam as lontras porque a invenção do samovar aumentou-lhes o apetite pelo chá chinês e a pele de lontra era a única moeda que os chineses aceitavam. Com valor comparável ao dos metais preciosos, a pele era cobiçada como adorno da roupa de luxo.[31]

Em comparação com o resto do mundo, os norte-americanos tiveram a sorte de não sofrer a degradação debilitante dos serviços do ecossistema. Muitos países e regiões, histórica e mais densamente povoadas, enfrentam os efeitos gravíssimos do esgotamento do capital natural. No entanto, os ecossistemas norte-americanos não durarão muito sem a saúde de seus equivalentes no resto do mundo. A atmosfera não distingue o CO_2 oriundo do petróleo norte-americano do que provém do carvão chinês, nem os ventos à velocidade recorde de 340 quilômetros por hora, que se registraram em Guam em 1997, hão de perder a força só por não acreditarmos nas mudanças climáticas.[32]

SUBSTITUTOS OU COMPLEMENTOS?

Muitos economistas continuam insistindo que os capitais natural e manufaturado são intercambiáveis, que um substitui o outro. Mesmo reconhecendo certa perda nos sistemas vivos, argumentam que as forças do mercado, combinadas com o engenho humano, hão de criar as necessárias adaptações tecnológicas para compensar tal perda. O esforço de criar substitutos, dizem eles, impulsionará a pesquisa, promoverá os gastos, aumentará os empregos e criará mais prosperidade econômica. Por exemplo, teoricamente a hidropônica pode substituir as fazendas, criando benefícios potenciais. Existem substitutos para muitos recursos, como é o caso do cobre, do carvão e dos metais. E decerto há outros substitutos benéficos já nas pranchetas, à parte os que estão por ser inventados. Entretanto, examine essa lista mui humanamente orientada e tente imaginar as tecnologias capazes de substituir os seguintes serviços:

- a produção de oxigênio
- a conservação da diversidade biológica e genética
- a purificação da água e do ar
- o armazenamento, o ciclo e a distribuição da água potável

OS GANHOS DE CAPITAL

- a regulagem da composição química da atmosfera
- a manutenção da migração e dos hábitats da vida silvestre
- a decomposição orgânica dos dejetos
- o seqüestro e a desintoxicação do lixo humano e industrial
- o controle natural das pestes e das moléstias por parte dos insetos, dos pássaros, dos morcegos e de outros organismos
- a produção do acervo genético de alimento, fibras, produtos farmacêuticos e materiais
- fixação da energia solar e conversão em matérias-primas
- a administração da erosão do solo e o controle da sedimentação
- a prevenção de enchentes e a regulagem das enxurradas
- a proteção contra a radiação cósmica nociva
- a regulagem da composição química dos oceanos
- a regulagem dos climas local e global
- a formação do solo e a conservação de sua fertilidade
- a produção de pastagens, fertilizantes e víveres
- o armazenamento e a reciclagem dos nutrientes[33]

Até o presente, são bem poucos os preciosíssimos substitutos dos serviços que o capital natural fornece de maneira invisível. Se foi necessário um investimento de 200 milhões de dólares para manter precariamente oito pessoas vivas durante dois anos na Biosfera 2, quanto custaria reproduzir as funções da lista acima?

Em 1997, um grupo de respeitáveis cientistas, principalmente biólogos, escreveu um documento de consenso sobre os serviços do ecossistema em uma tentativa de elevar o nível de consciência pública a respeito da importância do tema. Publicada na primavera de 1997, a obra *Issues in Ecology* [Questões de ecologia] observava:

Com base nas evidências científicas disponíveis, temos certeza de que:

- Os serviços do ecossistema são essenciais à civilização.
- Os serviços do ecossistema operam em uma escala tão grande e de tal modo intricados e pouco explorados que, em sua maioria, não poderiam ser substituídos pela tecnologia.
- As atividades humanas já estão reduzindo em larga escala o fluxo de serviços do ecossistema.
- Se persistirem as tendências atuais, dentro de poucas décadas a humanidade alterará drasticamente ou destruirá virtualmente todos os ecossistemas restantes na Terra.

Foi frustrante para os cientistas que o público não tenha compreendido as implicações econômicas do declínio dos serviços do ecossistema. Todavia, em 1994, um grupo de acadêmicos se reuniu no Arizona. Desse encontro surgiu o livro *Nature's Services* [Os serviços da natureza], editado por Gretchen Daily, e um documento, cujo principal autor era o economista Robert Costanza, intitulado "The Value of the World's Ecosystems Services and Natural Capital" [O valor dos serviços do ecossistema e do capital natural do mundo], publicado no periódico britânico *Nature* no dia 15 de maio de 1997. As duas publicações suscitaram manchetes, entrevistas coletivas e reportagens subseqüentes. As questões finalmente receberam a merecida atenção porque os cientistas, com muita habilidade, colocaram uma etiqueta com o valor anual de dezessete serviços do ecossistema: uma média de 36 trilhões de dólares, com uma estimativa mais elevada de 58 trilhões (dólares de 1998). Considerando que o PIB mundial de 1998 foi de 39 trilhões, as cifras surpreenderam.[34]

Em sua maior parte, os valores do ecossistema identificados pelos cientistas nunca tinham sido mensurados economicamente. Entre eles figuram 1,3 trilhão de dólares por ano de regulagem dos gases atmosféricos, 2,3 trilhões para a assimilação e o processamento dos resíduos, 17 trilhões para os fluxos de nutriente e 2,8 trilhões de armazenagem e purificação da água. A maior contribuição, 20,9 trilhões de dólares, foi a dos sistemas marinhos, principalmente nos ambientes litorâneos. Os terrestres acrescentaram 12,3 trilhões de dólares, com florestas e pântanos, cada qual responsável por cerca de 4,7 trilhões. O valor de todos os sistemas terrestres ultrapassa, em média, os 1.150 dólares por hectare por ano. Mais baixos, os dos sistemas marinhos alcançaram uma média de 578 dólares por hectare, estando, porém, mais altamente concentrados no meio ambiente costeiro, inclusive na plataforma continental, onde o valor foi de 4.050 dólares por hectare. O valor anual mais elevado por hectare foi o dos estuários: 22.815 dólares. Não é na qualidade de fonte alimentícia que os estuários costeiros têm seu valor principal: este se deve a sua capacidade de prestar serviços anuais de reciclagem dos nutrientes de 40 trilhões de metros cúbicos de água de rio. Em terra, os ambientes mais valorizados foram os pântanos e as planícies sujeitas a inundações: 19.565 dólares por hectare por ano. Os maiores benefícios derivados de tais sistemas são o controle das enchentes, a proteção contra as tempestades, o tratamento e a reciclagem do lixo e o armazenamento da água.

À primeira vista, esses números podem parecer exageradamente elevados. Afinal, muitos fazendeiros contam com rendas bem mais modestas por hectare; a renda agrícola bruta média dos Estados Unidos não chega a quinhentos dólares anuais por hectare. Todavia, é preciso ter em mente que os valores estimados não se limitam a meramente registrar os recursos extraídos e vendidos. Não se pode avaliar convencionalmente um hectare de oceano ou de chaparral, conforme o ponto de vista do padrão econômico, que contabiliza apenas o que foi levado ao mercado, não propriamente o serviço de sustentação da vida.

Nos Estados Unidos, o declínio dos serviços do ecossistema pode ser medido, em parte, pela perda dos ecossistemas mais importantes. Esses hábitats ou comunidades ecológicas, à parte muitos outros, são todos únicos e estão todos ameaçados de destruição:

- os pântanos da Califórnia e as comunidades ribeirinhas
- os campos relvosos (que outrora alimentaram cerca de 100 milhões de bisões, alces e antílopes)
- as florestas do Havaí

OS GANHOS DE CAPITAL

- as matas de pinheiros e as savanas
- as selvas pantanosas do Sul
- as antigas florestas de pinheiros ponderosa
- as antigas florestas deciduifólias do Leste
- as pastagens nativas da Califórnia
- as florestas de abetos do sul dos Apalaches
- os pântanos do Meio Oeste
- as comunidades litorâneas dos 48 Estados costeiros e do Havaí
- as antigas florestas de sequóias
- as antigas florestas de cedros do Noroeste
- as antigas florestas de pinheiros dos Grandes Lagos
- as pastagens e as savanas do Leste
- a vegetação arbustiva de salva do sul da Califórnia[35]

Se nós capitalizamos uma renda anual de 36 trilhões pelos serviços do ecossistema, utilizando a taxa atual do Ministério da Fazenda norte-americano, significa que a natureza vale, *grosso modo*, um pouco mais que 500 trilhões de dólares: uma cifra absurdamente baixa já que comparável à produção econômica dos próximos treze anos.[36] Em todo caso, os preços só servem para ilustrar viva e concretamente uma relação que está entrando em colapso. Determinar os valores dos estoques e do fluxo do capital natural, por mais aproximadamente que seja, ou — como faz o capitalismo natural — *fazer de conta* que os determinamos é o primeiro passo na incorporação do valor dos serviços do ecossistema rumo ao planejamento, às políticas e ao comportamento público. Ao jogar uma banana de dinamite nos recifes de coral, apanhando peixes atordoados para os mercados locais e cacos de coral para a indústria farmacêutica, o pescador filipino recebe à vista e ao preço de mercado. Não paga a perda do recife de coral, muito embora devesse ser óbvio que o valor líquido atual desse hábitat, como futura morada dos peixes, é infinitamente superior aos poucos pesos gerados por sua destruição. Não obstante, os governos das nações desenvolvidas e subdesenvolvidas continuam servindo-se de métodos de contabilidade que registram os peixes e o coral como ganhos líquidos, não como perdas líquidas.

Se os serviços prestados pelo capital natural fornecem, com efeito, "subsídios" anuais à produção no valor de dezenas de trilhões de dólares e se tais subsídios vêm declinando enquanto a afluência e o crescimento demográfico aceleram o esgotamento, até que ponto a civilização será afetada? Como as indústrias — todas elas dependentes do capital natural, e algumas ainda mais do que as outras — hão de prosperar no futuro? Visto que todos os biomas estudados no artigo da *Nature* estão recuando em área, viabilidade e produtividade, talvez tenha chegado a hora de empreender uma revisão econômica. É necessária uma reavaliação das folhas de balanço nacionais e internacionais, nas quais o estoque e o fluxo de serviços do capital natural sejam pelo menos parcial, se não totalmente, valorizados.

O biólogo Peter Raven, diretor do Jardim Botânico do Missouri e um dos mais importantes especialistas em biodiversidade do mundo, escreve que os serviços do ecossistema não são meramente "uma série de fatores paralelos aos processos industriais, os quais, acumulados, podem causar problemas, e sim a expressão do funcionamento de uma Terra sadia [...] Nós estamos perturbando esse funcionamento a um grau incrível". A estimativa de seu valor monetário transforma o mundo vivo em mercadoria e

> nada diz sobre o nosso verdadeiro lugar na natureza, sobre a moralidade ou o mero prazer de morar em um mundo diversificado, interessante e vivo. Como biólogo, eu sempre reflito sobre o vastíssimo tema do funcionamento do mundo como se as pessoas não existissem; depois penso no fluxo de energia do Sol, na atividade de todos os organismos fotossintéticos, nas cadeias alimentares, nas comunidades que regulam o fluxo de energia armazenada aqui na Terra, no modo como os seres humanos perturbam e rompem esse fluxo ou o desviam de seus objetivos próprios — que são os verdadeiros limites biológicos. Para mim, é sempre a centralidade dessas funções, nas quais nós evoluímos e que são tão essenciais para a continuidade da nossa existência, que continua sendo o mais importante.[37]

FATORES LIMITATIVOS

O ex-economista do Banco Mundial Herman Daly acredita que a humanidade se acha em uma encruzilhada histórica: pela primeira vez, os limites da prosperidade acrescida se devem à falta, não de capital criado pelo homem, mas de capital natural.

Visto da perspectiva histórica, o desenvolvimento econômico enfrenta periodicamente um ou outro fator limitativo, inclusive a disponibilidade de mão-de-obra, de fontes energéticas e de capital financeiro. Fator limitativo é aquele que, quando ausente, impede o sistema de sobreviver ou crescer. Estando isolado em uma montanha durante uma nevasca, você precisa de água, de alimento e de calor para sobreviver; quanto menor for o abastecimento de recursos, mais limitada será sua capacidade de sobrevivência. Um fator não compensa a falta de outro. Beber mais água não contrabalança a falta de agasalho para quem está congelando, do mesmo modo que vestir mais roupa não lhe satisfaz a fome. Como, em um sistema complementar, um fator limitante não substitui o outro, é preciso aumentar a complementação daquilo que falta para que a empresa continue existindo. Cada vez mais, o fator limitador da humanidade é o declínio dos sistemas vivos, dos complementos essenciais. Basta remover qualquer um dos serviços anteriormente relacionados para que os outros comecem a entrar em colapso até finalmente desaparecer.

A consciência de que a escassez dos serviços do ecossistema não levará a substituições provoca uma angústia diferente em cada um dos lados do debate ambiental. Cientistas e economistas eminentes, inclusive Peter Raven, Herman Daly, J. Peterson Myers, Paul Ehrlich, Norman Myers, Gretchen Daily, Robert Costanza, Jane Lubchenco e milhares de outros estão procurando levar sua mensagem ao público empresarial, acadêmico e político. A economia, por sua vez, age como se os cientistas tivessem sido indevidamente pessimistas ou simplesmente se houvessem equivocado no passado, e, no caso das alterações climáticas, dispõe-se a pagar anúncios de página inteira, no *Wall Street Journal*, solicitando, ironicamente, mais estudos e mais ciência, muito embora raramente se mostre disposta a patrociná-los. Entrementes, a perda dos sistemas vivos se acelera em todo o mundo a despeito dos vultosos capitais gastos na limpeza ambiental pelas nações industrializadas e as empresas responsáveis. Semelhante falta de compreensão seria cômica se não fosse potencialmente trágica. É como se você quisesse fazer limpeza em casa, morando em uma planície sujeita a inundações, na qual o rio está subindo. Limpar a casa pode ser uma atividade admirável, mas não é a resposta adequada ao problema imediato.

No passado, sempre que a economia enfrentou fatores limitativos ao desenvolvimento, os países industrializados conseguiram manter o crescimento maximizando a produtividade ou aumentando o abastecimento do fator limitativo. Muitas vezes, tais medidas tiveram um custo social elevadíssimo. "Dessa cloaca sai o maior fluxo da indústria humana a fim de fertilizar o mundo inteiro", como escreveu Alexis de Tocqueville.[38] A escassez de mão-de-obra foi "resolvida" vergonhosamente por meio da escravidão, assim como da imigração e das altas taxas de natalidade. A Revolução Industrial forneceu maquinaria que economizava mão-de-obra. Novas fontes de energia surgiram da descoberta e da extração do carvão, do petróleo e do gás. Os curiosos e os inventores criaram os motores a vapor, os teares mecânicos, os descaroçadores de algodão e a telegrafia. O capital financeiro passou a ser universalmente acessível por meio dos bancos centrais, do crédito, da troca de ações e dos mecanismos de troca de moedas. Tipicamente, toda vez que emergiram novos fatores limitativos, a resposta foi uma profunda reestruturação da economia. Herman Daly acredita que nos encontramos uma vez mais em um desses períodos de reestruturação, pois a relação entre o capital natural e o criado pelo homem está mudando rapidamente.

À medida que o capital natural passa a ser um fator limitativo, é preciso levar em consideração o significado que damos ao conceito de "renda". Em 1946, o economista J. R. Hicks definiu a renda como "a quantidade máxima que uma comunidade pode consumir em determinado período de tempo e continuar tão próspera no fim do período quanto estava no começo".[39] Continuar próspera no fim de um determinado ano requer que uma parte do estoque de capital tenha sido aplicada na produção de renda, seja esse capital uma plantação de soja, uma fábrica de semicondutores ou uma frota de caminhões. Para permitir que as pessoas continuem prósperas ano após ano, esse capital precisa ou crescer ou continuar como está. No passado, essa definição de renda era aplicada unicamente ao capital criado pelo homem, pois o natural era abundante. Hoje em dia, a mesma definição devia aplicar-se também a este último. Isso significa que, para conservar estáveis os nossos níveis de renda e sobretudo se quisermos elevá-los, nós temos de sustentar os estoques originais de ambos os tipos de capital. Quanto menos capazes formos de substituir o capital natural pelo artificial, tanto mais *ambas* as formas de capital devem ser preservadas da liquidação.

Para manter a renda, necessitamos não só conservar o estoque de capital natural como também aumentá-lo drasticamente, preparando-nos para a duplicação da população que pode ocorrer no próximo século. Esse quarto princípio do capitalismo natural, o de investir no capital natural, é uma questão de bom senso. A única maneira de maximizar a produtividade do capital natural a curto prazo é modificar os padrões de consumo e de produção. Como atualmente oitenta por cento do mundo recebem apenas vinte por cento do fluxo de recursos, é óbvio que essa maioria há de reivindicar mais consumo, não menos. O mundo industrializado terá de aumentar radicalmente a produtividade dos recursos, tanto em casa quanto no estrangeiro, para então começar a reverter a perda de capital natural e aumentar seu fornecimento. Essa é a única maneira de melhorar a qualidade de vida em todo o mundo ao mesmo tempo, em vez de apenas redistribuir a escassez.

Como explica o economista Herman Daly, "Quando se altera o fator limitativo, o comportamento que era econômico passa a ser antieconômico. A lógica econômica continua sendo a mesma, mas o padrão de escassez no mundo se modifica, resultando daí que o comportamento deve mudar se quiser permanecer econômico".[40] Essa proposição explica o desespero e o entusiasmo em ambos os lados da questão da administração dos recursos. Do lado ambiental, os cientistas se frustram porque tantos empresários continuam desconhecendo a dinâmica fundamental envolvida na degradação dos sistemas biológicos. Para os empresários, não poder criar o futuro com os métodos bem-sucedidos no presente e no passado é impensável, quando não absurdo. Contudo, nesta fase de transição, eles começam gradualmente a perceber que as atividades econômicas outrora lucrativas não podem mais conduzir a um futuro próspero. Tal percepção já está impulsionando a próxima revolução industrial.

INVESTIMENTO NO CAPITAL NATURAL

A implicação política mais fundamental da revolução da produtividade dos recursos é fácil de entrever, mas difícil de executar. Nós precisamos transformar, aos poucos mas firmemente, a cenoura na ponta da vara que guia e motiva a atividade econômica. Essencialmente, isso significa reformar o sistema fiscal e de subsídios: o mecanismo mais responsável pela constante reorganização dos fluxos monetários e que determina os resultados sociais, econômicos e ecológicos mediante a aplicação de subsídios e penalidades politicamente selecionados. No mundo atual, existem incentivos poderosos para "desinvestir" no capital natural. Embora se esforcem vigorosamente para conservar e restaurar os sistemas vivos, os governos, as ONGs, os consórcios de terras e outras instituições não conseguem acompanhar o ritmo da destruição. Nós estamos convencidos de que já sabemos "investir" no capital natural — milhares de grupos estão fazendo isso no mundo todo. O que nos falta aprender é dirigir a economia de modo que a degradação primeiramente cesse, depois se reverta.

Hoje, os que abusam dos serviços do ecossistema impõem custos ao resto da sociedade, porque todos dependem desses serviços e ficam prejudicados com o seu decréscimo. Os motoristas poluem o ar de todo o mundo; as fábricas de papel poluem rios que atravessam quilômetros e quilômetros da área rural que as cercam; encontraram-se pesticidas da indústria química em criaturas grandes e pequenas desde o Ártico até os remotíssimos atóis do Pacífico. A minoria está lucrando em detrimento da maioria. Os abusadores dos serviços do ecossistema viajam de graça, porém todos os demais são obrigados a subsidiar o esgotamento e a perda conseqüentes de recursos, sendo que a despesa estimada dos contribuintes, como veremos adiante, é de cerca de 1,5 trilhão de dólares por ano.[41] Um enorme investimento em capital natural, sem custo e com poupança de dinheiro, seria eliminar tanto os subsídios perversos atualmente concedidos regularmente pelos governos a indústrias quanto as práticas que, estimuladas por tais subsídios, prejudicam o meio ambiente.

Em um trabalho pioneiro de pesquisa e investigação em colaboração, o Dr. Norman Myers fez um levantamento aproximativo dos subsídios perversos do mundo em seis setores: a agricultura, a energia, o transporte, a água, o reflorestamento e a pesca. Em termos ideais, os subsídios devem trazer um resultado positivo ao ajudar as pessoas, as indústrias, as regiões ou os produtos que precisam superar o custo, os preços ou as desvantagens de mercado. Por exemplo, o ensino é subsidiado para que os pais não tenham de arcar com toda a despesa da educação dos filhos. O desenvolvimento do microprocessador foi fortemente subsidiado pelo Departamento de Defesa dos Estados Unidos durante mais de uma década e ainda o é em áreas especializadas. Hoje em dia, esse parece ter sido um investimento brilhante.

Os subsídios perversos fazem o contrário. Funcionam como desinvestimento, deixando a economia e o meio ambiente em situação *pior* do que se não se houvesse concedido subsídio nenhum. Eles dilatam os custos do governo, aumentam o déficit que, por sua vez, eleva os impostos, e desviam o escasso capital dos mercados que dele necessitam. Confundem os investidores enviando sinais distorcidos aos mercados; suprimem a inovação e a mudança tecnológica; oferecem incentivo à ineficiência e ao consumo, não à produtividade e à preservação. São uma forma poderosa de "previdência" para as grandes empresas, que beneficia os ricos e prejudica os pobres.

Por exemplo, todo ano a Alemanha paga 6,7 bilhões de dólares ou 73 mil dólares por trabalhador a fim de subsidiar as regiões carboníferas do Vale do Ruhr.[42] O carvão altamente sulfúrico lá produzido contribui com a poluição do ar, a chuva ácida, as doenças pulmonares, a extinção das florestas européias (*Waldsterben*) e o aquecimento global. Gastando menos, o governo alemão poderia pagar o salário integral de todos os operários até o fim da vida e fechar as mineradoras. Em meados da década de 1990, a Bulgária continuava gastando mais de sete por cento do PIB em subsídios que faziam com que a energia parecesse mais barata do que realmente era para estimular as pessoas a usá-la de maneira ainda mais perdulária.[43] Os subsídios perversos também podem não ser intencionais. Nas últimas décadas, os suecos subsidiaram indiretamente a indústria elétrica do Reino Unido porque suas florestas são muito prejudicadas, ainda que involuntariamente, pelas emissões de dióxido de enxofre das usinas termoelétricas britânicas, que queimam carvão. Os subsídios perversos podem até mesmo estar embutidos nos impostos. Por exemplo, ao tributar a propriedade dos veículos, não seu uso, os governos reduzem o custo marginal do uso dos veículos pelos motoristas ao mesmo tempo que o aumentam na sociedade à medida que cresce o número de pessoas motorizadas.

O Dr. Myers descobriu que os governos não se mostram nada colaboradores quando se trata de revelar a transferência de pagamentos para as indústrias protegidas. As oligarquias, a corrupção e/ou os *lobbies* contribuem muito para desestimular a divulgação e acima de tudo a interferência. Os subsídios não são notificados regular e oficialmente por nenhum governo do mundo, inclusive o dos Estados Unidos.[44] Os poderosos interesses que deles se beneficiam os eufemizam, dissimulam-nos ou os defendem descaradamente, alegando que eles favorecem o crescimento, os empregos, mas raramente os revelam clara ou diretamente aos contribuintes que os financiam. Essa dissimulação não surpreende, pois são enormes as importâncias em dinheiro: 1,5 trilhões de dólares por ano representam o dobro do que se gasta em defesa e armamento, um valor superior à soma do PIB de todas as nações do mundo com exceção de cinco delas. Se apenas um terço desses subsídios fosse transferido aos pobres do mundo, a renda de 1,3 bilhões de pessoas de mais baixa renda duplicaria.

Nos Estados Unidos, os fabricantes de automóveis e as indústrias relacionadas passaram a maior parte do século XX recebendo esse tipo de ajuda. Os custos ocultos do automóvel totalizam cerca de 464 bilhões de dólares anuais, desde a despesa de construção de rodovias, que é financiada pelo contribuinte, até o custo das tropas que foram lutar no Golfo Pérsico para defender o acesso dos Estados Unidos ao "seu" petróleo. Todavia, é provável que as estradas sejam o mais insidioso desses beneficiários porque, com muita freqüência, são tidas como vitais para o crescimento e os empregos. Seu subsídio levou à expansão suburbana, à decadência urbana e a autopistas que não vão a lugar nenhum. Até mesmo uma publicação conservadora como *The Economist* reconheceu a perversidade dos subsídios nessa área, talvez influenciada pelo fato de o trânsito de um terço das cidades européias avançar a menos de quatorze quilômetros por hora nos períodos de pico, sendo ainda mais lento em Londres:

> Se se continuarem administrando as estradas como uma das últimas relíquias da economia dirigida ao estilo soviético, a conseqüência será a piora dos congestionamentos e talvez o engarrafamento total como em Bangkok. Se, por outro lado, as rodovias fossem apreçadas como qualquer outro bem escasso, far-se-ia melhor uso do espaço existente e o aumento da receita seria aplicado na melhora do transporte público. O simples fato de fazer com que os motoristas paguem para circular liberará de tal modo a capacidade que viajar de ônibus tornar-se-á mais fácil e será possível reduzir os subsídios.[45]

OS GANHOS DE CAPITAL

O editorial da revista não só defende abertamente o apreçamento das estradas e a cobrança de taxas pelo seu uso como propõe que os governos apliquem a renda futura, oriunda dessas taxas, de modo a acelerar o financiamento para melhorar o transporte público. Esse princípio útil e prático pode ser aplicado em qualquer lugar: uma vez eliminados os subsídios perversos, a renda provinda das economias realizadas pode ser reinvestida em novas economias. O túnel na barreira do custo cria um efeito multiplicador que começa a compor o investimento e a financiar a restauração do capital natural.

Em certos casos, a palavra "perverso" descreve de maneira excessivamente inócua o modo como se financiam diversos negócios. Tomemos o exemplo dos subsídios da agricultura oferecidos pelas 29 nações membros da Organization for Economic Cooperation and Development (OECD). Eles chegam a um total de 300 bilhões de dólares anuais e destinam-se a suprimir ou restringir a produção de excedentes. Ocorre, no entanto, que elevar aos padrões ocidentais a agricultura dos países em desenvolvimento, nos quais não há excedente de alimentos, custaria apenas 40 bilhões por ano.[46] Entre maio de 1994 e setembro de 1996, o governo dos Estados Unidos, cumprindo uma lei da mineração de 1872, transferiu à iniciativa privada terras com minerais no valor de 16 bilhões de dólares pela importância de 19.190 dólares — quase um milhão de vezes inferior. Qualquer dano aos córregos e rios será pago pelo contribuinte, que não receberá um centavo de *royalties*. Estima-se que o mesmo contribuinte já é obrigado a pagar algo entre 33 e 72 bilhões de dólares pela limpeza das minas abandonadas.[47] Enfim, conforme a Comissão Parlamentar Conjunta para a Tributação, nos próximos cinco anos as indústrias americanas poluentes receberão *mais* 17,8 bilhões de dólares em isenção fiscal.[48] Quinze subsídios diretos à extração de recursos virgens e às indústrias de aproveitamento de desperdícios responderão por outros 13 bilhões no mesmo período.[49]

Na agricultura, o governo norte-americano criou um verdadeiro sistema de irrigação de subsídios. Ele subsidia a produção agrícola, a não-produção agrícola, a destruição agrícola, a restauração agrícola e, como se não bastasse, ainda subsidia safras que causam a morte e a enfermidade, pois entrega 800 milhões de dólares por ano aos plantadores de fumo. Os contribuintes norte-americanos subsidiam fortemente os 12.900 litros de água necessários à produção de um dólar em açúcar de beterraba na Califórnia.[50] E, além de haver pagado a drenagem dos Everglades, subsidiam os produtores de açúcar com a manutenção dos preços, cobrem os danos causados aos pântanos e ao Golfo do México pela enxurrada de fosfato e o envenenamento com pesticida — e, agora, estão gastando 1,5 bilhão de dólares para readquirir parte dos 283.000 hectares cuja drenagem pagaram para, depois, vendê-los abaixo do preço de mercado.[51] Nós subsidiamos a pastagem do gado em terras públicas (200 milhões de dólares) e, a seguir, pagamos para que os serviços de conservação do solo tentem reparar o dano. E, o que é mais notório, até mesmo os proprietários rurais abastados recebem para manter improdutivas as suas terras. (O Programa de Conservação das Reservas paga, anualmente, 1,7 bilhão de dólares destinados a reduzir as perdas de solo, mas, ao que tudo indica, parcialmente estruturados para subsidiar os ricos.)[52]

Muitos estudos do Banco Mundial confirmam a irracionalidade dos subsídios agrícolas. Três exemplos bastam. A Indonésia subsidiou fortemente os pesticidas, coisa que resultou no uso maciço e em efeitos colaterais igualmente sérios. A partir de 1986, o governo proibiu vários pesticidas e adotou a política oficial do Controle Integrado das Pragas. Em 1989, os subsídios desapareceram; a produção de pesticidas caiu até quase zero; as importações, em dois terços; sem embargo, a produção de arroz *aumentou* onze por cento, no período 1986-90, graças à recuperação da saúde do ecossistema. O fim do subsídio aos fertilizantes, em Bangladesh, que chegara a quatro por cento do orçamento nacional, fez com que os preços dos alimentos *baixassem* devido ao aumento da concorrência. Em todos os países subdesenvolvidos que subsidiam a irrigação com cerca de 22 bilhões de dólares por ano, "os preços artificialmente baixos da água de irrigação resultaram em um abuso substancial" e são um "dos principais fatores por trás dos problemas de encharcamento e salinização enfrentados por vários" deles; no entanto beneficiaram principalmente os proprietários médios e grandes.[53] Nos Estados Unidos, os subsídios à agricultura ensinam exatamente as mesmas lições.

Enquanto os norte-americanos subsidiam a degradação ambiental, os automóveis, os ricos, as grandes empresas e toda uma caríssima parafernália tecnológica, as tecnologias limpas que conduzirão a mais empregos e à inovação ficam por conta do "mercado". Advoga-se o mercado livre para os investimentos sadios no mesmo alento em que se preconiza o socialismo para os investimentos insalubres das grandes empresas — desde que os beneficiados sejam os próprios advogados. Entre 1946 e 1961, a Comissão de Energia Atômica gastou 1,5 bilhão de dólares para desenvolver um avião movido a plutônio; era tanto o chumbo que o revestia que ele não conseguiu decolar.[54] As obrigações isentas de imposto enriquecem os proprietários de franquias esportivas para construir estádios e, a seguir, abrir as devidas estradas para que os torcedores voltem rapidamente para casa depois dos jogos. (A federação perde 91 bilhões por ano em renda devido às obrigações municipais isentas de imposto.)[55]

Há ainda o dinheiro doado às indústrias moribundas, o seguro federal oferecido aos incorporadores das áreas sujeitas a inundações, os aluguéis baratos de terreno para as estações de esqui, a ajuda financeira a delinqüentes que controlam poupanças e salários (32 bilhões anuais durante trinta anos),[56] as estradas nas Florestas Nacionais, para que as empresas privadas de produtos florestais possam comprar madeira por uma fração do custo de sua reposição (427 milhões de dólares por ano), enquanto os contribuintes compensam as perdas do Serviço Florestal, sem dúvida o maior construtor socialista de rodovias.[57]

Essas são algumas atividades que nossa política tributária estimula. Ao que tudo indica, o que ela desestimula são os empregos e o bem-estar. Em 1996 o governo federal arrecadou 1.587 trilhão de dólares em impostos, mais de oitenta por cento dos quais oriundos de pessoas físicas ou de encargos sociais. Outros onze por cento provieram do imposto de renda das grandes empresas.[58] Dois terços do imposto de renda da pessoa física derivam da venda da força de trabalho, ao passo que um terço vem dos dividendos tributados, dos ganhos de capital e dos juros. Tributando pesadamente o trabalho nos Estados Unidos (e ainda mais pesadamente na Europa), o sistema estimula as empresas a não oferecer empregos. O sistema funciona, e os contribuintes são obrigados a pagar o custo social do desemprego. As empresas alemãs são particularmente inclinadas a não dar emprego porque os encargos sociais do país chegam a quase dobrar a despesa com cada empregado. Por conseguinte, os contribuintes arcam com o custo social do desemprego, coisa que leva a novos aumentos de impostos. A Alemanha já começa a reduzir os encargos sobre o trabalho aumentando os da gasolina.

Os impostos e os subsídios são, essencialmente, uma forma de informação. No nível mais básico, provocam mudança. Todos neste mundo, ricos ou pobres, agem cotidianamente com base na informação sobre os preços. Os impostos encarecem, os subsídios barateiam artificialmente. Assim, quando uma coisa é tributada, você tende a comprar menos e, sendo subsidiado, baixa os preços e estimula o consumo. Um passo prático rumo à produtividade radical dos recursos seria afastar os impostos do trabalho e da renda, canalizando-os para a poluição, o lixo, os combustíveis à base de carbono e a exploração dos recursos, coisas atualmente subsidiadas. Para cada dólar de tributação acrescentado ao custo dos recursos ou do lixo, retira-se um dólar dos impostos sobre o trabalho e a formação de capital.

Trata-se de uma reforma tributária não para redefinir *quem*, mas *o que* será tributado. O trabalho fica isento de tributação, do mesmo modo que a renda da pessoa física ou jurídica. O lixo, as toxinas e os recursos primários é que fazem a diferença. À medida que aumenta o custo do lixo e dos recursos, as empresas podem economizar empregando o trabalho e o capital, agora mais baratos, a fim de poupar os recursos, agora mais caros. À proporção que elas economizam dinheiro aumentado a produtividade dos recursos, pode-se aumentar o imposto sobre estes, porque haverá uma base menor de recursos e lixo que tributar. Isso, por sua vez, estimulará novas pesquisas e inovações na produtividade dos recursos. Desenvolve-se um ciclo positivo, que gera cada vez mais demanda de trabalho ao mesmo tempo que reduz a de recursos — e, o que é importante, diminui, antes de mais nada, a necessidade de impostos, pois essa reforma tributária reduzirá muitos dos problemas ambientais e sociais a que se destinam os orçamentos dos governos. O economista Robert Ayres escreve:

> Eu creio que muitos problemas com o crescimento econômico lento, a desigualdade de crescimento, o desemprego e a degradação ambiental, no mundo ocidental, podem ser resolvidos, em princípio, pela reestruturação dos sistemas tributários. A causa fundamental do subemprego é que o trabalho se tornou demasiadamente produtivo, quase sempre em virtude da substituição da mão-de-obra humana pelas máquinas e a energia. A idéia de mudança básica

seria reduzir a carga tributária sobre o trabalho, a fim de reduzir seu preço de mercado — relativamente ao capital e aos recursos — e, assim, estimular mais o emprego do trabalho com relação ao do capital e principalmente ao dos combustíveis fósseis e de outros recursos. Se há uma implicação aparentemente incontestável da economia neoclássica é que a transferência do preço relativo dos fatores de produção (i. e., do trabalho, dos recursos de capital) há de induzir a economia a substituir o fator mais caro (os recursos) pelo mais barato (o trabalho). Pelo mesmo motivo, eu quero aumentar a carga tributária sobre as atividades que prejudicam o ambiente social ou o natural, de modo a desestimular tais atividades e reduzir o prejuízo resultante.[59]

Uma reforma tributária dessa natureza só pode ser implementada com o tempo, de modo que as empresas tenham um horizonte claro sobre o qual fazer investimentos estratégicos. Ademais, o prazo deve ser longo — de pelo menos quinze ou vinte anos — para que os investimentos de capital existentes possam continuar a depreciar-se em sua vida útil. Isso nos dá um intervalo, no qual podem ocorrer mudanças graduais (como a redução do uso e da dependência dos combustíveis fósseis), mas também um claro sinal a longo prazo que permite a aceleração do progresso mediante a inovação. Com exceção dos trabalhadores de renda mais baixa, a reforma tributária deixaria a carga tributária sobre as diferentes categorias de renda mais ou menos onde está agora, e não faltam meios para se conseguir isso. (O imposto do seguro social é o mais regressivo e punitivo de todos, pois exige que o trabalhador de renda mais baixa pague a taxa mais alta proporcionalmente a sua renda total.) Por mais que possa parecer elitista ou até esquisito afastar os impostos dos investimentos pessoais ou das rendas empresariais, o objetivo é reduzir a taxa de retorno requerida para que um investimento valha a pena. Quando são altos os impostos sobre a renda do investimento, a taxa de retorno tem de ser correspondentemente mais alta para justificar o investimento. Em parte, é por isso que se pode ganhar dinheiro mais rapidamente explorando os recursos que preservando-os. Quanto mais elevada for a taxa de retorno exigida pelos investimentos, maior será a probabilidade da liquidação do capital natural. Quando taxas de retorno mais baixas se associam a impostos mais altos sobre os recursos, os incentivos se desviam drasticamente rumo à restauração e à regeneração do capital natural.[60] O elemento importante a alterar é o objetivo do sistema tributário, pois o Código Tributário Interno, com suas mais de 9 mil seções, carece de objetivo ou missão.

É mais fácil, como diz o ditado, cavalgar na direção em que vai o cavalo. Os inevitáveis aumentos de custo do capital natural nos deviam motivar a ir além da curva. Canalizar os impostos para os recursos cria poderosos incentivos para que se passe a utilizá-los menos. Simultaneamente, eliminar os impostos sobre a pessoa física e o trabalho cria novas áreas de oportunidade de emprego, já que se reduz o custo do emprego sem que a renda diminua. Isso, por sua vez, estimula diversas atividades voltadas para a economia dos recursos, como fechar os ciclos de fluxo de material, desmontar produtos ou refabricá-los e

OS GANHOS DE CAPITAL

155

reparálos, as quais atualmente parecem mais caras que o uso dos recursos virgens. Tal ilusão se origina da manutenção do trabalho artificialmente caro e das matérias-primas artificialmente baratas.[61]

Muitos economistas diriam: os mercados que ditem os custos; tributação é intervencionismo. É verdade, os sistemas tributários são intervencionistas por natureza, porém, a menos que o governo seja abolido, a questão que se coloca para a sociedade é *como* intervir. Uma mudança na tributação procura adequar o preço ao custo. O sistema atual é desagregante. As pessoas conhecem o preço de tudo, mas não têm idéia do custo de nada. O preço é o que a pessoa paga. O custo é o que a sociedade paga aqui, acolá, agora e no futuro. Um litro de pesticida pode custar 9,24 dólares, mas quanto ele custa à sociedade quando penetra nos mananciais, nos rios e na corrente sangüínea? Só porque o mercado não considera os valores, a bondade, a justiça e a moral não significa que simplesmente não se deva fazer caso de tais questões.

Para ser claros: vamos examinar o que não seria tributado. Você receberia tudo o que está no contracheque. As únicas deduções seriam as contribuições de um plano de previdência ou alguma doação caritativa. Sendo autônomo — um encanador, um desenhista gráfico ou um consultor —, você embolsaria toda a renda líquida. As pequenas empresas não pagariam nenhum imposto de renda, tampouco as grandes. E não haveria tributação sobre os juros da poupança ou das obrigações, sobre os planos de previdência, sobre as economias para a educação universitária.

Que *seria* tributado? Para começar, os gases que provocam mudanças climáticas. A atmosfera não pode ser "gratuita" se existem outros 6 bilhões de pessoas que precisam dela a curto prazo, sem contar as inúmeras gerações que virão depois. Se você quiser contaminá-la com gases, tem de pagar. A energia nuclear seria pesadamente tributada, assim como todos os tipos de eletricidade gerada de forma não renovável. O diesel, a gasolina, o óleo de motor, os óxidos de nitrogênio e o cloro também pagariam a sua parte. Todo tipo de tráfego aéreo, dos comerciais ao de aviões leves, seria tributado (atualmente, seu combustível é isento de imposto no mundo inteiro), do mesmo modo que todo e qualquer uso veicular das rodovias públicas. O prêmio do seguro dos veículos motorizados seria cobrado no posto de gasolina, eliminando os subsídios governamentais aos motoristas não assegurados. Os pesticidas, os fertilizantes sintéticos e o fósforo se uniriam ao álcool e ao tabaco como bens pesadamente tributados. A água fornecida seria tributada, assim como a madeira das florestas antigas, o salmão e outros peixes não criados em cativeiro, o "direito" à pastagem, a água de irrigação dos terrenos públicos e o esgotamento do solo e dos lençóis de água. Do solo, o carvão, a prata, o ouro, o cromo, o molibdênio, a bauxita, o enxofre e muitos outros minerais. Qualquer lixo enviado ao aterro sanitário ou jogado no incinerador seria tributado ("pague o que você joga fora") a taxas tão altas que a maior parte dos aterros deixaria de existir. Alguns, como os do Japão, podem até ser escavados em busca de recursos.[62]

O resultado da lista parcial é que todo indivíduo e toda empresa tem condições de "evitar" os impostos mudando de comportamento, de *designs*, de processos e de aquisições. Isso funciona. Muitas municipalidades aumentaram consideravelmente a vida útil de um aterro sanitário quase repleto tributando os acréscimos desnecessários ou recompensando a redução, a reutilização e a reciclagem. Os impostos dos aterros sanitários da Dinamarca aumentaram a reutilização do entulho, nas construções, de doze para 82 por cento em menos de uma década: vinte vezes mais que a taxa média de quatro por cento da maioria dos países industrializados.[63] Os impostos "verdes" da Holanda, a partir de 1976, diminuíram 97 por cento do vazamento de metais pesados nos lagos e canais.[64]

Em um mundo assim, o isolamento térmico e as superjanelas renderiam mais que as ações da Microsoft. Você conseguiria obter os retornos do Warren Buffet com meros investimentos em tecnologias de loja de *hardware*. Ao economizar dinheiro, você estará poupando o meio ambiente para si e para seus filhos. Para os que dizem que tal mudança é retrógrada, vale lembrar que são os pobres que arcam com o maior ônus da degradação ambiental. Eles não podem comprar filtros de água, morar em subúrbios limpos, passar as férias nas montanhas nem ser dispensados das guerras do Golfo Pérsico. São mal pagos, têm empregos de alto risco em lavagem a seco carregada de solventes, em fazendas infestadas de pesticidas e em minas de carvão repletas de poeira. Ademais, aquele 1,5 trilhão de dólares de subsídios anuais acima delineado destina-se quase inteiramente às empresas e aos ricos.

A inevitabilidade intelectual de semelhante reforma tributária aumenta com o tempo. Jacques Delors, ex-presidente da Comissão Européia, está lutando por sua adoção. Já há pesquisas e pequenas mudanças experimentais na Suécia, na Grã-Bretanha, na Alemanha, na Holanda e na Noruega. A Europa assumirá a liderança porque a solução oferecida pela reforma tributária ataca dois problemas fundamentais: a degradação ambiental e o alto desemprego estrutural associado ao crescimento sem emprego. A questão tributária está viva nos Estados Unidos, porém os debates são principalmente ideológicos, sobretudo conservadores e libertários, em vez de construtivos, quanto a alinhar os sinais tributários às necessidades sociais. Independentemente disso, à medida que a Europa e outros países forem tomando o rumo da reforma tributária, os Estados Unidos os acompanharão pura e simplesmente porque ela reduzirá os custos do trabalho de nossos concorrentes ao mesmo tempo que estimulará as inovações.[65] Também ajudará a garantir que a vitalidade econômica estimulada modere a carga sobre o capital natural em vez de agravá-la.

Esses conceitos são uma inversão admirável da resposta ao meio ambiente que vem sendo oferecida por milhares de empresas, 60.000 advogados e 90.000 lobistas aglomerados em Washington, que gastam 100 milhões de dólares por mês em despesas diretas de *lobby*.[66] Não liquidar o capital natural significa que a economia não só terá de preservar o capital natural existente como também deverá deixar de lado o bem-estar das empresas e descobrir maneiras de inves-

OS GANHOS DE CAPITAL

tir no crescimento da disponibilidade desse fator limitativo. A boa notícia é que um dos modos mais econômicos de chegar a tanto consiste em diminuir a quantidade de materiais requeridos pela indústria para prestar os serviços de que seus clientes necessitam. É possível? Ray Anderson, o diretor executivo da Interface, Inc., acredita que sim. Em uma mensagem aos consumidores e empregados publicada no *Interface Sustainability Report* [Relatório de Sustentabilidade da Interface], em 1997, ele disse o seguinte:

> Enquanto escrevo estas linhas, não há uma só indústria no mundo que seja sustentável no sentido de satisfazer às necessidades atuais sem, em certa medida, privar as gerações futuras dos meios de satisfazer as suas. Quando a Terra esgotar os recursos finitos, exauríveis, ou quando o ecossistema entrar em colapso, nossos descendentes ficarão de mãos vazias. Mas talvez — não mais do que talvez — seja possível alterar essa situação.
>
> Na Interface, estamos procurando ser a primeira empresa sustentável do mundo; a seguir, queremos avançar e vir a ser a primeira empresa restauradora. Sabemos perfeitamente o que isso significa para nós. Um grande desafio. É como escalar uma montanha mais alta que o Evereste. Significa criar as tecnologias do futuro: tecnologias mais benévolas e amenas que emulem a natureza. É nelas que eu acredito que encontraremos o modelo. Por exemplo, quando compreendermos o funcionamento de uma floresta e aplicarmos sua miríade de relações simbióticas analogamente ao *design* dos sistemas industriais, estaremos no bom caminho. Uma árvore opera com energia solar. O caminho certo nos levará a tecnologias que nos permitirão operar nossas fábricas com energia renovável. Um avanço, para nós, podem ser as tecnologias da célula de combustível ou da turbina a gás; mas, enfim, eu creio que temos de aprender a operar a partir do lucro circulante, como faz uma floresta e, neste sentido, é o que fazemos em nossa empresa, não a partir do capital — o capital natural armazenado — mas a partir do lucro circulante, i. e., o sol.
>
> As tecnologias do futuro nos permitirão abastecer nossas fábricas com ciclos fechados, com matérias-primas recicladas oriundas da coleta de bilhões de metros quadrados de carpetes e têxteis já fabricados — a face felpuda de náilon reciclada em novos fios de náilon para a fabricação de novo carpete; e em nossa indústria têxtil, a Guilford of Maine, os tecidos de poliéster reciclados em fibra de poliéster com que produzir novos tecidos — fechando o ciclo; utilizando muitas e muitas vezes essas preciosas moléculas orgânicas, de modo cíclico, em vez de mandá-las para o aterro sanitário ou de reciclá-las em produtos de valor inferior pelo processo linear da primeira revolução industrial. O linear deve desaparecer; o cíclico deve substituí-lo. É assim que procede a natureza. Na natureza, não há desperdício; o lixo de um organismo é o alimento do outro. No nosso processo industrial, tão dependente dos produtos petroquímicos, ou seja, de matérias-primas criadas pelo homem, isso significa o "alimento" técnico a ser reencarnado, por meio da reciclagem, em um novo ciclo de vida do produto. Naturalmente, as operações de reciclagem também serão movidas a energia solar. Do contrário, consumiremos mais petromateriais pa-

ra produzir a energia de reciclagem do que pouparemos em matérias-primas pela reciclagem.

Nós esperamos o dia em que nossas fábricas já não terão chaminés nem efluentes. Se formos bem-sucedidos, passaremos o resto da vida coletando os carpetes de ontem, reciclando antigos produtos petroquímicos em novo material e transformando a luz do sol em energia. Não haverá resíduos a caminhos dos aterros, não haverá emissões no ecossistema. Literalmente, esta é uma empresa que crescerá limpando o mundo, sem o poluir nem degradar.[67]

Impraticável? Quatro anos depois de iniciar esse esforço em 1994, a Interface viu suas rendas dobrar, o número de empregos oferecidos quase duplicar e seus lucros triplicar.[68]

CAPÍTULO 9

Os Filamentos da Natureza

As raízes da tecnologia — As florestas e a memória cultural — Bytes e cérebros — A maior vantagem está próxima do consumidor — Multiplicação das poupanças — Um ganho fator 26 — Árvores pequenas, feijões grandes — 400 milhões de paletes por ano — O papel que nasce no campo

É natural que uma indústria têxtil como a Interface esteja na vanguarda da próxima revolução industrial. Ainda no fim da década de 1830, as palavras "indústria" ou "fábrica" aplicavam-se a uma única atividade: a dos cotonifícios. Foram as tecnologias têxteis que impulsionaram o industrialismo: a máquina de fiar de James Hargreaves, que ficou conhecida como *spinning jenny*, o bastidor hidráulico de Sir Richard Arkwright e, mais tarde, o tear mecânico. Uma das primeiras aplicações do motor a vapor inglês, movido a carvão, ademais de bombear as minas de carvão, foi a de acionar as "sombrias fábricas satânicas" que produziam têxteis. A combinação da máquina de fiar com o bastidor mecânico aumentou oito vezes a produção de um tecelão, depois, dezesseis e, finalmente, duzentas. Uma *jenny* com quarenta fusos custava seis libras esterlinas, menos que o salário de um ano de um operário. Para os britânicos, foram enormes as vantagens de semelhante acréscimo de produtividade. Os custos mais baixos aumentaram as vendas no mercado interno, eliminando as importações da Índia. Inversamente, se os morins indianos tecidos à mão eram outrora mais baratos e de qualidade superior à dos similares nacionais, os tecidos ingleses produzidos com equipamento mecanizado impuseram-se, devastando a indústria indiana. Em outras colônias, as importações de têxteis ingleses reinavam soberanas e, quando isso era impossível, as batalhas navais e as guerras (geralmente com os franceses) se encarregavam de torná-las possível. Uma vez comercializadas as invenções de Hargreaves e Arkwright na década de 1760, a manufatura do algodão quadruplicou em vinte anos. Em 1800, a produção decuplicou novamente; quinze anos depois, no fim das Guerras Napoleônicas, tornou a triplicar. Em apenas 51 anos, a produção têxtil inglesa aumentou 120 vezes.[1]

A história da indústria têxtil está intimamente ligada ao trabalho infantil e à escravidão, ao colonialismo, ao comércio e à conquista mundiais. Enormes contingentes de cativos, quase sempre adquiridos na África em troca de produtos têxteis europeus, foram levados ao Sul dos Estados Unidos para colher o algodão, pois o descaroçador de Eli Whitney havia tornado a plantação em larga escala eficiente em termos de custos.[2] As Índias Ocidentais foram rapidamente colonizadas a fim de aumentar as exportações de algodão para a Inglaterra. A moderna indústria química orgânica e muitas empresas do ramo, como a BASF, que dominam o mercado atual, começaram por fabricar tintura de anilina para tecido. A própria raiz da palavra "tecnologia", o *techné* grego, relaciona-se com "tecer". A miséria e o sofrimento que a indústria têxtil causou foram a semente do descontentamento social, gerando as idéias políticas então radicais da democracia, da república e, enfim, as teorias da revolução proletária de Karl Marx.

As fibras se estendem não só por toda a história da indústria, mas também pela evolução cultural e biológica: o biólogo Peter Warshall as descreve como "filamentos longos, resistentes e flexíveis que ligam a natureza a si mesma e à vida humana".[3] A história da utilização das fibras é, em muitos aspectos, a do próprio desenvolvimento humano. No princípio da evolução cultural, o homem começou a tecer fibras naturais notavelmente fortes,[4] muitas vezes um co-produto do alimento, para criar vestimenta, cestos, cordas, reforços, casas e muitos outros artefatos. Com o tempo, os inventores descobriram um meio de romper as ligações químicas da madeira a fim de criar o papel e, depois, transformar a celulose em resina e, daí, em muitos produtos industriais.

A fibra procede de diversas fontes. A que vem das florestas inclui o papel, a madeira, a trama de pneus, o raiom e o filtro de cigarro. As plantas não arbóreas nos fornecem fibra na forma de algodão, de linho, de plásticos vegetais, de tecidos, de cordas etc. Os animais nos dão a lã, as peles, a seda e assim por diante, ao passo que até mesmo os minerais nos abastecem de fibras de metal, de amianto e de vidro. Dos oceanos e dos mangues, nós retiramos o quitosã e os tecidos com base na quitina, de uso medicinal. Todos esses produtos naturais combinam-se e competem com uma vasta ordem de produtos fibrosos derivados do petróleo, do gás natural e do asfalto. Como afirma Warshall, "O atual sistema de mercado das fibras, no mundo todo, é inseparável da indústria petroquímica (dos hidrocarbonetos) e abastece a maior parte da indústria têxtil, de tapeçaria, de roupa industrial, de cordagem e produtos relacionados. Só o papel e, em certos lugares, o material de construção continuam relativamente imunes à concorrência dos hidrocarbonetos".[5]

A produção de qualquer fibra traz conseqüências. A maioria das fibras "naturais" cresce de maneira insustentável. A metade das têxteis provém do algodão, cujo cultivo emprega um quarto de todos os produtos agroquímicos[6] e de todos os inseticidas.[7] A produção convencional de um quilo de fibra de algodão consome cerca de 5,5 toneladas de água e, nas regiões chuvosas, provoca a erosão de aproximadamente vinte quilos de solo.[8] Do Sul dos Estados Unidos ao Cazaquistão, a plantação de algodão intensivamente baseada na química ocasionou danos sérios e duradouros às regiões e às sociedades. Do mesmo modo, os métodos não sadios de criação de ovelhas e cabras desertificaram milhões de hectares em todo o mundo. As maneiras sustentáveis de produzir a lã, o linho, o cânhamo (a mais resistente fibra vegetal) e até o algodão são conhecidas e práticas. Desde 1996, a Patagônia, uma confecção de 165 milhões de dólares por ano, usa unicamente o algodão orgânico em seus produtos;[9] contudo, apesar da utilização crescente por empresas como a Nike e a Levi Strauss, tais práticas ainda continuam em escala muito menor que os métodos subsidiados, quimicamente dependentes e prejudiciais ao solo.[10]

A indústria petroquímica, que fornece a matéria-prima das fibras sintéticas, também é notavelmente poluente e utiliza recursos não renováveis. Entretanto, seu desempenho ambiental pode melhorar (e muitas vezes tem melhorado) consideravelmente. Por outro lado, como observa Warshall, o advento das "fibras petroquímicas adiou, sem dúvida, o corte de muitas árvores, assim como o desmatamento de extensas áreas para o plantio do algodão". Uma fábrica petroquímica de 120 hectares, com uma pequena área de instalações de gás natural, pode igualar a produção de fibra de mais de 240 mil hectares de algodoal.[11]

Uma comparação detalhada ou mesmo a descrição do impacto de todas as fibras, assim como as possibilidades de amenizá-lo que estão ao nosso alcance, escapam aos propósitos deste livro; mesmo assim, vale a pena examinar, à guisa de exemplo, uma forma de produção de fibra, a florestal. As florestas que produzem fibra de madeira ilustram bem o tema e formam uma parte significativa da economia: a produção anual das florestas pesa mais que o dobro da totalidade das aquisições de metais dos Estados Unidos.[12] Embora conhecidas e quase sempre comercialmente viáveis, a produção e a administração sustentáveis das florestas não são amplamente praticadas,[13] de modo que continuam sendo uma causa importante e generalizada dos danos ao capital natural, degradando os mais valiosos serviços do ecossistema das florestas naturais.

As florestas são derrubadas principalmente para produzir papel e madeira em volumes aproximadamente iguais, embora o primeiro esteja crescendo mais depressa e a segunda obtenha preços de duas a cinco vezes superiores por unidade de volume de madeira (e até mais, quando se trata de toras de folheado).[14] Do começo da década de 1960 a meados da de 1990, enquanto o consumo *per capita* de produtos de madeira, nos Estados Unidos, se manteve estável ou chegou até a diminuir um pouco, o consumo *per capita* de produtos de papel quase duplicou. Atualmente, o mundo consome cinco vezes mais papel que em 1950.[15] O uso do papel nos escritórios norte-americanos passou de 0,85 para 1,4 trilhões de folhas (cerca de 4,2 a 7 milhões de toneladas) só entre 1981 e 1984, quando se estavam introduzindo os primeiros microcomputadores e impressoras a *laser*.[16]

Os outros países não ficam muito atrás em termos de esbanjamento. De 1970 a 1990, a produção de papel aumentou quatro por cento ao ano no Japão e oito por cento no Sudeste Asiático, contra 2,5 por cento nos Estados Unidos.

Para acompanhar a vastíssima demanda, a fabricação de papel, do mesmo modo que a derrubada, passou, em muitas regiões, da atividade manual para um empreendimento industrial de escala inimaginável.

Uma fábrica de papel rural tradicional do Nepal tem uma área externa do tamanho de uma sala de estar e um processo de produção simples, barato e com o emprego intensivo de mão-de-obra. O fibroso córtex interno de certa árvore — parecida com a amoreira chinesa, a partir da qual se desenvolveu o papel há dezenove séculos — é extraído, encharcado e socado em uma barrela de cinzas de madeira. A pasta de fibras resultante é tratada e lavada em uma série de pequenos tanques. Nelas se mergulham e logo se retiram umas peças de pano esticadas em armações de madeira, de modo que elas ficam cobertas de uma fina camada de fibra; a seguir, são postas para secar ao sol. O resultado, uma folha semelhante ao papel-arroz, é vendido por dez centavos de dólar no Nepal ou por um dólar nas lojas de material de desenho de Nova York. Na economia rural escassamente monetária do Nepal, o papel é um produto precioso, em grande parte reservado para fins religiosos e cerimoniais.

As modernas fábricas de papel ocidentais são operações gigantescas que custam mais de um bilhão de dólares. As maiores consomem energia na escala de uma pequena cidade. E transformam florestas inteiras, carregadas em trens — cada fábrica abre uma clareira de trinta hectares por dia[17] —, em centenas de diferentes produtos de alto desempenho. Os toros são transportados e fervidos em gigantescos tanques de ácido ou triturados entre enormes discos movidos por motores de milhares de cavalos-vapor a fim de separar as fibras de celulose da lignina e da hemicelulose que as envolvem. Máquinas maiores que uma casa imitam o processo manual do Nepal, mas em vastíssima escala, formando uma rede de fibras que estrondeiam, com a velocidade de uma locomotiva, nos secadores aquecidos a vapor e nos rolos de embarque. Tudo isso sustenta uma cultura na qual o papel é universalmente acessível, custa talvez um centavo a folha, e raramente chega a preocupar ou é pago por quem o usa.

O papel responde por cerca de dois por cento do comércio mundial e por 2,5 por cento da produção industrial do planeta;[18] suas remessas, nos Estados Unidos, acima de 132 bilhões de dólares por ano, são comparáveis, em valor, aos metais e minerais primários ou a noventa por cento dos produtos petroquímicos.[19] Todavia, boa parte da produção só é usada durante pouco tempo para logo ser descartada: não mais que um décimo do fluxo global de papel vai para a "memória cultural", ou seja, o armazenamento a longo prazo na forma de arquivos, registros e livros.[20] Grande parte do resto do papel de imprimir e de escrever, que representaram 28 por cento do consumo de papel e papelão em 1992, vai parar no cesto de lixo. Estima-se que o empregado de escritório norte-americano utiliza, em média, uma folha de papel de doze em doze minutos — uma resma por pessoa a cada duas semanas e meia de trabalho — e joga fora de 45 a noventa quilos de papel por ano.[21] Isso explica nada menos que setenta por cento do desperdício típico de escritório. No período 1972-87, o papel de escrever e de imprimir descartado nos escritórios dos Estados Unidos cresceu quase cinco vezes mais que a população humana; o papel de escritório misto, mais de cinco vezes; e o de copiadora, quase dez: um crescimento absoluto de 150 por cento.[22]

A SUBSTITUIÇÃO DO PAPEL POR *BYTES* E CÉREBROS

A meta esquiva de substituir "a fibra por elétrons e o papel por *pixels*"[23] é um grande desafio. Os discos rígidos *multi-gigabyte* capazes de vasculhar, em um piscar de olhos, dados correspondentes à capacidade de uma biblioteca inteira têm preço equivalente a alguns centavos por resma de papel com informação na frente e no verso. Algumas empresas pioneiras estão prestes a criar escritórios sem papel nenhum, totalmente eletrônicos. Muitas vezes, porém, são desalentadoras as barreiras culturais, financeiras e práticas.

Dan Caulfield, diretor executivo da Hire Quality, um serviço de colocação de mão-de-obra, decidiu tornar sua empresa totalmente eletrônica.[24] A transição foi traumática: em certo momento, Caulfield, que é ex-fuzileiro naval, pôsse a recolher e queimar todo e qualquer pedaço de papel que encontrasse no escritório, mesmo os documentos importantes, a fim de dramatizar ao máximo uma guinada cultural completa. A firma foi obrigada a gastar quase 400 mil dólares em equipamento e instalação para conseguir fazer virtualmente tudo na tela e nada no papel (todos os documentos que chegam são imediatamente escaneados e vão para os bancos de dados.) No entanto, esse investimento lançou os fundamentos de uma vantagem competitiva durável. Os arquivos de mais de 200 mil candidatos podem ser examinados por uns 150 campos de dados. Basta apertar uma tecla para enviar, por *e-mail*, os currículos dos clientes ao banco de empregos. O custo do processamento de uma aplicação diminuiu em cerca de três quartos, o número de telefonemas para encaminhar um candidato caiu à metade e o tempo para enviar dez currículos por fax reduziu-se em nove décimos. (Pouparam-se também nove décimos do papel anteriormente usado nessa operação, mas a economia de tempo mostrou-se bem mais valiosa.) Mais preciosos ainda são a melhor qualidade do serviço e o fluxo mais rápido e inteligente de informação, de decisões, sem falar no trabalho de equipe oriundo do novo *design* da empresa em função das pessoas, não do papel. A firma dinamarquesa Oticon descobriu isso quando sua revolução eletrônica, destinada a gerar decisões mais sadias e rápidas, teve o efeito colateral de reduzir o consumo de papel em aproximadamente 30-50 por cento.[25]

O terapeuta empresarial holandês Eric Poll[26] procurou aproveitar os computadores onipresentes sem precisar redesenhar toda a empresa que os rodeava. Há poucos anos, ele constatou que em seu local de trabalho — a sede européia da Dow em Horgen, Suíça — circulava papel demais e introduziu, experimentalmente, três novas práticas:

- Todas as mensagens em papel ou eletrônicas (muitas das quais posteriormente são impressas) teriam um retorno automático informando se o destinatário a quisera ou não. Isso criou uma maneira educada de dizer "Foi

164 CAPITALISMO NATURAL

muito gentil de sua parte lembrar de mim, mas eu acho que não precisava ter recebido essa informação".

• Aboliram-se as listas de mala direta: todas as vezes, os múltiplos endereços tinham de ser listados manualmente, desestimulando as transmissões desnecessárias.

• Qualquer livro ou documento extenso remetido devia ser acompanhado de uma breve sinopse — fácil para o remetente que tivesse lido a publicação e cômodo para o destinatário, mas, caso o remetente não a tivesse lido, por que passá-la adiante?

Em um mês e meio, tais inovações reduziram em trinta por cento o fluxo de papel — e a "nega-informação" aumentou ainda mais a produtividade do trabalho, porque as pessoas passaram a ter mais tempo para ler o material que realmente merecia atenção. Isso foi ainda mais impressionante porque deu origem a uma grande fonte potencial de novas poupanças: recompensar os auxiliares administrativos, os mais sobrecarregados com o excessivo fluxo de papel, com uma participação nas economias geradas pela sua redução.

As comunicações eletrônicas economizam papel, tempo e dinheiro nas transações comerciais complexas, que normalmente requerem documentos muito volumosos. Por exemplo, o BankAmerica Securities organizou um sindicato de 4 bilhões de dólares para a Compaq Computer Corporation, utilizando um *website* seguro para fornecer informação ao grupo mutuante e distribuir o esboço dos documentos do empréstimo. Isso representou uma economia de mais de 11 mil folhas de papel — quase 5 milhões por ano se se estender a todas as transações desse tipo realizadas só por esse banco.[27]

Certos fluxos de papel a curto prazo, como a mala direta ou as folhas volantes, são totalmente efêmeros e podem ser facilmente dispensados. No entanto, uma fração significativa vai para as obras de referência temporárias mas úteis, como as listas telefônicas e os catálogos. Ambos enfrentam a competição da mídia eletrônica. Um único CD-ROM, que custa alguns centavos para imprimir, pode conter todas as listas telefônicas dos Estados Unidos: 250 mil páginas. Mesmo os meios mais densos como os DVD-ROMs estão se generalizando; atualmente é viável uma lista telefônica mundial em um só disco. Melhor ainda: qualquer um que tenha acesso à Internet pode simplesmente examinar gratuitamente as páginas brancas, amarelas e outras especializadas da lista telefônica em diversos *websites*. Esse serviço não é mais lento nem menos atualizado que o hoje decadente auxílio à lista da companhia telefônica norte-americana e, muitas vezes, chega a ser mais informativo. A nova mídia eletrônica também está começando a divulgar manuais de grande utilidade. Um médico pode consultar as 3 mil páginas do *Merck Manual*, mais o *Physician's Desk Reference*, em um único CD-ROM totalmente portátil, e obter a informação procurada em questão de segundos. Também os catálogos de reembolso postal estão cada vez mais ameaçados pelo muito mais prático e barato comércio *on-line*.

Ganhos ainda maiores em produtividade e eficiência estão ao alcance dos arquitetos e engenheiros que substituírem as salas cheias de catálogos de peças

OS FILAMENTOS DA NATUREZA

de papel por versões eletrônicas. Em vez de copiar laboriosamente e alterar a escala dos desenhos dos livros a fim de inseri-los nos eletrônicos, pode-se obter o mesmo resultado simplesmente apertando uma tecla de um CD-ROM. A In-Part Design, Inc., uma nova empresa de Saratoga, na Califórnia, garante que fazer o *download* de desenhos digitais de menos de dez peças de sua biblioteca *online* de 150 mil peças (a vinte dólares cada) poupa mais que o trabalho de redesenhá-los e ainda pagar a taxa de licença de mil dólares que ela cobra; do contrário, trata-se de pirataria pura.[28] Essa opção vem se tornando gradualmente aceita em todos os tipos de *design* e está se vinculando ao comércio baseado na *Web*, de modo que, havendo decidido o que especificar, você pode contar com um *software* inteligente que localiza a melhor opção e a encomenda. Centenas de jornais e revistas também já são publicados na Internet; a maior parte deles são acessíveis gratuitamente e dispõem de poderosos mecanismos de busca. Por enquanto, ainda são vistos como complementos da mídia impressa. Quando isso mudar, a substituição dos jornais físicos pelos virtuais será de grande importância, pois, nos Estados Unidos, um sexto da produção de papel se destina à imprensa: só a edição de domingo do *New York Times* utiliza 75 mil árvores.[29]

COMO COMBINAR SISTEMATICAMENTE AS POUPANÇAS

O núcleo deste capítulo, assim como, aliás, de todo o livro é a tese de que, nos países desenvolvidos, é possível reduzir de noventa a 95 por cento do material e da energia sem diminuir a quantidade ou piorar a qualidade dos serviços que as pessoas querem. Às vezes, uma poupança tão grande pode provir de um único salto conceptual ou tecnológico, como as bombas de Schilham, na Interface de Xangai, ou um prédio de última geração. Com mais freqüência, no entanto, ela tem origem nas diferentes partes da cadeia de valor que vai da extração de um recurso bruto, passando por todas as etapas intermediárias de processamento e transporte, ao fornecimento final do serviço (e até além, à recuperação da energia e dos materiais restantes). O segredo para obter grandes economias em semelhante encadeamento de passos sucessivos está em multiplicar as poupanças em conjunto, capturando a magia da aritmética composta. Por exemplo, se um processo tem dez etapas e é possível economizar vinte por cento em cada uma delas, sem interferir nas demais, você pode acabar utilizando somente onze por cento daquilo com que começou, obtendo uma poupança geral de 89 por cento. As fibras de madeira, cuja produção e utilização têm muitas etapas separadas, oferecem diversos tipos de economias sucessivas a serem multiplicadas. Elas ilustram perfeitamente a viabilidade da redução radical das derrubadas necessárias: um elemento-chave do capitalismo natural.

A melhor maneira de economizar recursos consiste em enfatizar as poupanças que ocorrem mais perto do consumidor, ao longo de todos os processos. A lógica é precisamente a da seção "Avançar pensando para trás" do Capítulo 6. Lá nós descobrimos que, no sistema de bombeamento, uma usina geradora precisa queimar dez unidades de combustível para fornecer uma unidade do fluxo de uma tubulação. Portanto, o inverso também é verdadeiro: economizar uma unidade de fluxo na tubulação pode poupar dez unidades de combustível na usina geradora. Do mesmo modo, se (digamos) é preciso cortar três quilos de árvore, em uma floresta, para produzir um quilo de papel, poupar esse quilo de papel evitará o corte de três quilos de árvore. As muitas perdas compostas das árvores, até o papel, podem inverter-se em poupanças compostas. Por conseguinte, as economias de maior peso são justamente as obtidas corrente abaixo, ou seja, mais perto do consumidor.

Podem se realizar as maiores poupanças indagando que quantidade de satisfação o consumidor obtém de cada unidade de uso final do serviço prestado. De nada vale a eficiência fantástica com que transformamos florestas em toros e estes em polpa de papel se o resultado forem folhetos publicitários que ninguém quer, que são jogados no lixo sem ser lidos e vão parar nos aterros sanitários (como, ao que parece, é o que acontece com todos eles). Cada unidade evitada desse "serviço" indesejável e desprezado evitará, por sua vez, a cadeia completa de perdas compostas em toda a trajetória regressiva rumo à floresta, economizando o maior número possível de árvores — e toda uma floresta prejudicada pelas derrubadas.

Uma excelente candidata ao desaparecimento é a embalagem elaborada em excesso[30] ou desnecessária.[31] A maior parte das embalagens industriais e uma parcela das dos produtos alimentícios pode ser prontamente reduzida em vinte ou até cinqüenta por cento.[32] Um importante varejista alemão descobriu que 98 por cento de todas as embalagens "secundárias" — as caixas em que vêm os tubos de dentifrício, o invólucro plástico das caixas de sorvete — são simplesmente desnecessários.[33]

Em todo o mundo, o uso do papel e da madeira em serviços desejáveis e indesejáveis apresentou um ritmo ininterrupto de crescimento nos últimos cinqüenta anos. O consumo de fibra de madeira corresponde intensamente à afluência geral, levando os analistas a acreditarem que a demanda de produtos florestais se expandirá grandemente, no próximo século, com o aumento da população e do nível de vida. Naturalmente, a maioria dos analistas parte do princípio de que a única maneira de atender à demanda crescente de fibra de madeira é aumentar a produção. No entanto, é claro que os consumidores não procuram carregamentos e carregamentos de fibra de madeira bruta; na verdade, só procuram o serviço final que ela lhes presta em última instância, como o suporte de uma parede ou a leitura de um livro. Portanto, para oferecer o mesmo serviço com menos fibra, nós precisamos olhar com mais cuidado para cada etapa da viagem da floresta até o serviço prestado ao consumidor. Uma abordagem útil resume-se em uma fórmula que combina os diversos fatores que provocam a extração das árvores das florestas. A fórmula divide o produto desses fatores pelas várias maneiras de tornar mais eficiente o conjunto do processo. O resultado revela o potencial total de poupança.[34]

A fórmula começa assim:

OS FILAMENTOS DA NATUREZA

- A população humana, que se multiplica pela
- Afluência: a quantidade média de um serviço que as pessoas consomem, a qual se multiplica pela
- Fibra não substituída: quanto da demanda dos serviços prestados pelos produtos florestais é atendida pela fibra de madeira, em vez de ser substituída por outros materiais, os quais se multiplicam pela
- Dependência de novos materiais: que fração dos itens que fornecem esses serviços desejáveis corresponde a fibras novas, não a recicladas, ou são produtos novos em vez de reparados ou refabricados, ou são descartáveis em vez de bens duráveis etc.

O produto desses termos representa a quantidade de fibra de madeira necessária se toda a eficiência de extração, de processamento e de uso dessa fibra permanecer constante. Mas tal eficiência pode melhorar. Para identificar onde é possível prestar mais serviços com menos fibra, deve-se dividir o resultado acima calculado (a suposta necessidade de fibra) pelo produto de quatro tipos de aprimoramento da eficiência:

- A eficiência no campo: com que eficiência as florestas são transformadas em produtos primários como toros ou polpa, multiplicada pela
- Eficiência de conversão: com que eficiência os produtos florestais intermediários se transformam em bens intermediários como o papel ou a madeira, multiplicada pela
- Eficiência do uso final: com que eficiência os bens acabados são transformados nos usos ou serviços oferecidos, como os prédios ou um documento apresentado, multiplicada pela
- Eficiência funcional: com que eficiência esses usos aumentam a satisfação humana, criando a felicidade ou atingindo os objetivos correspondentes.

É óbvio que as populações e a afluência são importantes, mas pode ser difícil determinar quanta flexibilidade oferecem. A eficiência funcional e a dependência de novos materiais, embora potencialmente muito significativas, também são difíceis de definir. Todavia, mesmo concentrar-se apenas nos outros quatro dos oito termos — os substitutos da fibra, a eficiência no campo, a eficiência de conversão e a eficiência de uso final — revela um potencial (em cinco estudos de caso e em muitos exemplos factuais) de aproximadamente 75-80 por cento de redução da nova fibra necessária para fornecer os serviços desejáveis, desde casas novas até jornais matutinos.[35] Quanto mais detalhada for a avaliação, maiores são as oportunidades de poupança que surgem.

É possível esquivar-se de mensagens desnecessárias, sair dos cadastros de folhetos de propaganda e das malas diretas indesejáveis, adotar o correio eletrônico (e aprender a não imprimi-lo), editar com *groupware* ou examinar os documentos no computador antes de imprimi-los. Tudo isso aumenta a eficiência funcional — os tipos de poupança mais próximos do consumidor e, por conseguinte, os mais valiosos. E o fluxo de papel exigido depois disso? O passo seguinte, que também oferece enorme economia de papel com os mesmos ou melhores serviços, consiste em maximizar a eficiência do uso final. (Sendo a segunda oportunidade mais próxima do consumidor, também ela ajuda muito a economizar.) A eficiência do uso final oferece muitos modos importantes de poupar papel e dinheiro. A maior parte dos documentos fotocopiados ou impressos a *laser* seriam fáceis de ler, transportar e arquivar se fossem automaticamente impressos na frente e no verso. O modesto custo extra de acrescentar um duplicador é rapidamente recuperado pelo papel economizado, pelo espaço nos arquivos e almoxarifado etc. Se o duplicador já estiver instalado, não custa nada ativá-lo.[36] Também é sensato imprimir os esboços com margens e fontes menores que as do documento definitivo; ou, o que é melhor, pode-se editá-los apenas eletronicamente. As folhas de rosto dos fax raramente são necessárias. Os envelopes restituíveis são práticos para as contas e economizam 60-70 por cento do papel de envelope. O emprego dos códigos de barra, particularmente da variedade bidimensional rica em informação, reduz muito o fluxo de papéis com informações sobre a produção e o transporte, pois eles são capazes de conter detalhes sobre o histórico de um produto, informações para o consumidor, documentos legais etc., tudo em uma pequena etiqueta. O correio eletrônico, mediante o qual grande parte deste livro foi escrita e editada, já transmite mais de 10 *trilhões* de palavras por ano,[37] sendo que é muito mais fácil localizar uma antiga mensagem com uma busca no computador que vasculhando um armário de arquivo.

Esses exemplos referem-se unicamente às etapas de poupança na eficiência funcional e no uso final. Avançando corrente acima, ou seja, rumo às fases da produção mais próximas dos processos básicos de extração ou fabricação, encontramos etapas como a redução da dependência de novos materiais. Isso significa reutilizar o verso do papel usado para as anotações e os esboços internos; reciclar o papel em papel novo (ou em produtos de qualidade inferior que substituem outras fibras de madeira); ou papel mais leve (menos fibra por resma com as mesmas qualidades de impressão e leitura). Existem ainda os substitutos que fazem papel de outras fibras que não a da madeira.[38] E há os avanços na eficiência de conversão, que retiram mais papel de cada tonelada de polpa ou mais polpa de cada toro. Por fim, temos o aprimoramento da eficiência no campo, que obtém um volume maior de toros por ano em cada hectare de floresta sem prejudicar nem destruir as árvores circundantes.

No fim, quanta derrubada pode ser evitada graças aos valiosos avanços na prática de cada etapa da cadeia de valor do papel de escritório, tratando-a, a bem da simplicidade, como um processo homogêneo? Se usarmos a "nega-informação" ou adotarmos o escritório totalmente sem papel (um sonho não realizado até agora), nada menos que cem por cento das derrubadas que ocorrem hoje para fabricar papel de escritório tornar-se-iam desnecessários. O papel sem árvore é outra opção, muito embora isso possa simplesmente desviar a extração das florestas para outras extrações ou "desperdícios" surgidos em outros lugares. Nesse caso, seria preciso considerar a relativa fragilidade ou o valor de cada

OS FILAMENTOS DA NATUREZA

extração de matéria-prima. E se as mudanças não fossem tão drásticas, e sim mais invisíveis e lentas? Mesmo assim, os resultados seriam surpreendentes. Pense na possibilidade de combinar as seguintes hipóteses razoáveis sobre as oportunidades, indo do produto final à matéria-prima, na escala de valor de um imaginário papel de escritório para cópias e impressões:

- Eficiência funcional: redução de dez por cento no uso do papel graças ao correio eletrônico e a procedimentos que restringem os impressos indesejáveis[39] = poupanças Fator 1,11 (ou seja, obtém-se 1,11 vezes mais serviço do mesmo uso do recurso)[40]
- Eficiência do uso final: redução de cinqüenta por cento no consumo de papel instituindo-se a impressão e a cópia na frente e no verso, a reutilização do papel usado etc. = Fator 2,0
- Eficiência de conversão: aumento de quatrocentos por cento na produção de polpa por hectare pela especificação de plantações de coníferas[41], não de floresta natural = Fator 5,0
- Ciclo de Materiais: redução de 25 por cento na fibra exigida por folha de papel alterando o peso básico[42] de 27,21 para 20,41 quilos = Fator 1,33
- Fração insubstituível: redução de dez por cento na fibra de madeira usada com suplemento de outra fibra (por exemplo, a da palha) mais trinta por cento de redução líquida a partir da reciclagem do papel[43] = Fator 1,67

Supondo que não existem "bumerangues" econômicos (por exemplo, as poupanças reduziriam ou transfeririam de tal modo os preços relativos que se passaria a usar mais madeira), esses fatores de aperfeiçoamento multiplicar-se-iam para uma poupança Fator 26 ou uma redução de 96 por cento na demanda de hectares extraídos de floresta rica em polpa. Grande parte dessa economia se deve às mudanças para as plantações de produção elevada. Mesmo sem essa mudança, as poupanças potenciais Fator 5,2 são impressionantes: eficiência de recursos quintuplicada ou uma redução de 81 por cento da demanda extrativa. Com um crescimento menor (ou até a diminuição) da população ou da afluência, ou contando com mais oportunidades técnicas, nós obteríamos resultados melhores ainda.

Naturalmente, a *combinação* de diversos tipos de aprimoramento multiplica ainda mais a poupança. Por exemplo, no Pará, o aumento de 28 por cento na eficiência da prática da extração *e* de 35 para cinqüenta por cento na serraria significa que se pode obter uma determinada produção líquida de madeira extraindo 45 por cento menos floresta. Avanços comparavelmente simples, já realizados por uma importante empresa brasileira, podem aumentar em 30-50 por cento a produtividade da extração e da serraria. Se as serrarias do Brasil se tornarem tão eficientes quanto suas melhores equivalentes japonesas, se se aperfeiçoarem as práticas no campo e se, como se espera, o crescimento das árvores brasileiras dobrar ou triplicar, a extração de uma área 60-83 por cento menor fornecerá os mesmos produtos florestais à serraria.

NOVOS MATERIAIS, NOVOS *DESIGNS*

Outra área em que se pode utilizar mais produtivamente a fibra de madeira é a dos elementos estruturais. O mesmo conceito de peso básico menor do papel aplica-se ao ramo da construção. A "engenharia da madeira", com produtos como o "Parallam", da TrusJoist MacMillan, conta com uma produção de madeira convencional 1,8—2,4 vezes maior por unidade de fibra e pode utilizar árvores mais novas, mais macias e de qualidade inferior. Com o *design* cuidadoso como o da "madeira de lei sintética", os produtos chegam a alcançar eficiência ainda maior na transformação da madeira bruta em desempenho estrutural, ainda que com consumo maior de energia e adesivos (que podem derivar da própria madeira). Por exemplo, o piso de uma casa seria igualmente resistente e sólido com o emprego das vigas produzidas pela engenharia da madeira, que pesam 44 por cento menos que a madeira compacta. (O assoalho também não range.) Essas poupanças se compõem porque, ademais, as vigas fabricadas com essa tecnologia tornam o telhado e os baldrames tão resistentes que as paredes mestras internas passam a ser desnecessárias. Isso permite projetos totalmente flexíveis, gera mais espaço útil por unidade de paredes externas e reduz a madeira necessária às internas, uma vez que estas já não precisam ser estruturais.

Os projetos que empregam desde o começo os produtos da engenharia da madeira podem gerar poupanças ainda maiores e muitos benefícios paralelos. Por exemplo, demonstrou-se que um sistema de estrutura de parede habilmente projetado é capaz de economizar de setenta a 74 por cento da madeira de uma parede ou cerca de cinqüenta por cento da de toda a casa.[44] A parede utilizava travessas de compensado tipo Timberstrand feitas de madeira de lei prensada de baixa densidade e pequeno diâmetro. As vigas sintéticas, tão resistentes quanto as naturais e mais previsíveis que elas, não tinham nós, defeitos ou quaisquer outras irregularidades, de modo que chegavam a oferecer cinco vezes mais serviço por volume de madeira. Note-se que o processo de fabricação por compressão aqui mencionado pressupõe o consumo de mais de um metro cúbico de madeira bruta (nova, de qualidade inferior) em cada metro cúbico de produto da engenharia da madeira e também uma boa quantidade de energia, tipicamente derivada de sobras de madeira. Contudo, se essa poupança drástica for amplamente praticada, será grande a eficiência em termos de custo. O custo total de mercado (material mais trabalho) da parede foi *433 dólares menor*: ela era mais resistente, mais durável e mais estável e foi construída mais depressa e mais facilmente.

Ademais, a parede acomodava quase o dobro da espessura do isolamento (pago com o que se economizou em madeira e trabalho), e as vigas da engenharia da madeira, sendo mais finas que as comuns, reduziram o vazamento de calor a ponto de eliminar o equipamento de calefação e de refrigeração da casa ainda que em um clima extremo (com temperaturas próximas de 45 °C), ao mesmo tempo que aumentou o conforto e reduziu o custo de capital em cerca de 1.800 dólares e o de manutenção durante o ciclo de vida em aproximadamente 1.600

OS FILAMENTOS DA NATUREZA

dólares.[45] Com semelhantes vantagens inerentes, não surpreende que, ultimamente, a venda dos produtos da engenharia da madeira venha se expandindo em cerca de 25 por cento ao ano. Atualmente, eles são usados pela maioria dos construtores norte-americanos e inclusive têm sido negociados no mercado de futuros da Câmara de Comércio de Chicago.

Os novos métodos de montar pequenos pedaços de madeira serrada em peças maiores tornaram lucrativo substituir as toras de alta qualidade e de crescimento lento por árvores pequenas, por espécies pouco usadas e por "pau inútil".[46] Os restos de madeira, mesmo da verde, podem ser "juntados" a fim de recuperar de quinhentas a setecentas placas de madeira de 30 cm por 2,5 cm, bem dimensionada, a partir de cada tonelada do que anteriormente era refugo. É possível fazer tábuas grossas colando pelas bordas uma série de blocos trapezóides cortados aos pares a partir de toras de apenas dez ou doze centímetros de diâmetro. Alternativamente, as toras desse tamanho podem ser esquadriadas e serradas em quadrantes; giradas de modo que seus cantos externos chanfrados fiquem voltados para o centro; e então colados na forma de uma viga quadrada, oca e substancialmente maior do que seria se cortada a partir da tora original. As vigas podem ser feitas introduzindo-se uma tábua de compensado entre dois postes descascados de pinheiro, na verdade, emoldurando-a com um viga resistente de cada lado. A estrutura resultante é capaz de oferecer a resistência de uma viga muito mais maciça.

Outro exemplo de economia de fibra graças ao *design* estrutural inteligente é o sistema Bellcomb[47] de alvéolos, como os de papelão, entre chapas de madeira-branca barata (prensadas como o compensado marítimo, se bem que usando fibras resistentes). Esses "sanduíches" são pré-fabricados em muitas formas cortadas com precisão e que se ajustam como um brinquedo de montar — só que esse brinquedo tem a dimensão real. Com tais componentes, dois adultos completamente leigos são capazes de montar uma casinhola em meia hora e, a seguir, se as partes não tiverem sido coladas, desmontá-la ainda mais depressa. A estrutura resultante é impermeável ao ar, resistente ao fogo, opcionalmente reciclável e fácil de superisolar com o acréscimo de camadas de espuma no interior do "sanduíche". Suas primeiras versões economizaram de 75 a oitenta por cento de fibra, muito embora tenham oferecido a mesma resistência das estruturas de madeira convencionais. Outra empresa, a Gridcore (de Long Beach, na Califórnia) fabrica painéis alveolados com cem por cento de fibras agrícolas recicladas para móveis, armários, cenários e outros itens que precisam ser leves.

Outro importante desenvolvimento que economiza madeira são as modernas vigas Glulam, que consistem em muitas camadas de madeira coladas para substituir as sólidas vigas maciças. Esse princípio, parecido com o do compensado, resulta em maior resistência por unidade de área seccional cruzada que a madeira sólida, principalmente se as camadas estiverem dispostas de modo a oferecer o tipo de resistência e a direção que a aplicação exigir. Tal estratégia reduz a quantidade total de madeira necessária para cobrir uma longa distância, que na moderna prática européia chega a ser enorme, e substitui as árvores antigas pelas novas. Uma inovação recente obteve melhores resultados prensando-se fibra de carbono, aramida e outras fibras sintéticas extremamente fortes entre as camadas de madeira. Essa combinação é capaz de poupar dois terços da madeira anteriormente requerida, reduz o custo total e torna essas vigas leves e delicadas atraentes para as grandes estruturas.[48]

FECHO DOS CICLOS DOS MATERIAIS

O setor de reciclagem da madeira também vem se tornando cada vez mais competitivo, como se observou na discussão do Capítulo 5 sobre o lucrativo material de construção reciclado. Outro exemplo de produto passível de ser substancialmente repensado são os paletes de carga, cuja manufatura utiliza onze por cento da madeira total e, surpreendentemente, dois quintos do corte de madeira de lei nos Estados Unidos.[49] Atualmente, existem cerca de 1,5 bilhão de paletes no país: seis por habitante. Fabricam-se outros 400 milhões por ano. E a devoção de Henry Ford pela reutilização, o reparo e a refabricação dos paletes é rara hoje em dia: dificilmente se consertam os paletes quebrados e é comum jogar fora até mesmo os que estão em boas condições; um desperdício correspondente à madeira utilizada anualmente na estrutura de 300 mil casas médias. Algumas empresas acabam de descobrir que pequenas mudanças nos padrões de embalagem podem reduzir muito a necessidade de paletes por tonelada expedida.[50] Outras passaram a eliminá-los ou a usar os feitos do resistente plástico reciclado. Há também as que perceberam que os paletes descartados — para se desfazer dos quais as empresas da cidade de Nova York gastam aproximadamente 130 milhões de dólares por ano — são altamente compensadores no refabrico com base na comunidade. Em sua fase piloto de vinte meses, uma dessas iniciativas recentes, a Big City Forest, do bairro de Nova York, o Bronx,[51] produziu 50 mil paletes recuperados, além de alguns móveis, a partir de cerca de 54 mil descartados. Isso economizou 1.500 toneladas de madeira (mais de 1 milhão de placas de 30 cm/2,5 cm) e 500 mil dólares por empresa da região. A Rainforest Action Network estima que cinqüenta metrópoles norte-americanas têm condições de oferecer 2.500 empregos na cidade e 765 milhões de placas de madeira anuais, o equivalente a 61.500 hectares de floresta.[52] A modificação dos estímulos comerciais também ajudaria muito a fazer com que isso acontecesse: alguns paletes alemães, projetados para ser uniformes, duráveis e reparáveis vêm até mesmo com um código de barra para que o fabricante receba *royalty* toda vez que ele for reutilizado e multa toda vez que for consertado: um incentivo permanente para que sejam bem-feitos.

O método mais conhecido de recuperação de fibra recicla não a madeira, mas o papel. É animador que desde 1993, nos Estados Unidos, seja maior a quantidade de papel reciclado do que a que vai para os aterros sanitários (excluída a incineração) e, apesar dos desequilíbrios freqüentes entre a oferta e a procura, o mercado de papel reciclado venha crescendo e estabilizando-se. A reciclagem do papel, que em 1994 teve volume suficiente para encher diariamente um trem de carga de 24 quilômetros,[53] deve contribuir com cerca de 47 por cento dos

OS FILAMENTOS DA NATUREZA

insumos de fibra na fabricação americana de papel em 2000,[54] em comparação com os 96 por cento da Holanda e os 53 por cento do Japão em 1996.[55] Alguns fluxos potencialmente recicláveis também permanecem intactos. Anualmente, entram nos monturos municipais 20 milhões de toneladas de lixo urbano de madeira, o equivalente a sete por cento da extração florestal.[56] No fim da década de 1970, o distrito de Los Angeles registrou a entrada diária, nos aterros sanitários, de quatro a cinco mil toneladas de aparas de árvore e material similar. Hoje, diariamente, 2.500 toneladas destinam-se ao tratamento do solo, às hortas comunitárias e à cobertura dos aterros — o que ajuda a manter constante a tonelagem destes últimos, apesar do crescimento da população.[57]

Inovações simples no processo podem tornar a reciclagem uma opção ainda mais atraente. A Green Bay Packaging Company, de Green Bay, em Wisconsin — Estado que, em 1995, eliminou todo o papel dos aterros sanitários —, aperfeiçoou os processos de fabricação, em 1992, a ponto de eliminar todas as descargas de efluentes oriundos da produção de cartão ondulado totalmente reciclado. Esse progresso significa que as instalações de reciclagem de papel podem ser construídas longe de qualquer curso de água ou estação de tratamento, reduzindo o custo da fibra, da água, da remoção do lixo sólido, da energia, da mão-de-obra, do investimento e do transporte. A empresa passou a explorar uma rede de extensão nacional dessas pequenas unidades regionais que, segundo ela esperava, roubaria a participação no mercado às grandes unidades de material virgem, do mesmo modo como fizeram as pequenas siderurgias. Ademais, no primeiro ano, ao mesmo tempo que reciclava 200 mil toneladas de papel usado, a unidade da empresa de descarga zero aumentou a taxa de melhor recuperação normal da fibra de 85-90 por cento para 97-98 por cento — o equivalente a evitar que outras 20 mil toneladas anuais de papel usado fossem para o aterro sanitário — e, assim, tornou-se o produtor de mais baixo custo da indústria.[58]

Surgem no horizonte inovações técnicas ainda mais fundamentais. Sabe-se de empresas japonesas que estão desenvolvendo "copiadoras de reciclagem" capazes de limpar o papel de modo que uma folha possa pode ser utilizada até dez vezes. Nos Estados Unidos, a Decopier Technologies[59] está lançando o Decopier, que, segundo se espera, limpará o papel com tão pouco dano que ele poderá ser usado até cinco vezes; e as películas transparentes, até dez vezes. (A versão atual ainda não permite a reutilização, mas permite substituir a picotagem pela reciclagem.) Outra inovação a caminho, na tecnologia da tinta polimérica, fará com que esta se desprenda do papel, quando mergulhado em água a 54 °C. A tinta "flutuante" será recolhida e enviada a um fabricante local, que se encarregará de adicionar a ela mais agentes aquosos de ligação para, depois, devolvê-la à impressora para o uso contínuo em ciclos fechados. E, como as fibras de papel não precisam ser quimicamente escaldadas para remover a tinta, elas podem durar de dez a treze vezes mais que as fibras de papel convencionalmente recicladas.[60] Só essa técnica, se adotada universalmente, tem condições de reduzir em noventa por cento o uso da polpa florestal. Também pode diminuir a quantidade dos tóxicos e perigosos resíduos de tinta que vão parar nos aterros sanitários. Outro candidato a essa importante economia de papel é o *E-paper*, uma tela de computador flexível e sem fio que parece uma folha de papel, não consome energia para armazenar nem para mostrar imagens e na qual se pode escrever e reescrever eletronicamente pelo menos um milhão de vezes. Um milhão de folhas de papel comum "custariam milhares de dólares e formariam uma pilha de mais de noventa metros". Nick Sheridon, seu inventor no Centro de Pesquisa da Xerox, em Palo Alto, acredita que a produção pode ser economicamente viável e que o *E-paper* deve estar disponível em 2000.[61]

As fibras de madeira recuperadas e outras podem ser suplementadas ou substituídas por fibras de madeira ou não, extraídas de plantações especiais. Tanto para o uso estrutural quanto para o de polpa, as "fazendas de fibra" tropicais ou de temperatura de insumo intensivo prometem ser um meio de aliviar a pressão sobre as florestas primárias ou secundárias. Uma estimativa plausível indica que toda a demanda mundial de fibra de madeira industrial para qualquer uso (com exceção do combustível, que é ligeiramente superior) pode ser atendida pelas plantações em "terra de boa floresta", que equivale a apenas cinco por cento da área global de florestas,[62] ou cerca de 198.303.000 hectares.[63] As plantações de produção *muito* alta, que cobrem aproximadamente de 0,5 a um por cento da atual área florestal — 23-40 milhões de hectares, não mais que a área que *atualmente* sustenta as plantações de florestas industriais[64] — podem, em princípio, atender à atual demanda mundial de fibra de madeira para todos os fins com a presente eficiência de uso. O aumento dessa eficiência na direção do consumidor em algo entre três e cinco vezes, a longo prazo, pode reduzir a terra necessária a algo entre apenas um décimo e um terço de um por cento da área florestal atual. Trata-se de um área tão pequena quando New Hampshire e Vermont ou tão grande quanto a Louisiana ou Iowa.* Isso significa que as plantações industriais altamente produtivas existentes (que já ocupam 14.164.500 hectares), se cultivadas mais intensamente, teriam condições, em princípio, de cobrir toda a necessidade *eficiente* de fibra de madeira do mundo. Essa área de plantação é comparável à quantidade de matas tropicais *que se perderam anualmente* no início da década de 1990.[65]

Estimular ou não o uso da engenharia genética nas plantações de produção elevada é um tema complexo, com vantagens e desvantagens ainda não bem compreendidas. Atualmente, cerca de um terço da produção de fibra de madeira e polpa procede de plantações industriais (com um terço dos estoques oriundos de espécies exóticas e dois terços de nativas); e somente cerca de um quarto das cada vez mais escassas matas nativas.[66] A dependência com relação às plantações, em particular as de alta produção, não significa necessariamente proteção às florestas primárias, mas decerto ajudaria a refutar o argumento segundo o qual é necessário abater matas maduras e ecologicamente diversificadas.

---

* New Hampshire: 24.190 km²; Vermont: 24.887 km²; Louisiana: 126.160 km²; Iowa: 146.354 km². (N. do T.)

OS FILAMENTOS DA NATUREZA

Estas fazem parte de um capital natural em retração e oferecem benefícios que vão além da extração de metros cúbicos e toneladas de polpa. Elas protegem a biodiversidade, retêm a água,[67] oferecem lazer, beleza e renovação espiritual. Também limpam o ar e potencialmente seqüestram carbono suficiente para neutralizar um quarto das emissões mundiais de CO_2.[68] A maior parte das avaliações constata que tais funções são muitas vezes mais preciosas que o valor da fibra de madeira,[69] principalmente se esta estiver destinada a transformar-se em uma embalagem descartável de hambúrguer ou em um envelope com uma proposta indesejável de cartão de crédito.

Muitas sociedades estão tomando consciência de que o valor da fibra substitui miseravelmente o valor total de uma floresta, especialmente se o primeiro destruir o segundo. Por exemplo, no começo de 1998, a China anunciou um programa a longo prazo de mais de 30 bilhões de dólares de reflorestamento do estuário de seus dois maiores sistemas hidrográficos. Um investimento imediato de 12 bilhões foi minimizado pelas grandes enchentes do Rio Azul, que mataram 3.700 pessoas, deslocaram 233 milhões e, meses depois, alagaram mais de 24 milhões de hectares de terra arável. Foi proibida toda derrubada nos estuários importantes (se bem que deter realmente o desmatamento pode ser mais difícil). Na China, como nos Estados Unidos, a administração adequada dos recursos florestais em *todos* os seus valores sociais teria evitado a necessidade de tão custosos investimentos paliativos.[70]

AS FIBRAS ALTERNATIVAS E OUTRAS INOVAÇÕES

Algumas fibras de madeira nova já vêm sendo amplamente empregadas no uso estrutural. Por exemplo, o bambu, que é mais resistente que o aço por unidade de massa e constitui seis por cento da produção global de fibra[71] (quantidade essa que só perde para a da fibra de madeira), é de uso generalizado, na Ásia, em andaimes até mesmo para construção de arranha-céus. Também é excelente nas estruturas pequenas e médias e, em determinadas circunstâncias, pode substituir as barras de ferro.

O *kenaf*, um hibisco do leste da Índia aparentado com o quiabo e o algodão, começa a emergir como um substituto viável da madeira. O *kenaf* cresce rapidamente, com poucos insumos, sob uma ampla variedade de condições, e produz varias vezes mais fibra por hectare que a madeira — possivelmente a custo mais baixo se produzido e processado em volumes industriais. Conquanto seja inconvenientemente sazonal, o que impõe armazenamento para um ano de produção de papel, sua fibra, como a de muitas variedades de produtos alternativos, é bem superior à da madeira. Outra possibilidade é o cânhamo (não-psicotrópico), que produz anualmente de 45 a 65 toneladas de fibra seca por hectare, superando a produção da maior parte das espécies arbóreas. Tem muitas propriedades notáveis que, no passado, levaram o governo norte-americano a promover-lhe a produção. Seu potencial começa agora a reviver no Canadá, na Hungria e em Estados norte-americanos como Kentucky, Vermont e Colorado. Outras alternativas como a erva-de-elefante, o alpiste e o bagaço (o resíduo da cana-de-açúcar) também são fontes mais produtivas de fibra que qualquer outra, a não ser as plantações de madeira de lei de crescimento rapidíssimo.

O que é mais importante: os resíduos agrícolas *efetivamente disponíveis* nos Estados Unidos superaram 280 milhões de toneladas em 1994[72]: uma quantidade essencialmente igual, sem corrigir as diferenças de umidade, *ao consumo total de papel do mundo ou à produção total de madeira dos Estados Unidos*. Desperdiça-se uma parte substancial de tais resíduos — são queimados, apodrecem ou vão parar nos aterros — em vez de utilizá-los como produtos ou para fertilizar o solo. No entanto, começa-se a compreender a oportunidade de negócio resultante. Desde 1980 a produção de papel não-proveniente de madeira aumentou três vezes mais depressa que a do papel à base de madeira e, atualmente, representa cerca de oito por cento da produção mundial de fibra de papel.[73] Ela fornece menos de um por cento do papel norte-americano, mas cerca de oitenta por cento do chinês. Em 1998, 45 países fabricavam papel não-oriundo de árvores, abastecendo onze por cento do consumo mundial.[74] Tanto o papel reciclado quanto o de fibras alternativas pode ser produzido com tecnologia de "minifábricas" em escala muito menor que a da fibra virgem de papel, reduzindo potencialmente a energia do transporte. Muitas dessas fibras alternativas também têm condições de integrar-se perfeitamente às práticas sustentáveis do plantio e da administração florestal. Por exemplo, certas cooperativas agrícolas do Oregon destinaram noventa por cento da palha anteriormente queimada a forrar a terra a fim de melhorar o plantio e evitar a erosão, sendo que venderam os dez por cento restantes para a empresa canadense Arbokem. Esta a transforma em agropolpa sem cloro e em efluente vendido como fertilizante. Os ganhos obtidos pelos agricultores com essa parcela mínima da palha chegou a lhes aumentar a renda em 25-50 por cento por hectare.

As inovações ilustradas por esses exemplos factuais, assim como o potencial muito maior ainda inexplorado, nos dão bons motivos para acreditar que a eficiência e a substituição, em todas as cadeias de valor dos produtos florestais, têm condições de dispensar a derrubada das florestas naturais — liberando-as para papéis mais importantes como o de hábitat e de fonte de renovação espiritual —, ao mesmo tempo que prestam serviços iguais ou melhores. Semelhantes oportunidades de proteger e restaurar o capital natural também se aplicam, essencialmente, a todos os tipos de fibra. Obter as fibras de que necessitamos para executar as tarefas da vida cotidiana não precisa custar a terra.

CAPÍTULO 10

Alimento para a Vida

Que estamos desfazendo? — A exaustão quimicamente dependente — Toda feita de petróleo — Alimento e fibra sustentáveis — A produtividade do lugar — Quando o alimento precisa de passaporte — Arroz e patos — Sujeira e clima — Mudanças na agricultura — Repleto de vida

Em uma coisa — na produção bruta — a industrialização da agricultura foi um triunfo da tecnologia. Nos últimos cinqüenta anos, a produção dos gêneros importantes mais do que dobrou; a de cereais triplicou. Nas últimas três décadas, o número de calorias alimentares disponíveis por pessoa na Terra (mesmo que não fornecidas) aumentou treze por cento apesar do rápido crescimento demográfico. Quase todo o aumento da produção mundial de víveres resultou de plantações mais produtivas e de amadurecimento mais rápido, não do aumento da área cultivada, pois essencialmente toda a terra arável já está sendo lavrada. Embora ainda haja de 405 milhões a 1,6 bilhão de hectares potencialmente agricultáveis no mundo, principalmente nos países em desenvolvimento, essa terra custaria mais para irrigar, drenar e vincular ao mercado do que o justificariam os preços das safras. Por conseguinte, a intensificação é convencionalmente considerada o único meio viável de continuar expandindo a produção global de alimento para sustentar uma população crescente.[1]

A agricultura intensiva chegou por etapas aos Estados Unidos. Começou com uma mistura de persistência impetuosa e corajosa com ignorância ecológica. Como diz Wendell Berry, "Quando nós atravessamos o continente abatendo as matas e arando os prados, não sabíamos o que estávamos fazendo porque não sabíamos o que estávamos desfazendo". Com orgulho e sem temor, transformaram-se vastíssimos e complexos ecossistemas nativos em igualmente enormes extensões de trigo e sorgo, milho e soja.

As pessoas primeiro povoaram, depois abandonaram a paisagem. As máquinas motorizadas acabaram por substituir essencialmente a tração animal e a mão-de-obra humana na década de 1950. O milho híbrido e outras plantações altamente produtivas, que exigiam fertilizantes sintéticos e pesticidas, tomaram o lugar das variedades já estabelecidas. Pouco a pouco, o conhecimento tradicional dos lavradores e a cultura agrícola abriram passagem à cultura administrativa e industrial: uma mudança profunda nos fundamentos da sociedade.[2] Hoje em dia, só um por cento dos norte-americanos produz o alimento dos demais; 87 por cento da comida provém de dezoito por cento das fazendas. A maioria destas, na verdade, transformou-se em fábricas de propriedade de interesses ausentes;[3] e a propriedade não só das fazendas, mas também das empresas, em toda a trajetória desde a matéria-prima até o consumo final, como a das sementes e dos produtos químicos, da embalagem da carne e do comércio de cereais, concentra-se com rapidez cada vez maior, o que leva a todos os abusos que se podem esperar.

Semelhante padrão de desenvolvimento está transformando a agricultura em todo o mundo. Os especialistas dessa "Revolução Verde" enfatizam as sementes altamente produtivas, os biocidas, a irrigação e os fertilizantes à base de nitrogênio. Só a irrigação respondeu por mais da metade do crescimento da produção mundial de alimento entre meados da década de 1960 e da de 1980. No período 1961-96, o emprego dos fertilizantes à base de nitrogênio aumentou 645 por cento.[4] Em 1991, o resultante nível de fixação do nitrogênio artificial ultrapassou as estimativas baixas, aproximando-se da metade das estimativas médias da fixação total de nitrogênio natural no planeta.[5]

O que não se nota nas cifras que dão conta do aumento da produção agrícola é que os retornos reais da intensificação da agricultura estão diminuindo. O presidente da Fundação Rockefeller, uma das principais autoridades mundiais da Revolução Verde, avisa que, pelo menos nos países subdesenvolvidos, "Os dados recentes sobre o retorno e a produção agrícolas [...] sugerem certo grau de estagnação que não deixa de preocupar".[6] Constatações igualmente inquietantes apontam retornos mais voláteis e "problemas de produção cada vez mais graves nos lugares onde o crescimento do volume produzido foi mais marcante". Os efeitos de qualquer diminuição do retorno ou do aumento dos insumos necessários para sustentar ou ampliar o retorno estão se dilatando muito em virtude do rápido crescimento da fração dos cereais do mundo (atualmente um terço) destinada à alimentação do gado ou utilizado de forma ineficiente. Os animais transformam em carne somente algo entre dez e 45 por cento dos cereais — cinco por cento ou menos em alguns casos.

A moderna agricultura norte-americana tem certas características desconfortavelmente parecidas com as da economia soviética. Este sistema gerava produções, que os planificadores consideravam necessárias, recompensando os participantes com base no que eles fabricavam (ou, muitas vezes, *consumiam*), não na eficiência da produção. Idêntica distorção é provocada, nos Estados Unidos, pelos subsídios aos insumos, a política de preços, as quotas de produção e também pelo "pegar-ou-largar" da legislação da água no Oeste. Mecanismos como os incentivos ao amendoim, a sustentação dos preços do leite (em vigor até 1999), as quotas de açúcar e esquemas semelhantes são atributos da planificação excessivamente centralizada e das burocracias desadaptadas. Embora a agricultura e os sistemas de água dos Estados Unidos estejam se tornando lentamente menos rígidos, quase todas as fontes convencionais de informação agrícola, inclusive os serviços de extensão e os convênios com as universidades,* ainda oferecem a "linha oficial do partido": promovem a produção intensiva e dependente de produtos químicos, que é lucrativa acima de tudo para os fornecedores de insumos.

A industrialização e desenvolvimentos como o altamente subsidiado sistema de rodovias interestaduais permitem que o alimento seja transportado a grandes distâncias — a média norte-americana é de 2.100 quilômetros — e processado de modo ainda mais elaborado e custoso. O setor alimentício consome entre dez e quinze por cento da energia, em todos os países industrializados, e um pouco mais do que isso nos Estados Unidos. A despeito do aumento da eficiência, cerca de dois quintos dessa energia destinam-se ao processamento, à embalagem e à distribuição dos gêneros alimentícios, sendo que outros dois quintos são gastos na refrigeração e no cozimento pelo consumidor final. Somente um quinto é realmente utilizado na fazenda — a metade disso na forma de produtos químicos aplicados à terra.[7]

As fazendas norte-americanas duplicaram sua eficiência energética direta e indireta desde 1978. Usam fertilizantes mais eficientemente manufaturados, motores diesel, máquinas agrícolas grandes e multifuncionais, melhores processos e controles de secagem e irrigação, e herbicidas em vez da capina para controlar as ervas daninhas. Contudo, a atividade agrícola, nos Estados Unidos, continua usando muitas — talvez dez — vezes mais energia de combustível fóssil na produção de víveres do que o retorno que obtém em energia alimentar. A nossa comida, como observou o ecologista Howard Odum, é toda feita de petróleo e de resíduos de petróleo.

Os êxitos superficiais das fazendas norte-americanas mascaram outros problemas subjacentes. Um terço do extrato superior do solo dos Estados Unidos desapareceu e boa parte do resto está degradada. O solo das Grandes Planícies semi-áridas perdeu 71 por cento da produtividade 28 anos depois de ter sido desrelvado.[8] Não obstante alguns progressos recentes no esforço de reavivar-lhe a conservação[9], ele vem sendo erodido muito mais depressa do que se forma. A produção convencional de um *bushel*** de milho é capaz de erodir de dois a cinco *bushels* de solo. Na década de 1980, o equivalente a um caminhão basculante carregado de solo passava, por segundo, diante de Nova Orleans no rio Mississipi.[10] Uma década depois, noventa por cento das áreas cultiváveis do país continuavam perdendo solo ainda mais depressa — em média, dezessete vezes mais depressa — do que se formava solo novo, incorrendo em custos projeta-

---

* Tais convênios (*land-grants*) obrigam as universidades beneficiadas com auxílio federal, principalmente na forma de doação de terras, a oferecer instrução técnica e agrícola. Atualmente são mantidos pelos Estados com verbas federais suplementares. (N. do. T.)

** *Bushel*: unidade de medida de cereais equivalente a 35,24 litros. (N. do T.)

dos de 44 bilhões de dólares nos próximos vinte anos.[11] Em muitos países subdesenvolvidos, a situação é ainda pior.

Um declínio mais sutil, porém não menos perigoso que a perda física de solo, é o aniquilamento invisível de sua riqueza orgânica. A capacidade das bactérias, dos fungos e de outros pequenos organismos de completar o ciclo dos nutrientes, combater as doenças e criar a textura e a composição adequadas do solo, para proteger as raízes e reter a água, é essencial à saúde da terra. A textura é importante: as partículas grossas são necessárias para o espaço do ar; as finas, para a retenção da água e a química da superfície. O mesmo vale para o húmus: dos cinqüenta por cento da matéria sólida de um bom solo, a décima parte, que é de conteúdo orgânico, pode reter mais ou menos a mesma quantidade de água e nutrientes que os nove décimos de constituição mineral.[12] Em experiências de longo prazo em sistemas de culturas de trigo no noroeste semi-árido, descobriu-se que, quando era aplicado esterco, os níveis de carbono orgânico e nitrogênio do solo diminuíram progressivamente desde o início da década de 1930, mesmo nas épocas de pousio.[13] Talvez já se gaste um décimo da energia consumida em uma fazenda para compensar problemas do solo como a degradação dos nutrientes, da capacidade de reter água e, portanto, da produtividade da plantação causada pela erosão. Quanto mais se perder quantidade e qualidade de solo, mais aumentará essa penalidade — que talvez já reduza a produção agrícola norte-americana em cerca de oito por cento a curto prazo e a reduzirá em vinte por cento nas próximas duas décadas.[14] Quase todas as antigas civilizações entraram em decadência porque destruíram o solo,[15] todavia são poucos os responsáveis pelas políticas que se mostram interessados por essa lição da história. Depois de um século de agricultura em Iowa, o lugar do mundo com maior concentração de terra arável de primeira qualidade, a metade do solo milenar dos prados, lamenta Evan Eisenberg, "desapareceu. O que resta está meio morto, a vida agitada e rastejante foi calcinada pelos agrotóxicos e pela implacável monocultura. A petroquímica alimenta sua produtividade zumbi. Os hospitaleiros habitantes da região costumam garantir aos visitantes que o café é preparado com a água da 'osmose invertida', pois o escoamento agrícola tornou impotável a da torneira".[16]

A agricultura consome aproximadamente dois terços da água retirada dos rios, dos lagos e dos lençóis freáticos. A irrigação água somente dezesseis por cento da terra arável, três quartos da qual nos países em desenvolvimento, mas produz quarenta por cento do alimento do mundo. Em muitas áreas importantes os lençóis subterrâneos foram bombeados até o esgotamento — extraídos do solo feito petróleo. Nos Estados Unidos, cerca de um quarto da água subterrânea bombeada para a irrigação (que corresponde a um terço da extração total) é excessiva. A salinização e outros efeitos colaterais da precária administração da irrigação e da drenagem já prejudicaram mais de um décimo da terra arável irrigada do planeta, em parte irrecuperavelmente. Desde 1945, a degradação moderada, severa ou extrema desse e de outros tipos afetou cerca de 1,2 bilhão de hectares, mais ou menos a área da China somada à da Índia. Quatro quintos desses hectares se encontram em países subdesenvolvidos, nos quais nem mesmo os governos, para não falar nos agricultores, dispõem de capital para reparar o dano, e quase a metade dessa área carece de água suficiente para que os métodos de pronta restauração dêem certo.[17] De um nono da terra do mundo que era considerada arável em 1990, pouco se conserva realmente sadio, a maior parte está estressada e é generalizada a aceleração das perdas.

Constatou-se que a degradação do capital natural, que é o alicerce da lavoura, vem reduzindo em toda parte a produtividade agrícola em quase todos os sistemas de exploração estudados no mundo, inclusive a totalidade dos sistemas irrigados de plantação de arroz da Ásia. Tal perda prossegue independentemente dos insumos tecnológicos aplicados para amenizá-la.[18] Em muitas regiões foram necessários o emprego triplo de fertilizantes e novos tipos de sementes apenas para manter constante a produção das variedades modernas de arroz. Trata-se de uma situação análoga à do reflorestamento norte-americano no período 1970-94. O abate aumentou em cinqüenta por cento a produtividade do trabalho, mas a produtividade geral (fator total) caiu em trinta por cento, pois os avanços tecnológicos no replantio das árvores não foram capazes de compensar o acesso e a qualidade reduzidos dos recursos florestais.[19]

O desmatamento, no nível microscópico do DNA, pode estar criando o mais grave de todos os problemas. A atividade agrícola mundial repousa em uma base genética extraordinariamente precária. Das 200 mil espécies de plantas silvestres, observa o biogeógrafo Jared Diamond, "somente alguns milhares servem de alimento aos seres humanos e apenas uma poucas centenas foram mais ou menos domesticadas".[20] Três quartos da alimentação do mundo provêm de somente sete espécies de plantas: o trigo, o arroz, o milho, a batata, a cevada, a mandioca e o sorgo. Quase a metade das calorias e proteínas absorvidas na alimentação humana, não na ração animal, procede unicamente das três primeiras espécies.[21] Acrescentando-se à lista de sete uma semente (a soja), um tubérculo (a batata-doce), duas fontes de açúcar (a cana e a beterraba) e uma fruta (a banana), teríamos oitenta por cento da tonelagem total da produção agrícola. Em todas essas culturas fundamentais, a diversidade genética está desaparecendo rapidamente à medida que se destroem os hábitats nativos. Nesse sistema agrícola industrializado, as variedades mais produtivas e estreitamente especializadas passam tipicamente a ser produzidas em massa e tomam o lugar das vizinhas diversificadas. A Índia, por exemplo, está terminando o processo de substituição de suas 30 mil variedades nativas de arroz por uma supervariedade que liquidará séculos de cultura e de conhecimento botânicos.[22]

O que talvez seja pior: os bancos de sementes que armazenam e preservam milhares de variedades diferentes de plantas comuns e raras estão sendo negligenciados — conseqüência dos cortes orçamentários do governo —, de modo que seu insubstituível plasma germinante vem se tornando inviável.[23] A maior parte das empresas produtoras de sementes foi comprada pelas agroquímicas. Não é de surpreender que essas firmas procurem tornar-se as únicas proprietárias legais da herança mundial da diversidade vegetal: se não pela compra, pela manipulação das leis da propriedade intelectual, a fim de incluir os tradicionais "bens gratuitos" da natureza, ou ainda graças ao aumento dos monopólios legais. Tais esforços para que não se produzam víveres sem controle comercial podem ser atraentes para os investidores, mas não constituem uma boa estratégia a longo prazo para a sobrevivência de quem quer que seja.

As culturas vêm se tornando mais especializadas também por outros motivos. A renda esperada das monoculturas comerciais destrói as tradições locais de subsistência, que favoreciam a produção variada a fim de atender às necessidades nutricionais balanceadas. Os profissionais da agricultura tendem a estimular os produtores a concentrar-se em determinadas colheitas em vez de explorar uma série ampla de bens. Sem margem de segurança para a experimentação, os agricultores evitam novos produtos ou técnicas. As práticas da posse da terra, assim como complexos temas sociológicos, podem criar novos incentivos artificiais às culturas comerciais, à simplificação ecológica, à produção intensiva e à mentalidade a curto prazo. Somente a necessidade crescente de lavrar a terra em condições adversas e marginais, como nas regiões secas, é capaz de pressionar no sentido de diversificar as culturas promissoras como os importantes cereais negligenciados (a *quinoa*, o amaranto, o *triticale*, o painço, o trigo-mouro) e as sementes (as aladas, o arroz, a fava e o *adzuki*).[24] Isso é apenas o começo: só a África subsaariana contém mais de cem desses cereais esquecidos e mais de 2 mil plantas comestíveis abandonadas; não mais que um punhado é objeto de pesquisa significativa.[25] Olhando para trás, é estranho que essas plantas atraentes tenham ficado tanto tempo olvidadas.

A mentalidade da monocultura tanto despreza a tendência da natureza a promover a diversidade quanto dificulta a antiqüíssima batalha contra as pragas. As monoculturas são raras na natureza, em parte porque criam verdadeiros paraísos para as doenças das plantas e para os insetos: como diz a escritora científica Janine Benyus, é como equipar um assaltante com as chaves de todas as casas do bairro; elas são um banquete para as pragas. As doenças já prejudicam ou destroem treze por cento das plantações mundiais; os insetos, quinze por cento; as ervas daninhas, doze por cento: ao todo, dois quintos das safras do planeta se perdem nas plantações,[26] e, depois de um pouco mais de destruição, quase a metade não chega à boca humana.[27] A reação convencional de encharcar de biocidas as plantas e o solo infestados parecia promissora a princípio, porém, o uso da tecnologia para combater os processos naturais não vingou. Por volta de 1948, no início da era dos pesticidas sintéticos, os Estados Unidos gastavam 19 milhões de quilos de inseticida por ano e perdiam para os insetos sete por cento da safra antes da colheita. Atualmente, com o emprego cerca de vinte vezes maior de inseticidas — quase 400 milhões de quilos por ano, dois quintos a mais do que quando Rachel Carson publicou *Silent Spring* [A fonte silenciosa] em 1962 —, os insetos ficam com treze por cento, sendo que as perdas totais, nas safras norte-americanas, são vinte por cento mais elevadas do que eram quando se iniciou a roda-viva dos pesticidas.

Em todo caso, os pesticidas podem ser usados mais racionalmente. Na antiga Alemanha Oriental, as aplicações diminuíram cerca de dez vezes, com melhores resultados e aproximadamente dez vezes menos custos e riscos graças à instalação, em todo o país, de armadilhas para os insetos. As inspeções freqüentes a fim de determinar as pragas realmente presentes substituíram as pulverizações para tudo o que era necessário. Contudo, o problema é mais fundamental que uma simples questão de medida e administração. O próprio conceito de pesticida tem um problema básico: nesse jogo de "plantações e pragas",[28] o cassino sempre ganha. O enorme *pool* genético dos insetos, sua evolução rápida e seus brevíssimos ciclos reprodutivos habilitam-nos a adaptar-se e tornar-se resistentes a poderosíssimos venenos — como já fizeram mais de quinhentas espécies[29] — mais depressa do que nós conseguimos inventar novos. Pior ainda: ao perturbar a concorrência entre as espécies e ao matar os predadores naturais, os pesticidas geralmente transformam os insetos anteriormente inofensivos em pragas deletérias.

As monoculturas também deixam ociosa a maior parte da rica diversidade da biota do solo. A natureza não desperdiça recursos sustentando organismos subutilizados, portanto, se eles nada têm a fazer, acabam morrendo. Tratar o solo como lixo — não como uma comunidade viva, mas como um meio estéril — torna-o árido e incapaz de prestar os serviços naturais. Dispondo de um hábitat livre e sem concorrência, os insetos e outros elementos patogênicos florescem. Os viticultores da Califórnia têm enfrentado infestações de filoxera em vinhas pulverizadas, mas até agora elas geralmente não atingem as culturas orgânicas. Alguns acreditam que a filoxera talvez não seja uma praga inevitável da videira e sim um sintoma da insalubridade do solo.

Os agricultores orgânicos, ao contrário, confiam no solo sadio, na observação cuidadosa e nos níveis controláveis de pragas para aumentar suas colheitas. Na visão orgânica, baseada no ecossistema, a erradicação total das pestes é um erro tático, pois todo sistema salutar precisa de certa quantidade de pragas que sirvam de alimento aos predadores para que eles fiquem por perto e as conservem em equilíbrio.[30] Alguns agricultores orgânicos também usam substâncias biologicamente derivadas para enfrentar os problemas das pestes. Porém, o mais conhecido desses compostos, a família das toxinas naturais *Bacillus thuringiensis*, de inseto específico, pode se tornar ineficaz porque as empresas agroquímicas estão colocando genes desse bacilo em culturas comuns para o uso generalizado. Essa pode parecer uma boa estratégia: genes em vez de pesticidas, informação em vez de veneno. Com o tempo, no entanto, e talvez mais cedo do que se espera,[31] a prevalência do *Bacillus thuringiensis* no ecossistema acabará selecionando insetos resistentes a ele, o que tornará a substância inútil ou, pior, afetará espécies não visadas. Em 1997, oito pragas desenvolveram resistência ao *Bacillus thuringiensis*,[32] do mesmo modo que a penicilina, hoje em dia, é impotente no combate a noventa por cento das infecções de estafilococos e a muitos outros germes que ela costumava controlar. Uma coligação de agricultores orgânicos, consumidores e grupos de interesse público processou a EPA para que cancelasse o licenciamento de todos os produtos agrícolas transgênicos com *Bacillus thuringiensis*.

A dependência química das monoculturas requer enormes quantidades de fertilizantes para substituir os serviços ecológicos gratuitos que a biota do solo, as outras plantas e o esterco oferecem nos sistemas naturais. A biota do solo sadio chega a fornecer uma absorção até dez vezes melhor dos nutrientes, permitindo igual ou maior produção com um décimo da aplicação de nutrientes solúveis.[33] No entanto, havendo se tornado dependentes de quantidades cada vez maiores de insumos sintéticos, os Estados Unidos consomem, anualmente, mais de 60 milhões de toneladas métricas de minerais aplicados à agricultura, como o fósforo e o potássio.[34] Ao mesmo tempo, o alimento médio diário do norte-americano conta com a sinistra presença de quase 190 gramas do fertilizante de nitrogênio sintético usado para cultivá-lo. A maior parte desses produtos químicos se desperdiça, passando para outras terras ou para as águas de superfície e subterrâneas. A agricultura é o maior, o mais difuso e o mais anônimo poluente da água do país. Também em outros aspectos a agricultura industrializada vem ameaçando cada vez mais a saúde pública.[35]

A crescente volatilidade do tempo e o potencial de mudanças climáticas só podem piorar a pressão sobre as culturas superespecializadas. Altamente apuradas depois de meio século de seleção e, ultimamente, graças à engenharia genética, elas enfrentam precariamente as alterações nas condições da temperatura, da insolação e da umidade. Já as diversificadas populações naturais dos ecossistemas sadios contam, pelo contrário, com milhões de anos de experiência de *design* para enfrentar semelhantes surpresas. A fragilidade causada pela passagem dos sistemas naturais flexíveis para os artificiais especializados pode se mostrar catastrófica se as plantações depararem com condições muito diferentes daquelas que são estáveis, pressupostas pelos selecionadores e engenheiros genéticos.

Por razões econômicas, de saúde e ambientais, é necessária uma grande mudança nos métodos atuais de produção agrícola[36] a fim de se chegar a produzir alimento e fibra adequados, aceitáveis e sustentáveis.[37] Por esse motivo, muitos profissionais, tanto nos países desenvolvidos quanto nos subdesenvolvidos, vêm adotando métodos novos de agricultura ou modernizando os antigos, que são mais claramente baseados nos modelos naturais. Essa mudança não consiste apenas em fazer a mesma coisa de modo diferente, pois o problema da agricultura não há de ser resolvido pela mentalidade que o criou. Ao contrário, as novas soluções resultam de uma mentalidade de todo o sistema e da ciência da ecologia; elas incorporam os princípios do capitalismo natural; acompanham não a lógica de Bacon e Descartes, mas a de Darwin.

As inovações que ora surgem na agricultura estão enveredando por dois caminhos complementares e entrelaçados. O menos fundamental, porém mais conhecido, aplica os três primeiros princípios do capitalismo natural: aumentar a eficiência dos recursos e da ecologia de todos os tipos de lavoura, buscando novas maneiras de extrair mais e melhor alimento de menos recursos, tanto por meio do aumento direto da produtividade dos recursos quanto pelas práticas biométricas, de ciclo fechado e não tóxicas. Elas são estimuladas pela agricultura com base na comunidade — uma aplicação do terceiro princípio, segundo o qual os consumidores encomendam previamente o fluxo de alimento produzido organicamente por uma unidade produtora ou cooperativa particular. Todavia, numa ruptura mais profunda e ainda mais promissora com a agricultura industrial, alguns pioneiros também estão redesenhando a agricultura a partir de zero como uma incorporação do quarto princípio: restaurar, sustentar e expandir o capital natural. Suas inovações vão além das práticas orgânicas convencionais para criar formas diversificadas de agricultura, as quais se baseiam, como diz o Dr. Wes Jackson, do Land Institute de Salina, Kansas, "na sabedoria da natureza, não na esperteza das pessoas"; isso se ajusta ao preceito do ecologista Aldo Leopold: cuidar de "preservar a integridade, a estabilidade e a beleza da comunidade biótica".

A EFICIÊNCIA PRODUZIDA NA TERRA

A produtividade dos recursos na agricultura — o primeiro princípio do capitalismo natural e o mais fácil de pôr em prática — provém de muitas aplicações pequenas e simples da criatividade espontânea do agricultor, como mostram alguns casos. Por exemplo, a secagem dos produtos agrícolas, muitas vezes necessária para evitar o bolor, gasta cerca de cinco por cento da energia consumida nas propriedades rurais dos Estados Unidos. Em Kansas City, porém, Bill Ward inventou, nos anos 80, um modo de secar o cereal, no silo, sem consumir energia.[38] Ele se limitou a abrir um buraco no alto da estrutura, sobre o qual uma haste oca se liga às pás de um cata-vento, as quais também são ocas e têm orifícios na extremidade. Quando o vento da planície as gira, a força centrífuga expulsa o ar por esses orifícios. O vácuo resultante puxa para cima uma corrente de ar lenta e constante, que passa pelos grãos a partir das pequenas aberturas teladas no chão do silo. Isso vai secando gradualmente o cereal — e o resfria pela evaporação, o que enfraquece os eventuais insetos, impedindo-os de deslocar-se e comer. Por outro lado, isso também significa que não há necessidade de produtos químicos para combater o bolor ou matar o caruncho.[39] O processo de Ward não só elimina as despesas com produtos químicos como também evita a contaminação do cereal organicamente cultivado, de modo que ele pode ser vendido pelos melhores preços.

Muita gente teve a iniciativa de construir secadores solares eficientes, a ar quente, para frutas, legumes, cereais, ervas e até madeira. Mas como a maioria dos produtos agrícolas precisa de água e geralmente é perecível, tem mais sentido levar o secador solar diretamente às plantações. Na década de 1980, Marcello Cabus, um empresário de origem hispânica de Delta, Colorado, desenvolveu uma espécie de *trailer* que, montado, se transformava em uma estação completa de processamento e secagem de frutas e legumes. Ele o levava a qualquer plantação que tivesse problemas: por exemplo, uma safra de frutas que não pudesse ser transportada ao mercado a tempo ou ser vendida pelo preço desejável. Depois de lavado, descascado e fatiado, o produto recebia outros tratamentos necessários. Espalhado em bandejas rasas e banhado com o ar que, aquecido pela energia solar, ia subindo, o produto secava com uma qualidade excepcional. Os campistas, os petiscadores, as famílias que querem armazenar comida para as emergências e as pessoas alérgicas aos conservantes comuns à base de enxofre — o alimento secado com o ar aquecido ao sol não os utiliza — dispunham-se a pagar preços elevados por produtos de tão alta qualidade. E em países como a Coréia, obrigados a conservar o alimento durante o rigoroso inverno, o método pode melhorar tanto a renda dos agricultores quanto a saúde pública.

As inovações que poupam energia nas casas geralmente podem ser aplicadas também aos currais. Os princípios físicos são os mesmos; a arquitetura e os ocupantes é que diferem. Iluminar os galinheiros com lâmpadas fluorescentes compactas, em vez das incandescentes, acresceu em um quarto a renda de uma granja da Carolina do Norte. Chegou a aumentar ligeiramente até a produção de ovos, talvez por haver diminuído o superaquecimento. O uso de ventiladores grandes e lentos, no lugar dos pequenos e rápidos, faz menos barulho, economiza a maior parte da energia e aumenta a confiabilidade. Os radiadores ar-a-ar são capazes de recuperar de maneira limpa o ar fresco, com um acréscimo de noventa por cento do calor ou da refrigeração, que, de outro modo, perder-se-ia no ar da ventilação. O isolamento, a calafetação, a orientação do prédio e até a simples escolha da cor adequada do telhado podem aumentar muito o conforto interno de um curral, exatamente como na casa solar passiva. O conforto, por sua vez, significa gado mais sadio e mais produtivo.

As construções melhores oferecem vantagens especiais quando as plantações se desenvolvem em condições artificiais. A Holanda utiliza gás natural aparentemente barato na produção de tomate no valor de cerca de 0,7 bilhões de dólares por ano.[40] Esse país frio e nublado não é o lugar mais indicado para semelhante cultura. Afinal, a produção do tomate consome cerca de cem vezes mais energia do que ele próprio contém. Mais de três quartos do combustível aquecem a estufa, sendo que dezoito por cento são gastos no processamento, sobretudo no enlatamento. Seria necessário aproximadamente um terço a menos dessa energia para produzi-lo, por exemplo, na Sicília e transportá-lo *de avião* até a Holanda. No entanto, o tomate holandês, a maior parte do qual não é consumida no país, embarca em caminhões gigantescos, que atravessam todo o continente a fim de explorar custos de mão-de-obra ligeiramente mais baixos e uma legislação mais tolerante, e acaba sendo consumido na forma de latas de massa de tomate.

Se se *quisesse* realmente plantar tomate na Holanda, decerto teria mais sentido fazê-lo em estufas solares passivas eficientes, que não queimam nenhum gás no aquecimento. Utilizar-se-iam não o vidro comum, através do qual o calor escapa rapidamente, mas as superjanelas, como para as bananas solares passivas produzidas na sede do Rocky Mountain Institute, no alto das Montanhas Rochosas. As pessoas poderiam inclusive plantar tomate em um "lar verde" aperfeiçoado, de telhado de vidro de uma só água, tal qual a "arca" do New Alchemy Institute, que produz o ano inteiro na nublada Prince Edward Island, no Canadá, ou como no próprio espaço habitacional do Rocky Mountain Institute. Cerca de quinze por cento da produção agrícola mundial já provêm das cidades. Na China, essa agricultura desenvolvida em quintais, terrenos e telhados fornece mais de 85 por cento dos legumes urbanos — mais do que isso em Beijing e Xangai —, à parte grandes quantidades de carne e fruta.[41]

Produzir alimento localmente, seja em ambiente fechado ou ao ar livre, reduz enormemente as despesas com energia de transporte. Há alguns anos, os frugais alemães se surpreenderam quando a pesquisadora Stephanie Böge, do Instituto Wuppertal, revelou[42] que a produção de um frasco de iogurte de morango — uma das guloseimas prediletas no país, que consome 3 bilhões de frascos por ano — implicava tipicamente mais de 9 mil quilômetros de transporte. O processo de fabricação pressupunha caminhões percorrendo toda a Alemanha a fim de, por exemplo, entregar os ingredientes, os frascos de vidro e o produto acabado em Stuttgart. O transporte fornecedor-processador-fornecedor acrescentava outros 11.700 quilômetros: o equivalente a levar o produto da Nova Zelândia à Alemanha. O iogurte de morango nada tem de exótico; pode ser preparado em qualquer cozinha com leite, morango, açúcar e mais alguns ingredientes corriqueiros. Não há nenhuma vantagem óbvia nessa especialização e nessa dispersão extremas que não existiriam se o transporte não fosse subsidiado. A produção mais localizada reduziria drasticamente o transporte e é bem provável que oferecesse um produto melhor.

Tal qual nos processos industriais, melhor mensuração e melhores sistemas de controle são uma maneira barata de aumentar a eficiência da agricultura. A substituição de recursos por informação permite uma administração mais inteligente, resulta em safras maiores e melhores, e poupa solo, tempo, água (como veremos no próximo capítulo) e dinheiro. Em vez de tentar adivinhar a umidade do solo, que nutrientes a plantação tem ou dos quais necessita, com que velocidade está crescendo ou que quantidade e que tipo de praga a infesta, os agricultores estão começando a utilizar instrumentos de mensuração para orientar suas decisões cotidianas. Alguns o fazem com sensores remotos e equipamento de navegação de satélite, monitorando e controlando por meio de computadores os insumos de cada parte de suas vastas plantações, enquanto viajam em colheitadeiras com ar-condicionado; outros se servem da aguçada observação de um naturalista, que examina as folhas e o solo a uma distância de poucos centímetros.

Como são (ou costumavam ser) sistemas naturais, as unidades de produção agrícola oferecem grandes oportunidades de combinar o primeiro princípio do capitalismo natural, o da produtividade dos recursos, com o segundo, o do fechamento do ciclo. As estratégias de integração do *design* no fechamento do ciclo são o equivalente agrícola da ecologia industrial ou de uma rede alimentar natural. Os melhores dentre esses sistemas reutilizam os resíduos em ciclos fechados a fim de aumentar a eficiência e a flexibilidade do conjunto da operação.

A maneira mais básica de fechar os ciclos consiste em reutilizar os resíduos gerados tanto na plantação quanto, mais adiante, nas indústrias de processamento de alimento. Uma temporada típica de colheita, em Nebraska, resulta em um grande acúmulo de cereais imprestáveis: úmidos ou com a qualidade afetada por algum outro motivo. Esse refugo produziria etanol suficiente para mover um sexto dos carros do Estado, durante um ano, se estes fossem eficientes a ponto de percorrer trinta quilômetros por litro, provavelmente menos que a primeira geração de *Hypercars*. Com automóveis igualmente eficientes, a palha queimada nos campos da França ou da Dinamarca propulsionaria toda a frota desses países durante um ano inteiro. Desperdício semelhante ocorre na forma de cascas de nozes na Califórnia, de caroços de pêssegos na Geórgia, de lixo dos descaroçadores de algodão no Texas — este último em quantidade suficiente, no início da década de 1980, para abastecer de álcool todos os veículos do Estado. Os resíduos mais orgânicos também podem ser utilmente recuperados e convertidos. Os óleos vegetais não comestíveis, quando cozidos em um dispositivo catalítico aquecido a energia solar, com etanol ou metanol úmido ou sujo, produzem ésteres que são combustíveis diesel melhores que o derivado do petróleo. Em conjunto, é provável que os diversos fluxos de resíduos agrícolas e florestais sejam capazes de oferecer suficiente combustível líquido sustentavelmente produzido para alimentar um setor de transporte eficiente nos Estados Unidos, eliminando a dependência da produção de combustíveis especiais ou fósseis. Atualmente, em todo o país, produzem-se mais de 85 milhões de toneladas de produtos e materiais de base biológica avaliados em cerca de 22-45 bilhões de dólares;[43] não obstante, a maior parte desses resíduos agrícolas e florestais é desperdiçada, não beneficiando nem a economia nem o solo.

No tempo em que o gado vagava conforme a evolução o habilitou a vagar, ele tornava a depositar o estrume na terra. Contudo, a moderna pecuária intensiva, que o confina, transforma esse valioso nutriente em lixo e sua livre redistribuição em uma grande dor de cabeça para quem precisa desfazer-se dele. Entremos em uma inovação da construção canadense: uma das "estruturas circulares" nas quais os porcos passeiam livres, satisfeitos, e dormem em leitos profundos e absorventes de palha ou colmo de milho. O *design* desse chiqueiro oferece um abrigo para o suíno, não uma prisão. Diferentemente dos rígidos chiqueiros padronizados, que custam dez vezes mais, os leves cilindros de pano são termicamente passivos: resfriados pela brisa, que entra pelas extremidades abertas, e aquecidos, mesmo no inverno rigoroso da região, pelo leito compósito e pelo calor do corpo do animal. E, o que é mais importante, em vez das enormes, fétidas e anaeróbicas lagoas de estrume líquido, as estruturas circulares geram esterco seco, pronto para ser espalhado no campo. Os valiosos nutrientes ficam abrigados da chuva e dos enxurros. Só em Iowa, mais de mil "casas circulares" cobertas, que produzem três por cento dos suínos do Estado, foram construídas com êxito entre 1995 e 1998 — uma contra-revolução importantíssima, embora pouco notada, nos enormes chiqueiros industriais de concreto, muito melhor tanto para os animais quanto para a renda do criador.[44]

E se os sistemas agrícolas forem redesenhados de modo a parecer-se mais com seus vizinhos silvestres? Uma história de sucesso ecológico que influenciou rapidamente o curso de boa parte da indústria norte-americana do arroz foi a resposta criativa da California Rice Industry Association à poluição do ar causada pela prática generalizada da queima da palha do arroz no inverno. Suspeitava-se que a sílica da palha, no vento, provocasse enfermidades pulmonares. Alguns produtores cessaram de queimá-la e passaram a inundar as plantações após a colheita, transformando-a no hábitat de milhões de patos e outras aves silvestres. Os colmos de arroz em decomposição regeneravam o solo. Os patos arejavam e fertilizavam os campos. Seu alimento preferido — as minhocas, os pequenos artrópodes e os pequenos peixes — veio morar nos charcos sazonais. Os caçadores pagavam para visitar o lugar. Foi possível diminuir os insumos agrícolas graças aos fertilizantes naturais. As safras e as rendas líquidas aumentaram. Atualmente, esses agricultores, com mais de trinta por cento dos arrozais da Califórnia, consideram o arroz um co-produto de novos empreendimentos: fornecer administração da água, hábitat para a vida silvestre, palha e outros serviços.

O fechamento supremo do ciclo, a base do metabolismo planetário, fica por conta dos microrganismos do solo que voltam a transformar em fluxos nutrientes tudo quanto cai ou nasce no chão. Na metáfora de Evan Eisenberg:

> O solo é menos uma fábrica que uma feira livre, uma casbá, um mercado de pulgas, um vale-tudo econômico, no qual todo comprador e todo vendedor defende seu interesse e no qual cada migalha de mercadoria — de segunda mão, de sétima mão, quebrada, resgatada, remendada — é explorada até o último grama. A decomposição é um bom negócio porque dela se podem extrair os nutrientes e a energia gerados pela ruptura das combinações químicas. Se o efeito líquido da atividade da biota do solo é incrivelmente útil — aliás essencial — à vida, não é porque a natureza assim o ordenou, mas porque as diversas formas de vida acima e abaixo do solo coevoluíram.[45]

Talvez não demore muito para que as empresas que atualmente concentram sofisticados recursos na meta duvidosa de produzir safras a partir da engenharia genética, com os incalculáveis riscos inerentes,[46] passem a empregar seus conhecimentos na produção de kits de teste da biota do solo. Esses kits poderiam revelar ao agricultor que organismos estão faltando, se sua ausência é prejudicial e que fazer, quando possível, para restaurar a sadia biodiversidade do solo. Então, os agricultores começariam a contar sua riqueza em bactérias e fungos, nematódeos e colêmbolos, não em hectares e bushels. Isso, porém, exigirá importantes avanços no conhecimento: a biologia do solo é um vasto mistério que não pára de crescer. Uma análise recente do ARN constatou 4 mil genomas diferentes por grama de solo, os quais variavam de um lugar para outro. Alguns pareciam representar novas e importantes categorias taxonômicas. De cada dez micróbios das raízes de algumas plantas observados ao microscópio, no máximo um podia ser cultivado em um meio nutriente (a técnica padrão de laboratório para determinar o que vive ali); de cada mil em grande volume de solo, apenas um. O resto representa "uma vasta diversidade de micróbios [...] sobre os quais nada sabemos".[47] Em resumo, descobriu-se recentemente que os solos "abrigam uma microflora complexa e em grande parte desconhecida", o que implica "muitos processos ecológicos e bioquímicos desconhecidos [...]"[48] A ciência não compreenderá como as plantas crescem enquanto não compreender a partir do que elas crescem: como diz Donald Worster,[49] "Nós não podemos fabricar um solo com um tanque de produtos químicos, assim como não podemos inventar uma floresta tropical nem produzir um único pássaro". E compreender o solo, o capital natural supremo[50] (os chineses o denominam "a mãe de todas as coisas"), é, por sua vez, a chave para tornar a agricultura uma parte não do problema climático, mas de sua solução.

SOLO E CLIMA

A agricultura, tal como é praticada atualmente, contribui com cerca de um quarto do risco de alterar o clima da Terra.[51] A das regiões de clima temperado conta com vinte ou trinta vezes mais biomassa sob a superfície do solo que por cima dele.[52] Esse estoque oculto de carbono, geralmente mais de 109 toneladas por hectare, arrisca mobilizar-se no ar se as práticas da agricultura intensiva tolherem a tendência dos sistemas vivos a fixar o carbono na biota do solo. Transformar a Terra que abrigava as centenas de variedades de ervas das campinas e de outras plantas em monoculturas de milho ou soja, assim como substituir os ciclos nutrientes naturais por sintéticos, faz com que a gigantesca biomassa existente de bactérias, fungos e a biota restante do solo deixem de funcionar. Ao morrer, eles se oxidam ou apodrecem, liberando carbono no ar. Tal ruptura abre caminho não só para a erosão biológica, em conseqüência da esterilização pelo ar, o calor e os raios ultravioletas, como também para a erosão física, que despoja o solo dos organismos e outros constituintes orgânicos. O "carvão jovem finamente pulverizado" daí resultante — composto de carbono, mas ecologicamente destruído — vai parar no leito e no delta dos rios, onde se degenera em metano, um gás de efeito estufa 21 vezes mais potente, por molécula, que o dióxido de carbono. Tornam-se necessárias quantidades cada vez maiores de agroquímicos para substituir os serviços degradados do ecossistema natural. A fabricação desses produtos, principalmente a dos fertilizantes, exige cerca de dois por cento da energia industrial total.[53] Nenhuma dessas medidas é verdadeiramente necessária para plantar e ganhar dinheiro; todas elas são apenas artefatos de uma prática obsoleta, mecanicista e abiótica.

A agricultura baseada em modelos mais naturais reduziria o desmatamento, o cultivo e a fertilização, geraria maior eficiência energética e maior dependência da energia renovável. Tais medidas provavelmente eliminariam muito das emissões humanas de óxido nitroso, grande parte das quais são produzidas pelas reações do fertilizante sintético com as bactérias do solo. Sem dúvida, poupar-se-ia muito dióxido de carbono com a criação de matéria orgânica, no húmus, graças ao acúmulo de uma biota do solo ricamente diversificada. No mundo todo, as perdas do solo — principalmente as físicas e o empobrecimento biológico, ou seja, o esgotamento do carbono, do húmus — atualmente ultrapassam em muito a formação e o enriquecimento do solo e do húmus. Essa perda líquida do carbono do solo contribuiu com aproximadamente sete por cento do carbono ora presente na atmosfera.[54] No entanto, as bem-sucedidas conversões para práticas orgânicas ou de poucos insumos, principalmente nos Estados Unidos e na Alemanha, demonstraram que, após alguns anos de reequilíbrio, podem-se *reverter* deveras essas perdas de carbono — protegendo simultaneamente o clima do planeta e o solo do agricultor. Só a terra arável dos Estados Unidos (oito por cento da do mundo) poderia, assim, reduzir em 8-17 por cento as emissões norte-americanas de carbono.[55] Se fosse possível comercializar o carbono retirado do ar a, por exemplo, 25 dólares a tonelada métrica — muitas vezes menos do que esperam os cépticos climáticos — cada agricultor americano médio receberia entre 22 e 49 dólares por hectare por ano.[56] A renda agrícola líquida, em 1996, foi de apenas 136 dólares por hectare e continuava caindo. Ademais, o conteúdo orgânico extranutriente e a capacidade de reter a água teriam um valor de capital natural de cerca de duzentos dólares por tonelada métrica de carbono, para não falar nas outras funções ecológicas.[57]

Em termos globais, o potencial é muito maior. Os solos cultivados do mundo contêm aproximadamente o dobro do carbono da atmosfera, o qual aumenta em meio por cento ao ano. Os 2 bilhões de hectares de solo degradado existentes são particularmente pobres em carbono e necessitam de cobertura vegetal que o absorva. Aumentar a taxas plausíveis[58] a quantidade cada vez mais degradada de carbono do solo poderia absorver aproximadamente tanto carbono quanto toda a atividade humana emite.[59] Isso também melhoraria a qualidade do solo, da água e do ar, a produtividade agrícola e a prosperidade humana. Especialmente importante é a oportunidade de empregar as modernas técnicas de administração dos pastos, descritas abaixo, e conter a sulcagem e as queimadas nos ambientes vulneráveis, assim como diversificar e adensar as plantas herbáceas que cobrem boa parte da Terra. Muitas vezes, isso poderia reverter a desertificação, restaurar as camadas de solo e água, aumentar a capacidade de alimentar o gado e devolver grandes quantidades de carbono ao solo das campinas e das savanas. Pode ser exagerado querer regenerar o solo negro, profundo, e a água abundante que Heródoto viu na Líbia ou trazer de volta os hipopótamos que os povos aborígines pintaram no que hoje é o interior do Deserto do Saara, mas talvez seja perfeitamente possível que os processos que construíram esses ecossistemas flexíveis ao longo das épocas voltem a operar graças à aplicação do conhecimento atual de como as pastagens coevoluíram com o gado.

Existem também várias técnicas para diminuir o uso do fertilizante à base de nitrogênio[60] na prática convencional da agricultura: a aplicação excessiva é tão comum que, no começo da década de 1990, os agricultores norte-americanos aplicavam 56 por cento mais nitrogênio do que a produção colhida removia.[61] A maioria das reduções são efetivas em termos de custo porque diminuem as despesas com os produtos químicos e com a aplicação, assim como a poluição provocada pelo escoamento do nitrato, sem afetar a produção. Ademais, uma melhor administração do nitrogênio diminui as emissões que provocam alterações climáticas. Em muitos países em desenvolvimento, são possíveis e desejáveis medidas adicionais para reduzir as emissões de metano.

As mudanças de maior potencial de aproveitamento climático envolvem a pecuária. Seis bilhões de pessoas criam aproximadamente 1,3 bilhão de bovinos, 900 milhões de suínos e 1,3 bilhão de galináceos. O metabolismo desses animais é substancialmente mais ativo que o dos seres humanos.[62] Assim como economizar eletricidade reduz as emissões de dióxido de carbono muitas vezes mais do que poupar outras formas de energia, pois são necessárias várias unidades de combustível para produzir uma de eletricidade, alterar os números e os métodos de criação do gado oferece benefícios climáticos (e no fornecimento do alimento) semelhantes, porém ainda maiores. Como se mencionou acima, na prática convencional, o gado converte de um a nove quilos de forragem em apenas meio quilo de carne. A de vaca alcança a média de sete, mas pode chegar à extremidade menos eficiente da escala nas últimas etapas do aproveitamento da ração, ao passo que o peixe, o frango e o porco se aproximam ou até alcançam o extremo mais eficiente.

As ações prioritárias para reconfigurar a criação do gado compreendem:[63]

- Cancelar os subsídios à produção do gado, principalmente o vacum, que emite aproximadamente 72 por cento da totalidade do metano da pecuária.[64] O gado leiteiro e o de corte devem ser criados de maneira diferente e provavelmente em números consideravelmente mais baixos, sem os diversos subsídios, sobretudo nos países ricos;[65]
- Reduzir a produção diária de leite dos países ricos, de modo a ajustá-la à demanda em vez de aumentar esta última com subsídios. As vacas leiteiras emitem mais metano porque são alimentadas cerca de três vezes acima do nível de manutenção para produzir mais leite;
- Aperfeiçoar a criação do gado, principalmente nos países em desenvolvimento, a fim de aumentar a produção de carne e leite por animal, consistente com as práticas humanas;
- Regular ou tributar as emissões de metano do estrume a fim de estimular a transformação deste no biogás destinado à combustão útil;
- Reformar os padrões de graduação da carne, nos Estados Unidos, a fim de diminuir a conversão ineficiente da forragem custosa e de uso intensivo do solo em gordura, a qual depois é descartada em grandes quantidades;[66]
- Estimular a carne ultramagra e orgânica para substituir a gorda. O gado criado organicamente alimenta-se unicamente de pasto natural, não precisa de antibióticos, tem carne de melhor sabor e igualmente macia, é mais sadio, custa menos e produz menos metano que o equivalente confinado;[67] e
- À medida que o gado continuar confinado, canalizar parte do consumo da carne para a dos animais menos intensivos em ração e metano e para a

aquacultura, preferivelmente integrada com a agricultura: uma abordagem altamente flexível e produtiva, capaz de ajudar a reduzir o metano dos arrozais.

Várias dessas opções trariam importantes benefícios colaterais. Por exemplo, nos países industrializados, muitos rebanhos são alimentados a índices de conversão de 8:1, ou coisa pior, com cereal cultivado nos países subdesenvolvidos. O rebanho da Europa Ocidental consome dois terços da colheita de cereais do continente que, ademais, importa mais de quarenta por cento, para forragem, dos países subdesenvolvidos,[68] que carecem de cereal para a alimentação humana. O gado consome mais nutrientes de cereal que os norte-americanos ou os povos de outros países.[69] Se as nações ricas substituírem parte do consumo de carne de gado confinado pelo de carne de gado solto ou de cordeiro, as carnes brancas, a aquacultura, o peixe marinho ou as proteínas vegetais, a América Central e a do Sul hão de sentir-se menos pressionadas a transformar as matas em pastagem. Muitos países subdesenvolvidos liberariam terras aráveis. O êxodo dos camponeses pobres para as terras marginais e a erosão do solo diminuiriam, sendo que a ênfase sobre as plantações de exportação se transferiria para as tradicionais de alimento. Só essa ação pouparia cereal suficiente, se adequadamente distribuído, para alimentar os 500 milhões de famintos do mundo.[70]

A NATUREZA COMO MODELO E GUIA

Uma alternativa importante para a produção intensiva de gado confinado, principalmente o vacum, é deixá-lo pastar como seus antepassados foram projetados para fazer. Via de regra, as pastagens têm sido de tal modo destrutivas que as plantações para a forragem do gado confinado geralmente são consideradas uma alternativa normal e preferível (além de mais lucrativa desde que convenientemente subsidiada). Todavia, os pioneiros da pastagem de base ecológica estão mostrando que é muito melhor restaurar e manter o pasto do gado e de outros animais em terras que coevoluíram tipicamente com os ruminantes e não conservam a saúde sem eles.

Observando a vida selvagem no Zimbábue,[71] o biólogo Allan Savory ficou intrigado com o fato de os enormes rebanhos de ungulados nativos que pastavam nos campos da África não prejudicarem a terra, ao passo que o gado pastoreado pelos povos tribais causava-lhe danos moderados e o dos fazendeiros brancos a destruíam. Ele observou que o pastio dos animais nativos, cercados e acossados pelas feras, é muito concentrado no tempo e no espaço. O rebanho se muda rapidamente de lugar, deixando pegadas profundas na terra revirada, as quais retêm o esterco, a água e as sementes que geram o capim do ano seguinte. Os animais só retornavam um ano depois, quando a erva tinha crescido novamente. Savory imitou esses padrões estabelecendo um sistema análogo de pastagem com o gado dos climas secos, sobretudo no oeste dos Estados Unidos. Constatou que grande parte dos pastos normalmente considerada esgotada na verdade está *subaproveitada* por ter sido utilizada erroneamente. A administração das pastagens baseada na compreensão da ecologia de cada pedaço de terra, geralmente usando mais gado, com permanência *mais* intensiva em períodos mais breves e menos freqüentes, aumenta a capacidade de tração tanto do gado quanto dos ungulados silvestres, ao mesmo tempo que gera um produto de alta qualidade: a carne ultramagra e orgânica acima mencionada. Embora específica do ecossistema, não uma panacéia, sabe-se que essa abordagem foi aplicada com sucesso por milhares de criadores das regiões secas, onde a carne é um produto tradicional. Criticada por alguns, a visão de Savory merece maior atenção.

Mais recentemente, essa pastagem rotativa de administração intensiva (PRAI) vem se estendendo à criação de gado de corte, de suínos e principalmente à de vacas leiteiras no úmido Meio Oeste norte-americano, onde passou a ser "a prática mais inovadora e de mais rápido crescimento da pecuária".[72] Entre 1993 e 1997, período em que o Wisconsin perdeu dezoito por cento das fazendas leiteiras, as operações de PRAI aumentaram de três quintos a cerca de quinze por cento toda a produção de leite do Estado.[73] As vacas soltas produzem um pouco menos que as confinadas, porém com mais baixos custos operacionais e de capital, ou seja, com renda maior por animal. Em princípio, a técnica é simples. As vacas passeiam no interior de um campo cercado, colhendo seu próprio alimento (o capim), depositando o estrume e mudando quase diariamente de lugar para que o pasto se recupere. Mas essa prática nada tem de simplista. Pressupõe uma administração atenta e um novo conhecimento da ecologia da forragem de modo a utilizar o pasto no pico nutricional e, a seguir, deixar que ele se recupere para o período ideal. Também garante o tempo adequado para que o esterco retorne ao solo, fechando o ciclo do nutriente sem produzir resíduos tóxicos. (As pastagens naturais perenes geram aproximadamente 35 vezes menos nitrogênio que as plantações de milho e cereal utilizadas para fazer a ração do gado[74] — a principal fonte de resíduos de nitrogênio que vem asfixiando uma área do tamanho da Nova Jersey* no Golfo do México.)[75] Mantendo sua rápida expansão, a lógica econômica da PRAI tem condições de substituir em grandes quantidades a cara forragem de cereais. Também tem condições de devolver ao solo a estrutura original de pastagem resistente à erosão e de restaurar a água subterrânea. Pode melhorar o hábitat e a vida silvestre (como a dos pássaros insetívoros),[76] a saúde das reses, a pureza do leite e as águas atualmente contaminadas por sedimentos, agrotóxicos e esterco (o equivalente aos dejetos de 24 pessoas por vaca). A pastagem cuidadosa e rotativa é capaz até de regenerar e melhorar os solos altamente erosivos das regiões montanhosas: o veterano da técnica de pastagem Charles Opitz o exprime assim: "A terra é a tela; o capim, a tinta; e o gado, o pincel".[77]

O olhar penetrante do naturalista pode dar nova forma à agricultura, à horticultura e também à pecuária. Tanto no Norte quanto no Sul, as práticas comuns da agricultura orgânica moldadas em ecossistemas complexos geralmente têm produção comparável ou apenas ligeiramente inferior à da agricultura

---

* O Estado de Nova Jersey tem 20.296 km². (N. do T.)

química, porém com custos mais baixos. Portanto, elas geram rendas comparáveis ou mais elevadas[78] — sem levar em conta o preço melhor que muitos compradores estão dispostos a pagar pelo alimento livre dos resíduos indesejáveis de biocida, hormônio e antibiótico. A vantagem econômica das práticas orgânicas ficou demonstrada nas operações comerciais de uma grande amplitude de produtos, climas e tipos de solo.[79] Essa vantagem tende a aumentar nas propriedades de escala familiar, o que traz mais benefícios sociais.[80] Também pode disseminar-se mundialmente com sucesso através do modelo "o agricultor em primeiro lugar", que valoriza, habilita, suplementa e aprende com os conhecimentos locais a fim de obter resultados complexos e individualmente programados em vez de impor um conjunto uniforme de técnicas simplificadas pela "transferência de tecnologia" de cima para baixo.[81]

A agricultura orgânica está percorrendo um longo caminho rumo à produção de alimento melhor a partir de insumos menores e mais sustentáveis. Vem conquistando mercados, consumidores e praticantes: em Vermont, só no período 1995-98, o número de culturas orgânicas registradas dobrou, sendo que sua área total triplicou. Sem embargo, a agricultura orgânica convencional não é a última palavra na evolução da agricultura moderna. Por exemplo, a miniagricultura biointensiva é uma técnica novíssima que combina quatro princípios óbvios da horticultura: o cultivo profundo a fim de ajudar a raiz a crescer; as plantações compósitas; a pequena separação entre as plantas, nos canteiros, para otimizar os microclimas; e a intercalação de espécies diferentes a fim de frustrar as pragas. Como a natureza se encarrega da maior parte do trabalho depois do preparo inicial do canteiro, a manutenção não é trabalhosa e a produção chega a ser elevada e muito mais rica em nutrientes: a verdadeira medida da produção, como observa corretamente o "bioneiro" Kenny Ausubel. Os resultados são surpreendentes.

A prática agrícola padrão dos Estados Unidos exige, atualmente, pelo menos 14 mil metros quadrados de terra para alimentar uma pessoa com uma dieta rica em carne ou cerca de 3 mil com uma dieta vegetariana. Os países subdesenvolvidos que aspiram a dietas semelhantes dispõem de apenas 2.750 metros quadrados de terra cultivável por pessoa, sendo que essa quantidade provavelmente diminuirá com o avanço da urbanização, da desertificação, da erosão, da salinização do solo e de outros fatores. No entanto, a horticultura biointensiva é capaz de suprir toda a dieta de um vegetariano, mais as plantações heterogêneas necessárias ao sustento do sistema por tempo indefinido, em apenas 610 a 1.200 metros quadrados, mesmo começando com terra de baixa qualidade. Em comparação com a agricultura convencional, o consumo de água por unidade de alimento produzido diminui em até cerca de 88 por cento. Os insumos de energia reduzem-se em até 99 por cento; a terra por unidade de alimento produzido, em 60-80 por cento; e a terra por dólar de renda agrícola líquida, pela metade. À parte a terra e algumas ferramentas localmente produzidas, ela não requer nenhum capital nem insumos químicos.[82] A agricultura biointensiva funciona tão bem que está sendo praticada em 107 países.

Um dos modelos de técnicas biointensivas, que dispensa ainda mais a mão-de-obra nas condições adequadas, é o sistema de agricultura orgânica "não faça nada", de Masanobu Fukuoka. Sabe-se que, em terras localizadas em algumas das maiores altitudes do Japão, seu sistema de "plantações que cuidam de si" produz 22 *bushels* de arroz e 22 de cereais de inverno em um décimo de hectare. É impressionantemente produtivo, o suficiente para alimentar de cinco a dez indivíduos com alguns dias de trabalho de apenas uma ou duas pessoas para semear e colher à mão, pois uma seqüência de plantios concebida com muita elegância controla automaticamente a erva daninha e os compósitos, além de prestar outros serviços: basta fazer as poucas coisas certas, na hora certa e na seqüência certa.[83] A autora científica Janine Benyus afirma que o método de Fukuoka-*sensei* disseminou-se amplamente no Japão e em cerca de 405 mil hectares na China.

Alguns dos tipos mais produtivos de bioagricultura integram o gado às plantações, assim como a horticultura à fruticultura e às plantações no campo. Geralmente envolvem dezenas e, às vezes, centenas de cultivos em vez de apenas um ou alguns. Um horta típica javanesa, por exemplo, parece uma floresta em miniatura, com mais de cinqüenta plantas, em quatro camadas, em uma área não superior a um alqueire. Essa intricada diversidade a torna alta e estavelmente produtiva, fornecendo alimento de modo ao mesmo tempo equitativo e sustentável.[84] Na Ásia, há também uma rica tradição de integrar diversos tipos de produção de alimento — as leguminosas, o peixe, o arroz, os porcos, os patos etc. — em um quase ecossistema sofisticado que recicla com eficiência os seus próprios nutrientes mediante as interações planta-animal. Uma recente adaptação bengali suspendeu a aplicação de pesticidas no arroz a fim de criar peixe nos campos alagados — o que levou o peixe a se multiplicar e aumentou em um quarto a produção de arroz, pois, sem interferência, as duas culturas se beneficiaram mutuamente.[85]

Os princípios da agricultura biológica também se adaptam às vastas áreas em que, atualmente, se cultivam grãos. Suas diversas variantes reduzem simultaneamente as emissões de metano e de óxido nitroso da pecuária e revertem as emissões de CO_2 da agricultura. Essas técnicas podem usar e muitas vezes usam a maquinaria agrícola convencional, embora com menos freqüência. Funcionam bem em qualquer escala, sem oferecer ao pequeno produtor nenhuma desvantagem inerente. Substituem os nutrientes sintéticos pelos naturais (por exemplo, o nitrogênio sintético por legumes, esterco compósito ou certos microrganismos[86]), a palha seca, os compósitos e a terra nua por plantações, e os biocidas por predadores naturais e pela rotatividade. A equipe da Dra. Christine Jones, na New South Wales's Land and Water Conservation Agency, está até desenvolvendo uma nova técnica de "produção de pasto" com a pastagem controlada em campos relvosos perenes, mas também com a semeadura anual de cereais durante a estação dormente da relva. Isso produz cereais e gado ao mesmo tempo que protege o solo e retém a água.

ALIMENTO PARA A VIDA

É comum supor que as sementes altamente produtivas desenvolvidas antes da Revolução Verde e os fertilizantes artificiais são essenciais para a produção de alimento suficiente nos países subdesenvolvidos com pouca disponibilidade de terra. Contudo, diversos estudos de campo na África demonstraram que a "ecoagricultura", ao substituir os insumos comprados pela boa agricultura e por sementes locais, produz, a curto prazo, quase a mesma quantidade de milho e sorgo. É provável que a pequena diferença na produção diminua com o tempo, dada a acelerada degradação do solo normalmente provocada pela agricultura química. Tais resultados indicam que a agricultura regenerativa e biológica, em geral organizada na tradicional escala familiar ou local, pode crescer, tanto nos países desenvolvidos quanto nos subdesenvolvidos, sem ameaçar a meta de aumentar a produção agrícola do Terceiro Mundo. Sem essa transformação, as tendências atuais sugerem que a terra arável continuará desaparecendo, principalmente no solo ralo dos trópicos.[87] A pesquisa revela um potencial de alcance ainda mais longo naquilo que os geneticistas Wes Jackson, Janine Benyus e outros denominam Agricultura dos Sistemas Naturais. Essa abordagem baseia-se na resistência, na eficiência e na autodependência da natureza. Refletindo sobre os danos que uma tempestade de granizo causa nas plantações em Minnesota, muito mais graves que nas pastagens naturais, Benyus observa que nas campinas

algumas ervas sofrem, porém a maioria sobrevive sem dificuldade graças ao sistema de raízes perenes que garante a ressurreição do ano seguinte. No meio silvestre, as plantas desenvolvem muita resistência. Quando se examina uma campina, não se vê nenhuma perda total — não se detecta erosão líquida do solo nem epidemias devastadoras de praga. Não há necessidade de fertilizantes nem de pesticidas. O que se vê é um sistema que se alimenta de sol e chuva, ano após ano, sem que ninguém cultive o solo nem plante as sementes. Ele não absorve nenhum insumo excessivo e não excreta nenhum resíduo nocivo. Recicla todos os seus nutrientes, conserva a água, produz em abundância e, como está repleto de informação genética e de *know-how* local, adapta-se.

E se nós refizéssemos a agricultura utilizando plantas que tivessem o mesmo tipo de auto-suficiência, essa capacidade de viver em paz com as vizinhas, em sincronia com o meio que as cerca, construindo o solo sob elas e enfrentando as pragas com toda confiança? Como seria a agricultura?[88]

Tem-se tentado repensar a agricultura em biomas que vão das matas tropicais aos desertos, das florestas temperadas às campinas.[89] Por exemplo, o Dr. Wes Jackson e seus colegas no Land Institute, em Salina, Kansas, atualmente têm procurado uma resposta a longo prazo. Eles acreditam que, nas Grandes Planícies da América do Norte, pode ser viável substituir as monoculturas anuais por policulturas perenes a fim de formar um ecossistema diversificado que se pareça com as campinas nativas, modele-se nelas, não sofra erosão (as campinas absorvem a água da chuva oito vezes mais que os trigais),[90] construa o solo (uma campina contém aproximadamente tanta matéria viva por hectare quanto uma floresta, a maior parte dela subterrânea) e virtualmente não exija insumos.[91] Sua eficiência provém da integração natural. Seus retornos, como diz Jackson, ficam "para o agricultor e para o meio ambiente, não para o fornecedor de insumos".

Essa substituição de grãos anuais por cereais perenes, que não requer a aragem nem o replantio anuais, eliminaria até cinqüenta por cento da erosão do solo nos Estados Unidos, poupando anualmente o equivalente a quase 20 bilhões de dólares em solo e nove bilhões em combustível para o equipamento agrícola.[92] Se a ambiciosa meta da pesquisa de Jackson for amplamente comercializada — um passo grande e assombroso —, pelo menos nas grandes campinas da Terra a agricultura finalmente dará a impressão de que nada está acontecendo. As pradarias nacionais serão ocasionalmente consumidas direta e indiretamente por animais que pastam. Esse sistema há de exigir atenção, mas não precisará de nenhum produto químico, de nenhum cultivo, de nenhuma irrigação. A eficiência desse método de transformar a luz do sol em alimento será, por sua própria natureza, a mais alta possível, pois se existisse uma maneira mais eficiente de fazê-lo, a natureza a teria encontrado.

CAPÍTULO 11

Soluções Hídricas

Um poço até a China — Mais água do que o rio — Como poupar o lençol freático — Como secar com Xeriscapes — Por toda a casa — Água de chuva e água suja reciclável — Como criar bacias hidrográficas urbanas — Água desperdiçada igual a comida — Vamos regar a comunidade

Nós vivemos em um planeta aquático. Três quartos da superfície da Terra estão cobertos de água. No entanto, a água doce e limpa é escassa e vem escasseando cada vez mais. Menos de três por cento da água da terra é doce e, com exceção de três milésimos,[1] toda ela está presa nas geleiras e nas calotas polares ou se acha em grandes profundidades subterrâneas, de modo que não pode ser aproveitada. A dos rios, lagos e lençóis freáticos acessíveis está cada vez mais poluída.[2] Apesar dos 322 mil quilômetros quadrados de reservatórios para armazenar mais de 2,25 milhões de metros cúbicos de água — uma redistribuição dos fluxos naturais que alterou mensuravelmente as características orbitais do planeta[3] —, cidades inteiras do tamanho da capital do México estão ficando cada vez mais pobres em água, sendo que essa escassez alterou os padrões globais do comércio de cereais.[4] À medida que a verde epiderme da Terra, que retém a água, vai se cobrindo de feridas pardas que a drenam, o nível dos lençóis se retrai em todos os continentes, por causa dos setenta por cento do bombeamento para irrigar as plantações.[5] O do lençol de Tucson está recuando rumo à República Popular, enquanto o de Beijing se aproxima cada vez mais dos Estados Unidos.[6] As conseqüências não são meramente locais. A água vem se tornando uma causa importante de conflito internacional.[7] Para piorar as coisas, a alteração do clima global tende a intensificar as secas que esporadicamente devastaram e desertificaram as regiões subcontinentais.

A resposta à disponibilidade decrescente de água doce não é tentar obter mais.[8] Os seres humanos já utilizam um quarto do seu total em circulação natural na Terra e mais da metade da água parada acessível.[9] Novas represas podem aumentar modestamente esta última, mas são custosas e prejudicam o meio ambiente. Mesmo que as melhores localizações não tivessem já sido ocupadas há muito tempo, nenhuma estratégia de acumulação tem condições de acompanhar o atual índice de crescimento demográfico e a demanda.[10] Enquanto é provável que a população crescerá 45 por cento nos próximos trinta anos, o aumento projetado da água parada acessível não ultrapassa os dez por cento. Mesmo tendo investido mais de 400 bilhões de dólares no represamento nos últimos cem anos,[11] os Estados Unidos, com toda a sua riqueza e o seu avanço técnico, enfrentam deficiências nada fáceis de remediar. Como declarou uma autoridade em 1984, "O estoque de água do Ocidente está sendo quase totalmente utilizado. É difícil imaginar projetos importantes de construção que aumentem significativamente o estoque atual".[12] Ademais, os 80 mil reservatórios e represas do país não foram inteiramente benignos: durante os anos do *boom* dos projetos de acumulação, o país perdeu mais de sessenta por cento dos pântanos do interior, poluiu a metade da quilometragem dos cursos de água e perdeu ou degradou seriamente muitos cardumes importantes.[13] Aqui como no estrangeiro, no que diz respeito tanto à água quanto à energia, a única solução prática em larga escala consiste em tratar de usar o que temos com muito mais eficiência.

A maioria dos países, sobretudo os industrializados, continua cometendo com a água os mesmos erros que perpetrou com a energia.[14] Esgota os estoques não renováveis e insiste em procurar mais água em vez de utilizar as fontes inexauríveis de modo mais produtivo e aumentar a captação mediante a pecuária, a agricultura e o reflorestamento restauradores. Serve-se de água potável de altíssima qualidade para quase todos os fins, inclusive na descarga dos banheiros ou na lavagem do chão. Constrói grandes represas e grandes projetos sem reflexão, sem indagar qual é a melhor solução e a dimensão mais adequada ao trabalho.

Afortunadamente, a mentalidade está mudando. Um grande número de técnicas acessíveis e emergentes tem viabilizado o aumento radical da produtividade da água diretamente onde ela é consumida. Pode ser que tais tecnologias e métodos de administração, além das novas maneiras de implementá-los e recompensá-los, possibilitem aos países cumprir, no mundo inteiro, a promessa da política da água da África do Sul: "Um pouco, para todos, para sempre". Esses avanços não chegaram cedo demais. A totalidade da água que puder ser razoavelmente obtida será necessária para abastecer o mundo no próximo século e, ao mesmo tempo, proteger o capital natural do qual depende a vida.[15]

A SEQUIDÃO

A agricultura gasta o dobro da água consumida por todos os prédios, indústrias e minas dos Estados Unidos. Foi responsável por 81 por cento do uso em 1995. Nesse mesmo ano, 88 por cento da água de irrigação do país foram para os dezessete Estados do Oeste, nos quais a grande maioria dos departamentos responsáveis a extraíam do subsolo mais depressa do que se recompunham os lençóis freáticos. O padrão é antigo. A água doce dos rios é fornecida à agricultura graças a um programa de subsídios federais que remontam ao século XIX. A Califórnia construiu sobre a água um vasto setor agrícola de tal modo subsidiado que 57 por cento da água destinada à agricultura alimentam quatro culturas que produzem apenas dezessete por cento da renda agrícola.[16] Há muito tempo que o Arizona emprega água subsidiada para cultivar o algodão e a alfafa em terrenos alagados de um deserto. Os Estados à margem do rio Colorado, inclusive cinco dos dez que registram crescimento mais rápido nos Estados Unidos, já alocaram, no papel, mais água do que há no rio, sendo que, em muitos anos, este nem chega a desaguar no mar.

Muitos projetos faraônicos caíram no ridículo. O corpo de engenheiros do exército queria bombear o rio Missouri montanha acima a fim de reabastecer os lençóis freáticos do Kansas e outros, muito embora, com essa água, não se pudesse plantar nada que rendesse o suficiente para financiar a energia das bombas.[17] O Texas Water Plan precisaria de sete usinas elétricas do tamanho da de Chernobyl para bombear a água mais de novecentos metros Mississípi acima, a uma região do oeste do Texas. O sonho mais tresloucado, a North American Water and Power Alliance, teria refeito toda a instalação hidráulica do oeste da América do Norte. Propunha uma barragem de oitocentos quilômetros ao longo da Rocky Mountain Trench, nas proximidades dos parques nacionais de Banff e Jasper, e desviar os principais rios do Alasca, do território de Yukon e da Colúmbia Britânica a fim de abastecer todo o Canadá, os Estados americanos do Oeste e do Meio Oeste (bombeando a água por cima das Montanhas Rochosas como era necessário) e o norte do México. Esse projeto mastodôntico, que finalmente abortou, teria custado não muito menos que um trilhão de dólares. Proposto como se fosse a coisa mais normal do mundo, o plano foi a expressão suprema da disposição das pessoas de pôr água onde ela não existe.

Sob os Planaltos da América, que se estendem do norte do Texas ao de Dakota, encontra-se o Lençol Freático de Ogallala, um depósito pleistocênico com área maior que a da Califórnia. Por volta de 1990, extraía-se dele um índice de noventa centímetros a três metros por ano a fim de abastecer trinta por cento da irrigação norte-americana baseada em águas subterrâneas.[18] Reconstituindo-se a um ritmo de menos de 1,2 centímetro por ano, partes do lençol estavam muito próximas do esgotamento; de cinqüenta por cento a dois terços da parcela economicamente recuperável do Texas já haviam sido extraídos em 1980.[19] Sem embargo, dois quintos do gado confinado dos Estados Unidos alimentavam-se dos cereais cultivados com os depósitos do lençol de Ogallala. Para acrescentar peso suficiente a um touro confinado de modo a pôr meio quilo a mais de carne na mesa, a cultura desses cereais consumia até 45,3 quilos de solo perdido, erodido, e mais de 3.628 quilos de água subterrânea da era glacial.[20]

A "corrida da água" inicial que, dos anos 50 aos 80, pontilhou os Planaltos com irrigação de pivô central (são as regiões circulares de terra irrigada vistas por quem sobrevoa o país) presumia recursos hídricos inexauríveis. Um estudo dos agricultores e pecuaristas dos Planaltos constatou que só a metade adotara três das 39 práticas de eficiência irrigatória disponíveis.[21] No início da década de 1990, o esgotamento e a energia de bombeamento obrigaram as cidades mais afetadas a redescobrir a agricultura de terra seca. Algumas, como Hays, no

Kansas, onde a água era considerada abundante há vinte anos, estão hoje voltando-se para a eficiência hídrica a fim de garantir a própria sobrevivência.[22] Muitas vezes não se trata apenas de saber se existem águas subterrâneas, mas se é possível bombeá-las até a superfície.

A dependência de estoques cada vez mais escassos não se limita à agricultura: abastecer Las Vegas passou a ser uma obsessão regional. Utiliza-se cada gota de água que possa ser economizada, comprada, tomada emprestada ou adquirida de qualquer outro modo nas regiões de Nevada e do resto do Oeste para prover a expansão subsidiada da cidade, criando, com efeito, uma segunda Los Angeles num país em que já sobra uma. Mesmo nos Estados chuvosos do Leste, a maior parte das cidades, mesmo as que contam com populações relativamente estáticas, sofreram recentemente escassez de água.

A SOLUÇÃO DA EFICIÊNCIA

A combinação da diminuição dos subsídios federais e o fim da época das grandes represas com as restrições energéticas e ambientais, o crescimento populacional e as pressões para o crescimento econômico está criando um futuro de água mais escassa e mais custosa, mesmo em um país rico em recursos hídricos, dinheiro e tecnologia como os Estados Unidos. Afortunadamente, estão surgindo soluções, no lado da demanda, capazes não só de evitar a maior parte das deficiências hídricas como, tal qual no caso da energia, de converter o déficit em abundância.

Quase despercebidos dos leigos e afastando-se radicalmente das convicções e experiências dos planificadores hídricos,[23] os agricultores, os paisagistas, os construtores e os engenheiros industriais norte-americanos, assim como as comunidades, estão fazendo progressos impressionantes no uso mais produtivo da água. O gráfico da próxima página[24] mostra que em todos os setores — principalmente no da agricultura, no da indústria e no da geração de energia — a eficiência geral do uso da água vem aumentando desde 1980. Mesmo com o crescimento demográfico e econômico, a quantidade de extração de água doce por americano caiu 21 por cento no período 1980-95, sendo que a extração de água por dólar do PIB real reduziu-se em nada menos que 38 por cento; com mais do dobro da rapidez do desenvolvimento da eficiência energética.

Esse sucesso começa a refletir-se no mundo inteiro: em 1995, as extrações mundiais de água foram de aproximadamente a metade do que os planificadores haviam previsto trinta anos antes, extrapolando as tendências históricas.[25] E isso é apenas o começo. Em todos os setores e em toda a sociedade surgem oportunidades de economizar água, dinheiro e capital natural.[26]

A AGRICULTURA

Ninguém tem mais consciência de custo que um agricultor bem informado. Como disse Wayne Wyatt, administrador do High Plains Underground Water Conservation District, em Lubbock, Texas: "O nervo do bolso é hipersensível". Os agricultores de seu distrito estão começando a regar as plantações somen-

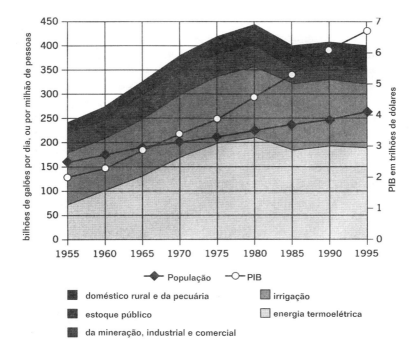

- População -O- PIB
- doméstico rural e da pecuária
- estoque público
- da mineração, industrial e comercial
- irrigação
- energia termoelétrica

te quando necessário, não mais com uma programação regular. Uma técnica comum é um bloco de gesso de um dólar, mais ou menos do tamanho de um torrão de açúcar, enterrado perto da raiz. Uns fios embutidos no gesso sobem até a superfície e se conectam a um medidor que indica a umidade do solo. Em muitas regiões, tais leituras estão poupando de um a dois terços da água sem prejudicar a produção permitindo aos produtores distribuir a água mais uniformemente nas plantações e, ao mesmo tempo, programar a irrigação com mais eficiência. Essa técnica também corta as despesas de bombeamento e reduz o escoamento dos sais e dos produtos agroquímicos do solo.

O ensino de técnicas que economizam água é um instrumento poderoso. Uma pesquisa de 1990-91, no Oregon, mostrou que a visita típica de três horas de um consultor poupou rapidamente de um décimo a um quinto da água dos agricultores e, por vezes, o dobro dessa quantidade apenas com o aprimoramento da administração.[27] Uma vez adotados esses avanços na "boa administração doméstica", os agricultores têm ao seu dispor uma lista mais longa de aperfeiçoamentos nos quais investir. Em Lubbock, uma década de aplicação de tais métodos economizou de um quarto a quase a metade da água e praticamente impediu o esgotamento dos lençóis freáticos.[28]

Melhores estruturas de preços podem oferecer incentivos racionais a investir em poupanças que custam menos que os novos estoques. Em 1989, o Broadview Water District, do Vale de San Joaquin, na Califórnia, estabeleceu uma meta de intensidade hídrica dez por cento abaixo da média de 1986-88 em todas as culturas, além de tributar com rigor o uso excessivo da água. O consumo por hectare caiu dezessete por cento; e o total, quase 25 por cento.[29] Na Califórnia, o maior vendedor de água por atacado, o Metropolitan Water District of Southern California, torna a comprar dos distribuidores o que se "poupou"; só um deles, o Imperial Irrigation District, investiu em tecnologias de economia de água que lhe permitiram revender anualmente ao fornecedor nada menos que *121 bilhões* de litros anteriormente desperdiçados.

No caso das grandes fazendas que, pode-se demonstrar, muitas vezes desperdiçam a metade da água que consomem, a mais poderosa resposta, em termos de eficiência, baseia-se na tecnologia. Diversos produtores vêm adotando uma técnica que rega mais da metade das terras agricultáveis de Israel e 400 milhões de hectares na Califórnia.[30] Emprega "emissários" calibrados ligados a tubos de plástico enterrados que fornecem a água diretamente às raízes das plantas, gota a gota, conforme a necessidade. As Fazendas Sundance, de Howard Wuertz, cultivam 955 hectares de algodão, trigo, cevada, sorgo, milho, melancia, cantalupo e milho doce com esse método no ondulado vale Casa Grande. Quando Wuertz iniciou a conversão em rega subterrânea, em 1980, sua irrigação de sulcos inundados, bem melhor que a maioria, aproveitava só a metade da água aplicada. Seu sistema durável de gotas elevou esse índice para 95 por cento e resultou no aumento da produção e em outros valiosos benefícios.[31]

A irrigação superficial gota a gota pode vir a ser um fator decisivo no aumento da produção de alimento no mundo. Dois terços da extração de água doce para o consumo humano, em todo o planeta, destinam-se à irrigação, sendo que 93 por cento das áreas irrigadas a recebem por alagamento, o método menos eficiente. Só na metade dessa área, a adoção da irrigação de eficiência dupla, gota a gota e de aspersão,[32] levaria a poupar água suficiente para abastecer a irrigação necessária para alimentar os 2,6 bilhões de pessoas a mais que devem habitar a Terra em 2025.[33]

Outra inovação israelense, desenvolvida pela Arava R&D, enriquece a água da agricultura com a criação de peixe comestível em gigantescas "Aqua-Bubbles" [aquabolhas] de plástico, que impedem a evaporação e controlam a temperatura. O peixe não consome a água e lhe acrescenta nutrientes que, posteriormente, vão fertilizar as plantações. Tais sistemas chegam a produzir cerca de 700 gramas de peixe por 3.800 litros de água por ano: um aproveitamento impressionante do espaço no deserto.[34] Os pesquisadores de Israel e do Arizona's Desert Research Institute também vêm fazendo estimulantes progressos com as "halófilas": culturas que preferem a água salobra, abundantíssima em muitos países.

O PAISAGISMO

Os parques, os jardins e as paisagens precisam de água sobretudo no verão, quando ela é mais escassa e seu abastecimento, mais custoso. Geralmente, eles respondem por algo entre dois e quatro quintos da demanda dos serviços de fornecimento. Porém, certos avanços relativamente modestos são capazes de reduzir em até cinqüenta por cento o consumo de água ao ar livre.[35]

O movimento *Xeriscape*, uma prática de *design* que cria paisagens elegantes e eficientes em água, conta atualmente com associações estaduais que vão da Califórnia à Flórida. O paisagismo bem projetado de pouca água não só é bonito como também oferece refrigeração natural, proteção contra incêndio e hábitat para aves e animais silvestres. Não exige medidas radicais como transformar relvados em plantações de cáctus; já se desenvolveram gramados, frugais no consumo de água, tão atraentes quanto as variedades tradicionais.[36] Uma sofisticada avaliação de Jim Knopf mostra que as paisagens com a metade do custo das de irrigação comum conseguem quase eliminar o consumo de água nos jardins de Denver sem, contudo, nada perder em beleza.[37] O paisagismo eficiente em água também poupa insumos como a mão-de-obra, os fertilizantes, os herbicidas e o combustível, além dos resíduos agroquímicos, do ruído, dos efluentes, das rachaduras no pavimento e nos alicerces e da geração de lixo de jardim. As ilhas eficientes entre as pistas das avenidas de Palm Desert, na Califórnia, que foram bem recebidas pela população, reduziram em 85 por cento os custos de água e manutenção e diminuíram a deterioração da rua e os acidentes de trânsito (causados pelas derrapagens no asfalto molhado). As poupanças se multiplicam ainda mais quando plantas bem escolhidas são regadas com tecnologias eficientes, administradas de maneira eficiente e, preferivelmente, utilizam água de chuva armazenada.

A maneira mais simples de eliminar a necessidade de aguar a paisagem consiste em replantá-la com a flora que a evolução adaptou para viver no lugar. Reformas de poupança compartilhada transformaram as sedes das grandes empresas de boa parte do Meio Oeste americano, substituindo os gramados convencionais por canteiros de diversos tipos de relva nativa,[38] coisa que se transformou em uma atração turística: um "panorama de ervas e flores silvestres que produz uma mistura de cores e texturas em todas as estações do ano".[39] A AT&T descobriu que tanto no começo quanto a longo prazo, uma campina dessas perto de Chicago custaria muito menos[40] que a grama comum. Ademais, esta última, produzida no clima úmido de Kentucky, tem raízes curtas, que retêm tão pouca água que a da chuva se escoa, de modo que a irrigação é necessária mesmo depois de um aguaceiro. A relva dos campos, resistente à seca e ao terreno duro, tem raízes que chegam a se aprofundar três metros no solo e regam as plantas gratuitamente.

OS EDIFÍCIOS

As residências e os prédios comerciais gastam doze por cento da água dos Estados Unidos, incluindo-se o consumo externo. A moradia típica de uma família norte-americana utiliza, diariamente, cerca de 265 litros por pessoa dentro de casa. Esse número reduzir-se-ia em até cerca de 52 por cento com um mínimo de aprimoramento ou em até quarenta por cento (dos quais vinte podem retornar na forma de água[41] reciclada reutilizável na rega das plantas do jardim) mediante a introdução de banheiros, máquinas de lavar roupa e de lavar pratos, chuveiros, torneiras e água suja reciclada para a descarga. Atualmente, estão disponíveis avanços ainda mais impressionantes nas seguintes instalações e utensílios:

AS DESCARGAS (26 por cento do consumo doméstico, excluindo-se as que têm vazamento). A descarga do vaso sanitário padrão, nos Estados Unidos, requer mais água do que a maioria dos indivíduos e muitas famílias, no mundo, usam para atender a todas as suas necessidades diárias.[42] Mas a tecnologia já reduziu as unidades norte-americanas dos outrora dezenove a dezesseis litros por descarga (lpd) para seis ou menos sem prejudicar o desempenho.[43] Há ainda três diferentes métodos de implementar privadas funcionais e atraentes que não usam água *nenhuma*: os mictórios sem água, os vasos sanitários separados e as privadas *compostas*.

A maior parte do fluxo da descarga é apenas para a urina, que pode descer perfeitamente pelo ralo sem ajuda. Os mictórios públicos geralmente são enxaguados com válvulas permanentemente abertas, *timers* ou sensores infravermelhos (1-3 lpd). Contudo, os mais recentes modelos de fibra de vidro, sem água,[44] utilizam películas repelentes de líquido, contornos sutis que facilitam a drenagem completa e um produto biodegradável especial, mais leve que a urina, capaz de eliminar o odor. Funcionam bem, têm custo instalado inferior ao dos mictórios que consomem água e economizam aproximadamente de 151 a 227 mil litros por unidade por ano.[45]

Desde que Thomas Crapper inventou a privada, muitos sanitaristas a consideram uma das tecnologias mais tolas de todos os tempos: no esforço de torná-las "invisíveis"[46], ela mistura as fezes portadoras de elementos patogênicos com a urina relativamente limpa. A seguir, dilui essa pasta[47] em água potável com cerca de cem vezes[48] o seu volume e, mais adiante, mistura a porcaria resultante com toxinas industriais, no sistema de esgoto, transformando "um excelente fertilizante e condicionador do solo"[49] em um grave problema de resíduos de que se desfazer.[50] O fornecimento de água potável, o tratamento do esgoto e toda coleta entre uma coisa e outra exigem sistemas cujo custo corrói os recursos mesmo dos países ricos, para não falar dos 2 bilhões de pessoas que carecem de saneamento básico. A Organização Mundial de Saúde declarou que a rede de esgotos levados pela água não tem como atingir nenhum de seus objetivos declarados — eqüidade, prevenção de doenças e sustentabilidade[51] — e propõe que só com técnicas mais modernas (e sem água) é viável abastecer as cidades do mundo de água para beber, cozinhar e lavar.[52] Entrementes, um novo purificador de água a energia solar, acessível a qualquer vilarejo, é capaz de acabar com a tragédia das moléstias transmitidas pela água.[52a]

Nos banheiros suecos, introduziu-se um *design* mais sensível que as obsoletas privadas com descarga. Trata-se de um vaso com dois compartimentos para separar as fezes da urina, que é o excremento humano de maior valor nutriente:[53] as duas saem do corpo separadamente e devem ser jogadas fora desse mesmo modo. Com a ajuda de uma torneira fora do prédio, é bastante simples colher ou vender como valioso fertilizante[54] a urina armazenada em um pequeno tanque, assim como secar e embalar, compor ou dar outro tratamento a nove ou dez quilos de fezes por pessoa por ano. Na Suécia, um país conhecido pelo refinamento higiênico e estético, já se venderam mais de 50 mil desses sistemas de compósito seco nos 42 modelos dos 22 fabricantes; custam um pouco mais na compra, sendo que, na instalação, chegam a ser mais baratos que um vaso não compartimentado mais a conexão com o esgoto.[55] Se forem igualmente aperfeiçoados, os novos sanitários que separam a urina (utilizados às centenas na Suécia e no México) podem reduzir muito — ou talvez eliminar — o consumo de água nos banheiros, como já permitiram alguns modelos populares de compósito seco. As privadas passariam a poupar a coleta e o tratamento do esgoto, os custos agrícolas, e ainda beneficiariam o solo.

OS CHUVEIROS (18 por cento do consumo dentro de casa). O chuveiro americano grande gastava, tradicionalmente, de 23 a trinta litros de água por minuto (lpm) e muitos ainda gastam. Em 1992, o máximo legal das novas unidades passou a ser 9,4 lpm. No entanto, hoje em dia, pode-se tomar banho de chuveiro com massagem ou de qualquer outro tipo com um dos trinta modelos comercializados de duchas de alto desempenho, que gastam apenas de quatro a seis lpm ou até menos. Elas são vendidas, no varejo, por cerca de treze dólares, mas pagam-se a si mesmas em questão de meses só com a economia da energia de aquecimento da água.

Alguns chuveiros mais avançados[56] têm um único orifício de plástico escorregadio, de modo que não se entopem nem mesmo com a água mais calcária. Seu misturador, que combina água com ar, emite um forte jato massageador. Uma variante oferece uma ducha satisfatória com apenas algumas libras de pressão por polegada quadrada — produzida pela gravidade a partir de uma caixa-d'água no sótão — embora gaste apenas de seis a 7,5 lpm.[57] Também estão à disposição dos mais frugais ou mais curiosos uns "taxímetros" portáteis que medem o fluxo e a temperatura e mostram os dólares gastos.

AS PIAS (15 por cento do consumo dentro de casa). As pias também são grandes consumidoras de água, porém as adaptações nas torneiras são a maneira mais fácil e barata de economizar. Um dispositivo de um dólar, com rosca, combina a água com o ar a fim de fazer uma mistura espumosa que molha tanto quanto o dobro da água normalmente utilizada. Uma pequena válvula permite que o fluxo se detenha momentaneamente, para voltar à temperatura estabelecida sem nenhum desperdício ao ajustar o misturador. Existe ainda a alternativa de um dispositivo de bloqueio e canais internos[58], em um "fluxo laminar" de 5,5 a 9,5 lpm, que produz uma corrente suave e sólida capaz de umedecer os utensílios com a metade da água, mas também capaz de encher um recipiente sem demora quando totalmente aberto.

A LAVAGEM DA ROUPA (23 por cento do uso dentro de casa) e a dos pratos (um por cento). As lavadoras mudaram pouco em um século. O *design* americano padrão, de eixo vertical, bate a roupa em um grande tanque cheio de água.

As máquinas de eixo horizontal, ao contrário, comuns em outros países e nas lavanderias dos Estados Unidos, colocam cerca de 40-75 por cento menos água no fundo do tanque e fazem com que a roupa gire dentro dele.[59] O sabão rende muito nessas máquinas porque fica mais concentrado quimicamente. A roupa dura mais porque não é agitada; elimina-se também o emaranhamento, sendo que sobra espaço para os itens volumosos. Os ciclos de centrifugação se abreviam, equilibram-se e tornam-se mais eficazes. Essas vantagens, além das imposições do padrão federal, levaram a maior parte dos fabricantes norte-americanos de lavadoras a introduzir o eixo horizontal ou o diagonal entre 1996 e 1998. Recentemente, essas máquinas eficientes em recursos têm gerado um retorno de 3,5 anos em uma lavanderia automática de Portland, no Estado do Oregon, cujos clientes atestam custos inferiores de lavagem e roupa mais limpa.[60]

Os amplamente acessíveis detergentes que anulam a gordura, a proteína e o amido são capazes de lavar os pratos melhor e mais depressa, com menos água e a temperaturas mais baixas. Também as máquinas de lavar pratos estão evoluindo, sendo que alguns modelos ajustam o consumo da água à sujeira da carga.[61] No final da década de 1980, uma empresa[62] chegou até a inventar uma pequena lavadora que *dispensava* a eletricidade — bastava a pressão da água quente da torneira da pia da cozinha — para banhar os pratos em um ciclo de vários minutos e, a seguir, secá-los. Além de funcionar em silêncio, tanto que podia ser usada durante as refeições, a "Ecotech" conseguia reduzir muitas vezes o consumo de água. O produto não chegou ao mercado, porém as máquinas de lavar pratos ultra-sônicas já estão sendo instaladas nas cozinhas dos Estados Unidos, e as lavadoras de roupa ultra-sônicas provavelmente estão a caminho.

OUTRAS POUPANÇAS NO SISTEMA E DENTRO DE CASA. O encanamento velho e mal cuidado tende a vazar. Mesmo os bons sistemas de abastecimento urbano perdem um décimo da água; na média das cidades norte-americanas, aproximadamente um quarto; em Bombaim, um terço; em Manila, mais da metade.[63] Só no ano fiscal de 1990-91, a cidade de Nova York empregou 26 pessoas e 1,5 milhão de dólares no estudo dos quase 92.000 quilômetros de encanamento de água. Isso resultou no reparo de 66 canos quebrados, 671 com vazamento e economizou 185,5 milhões de litros por dia.[64] Desde então, o conjunto do sistema tem sido reexaminado de três em três anos, sendo que os vazamentos diminuíram 75-80 por cento. As travas magnéticas dos hidrantes fizeram também com que os índices de uso abusivo caíssem a menos de dez por cento, economizando acima de 378,5 milhões de litros nos dias quentes do verão (por mais que isso decepcione as crianças nos bairros). Tal aumento de eficiência reduz permanentemente as perdas, tornando desnecessários os custosos planos de expansão.[65]

Nos Estados Unidos, um décimo do consumo doméstico típico[66] deve-se ao vazamento das válvulas de descarga, das torneiras e dos canos velhos.[67] Os vasos sanitários são os grandes vilões, geralmente chegam a gastar 2.840 litros por mês contra os 1.140 de uma torneira com vazamento.[68]

Atualmente, vêm se tornando acessíveis técnicas de monitoração de vazamento, muitas vezes integradas a medidores automáticos, que reduzem os custos. Em tais sistemas, os vazamentos agudos disparam um alarme, avisando os usuários, os serviços de fornecimento ou os encanadores.[69] As companhias de seguro aprovam esse conceito e é possível que acabem dividindo a despesa ou oferecendo descontos aos clientes que o adotarem.

TECNOLOGIA *MAIS* COMPORTAMENTO. As tecnologias de eficiência já disponíveis comercialmente, quando combinadas, são capazes de dobrar ou triplicar a eficiência hídrica sem perda de serviço ou de conforto, sem alteração na fonte de água e sem dependência da recuperação da água usada que se elimina.[70] Contudo, a eficiência hídrica depende não só da tecnologia, mas também do comportamento — que, por sua vez, é parcialmente influenciado pelo fato de as pessoas saberem quanta água gastam, para que, a que custo, com que conseqüências.

Na década passada, cidades que anteriormente não o faziam, como Denver e boa parte de Nova York, passaram a instalar medidores de água. Cobrar das residências o seu uso real, em vez de uma taxa fixa, chega a reduzir o consumo em um terço. As tarifas que aumentam com o consumo (tarifas "invertidas"), no lugar dos descontos de qualidade, poupam ainda mais.[71] Em Santa Bárbara, a tarifa de emergência aumentou o preço geometricamente com o uso acima de 27 vezes o nível básico.[72] Geralmente, a melhor estratégia consiste em elevar o custo marginal *e* informar o consumidor. Palo Alto poupou 27 por cento do consumo de água nos anos de seca não só com o aumento das tarifas, mas também contratando estudantes universitários para informar os habitantes que gastavam mais sobre as oportunidades de eficiência.[73] Uma experiência de 1994, no árido Parque Nacional Kruger, na África do Sul,[74] utilizou tecnologias simples e pouco sofisticadas, a informação e tarifas medidas para economizar 74 por cento da água e 52 por cento da eletricidade, em lugar das tecnologias padronizadas, da falta de informação e da tarifa fixa. O efeito combinado revelou-se maior que a soma de suas partes. Em compensação, a introdução apenas de material informativo por escrito, sem o concurso de tecnologias mais avançadas ou alteração nos preços, não foi de grande ajuda (o consumo de água *aumentou* três por cento).

OS BENEFICIOS DA QUALIDADE DA AGUA. Bombear excessivamente a água subterrânea não só esgota o recurso como também tende a levar a contaminação química para os poços. Isso fez com que os 360 mil habitantes de Fresno enfrentassem uma crise de água que os obrigou a fechar 35 poços e aperfeiçoar a eficiência hídrica de 125 mil residências a fim de desacelerar a infiltração do biocida agrícola dibromocloropropano.[75] Em San Simeon, na Califórnia, a eficiência, que diminuiu em 28 por cento o bombeamento da água subterrânea em um ano, amenizou a entrada de água salgada nos poços de água doce.[76] A eficiência da irrigação no Central Platte Natural Resource District de Nebraska reduziu a contaminação dos lençóis freáticos com fertilizante à base de nitrogênio, baixando os perigosos níveis de nitrato nos poços.[77]

A eficiência hídrica pode igualmente aliviar uma estação de tratamento de esgoto sobrecarregada, sem custos de aperfeiçoamento ou expansão, geralmente permitindo-lhe funcionar melhor devido aos fluxos reduzidos. A eficiência também melhora o funcionamento dos sistemas sépticos individuais. Um estudo de doze casas constatou que a economia de um quarto à metade do uso doméstico da água reduziu muito as deficiências dos sistemas sépticos, tornou seu tratamento mais eficaz e provavelmente levaria a diminuir os custos operacionais a longo prazo.[78] Em Estados como a Flórida, onde aproximadamente dois quintos das residências servem-se do tratamento individual, no próprio local, da água usada, esse benefício triplo — melhor qualidade da água, fornecimento mais seguro e mais acessível de água e energia — tem importância estratégica.

A INDÚSTRIA

O gráfico da página 203 também ilustra a expressiva economia de água realizada pela indústria norte-americana. Muitas vezes, tal poupança também incluiu reduções nas descargas poluentes. Em 1995, as empresas não agrícolas consumiram 38 por cento menos água que em 1970 e, ao mesmo tempo, aumentaram em 69 por cento a produção real, o que representa uma redução de 63 por cento na intensidade hídrica.[79] As indústrias da Califórnia realizaram economias ainda mais rápidas na década de 1980: uma diminuição de 46 por cento na intensidade hídrica em apenas três anos.[80] Outros exemplos sugerem que é possível economizar muito mais:

- A Pacific Coca-Cola reduziu em 79 por cento a necessidade de água para o enxágüe de uma linha de latas usando o ar para limpar o interior das latas antes de enchê-las.[81]
- Um centro de idosos de Calvert County, em Maryland, propôs a construção de cinqüenta novos apartamentos. As novas instalações hidráulicas deviam custar 135 mil dólares. Em vez disso, a readaptação das privadas de seis lpd, nas unidades existentes, economizou 58 por cento da água do centro, suprindo a capacidade necessária ao custo de somente 16 mil dólares.[82]
- Um fabricante de embalagens de papel do norte da Alemanha quase eliminou o uso da água reciclando completamente suas necessidades básicas em um processo sofisticadíssimo que, sucessivamente, sedimenta, faz com que flutue e filtra a fibra, além de reduzir a partículas as cargas a partir da água. Só é necessário 1,5 quilo de água por quilo de papel a fim de compensar a evaporação e prover o conteúdo de água do próprio papel. A necessidade de água residual ficou seiscentas vezes abaixo da norma européia de 1900 ou cerca de 15-20 vezes abaixo da alemã.[83]
- No período 1972-93, a Gillette Company reduziu em 96 por cento o uso da água na fabricação de lâminas de barbear no South Boston Manufacturing Center. Entre 1974 e 1993, o consumo de água da Gillette, na produção da Paper Mate, também caiu em noventa por cento.[84]
- A siderúrgica de Kansas City da Armco, atualmente chamada GST Steel Plant, utiliza a água pelo menos dezesseis vezes, purificando-a, entre um

uso e outro, em tanques de sedimentação. Por dia, ela consome apenas 13,6 milhões de litros, muito embora utilize mais que 189 milhões. Estão previstos purificadores e tanques de sedimentação adicionais para aumentar ainda mais a reciclagem da água e chegar a uma descarga zero, bem à frente dos padrões mais rigorosos.[85]

- Mesmo na fabricação de microprocessadores — uma das indústrias que mais dependem da pureza da água — obteve-se com sucesso a reciclagem de até 85 por cento da água.[86]

RECUPERAÇÃO DA ÁGUA USADA E DA CHUVA

Quando chove, o que cai nos prédios é água naturalmente destilada. Ela corre na superfície dos telhados impermeáveis e, canalizada pelas calhas, é levada para o esgoto, onde se mistura com dejetos humanos e resíduos industriais e é "levada embora" com grandes despesas.

Pelo contrário, o telhado da casa de Mike McElveen, em Austin, Texas, recolhe a média local de 81 centímetros de chuva por ano em dois tanques de 32 mil litros. Estando cheios, eles são capazes de fornecer 380 litros por dia — o suficiente para o consumo doméstico moderadamente eficiente de duas pessoas[87] — mesmo quando fica cinco meses e meio sem chover. À diferença da água de poço da região, a da chuva é pura, livre de calcário e não requer tratamento.[88] O sistema vem satisfazendo todas as necessidades do consumo doméstico das duas pessoas desde 1988, sendo que funcionou perfeitamente inclusive durante uma estiagem de três anos. O custo de capital do encanamento dos tanques e da superfície especial de coleta de água foi inferior à eventual despesa de uma nova perfuração do poço ou do encanamento até uma rede de fornecimento recentemente instalada. As contas de água são zero e os tanques, obviamente grandes, jamais chegaram abaixo de setenta por cento de sua capacidade.[89] Esses sistemas no próprio local são inclusive capazes de gerar outras poupanças porque seus enormes contêineres, que geralmente ficam a uma altura que aproveita a pressão da gravidade, podem reduzir o valor dos prêmios do seguro contra incêndio.

Colher a água da chuva, que era comum nos Estados Unidos do século XIX, continua sendo uma prática padrão hoje em dia, mesmo nas residências abastadas do Havaí e de ilhas como as Bermudas, onde muitas regiões carecem do serviço público de abastecimento de água. Em diversas regiões da Austrália, são obrigatórios os sistemas de coleta da água da chuva. As cisternas que a retêm são baratas em comparação com os investimentos de fornecimento de água e drenagem da chuva que elas tornam desnecessários. Um estudo de caso[90] em Byron, na Austrália, verificou que as cisternas dedicadas cinqüenta por cento a fornecer e cinqüenta por cento a reter a água da chuva — elas normalmente são mantidas semicheias para que haja espaço para esta última — seriam economicamente viáveis para que as autoridades as financiassem. Eram capazes de reduzir o calibre dos canos de esgoto e chegavam a ser quase eficientes, em termos de custo, para o serviço de abastecimento de água em comparação com outras alternativas de fornecimento. Somadas, essas economias tinham condições de financiar as cisternas particulares com as despesas públicas evitadas.

A água da chuva pode inclusive ser colhida na escala não de uma residência isolada, mas na de toda uma represa. Em um dia de agosto de 1998, enquanto o resto de Los Angeles se estorricava sob o sol inclemente do verão, o bangalô da década de 1920 da Sra. Rozella Hall, no centro de South Central, enfrentou subitamente um temporal de setenta centímetros — 30 mil litros em vinte minutos.[91] A água chegou a sair pelas mangueiras de incêndio. Um projeto implementado pelo Tree People estava demonstrando diversas técnicas de adaptação a sistemas mais avançados. Duas cisternas de 6.400 litros eletronicamente controladas,[92] o redirecionamento das precipitações, a graduação da retenção (áreas ligeiramente mais fundas de relvado para reter a água da chuva até que ela pudesse infiltrar-se no chão), um poço de drenagem na entrada de automóveis (para recarregar a água subterrânea mas, primeiro, para colher o vazamento de óleo de motor) e uma depressão gramada ou coberta de folhas secas para mais infiltração conservavam toda a água superficial no lugar. Tais medidas são capazes de absorver totalmente as enxurradas dos aguaceiros do inverno, fazendo com que a água dure o ano todo. Reproduzidas nas dimensões da cidade, essas técnicas podiam cortar 50-60 por cento da importação de água local, ajudar a controlar as enchentes e reduzir os resíduos tóxicos levados ao oceano. Melhorariam a qualidade do ar e da água, economizariam energia, reduziriam em trinta por cento o fluxo de resíduos de jardim rumo aos lençóis freáticos (os quais, aliás, se acumulariam como coletores de água e restauradores do solo), embelezariam os bairros e criariam empregos diretos (incluindo, talvez, 50 mil "administradores das bacias hidrográficas urbanas"). Um pacote de *software* interativo possibilita, atualmente, à administração pública municipal quantificar os múltiplos benefícios dessas práticas administrativas.[93] Em uma cidade como Los Angeles, onde, sem se comunicar entre si, dois departamentos estão gastando 1 bilhão de dólares por ano para importar água e mais meio bilhão por ano para removê-la ("controle de enchentes"), fechar o ciclo da água economizaria dinheiro em ambas as extremidades.[94]

Outro recurso hídrico onipresente, mas geralmente desperdiçado, é a "água suja" dos chuveiros, pias, banheiras e lavadoras: enfim, toda a água despejada em casa, com exceção da do vaso sanitário. Em conseqüência das secas generalizadas dos anos 80 e 90, o Legislativo da Califórnia, imitando Santa Bárbara e outras localidades, instruiu todo o Estado, em 1994, no sentido de utilizar com segurança a água usada na irrigação subterrânea. Atualmente, o California Plumbing Code[95] [Código Hidráulico da Califórnia] determina como a água usada deve ser controlada para a proteção da saúde pública, conservando-a no subsolo e longe das culturas alimentares. Os índices médios de recuperação e reutilização são de cerca de 190 litros por casa por dia, reduzindo aproximadamente pela metade o consumo total de água e economizando ainda mais nos prédios de apartamentos e comerciais, onde a água usada serve para a descarga dos banheiros. Tal sistema, no centro empresarial Roseland III, em Essex County, Nova Jersey, diminuiu em 62 por cento os 110 metros quadrados de água do complexo.[96]

SOLUÇÕES HÍDRICAS

Muitos edifícios de Salt Lake City servem-se de água salobra, em instalações hidráulicas separadas, especificamente para a descarga dos vasos sanitários. O serviço público de abastecimento de St. Petersburg, na Flórida, desenvolveu uma distribuição dual semelhante a fim de aproveitar a água recuperada em usos não potáveis, fornecendo cerca de 76 milhões de litros por dia — ou um terço do consumo total da cidade — para funções como a irrigação e a refrigeração. Esse plano eliminará a necessidade de novas fontes de água e de expansão do sistema de abastecimento até 2025.[97] Na região de Los Angeles, os serviços de água e esgoto revendem uma média anual de 238,5 milhões de litros por dia de efluentes recuperados de tratamento terciário, que, além de não conter vírus, correspondem aos padrões bacterianos e outros da água potável. São usados em mais de 140 lugares para fins não potáveis como irrigar os parques, os campos de golfe, as culturas alimentícias, dar de beber ao gado, manter cheios os lagos recreativos, mover os processos industriais, abastecer as torres de refrigeração, a construção, assim como recarregar a água subterrânea.[98] No começo de 1998, San Diego anunciou o primeiro projeto municipal importante de canalizar a água usada recuperada e com tratamento terciário para devolvê-la diretamente aos reservatórios. Embora sejam mais de mil nos Estados Unidos, os projetos de recuperação de água abastecem menos de um por cento do consumo total. Em contraste, o total recuperado de Israel era de quatro por cento em 1980 e foi de oito por cento (recuperando quarenta por cento do total da água usada) em 1998.[99]

RECUPERAÇÃO DA ÁGUA DAS ESTAÇÕES LOCAIS DE TRATAMENTO BIOLÓGICO

O Banco Mundial afirmou que as práticas européias e norte-americanas de tratamento do esgoto

> [...] estão longe de representar o zênite das conquistas científicas nem são o produto de um processo lógico e racional. Pelo contrário, [...] resultam de [...] uma história iniciada há cerca de cem anos, quando pouco se sabia da física e da química fundamentais do assunto e quando não se havia descoberto praticamente nada de aplicável na microbiologia. Essas práticas não são particularmente inteligentes, nem lógicas, nem de todo eficazes — e não é necessariamente isso que se faria hoje se esses mesmos países tivessem a possibilidade de começar de novo.[100]

A maior parte dos sistemas de tratamento de esgoto são grandes, centralizados e intensivos em capital: só Los Angeles colhe diariamente 3,8 bilhões de litros por intermédio de 10.500 quilômetros de canos. Os estudos já demonstraram que, se um sistema elétrico é projetado de maneira semelhante, a economia sofre pelos mesmos motivos presentes quando o que flui não é a eletricidade nos fios, mas a água ou o esgoto nos canos: em ambos os casos, a conexão com o consumidor é excessivamente longa e custa demais.[101] Evidentemente, os sistemas menores de fornecimento de água e tratamento de esgoto — muitas vezes na escala do bairro ou até mesmo do edifício isolado — são capazes de fornecer água mais limpa a custo muito inferior, sem ameaçar o meio ambiente nem a segurança. Um estudo oficial de Adelaide, a capital da Austrália do Sul, constatou que, embora ganhem certa economia de escala, as estações de tratamento tipicamente grandes acabam obtendo uma deseconomia ainda maior porque são obrigadas a pagar a rede de esgoto que colhe os dejetos de uma área maior. A canalização e as bombas dessa rede geralmente respondem por noventa por cento do custo total do tratamento da água usada. Projetados para aproveitar unicamente as vantagens do tamanho da estação de tratamento, sem levar em conta o custo de coleta, os *designs* consagrados são no mínimo dez — e podem chegar a mil — vezes maiores que o aceitável economicamente.[102] Os sistemas em escala reduzida "podem ser desenvolvidos mais prontamente e parecem capazes de concorrer com os sistemas existentes".[103]

Alguns especialistas acreditam que o próprio conceito de esgoto vem sendo questionado pelos novos vasos sanitários duplos descritos acima. Todavia, como a maioria das pessoas, nos países em desenvolvimento, já usam privadas com descarga e provavelmente continuarão usando-as durante muito tempo, a economia mais favorável do tratamento do esgoto em escala reduzida[104] está conduzindo a uma revisão do próprio *processo* de tratamento. Isso pressupõe medidas como o abandono da engenharia química e a adoção das técnicas biológicas que, mesmo em uma etapa relativamente precoce de desenvolvimento, já oferecem impressionantes vantagens ecológicas e econômicas.

O principal adepto dessa abordagem, a Living Technologies Inc.,[105] projeta, constrói e opera os sistemas inovadores de tratamento de esgoto denominados Living Machines [Máquinas Vivas], que eliminam a necessidade de cloro, polímeros, quaisquer sais de alumínio (alumens) e outros produtos químicos utilizados nas estações convencionais de tratamento da água usada. A construção de uma estação de tratamento biológico custa o mesmo ou até menos, sobretudo no caso dos sistemas de pequena capacidade. Produz fertilizantes valiosos e benefícios ao solo em vez do perigo de intoxicação química, tem a aparência de um jardim aquático, de uma estufa ou de um brejo, não cheira mal e produz água mais segura e de melhor qualidade.

Inventada pelo biólogo Dr. John Todd, a Living Machine trata a água à medida que esta vai passando por uma série de tanques abertos, geralmente situados em estufas solares passivas. Esses tanques estão povoados de uma série cada vez mais complexa de organismos: bactérias e algas; a seguir, comunidades de plantas; por fim, ecossistemas em miniatura produzidos pela engenharia, inclusive peixes, moluscos e crustáceos grandes. As películas de substrato fixo, as raízes das plantas e a superfície dos tanques fixam as raízes das plantas enquanto a água passa. O resultante sistema ecológico controlado maximiza a degradação biológica dos contaminantes tratando-os não como lixo, mas como alimento. Tais ecossistemas oferecem um grau de biodiversidade bem mais elevado que o das tecnologias anteriores de tratamento biológico (baseadas em umas poucas espécies), tratando, pois, uma amplitude bem maior de contaminantes com muito mais estabilidade e elasticidade. Algumas plantas, como o junco e certas flores, seqüestram os metais pesados, segregam antibióticos que matam os elementos patogênicos ou protegem a saúde humana de outras maneiras. Um simples tratamento com ozônio ou radiação ultravioleta da água final (geralmente armazenada em belos hábitats pantanosos ou em lagoas) seria suficiente para torná-la inclusive potável.

As Living Machines geram efluentes de qualidade superior à dos sistemas de tratamento secundário de esgoto. Os custos operacionais são aproximadamente os mesmos ou, por vezes, até inferiores. O consumo de energia também é o mesmo, posto que é possível um mínimo de aperfeiçoamento nas ventoinhas e no *design* do sistema (na linha "grandes tubulações e bombas pequenas" do Capítulo 6) capaz de lhes dar vantagem. Por mais avançada que seja, com relação ao tratamento convencional do esgoto, essa tecnologia não representa senão o começo do que é possível. No presente, só se recorre a um número insignificante de organismos para produzir tais resultados. Com uma análise mais completa da biota da Terra, podem-se esperar grandes avanços na eficiência, inclusive uma série diversificada de compostos e subprodutos comercializáveis.

Em 1998, a empresa instalou 23 sistemas nos Estados Unidos e em seis outros países. Eles estão autorizados em sete Estados, sendo que os *designs* existentes servem de um a dez mil lares. Como são inodoros e esteticamente agradáveis, os sistemas devem enfrentar menos resistência local que as estações de tratamento convencionais; ademais, não apresentam o perigo do cloro nem de outros produtos químicos. Na fria South Burlington, em Vermont, uma Living Machine de 1.950 metros quadrados, que alcançou o fluxo total do projeto em abril de 1996, está tratando 300 mil litros de esgoto municipal por dia, superando todas as metas do projeto e mostrando-se compatível com um bairro residencial.

A tecnologia também se presta à integração às regiões comerciais normais. Os visitantes poderiam entrar na elegante sede de uma empresa passando por um jardim com córregos e cascatas, repleto de tanques cobertos de flores e plantas aquáticas, habitados por peixes e outros organismos — sem saber, talvez, que esse jardim não é senão a estação de tratamento do esgoto do edifício. A sede do novo Centro de Estudos Ambientais do Oberlin College e a Body Shop, em Toronto, adotaram exatamente essa estratégia. A capacidade de integrar as Living Machines à paisagem também as habilita para o uso no processamento alimentar e industrial. A experiência positiva da Mars Company no tratamento de difíceis resíduos industriais em Henderson, Nevada, e em Waco, Texas, estimulou a empresa a encomendar três outras estações para as fábricas do Brasil, da Austrália e dos Estados Unidos.[106]

A IMPLEMENTAÇÃO

Muitos programas de eficiência hídrica têm origem na escassez, pois a ameaça de ficar sem água tende a preocupar as pessoas. (Os profissionais da eficiência hídrica falam no "ciclo hidroilógico": seca, preocupação, chuva, apatia, seca, preocupação, chuva, apatia...) Sem embargo, muitos dos esforços mais bem-sucedidos deram certo não porque exploraram um momento mais favorável ao aprendizado, mas porque, tal qual nos outros casos de eficiência de recurso, eles prestavam melhores serviços a menor custo.[107]

Em Goleta, Califórnia, a seca e a perspectiva de uma despesa de muitos milhões de dólares para acatar as normas de tratamento do esgoto da EPA* estimularam um programa municipal de 1,5 milhão que oferecia informação e incentivos aos 74 mil habitantes da pequena cidade para que diminuíssem o desperdício de água. O aperfeiçoamento técnico, além de algumas medidas emergenciais contra a seca (sobrecargas na estação de pico e um pouco de racionamento),[108] cortou em trinta por cento o consumo total no breve período 1989-90, ou seja, de uma média de 510 para 340 litros por pessoa por dia: o dobro da meta estabelecida. O fluxo do esgoto se reduziu em mais de quarenta por cento, permitindo à estação de tratamento existente funcionar com sua capacidade estimada e pelos padrões secundários da EPA.[109] A planejada expansão da estação ficou adiada por tempo indeterminado. Mais tarde, a economia total de água elevou-se a quarenta por cento. No verão seco de 1990, enquanto algumas comunidades vizinhas se viam obrigadas a cortar em 30-45 por cento o consumo de água, Goleta estabeleceu uma meta de apenas quinze por cento, evitando perturbações e dificuldades.

Nas cidades grandes, os esforços de ampla base no sentido de substituir os aparelhos domésticos, combater os vazamentos, proceder à medição, prover assessoria técnica e reestruturar as taxas geraram avanços permanentemente. Em que pese ao crescimento populacional, o consumo de água de Nova York está dezoito por cento abaixo do pico e continua diminuindo[110] — aliviando a pressão sobre as estações de tratamento de esgoto, cinco das quais estavam sobrecarregadas e seis a ponto de também ficar. Sem grandes despesas, Boston conseguiu poupar 24-27 por cento da água mediante o conserto dos vazamentos e equipando quase a metade das casas com redutores de vazamento, chuveiros melhores, dispositivos de aeragem das torneiras e barreiras nos vasos sanitários (a reforma total destes últimos economizaria ainda mais). Os mais de mil engenheiros e administradores que Boston treinou e entre os quais desenvolveu contato para a troca de informações também aplicarão seu conhecimento durante muitos anos, assim como o fará a próxima geração de profissionais naturais da cidade, que atualmente está sendo educada por meio de campanhas multimídia, do treinamento dos professores e de novos currículos escolares.

Nos bairros pobres de East Los Angeles, habitados sobretudo por negros e hispânicos, formou-se em 1992 uma parceria única entre os grupos comunitários e a CTSI Corporation,[111] uma empresa privada. A coalizão se viu às voltas com o problema de que o desconto de cem dólares na tarifa, em troca da substituição dos vasos sanitários, de nada servia para os muitos consumidores

---

* EPA — Environmental Protection Agency —, órgão responsável pela proteção ambiental nos Estados Unidos. (N. do T.)

que não podiam pagar o que restava da conta ou os que tinham de esperar dois meses pelo desconto. A CTSI firmou um acordo com a empresa prestadora do serviço público para comprar todo o lote inicial de mil privadas e usar os abatimentos para financiar outras mais, que os grupos sem fins lucrativos da comunidade, como o Mothers of East LA Santa Isabel (MELA-SI), se encarregariam de distribuir. Em breve, as pessoas estavam fazendo fila nos locais indicados, muitas vezes administrados pelos vizinhos, a fim de levar seus decrépitos e ineficientes vasos sanitários (que foram reciclados em material de pavimentação de estradas) e trocá-los por novos, assim como por chuveiros de alto desempenho e lâmpadas fluorescentes compactas. Essa mudança reduziu as contas de energia em cerca de 30-120 dólares por residência por ano, devolvendo o dinheiro ao bolso dos moradores e à economia da comunidade. O Metropolitan Water District of Southern California contratou a CTSI para viabilizar o programa em toda Los Angeles e no sul do Estado. A MELA-SI e outras oito associações comunitárias, que posteriormente se integraram ao programa, ganharam mais de 1 milhão de dólares participando dele. Empregaram esse dinheiro na contratação e no treinamento de equipes locais, as quais absorveram um bom número de desempregados, e para criar serviços comunitários como os programas de prevenção de doenças, a repressão aos *graffiti*, as creches, as bolsas de estudo e o desenvolvimento do centro da cidade. Os escolares também promoveram "eventos" de um dia de distribuição nas escolas — sendo que cada uma auferiu, mediante a remuneração de quinze dólares por vaso sanitário, 30 mil dólares para retomar as atividades estudantis suprimidas em virtude dos cortes orçamentários. No começo de 1996, os grupos comunitários que trabalhavam com a CTSI haviam distribuído mais de 300 mil privadas, economizando acima de 11,3 bilhões de litros de água por ano e criando mais de cem empregos. Os descontos nas tarifas, em diversas comunidades de toda a cidade, fizeram com que o total de vasos sanitários de seis lpd se elevasse a cerca de 33 por cento em janeiro de 1998.[112]

Na água que se consome dentro de casa, assim como no *design* da paisagem e na energia, estão disponíveis "prestadores de serviços" capazes de escolher, instalar e manter tecnologias energeticamente eficientes nas escolas, nos hotéis e nas residências, em troca do compartilhamento das economias.[113] Denver, no Colorado, passou a estimular esses empreendimentos incentivando os distribuidores de água a varejo, o departamento de parques da cidade e o setor privado com pagamentos pela água que economizam. As empresas e os irrigadores têm a possibilidade de utilizar tais pagamentos para contratar profissionais que projetem, implementem, combinem e calculem as poupanças.[114]

Os programas comunitários bem-sucedidos envolvem uma variedade de grupos de apoio e tipos de especialidade. A Austrália ocidental mobilizou os encanadores, que têm conhecimento prático do ramo, como a vanguarda da educação em eficiência hídrica e do esforço de instalação. Outras aliadas potenciais são as organizações de água, esgoto, energia, as religiosas e sindicais, as de desenvolvimento econômico, justiça social, as de defesa do meio ambiente, dos peixes e da vida silvestre, assim como as imobiliárias. Também existem novos métodos de implementação que criam mercados com a água economizada e promovem a concorrência na captação de oportunidades mais baratas. Por exemplo, em Connecticut, no Estado de Washington e na Califórnia, diferentes serviços públicos que fornecem água, tratamento de esgoto, eletricidade e gás estão se unindo para dividir as tarefas e os custos da distribuição, do *marketing*, da administração e da seleção de produtos para os programas eficientes em água que beneficiam a todos.[115]

Como de costume, os maiores benefícios da economia de água surgem da visão mais ampla das conexões e da maior integração do *design*. O controle da drenagem natural e do armazenamento da água, tal como se descreveu no Capítulo 5, não só economiza capital e água de irrigação como também cria lugares melhores para morar; além disso, evita enormes investimentos em bueiros, permitindo reinvestimentos para uma valorização ainda maior. De Chicago a Chattanooga e a Curitiba (Capítulo 14), essa nova abordagem da hidrologia urbana está começando a colher a chuva à medida que ela cai, devolvendo-a às águas subterrâneas e colorindo a cidade de verde.

Deixar que a água corra para o seu lugar, neste planeta aquático, é uma parte decisiva da sabedoria do capitalismo natural. Pois, como diz Carol Franklin, da empresa de arquitetura e paisagismo Andropogon, a água não se reduz, como supõe a maioria dos engenheiros civis, a meros litros de H_2O que podem ser retirados o mais depressa possível em grandes manilhas de concreto. A água é *hábitat*. Água é vida.

CAPÍTULO 12

O Clima
Fazer Sentido e Fazer Dinheiro

Uma gotinha de ar — A banheira atmosférica — Moléculas palpitantes — Uma capa térmica para a Terra — O que nós não podemos modelar — Como proteger o clima com lucro — Em Deus nós confiamos; todos os outros trazem dados — Mais que eficiência — Por que a energia nuclear não ajuda — Se Karnataka pode fazer — Quase todo mundo sai ganhando

Vista do espaço, a Terra é azul sobretudo porque está coberta de água. No entanto, não fossem certos gases-traço presentes na atmosfera, ela seria de um branco uniforme e glacial, e a vida, tal como a conhecemos, simplesmente não existiria.

A estrela local da qual dependemos irradia energia em todas as direções, uma pequena parte da qual[1] chega ao nosso planeta. Este, enquanto gira, se desloca e passeia em um universo inconcebivelmente frio, banhando-se no calor solar.[2] Os bilhões e bilhões de anos passados nessa assadeira cósmica alimentaram uma enorme diversidade de formas e processos vivos que, por meio da fotossíntese e da respiração, ajudaram a criar a atmosfera. É esse invólucro de gases que conserva a vida, como a conhecemos, agradavelmente quente.

A atmosfera terrestre pode parecer vastíssima para uma pessoa nela abrigada, mas os astronautas e cosmonautas percebem o quanto essa camada é fina em contraste com a negra amplidão do espaço. Os conservacionistas Jacques Cousteau e David Brower nos oferecem uma útil perspectiva: se a Terra fosse do tamanho de um ovo, toda a água do planeta seria apenas uma gota; o ar, se condensado na densidade da água, não passaria de uma gotícula quarenta vezes menor; e toda a terra arável teria o tamanho de um grão de pó quase invisível. Pois essa gota, essa gotícula e esse grão são o que fazem a Terra diferente da Lua.

A energia solar que aqui chega — aproximadamente um quinto de um quatrilhão[3] de watts — atinge a periferia da atmosfera a um índice cerca de 14 mil vezes maior que o da queima total de combustíveis fósseis provocada pelas pessoas que habitam a Terra.[4] Tal proporção dá a impressão de que a quantidade de combustível fóssil consumido é insignificante. Na verdade, porém, essa queima transforma, anualmente, cerca de $6\frac{1}{2}$ bilhões de toneladas de carbono — o carbono que, há dezenas de milhões de anos, foi fixado pela fotossíntese dos antigos pântanos e ficou enterrado em grandes profundidades na forma de carvão, petróleo e gás natural — em dióxido de carbono.[5] Há quem argumente que mesmo essa quantidade é insignificante em comparação com as emissões muito maiores de dióxido de carbono que fazem parte do ciclo natural da vida. Deveras, a troca constante entre o crescimento das plantas verdes com sua combustão, digestão e decomposição gera um fluxo anual de dióxido de carbono dezenas de vezes maior que o provocado pela queima de combustível. No entanto, aumentar esses ciclos naturais, mesmo em quantidades relativamente pequenas de carbono fóssil, tende a ampliar desproporcionalmente a quantidade de CO_2 na atmosfera. Pode-se encontrar uma explicação para esse fenômeno no banheiro.[6] Se você encher a banheira exatamente na velocidade com que a água escoa pelo ralo, os fluxos que entram e saem ficarão em equilíbrio. Mas basta abrir um pouco mais a torneira para que a banheira acabe transbordando.

Como há muito espaço para o CO_2 que estamos acrescentando, não há perigo de transbordamento. Contudo, à medida que se acumula devagar, ele vai recobrindo gradualmente o planeta em que moramos. A atmosfera da Terra, sem contar o vapor de água, contém, por volume, cerca de 78 por cento de nitrogênio, 21 por cento de oxigênio, 0,9 por cento de argônio e 0,039 por cento de outros gases-traço. O nitrogênio, o oxigênio e o argônio não têm efeito estufa; portanto, 99 por cento da atmosfera não oferecem, virtualmente, nenhum isolamento. Dos principais constituintes da atmosfera, só a água, o dióxido de carbono e o ozônio têm propriedades de aquecimento. Esses três gases contam com uma característica comum: todos eles têm três átomos. Qualquer molécula absorve a energia na freqüência em que ela vibra naturalmente. As moléculas simples de dois átomos, como a do nitrogênio e a do oxigênio, vibram em altas freqüências, como pequeninas molas muito comprimidas, de modo que não absorvem muito do calor residual que deixa a Terra na forma de energia infravermelha de freqüência mais baixa. Já o CO_2, o H_2O e o ozônio (O_3), pelo contrário, absorvem muito bem os raios de calor, pois seus três átomos criam uma configuração trinitária capaz de pulsar, palpitar e agitar-se no ritmo adequado para absorver e tornar a irradiar a maior parte dos raios infravermelhos que o calor da Terra emite.[7] Pelo mesmo motivo, outros poluentes de três átomos, como o óxido nitroso (N_2O) e o dióxido de enxofre (SO_2) são também fortes gases de efeito estufa.[8]

O dióxido de carbono constitui apenas $1/2.800$ da atmosfera. Em conjunto com outros gases-traço, mesmo essa ínfima quantidade torna a superfície da Terra[9] cerca de 15 °C mais quente, de modo que até uma porção adicional relativamente pequena é capaz de elevar significativamente a temperatura do planeta. Antes da revolução industrial, os gases-traço (inclusive o dióxido de carbono) constituíam 0,028 por cento da atmosfera. A partir de então, a queima do combustível fóssil, o desmatamento e a rarefação das florestas, a lavragem das campinas e outras atividades humanas aumentaram a concentração de CO_2 para 0,039 por cento, o nível mais elevado dos últimos 420 mil anos, sendo que a concentração de CO_2 continua crescendo constantemente à razão de meio por cento ao ano,[10] embora a taxa de emissões tenha caído ligeiramente em 1998.

Tal concentração tem importância porque a energia do sol incandescente é, *grosso modo*, uma mistura de cinqüenta por cento de luz semivisível com cinqüenta por cento de raios infravermelhos invisíveis. Se a atmosfera não tivesse gases de efeito estufa, quase toda a radiação solar que lhe atinge a camada exterior chegaria à superfície da Terra e retornaria imediatamente ao espaço. É isso que torna a Lua tão fria, pois ela carece de atmosfera: absorve a energia solar quatro vezes melhor do que a Terra (em parte porque não tem nuvens), porém sua superfície é, em média, 17°C mais fria porque lá não existe atmosfera que retenha o calor. A atmosfera da Terra, ao contrário, qual uma superjanela, é relativamente transparente para a maior parte da radiação que chega do Sol, mas quase opaca para as longuíssimas ondas de raios infravermelhos que se irradiam de volta ao espaço. A atmosfera retém esse calor feito um cobertor semitransparente. A resultante troca de energia entre a atmosfera e a Terra é 47 por cento maior que a energia que vem do Sol, coisa que explica o fato de a superfície da Terra ter, em média, 15 °C em vez de 0 °C. Também por isso a vida é possível. Esses poucos centésimos de um por cento da atmosfera constituídos de dióxido de carbono têm um papel decisivo no equilíbrio do calor.

A superfície aquecida da Terra tende a irradiar o calor rumo ao espaço, do mesmo modo que um bule quente o irradia até esfriar-se gradualmente e chegar à temperatura da cozinha. Colocar mais dióxido de carbono no ar é o equivalente a pôr uma capa térmica no bule: ela bloqueia o calor que escapa. Mas acontece que esse bule particular ainda está no fogão, pois a energia solar continua se acrescentando diariamente. Quanto mais a capa térmica bloquear o calor, ao mesmo tempo que o fogão segue adicionando calor em igual proporção, tanto mais quente há de ficar o café. A atmosfera funciona do mesmíssimo modo. Suponha que nós lhe acrescentemos CO_2 que retém o calor. Ora, mais raios infravermelhos que saíam serão absorvidos e novamente irradiados para baixo, aquecendo a superfície da Terra. O ar acima dela também se aquece; isso lhe permite reter mais vapor de água, o que significa ainda mais efeito estufa a conservar o calor e, possivelmente, mais nuvens. Dependendo da altura, da latitude e de outros fatores, essas nuvens adicionais são capazes de aumentar o aquecimento da Terra ou de resfriá-la rebatendo cada vez mais a luz solar que chega. Seja como for, o aumento do vapor de água no ar significa o aumento das precipitações.[11] O ar mais quente faz com que o ciclo da água e a máquina do tempo funcionem mais depressa, o que leva a tempestades mais intensas e a mais chuvas. Em números redondos, cada um grau Fahrenheit de aquecimento global aumentará as precipitações ruins em cerca de um por cento, se bem que em alguns lugares em muito mais do que isso.

Nos últimos cem anos, à medida que os gases de efeito estufa acumulados prenderam, em média, dois ou três watts a mais de calor radiante sobre cada metro quadrado da Terra, sua superfície tornou-se cerca de um grau Fahrenheit mais quente.[12] Para espanto dos climatologistas, só no ano de 1998 — o mais quente desde que se iniciou o registro das temperaturas em 1860 e, conforme evidências indiretas, do último milênio — a temperatura média da Terra aumentou mais um quarto de grau Fahrenheit, chegando a ficar 1¼ °F mais elevada que a média de 1961-90. *Cada um* dos doze meses até setembro de 1998 registrou um novo recorde mensal de alta temperatura válido para todas as épocas.[13] Sete dos dez anos mais quentes das últimas treze décadas ocorreram na de 1990 — os três restantes, depois de 1983 — apesar das enormes forças compensadoras como a erupção do monte Pinatubo, a queda na energia solar e a depleção do ozônio estratosférico, um gás de efeito estufa. Em 1998, pelo menos 56 países sofreram enchentes graves enquanto 45 enfrentavam secas e viam florestas tropicais normalmente ininflamáveis converterem-se em fumaça do México à Malásia e da Amazônia à Flórida.[14] As medições meteorológicas confirmaram a intuição de muita gente, segundo a qual o tempo está mudando e tornando-se mais volátil. No Hemisfério Norte, a primavera tem chegado uma semana mais cedo; a altitude na qual a atmosfera se resfria a ponto de congelar-se está se elevando em aproximadamente 4,6 metros por ano; as geleiras vêm recuando praticamente em toda parte.[15]

O aquecimento da superfície da Terra altera todos os aspectos do clima, principalmente o motor movido a calor que desloca permanentemente vastos mares de ar e água qual um redemoinho em sopa fervendo. Certos lugares ficam mais quentes; outros, mais frios; alguns, mais úmidos; outros, mais secos. Os padrões de precipitação se modificam, mas, quando chove, as chuvas tendem a ser mais pesadas. Uma Terra mais quente provavelmente significa também tempo mais volátil, com mais e piores eventos extremos de todos os tipos. Ninguém sabe *exatamente* que mudanças serão essas, sobretudo em uma localidade particular; contudo, algumas tendências gerais já são bem visíveis.

O aquecimento dos oceanos, por exemplo, pode fazer com que as correntes mudem de rumo ou se alterem, provocar furacões tropicais mais freqüentes e violentos, formar tufões e talvez intensificar ou amiudar os fenômenos como El Niño. Os mares mais quentes matam os recifes de coral (que, quando são sadios, metabolizam e, assim, seqüestram CO_2). Aliás, o oceano aquecido pode desprender mais CO_2, exatamente como acontece quando se abre uma garrafa de refrigerante aquecida pelo sol. Isso é importante porque os oceanos contêm cerca de sessenta vezes mais CO_2 que a atmosfera. O aquecimento do solo, sobretudo nas latitudes mais elevadas, acelera a decomposição das plantas, liberando mais CO_2. Também significa solos mais secos e, portanto, mudanças na vegetação. Em qualquer ecossistema, o aumento dos níveis de CO_2 estimula o crescimento das plantas mais capazes de absorvê-lo, coisa que ocorre, porém, em detrimento das outras. Isso acarreta alterações imprevisíveis na composição das populações vegetais e, por conseguinte, na das animais e na da biota do solo. A vegetação diferente, por sua vez, altera a capacidade da terra de absorver a luz do sol e reter a água da chuva, coisa capaz de afetar os padrões de erosão na ocorrência de chuvas mais fortes. As florestas rarefeitas, as práticas equivocadas de pecuária e a demora das chuvas provocam mais incêndios nas flores-

O CLIMA

tas e nas campinas, mais emissão de carbono e mais fumaça, como aconteceu no Sudeste da Ásia e na Austrália em 1997-98.

À proporção que conserva mais calor, o planeta imprime mais convecção, a qual transporta o calor excedente da região equatorial para as polares (o calor flui do mais quente para o mais frio), de modo que as mudanças de temperatura tendem a ser maiores nos pólos que nas latitudes médias. Pólos mais quentes significam alterações nas precipitações de neve, maior derretimento das calotas polares e das geleiras (cinco camadas de gelo da Antártida já estão se desintegrando),[16] além de terras e oceanos mais expostos. Os oceanos sem gelo, escuros que são, absorvem mais calor solar e, por isso, não congelam com tanta rapidez. Aumentar a quantidade de desaguamento dos rios de alta latitude diminui a salinidade dos mares. Isto pode alterar as correntes, inclusive a do Golfo, que torna o norte da Europa extraordinariamente confortável para a latitude da Baía de Hudson, e a de Kuroshio, que aquece o Japão.[17] Os oceanos mais quentes elevam o nível do mar à medida que o gelo em terra se derrete e a água mais quente se expande; o nível do mar elevou-se entre dez e 25 centímetros nos últimos cem anos. O aquecimento dos oceanos provavelmente provoca mais tempestades e de maior violência, assim como mais inundações costeiras. "Trinta das maiores cidades do mundo", escreve Eugene Linden, "situam-se perto do litoral; estima-se que, se o nível dos oceanos subir um metro [...] 300 milhões de pessoas ficarão diretamente ameaçadas."[18] Aqui estariam incluídos dezesseis por cento de Bangladesh, país que passou com cerca de dois terços do território alagado durante grande parte do verão de 1998.

Consideremos, agora, as contribuições de muitos outros gases-traço que também absorvem os raios infravermelhos: o metano oriundo dos pântanos, os extratos de carvão, os vazamentos de gás natural, as bactérias dos intestinos do gado e das térmites e muitas outras fontes. A partir do século XVIII, sua concentração aumentou de setecentas para 1.720 partes por bilhão e continua aumentando à taxa aproximada de um por cento ao ano. O metano é um gás de efeito estufa 21 vezes mais potente por molécula que o CO_2. O óxido nitroso é cento e tantas vezes mais poderoso; os clorofluorcarbonetos (gases sintéticos que já estão sendo banidos porque também destroem o ozônio estratosférico), centenas de milhares de vezes; seus substitutos parcial ou totalmente fluorados, de centenas a dezenas de milhares de vezes. O ozônio próximo da superfície e o óxido nítrico, esses nossos conhecidos que formam o *smog*, também absorvem os raios infravermelhos. Juntos, todos esses gases têm tido um efeito retentor do calor equivalente a três quartos do CO_2 sozinho.

Muitos gases-traço reagem quimicamente entre si e com outros para formar novos gases. As trinta e poucas substâncias resultantes submetem-se a mais de duzentas reações conhecidas. Estas ocorrem de maneira diferente conforme a altitude, a latitude, a estação do ano, a concentração e, naturalmente, a temperatura, que é justamente o que a mera presença desses gases afeta. A maneira como eles reagem ou se dissolvem nos oceanos depende da temperatura, da concentração e das correntes. Os oceanos mais quentes, por exemplo, retêm menos nitrato, retardando o crescimento do fitoplâncton que absorve o carbono. Por outro lado, se as tundras de alta latitude se aquecem muito, certos compostos semelhantes ao gelo, chamados hidratos de metano, fixados nas profundezas do *permifrost* e da costa do Ártico, podem finalmente derreter e liberar quantidades enormes de metano — mais de dez vezes o que atualmente se acha na atmosfera. Todavia, muito antes que isso aconteça, até as mais leves alterações nos níveis da água dos pântanos árticos serão capazes de centuplicar a produção de metano. Entrementes, pode ser que a massa de ar frio do Pólo Norte se esfrie ainda mais e torne-se mais persistente, favorecendo reações químicas capazes de destruir até 65 por cento do ozônio ártico: uma perda mais profunda que a sofrida pela Antártida.[19]

O vaivém do calor entre o Sol, o céu e a Terra é afetado não só pelos gases transparentes e as nuvens, mas também pela poeira dos vulcões, dos desertos e da queima dos combustíveis fósseis. A maior parte dessa poeira, como as nuvens de partículas de enxofre, que também procedem da combustão dos combustíveis fósseis, tende parcialmente a anular o efeito de captação do calor do CO_2. Até agora, em termos globais, a poeira praticamente cancelou o aquecimento adicional dos gases de efeito estufa que não o CO_2.

Os sistemas atmosféricos, oceânicos, da terra, vegetais e animais interagem de incontáveis e complicadíssimas maneiras, sendo que nem todas são conhecidas e muitas ainda não se compreenderam plenamente. A maior parte das interações não são lineares, sendo que algumas parecem instáveis. Os modelos modernos de computador são sofisticados a ponto de conseguir traçar muito bem certas guinadas históricas do clima, mas eles estão longe de ser perfeitos e aproximá-los da perfeição demorará mais do que fazer a experiência climática global já em curso.[20] Muitos cientistas suspeitam que mudanças relativamente pequenas em certas forças que acionam o clima — principalmente as concentrações de CO_2, sobretudo se elas ocorrerem com suficiente rapidez — são capazes de desencadear grandes e súbitas mudanças no clima do mundo, por exemplo, desviando as correntes marítimas. Tais alterações podem até mesmo levar ao surgimento de glaciações no espaço de poucas décadas: parece que semelhantes mudanças abruptas já ocorreram anteriormente e, portanto, devem ser possíveis, muito embora seja difícil delinear modelos confiáveis dessas situações.

Alguns cientistas acreditam que existe certo número de mecanismos estabilizadores do clima ainda desconhecidos. Contudo, não se descobriu nenhum importante, e os candidatos promissores foram todos eliminados um a um. Aliás, quase a totalidade dos mecanismos conhecidos de realimentação do clima parecem ser positivos: mais calor gera mais calor ainda. Perduram muitas incertezas, porém a incerteza é uma faca de dois gumes: o problema do clima pode ser menos grave do que a maioria dos cientistas teme, mas também pode ser muito mais sério. A depleção do ozônio estratosférico revelou-se gravíssima, uma vez que se detectou o "buraco do ozônio" na Antártida e se descobriu que ele vinha aumentando rapidamente. Foi necessária uma ação de emergência, na década de 1980, para eliminar os culpados: os CFCs e alguns compostos afins como o Halon dos extintores de incêndio.

O certo é que, no presente, a composição da atmosfera vem sendo alterada pela atividade humana mais do que em qualquer outra época nos últimos 10 mil anos. Nosso nível atual de conhecimento sugere que, mesmo se se reduzirem as taxas de emissão abaixo de seus níveis da década de 1990, nós chegaremos aproximadamente ao triplo da concentração pré-industrial de CO_2. Se as nações do mundo quiserem estabilizar a atmosfera no estado problemático de hoje, teriam de eliminar imediatamente cerca de três quintos das emissões de CO_2. Para retornar aos níveis pré-industriais, seria preciso reduzir prontamente os índices de emissão várias vezes *abaixo* dos atuais. Pode ser que a pesquisa venha a descobrir ou margens de segurança mais amplas, que nos permitam abandonar essas metas ambiciosas, ou ainda mais estreitas, que nos obriguem a persegui-las com a máxima urgência. Por ora, ninguém sabe o que constitui uma taxa ou um limite "seguros" de alteração da concentração de CO_2 na atmosfera. O que está claro é que as transformações atualmente em curso fazem parte de uma arriscadíssima experiência global e que seus efeitos sobre os sistemas de sustentação da vida no planeta, sejam eles quais forem, podem ser irreversíveis.

Um amplo consenso científico já reconheceu a existência de um problema climático potencialmente grave.[21] Cerca de 99,9 por cento dos mais qualificados cientistas do clima concordam que os gases absorventes de raios infravermelhos que a atividade humana coloca no ar são causa de preocupação — se não agora, em breve. A maior parte deles está convencida de que tais emissões provavelmente já começaram a perturbar de forma observável o clima da Terra. As muitas incertezas científicas remanescentes abrem um vasto espaço para interpretações sobre o que, como e quando pode acontecer exatamente, sem falar nos efeitos sobre as pessoas e as outras formas de vida. Todas essas questões são objeto de vigorosos debates entre milhares de cientistas do clima porque é assim que a ciência funciona: a verdade surge do debate, da observação, da hipótese, da experiência, do erro, da descoberta, de novos debates e de reavaliações. Aos leigos não agradam as previsões da ciência; por outro lado, quem não entende o processo científico pode facilmente ater-se a certos detalhes do debate e concluir que a ciência do clima ainda é uma disciplina excessivamente imatura e incerta para oferecer conclusões amplas. É um erro.

Em última instância, contudo, os termos e o resultado do debate científico sobre o clima não importam. Devido à revolução da produtividade dos recursos, as ações e exigências necessárias à proteção do clima são lucrativas para as empresas no presente, independentemente do que a ciência venha a descobrir ou de quem será o primeiro a tomar a iniciativa. Os argumentos segundo os quais seria muito caro e economicamente prejudicial abrandar a taxa de crescimento dos gases de efeito estufa estão de ponta-cabeça. Eliminar a ameaça ao nosso clima global custa menos, não mais.

MUDANÇA DOS PARÂMETROS DO DEBATE SOBRE O CLIMA

No dia 19 de maio de 1997, John Browne, o diretor executivo da British Petroleum — na época a terceira maior companhia de petróleo do mundo, hoje a segunda —, anunciou na Stanford University: "Há, atualmente, um consenso efetivo, entre os mais importantes cientistas do mundo e, fora da comunidade científica, entre as pessoas mais sérias e bem informadas, quanto à existência discernível de uma influência humana sobre o clima e de um vínculo entre a concentração de dióxido de carbono e a elevação da temperatura". E prosseguiu: "Nós devemos nos concentrar agora no que pode e deve ser feito, não tanto pela certeza de que está ocorrendo uma alteração climática, mas porque não podemos ficar alheios a essa possibilidade".[22] Obviamente, "o que deve ser feito" é, acima de tudo, cessar de aumentar e tratar de diminuir os índices de queima de combustíveis fósseis, a fonte de 84 por cento da energia dos Estados Unidos e de 75 por cento da do mundo.[23] A seguir, o Sr. (atualmente Sir John) Browne anunciou que a BP havia aumentado seus investimentos em tecnologia solar, os quais, segundo se espera, devem crescer acentuadamente nas próximas décadas. A partir de então, sua iniciativa, tanto com relação ao clima quanto no que diz respeito a fontes alternativas de energia, foi adotada por diversas empresas petrolíferas.

Três meses antes, oito economistas laureados com o Prêmio Nobel levaram cerca de 2.700 colegas a divulgar o que os principais estudos descobriram: as políticas orientadas para o mercado visando à proteção do clima mediante a poupança de energia aumentarão o nível de vida dos Estados Unidos e até beneficiarão a economia.[24] Muitos desdenharam a notícia. Um *lobby* industrial liderado pelo setor do carvão, a Global Climate Coalition, preferiu, pelo contrário, saturar as ondas radioelétricas com anúncios que inquietaram quase toda a imprensa e o senado norte-americano, *insinuando* que proteger o clima seria proibitivamente caro. Conseqüentemente, a perspectiva de ser obrigada a reduzir as emissões de carbono suscitou desânimo, prevenção e resistência em boa parte da comunidade empresarial, que temia que isso prejudicasse os lucros e o crescimento.

Como afirmou o colunista econômico Robert J. Samuelson na *Newsweek*, "Seria suicídio político tomar qualquer atitude séria com relação [ao clima] [...] De modo que os políticos habilidosos estão aprendendo a contornar o dilema".[25] Do ponto de vista amplamente compartilhado de Samuelson, as emissões de carbono provavelmente só diminuiriam se as empresas fossem oneradas com um imposto de mais ou menos cem dólares por tonelada métrica de carbono emitida. Mesmo assim, adverte ele, pode ser que tamanha carga tributária consiga, no máximo, fazer com que as emissões de 2010 recuem para os níveis de 1990. Portanto, "Sem um avanço na energia alternativa — nuclear, solar ou o que for — ninguém sabe como diminuir adequadamente as emissões sem esmagar a economia mundial". O Congresso, escreveu Samuelson, "não imporá sofrimento aos eleitores, sem nenhum ganho óbvio, para resolver um problema hipotético. E, se os Estados Unidos não o fizerem, ninguém o fará."

Samuelson, assim como muitos empresários, acredita que a proteção do clima é cara porque os modelos econômicos computadorizados mais divulgados (embora não os mais amplamente aceitos) dizem que é. Pouca gente se dá conta, no entanto, de que esses modelos acham que a diminuição do carbono há de ser custosa *porque isso é o que eles supõem*. Tal suposição apresentada como fato foi tão amplamente utilizada como *input* de modelos supostamente autoritários, os quais se encarregavam de vomitá-la como *output*, que muitas vezes ela é considerada infalível.

O que se divulga bem menos é o fato de outros modelos econômicos haverem derivado a resposta contrária a partir de suposições mais realistas (inclusive o que os atuais tratados e a política dos Estados Unidos realmente dizem), não a partir de condições hipotéticas com base no pior caso. Ou o que é mais importante: uma quantidade enorme de dados empíricos desdenhados, inclusive estudos patrocinados pelo governo[26] e os resultados da prática empresarial de todo o mundo, contam uma história animadoramente diferente e bem mais positiva que as previsões de *quaisquer* modelos teóricos. Como descreveram os capítulos anteriores, os avanços tecnológicos que Samuelson procura já são realidade. Os Estados Unidos poderiam eliminar 300 bilhões de dólares das contas de energia utilizando as tecnologias existentes, que prestam os mesmos ou melhores serviços e são compensadoras aos preços atuais. O clima da Terra pode, pois, ser protegido *não a um custo, mas com lucro* — assim como muitas indústrias já estão transformando os custos da proteção ambiental em lucros advindos da prevenção da poluição.

Os Estados Unidos estão confrontados, como disse Winston Churchill, com oportunidades insuperáveis. Já que há maneiras práticas de mitigar os problemas climáticos *e* economizar mais dinheiro do que essas medidas custam, praticamente não tem importância nenhuma acreditar ou não que a mudança climática é um problema: esses passos devem ser dados simplesmente porque rendem dinheiro. Juntas, as seguintes oportunidades podem transformar a mudança climática em um artefato desnecessário do uso abusivo e antieconômico dos recursos:[27]

• Bem mais da metade da ameaça ao clima provém do CO_2 liberado pela queima dos combustíveis fósseis. Ela desaparecerá se os consumidores utilizarem a energia com tanta eficiência quanto for economicamente viável. Alternativamente, grande parte dessa ameaça desaparecerá se os combustíveis com pouca emissão de carbono (o gás natural) ou os não fósseis (a biomassa e outros renováveis) substituírem os combustíveis fósseis mais intensivos em carbono (o carvão e o petróleo) e se estes forem transformados com mais eficiência em eletricidade. Tais abordagens complementares são lucrativas na maioria das circunstâncias. Em geral, é mais barato economizar combustível, seja ele do tipo que for, do que comprá-lo. Ademais, mesmo quando usados sem eficiência, os de baixa emissão de carbono e alguns sem carbono são cada vez mais competitivos com o petróleo e o carvão.

CAPITALISMO NATURAL

• Cerca de um quarto da ameaça climática resulta do dióxido de carbono e de outros gases-traço incorporados ao solo, às árvores e aos demais constituintes do capital natural que são colocados no ar mediante a erosão do solo, o desmatamento e as práticas errôneas de pastagem, agricultura ou pecuária. Pode-se enfrentar esse problema adotando práticas agrícolas e de extração florestal que, em vez de liberar o carbono do solo, retirem-no do ar para pô-lo no devido lugar. A maior parte das práticas que conservam e constroem o solo diminuem simultaneamente outras emissões de gases de efeito estufa, sobretudo o metano e o óxido nitroso de fontes biológicas. Essas práticas superiores geralmente são pelo menos tão econômicas quanto os métodos quimicamente dependentes que esgotam o solo,[28] colocando todos os seus benefícios climáticos pelo menos num "empate".

• O resto da ameaça climática praticamente desaparecerá se os CFCs forem trocados pelos novos substitutos exigidos por um acordo global já ratificado e em vigor, o Tratado de Montreal de 1988, a fim de proteger a camada estratosférica de ozônio da qual depende a vida. Hoje em dia, graças à inovação industrial, esses substitutos, inclusive alguns com pouco ou nenhum efeito estufa, funcionam tão bem ou melhor que seus predecessores e geralmente têm preços iguais ou menores. Há oportunidades semelhantes em toda a ordem de gases sintéticos sem CO_2 que retêm o calor.[29]

Em dezembro de 1997, os governos nacionais do mundo se reuniram em Kioto, no Japão, a fim de negociar um tratado para começar a enfrentar seriamente a mudança climática. Seus detalhes, que nos próximos anos provavelmente serão elaborados e reforçados, criam um arcabouço no qual as emissões reduzidas de qualquer gás de efeito estufa significativo — o dióxido de carbono, o metano, o óxido nitroso — podem ser comercializadas por empresas e países conforme os tetos nacionais de emissões. A meta norte-americana é reduzir as emissões líquidas, em 2010, de modo que fiquem sete por cento abaixo dos níveis de 1990. Os países que quiserem emitir acima de sua quota terão a possibilidade de comprar licenças, no mercado, daqueles que emitem menos. Como em qualquer mercado, o comércio significará que as maneiras mais baratas de abater o carbono tenderão a ser compradas em primeiro lugar. Ou seja, você pode tomar iniciativas como a de aumentar a eficiência energética ou o reflorestamento e ainda receber um pagamento extra por isso vendendo suas reduções de carbono a um corretor. As práticas agrícolas, pecuárias e florestais avançadas que emitam menos CO_2, óxido nitroso e metano também receberão crédito pelas normas do acordo de Kioto. Assim, a "diminuição" do carbono graças ao acréscimo de árvores e da construção do solo pode gerar uma renda adicional constante, estimulando a restauração ecológica. O seqüestro de CO_2 injetado em reservatórios subterrâneos seguros também passará a ser uma oportunidade de negócio.

O cardápio de oportunidades protetoras do clima é tão vasto que, com o tempo, elas podem alcançar e até superar o ritmo do crescimento econômico.[30] Nos próximos cinqüenta anos, mesmo que a economia global se expanda de seis

O CLIMA

a oito vezes, a taxa de liberação de carbono pela queima de combustíveis fósseis pode simultaneamente decrescer a ponto de ficar entre um terço e nove décimos abaixo do índice atual.[31] Isso se deve ao efeito multiplicador de quatro tipos de ações. Adotar o gás natural e a energia renovável tão rapidamente quanto os planificadores da Royal Dutch/Shell consideram viável cortaria pela metade ou em três quartos o carbono dos combustíveis fósseis em toda unidade de energia primária consumida. Entrementes, a eficiência da conversão dessa energia nas formas fornecidas, principalmente em eletricidade, aumentará em pelo menos cinqüenta por cento, graças às modernas usinas geradoras e à recuperação do calor desperdiçado. A eficiência da conversão da energia fornecida em serviços desejados também aumentará de quatro a seis vezes se os avanços simplesmente continuarem no ritmo historicamente sustentado, nos Estados Unidos e no estrangeiro, quando as pessoas estavam atentas.[32] Por fim, a quantidade de satisfação derivada do serviço de cada unidade de energia pode permanecer inalterada ou, talvez, dobrar com a prestação de serviços de alta qualidade e de uns poucos indesejáveis. Esses quatro avanços constantes e a longo prazo são lucrativos e já estão a caminho. Juntos, e combinados com métodos de reduzir ou armazenar outros gases de efeito estufa, eles possibilitarão atingir não apenas as metas interinas estabelecidas em Kioto como também a muito mais importante de estabilizar o clima da Terra.

EM DEUS NÓS CONFIAMOS; TODOS OS OUTROS TRAZEM DADOS

A suposição comum segundo a qual os retornos diminuem — mais eficiente é sinônimo de mais custoso, as poupanças baratas se exaurirão rapidamente, a eficiência é um recurso em retração, não em expansão — paralisa a ação. Mas a experiência concreta é um forte antídoto.

Em 1981, a divisão de Luisiana da Dow Chemical, com 2.400 empregados, começou a pesquisar novas economias. O engenheiro Ken Nelson[33] organizou um concurso interno de propostas para poupar energia que suscitassem pelo menos cinqüenta por cento de retorno do investimento (RDI) por ano. Os 27 projetos do primeiro ano chegaram a uma média de RDI de 173 por cento. Nelson ficou admirado e imaginou que o resultado positivo tivesse sido acidental. No ano seguinte, porém, 32 projetos atingiram, em média, 340 por cento de RDI. Doze anos e quase novecentos projetos implementados depois, os empregados alcançaram (em 575 projetos submetidos à avaliação) um RDI de 204 por cento. Nos últimos anos, tanto o retorno quanto a poupança estavam *crescendo* — nos três finais, o prazo médio do retorno caiu de seis para apenas quatro meses —, pois os engenheiros aprendiam mais depressa do que exauriam as oportunidades menos custosas. Em 1993, todo o conjunto de projetos, somados, pagava aos acionistas da Dow 110 milhões de dólares por ano.

Quase todos os responsáveis pela compra de equipamento novo *supõem* que os modelos mais eficientes energeticamente são mais caros. Na verdade, o exame cuidadoso dos atuais preços de mercado revela que, até no nível do componente, muitos dispositivos técnicos — os motores, as válvulas, as bombas, os equipamentos de refrigeração etc. — não apresentam nenhuma correlação entre eficiência e preço.[34] Por exemplo, um motor americano de cem HP, com 98,5 por cento de eficiência, pode ser mais barato que um modelo idêntico, mas com 91,7 por cento.[35] Todavia, se você não souber que isso é verdade — se supuser, como pregam os manuais de teoria econômica e de engenharia, que os modelos mais eficientes sempre são mais caros — provavelmente não há de procurar um modelo mais eficiente. É fácil calcular quanto custará o simples fato de comprar um motor mais eficiente. Se ele funcionar continuamente, usando a eletricidade, cujo quilowatt-hora custa cinco centavos de dólar, basta multiplicar seus pontos percentuais de eficiência potencial pela potência nominal em cavalos-vapor. Multiplique o resultado por cinqüenta dólares. Isso lhe dirá aproximadamente quanto dinheiro você deixará de acrescentar ao faturamento de sua empresa (a longo prazo, mas expresso em uma importância global do mesmo valor hoje, chamada "valor presente"). Nesse exemplo, não escolher o motor de cem HP mais eficiente pode custar 20 mil dólares a uma empresa. Muitas fábricas têm centenas desses motores. Eles são a ponta de um *iceberg* gigantesco. Consomem três quartos da eletricidade da indústria e, nos Estados Unidos, um pouco mais de energia primária que os veículos nas estradas. Esse consumo é altamente concentrado: cerca da metade de toda a eletricidade de motor é necessária ao milhão de motores maiores e três quartos aos três milhões maiores. Visto que, em poucas *semanas*, os grandes motores gastam em eletricidade o equivalente a seu custo de capital, o custo de sua troca por modelos mais eficientes retorna rapidamente. Acrescentando-se mais trinta e poucas adaptações para dotar de eficiência ótima todo o *sistema* de motores, é possível economizar tipicamente cerca da metade da energia, com mais ou menos 190 por cento de retorno líquido do investimento.[36]

Seja no nível de um componente isolado, seja no de uma fábrica inteira, os capítulos precedentes documentaram um potencial inesperadamente grande de aumento da eficiência energética em quase todas as aplicações. Descreveram lucrativos e comprovados aperfeiçoamentos Fator Quatro, Fator Dez ou ainda maiores nos prédios comerciais e residenciais, na iluminação, na calefação, na refrigeração, no bombeamento e na ventilação. Apresentaram amplas oportunidades que poupam carbono na industria,[37] desde a de microprocessadores até a de batata frita, desde a refinaria até a fundição — oportunidades essas que podem se ampliar com as drásticas reduções no fluxo de materiais, prestando os mesmos serviços. Tais oportunidades de *utilizar* mais produtivamente a energia fornecida continuarão aumentando se essa energia for *fornecida* de maneira mais eficiente e menos intensa em carbono[38] — uma combinação que, na fabricação de microprocessadores, pode reduzir em cerca de 99 por cento o CO_2 por microprocessador.[39] No conjunto da economia, não mais que dois avanços, no lado do fornecimento, têm condições de atingir as metas de Kioto para os Estados Unidos:

O CLIMA

- As usinas termoelétricas norte-americanas transformam o combustível, geralmente o carvão, em uma média de 34 por cento de eletricidade e 66 por cento de calor desperdiçado, jogando fora uma quantidade de calor igual ao total do consumo de energia do Japão, a segunda maior economia do mundo. Já a Dinamarca, ao contrário, que colhe dois quintos da eletricidade em usinas "cogeradoras", as quais não só recuperam como utilizam o calor (e planeja elevar essa fração para três quintos em 2005), converte em trabalho útil 61 por cento do combustível de suas usinas. A firma americana Trigen faz coisa melhor: suas pequenas turbinas prontas para o uso produzem eletricidade e, depois, aproveitam o calor residual em outros serviços. Atualmente, esse sistema eletrifica, aquece e refrigera boa parte do centro de Tulsa, no Estado de Oklahoma. Essa "trigeração" é capaz de aumentar cerca de 2,8 vezes a eficiência do sistema. Aproveita 90-91 por cento do conteúdo energético do combustível e, conseqüentemente, fornece eletricidade muito barata (de meio a dois centavos de dólar o quilowatthora). Só a adoção dessa inovação, onde quer que fosse viável, reduziria em aproximadamente 23 por cento as emissões totais de CO_2 dos Estados Unidos.[40]
- Independentemente de como os processos industriais se abastecem de combustível e energia elétrica, a revenda do calor residual a outros usuários, em distâncias viáveis,[41] seria capaz de poupar, com eficiência de custo, até cerca de trinta por cento da energia industrial norte-americana ou onze por cento da energia total do país.

E SE A EFICIÊNCIA NAO BASTAR?

Empresas como a British Petroleum, a Shell e a Enron estão investindo muito em fontes renováveis de energia por um bom motivo.[42] Conforme a orientação do Delphi Group de Londres a seus investidores institucionais, as indústrias com energia alternativa não só ajudam a "eliminar os riscos de mudança climática" como também oferecem "mais perspectivas de crescimento que as apoiadas no combustível carbônico".[43] O Group Planning da Royal Dutch/Shell considera "altamente provável" que, nos próximos cinqüenta anos, as fontes renováveis se tornem um produto de tal modo competitivo que crescerão a ponto de suprir pelo menos a metade da energia do mundo.[44] Mesmo hoje, a energia renovável é a fonte de mais rápido crescimento na Europa,[45] sendo que a Califórnia retira nove por cento da eletricidade de fontes renováveis que não a hidroelétrica.[46] As tecnologias energéticas de crescimento mais acelerado no mundo, que inclusive superam a economia de energia, são a eólica, que cresce cerca de 26 por cento ao ano,[47] e a fotovoltaica (células fotoelétricas), cujo crescimento anual, ultimamente, ficou entre 23 e 42 por cento: os fabricantes se esforçam para acompanhar a forte demanda.

Essas conclusões do setor privado e outras semelhantes encontraram eco nas duas avaliações mais completas realizadas pelos Estados Unidos e, provavelmente, por qualquer outro governo. Em 1990, cinco laboratórios nacionais americanos relataram que ou a competição leal somada à prioridade da pesquisa restaurada, ou um levantamento adequado de seus benefícios ambientais, poderia habilitar a energia renovável a abastecer a preços competitivos três quintos das atuais necessidades totais dos Estados Unidos. Os renováveis poderiam até mesmo suprir um quinto *a mais* da energia que o país consome hoje.[48] Em 1997, os laboratórios confirmaram essas conclusões.[49]

A luz solar é mais abundante onde vive a maioria dos povos mais pobres do mundo. Numerosos estudos científicos mostram que, em qualquer parte do globo entre os círculos polares, essa energia distribuída gratuitamente, se utilizada com eficiência, é adequada para sustentar uma boa vida de modo contínuo, indefinido e econômico com o emprego das tecnologias existentes.[50] O potencial da energia solar fotovoltaica, outrora considerado visionário, começa a ser valorizado no mercado. O custo das células fotoelétricas caiu 95 por cento desde a década de 1970 e é de se esperar que caia mais 75 por cento, na próxima década, em virtude da escalada incessante das tecnologias de produção estabelecidas. Os habitantes de Boston já podem comprar eletricidade da Sun Power Electric, um serviço inteiramente fotovoltaico. Os leilões para abastecer o serviço público municipal de Sacramento geraram contratos que cortavam o preço da energia solar fornecida em 9-11 centavos (de dólar de 1999) por quilowatt-hora: competitivos com a eletricidade residencial convencional a varejo.[51] Se se levar em conta uma parte das dezenas de tipos de "benefícios distribuídos", essas células já são economicamente viáveis para muitos usos.[52] O serviço de fornecimento de energia de Sacramento achou inclusive mais barato ligar a iluminação pública a células fotoelétricas que aos fios atualmente existentes. A maioria dos serviços públicos teria condições de reduzir as emissões de carbono em nada menos que 97 por cento com o acréscimo das células fotoelétricas e de outros renováveis avançados, com confiabilidade comparável e custo essencialmente inalterado.[53]

Entrementes, as turbinas de gás de ciclo combinado e eficiência redobrada, com a metade do custo e apenas um quarto da intensidade de carbono das termoelétricas a carvão,[54] conquistaram tranqüilamente para as novas usinas a maior parte do mercado de fornecimento de eletricidade. Correndo por fora, eis que chega rapidamente o novo azarão do setor: a célula de combustível de polímero de baixa temperatura também desenvolvida para os *Hypercars*. As células de combustível, de eficiência no mínimo igual, são silenciosas, limpas, confiáveis, podem ser projetadas virtualmente em qualquer escala desejada e, enfim, chegam a ter custos de cinco a dez vezes inferiores aos das turbinas de gás de ciclo combinado.[55]

Já as tecnologias energéticas, que são produto de custos socializados e do planejamento central, pelo contrário, não deram bons resultados. A fonte de energia de crescimento mais lento no mundo é a nuclear: abaixo de um por cento em 1996, sem perspectiva de avanço.[56] Sua capacidade global, em 2000, corresponderá a um décimo das mais baixas previsões oficiais feitas há um quarto de século, sendo que as atuais encomendas de novas usinas equivalem a apenas um centésimo delas. Embora custe um trilhão de dólares federais, a tecnologia nuclear civil dos Estados Unidos fornece menos energia que a madeira. Está morrendo de um ataque incurável de forças do mercado: referindo-se às usinas nucleares, *The Economist* diz que "nenhuma delas, em nenhum lugar do mundo, tem sentido comercial".[57] A única pergunta é se as usinas nucleares norte-americanas se aposentarão logo. Muitas já o fizeram (as unidades operáveis vêm diminuindo desde 1990, sendo que 28 fecharam no fim de 1998), porque as contas operacionais e de manutenção lhes retiram a competitividade. Em todo o mundo, noventa e poucas usinas já se aposentaram depois de trabalhar menos de dezessete anos. Até mesmo na França, o reconhecido líder mundial em dependência dessa fonte de energia, a expansão nuclear foi ultrapassada, na proporção de dois para um, pela não divulgada, não notada e não apoiada eficiência energética economicamente mais viável.

O colapso da energia nuclear — outrora a grande esperança de substituir a queima do carvão — pode, à primeira vista, parecer um retrocesso em termos de proteção ambiental. Na verdade, é uma boa notícia. Sendo a energia nuclear a maneira mais custosa de substituir os combustíveis fósseis, cada dólar gasto nela elimina menos risco climático do que teria sido evitado se o mesmo dólar fosse aplicado em tecnologias de eficiência energética, pois esses métodos custam muito menos que a energia nuclear.[58] Por exemplo, se um quilowatt-hora de eletricidade nuclear custa seis centavos de dólar (preço otimistamente baixo), ao passo que economizar um quilowatt-hora mediante a eficiência custa dois centavos (preço pessimistamente elevado), os seis centavos gastos para comprar um único quilowatt-hora nuclear podiam ter comprado três quilowatts-hora em economia, substituindo três vezes mais a queima de carvão. Esses custos de oportunidade são a razão pela qual investir em energia nuclear não é enfrentar com eficácia as ameaças climáticas, mas, ao contrário, significa retardar a solução do problema.

DA EMPRESA A NAÇÃO

Países inteiros, principalmente os mais industrializados, podem poupar muita energia e obter estoques benignos para o clima simplesmente somando diversas pequenas conquistas individuais. No período 1979-86, na esteira da segunda crise do petróleo, os Estados Unidos obtiveram, economizando, quase cinco vezes a quantidade de energia oriunda da expansão líquida do estoque. Nesses anos, o país captou quatorze por cento mais energia do sol, do vento, da água e da madeira e dez por cento menos do petróleo, do gás, do carvão e do urânio. A economia cresceu dezenove por cento, muito embora o consumo total de energia tivesse recuado seis por cento. Em 1986, as emissões de CO_2 reduziram-se em um terço, sendo que os custos anuais de energia foram 150 bilhões de dólares inferiores ao que teriam sido com os níveis de eficiência de 1973. Manter esse ritmo hoje possibilitaria atingir a meta de Kioto para os Estados Unidos a tempo e com lucro; as oportunidades adicionais permitiriam realizar muitas vezes mais do que isso.

Esse progresso impressionante, nos anos 80, foi apenas o primeiro passo rumo ao que a aplicação cabal das medidas de eficiência economicamente viáveis tornou possível. Em 1989, o Conselho Estatal de Energia da Suécia, Vattenfall, publicou — com ordem do diretor de não se isentar, como de hábito, dizendo que o documento não representava a política oficial — um estudo técnico completo e conservador do potencial do país de economizar eletricidade e calor (que a Suécia geralmente co-gera).[59] O estudo constatava que, se utilizasse plenamente apenas as tecnologias de eficiência energética de meados da década de 1980, o país economizaria a metade da eletricidade a um custo médio 78 por cento inferior ao da produção de mais energia. Adotar tal estratégia e, ao mesmo tempo, mudar para combustíveis menos intensivos em carvão e depender principalmente das usinas geradoras também menos intensivas em carvão permitiria à Suécia simultaneamente:

- ter o crescimento previsto do PIB de 54 por cento no período 1987-2010,
- concluir a eliminação imposta pelo eleitor da metade nuclear do estoque de energia da nação,
- reduzir em um terço as emissões de carbono dos serviços de fornecimento e
- reduzir o custo interno particular dos serviços de fornecimento de energia elétrica em quase um bilhão de dólares por ano

Se isso é possível em um país frio, nublado, muito ao norte, com uma enorme indústria pesada intensiva em energia, além de ser um dos mais eficientes do mundo em termos energéticos, é óbvio que as nações com menos desvantagens são capazes de avanços ainda mais impressionantes. De fato, um ano depois, um estudo no Estado indiano de Karnataka constatou que avanços simples na eficiência, as usinas hidroelétricas pequenas, a geração simultânea de energia elétrica a partir do bagaço da cana-de-açúcar, a produção de gás metano a partir de outros resíduos, uma pequena quantidade de gás natural e aquecedores de água solares proporcionariam um desenvolvimento muito maior e mais precoce do que o plano estadual de fornecimento à base de combustível fóssil. As alternativas exigiriam dois quintos a menos de eletricidade, seriam dois terços mais baratas e produziriam 95 por cento menos CO_2 de combustível fóssil.[60] Essas análises indiana e sueca estudaram duas sociedades completamente diferentes em tecnologia, clima, riqueza e distribuição de renda. No entanto, ambas constataram que a eficiência combinada com a energia renovável era capaz de atender às necessidades energéticas dos dois países com maior economia e menos emissão de carbono. Descobertas semelhantes surgiram em todo o mundo.[61]

O estudo de Karnataka expõe o erro cometido pelos críticos da proteção climática quando apontam para a população mundial cada vez maior, com muitos membros desesperadamente pobres, e argumentam que essa gente deve usar muito mais energia para alcançar um nível de vida decente. Segundo esse ponto de vista, a mudança climática é um problema dos países industrializados, e reduzir as emissões de carbono dos países subdesenvolvidos tolheria o crescimento econômico. Na verdade, a única maneira de os países pobres financia-

O CLIMA

rem a elevação do nível de vida é evitar as práticas esbanjadoras das nações industrializadas. Investir agora em um grande aumento da eficiência energética oferece mais vantagens no Sul que no Norte e supre uma necessidade ainda mais urgente de desenvolvimento, pois, para começar, o Sul é, em média, três vezes menos eficiente em energia, embora seja muito menos capaz de custear tal ineficiência. É por isso que os países subdesenvolvidos importantes, inclusive a China, vem economizando silenciosamente o carbono cerca de duas vezes mais depressa, em termos percentuais, do que os países desenvolvidos ocidentais se comprometeram a economizar, e possivelmente mais depressa que o Ocidente até mesmo em termos absolutos.[62]

Uma das maiores vantagens econômicas do aumento da produtividade energética no lugar do aumento da produção de energia é que, por exemplo, montar fábricas de superjanelas e de lâmpadas eficientes, em vez de construir usinas geradoras e linhas de transmissão, exige aproximadamente mil vezes menos capital por unidade extra de conforto ou luz, embora essas empresas empreguem consideravelmente mais força de trabalho.[63] De outra parte, tais investimentos do lado da demanda retornam seu custo cerca de dez vezes mais depressa para o reinvestimento, reduzindo em quase dez vezes as necessidades efetivas de capital. Essa estratégia de "o melhor vende primeiro" liberaria para outras necessidades de desenvolvimento os 25 por cento do capital global atualmente consumido pelo setor energético.[64] Tal resultado seria muitíssimo favorecido se os países industrializados suspendessem a "transferência negativa de tecnologia", ou seja, a exportação de equipamento obsoleto para as nações em desenvolvimento. Recentemente, a Dinamarca assumiu a liderança nesse aspecto, proibindo a exportação de tecnologia (como a de termoelétricas a carvão para a Índia) que não for considerada ambiental e economicamente sadia em seu próprio território. As empresas e os países deviam fazer o que já fazem certos serviços de fornecimento inteligentes dos Estados Unidos: comprar os eletrodomésticos obsoletos e mandá-los para o ferro-velho, pois eles são mais valiosos mortos do que vivos. Estender essa eutanásia ao equipamento industrial ultrapassado seria um importante avanço no desenvolvimento global.[65]

E o progresso dos próprios Estados Unidos rumo a um futuro energético sadio a longo prazo? O gráfico da página 236 mostra que já se iniciou a transição de meio século, delineada em 1976, pela "vereda branda da energia". Na época, as indústrias energéticas criticaram severamente a proposta herética[66] segundo a qual, em vez de seguir as previsões oficiais de rápido crescimento energético devido ao uso ineficiente (curva de cima), os Estados Unidos deviam estabilizar e depois reduzir o consumo de energia eliminando as perdas na conversão, na distribuição e no uso (a curva seguinte abaixo). Entrementes, o emprego eficiente dos combustíveis fósseis faria a ponte para a apropriação dos recursos renováveis — as "tecnologias brandas" — que os substituiriam gradualmente. Foi mais ou menos o que aconteceu. Atualmente, o consumo total de energia dos Estados Unidos (a terceira linha abaixo) é virtualmente idêntico à trajetória da "vereda branda": com eficiência energética, assim como hídri-

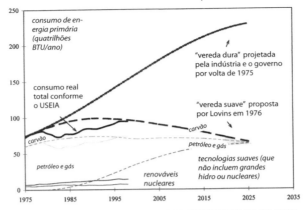

DUAS ALTERNATIVAS DE FUTURO E PROGRESSO ENERGETICOS DOS EUA ATE AGORA

ca, a poupança está sendo realizada tal como se programou. No entanto, o potencial de uso eficiente de energia é, hoje, muito maior do que se imaginava em 1976 ou mesmo em 1996. Apesar da queda dos preços da energia e apesar da política geralmente hostil do governo, as fontes renováveis também avançaram muito. Equilibrando seu atraso com as perspectivas atuais ainda mais positivas para o próximo quarto de século, as metas do capitalismo natural apresentadas neste gráfico de 1976 — uma economia próspera movida por fontes energéticas benignas, restauradoras e utilizadas com eficiência — mostram-se mais realizáveis e vantajosas que nunca.

OS PREÇOS DA ENERGIA, A COMPETITIVIDADE NACIONAL E O MERCADO

Atualmente, as empresas despejam carbono no ar sem pagar (a não ser as contas de combustível). Mesmo que fossem obrigadas a fazê-lo e mesmo que nem todos os países tivessem de pagar, nem os norte-americanos nem ninguém precisa recear perder a capacidade de competir nos mercados globais, por três motivos principais: a diferença de preço seria pequena, acabaria eliminada pelos próprios ganhos em eficiência que ela estimularia e não compeliria as empresas a deslocar-se.[67]

Ademais, a premissa básica está errada: antes de mais nada, proteger o clima não requer preços de energia mais elevados. Os aumentos de preço chamam a atenção de todos e, desde 1970, têm suscitado importantes mudanças no sistema energético. O gráfico da página seguinte mostra com perfeição a relação entre o preço e o consumo do petróleo no mundo. O primeiro choque dos preços, em 1973, reduziu em 58 por cento o índice de crescimento do consumo; o segundo, em 1979, levou este último a retrair-se, criando tamanho estoque excedente que os preços voltaram a cair, o que levou o consumo a retomar seu impulso ascendente.

O CLIMA

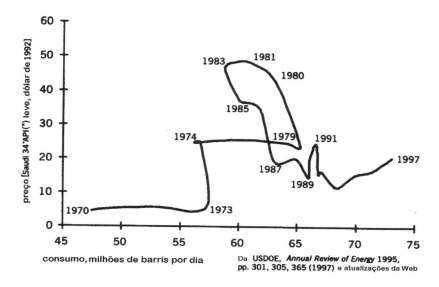

CONSUMO MUNDIAL DE PETRÓLEO CRU *VERSUS* PREÇO REAL, 1970-1997

Mais ou menos entre 1975 e 1985, a maioria dos dispositivos que consomem energia nos Estados Unidos — os carros, os prédios, as geladeiras, os sistemas de iluminação etc. — *dobraram* sua eficiência. Muitos eletrodomésticos tornaram-se mais capazes de oferecer eficiência aos consumidores.[68] Seu sucesso impeliu 35 por cento do crescimento econômico, com crescimento essencial de energia igual a zero entre 1973 e 1986. Todavia, a queda do preço então resultante abafou novas poupanças,[69] virtualmente estagnando a eficiência energética norte-americana durante uma década. O sinal do preço foi como uma válvula que abriu os ganhos em eficiência para depois fechá-los. Diante de tal evidência, é fácil imaginar que a única maneira de retomar uma rápida economia de energia é tornar a encarecê-la.[70] Sem embargo, o preço, embora útil, não é a única ferramenta disponível: pode-se aprimorar a eficiência energética aumentando os preços, prestando atenção ou fazendo as duas coisas. As empresas alertas são capazes de prestar atenção sem necessidade de levar a pancada do sinal do preço. Mesmo com energia barata, os ganhos de eficiência podem recuperar o impulso anterior por intermédio das tecnologias melhores de hoje, de métodos mais inteligentes de fornecimento[71] e de mais fortes pressões competitivas e ambientais.

A importância das demais influências, que não o preço, ficou comprovada com a experiência de duas metrópoles norte-americanas.[72] De 1990 a 1996, a Seattle City Light, que oferece a energia mais barata entre as cidades importantes dos Estados Unidos, ajudou os consumidores a economizarem eletricidade mediante uma variedade de incentivos e instrumentos informativos. A escolha mais inteligente desses consumidores levou-os a reduzir sua necessidade de força e luz, nos horários de pico, quase doze vezes mais depressa do que o conseguiram os habitantes de Chicago, além de reduzir o consumo elétrico anual acima de 3.600 vezes mais rapidamente, muito embora os preços de Seattle fossem mais ou menos a metade dos daquela cidade. Esse comportamento contraria frontalmente o que os economistas convencionais teriam previsto com base nos preços relativos. Mas isso prova que criar um mercado informado, eficaz e eficiente em dispositivos e práticas de poupança de energia é um estímulo bem mais poderoso que um mero sinal do preço. Ou seja, *o preço é menos importante que a capacidade de reagir a ele.* (A recíproca também é verdadeira: os preços mais altos não geram automaticamente maior economia de energia, mesmo depois de longos períodos de adaptação. É por isso que idênticos dispositivos e práticas dependentes da eletricidade prevalecem em cidades diferentes, com preços de força e luz várias vezes diferentes; também foi por isso que, na década de 1990, a DuPont descobriu o mesmo potencial de eficiência em suas fábricas norte-americanas e nas européias, muito embora os preços de energia há muito tempo em vigor sejam duas vezes mais elevados na Europa.)[73]

A esta altura, a maior parte dos leitores há de querer saber por que uma tão grande poupança de energia, ao mesmo tempo exeqüível e lucrativa, ainda não foi explorada. A resposta simples e correta é que o mercado, por mais eficaz que seja, está sobrecarregado de muitas imperfeições sutis que inibem a alocação e o uso eficientes dos recursos. O próximo capítulo detalha uma série de obstáculos específicos ao uso da energia de modo a economizar dinheiro. Mas também especifica as políticas públicas e as práticas empresariais sensíveis, que "removem as barreiras" e são capazes de transformar os obstáculos em oportunidades de negócio. Consciente dessa necessidade de fazer com que os mercados funcionem adequadamente, a política nacional do clima já enfatiza a necessidade de "romper as barreiras rumo aos mercados bem-sucedidos e [...] criar incentivos para neles entrar", de modo que "proteger o clima gere não custos, mas lucros; não cargas, mas benefícios; não sacrifício, mas um nível de vida mais elevado".[74] Como diz George David, presidente da United Technologies, "nós podemos ser eficientes, muitíssimo mais eficientes tanto ao produzir energia [...] quanto ao operar o equipamento que a consome [...] Os gases de efeito estufa são um problema, e chegou a hora de recorrer à habitual e eficaz solução americana"[75] — o uso inteligente das tecnologias altamente produtivas.

QUASE TODOS SAEM GANHANDO

O uso muito mais eficiente da energia significa que se venderia menos combustível fóssil do que se continuássemos a consumi-lo no ritmo atual. Menores volumes físicos vendidos não significam necessariamente menos negócios para os vendedores de combustível; contudo, a maioria deles teme ganhar menos do que o esperado se a demanda crescer mais lentamente, estabilizar-se ou mesmo diminuir: como acabaria acontecendo, afinal, devido à depleção. Mas onde está escrito que as empresas de carvão ou os países da OPEP têm o direito inalienável de vender quantidades cada vez maiores de seus produtos — ou, como atualmente reivindicam os apologistas e a própria OPEP, de ser compensados pelos lucros perdidos caso o tão esperado aumento da demanda se desacelere ou desapareça?

Os Estados Unidos nunca primaram por auxiliar os trabalhadores ou as indústrias em transição, e esta pode ser uma boa oportunidade de mudar de atitude no que se refere às prováveis mudanças induzidas pela política climática. Deixar de ajudar os mineiros de carvão, as comunidades deprimidas e até os acionistas decepcionados não faria senão estimulá-los a opor-se a medidas que beneficiam o conjunto da sociedade. No entanto, tais medidas devem gerar renda suficiente para que a sociedade, se quiser, tenha meios de aliviar as dificuldades dos trabalhadores diretamente atingidos.[76] Na realidade, as políticas climáticas ameaçam muito menos o emprego dos mineiros que as empresas de carvão que, no período 1980-94, eliminaram 55 por cento das vagas, ao passo que a produção de carvão aumentou 25 por cento. As empresas continuam enxugando a mão-de-obra em um ritmo que, mesmo sem nenhuma política climática, dispensa mais de 9 mil operários por ano.

As políticas públicas sadias podem resolver e resolvem problemas de perda do emprego muito mais graves do que esse.[77] Como observa o professor Steven DeCanio, chefe da equipe de economistas do Council of Economic Advisers do presidente Reagan:

> [...] A economia norte-americana cria cerca de 1,5 a 2 milhões de novos empregos líquidos por ano, sendo maior o número bruto dos criados e destruídos no processo normal de mudança econômica [...] Mesmo que o índice de declínio do emprego no setor do carvão dobre[,]continuará sendo menos que 1,5 por cento do índice anual normal da criação líquida total de empregos. Sem querer minimizar as dificuldades de ajustamento para deslocar os mineiros do carvão, a economia não teria dificuldade de absorver esse tipo de mudança incremental na distribuição setorial de empregos, e seria justo instituir uma ajuda transitória aos trabalhadores dispensados (como as despesas de reciclagem profissional) como parte integral de qualquer política nacional de redução dos gases de efeito estufa [...]
>
> Em vez de ameaçar os empregos, a redução da dependência da economia com relação aos combustíveis fósseis pode ser vista como um investimento e uma *oportunidade* de criação de empregos devido ao novo equipamento e às tecnologias que se exigirão. Pode-se realizar a conversão sem nenhuma perda líquida de vagas; o papel da política é minimizar os custos da transição e assegurar que eles não sobrecarreguem desproporcionalmente certos segmentos estreitos da população, como é o caso dos empregados da indústria do carvão.[78]

Quanto aos acionistas, os liberais mais obstinados podem alegar que eles deviam ter previsto que o clima se tornaria problemático (alguns de nós vimos dizendo isso desde 1968) e, portanto, ter investido há mais tempo no gás natural, na eficiência ou nos renováveis, não no carvão, em gasodutos ou em estradas de ferro que transportam o carvão. Se o uso eficiente da energia custa menos que o carvão, este sairá perdendo na concorrência justa, e nenhum partidário de uma economia próspera há de querer outra coisa.

Não obstante, o melhor resultado, principalmente para os trabalhadores, seria estimular as empresas ameaçadas pela transição a começar a vender uma mistura lucrativa de menos combustível *com* mais eficiência no uso. Algumas companhias petrolíferas e centenas de fornecedores de energia elétrica e gás já vêm fazendo isso com sucesso a fim tanto de melhorar o serviço prestado ao consumidor quanto de aumentar os próprios lucros. Foi essa lógica que levou firmas como a ABB, a BP, a DuPont, a Ford, a Norsk Hydro, a Shell, a Tokyo Electric, a Toyota e outras a financiar a pesquisa interna e em consórcio sobre a possibilidade de proteger o clima e, ao mesmo tempo, favorecer seus próprios interesses empresariais.[79]

PROTEGER O CLIMA POR PRAZER E COM LUCRO

Uma compreensão adequada da economia prática e da engenharia da eficiência energética e de outras oportunidades estabilizadoras do clima pode, pois, dar a todos os participantes do debate climático o que eles querem. Os que se preocupam com o clima verão diminuir as ameaças a ele. Os indiferentes têm a possibilidade de continuar ganhando dinheiro. Os que se inquietam com os custos e os problemas de redesenhar suas empresas terão esses investimentos recompensados. Os que preferem ver aumentar o número de empregos, a competitividade, a qualidade de vida, a saúde pública e ambiental, assim como a escolha e a liberdade individuais, também receberão o que querem. Ao enfatizar a eficiência energética e as práticas agrícolas, pecuárias e florestais protetoras do clima e baseadas nos sistemas naturais, nós podemos abordar de maneira responsável e lucrativa não só a questão climática, mas cerca de noventa por cento das apreensões da EPA com a poluição e a saúde pública: o *smog* e as emissões de partículas, as emissões tóxicas, o escoamento dos agrotóxicos e muito mais. Semelhantes ações são vitais para uma economia vigorosa, para a segurança nacional,[80] para um meio ambiente saudável, para o desenvolvimento sustentável, para a justiça social e para um mundo habitável.

Os pragmáticos dizem que nós temos à mão — e devíamos colocá-los no papel principal da política climática — os instrumentos de transformação do mercado capazes de transformar o clima em uma oportunidade de negócio no país e no exterior. Eles podem, mas não precisam, incluir o aumento dos preços da energia. (Aliás, tanto o Protocolo de Kioto quanto a política climática da administração Clinton *excluem* os impostos sobre o carvão que os críticos de ambos os planos têm atacado.) As políticas públicas inovadoras e orientadas para o mercado, especialmente no âmbito estadual e local, podem se concentrar sobretudo na remoção das barreiras — a fim de ajudar os mercados a funcionarem apropriadamente e recompensar o uso eficiente do combustível.[81] Tal estratégia exigiria muito *menos* intervenção no mercado que a hoje imposta pelas normas e os padrões regularizadores. Ela parte do princípio correto de que o papel do governo é pilotar, não remar, e de que os agentes do mercado, guiados por regras claras e simples, sabem melhor o que tem sentido e gera dinheiro. (Há dois milênios, Lao-tzu aconselhou com toda razão: "Governe um grande país como se frita um peixe pequeno: sem mexer muito nele".) Mas é preciso pilotar no rumo certo — a linha de menor resistência e menor custo — segundo um mapa minucioso e preciso, que mostra as barreiras que atualmente bloqueiam a eficiência energética. O próximo capítulo começa a traçar esse mapa.

Há uma estranha ironia por trás do debate sobre o clima. Por que as mesmas pessoas que preconizam os mercados competitivos em outros contextos parecem não ter um pingo de fé em sua eficiência quando se trata de poupar os combustíveis fósseis? Recordemos o que aconteceu da última vez que essa atitude sombria prevaleceu. Em 1990, pouco antes que o Congresso aprovasse o sistema de comércio que reduzia as emissões de dióxido de enxofre[82] — o modelo de arcabouço comercial interno adotado pelo tratado de Kioto sobre o clima sete anos depois — os ambientalistas previram que a redução do enxofre custaria cerca de 350 dólares a tonelada ou, como diziam os mais otimistas, 250. Os modelos econômicos do governo previam 500-750 dólares; as cifras mais altas eram as mais amplamente citadas. Os modelos da indústria aumentaram a importância para 1.000-1.500 ou mais. O mercado de licença do enxofre abriu, em 1992, a cerca de 250 dólares a tonelada; em 1995, estava a 130 a tonelada; em 1996, caiu para 66; em 1999, voltou a subir para 207 dólares. As emissões nacionais de enxofre caíram 37 por cento só na década passada apesar do *boom* econômico sem precedentes.

Em resumo, faz muito tempo que os acalorados debates, no Congresso, para definir a meta das reduções do enxofre estão esquecidos, pois os criadores de modelos são incapazes de planejar confiavelmente o funcionamento da economia. O importante era que o Congresso criasse um eficiente mecanismo de comércio para recompensar as reduções de enxofre e aqueles que as realizassem precocemente. Em conseqüência, os Estados Unidos se encontram agora dois quintos à frente da meta do enxofre e *a uma pequena fração do custo projetado*. Os índices de energia elétrica, que a indústria receava que subissem verticalmente, acabaram se reduzindo em um oitavo e dão sinais de continuar caindo indefinidamente. A mesma coisa vem acontecendo com os CFCs, cuja eliminação previa-se que devastaria a economia. A verdade é que as metas de corte dos CFCs foram superadas ano a ano, sem causar prejuízos substanciais, a um custo líquido praticamente igual a zero.[83]

O gênio da empresa privada e das tecnologias avançadas reduziu as emissões de enxofre e CFCs bilhões de dólares mais que com o uso das regulações governamentais. Isso pode se repetir agora que a Conferência de Kioto adotou o princípio de estimular a concorrência internacional a fim de poupar o máximo de carbono pelo menor custo. O Protocolo de Kioto enviou uma mensagem estratégica às empresas: fiquem atentas às reduções de carbono, pois elas aumentam os lucros. Nas salas de reunião do mundo inteiro os executivos mais inteligentes já estão se perguntando: se vai existir comércio de carbono, como a nossa empresa pode lucrar?[84] A maior indústria química dos Estados Unidos, a

DuPont, já tem a resposta. Enquanto o país hesitava em aceitar a meta de Kioto de reduzir, por volta de 2010, as emissões de gases de efeito estufa a sete por cento abaixo do nível de 1990, os tecnologistas da DuPont planejavam diminuir suas emissões, no ano 2000, para "bem menos da metade" do nível de 1991. Tais cortes levam a poupanças diretas — cada tonelada evitada de emissões de carbono (ou de um equivalente) economizou para a empresa, até agora, mais de seis dólares em custo líquido —; porém, o que é melhor, conforme o regime do tratado de Kioto, a DuPont pode se habilitar a receber créditos comercializáveis de emissões que um dia serão capazes de contribuir com bilhões em seus ganhos líquidos.[85] Ademais, muitas empresas do ramo estão explorando outras oportunidades de negócio que não se relacionam nem com o corte dos custos de energia nem com a comercialização das emissões: participar do mercado de produtos "seguros para o clima",[86] como certos fornecedores de eletricidade já estão fazendo com êxito.[87]

Há fortes razões para acreditar que os parâmetros adotados em Kioto, em 1997, para a comercialização das reduções de carbono darão resultados melhores que os adotados pelo Congresso em 1990 para a comercialização das reduções de enxofre. Primeiro, o comércio do carbono dependerá unicamente da eficiência com que muitos consumidores finais empregarem seus recursos. As licenças de compra e venda de enxofre foram estabelecidas como um negócio dos serviços públicos, sendo bastante limitadas as oportunidades para que a eficiência energética concorra com as reduções do enxofre nas chaminés. Do comércio do carbono, no entanto, poderão participar as fábricas, as cidades, a agricultura, a pecuária, a extração florestal e uma miríade de outros usuários e poupadores dessa substância. Além disso, economizá-la, ao contrário do enxofre, é intrinsecamente lucrativo, pois poupar combustível custa menos que comprá-lo.

A hipótese de que será mais barato economizar carbono que enxofre (ou custará menos que zero em virtude da poupança nas contas de combustível) é empírica e pode ser testada. O teste, aliás, já começou. No fim de 1998, uma dezena de agentes privados do mercado já estava comercializando as reduções e o seqüestro do carbono. Sem se deixar intimidar pelas contendas diplomáticas sobre as filigranas das normas do comércio internacional, eles simplesmente fizeram o que fazem os comerciantes: criaram regras gerais próprias, adequadas à proteção de seus interesses financeiros. Ora, quanto tempo a cúpula dos negociadores achava que o setor privado demoraria para aprender, com as atuais transações do mercado, a prever o custo real da consecução das metas do Protocolo de Kioto? De doze a dezoito meses.[88] Assim, ao que tudo indica, muito antes que os políticos e os encarregados das negociações a respeito do clima decidissem como implementar a comercialização do carbono, o mercado passou por cima da lengalenga e fixou o preço real. Isso desmoralizará os modelos econômicos teóricos sombrios — em grande parte responsáveis pelo atrito político sobre a proteção do clima — em face do que pode se revelar um surpreendente teste do mercado.

O CLIMA

As emissões mundiais de carbono quadruplicaram só nos últimos cinqüenta anos. Contudo, no próximo meio século, o problema do clima pode ser uma lembrança tão remota quanto é hoje a crise energética dos anos 70, porque a mudança climática não é um resultado inevitável da atividade econômica normal, e sim um artefato da prática dessa atividade de maneira irracionalmente ineficiente. A proteção do clima há de poupar dinheiro para todos nós — até mesmo para os mineiros do carvão, que merecem uma transição justa, coisa que a nação pode financiar cem vezes com o que economizará em energia.

Se nós transpusermos as barreiras, utilizarmos a energia de modo a poupar dinheiro e colocarmos a empresa no seu devido lugar, ou seja, na vanguarda das soluções sadias, a mudança climática se tornará um problema que não teremos de enfrentar, do qual não precisamos e o qual podemos evitar com gigantescas economias financeiras para a sociedade.

CAPÍTULO 13

Como Fazer os Mercados Funcionar

A vigilância incessante do mercado — Um futuro barato? — O mito do mercado livre — Os mercados distorcidos perdem capital — Vamos brincar com os interruptores — A série ordenada dos cestos de lixo — "Satisfazer" — Quando a regulamentação falha — As cenouras de ouro — Motores feijão-com-arroz — Como criar um mercado de "nega-recursos" — Relatório anual alternativo

Churchill observou, certa vez, que a democracia é o pior sistema de governo — fora os demais. Pode-se dizer o mesmo da economia de mercado. O mercado é ótimo naquilo que faz: mobilizar motivações poderosas como a ambição e a inveja — aliás, disse Lewis Mumford, os Sete Pecados Capitais, com exceção da preguiça. E seu sucesso é tal que muitas vezes ele é o veículo do crescimento trânsfuga, indiscriminado, inclusive do crescimento que degrada o capital natural.

Uma reação comum ao mau uso, ao abuso ou à orientação equivocada das forças do mercado é propor o recuo do capitalismo e a volta à regulamentação rígida. Mas, ao enfrentar esses problemas, o capitalismo natural não visa descartar a economia de mercado nem rejeitar-lhe os princípios importantes ou os mecanismos poderosos. Isso sugere, ao contrário, que devemos empregar vigorosamente o mercado, para os seus próprios fins, como um instrumento com que resolver os problemas que enfrentamos, ao mesmo tempo que compreendemos suas fronteiras e limitações.

A democracia requer uma vigilância política incessante e uma cidadania informada capaz de impedir que aqueles que desejam desviá-la para outros objetivos a subvertam e distorçam. Também o mercado exige um grau comparável de cidadania responsável para continuar funcionando adequadamente apesar dos que se beneficiariam se ele não funcionasse assim. Contudo, seu êxito, quando o funcionamento é bom, recompensa o esforço. Seu engenho, sua capacidade de resposta rápida e seus agentes diversificados, dispersos, pródigos em recursos e altamente motivados dão-lhe uma eficácia sem rival. Podem-se compensar muitos de seus excessos desde que suas forças imensas sejam conduzidas a rumos mais criativos e construtivos. O que se requer é diligência para compreender quando e onde ele deixa de ser funcional e bem aplicado e para escolher as ações corretamente objetivadas a fim de melhor operar e, simultaneamente, preservar-lhe o vigor e a vitalidade.

Este livro já afirmou mais de uma vez que a maior parte do capital da terra, que torna possíveis a vida e a atividade econômica, não foi contabilizada pela economia formal. A meta do capitalismo natural é estender os princípios sadios do mercado a todas as fontes de valor material, não só àquelas que, por acidente histórico, foram apropriadas em primeiro lugar pelo sistema de mercado. Também procura garantir que todas as formas de capital sejam administradas com a mesma prudência com que os guardiões do capital financeiro gerem o dinheiro.

Pode ser que a noção de que boa parte do remédio para as atividades insustentáveis do mercado é a adoção de atividades sustentáveis contrarie tanto os que negam que o mercado seja insustentável quanto os que negam que os lucros do mercado sejam morais. Não obstante, a experiência mundial confirma uma abundância de instrumentos com base no mercado cujos resultados têm tudo para ser ambiental, econômica e eticamente superiores. Tais instrumentos englobam as inovações institucionais capazes de criar novos mercados, evitando a depleção dos recursos e diminuindo a poluição, maximizando a concorrência na poupança de recursos e convertendo o custo do imposto sobre o enxofre ou o preço comercial do carbono em lucros realizados na venda e no uso de tecnologias eficientes.

Assegurar que o mercado cumpra sua promessa também impõe que nos lembremos de seu verdadeiro objetivo. *Ele aloca eficientemente recursos escassos a curto prazo.* Trata-se de uma tarefa decisiva, principalmente à medida que a lógica do capitalismo natural altera a lista dos recursos genuinamente escassos. Mas a continuidade da experiência humana depende de mais que o mero sucesso a curto prazo, e a alocação eficiente dos recursos escassos não abrange tudo quanto as pessoas querem ou precisam fazer.

Por poderoso e vital que seja, o mercado não passa de um instrumento. Ele é um bom servo, mas um péssimo senhor e uma religião pior ainda. Pode ser usado na execução de muitas tarefas importantes, mas não é capaz de tudo, e seria uma ilusão perigosíssima acreditar em semelhante tolice — sobretudo quando ela ameaça tomar o lugar da ética ou da política. Parece que os Estados Unidos estão descobrindo isso atualmente e já começaram a renunciar ao seu flerte recente com o fundamentalismo econômico. Essa teologia trata as coisas vivas como mortas; a natureza, como um estorvo; vários bilhões de anos de experiência de *design*, como simplesmente descartáveis; e o futuro, como se não valesse nada. (A uma taxa de desconto de dez por cento, nada tem valor durante muito tempo e ninguém devia ter filhos.)

Os anos 80 decantaram uma atitude egoísta que computava apenas o que era computável, não o que realmente importava. Trataram certos valores como a vida, a liberdade e a busca da felicidade como se pudessem ser comprados, vendidos e aplicados a juros. Como se preocupa unicamente com a eficiência, não com a eqüidade, a economia neoclássica promoveu uma atitude que encarava a justiça social como um enfeite; a lealdade, como coisa do passado; e os riscos de criar uma subclasse permanente, como uma oportunidade para os seguranças e as "comunidades" cercadas. Sua obsessão pela satisfação de necessidades imateriais com meios materiais revelou as diferenças básicas, ou até as contradições, entre a criação da riqueza, a acumulação do dinheiro e o progresso dos seres humanos.

A eficiência econômica só pode ser um meio admirável se não perdermos de vista que ela não é um fim em si. Parte-se do princípio de que o mercado deve ser eficiente, não suficiente; agressivamente competitivo, não justo. Nunca se pretendeu que ele realizasse a comunidade ou a integridade, a beleza ou a justiça, a sustentabilidade ou o sagrado — e o mercado, por si só, não realiza nada disso. Para atingir o objetivo mais amplo de ser humana, a civilização inventou a política, a ética e a religião. Só elas podem definir as metas dignas dos instrumentos do processo econômico.

Alguns teólogos do mercado promovem um conceito muito em moda segundo o qual os governos não devem assumir a responsabilidade de supervisionar o mercado, ou seja, de estabelecer as regras básicas de acordo com as quais os agentes do mercado hão de atuar. Essa atitude é: vamos eliminar a inspeção da carne e tirar o governo de cima dos matadouros para que ninguém que tenha perdido um ente querido devido à intoxicação alimentar resolva processar os criminosos. Desregulemos o mercado financeiro: as firmas interessadas que se policiem. É melhor deixar que a concorrência direta entre as empresas telefônicas, de televisão a cabo e de aviação substituam os obsoletos órgãos reguladores. Os que se deixam seduzir pela pureza de semelhantes teorias esquecem que esse tipo austero de economia de mercado proposto pelos teóricos acadêmicos relaciona-se apenas vagamente com o funcionamento real do mercado. As mais recentes ilustrações desse princípio incluem a selvageria que atualmente devasta a Rússia, a doença da vaca louca, a fraude da poupança e do salário, o estelionato telefônico e a incúria das companhias aéreas. Assim que as simplificações de manual se infiltram nos *slogans* políticos, sua relação com o verdadeiro comportamento do mercado já se tornou remota. Faz falta uma boa dose de empirismo.

O MERCADO LIVRE E OUTRAS FANTASIAS

Lembra-se da pequena seção, no começo do seu manual de economia do primeiro ano da faculdade, em que os autores listavam os pressupostos dos quais depende a teoria do mercado livre perfeito? Mesmo como teorias abstratas, eles são absurdos. Os principais são:

1. Todos os participantes estão perfeitamente informados sobre o futuro.[1]
2. A concorrência é perfeita.
3. Os preços são absolutamente exatos e atuais.
4. Os sinais do preço refletem todos os custos da sociedade: não existem fatores externos.

COMO FAZER OS MERCADOS FUNCIONAR

5. Não existe monopólio (vendedor único).
6. Não existe monopsônio (comprador único).
7. Nenhuma transação individual pode mexer no mercado afetando padrões de preços mais amplos.
8. Nenhum recurso deixa de ser empregado ou é subempregado.
9. Não existe absolutamente nada que não possa ser comprado ou vendido prontamente (nenhum ativo deixa de ser comercializado) — nem mesmo, como o expressa o autor de ficção científica Robert Heinlein, "a roupa do senador com o senador dentro".
10. Pode-se fazer qualquer negócio sem "atrito" (não há custos de transação).
11. Todos os negócios são instantâneos (não há atrasos nas transações).
12. Não existem subsídios nem quaisquer outras distorções.
13. Não existem barreiras à entrada ou à saída do mercado.
14. Não existe regulamentação.
15. Não existe tributação (ou, se existir, ela não distorce de modo algum a alocação de recursos).
16. Todos os investimentos são completamente divisíveis e fungíveis — podem ser comercializados ou trocados em fatias suficientemente uniformes e padronizadas.
17. À taxa de juros compatível com o risco, é ilimitado o capital disponível para todos.
18. Todo mundo é motivado unicamente pela maximização do "serviço" pessoal, geralmente medido em termos de riqueza ou de renda.

Obviamente, o mercado teórico dos manuais não é exatamente o mesmo em que todos nós negociamos. Aliás, se existisse, esse lugar seria bem maçante. Ninguém conseguiria auferir senão lucros rotineiros, pois todas as boas idéias já teriam surgido, todas as oportunidades concebíveis já teriam sido exploradas e todos os lucros possíveis já teriam sido extraídos — ou, como costumam dizer os economistas, eliminados pela arbitragem. Só porque o mercado real é tão *imperfeito* é que ainda existem oportunidades excepcionais de negócio.

Até que ponto os mercados em que vivemos *são* imperfeitos? Vamos repassar rapidamente essa lista de dezoito exigências teóricas:

1. Informação perfeita sobre o futuro? Qualquer um que a tivesse, provavelmente seria excluído das eleições e do mercado de ações — e decerto não mereceria o nosso crédito.
2. A concorrência é de tal modo imperfeita que os lucros excepcionais geralmente se auferem graças à exploração de nossos próprios poderes oligopolistas, ou graças às distrações, às omissões e aos erros alheios.
3. Os mercados tudo sabem sobre os preços e nada sobre os custos.
4. Os maiores danos ao capital natural não foram apreçados e as melhores coisas da vida não têm preço.
5. Não há monopólios? A Microsoft, o eixo da fortaleza da aviação e o seu convênio médico estão muito perto disso.

6. Não há monopsônios? Compare o seu ativo com a Peanut Marketing Board e a Federal Aviation Administration.
7. Ninguém mexe com o mercado? E a Warren Buffet e a Hunt Brothers?
8. Trinta por cento dos habitantes do mundo não têm trabalho nenhum ou muito pouco. (Os economistas justificam isso classificando-os de "impossíveis de empregar" — pelo menos pelo salário que pedem.)
9. A maior parte do capital natural do qual depende a vida pode ser destruída, mas não comprada nem vendida; muitas drogas são compradas e vendidas em um mercado livre muito eficaz, o problema é que isso dá cadeia.
10. O fator atrito é o principal motivo pelo qual muitas coisas que deviam ser feitas não são.
11. A sua companhia de seguro sempre reembolsa prontamente as suas despesas com medicamentos? A sua empresa de cartão de crédito credita os seus pagamentos imediatamente?
12. Os subsídios, no mundo, ultrapassam 1,5 trilhão de dólares por ano — por exemplo, o Decreto da Mineração norte-americano, que data de 1872, vende as terras do Estado ricas em minerais por módicos 5,60 dólares o hectare e não cobra royalties.
13. É difícil inaugurar outra Microsoft, outra Boeing ou outra GM — ou sair do negócio do tabaco.
14. As regulamentações do mundo, se colocadas em uma estante de livros, teriam quilômetros e quilômetros.
15. Existe o Código Tributário Nacional.
16. Ninguém pode comprar só uma uva no supermercado nem um alpendre fora de moda na maior parte dos conjuntos habitacionais.
17. Muita gente está no vermelho, é obrigada a recorrer a agiotas ou não tem acesso ao capital a preço algum.
18. Então por que as pessoas se apaixonam, fazem o bem ou têm filhos e por que três quintos dos norte-americanos vão semanalmente à igreja?

Na verdade, os mercados funcionam com menos perfeição do que sugerem os contra-exemplos acima por dois motivos. Primeiro, as grandes empresas que se beneficiam de subsídios, incorporando-lhe os custos, evitando a transparência e monopolizando o mercado, tendem a desdenhar as realidades deste último e a fazer *lobby* para criar novas regras ou passar por cima das antigas a fim de melhor atender a seus interesses. Segundo, as pessoas são por demais complexas para maximizar racional e perfeitamente o custo/benefício. Com muita freqüência, elas são irracionais, erráticas às vezes, e deixam-se influenciar por muitas coisas além do preço.

Por exemplo, suponhamos que você coloque um grupo de indivíduos em apartamentos quentes e abafados, com ar-condicionado, e diga que tanto o ar-condicionado quanto a eletricidade são gratuitos. Que se pode esperar que eles façam? Por acaso não vão simplesmente ligar o aparelho, quando sentirem calor, e ajustá-lo na temperatura que lhes for confortável? Isso é o que preveria a teoria econômica; sendo a refrigeração do ar um bem gratuito, as pessoas se servirão dela em grande quantidade sempre que quiserem. Muitas outras nunca ligam o condicionador de ar. A maioria o liga de vez em quando, porém de um modo que, essencialmente, não guarda nenhuma relação com o conforto. Na realidade, seu uso depende sobretudo de seis outros fatores: as agendas domésticas; as teorias populares sobre o funcionamento do ar-condicionado (muitos pensam que o termostato é uma válvula que faz com que o frio saia mais depressa); as estratégias gerais para lidar com as máquinas; os complexos sistemas de crença relativos à saúde e à psicologia; a aversão ao barulho; e (inversamente) o interesse em certos ruídos para encobrir o barulho exterior que pode acordar o bebê.[2]

Afinal de contas, as construções teóricas são apenas modelos. O mapa não é o território. A economia descrita em equações não se confunde com a economia real. O mundo que se conforma com as mais assombrosas suposições sobre o funcionamento de cada transação econômica não é o mundo real. Os economistas que passam a noite em claro perguntando-se se o que funciona na prática pode funcionar na teoria não são do tipo que deve definir suas oportunidades de negócio.

Os capítulos anteriores documentaram retornos anuais de cem a duzentos por cento dos investimentos em eficiência energética que ainda não foram captados, ao passo que as teorias do mercado presumem que já foram. Os capítulos anteriores documentaram o aperfeiçoamento dos veículos, dos prédios, das fábricas, do uso dos materiais, da fibra e da água, nos Estados Unidos, que provavelmente tem a possibilidade de economizar acima de um trilhão de dólares por ano. Esses ganhos de eficiência estão disponíveis e são altamente lucrativos, mas ainda não foram captados. O Capítulo 3 chegou até a sugerir que, na economia norte-americana, o desperdício, em um sentido amplamente definido, pode chegar a pelo menos um quarto do PIB. Exemplos tão proeminentes de falhas do mercado sugerem que a questão básica de como tornar o mercado mais perfeito deve ser formulada de outra maneira: há meios de abordar as imperfeições do mercado de modo que possibilite às pessoas captar o potencial de lucro inerente a essas falhas? É hora de identificar os obstáculos do mundo real à compra da eficiência dos recursos e de determinar como transformar cada obstáculo em uma nova oportunidade de negócio. O que há de atraente nisso será ilustrado por exemplos sobre a energia e, ocasionalmente, a água, porém a maioria dos métodos de implementação e das oportunidades descritos pode estender-se à economia de qualquer recurso.

A ALOCAÇÃO ERRADA DO CAPITAL

O elemento vital do capitalismo de manual é o fluxo do capital.[3] Na teoria, o capital flui rumo aos melhores retornos compatíveis com o risco tão automaticamente quanto a água corre ladeira abaixo. Na teoria, teoria e prática são a mesma coisa, mas na prática não. Na prática, até as mais importantes instituições que manipulam a maior parte dos grandes fluxos de capital do mundo apresentam distorções e imperfeições significativas.[4] Em termos realísticos, a maioria de nós não pode resolver esses problemas em escala global, mas é capaz de detectar e enfrentar problemas semelhantes no âmbito da empresa ou da comunidade.

Sem atenção administrativa, pouca coisa acontece. A maior parte dos administradores atribuem pouca importância a itens aparentemente secundários como a energia (um a dois por cento do custo da maioria das indústrias). Do mesmo modo, a maior parte dos fabricantes escolhe os investimentos que aumentam a produção ou a participação no mercado, em detrimento daqueles que cortam os custos operacionais.[5] O que esses dois hábitos não enxergam é que as despesas fixas poupadas são importantes, pois até mesmo uma pequena redução de custo acrescida aos lucros pode parecer muito maior. Ao ser informado de que uma de suas filiais contava com um administrador de energia extraordinário, que estava economizando 11,50 dólares por metro quadrado ao ano, o diretor de uma grande empresa observou: "Que bom: é uma fábrica de 305 mil metros quadrados, não? Então ele deve estar acrescentando mais de 3,5 milhões por ano ao nosso balanço". E acrescentou a seguir: "Eu não consigo me entusiasmar muito com a energia: é apenas uma porcentagem mínima do meu custo". Foi preciso mostrar-lhe a aritmética para que ele percebesse que semelhante resultado, em quase trinta milhões de metros quadrados de instalações no mundo inteiro, podia aumentar-lhe em 56 por cento os ganhos líquidos. O administrador de energia foi promovido para estender sua prática a toda a empresa.

Quando enfim passam a prestar atenção, como é que os administradores determinam quanta eficiência energética vale a pena adquirir? Ocorre que muitas empresas supostamente sofisticadas não decidem com cuidado: fazem todas as "pequenas" compras rotineiras unicamente com base no custo inicial. Assim, noventa por cento do 1,5 milhão de transformadores de distribuição elétrica adquiridos anualmente, inclusive os que se instalam nos postes da rede pública, são comprados com base no menor custo inicial. Adquirir transformadores mais baratos e menos eficientes significa abrir mão da oportunidade de ter um retorno líquido anual de pelo menos quatorze por cento do investimento, à parte as muitas vantagens operacionais. Em escala nacional, aloca-se mal 1 bilhão de dólares por ano.[6] Qualquer estudante do primeiro semestre de administração de empresa sabe que a maneira correta de alocar o capital é comparar o resultado do investimento a longo prazo, jamais escolher a opção que requer o investimento inicial mínimo sem levar em conta o retorno futuro. Qualquer planilha eletrônica contém as funções do valor líquido presente, que fazem esse cálculo automaticamente. No entanto, a maioria das empresas não compra eficiência energética conforme esses princípios.

Tipicamente, os dispositivos de economia de energia são escolhidos pelos engenheiros, no nível operacional da empresa, recorrendo-se a um procedimento prático chamado "reembolso simples", que calcula quantos anos de poupança são necessários para pagar o investimento em mais eficiência e começar a lucrar nitidamente. Quatro quintos das empresas norte-americanas que acaso pensam nas economias para o futuro (não só no custo do capital inicial) recorrem a esse método. Ademais, fazem-no na expectativa de retornos muito

COMO FAZER OS MERCADOS FUNCIONAR 251

rápidos: 1,9 ano em média.[7] Muitos executivos das grandes empresas estão de tal modo absortos em medidas de produtividade à base de desconto de fluxo de caixa que são incapazes de traduzir a linguagem do "reembolso simples" dos engenheiros para a sua própria linguagem financeira.[8] Por essa razão, é bem possível que não se dêem conta de que um reembolso simples de 1,9 ano equivale a uma taxa de retorno líquido de 71 por *cento* anuais ou a cerca de *seis vezes* o custo adicional do capital.

A maior parte das empresas não está, pois, adquirindo eficiência suficiente. Elas investem cotidianamente em meios de aumentar a produção ou as vendas que não oferecem nada próximo de um retorno líquido de 71 por cento ao ano; entretanto, continuam insistindo, geralmente sem o saber, que a eficiência energética pula essa barreira. Um remédio é ensinar os engenheiros a falar a linguagem financeira. Quando um deles se aproximar do gerente e disser: "Olhe, eu tenho um bom negócio para você: com retorno líquido de 27 por cento sem risco!", com toda certeza conseguirá o capital que não seria obtido se a poupança fosse expressa em termos de um reembolso simples em 3, 4 anos.

Muitas indústrias com problemas de capital usam taxas de retorno ainda mais absurdas que dois anos: em algumas, os administradores da energia são proibidos de comprar equipamento que gere retorno só depois de seis *meses*. Sem embargo, pelo menos nos prédios, agora é possível obter capital de fontes inteiramente externas — sem comprometer o próprio — para o investimento na economia de energia ou água. Em 1997, grandes instituições financeiras associaram-se ao Ministério da Energia dos Estados Unidos a fim de criar o International Performance Measurement and Verification Protocol [Protocolo Internacional de Medição e Verificação do Desempenho],[9] que até agora já foi adotado em mais de vinte países, inclusive Brasil, China, Índia, México, Rússia e Ucrânia. Esse consenso industrial voluntário padroniza os fluxos de poupança de custo de energia e água (em edifícios e na maior parte dos processos industriais) de modo que sejam agregados e assegurados, exatamente como as normas da FHA* padronizam as hipotecas residenciais. O protocolo está criando um mercado no qual os empréstimos para financiar a economia de energia e água se originem tão rapidamente quanto possam ser vendidos em novos mercados secundários. Portanto, para uma empresa individual, a poupança de energia pode ser financiada facilmente e não precisa competir com outras necessidades de investimento interno. Os procedimentos de medição e monitoramento do protocolo também ajudarão a maximizar as poupanças e garantir-lhes-ão a longevidade à medida que ofereçam um *feedback* mais preciso aos operadores dos prédios e das fábricas.

Todavia, a má alocação do capital fora dos muitos retornos atraentes em eficiência energética tem uma implicação ainda maior. Se a maioria dos empresá-

---

* FHA, Federal Housing Administration (Administração Federal da Habitação). (N. do T.)

rios, assim como a dos norte-americanos em casa, tipicamente querem recuperar em poucos anos o dinheiro investido na economia de energia, os serviços de fornecimento e outras grandes empresas de energia contentam-se, tradicionalmente, em recobrar em vinte ou trinta anos os investimentos nas usinas geradoras: um prazo cerca de dez vezes mais dilatado. Portanto, nossa sociedade exige, para economizar energia, retornos aproximadamente dez vezes mais altos que os custos para produzi-la.[10] Equivalente a uma distorção decuplicada, essa prática deforma a economia fazendo-nos comprar demasiada energia e pouquíssima eficiência. Até o final da década de 1980, os Estados Unidos desperdiçaram, em usinas geradoras antieconômicas e os respectivos subsídios, capital de investimento correspondente a cerca de 60 bilhões por ano, ou mais ou menos o dobro do que investiram anualmente em todas as indústrias de bens de consumo duráveis, tolhendo muito a competitividade da nação.

Não obstante, nessa distorção assoma outra oportunidade de negócio. Os arbitradores ganham fortunas com expansões de um décimo de um ponto percentual. A expansão entre as taxas de desconto utilizadas na compra das poupanças e do fornecimento de energia é, em geral, centenas de vezes maior — o suficiente para superar os custos de transação do *marketing* e da entrega de um grande número de pequenas poupanças individuais. Os números dos serviços de fornecimento o provaram, em programas bem elaborados dos anos 80 e do começo dos 90, que ofereciam aumento de eficiência a um custo total menor que os custos *operacionais* das usinas termoelétricas existentes.[11] Essa expansão da taxa de desconto também é a base do conceito da Energy Service Company (ESCO), segundo o qual os empresários são pagos para cortar as despesas de energia. Eles não cobram nenhum adiantamento pelos serviços prestados, mas são pagos compartilhando das poupanças medidas que obtiveram. Tal como as economias compartilhadas das empresas de reforma paisagística e de eficiência hídrica mencionadas no Capítulo 11, estão florescendo excelentes ESCOs em todo o mundo, muito embora a indústria ESCO dos Estados Unidos ainda se encontre na fase inicial. Muitos órgãos federais, posto que autorizados a contratar ESCOs, ainda não o fizeram devido aos rígidos hábitos e procedimentos de aquisição. Isso pode mudar com a ordem do presidente Clinton, de 25 de julho de 1998, de remover esses empecilhos, maximizar as negociações com a ESCO e — um incentivo importante — deixar que os órgãos públicos fiquem com a metade da poupança resultante.

Para os indivíduos é ainda mais difícil que para as empresas destinar capital a investimentos em eficiência. Pouca gente se dispõe a pagar quinze ou vinte dólares por uma lâmpada eficiente se a comum custa cinqüenta centavos, mesmo que o modelo eficiente, além de durar treze vezes mais, economize, nas contas de luz, dezenas de dólares acima do seu custo e impeça uma tonelada de CO_2 de ir para o ar. Mas sempre há como transpor essa barreira. A Southern California Edison Company distribuiu mais de um milhão de lâmpadas fluorescentes compactas, medida essa que economizou energia de modo mais barato do que as usinas geradoras existentes eram capazes de produzi-la. Para ampliar ainda mais o mercado, a SCE baixou o preço das lâmpadas no varejo graças a um subsídio temporário pago não aos compradores, e sim aos fabricantes de lâmpadas, alavancando assim a produção e reduzindo mais de treze vezes o preço no varejo.[12] Alguns outros serviços de fornecimento de energia alugam as lâmpadas a, digamos, vinte centavos de dólar cada uma por mês, com substituição grátis; desse modo, os usuários pagam a eficiência a longo prazo — exatamente como agora pagam as usinas geradoras —, embora as lâmpadas sejam mais baratas.

Semelhantes expedientes são necessários a investimentos maiores. Poucas famílias podem adquirir células fotovoltaicas, o que equivale a comprar adiantado vinte anos de eletricidade, do mesmo modo que lhes é impossível comprar adiantado vinte anos de comida. Só dez por cento dos compradores de automóvel, nos Estados Unidos, pagam à vista; todos os demais recorrem ao financiamento ou ao *leasing*. Quando o financiamento ou o *leasing* da energia solar tornarem-se um processo barato e fácil como o de um carro, ela passará a ser um ativo igualmente comum e viável — como acontece em Sacramento, onde a companhia municipal de força e luz financia não só a energia fotovoltaica como também a inclui na hipoteca.[13]

Tudo, atualmente, das máquinas de venda automática às fotocopiadoras, aos caminhões, aos aviões, ao espaço de escritório, assim como aos seus móveis e equipamento, é comumente alugado. Com mais dinheiro em busca de negócios que bons negócios onde aplicar o dinheiro, as oportunidades quase sem risco de financiar a energia e a eficiência dos recursos tornar-se-ão, inevitavelmente, mais atraentes aos investidores, principalmente se oferecidas como uma espécie de serviço em evolução. Nos países subdesenvolvidos, os fundos de investimento em rápido crescimento, parcialmente financiados pela indústria de seguros a fim de evitar a possibilidade de mudança climática, agora estão investindo diretamente no avanço por etapas em sistemas de eficiência associados à energia solar. Tais sistemas geralmente custam menos do que os habitantes das pequenas cidades já pagam pelo querosene da iluminação e as baterias de rádio,[14] e representam um novo mercado de 2 bilhões de pessoas.

Alguns dos maiores fluxos de capital do mundo — investimentos em estoque de energia e na aquisição de outros recursos ou provisões primários — reclamam revisão. Hoje em dia, grande parte desses fluxos de capital são mal alocados porque a maioria das oportunidades internacionais de investimento e, por exemplo, os sistemas de energia elétrica nacionais ou no âmbito do fornecimento público consideram as opções unicamente no lado do abastecimento, não no da demanda, e não dispõem de meios significativos de compará-las entre si.[15] As alocações erradas que daí resultam enviam demasiado dinheiro para o lado do abastecimento. É, até certo ponto, a receita do guisado de elefante e coelho: um elefante, um coelho. O remédio, como se explica abaixo, é simplesmente recompensar as melhores compras, não as piores.[16]

AS FALHAS DE ORGANIZAÇÃO

Uma empresa famosa, que há anos não utiliza o vapor, ainda mantém uma enorme caldeira, com operadores licenciados 24 horas por dia, simplesmente para aquecer os ductos de distribuição (muitos sem isolamento e com vazamento) para que eles não se danifiquem com o estresse de aquecer-se e resfriar-se; ninguém tomou a iniciativa de paralisar o sistema. Por que um administrador haveria de se dar semelhante trabalho se o *status quo* parece estar funcionando e ninguém reclama de nada? A litania de desculpas para não enfrentar problemas como esse, em uma grande empresa, é mais do que conhecida e improdutiva.

Fábricas de um bilhão de dólares enviam apressadamente os mais recentes microprocessadores ao mercado, comprimindo o *design* e a construção em algo entre doze e dezoito meses: depressa demais para o *design* atual. Certa vez, falaram por telefone ao engenheiro chefe de uma gigantesca empresa de *design* de fábricas de microprocessadores a respeito de certas tecnologias comprovadas, como uma sala que utiliza muitas vezes menos energia e, no entanto, tem melhor desempenho, custa menos e produz mais rapidamente. Sua resposta foi imediata: "Parece fantástico, mas eu terei de pagar uma multa de 100 mil dólares por hora se não estiver com a planta de nossa próxima fábrica pronta quarta-feira ao meio-dia, de modo que não posso conversar com você. Desculpe. Tchau." O triste e onipresente resultado é a "repetite infecciosa" — a cópia de antigos desenhos — que deixa de lado poupanças enormes.[17] O castigo mais doloroso e eficaz para tamanho descuido é a falência: quando avanços importantes ingressam em um mercado confortavelmente complacente, aos preguiçosos não resta senão adotá-los ou perecer. No outono de 1977, uma fábrica de acionadores de *hard disk* do Extremo Oriente consumia o equivalente a sete dólares de eletricidade por acionador, ao passo que uma similar das proximidades gastava apenas 13,5 centavos.[18] Essa disparidade de 54 vezes no custo da energia era insustentável. A fábrica ineficiente faliu dois meses depois.

Um remédio seguro é tratar de substituir rapidamente a administração pela liderança. Os líderes podem surgir em qualquer nível de uma organização. A Columbia University tinha suas próprias práticas estratificadas até que um novo e resoluto diretor de energia, Lindsay Audin, recebesse a incumbência de cortar dez por cento da despesa de energia de 10 bilhões por ano, com serviço sem compromisso e nenhum orçamento de capital. As autorizações foram dolorosamente vagarosas até que Audin mostrou que os adiamentos custavam 3 mil dólares por dia em poupanças perdidas, mais do que os contracheques mensais dos que insistiam em adiar. Cinco anos depois, ele estava economizando 2,8 milhões de dólares por ano, sessenta por cento dos quais só em iluminação; havia recebido nove prêmios e 3 milhões de dólares em transferências de propriedade e descontos; e colocara no mercado dezesseis novos produtos de eficiência.[19]

O economista Kenneth Boulding definiu a hierarquia como "uma série ordenada de cestos de lixo destinada a impedir que a informação chegue ao executivo". Mas deixar que a informação flua rumo aos mais capacitados para agir estimula a inteligência e a curiosidade — como na fábrica em que a mera colo-

COMO FAZER OS MERCADOS FUNCIONAR | 255

cação de etiquetas nos interruptores, para que todo mundo soubesse que lâmpada cada interruptor controlava, economizou 30 mil dólares no primeiro ano. Até então, ninguém quisera mexer nos interruptores, temendo provocar uma interrupção, mas as etiquetas se mostraram ao mesmo tempo baratas e eficazes.

Outra parte do pacote de reformas, em qualquer empresa, devia ser incentivar os riscos individuais. Em 1994, a Mitsubishi Electric encarou esse problema de frente modificando o método de avaliação do desempenho dos empregados. Os erros passaram a ser compensados explicitamente pelos sucessos, de modo que aqueles cuja ousadia de assumir riscos valesse a pena eram recompensados. A resultante aceleração no aprendizado em organização permitiu à empresa atingir suas metas estratégicas qüinqüenais em quatro anos.[20] As recompensas também podem ser institucionais: o Estado de Washington distribui rotineiramente as poupanças entre os que as realizaram, o General Fund, e uma conta reservada ao reinvestimento em poupanças suplementares. Isso possibilita que os inovadores economizem ainda mais sem ter de retornar ao processo de planejamento do orçamento do capital.

A forma suprema de risco é a pesquisa: como observou Einstein, "Se nós soubéssemos o que estávamos fazendo, não poderíamos dar a isso o nome de 'pesquisa', não é mesmo?" Um ponto cego peculiar em muitas empresas conduz a baixíssimos investimentos em pesquisa e desenvolvimento (P&D) e acaba na estagnação. As indústrias de construção e de material de construção dos Estados Unidos, por exemplo, reinvestem somente cerca de um por cento de sua renda em P&D, em oposição a dez ou vinte vezes mais do que isso nas indústrias de ponta como a eletrônica e a farmacêutica. Não admira que seus materiais e técnicas sejam antediluvianos. As sessões recentes do Congresso norte-americano têm parte nessa deficiência na medida em que cortam regularmente as verbas de P&D que, historicamente, geraram ao contribuinte retornos de milhares percentuais por ano: só um punhado de tecnologias desenvolvidas no Center for Building Science, do Lawrence Berkeley National Laboratory, já garantiu poupanças de energia no valor de centenas de vezes o seu custo total.[21]

Um problema comum, ao introduzir-se uma inovação, é determinar quem vai fazer o trabalho afinal. Quantos economistas são necessários para trocar uma lâmpada fluorescente compacta? Nenhum, diz a piada: o mercado livre se encarrega disso. Mas nós sabemos que, na verdade, alguém precisa tirar a lâmpada da prateleira e atarraxá-la no soquete; do contrário, não se terá criado riqueza. Na década de 1990, muitas firmas, supondo que já haviam economizado toda a energia que valia a pena economizar e reparando que os preços da energia caíam continuamente, simplesmente transferiram os engenheiros responsáveis para outras funções, para outras agendas sobrecarregadas, e, como era de se prever, a poupança deixou de ser prioritária. Com muita freqüência, o que se perde é um dedicado campeão da eficiência sem o qual pouca coisa acontece.

A iniciativa individual também pode ser anulada pela burocracia. Muitos dos que propõem mudanças descobrem que, como o equipamento poupador de recursos deve ser comprado a partir de um orçamento, ao passo que a poupança beneficiará outro, eles acabam não conseguindo a aprovação. Do mesmo modo, os prédios federais separam as verbas de construção das operacionais e os administradores são proibidos de participar de investimentos que reduziriam os custos totais do contribuinte. De modo mais geral, as grandes empresas têm comportamentos com os quais os indivíduos jamais sonhariam. Por exemplo, ao avaliar suas fábricas no mundo todo, uma multinacional constatou que uma delas era cinco vezes mais eficiente que a maior parte das outras. E não tardou a enfrentar pressão interna para "forçar" as novas fábricas planejadas a ajustar-se aos níveis de desempenho das piores para que seus diretores não passassem vergonha.

Os economistas organizacionais classificaram e explicaram tais comportamentos aparentemente bizarros.[22] Como aprendeu o Prêmio Nobel de economia Herbert Simon, muitas empresas não maximizam plenamente os ganhos: preferem limitar-se ao "satisfatório", ou seja, empenhar-se para se sair bem e satisfazer quem for preciso satisfazer. As complexidades inerentes ao meio e aos limites de sua autoridade para tomar decisões e executá-las tornam essa timidez inevitável. Os acionistas, por exemplo, conservam carteiras de ativos diversificadas, mas os administradores, cuja carreira depende do sucesso de projetos *específicos*, tratam de evitar riscos e selecionar apenas os investimentos de retorno extremamente elevado — e assim é ao longo de toda a cadeia hierárquica do controle. Os subordinados assumem o risco pessoal pelo fracasso, enquanto os superiores só vêem os resultados e sabem que projetos foram escolhidos, mas não por quê. Esse tipo de hierarquia leva à subotimização sistemática — à segunda melhor solução, sempre menos lucrativa do que devia ser, porém menos arriscada no âmbito do indivíduo. Recompensar o sucesso líquido dos indivíduos, como fez a Mitsubishi Electric, é uma resposta. Outra é criar um alinhamento mais amplo entre os objetivos empresariais e os pessoais. Uma prestadora de serviços públicos, que começou a pagar à sua equipe de *marketing* de eficiência um dólar por quilowatt economizado medido, não tardou a descobrir que a poupança verificada aumentou e se tornou mais barata: as duas coisas na mesma ordem de magnitude.

FALHAS DE REGULAMENTAÇÃO

Outra parcela do comportamento aparentemente irracional que se detecta no mundo empresarial deve-se a que as empresas são obrigadas a obedecer não só à mão invisível do mercado como também à perfeitamente visível do regulador, sendo que certas regulamentações produzem, involuntariamente, o resultado contrário ao pretendido.

Por exemplo, em sua grande maioria, os Estados e nações recompensam os fornecedores regulamentados por vender mais energia[23] e os punem quando cortam despesas. Isso faz com que acionistas e usuários tenham objetivos opostos, com os resultados previsíveis. Muitos esforços propostos de reestruturação dos serviços de abastecimento de força e luz (geralmente batizados erroneamente de "desregulamentação" ou "concorrência", embora quase todos

COMO FAZER OS MERCADOS FUNCIONAR **257**

na verdade inibam tais metas)[24] estão perdendo uma oportunidade única de reparar esse mal. Pelo contrário, consagram o mesmo incentivo perverso a regras de mercado baseadas em mercadorias, recompensando a venda do máximo de quilowatts-horas possível, ao menor preço, em vez de recompensar melhores serviços a custo mais baixo.[25] Porém, existe um remédio direto e comprovado. Ali onde o preço no varejo permanece regulamentado, meras inovações contábeis, em alguns Estados, decuplicaram os ganhos dos distribuidores de eletricidade a varejo a partir de seus volumes de venda, de modo que esses serviços já não são recompensados por vender mais energia nem penalizados por vender menos. Os fornecedores ficam com uma parte do que economizam na conta do consumidor. Mediante esse plano, o maior serviço de fornecimento de propriedade do investidor, a Pacific Gas and Electric Company, somou mais de 40 milhões em retorno sem risco ao seu balanço, ao mesmo tempo que poupava ao consumidor nove vezes esse valor. Só na Califórnia, a Public Utilities Commission descobriu que, no período 1990-93, os investimentos em eficiência recompensaram e motivaram, com a emulação do mercado eficiente desse sistema de incentivo, resultados que pouparam para o consumidor um valor presente líquido de quase 2 bilhões de dólares. A reestruturação bem pensada do serviço de fornecimento é capaz de realizar a mesma coisa em toda parte. Ainda que não haja regulamentação do preço no varejo, ela pode criar condições verdadeiramente competitivas para os diversos vendedores, entrada e saída fáceis, acesso justo ao funil do monopólio e à informação do mercado, eficácia no cumprimento da lei antitruste e escrutínio contínuo a fim de prevenir os abusos do mercado e do poder político.[26]

Outro problema das regulamentações é que elas são freqüentemente obsoletas[27] e, mais freqüentemente ainda, mal interpretadas. Com o tempo, os padrões destinados a estabelecer um "piso" passaram a ser interpretados como um teto ou um nível econômico ideal. Por exemplo, quase todos os prédios dos Estados Unidos usam fios elétricos do tamanho mínimo exigido pelo National Electrical Code (NEC) [Código Nacional de Eletricidade], porque se escolheu o tamanho (e seu custo) conforme o eletricista que apresentou a proposta mais barata. Ocorre que o padrão mínimo do NEC foi estabelecido para evitar incêndios; quando se trata de economizar dinheiro a longo prazo, o ideal é escolher fios uma ou duas vezes mais grossos, capazes de reduzir a resistência elétrica. Ele pode ser mais caro, porém custa menos em termos operacionais. No circuito de iluminação de um escritório típico, o fio elétrico um número acima gera cerca de 193 por cento de retorno líquido anual sobre seu custo adicional.[28] São poucos os eletricistas que sabem e ainda menos os que se importam com isso, pois a recompensa para quem propõe fios mais eficientes costuma ser a rejeição da proposta: em geral contrata-se aquele que oferece o menor orçamento. Tal situação é só mais um exemplo de "incentivo fragmentado": quem paga a conta não é quem escolhe a tecnologia.

Pode-se resolver esse problema com uma regulamentação melhor: reescrevendo o NEC, por exemplo — um processo lento e difícil —, ou introduzindo os descontos descritos no Capítulo 5, que se concentrariam no cuidado antecipado do construtor de projetar um edifício de eficiência máxima. Pode-se ainda encontrar uma solução sem regulamentação de pelo menos duas maneiras. O administrador do projeto instrui o construtor para que calcule as propostas de custo mínimo de vida útil, de modo que se elimine mais cobre, antecipadamente, mediante a posterior poupança de eletricidade — ou, o que é ainda melhor, incluir fios do tamanho adequado nas especificações de todas as propostas. Há ainda níveis intermediários de soluções: as financiadoras ou seus advogados incluem o fio do tamanho adequado em sua lista de condições indispensáveis ou o serviço de fornecimento local oferece incentivos atraentes à eficiência energética somente para os projetos que utilizem uma tabela socialmente otimizada de tamanho de fio, não a do NEC. Onde o incorporador ou o construtor há de obter essa tabela revisada? Na instituição diretamente interessada em transformar o fio de tamanho ideal em lucro para os membros de sua empresa: a Copper Development Association [Associação de Desenvolvimento do Cobre].[29]

As condições mínimas aceitáveis, como "está de acordo com o código" (eufemismo para "o pior prédio que se pode levantar sem ir parar na cadeia") ou a expressão britânica "CATNAP" (Cheapest Available Technology Narrowly Avoiding Prosecution) [A Tecnologia Mais Barata Possível Sem que a Gente Enfrente um Processo], deviam ter provisões para recompensar até o melhor desempenho. Os reguladores geralmente contam com meios indiretos de abordar essas questões de exigência mínima. A fim de estimular os incorporadores a ultrapassar as exigências mínimas de poupança de energia dos códigos de construção, o distrito de Santa Bárbara deu aos que as ultrapassam o direito de avançar 15-45 por cento na fila do alvará, poupando-lhes muito tempo. É uma recompensa válida para os construtores e não custa absolutamente nada à nação.

FALHAS DE INFORMAÇÃO

Outra coisa que explica a relutância com que as empresas investem em eficiência de recursos é a falta de informação precisa e atualizada. Você sabe onde obter o que precisa para otimizar o uso da energia? Sabe o que comprar, como instalar tudo adequadamente, com que apoio contará? Se, ao ler este livro, ficou surpreso com algum exemplo de poupança grande e barata, você acaba de entrar em contato com uma importante barreira do mercado: sem saber que uma coisa é possível, ninguém tem como escolher fazê-la.

A etiquetagem ajuda a resolver o problema da informação oferecendo aos compradores a possibilidade de comparar os diversos produtos. Nos Estados Unidos, os eletrodomésticos importantes são obrigados a exibir etiquetas de eficiência (se bem que muitas vezes com informação desatualizada). Alguns sistemas voluntários de etiquetagem, como os que foram empregados para medir a eficiência de um quarto de milhão de casas de San Francisco em 1978-80, também conseguiram impor-se no mercado à medida que os compradores começaram a questionar o valor de qualquer imóvel que *não estivesse* etiquetado. O padrão voluntário da EPA para o equipamento de escritório, a Energy Star [Estrela da Energia], já foi adotado por mais de 2 mil produtos de mais de quatrocentos fabricantes. As máquinas eficientes funcionam melhor e, contudo, têm o mesmo preço ou são mais baratas, portanto passaram a ser obrigatórias nas compras federais. Elas estão economizando meio bilhão de dólares por ano, podem chegar a dobrar essa importância no ano 2000 e prometem poupar 10 milhões de toneladas de carbono em 2005.

Outros programas voluntários que oferecem um sistema mais abrangente de apoio informativo, técnico e de afinidade comercial, como os Green Lights [Sinais Verdes] da EPA,[30] estão tendo sucesso porque criam vantagens competitivas. Envolvendo mais de 2.300 empresas e sete por cento dos edifícios dos Estados Unidos, os avanços dos Green Lights geralmente poupam mais da metade da energia de iluminação de uma empresa, com trinta por cento de retorno do investimento e qualidade de iluminação inalterada ou melhor. As firmas Green Lights também apresentam crescimento maior dos ganhos que as não-participantes.[31] O potencial nacional para esse esforço é de uma poupança anual de dezesseis bilhões de dólares, mais doze por cento de redução nas emissões de carbono e outras.[32] Só em 1998, esperava-se que os prédios participantes dos Green Lights e da Energy Star cortassem mais de 280 milhões de dólares na despesa de energia e reduzissem em mais de 2,3 bilhões de quilos as emissões poluentes do ar.[33]

Quanto você paga, em casa, por um quilowatt-hora de eletricidade e quantos quilowatts-horas por ano consome a sua geladeira (o eletrodoméstico isolado que mais gasta)? Se a sua resposta for "Não sei; eu tenho coisa mais importante a fazer na vida do que me importar com essas minúcias", saiba que você faz parte de outra barreira do mercado. Para tornar tais decisões mais eficientes — e porque a maior parte dos eletrodomésticos são comprados não por pagadores de contas, mas por proprietários de terrenos, construtores de residências e autoridades habitacionais — o Congresso aprovou, com votação quase unânime, a obrigatoriedade dos padrões de eficiência nos eletrodomésticos. Pela mesma razão, esses padrões começam a se estender a parte do equipamento comercial e industrial. Os serviços de fornecimento de energia também podem reforçá-los recompensando os consumidores que os superarem.

OS RISCOS DA CADEIA DE VALOR

Geralmente, os fabricantes hesitam em assumir o risco de desenvolver e produzir novos produtos que economizam energia por não ter certeza, em face dos muitos obstáculos relacionados neste capítulo, de que os consumidores os comprarão. Para superar essa relutância, Hans Nilsson, na época funcionário do NUTEK, o órgão responsável pela eficiência energética da Suécia, inaugurou concursos para que se colocassem dispositivos eficientes no mercado de massa. Nesses termos, uma importante repartição pública encarregada das compras, a Statskontoret, divulgava uma solicitação de propostas, que a obrigava a adquirir um grande número de dispositivos, oferecidos a certos preços, desde que apresentassem determinadas especificações técnicas, inclusive a poupança de energia, que, em termos de preço, seria altamente eficaz para o consumidor.

Uma expressão tão explícita da demanda do mercado suscitou diversas inovações, coisa que deu uma grande vantagem à indústria sueca tanto no mercado interno quanto no de exportação. Seguindo o exemplo, o programa "cenoura de ouro", concebido pelo Dr. David Goldstein, do Natural Resources Defense Council, aperfeiçoou o *design* do refrigerador.[34]

Outra maneira de estimular as cidades a experimentar tecnologias pioneiras seria um sistema de garantia pública análogo ao que utilizou a EPA. Ele garantia que os primeiros adeptos de um sistema de tratamento de esgoto recebessem gratuitamente a substituição, com uma alternativa convencional caso a nova não desse certo. Semelhante administração do risco muitas vezes é o estímulo-chave para que se comece a elevar a espiral da demanda e da produção.

O equipamento eficiente muitas vezes não está disponível quando e onde o consumidor precisa — quem há de tentar conseguir de imediato um substituto eficiente para um aquecedor de água, uma fornalha, um condicionador de ar ou uma geladeira queimada? Os distribuidores quase sempre se recusam a assumir o risco de manter um estoque que, não sendo o "feijão-com-arroz", acaba ficando difícil ou impossível de vender. Foi assim que a British Columbia Hydro descobriu que os grandes motores das minas e das fábricas de papel da província eram, todos, virtualmente ineficientes por serem os únicos produtos que os vendedores locais estocavam. Os mais eficientes tinham de ser encomendados e demoravam muito mais do que as minas ou as fábricas podiam aguardar. No entanto, em 1988, a British Columbia Hydro passou a pagar um pequeno subsídio temporário para que os distribuidores estocassem somente modelos eficientes, cobrindo quaisquer custos extras. Em três anos, a participação no mercado dos motores eficientes de primeira linha aumentou de três para sessenta por cento. O subsídio foi então suspenso, apoiado apenas por uma pequena ajuda de manutenção. Do mesmo modo, a PG&E descobriu, nos anos 80, que, em vez de oferecer desconto aos consumidores pela compra de geladeiras eficientes, era possível elevar o índice de adoção, por menos de um terço do custo, pagando aos varejistas um bônus de cinqüenta dólares por modelo estocado, mas nada pela estocagem dos ineficientes.

SINAIS DE PREÇO FALSOS OU INEXISTENTES

Um dos melhores métodos de começar a reduzir o auto-engano que acompanha os subsídios e outras distorções é contabilizar escrupulosamente aquilo que os economistas denominam fatores externos. Ninguém sabe ao certo que valor atribuir, por exemplo, aos efeitos da poluição do ar sobre a saúde humana ou o ecossistema. Porém, reconhecendo que zero não é o número certo, as autoridades que regulam os serviços públicos de trinta Estados norte-americanos passaram a levar em consideração alguns fatores externos ao avaliar as propostas de aquisição de recursos, uma vez que os serviços não o fazem. Sem embargo, enquanto o princípio segundo o qual "o poluidor paga", aceito em praticamente todos os países industrializados desde a década de 1970, não for verdadeiramente implementado no apreçamento da energia, os preços continuarão a refletir a suposição tácita de que, como o exprime Randy Udall, a autoridade local em energia, "o futuro não tem valor e o meio ambiente não importa". Os cálculos da eficácia de custo baseados unicamente no custo privado interno continuarão a ser "um sistema de valor dissimulador como a matemática.[35]

Os sinais do preço também são inadequados de muitas outras maneiras imediatamente práticas. Raramente se discriminam as despesas de serviço público: não se pode determinar o custo de cada parte do equipamento, total ou em diferentes horas do dia, assim como não seria possível fazer compras com sensibilidade se a nota do supermercado apresentasse apenas a soma final, sem detalhar o que se comprou. Algumas empresas acompanham os custos de energia como um item através do qual os lucros centrais permanecem contabilizáveis. As que ocupam espaços alugados podem ter as contas de energia distribuídas proporcionalmente, mas não discriminadas item por item. Muitas firmas, sobretudo as cadeias e as franquias, nem chegam a ver as contas de energia, que são enviadas diretamente a um remoto departamento de contabilidade para o pagamento automático. Algumas grandes empresas chegam a considerar essas contas um custo fixo que não merece ser examinado. Porém, estão surgindo novas firmas de pagamento e minimização das despesas de energia, muitas das quais fornecem a medição de máquinas, horários e lugares específicos, assim como comunicações de duas vias e em tempo real a fim de ajudar os administradores a detectar as oportunidades de aprimoramento. Basta garantir que cada medida que gera despesa esteja realmente em uso e no imóvel do consumidor para que se produzam poupanças substanciais.

Embora os *níveis* de preço façam uma diferença, as *estruturas* de preço também a fazem. Com freqüência, os serviços de fornecimento manipulam as estruturas tarifárias com o intuito de oferecer descontos ao consumo mais elevado ou penalizar a eficiência. Muitos deles fizeram isso durante décadas — ainda que seus próprios custos crescessem com as maiores vendas — acreditando que tal estratégia lhes aumentaria os lucros, coisa que a regulamentação tradicional da taxa de retorno associava às vendas maiores de energia. Trabalhar corretamente com os incentivos de modo a recompensar aquilo que nós queremos — *contas* menores — e não o contrário — maiores *vendas* — tornará semelhantes distorções contraproducentes e raras.

Um último tipo de distorção das escolhas energéticas provém da política tributária assimétrica. Por exemplo, as aquisições de energia são tratadas como despesas dedutíveis, ao passo que se capitalizam os investimentos poupadores de energia. Sem embargo, com um pouco de esforço, é possível modificar essas normas. Sabe-se que o governo japonês, quando resolveu acabar com as emissões de enxofre das termoelétricas, autorizou que se gastassem os lavadores de gás em um só ano. Nos Estados Unidos já estão estudando iniciativas análogas a fim de acelerar a instalação de dispositivos eficientes e ambientalmente sadios, assim como a desativação dos ineficientes e poluentes.[36]

MERCADOS INCOMPLETOS E DIREITO DE PROPRIEDADE

Mesmo os preços perfeitamente exatos são inúteis sem um mercado no qual os compradores e os vendedores de eficiência de recursos possam encontrar-se e negociar: um mercado que ofereça um terreno uniforme em que todas as opções concorram lealmente e com preços justos. Por enquanto, tais arenas não existem. Ainda não há nenhum mercado significativo de energia poupada: os "negawatts" — a eletricidade que se economiza com a redução do consumo ineficiente — não são um bem fungível, objeto de propostas competitivas, da arbitragem, dos mercados secundários, dos derivativos e de todos os demais mecanismos que constituem os mercados relativamente eficientes de cobre, trigo e carne de porco. Posto que já estejam começando a surgir emissões de direitos comercializáveis e créditos, como se observou no capítulo anterior, não se pode sair à caça de recompensa pela energia desperdiçada nem propor negawatts (ou seus futuros e opções) em contraposição às expansões dos estoques de energia.

A existência de tais mercados podia ser um paraíso para as empresas desde que as partes cujas transações conjuntas criam poupança tivessem a possibilidade de ser apresentadas umas às outras. Assim, quando Morro Bay, na Califórnia, enfrentou escassez de água no final da década de 1980, a prefeitura se limitou a exigir de todo incorporador que quisesse um alvará de construção que economizasse, em qualquer outro lugar da cidade, o dobro da água que o novo imóvel consumiria. Os incorporadores descobriram, então, que a água poupada tem valor, pois a municipalidade havia aberto um mercado para ela. Um terço das casas de Morro Bay trataram de aperfeiçoar as instalações hidráulicas ineficientes nos primeiros dois anos e dois quintos nos primeiros quatro. Esse plano pode perfeitamente ser implementado em uma área maior por intermédio de corretores de poupança de água. Fantasia? Pois já está acontecendo. Alguns Estados — sobretudo a Califórnia, o Oregon e Montana — reformaram a legislação hídrica na base do "pegar ou largar" a fim de permitir que a água poupada seja vendida ou alugada sem penalidade. Atualmente, estão aparecendo corretores que se encarregam dessas transações de poupança e revenda.

Em vez de simplesmente comercializar os negawatts (a eletricidade poupada) — um negócio que hoje vale cerca de 5 bilhões de dólares nos Estados Unidos —, os serviços de fornecimento de eletricidade estão começando a criar mercados *de* negawatts. Isso maximizará não só o número de consumidores que economizam como também a *concorrência* entre quem economiza e de que modo, baixando o custo e melhorando a qualidade. Nos anos 80, a Central Maine Power Company inaugurou a tendência a oferecer prêmios em dinheiro aos consumidores industriais que se comprometessem a economizar o máximo de eletricidade por dólar recebido. Esse leilão se ampliou para "propostas de todas as fontes" e, posteriormente, foi adotado por oito Estados, abrindo a concorrência para todos os meios de produzir ou poupar eletricidade. Um serviço de fornecimento que precisasse de mais energia perguntaria: "Qual de vocês quer produzir ou economizar eletricidade e a que preço?" — e aceitaria as melhores propostas até satisfazer às suas necessidades. Cerca de trinta Estados também organizaram leilões só para o abastecimento. Esses eram oferecidos a preços atraentes, muitas vezes a quantidade que se queria. A eficiência saía ganhando quase sempre que conseguia opor uma proposta a um novo fornecimento, coisa que permitiu um valioso "descongestionamento" da sobrecarregada capacidade da rede pública.[37]

Toda forma de evitar a depleção dos recursos e prevenir a poluição cria a possibilidade de um empresário detectar e explorar a ineficiência. A criação de mercados de petróleo poupado induzirá os arbitradores a explorar a diferença entre o custo dos barris extraídos e o dos economizados. As represas podem apresentar propostas contra os chuveiros; os desmatamentos, contra as copiadoras dúplex. O carbono e o cobalto, o tungstênio e as árvores, os recifes de coral e as florestas tropicais, tudo já está maduro para a comercialização das poupanças. Tal como ocorre com as partículas subatômicas, para cada recurso há um "anti-recurso" igual e oposto: para cada atividade há um abatimento indiscutivelmente digno de um valor e de um mercado onde se expressar. Ainda são poucos os mercados desse tipo, porém criá-los há de trazer prosperidade aos comerciantes e mais bem-estar a todos nós. A criação de mercados de recursos poupados e de poluição evitada impulsionará grandes inovações empresariais capazes de transformar em oportunidade cada obstáculo à produtividade dos recursos e ao fechamento do ciclo.[38] Quanto maior for o problema, tanto maior será o ganho potencial, seja em energia ou em água, seja em fibras e minerais, seja em terra ou mobilidade.

PARÂMETROS DE POLÍTICA CRIATIVA

Em 1991, o presidente Bush sancionou o Intermodal Surface Transportation Efficiency Act [Decreto da Eficiência do Transporte Intermodal de Superfície], que torna obrigatória a escolha do menor custo para suprir as necessidades locais de transporte, permitindo assim que as verbas federais fluam para as melhores compras, não só para as autopistas. Essa lei não entrou em vigor em aproximadamente trinta Estados porque as verbas federais geralmente devem ajustar-se às estaduais que, legalmente, restringem-se à construção de estradas. Pode ser que ainda haja décadas de peleja com os *lobbies* das rodovias para que a lei vigore em todos os Estados.

Bem melhores que essas reformas específicas, Estado por Estado, necessárias mas tediosas, são as iniciativas capazes de resolver simultaneamente muitos outros problemas. Por exemplo, na Califórnia, o Dr. Mohamed El-Gasseir, consultor de política de recursos, concebeu e o assessor financeiro Andrew Tobias promoveu um modo inovador de sinalizar aos norte-americanos o verdadeiro custo social da gasolina ao mesmo tempo que se reduzem as despesas de todos.[39] A proposta se chama seguro "pague no posto". A maioria dos americanos normalmente paga mais por quilômetro de seguro de veículo que pela gasolina, sendo que grande parte daquele se relaciona com as colisões, cujo risco aumenta a cada quilômetro percorrido. Conforme o plano do Dr. El-Gasseir, os Estados podem discriminar duas partes do prêmio do seguro. A relativa à colisão é recolhida no posto de gasolina e encaminhada às companhias de seguro particulares na proporção de sua participação no mercado. A remanescente, que cobre roubo e danos materiais, é paga da forma habitual, pelo correio, à companhia escolhida pelo consumidor. Um termo de ajustamento, em cada conta, reflete as diferenças de cobertura desejadas pelo consumidor, até que ponto foi competitiva a política de preços do seguro e o quanto era bom o recorde do assegurado no trânsito. Tal seguro também pode ser feito amigavelmente, pagando a vítima, não os advogados. De acordo com essa proposta, o preço aparente da gasolina subiria, talvez, em algo entre oito e 21 centavos de dólar por litro — a um nível que continuaria sendo o mais baixo do mundo industrial, mas que representaria um sinal de preço mais exato que o atual. Entretanto, o aumento *não* seria um imposto da gasolina; pelo contrário, o custo total de dirigir um veículo *cairia*, pois já não haveria necessidade de socializar o custo dos acidentes dos motoristas não assegurados, que, atualmente, constituem quiçá um quarto ou um terço do total dos Estados Unidos. Pelo "pague no posto", quem comprar combustível compra automaticamente um seguro contra colisão e responsabilidade. Trata-se, simplesmente, de uma maneira mais inteligente de pagar o seguro de veículos — e nos lembra, toda vez que abastecemos, de que o seguro faz parte do custo de dirigir.

Criando mercados de "negaquilômetros" e "negaviagens", a sociedade pode descobrir o quanto vale pagar para que as pessoas fiquem longe das estradas de modo que não seja necessário construí-las e repará-las com tanta freqüência. Quanto a isso, como sugeriu Douglas Foy, que dirige o Conservation Law Foundation of New England [Fundação da Lei da Conservação da Nova Inglaterra], por que não privatizar cada meio de transporte em um ou mais serviços públicos regulamentados que sejam recompensados, como os de força e luz do Oregon, não por fornecer um volume maior de serviço, mas por minimizar o custo social? As cobranças eletrônicas automáticas podem onerar facilmente os motoristas por esses custos sociais. Tal sistema é capaz de eliminar todos os subsídios relacionados com o transporte e fazer com que cada meio pague a sua maneira. Contém ainda a possibilidade de fazer com que todos os meios de viagem mecanizada deixem de ser uma carga para o contribuinte e passem a integrar uma corrente de pagamentos ou *royalties* dos serviços privados para o setor público que constrói a infra-estrutura.

LEIS JUSTAS FAZEM OS MERCADOS FUNCIONAR

Os chefões mafiosos da Rússia contemporânea devem servir de lembrete a qualquer um que tenha esquecido um período semelhante da história norte-americana: a concorrência no mercado, como qualquer esporte, só funciona se houver um regulamento respeitado por todos os jogadores e imposto por um árbitro honesto. Os abusos flagrantes do poder de mercado na parte inicial do nosso século — Rockefeller no petróleo e a Insull na eletricidade, entre outros — levaram os Estados Unidos a decretar uma série de normas antitruste e a regulamentar os serviços públicos. As fraudes e os enganos devastadores que roubaram as

COMO FAZER OS MERCADOS FUNCIONAR

economias da vida inteira de milhões de pessoas conduziram ao estabelecimento da Comissão de Seguros e Trocas, da Comissão Federal do Comércio e de outros cães de guarda do interesse público. As tragédias na saúde e na segurança públicas confirmam regularmente a necessidade da Food and Drug Administration e da Federal Aviation Administration.* O mercado depende dessas e de outras instituições reguladoras para controlar as transações, fornecer informação fidedigna e dedicar-se às questões de interesse público que os mercados privados jamais se destinaram a proteger. Do contrário, na pior das hipóteses, uma usura descontrolada pode explorar e destruir facilmente a vontade do povo de deixar os mercados funcionar. Sem tais cuidados, esse pode ser o destino da experiência capitalista na Rússia.

Naturalmente, essas instituições, como todas as outras, necessitam de renovação constante. As tendências recentes a formar normas e corpos normativos supranacionais, secretos e incontroláveis ameaçam os princípios fundamentais do mercado aberto que deviam apoiar. Quando os comerciantes do mundo criam suas próprias regras de comportamento, em reuniões fechadas antes do encontro da Organização Mundial do Comércio, o império da lei fica prejudicado. Quando os financistas proíbem toda interferência governamental nos fluxos de capital com base no mero interesse social nacional (como queria o proposto Acordo Multilateral de Investimento), estão criando condições que lhes permitam fazer seus negócios de modo mais conveniente. Mas são justamente essas, na realidade, as práticas — a opacidade e a eliminação do escrutínio público — que lhes destruirão a própria legitimidade e até mesmo a capacidade de colher no mercado as idéias que lhes permitam tomar decisões sadias e esclarecidas. Elevar os objetivos do comércio acima da transparência e da responsabilidade que a democracia exige acabará por destruir pelo menos uma dessas instituições, quando não as duas.

Basicamente, os mercados são pouco mais que um meio de trocar informação sobre o que as pessoas têm e querem. São um sistema de regras e mecanismos para comparar as preferências e as oportunidades e ver se elas podem ser reorganizadas de maneira melhor, melhorando a vida de alguns sem piorar a de ninguém — condição esta que os economistas denominam "avanço de Pareto". Contudo, também há outros meios de obter avanços sem falsos arranjos com o uso dos sinais do preço: o objetivo pode ser sinalizado mais diretamente, sem a mediação dos preços.

Os sistemas sem *feedback* são burros por definição. Mas os que contam mesmo com o tipo mais rudimentar de *feedback* podem tornar-se mais inteligentes rapidamente. Por mais limpo que ele fosse, você compraria um carro cujo cano de escapamento, em vez de apontar para os pedestres, despejasse os gases diretamente no compartimento de passageiros?

---

* Food and Drug Administration, órgão federal norte-americano que controla a qualidade dos alimentos, dos medicamentos e dos cosméticos; Federal Aviation Administration, órgão federal que controla a aviação civil e os aeroportos. (N. do T.)

CAPITALISMO NATURAL

É mais provável que uma fábrica que polui um rio se encarregue de limpá-lo se a água que lhe é fornecida estiver, na correnteza, abaixo do seu cano de esgoto. Aliás, por que não unir os dois canos? Se a água é limpa o suficiente para que o público a use, porque não será para o consumo da indústria? Algumas empresas químicas importantes já chegaram a pensar em exigir que os diretores das fábricas fossem morar no lugar aonde o vento leva a poluição, expondo-os aos mesmos riscos aos quais as fábricas sujeitam a população — assim como o Sr. DuPont construiu sua casa perto das primeiras fábricas de explosivos. É nisso que repousa a lógica do segundo princípio do capitalismo natural: eliminar o *conceito* de desperdício e toxicidade. As maneiras simples de utilizar o *feedback* a fim de minimizar o risco e o custo são quase ilimitadas. Os primeiros submarinos nucleares da marinha norte-americana tinham problemas com a qualidade da solda do casco — até que o almirante Rickover anunciou que os soldadores estariam a bordo no primeiro mergulho. Os empregados do escritório do editor sueco Mariefriske não desenvolvem enfermidades ocupacionais porque o mesmo orçamento que prevê investimentos ergonômicos inclui serviços de saúde no local de trabalho.[40]

Outro exemplo eficaz da criação de ciclos de *feedback* informativo foi o trabalho do cientista do Greenpeace International, o Dr. Jeremy Leggett, que apresentou importantes cientistas do clima aos diretores de uma companhia de seguros e resseguros. A informação assim obtida ajudou os assegurados a compreender o vínculo entre duas coisas: as reclamações cada vez mais freqüentes de acidentes devidos a grandes tempestades, inundações e outros exemplos de volatilidade climática e a previsão de todos os modelos respeitáveis de simulação dos efeitos do aumento dos gases de efeito estufa na atmosfera. Essas seguradoras européias passaram a figurar entre as maiores forças do setor privado a fazer *lobby* em prol de políticas de maior proteção climática. Em todo o mundo, a indústria de seguro e resseguro é financeiramente maior que a do petróleo e a do carvão somadas. Agora ela está começando a fazer uma terceira articulação: investir parte de seus gigantescos fluxos financeiros no avanço da proteção do clima:[41] inclusive nas acima mencionadas iniciativas na energia solar dos países subdesenvolvidos, na eficiência energética (não sem importância para o vasto portfólio de propriedades comerciais da indústria) e na energia renovável. À medida que esses investimentos verdes se expandem em virtude de seus duplos dividendos — altos retornos *e* redução dos riscos do seguro —, os que perdem na competição do capital serão obrigados a prestar mais atenção.

A cibernética — a ciência das comunicações e do controle nas máquinas e nos seres vivos — estuda não só o *feedback*, mas também os objetivos. Um sistema de *feedback* define um "estado de referência" ao qual uma operação deve aspirar e mede a diferença entre o que é e o que devia ser. A partir dessa diferença, ele gera um "sinal de erro" que, realimentado, diz ao sistema o que mudar para aproximar-se mais do objetivo. Assim funcionam as pessoas. E também as empresas; é por isso que preparam planos estratégicos e de negócio. Há como ajudá-las a fazê-lo melhor.[42] Suponha, por exemplo, que uma empresa preparasse um *Relatório Anual Alternativo* — inicialmente para uso interno, pois conteria material confidencial. O relatório anual tradicional descreve, em uma narrativa e um formato financeiro amplamente aceitos, o que a firma realizou no ano anterior. A versão alternativa descreveria, no mesmo formato, o que ela *gostaria* de poder relatar que havia realizado, caso tivessem sido removidos todos os obstáculos internos e externos que fazem com que o que é bom para os acionistas, a curto prazo, divirja do que é bom para as futuras gerações no mundo todo. Se se transpusesse esse abismo entre a realidade e a intenção, se a empresa pudesse ser administrada inteiramente com o coração e sem compromisso, que resultados emergiriam? Como se refere ao passado, o *Relatório Anual Alternativo* não requer nenhuma projeção arrojada sobre os desenvolvimentos futuros; ele não passa de um olhar para trás, para o que podia ter sido feito de maneira diferente e melhor. Centra a atenção naquilo que impede que os sonhos se tornem realidade. É possível que os líderes descubram, por exemplo, que podiam ter dirigido a empresa de maneira muito mais sustentável e honrável sob regras diferentes, como a contabilidade ecológica e a revolução tributária. Se algumas empresas experimentassem esse exercício, surgiriam experiências e observações comuns — e talvez até mesmo o núcleo de um contingente disposto a consertar o que se quebrou.

Se nós não mudarmos de rumo, pode ser que cheguemos aonde estamos indo. Se quisermos chegar a outro lugar, precisamos nos orientar pelas estrelas. Talvez o primeiro passo nessa direção seja descrever o tipo de destino que queremos alcançar.

CAPÍTULO 14

Capitalismo Humano

Gatos pára-quedistas em Bornéu — Como eliminar o desperdício de gente — A rede de soluções de Curitiba — Viajar mais depressa sem auto-estradas — O metrô de superfície — Simples, rápido, divertido e barato — Quando o lixo não é lixo — Nada de fome — Um lugar onde viver — Um símbolo do possível

Que destino busca a nossa sociedade e como há de alcançá-lo? Com muita freqüência encontramos lições do que *não* fazer nas cidades, onde a maior parte dos funcionários, submersos em uma inundação de problemas, tentam se arranjar dando-lhes nomes e resolvendo-os um a um. Se estiverem às voltas com congestionamento, a resposta é alargar as ruas, construir anéis rodoviários e estacionamentos. Criminalidade? Penitenciárias para os bandidos. Poluição? Regulem-se as emissões. Analfabetismo? Padrões mais rígidos. Lixo? Eleve-se o valor das multas. Sem-teto? Construam-se albergues e, se não der certo, cadeia para os vadios. Verbas insuficientes para custear todas essas prioridades rivais? Aumentem-se os impostos ou imponha-se a mais dura austeridade. Eleitores descontentes? Jogue-se a culpa nos adversários políticos.

Às vezes, a solução isolada de um problema isolado funciona, mas geralmente, como se descreveu acima, otimizar um único elemento "pessimiza" o conjunto do sistema. As conexões ocultas, que não foram detectadas nem convertidas em vantagens, acabam tendendo a criar desvantagem.

Pense no que aconteceu em Bornéu na década de 1950. Para combater a maleita, que se disseminava entre os camponeses de Dayak, a Organização Mundial de Saúde apresentou uma solução simples e direta. Aparentemente, pulverizar DDT deu certo: os mosquitos morreram, a malária declinou. Porém, surgiu toda uma rede de efeitos colaterais em expansão ("conseqüências em que não se pensou", observa Garrett Hardin, "a existência das quais a gente nega enquanto for possível"). Os telhados das casas populares começaram a desabar, porque o DDT liquidou as pequenas vespas parasitas que antes controlavam as lagartas que se alimentavam do sapé. O governo colonial providenciou folhas de metal para cobrir as casas, mas as chuvas tropicais transformavam os novos

CAPITALISMO HUMANO

telhados em tambores que não deixavam ninguém dormir. Entrementes, os insetos envenenados com DDT iam sendo devorados pelas lagartixas que, por sua vez, serviam de repasto para gatos. Invisivelmente, o DDT se constituiu em uma cadeia alimentar que passou a matá-los. Sem eles, os ratos se multiplicaram. Ameaçada com surtos potenciais de tifo e peste silvestre que ela mesma criara, a Organização Mundial de Saúde se viu obrigada a lançar de pára-quedas quatorze mil gatos vivos sobre Bornéu. Foi a Operação Lança-Gatos, uma das missões mais esdrúxulas da Real Força Aérea Britânica.[1]

Com demasiada freqüência, as cidades descobrem que a causa de seus problemas são as soluções anteriores que erraram o alvo ou tiverem efeito bumerangue, como a estrada ampliada que não faz senão ampliar o tráfego, a canalização do rio que piora as inundações, os albergues para sem-teto que difundem a tuberculose e as prisões que dão aos delinqüentes oportunidade de aprender técnicas mais sofisticadas. A nossa meta, pelo contrário, devia ser resolver ou contornar cada problema de maneira a solucionar muitos outros simultaneamente: sem criar novos. Esse enfoque sistêmico não só reconhece os vínculos causais subjacentes como também enxerga onde transformar os desafios em oportunidades. As comunidades e as sociedades devem ser administradas com a mesma apreciação do *design* integrativo dos edifícios, com a mesma engenharia simples e frugal das fábricas enxutas, com o mesmo ímpeto empresarial das grandes companhias.

Esse enfoque amplo ajuda as pessoas a proteger não só o capital natural de que dependem como o tecido social, ou seja, o próprio capital humano. Assim como os ecossistemas produzem tanto os "recursos naturais" monetizados quanto os muito mais valiosos, porém não monetizados, "serviços do ecossistema", os sistemas sociais têm um papel duplo. Fornecem não só os "recursos humanos" monetizados das mentes educadas e das mãos hábeis como também os muito mais valiosos e não monetizados "serviços do sistema social": a cultura, o saber, a honra, o amor e toda uma série de valores, atributos e comportamentos que definem a humanidade e fazem com que valha a pena viver a vida.[2] Do mesmo modo que as maneiras pouco sadias de extrair fibra de madeira destroem a integridade ecológica das florestas e as torna incapazes de regular as bacias hidrográficas, a atmosfera, o clima, os fluxos de nutrientes e os hábitats, os métodos insalubres de exploração dos recursos humanos vão destruindo a integridade social de uma cultura de modo que ela se torna incapaz de sustentar a felicidade e o desenvolvimento de seus membros. Pode-se dizer que o capitalismo industrial está liquidando, sem valorizá-los, *tanto* o capital natural *quanto* o humano — perseguindo ganhos econômicos a curto prazo de um modo que destrói a perspectiva e o propósito humanos a longo prazo. Uma força de trabalho superexplorada, mas subvalorizada, pais estressados, a terrível insegurança que ameaça até os melhores trabalhadores com o medo à demissão, tudo isso corrói a comunidade e mina a sociedade.

Os capítulos anteriores explicaram que o emprego mais cuidadoso dos recursos naturais protege e aprimora os serviços do ecossistema. Acaso também existem melhores maneiras de empregar as pessoas de modo a proteger e aperfeiçoar os serviços do sistema social? Haverá meios de reestruturar a atividade econômica de modo a recompensar o enriquecimento da sociedade e reinvestir na capacidade do sistema social de evoluir rumo a culturas cada vez mais diversificadas e criativas?[3] A reversão do desperdício de recursos e de dinheiro intensifica também os esforços no sentido de parar de desperdiçar as pessoas? Como os meios de eliminar esses três tipos de desperdício se reforçam mutuamente? Como — e este é o grande desafio — podemos atingir essas metas em lugares em que a população e seus problemas são muito maiores que os recursos financeiros e o tempo disponíveis?

Podem-se atender às necessidades humanas básicas com uma combinação de produtos, formas de organização política e social, valores e normas, espaços e contextos, comportamentos e atitudes.[4] O capitalismo industrial recompensa unicamente a venda de bens e serviços monetizados, portanto é natural que ele se concentre nos meios tangíveis, materiais, de satisfazer as necessidades humanas. Sem dúvida, os bens materiais são úteis e, até certo ponto, indispensáveis, mas só à medida que servem as pessoas, não o inverso: quando a produção física e o crescimento econômico deixam de ser meios e se convertem em fins, geram afluência exterior e misérias interiores que se expressam nas patologias sociais. O *shopping center* é um pálido substituto do bar local; as comédias de costumes da televisão não fazem as vezes da convivência familiar; os seguranças armados não substituem as ruas seguras; o seguro médico não pode ser colocado no lugar da saúde.

A saúde das sociedades depende não só da escolha dos meios adequados de satisfazer às necessidades humanas, mas também da compreensão das múltiplas interligações desses meios. As culturas tradicionais, dispondo de meios bem mais limitados de satisfazer as necessidades humanas, tendem a atender a elas na medida do possível, com um mínimo de recursos. O capitalismo industrial, ao contrário, enfatiza a criação de produtos especializados que disputam os nichos do mercado a fim de atender a necessidades que os bens materiais não podem satisfazer.[5] As sociedades bem-sucedidas exigem que cada ação empreendida atenda a várias necessidades simultaneamente. Com efeito, adotam a mesma filosofia do *design* e a mesma elegante frugalidade com as quais a engenharia do sistema como um todo satisfaz às exigências técnicas oferecendo múltiplos benefícios a partir de gastos isolados ou o pensamento enxuto atende às necessidades organizacionais purificando-as do *muda* das tarefas desnecessárias e contraproducentes. O contexto é diferente, mas a lógica, o objetivo e o resultado dessa forma social do *design* do sistema como um todo são semelhantes.

Nos países subdesenvolvidos do Sul, esse pensamento do sistema como um todo é muito valorizado, pois lá o novo padrão de escassez, que é a pedra angular dos argumentos deste livro — abundância de gente e míngua de natureza — chegou cedo e com muita violência. Para o mundo desenvolvido, mais agudamente, a questão relevante será: quantos problemas podem ser solucionados ou evitados concomitantemente, quantas necessidades serão atendidas se fizermos as escolhas iniciais corretas? E de que maneira essas escolhas hão de se vincular em uma rede de soluções que se apóiem mutuamente, criando um sistema econômico, social e ecológico sadio, capaz de desenvolver ao mesmo tempo pessoas melhores *e* uma natureza florescente?

UMA REDE DE SOLUÇÕES:
O EXEMPLO DE CURITIBA

Curitiba é uma cidade do sul do Brasil com população comparável à de Houston ou Filadélfia. Tem em comum com centenas de cidades do mesmo tamanho[6] a perigosa combinação de escassez de recursos com um crescimento demográfico explosivo. A população da região metropolitana passou de aproximadamente 300 mil, nos anos 50, para 2,1 milhões em 1990,[7] quando 42 por cento dela tinham menos de dezoito anos de idade. Espera-se mais um milhão de habitantes no ano 2020.

A maior parte das cidades de tal modo infladas, no Brasil e em todo o Hemisfério Sul, transformou-se em centros de pobreza, desemprego, miséria, doença, analfabetismo, desigualdade, congestionamento, poluição, corrupção e desespero. Curitiba, no entanto, associando um governo responsável à vitalidade empresarial, conseguiu justamente o contrário. Embora tendo começado a partir do frágil perfil econômico típico de sua região, em pouco menos de três décadas alcançou níveis de educação, saúde, bem-estar humano, segurança pública, participação democrática, integridade política, proteção ambiental e espírito comunitário consideravelmente mais elevados que os de suas vizinhas e, diriam alguns, que os da maioria das cidades dos Estados Unidos. E chegou a tanto não instituindo um punhado de projetos megaeconômicos, e sim implementando centenas de iniciativas com múltiplos objetivos, todas elas baratas, rápidas, simples, de âmbito local e centradas nas pessoas, servindo-se dos mecanismos do mercado, do bom senso e das aptidões locais. Floresceu tratando todos os cidadãos — principalmente as crianças — não como uma carga, mas como seu recurso mais precioso, os criadores do futuro. Teve sucesso não graças ao planejamento central, e sim combinando liderança atilada e pragmática com um processo de *design* integrado, com forte participação pública e empresarial e uma visão pública amplamente compartilhada, que transcende a filiação partidária. As lições da transformação de Curitiba trazem promessas e esperança para todas as cidades e todos os povos do mundo.[8]

Às seis horas de uma tarde de sexta-feira, em 1972, uma hora depois que os tribunais fecharam, iniciou-se a renovação de Curitiba. Os operários da prefeitura começaram a britar o asfalto da histórica rua central, a Quinze de Novembro. Trabalhando cem cessar, eles a calçaram de pedra, instalaram postes de iluminação e quiosques e plantaram dezenas de milhares de flores. Quarenta e oito horas depois, aquela obra meticulosamente planejada estava concluída. O primeiro calçadão de pedestres do Brasil — um dos primeiros do mundo — estava pronto para funcionar. Ao meio-dia de segunda-feira, havia tanta gente que os comerciantes, que pretendiam recorrer à Justiça porque temiam sair prejudicados com a eliminação do tráfego de veículos, passaram a solicitar sua expansão. Algumas pessoas se puseram a apanhar as flores e levá-las para casa, mas os funcionários municipais se prontificaram a replantá-las, dia a dia, até que cessasse a pilhagem. No fim de semana seguinte, quando os membros do automóvel clube ameaçaram recuperar a rua para os carros, sua caravana foi repelida por um exército de crianças que pintava a guache sobre rolos e rolos de papel que os operários da municipalidade iam desenrolando em toda a extensão do calçadão. O lugar, atualmente também conhecido como Rua das Flores, tornou-se rapidamente o centro de um novo tipo de paisagem urbana. Atualmente, os filhos daquelas crianças participam de uma pintura comemorativa toda manhã de domingo. O centro da cidade conta com vinte quadras de ruas exclusivas para pedestres, que regeneraram o domínio público e reenergizaram o comércio e a comunidade organizada.

Entre as muitas iniciativas que alteraram a direção da cidade, a ousada ressurreição do centro histórico, pouco antes que fosse destruído para dar lugar a um viaduto, foi a mais emblemática. Na época, praticamente todas as cidades do mundo estavam demolindo seu núcleo histórico para que vias mais largas dessem passagem ao caudal de veículos que transportavam as pessoas entre os distritos zoneados para as mais diferentes atividades. Porém, em 1971, quando o Brasil ainda estava sob o jugo da ditadura militar, o governador do Estado do Paraná nomeou prefeito da capital um arquiteto, engenheiro e humanista de 33 anos chamado Jaime Lerner. Alegre, informal, enérgico, intensamente prático, com cérebro de tecnocrata e alma de poeta, ele foi escolhido não só por seu conhecimento das necessidades da cidade como também pela falta de talento político que lhe atribuíam: o governador queria um homem que não o ameaçasse politicamente. Para surpresa geral, Lerner se revelou um líder carismático, apaixonado e visionário que, enfim, concluiu três mandatos — totalizando um recorde de doze anos — como o prefeito mais popular da história do Brasil.[9]

Suas gestões se alternaram com as de três outros prefeitos devido à legislação brasileira que não permitia dois mandatos consecutivos. Desde então, Lerner foi eleito duas vezes governador do Paraná. Nessa posição proeminente, juntamente com o novo prefeito, seu afilhado político Cássio Taniguchi, está procurando coordenar as respostas municipais e estaduais à migração, aos esgotos e a outros problemas conjuntos que ninguém é capaz de enfrentar sozinho. Hoje em dia, Lerner é considerado um sério candidato à presidência da República. Também ajudou a preparar, inspirar e propagar uma geração de discípulos cuja influência se estende muito além das fronteiras do Brasil.

A eficácia, o bom senso e a ressonância das políticas de Lerner, assim como sua confiança na participação ampla, foram possíveis graças aos precoces e vibrantes debates públicos destinados a formar um consenso político durável. Conseqüentemente, os seis prefeitos de Curitiba posteriores a 1971, embora de coloração partidária distinta — um deles era o maior adversário de Lerner — seguiram políticas compatíveis, cada qual fazendo avançar respeitosamente as realizações anteriores ao mesmo tempo que tratava de imprimir sua própria mar-

CAPITALISMO HUMANO

ca registrada. Cinco dos seis eram arquitetos, engenheiros ou urbanistas e deram à cidade e a sua liderança política o tratamento de um problema de *design* que se desdobrava continuamente à medida que o planejamento municipal, de 1965, ia perdendo a rigidez e evoluía no sentido de atender às necessidades cambiantes. Os 28 anos (que prosseguem) de boa administração desses seis prefeitos geraram um fluxo de soluções interconectadas, interativas e em evolução — a maioria delas concebida e implementada por parcerias com empresas privadas, organizações não-governamentais, repartições municipais, serviços públicos, grupos comunitários, associações de bairro e cidadãos individuais. Curitiba não é uma cidade dominada pelo prefeito de cima para baixo; todos respeitam o fato de que, embora apresentadas pelos líderes, muitas das melhores idéias e a maior parte de sua implementação procedem da cidadania. Isso estimula as soluções empresariais.

Lerner acreditava, como disse o ecologista René Dubos, que "tendência não é destino". Rejeitando a destruição das cidades centradas nas pessoas para reconstruí-las em função dos carros, Lerner visava recuperar a vibração e a diversidade da vida na rua que ele conhecera na infância, quando brincava na calçada em frente à loja de confecção do pai, um imigrante polonês, na rua da principal estação ferroviária. Tendo sido anteriormente presidente do Instituto de Pesquisa e Planejamento Urbano de Curitiba (IPPUC),[10] o núcleo das idéias inovadores de *design* da cidade desde meados da década de 1960, ele e os colegas viam em Curitiba um laboratório vivo onde testar o novo conceito; mas não havia tempo a perder. Com a população humana a dobrar a cada década, mas sem uma nova visão de urbanismo, a capital paranaense desenvolvia aceleradamente ruas obstruídas, ar poluído e um senso cada vez mais frouxo de comunidade. Lerner tinha consciência de que, para reverter tais sintomas de automobilismo excessivo, era preciso agir depressa e assumir riscos. A revitalização da Rua Quinze deu um enfoque simbólico às atitudes emergentes face aos objetivos das cidades e de seus habitantes.[11] Os curitibanos e os observadores a consideram um modelo digno de emulação.

O TRANSPORTE E O USO DO ESPAÇO

As mais conhecidas inovações de Curitiba estão em "crescer na trilha da memória e do transporte", como diz Lerner. "A memória é a identidade da cidade; o transporte, seu futuro." Este último, percebeu ele, não é só um meio de deslocar as pessoas, mas também de orientar a ocupação do solo e controlar os padrões de crescimento, assim como influenciar não só as rotas e os modos de locomoção como também as origens e os destinos. Hereticamente, em vez de desapropriar e demolir os edifícios situados no centro a fim de alargar as vias públicas — a "renovação urbana" que em tantas cidades criou um núcleo desolado e congestionado alimentado por avenidas superpovoadas —, a administração Lerner preferiu adaptar as ruas existentes, perdendo apenas uns poucos imóveis em toda a cidade. Ao longo do centro de cada um dos cinco eixos de crescimento interligados, modificaram-se três avenidas paralelas. A do meio passou a ser servida por um corredor de ônibus expressos nos dois sentidos, flanqueado pelo tráfego local. As outras duas, a um quarteirão de distância a cada lado, são vias expressas de alta capacidade e de sentido único, comunicando o centro com os bairros. Esse sistema de vias expressas alcançou o desempenho de uma gigantesca autopista de 60 metros de largura, distribuindo o tráfego em três ruas adjacentes já existentes. A construção do sistema não demorou mais de quatro anos.

Ajustando a densidade da população à capacidade de transportá-la, o novo zoneamento especificava que os prédios a serem erigidos próximos das rotas dos ônibus podiam ter altura correspondente a seis vezes a área do terreno, diminuindo gradualmente, andar por andar, à medida que se afastavam do trânsito. Posteriormente, vendeu-se densidade extra — até o correspondente a dois pavimentos adicionais em algumas regiões específicas, com infra-estrutura suficiente — a 75 por cento do valor de mercado, pagos à vista ou em terrenos, nos quais se construíram moradias populares. Reformaram-se os parques a fim de revitalizar a arte, a cultura e a história do núcleo urbano. Muitos prédios históricos foram tombados e restaurados; os proprietários receberam indenização pela perda dos direitos sobre os imóveis, os quais foram transferidos a outros distritos. Preservou-se a rica herança étnica da cidade. Criaram-se um memorial e um centro para cada uma das culturas principais, administrados principalmente pelos descendentes. Estimulou-se o zoneamento misto, que garantiu a disponibilidade de residências no centro da cidade e um equilíbrio entre a densidade das necessidades comerciais e residenciais. A prefeitura financiou a "Rua 24 Horas", um espaço de 120 metros de comprimento, com estrutura metálica em arcos e cobertura de vidro, onde as lojas ficam permanentemente abertas, conservando o centro da cidade ativo a noite inteira. Ao núcleo urbano, aliviado das pressões comerciais que teriam gerado densidades extremas, foi devolvida a prioridade ao pedestre como foco central de um renovado senso de comunidade. As vias comuns continuaram estreitas e na escala humana; os padrões de tamanhos variados das ruas, historicamente desenvolvidos, significavam que a razão entre a área das ruas e os terrenos particulares permaneceu bem menor que em um traçado de grade.

Os corredores axiais estrada/trânsito moldaram a evolução subseqüente da cidade. Porém, antes de desenvolver esses corredores e, assim, elevar os valores imobiliários, a prefeitura comprou, estrategicamente, terrenos próximos em regiões selecionadas e construiu habitação para a população de baixa renda a fim de assegurar o acesso fácil ao trabalho, às lojas e ao lazer. Ademais, construiu escolas, postos de saúde, creches, parques, centros de distribuição de alimento e instalações culturais e esportivas em todos os subúrbios, democratizando o equipamento outrora ao alcance somente dos que se dispunham a viajar ao centro da cidade. Ao mesmo tempo, isso diminuiu a necessidade de locomoção e reforçou os bairros periféricos, que também ganharam uma grande diversidade de estabelecimentos comerciais convenientes. No esforço de promover a eqüidade e a integração social, espalharam-se em toda a cidade planos habitacionais em escala reduzida para a população carente. As normas e a grande

CAPITALISMO HUMANO
275

disponibilidade de planos de ocupação do espaço reduziram a incerteza e, desse modo, desestimularam a especulação imobiliária. Mais recentemente, desferiu-se um novo golpe contra a especulação com a introdução de um Sistema de Informação Geográfica, que é público e dá a todos acesso igual à informação sobre os terrenos da cidade. Para ajudar a manter o banco de dados atualizado, os alvarás de construção exigem que se revelem o tipo de emprego, o tráfego, o estacionamento e outras especificações necessárias a um planejamento urbano e orçamentário sadio. (A principal fonte de recursos da municipalidade é o IPTU.) O zoneamento baseou-se em considerações que incluíam a geografia, a hidrologia, a topografia, o clima e os ventos, além de fatores históricos e culturais — não só a base tributária, as pressões políticas e as propostas dos incorporadores.

Mesmo contando com esse padrão ordenado de desenvolvimento, como a cidade podia oferecer transporte a uma população em rápido crescimento sem sufocar as regiões de maior densidade? O que Curitiba *não* fez foi colocar seu destino nas mãos dos engenheiros de tráfego, que raramente entendem adequadamente a complexa dança urbana entre o uso do solo e a sociedade, o espaço e o movimento. Lerner preferiu apoiar-se nos urbanistas e nos arquitetos, principalmente nos do IPPUC, que enfocavam o transporte e o uso do solo, a hidrologia e a pobreza, os fluxos de nutrientes e os de resíduos, a saúde e a educação, os empregos e a renda, a cultura e a política como partes entrelaçadas *de um problema único de* design *integrado*. Ao abordar a necessidade de transporte — concebido como acesso, não necessariamente como mobilidade — eles se orientaram por uma série de princípios simples: favorecer o acesso universal, não os automóveis particulares. Apoiar as necessidades humanas; não promover meios de transporte particulares. Atender às exigências dos mais pobres. E não gastar dinheiro sem ter.

A reforma do transporte se iniciou pelos ônibus porque Curitiba os *tinha* e não podia custear nenhum outro meio; mas, antes de qualquer coisa, precisava de ônibus diferentes. Os antigos, originalmente montados em chassis de caminhão projetados para transportar tanto animais como gente, solavancavam, eram ruidosos, desconfortáveis, lentos e desajeitadamente altos. Os passageiros se viam forçados a galgar degraus íngremes, distantes do chão, e a passar por portas propositadamente estreitas para dificultar a evasão dos caronas. Mas os arquitetos e engenheiros do IPPUC idealizaram um tipo inteiramente novo de coletivo, o ônibus expresso, otimizado para as pessoas, para o conforto, para a economia e para o fluxo rápido. Esses veículos bem mais compridos, biarticulados ou (desde 1991) triarticulados com partes pivotantes para virar as esquinas, têm até cinco portas extralargas. Montados localmente pela Volvo, transportam até 270 pessoas, consumindo 42 por cento menos combustível por quilômetro-passageiro — e ainda menos por *viagem*-passageiro, pois percorrem o itinerário em um terço do tempo.

O próprio sistema de *uso* dos ônibus, em Curitiba, que data de 1928, também precisou ser fundamentalmente reconcebido, dos itinerários aos procedimentos de embarque, da administração às finanças, da política às políticas. Foi necessário fundir uma miscelânea de concessões regionais desencontradas para construir um sistema de transporte integrado e eficiente com base em tecnologias novas e simples. Os itinerários e horários até então feitos à mão ficaram por conta de programas de computador desenvolvidos localmente e depois comercializados. Nas vias expressas, os ônibus atualmente param nas "estações tubo",[12] invenção da equipe de Lerner: um cilindro de vidro elevado, paralelo e adjacente à pista, no qual se entra passando por uma catraca, que apresenta mapas claros e é acessível aos deficientes físicos. As portas alinhadas se abrem no ônibus e na estação. Não há degraus: ambos os pisos são da mesma altura, tal qual um metrô e sua plataforma. Os passageiros que desembarcam saem por uma extremidade da estação tubo, ao passo que os que embarcam entram pela outra: também nisso é igual a um metrô bem administrado. Dependendo do horário e do itinerário, essa operação dura, em média, trinta segundos — o tempo que o trocador gastaria para cobrar a passagem de mais ou menos sete passageiros se estes já não a tivessem pagado ao entrar na estação tubo. No entanto, os ônibus expressos só têm o motorista, de modo que transportam mais passageiros, mais rapidamente e a custo inferior. Nos horários de pico, partem a cada *minuto*. Sendo maiores, tendo portas mais largas e contando com as estações tubo com controle automático — os próprios coletivos operam os semáforos para manter a prioridade — eles transportam três vezes mais passageiros por hora a uma velocidade média três vezes superior à de um ônibus tradicional. Isso reduz o capital ocioso (69 por cento menos veículos fazem o mesmo trabalho), o combustível, a poluição, o barulho e poupa cerca de quarenta minutos em uma viagem cotidiana típica. O sistema se destina não só a transportar os passageiros de maneira agradável e segura, mas também rapidamente, para que eles tenham mais tempo para a família, os amigos e para viver.[13]

Cada pista de ônibus expresso leva 20 mil passageiros por hora. É mais ou menos a média de um metrô; aliás, esse sistema é exatamente igual ao metrô: a única diferença é que custa no mínimo cem vezes menos (dez vezes menos que um trem de superfície) e pode ser instalado em seis meses, não em uma geração. O Rio de Janeiro construiu um metrô que transporta um quarto do número de passageiros de Curitiba e, no entanto, custou duzentas vezes mais. Evitando esses enormes custos de capital e os perpétuos custos operacionais, a capital do Paraná liberou recursos para muitos investimentos sociais.

Acredita-se amplamente que a cidade tem o melhor sistema de ônibus, se não o melhor sistema de transporte, do mundo: mais de 1.250 veículos, de nove variedades, adaptados a suas tarefas específicas de modo a deixar menos lugares vazios. Toda Curitiba e seus arredores estão cobertos por 245 vias radiais, circulares e de conexão cuidadosamente integradas, de doze tipos, cada qual com seu respectivo código de cor, interligadas mediante 25 terminais. Os ônibus fazem 17.300 viagens diárias em 805 quilômetros de pista, totalizando 370 mil quilômetros viajados por dia: distância equivalente a nove voltas ao redor do mundo. O jornal britânico *Guardian* escreveu que o eficiente

CAPITALISMO HUMANO

serviço de ônibus de Curitiba "faz com que Londres pareça antediluviana. Nunca há congestionamento, e vandalismo é coisa que não se conhece" — apesar das bonitas mas frágeis estações tubo — devido ao contagioso orgulho cívico. É fácil burlar o pagamento da passagem, basta entrar por uma das extremidades abertas dos terminais, mas ninguém faz isso: o cidadão respeita a cidade que o respeita.

O sistema se autofinancia inteiramente com as passagens; a contribuição da prefeitura limita-se às ruas, às estações (4,5 milhões de dólares por duzentas e poucas paradas) e aos semáforos. Ele estabelece o valor da passagem, os itinerários, os horários e os padrões operacionais. A passagem, que vale 45 centavos de dólar, cobre todos os outros custos, inclusive a frota de 45 milhões de dólares mais o lucro das dez empresas privadas que o operam. A estrutura de rateio reembolsa mensalmente um por cento do investimento do operador na frota: um forte incentivo a reinvestir. O controle financeiro das empresas operadoras é rigoroso, auditorado, aberto à inspeção pública e de fácil compreensão. A licença de operação de duas páginas é revogável a qualquer momento, possibilidade que desencoraja os maus empresários. Os bancos, pouco dispostos a investir nos ônibus de outras cidades, sentem-se muito bem em Curitiba.

O sistema tem sucesso tanto financeiro quanto social porque utiliza bem os incentivos básicos. A divisão do total de passagens entre as dez empresas de transporte recompensa não o número de pessoas transportadas, e sim *os quilômetros percorridos*, de modo que elas tendem a ser abrangentes, não a se entregar à concorrência destrutiva por itinerários já bem atendidos. A taxa uniforme e de transferência ilimitada (cada viagem dá direito a uma média de 1,4 trecho) serve-se efetivamente das viagens mais curtas da classe média para subsidiar as mais longas dos pobres. Esse é um dos muitos motivos pelos quais o pobre de Curitiba desfruta de um nível de vida mais elevado que o de São Paulo, que tem essencialmente o mesmo poder aquisitivo, mas gasta o dobro em transporte.

O sistema de ônibus curitibano é o mais densamente utilizado no Brasil, transportando três quintos dos que viajam na cidade — 1,9 milhão de passageiros por dia útil, mais que o de Nova York — com 89 por cento de satisfação do usuário.[14] Em 1991, as atrações do sistema estimularam a troca do automóvel pelo ônibus expresso a ponto de elevar as viagens deste último e reduzir as de carro em cerca de um quarto. A mesma pesquisa mostrou que 28 por cento dos usuários de ônibus têm veículo próprio, mas preferem deixá-lo em casa apesar da escassez de congestionamentos.

Curitiba ainda tem meio milhão de automóveis — um por 2,6 habitantes, o maior índice do Brasil com exceção do de Brasília, que foi especificamente projetada em função do carro. No entanto, a capital paranaense não sabe o que é problema de congestionamento, pois, graças ao abandono benigno dos automóveis, goza da menor taxa de uso de veículos particulares e do melhor ar urbano. Economiza cerca de 26,5 milhões de litros de combustível por ano e, em comparação com as demais cidades brasileiras, proporciona melhor acesso consumindo um quarto a menos de combustível *per capita*. Nada mal para quem está começando: imagine os resultados que seriam obtidos com os hipercarros e os hiperônibus.

E os curitibanos contam com uma enorme quantidade de opções além dos automóveis e dos ônibus. A cidade tem mais de 2.200 táxis, dois terços equipados com rádio e noventa por cento dirigidos pelos próprios proprietários. Os ciclistas dispõem de 161 quilômetros de ciclovias separadas de dois tipos — planas para o lazer e com ladeiras para os esportistas —, todas integradas às ruas, aos ônibus e aos parques. Há ainda ônibus e táxis especiais, além de outros serviços, para os deficientes físicos, inclusive transporte a 32 escolas especializadas.

AGUA, CHUVA E ESPAÇO VERDE

Projetar a ocupação do solo, em conjunção com o reduzido congestionamento dos veículos e com a melhor qualidade do ar economizou energia, revitalizou os bairros e solidificou o espírito cívico. Porém, o êxito desse plano dependeu também de uma dimensão menos visível: a água. Curitiba situa-se entre dois grandes rios e ainda é banhada por outros cinco menores. As pessoas e os rios viveram dois séculos em harmonia. Mas nas décadas de 1950 e 1960, o êxodo rural gerado pelo declínio da lavoura do café — que deu lugar a plantações de colheita mecanizada como a soja — começaram a fixar-se nas margens dos rios e em favelas. Nesse meio tempo, a impermeabilização do solo e outros danos à drenagem natural agravou as enchentes em todo o centro da cidade. Os projetos multimilionários de canalização renderam benefícios mínimos. O problema se tornara agudo quando Lerner assumiu pela primeira vez o cargo de prefeito. Seus assessores decidiram parar de combater as enchentes e explorar a água como uma dádiva do hábitat. Aprovaram-se leis rigorosas de proteção das regiões ribeirinhas, transformaram-se as margens dos rios em parques lineares e aproveitaram-se os pequenos canais e represas para formar novos lagos, todos os quais passaram a ser o centro de um novo parque. Essa estratégia de "*design* com a natureza" acabou com as inundações e custou muito menos que os métodos tradicionais de controle de enchentes. Atualmente, brincam os técnicos, os piores torós só fazem com que os patos dos parques nadem um metro mais acima. Os prédios abandonados à beira dos cursos de água são, hoje, instalações esportivas e de lazer. Surgiram grupos comunitários para proteger os parques, utilizá-los na educação ambiental e integrá-los aos programas escolares. Os espaços verdes abertos para o controle dos alagamentos também se revelaram bons amortecedores contra a poluição oriunda das favelas próximas.[15] Um dos objetivos estratégicos era proteger da contaminação a gigantesca bacia do Iguaçu, já que esse rio, que atravessa a cidade, fornece quase toda a água potável à Grande Curitiba. Dezesseis parques, cuidados como bens públicos, formam a primeira linha de defesa dessa fonte vital de água.

Ao mesmo tempo, a cidade introduziu a obrigatoriedade de um recuo de cinco metros (destinado ao jardim) em todos os novos edifícios erigidos fora do núcleo central, limitando a construção residencial a cinqüenta por cento da área do terreno e proibindo a pavimentação impermeável desses espaços. Isso ofere-

CAPITALISMO HUMANO

ce proteção permanente à vegetação no terço de baixa densidade da cidade e isenção fiscal para os bosques e os jardins: atualmente, estão registrados mais de 1.100 bosques particulares, sendo que a isenção fiscal dos espaços verdes ultrapassa os 6,5 quilômetros quadrados. Tudo isso permite que a água da chuva seja absorvida ali onde cai e enche a cidade de verde. Curitiba também plantou centenas de milhares de árvores em toda parte: "Nós entramos com a sombra, vocês entram com a água". As árvores são os pulmões da cidade, limpam o ar e abafam o ruído. Um sexto do perímetro urbano está plantado. Dois viveiros produzem 150 mil mudas de árvores e arbustos e 2,2 milhões de mudas de plantas por ano. Sem autorização, ninguém pode abater uma árvore, mesmo que esteja em sua propriedade, e a autorização impõe o replantio de duas árvores para cada uma que for derrubada.

Os jardins e bosques particulares se complementam com o espaço verde público, que, em 25 anos, muito embora a população da cidade tenha aumentado 2,4 vezes, expandiu-se de 1,5 para 77 metros quadrados por pessoa: quatro vezes acima do recomendado pela ONU ou do que gozam os nova-iorquinos. A cidade protege quase onze quilômetros quadrados de parques, nove florestas, um Jardim Botânico, cinco Jardins Ecológicos, duas Áreas de Preservação Ambiental, totalizando oito quilômetros à beira dos grandes rios, 282 praças e 259 jardinetes. O CD-ROM de Curitiba cataloga 242 espécies de aves conhecidas e outras 48 suspeitas de viverem na cidade; muitas fugiram dos subúrbios invasores e foram habitar os parques municipais. Há uma profusão de anfíbios e mamíferos, cinqüenta tipos de serpentes, sendo que a prefeitura está reintroduzindo diversas espécies de animais outrora nativas. Depois de passar um mês na cidade, o escritor Bill McKibben declarou que "De qualquer janela de Curitiba eu conseguia ver tanto verde quanto concreto. O verde chama o verde; os valores imobiliários nas cercanias dos novos parques subiram verticalmente e, com eles, a arrecadação do município".

INDÚSTRIA E COMUNIDADE

Tradicionalmente, a economia de Curitiba era a de uma cidadezinha dedicada ao mercado agrícola e de processamento de alimentos. Todavia, nos últimos vinte anos, tornou-se também um centro industrial e comercial ligado a outras cidades da América do Sul por rodovias, ferrovias e dois aeroportos — um deles altamente informatizado e o segundo maior do Brasil. Situada cerca de trezentos quilômetros a sudoeste de São Paulo, Curitiba fica em um raio de 1.290 quilômetros dos produtores de 70-80 por cento do PIB do Brasil e ocupa posição central entre as capitais do Brasil, da Argentina, do Uruguai e do Paraguai — que constituem um mercado total de 200 milhões de pessoas.

O prefeito Lerner percebeu logo que, para servir e empregar sua população florescente, a cidade teria de equilibrar os empreendimentos comerciais e do setor de serviços com a nova indústria leve e média. Portanto, antes que os especuladores entrassem em ação, a prefeitura planejou, em 1972, e comprou, em 1975, 26 quilômetros quadrados do que viria a ser a Cidade Industrial. A fim de garantir habitação acessível perto do emprego, construiu moradias para a população de baixa renda, assim como escolas, serviços, instalações culturais, ruas, transporte (principalmente uma grande linha de ônibus para o maior bairro pobre) e tratou de proteger o espaço: a Cidade Industrial conta com uma área verde quase igual à ocupada pelas fábricas. A municipalidade recrutou, então, mais de quinhentas indústrias não-poluentes, que oferecem um quinto do total de empregos — 50 mil diretamente e 150 mil indiretamente. Para estimular a redução, a reutilização e reciclagem dos resíduos sólidos, as empresas são obrigadas a depositá-los em seus próprios terrenos. Os operários residentes nas proximidades vão trabalhar a pé ou de bicicleta, sendo que esta pode ser comprada com o vale transporte mensal. As empresas se sentem atraídas pelo "selo de qualidade" de Curitiba. As multinacionais estão bem representadas, em parte por causa da alta qualidade de vida: os executivos calculam que economizam vinte horas de locomoção por semana, em comparação com São Paulo, ou nove anos de vida.

Curitiba não iniciou seu desenvolvimento urbano significativamente mais rica nem mais pobre que as outras cidades do sul do Brasil. Em 1980, seu PIB *per capita* estava apenas dez por cento acima da média nacional. Porém, em 1996, essa margem se elevou a 65 por cento. Mais importante: a eficácia dos serviços municipais aumentou a renda mensal doméstica dos cidadãos pobres de cerca de trezentos dólares para o equivalente a quatrocentos ou mesmo quinhentos. O que criou essa gigantesca margem de vantagem para o curitibano de baixa renda? Não foi a transferência direta de pagamentos do orçamento do município, que, em 1992, era de um quarto de bilhão de dólares para uma cidade de 1,3 milhão de habitantes, ou seja, 156 *per capita* — um oitavo da de Detroit. Ocorre que Curitiba financiou os serviços sociais com mais eficácia que provavelmente qualquer cidade do Hemisfério Norte.

O governo municipal dedica-se a soluções *simples, rápidas, divertidas e baratas* ou àquilo que McKibben denomina "pragmatismo construtivo". Convencido de que a esperança é sustentada pela mudança visível para melhor, Lerner inculcou a cultura da velocidade: "Os cartões de crédito nos fornecem bens rapidamente, o aparelho de fax nos traz mensagens rapidamente — a única coisa que continua na Idade da Pedra são os governos centrais". A credibilidade da prefeitura de Curitiba provém de sua capacidade de criar um grande parque em apenas vinte dias ou implementar um vasto programa de reciclagem poucos meses depois de sua elaboração. Os curitibanos também se habituaram a contar com o que costuma ser uma raridade no Brasil: governo transparente, honesto e verificável. O político que cometer a loucura de se desviar desses ideais será prontamente castigado pela ironia implacável da Boca Maldita: uma tribuna livre situada no calçadão da Avenida Luís Xavier, que, sob o lema "nada vejo, nada ouço, nada falo", dedica-se à crítica pública. O que realmente inibe é o fato de a cidade haver construído o que o projetista Jonas Rabinovitch chama de "mecanismos genuínos [...] que dão ampla base de legitimidade a suas intervenções.

CAPITALISMO HUMANO

Um exemplo: as pessoas votam nas melhorias que gostariam de ver em seus bairros quando pagam o IPTU".

Como a rápida mudança do valor da moeda nacional, sempre sujeita à inflação, torna difíceis os cálculos, alguns comentaristas curitibanos medem os investimentos urbanos com uma nova unidade: o preço da asfaltagem de um quilômetro de rua ou cerca de meio milhão de dólares. Por exemplo, uma estação tubo custa o equivalente a 0,5 quilômetro; um Farol do Saber, 0,2. Este é uma minibiblioteca de bairro de dezesseis metros de altura, na forma de um farol pintado de cores vivas, com cerca de 7 mil volumes, entre os quais não pode faltar o *Lições Curitibanas* — um texto de dez volumes sobre a história, a cultura, os direitos e deveres e o meio ambiente da cidade, elemento fundamental no ensino básico. Os estudantes pobres recebem o material escolar em troca de lixo reciclável. A impressão de exemplares suficientes para educar pelo menos um terço de milhão de crianças (durante quatro anos) parece um bom uso do custo de três quilômetros de asfalto. Os Faróis do Saber também estão conectados à Internet e contam com os primeiros terminais públicos do Brasil. No alto de cada um deles há uma guarita com um holofote e um policial, que dá segurança noturna ao bairro e às crianças que vão e vêm. Os Faróis do Saber continuam brotando na cidade; o objetivo é que toda criança possa ir a pé a uma dessas bibliotecas.

Em Curitiba, tudo é reciclado. Um antigo paiol de pólvora foi transformado em teatro; uma mansão, na sede da Secretaria do Planejamento; o quartel-general do exército, em fundação cultural. Uma antiga fundição converteu-se no Mercadão Popular; a casa mais antiga, em centro editorial. A velha estação de trem é hoje o museu ferroviário, ao passo que uma fábrica de cola passou a ser o Centro de Criatividade, lugar onde as crianças fazem artesanato (que as lojas de turismo vendem para financiar programas sociais). Uma pedreira desativada deu lugar a um famoso anfiteatro e à Ópera de Arame, toda de aço e policarboneto transparente (construído em 60 dias). O que era um depósito de lixo é hoje o já mencionado Jardim Botânico, lar de 220 mil espécies, sendo que outra pedreira abandonada passou a ser a Universidade Livre do Meio Ambiente. Construída com pneus usados e postes, ela oferece cursos a todos — aos lojistas, aos mestres-de-obras, aos jornalistas, aos professores, às donas de casa e (obrigatoriamente) aos taxistas — sobre a ocupação do solo e temas ambientais relacionados com a atividade de cada um.

Também os ônibus de Curitiba são reciclados. A idade média dos veículos em circulação é de 3,5 anos, bem menor que a média brasileira de oito anos ou que o limite legal de dez. Geralmente, os ônibus velhos da cidade transformam-se em centros móveis de treinamento profissional. Estacionados nas favelas e reformados, eles se chamam *Linhas do Ofício* e contam com professores localmente recrutados, em rodízio freqüente, que dão treinamento em mais de quarenta profissões ou disciplinas a mais de 10 mil pessoas por ano, principalmente à noite ou nos fins de semana. Um curso de três meses custa apenas duas passagens de ônibus: menos que um dólar. Outros coletivos reciclados se transformam em postos de saúde, salas de aula, berçários, armazéns, cozinhas populares e veículos para excursões de fim de semana aos parques.

Tais inovações devem muito às equipes das diversas secretarias municipais. Com freqüência, elas são chefiadas por mulheres e densamente povoadas de arquitetos — os profissionais da solução dos problemas —, não mais pelo tipo tradicional do burocrata treinado para explicar por que os problemas não podem ser resolvidos. A integração interdisciplinar — o padrão do processo de *design* do arquiteto — é o principal mecanismo de solução dos problemas de Curitiba. Os testes conceituais das novas idéias conduzem rapidamente a sua aplicação. Assumem-se riscos na expectativa de que haverá erros, os quais serão rapidamente detectados, diagnosticados e corrigidos. Mesmo quando as verbas são insuficientes, os novos programas são lançados para que o aprendizado comece enquanto se captam novos recursos ou se economiza. As falhas são freqüentes; as duras lições, constantes; as brigas para melhorar, acaloradíssimas. Orientados pela reserva de experiência do IPPUC e pelo saber coletivo da cidadania diversificada, Curitiba experimenta e aperfeiçoa com a assiduidade de uma empresa nova. De fora, pode parecer fácil, mas não é. Rabinovitch enfatiza os muitos desafios que o governo municipal enfrenta regularmente. No entanto, o *processo* pelo qual se procura superá-los, mediante a aplicação persistente do pensamento do sistema como um todo, é muito mais importante que os sucessos particulares.

AS CRIANÇAS E A SAÚDE, O LIXO E A NUTRIÇÃO

Muitas crianças e adolescentes de Curitiba vivem às voltas com preocupações tão elementares como onde obter a próxima refeição. Sendo uma ilha de decência e sucesso em um mar de desesperança, a cidade viu surgirem, no início da década de 1990, cerca de 209 favelas, nas quais residia um nono da população e que começavam a ser assoladas por moléstias provocadas pelos ratos e a água contaminada. No terceiro mandato (1989-92), Lerner se viu diante de uma população duplicada e de desafios sociais ainda mais graves. Sua resposta foi redobrar os já antigos esforços do município no sentido de auxiliar os cidadãos mais pobres, sobretudo as crianças, a principal preocupação da primeira-dama.

A importância que a cidade confere às crianças começa pela orientação discreta no planejamento familiar e prossegue com o precoce atendimento pré-natal e pós-natal. Os avanços na área da saúde eliminaram praticamente um quinto da mortalidade infantil em quatro anos. Em 1996, ela correspondia a pouco mais que o dobro da média norte-americana, mas a um terço da brasileira, a mais baixa do país, e continuava recuando ininterruptamente. Até os cinco anos de idade, as crianças pobres recebem visitas regulares dos profissionais da saúde e exames médicos gratuitos e obrigatórios, registrados em um prontuário pessoal. O cuidado preventivo é enfatizado em todas as escolas, berçários, creches e centros de adolescentes. A cidade conta com 88 postos de saúde, cinco dos quais funcionam 24 horas por dia. Todos eles têm uma farmácia que distribui gratuitamente 81 medicamentos comerciais e tradicionais — 3 milhões de doses por

CAPITALISMO HUMANO

mês, cobrindo quatro quintos das doenças mais comuns e comprados a granel para poupar os custos de embalagem.

Como a saúde depende fundamentalmente das condições sanitárias e da nutrição, Curitiba descobriu uma maneira criativa de financiar as duas coisas transformando o lixo em valor. Os especialistas previam que, quando ultrapassasse um milhão de habitantes, a cidade precisaria não só de metrô como também de custosas instalações mecânicas para separar as oitocentas toneladas métricas diárias de lixo. A ambos os problemas, Curitiba deu soluções diferentes. A iniciativa "Lixo que não é Lixo", de 1989, levou mais de setenta por cento dos lares a selecionar o lixo reciclável para a coleta, três vezes por semana, dos caminhões verdes das empresas privadas que ganharam a concorrência para a prestação do serviço. O lixo orgânico fica em um saco plástico; o papel, o metal, o vidro etc., em outro. Dois terços dos recicláveis separados são recuperados e vendidos. Esse fechamento do ciclo elimina mais da metade dos custos operacionais do sistema que, outrora, representava o maior item do orçamento municipal. As estações de seleção, construídas com material de segunda mão, empregam sem-teto, deficientes e alcoólatras em tratamento. O uso dos aterros sanitários reduziu-se em um sexto em peso e ainda mais em volume. O lixo é dissolvido a fim de proteger os lençóis freáticos. Só a reciclagem de papel de Curitiba poupa 1.200 árvores por dia.

O município também financia o Programa Compra do Lixo[16] com a verba que seria destinada à coleta normal nos bairros mais pobres, coisa praticamente impossível porque os caminhões não conseguiam passar pelas ruelas sem calçamento. Agora, graças ao projeto "Câmbio Verde", um caminhão pequeno estaciona em um dos mais de cem setores de ocupação irregular da cidade e toca o sino. Dezenas de milhares de habitantes trazem os sacos de lixo, que são trocados por hortigranjeiros: sessenta quilos valem sessenta cupons, o suficiente para a alimentação de um mês (ou para as passagens de ônibus, o material escolar ou os brinquedos para o Natal) de uma família. Dois quilos de material reciclável são trocados por um quilo de alimento. Nas fábricas e escolas ocorrem intercâmbios semelhantes, os quais totalizam quase cem toneladas métricas por mês. McKibben cita a capa do bloco de cupons: "Você é responsável por este programa. Continue colaborando, e nós teremos uma Curitiba mais limpa, mais limpa e mais humana. Você é um exemplo para o Brasil e para o resto do mundo".

Esse intercâmbio atende a várias necessidades ao mesmo tempo. O arroz, o feijão, a batata, a cebola, a laranja, o alho, os ovos, a banana, a cenoura e o mel que fornecem são o excedente de safra dos pequenos produtores da região, e essa alternativa de escoamento ajuda a fixá-los no campo. A saúde pública se beneficia à medida que o programa estimula a coleta do lixo de áreas de difícil acesso, principalmente na proximidade dos rios. Tal esforço é complementado por um programa de limpeza que oferece trabalho temporário e se chama "Tudo Limpo", financiado pela prefeitura, mas organizado por 135 associações de bairro que contratam os desempregados ou aposentados que precisam do dinheiro. A limpeza também suscita o orgulho da comunidade: as hortas sob os cuidados de crianças fora do horário das aulas e supervisionadas por agricultores agora empregados florescem nos antigos lixões. Todas essas iniciativas dependem não da mecanização intensiva em capital, e sim da participação pública.

A nutrição ganhou não só com o Câmbio Verde, mas também com diversos outros esforços que beneficiaram muitos dos 700 mil cidadãos de baixa renda. Algumas famílias cultivam canteiros na periferia, através do Programa Hortas Comunitárias, administrado pelas associações de bairro, e produzem para o próprio consumo ou para a venda. Tal iniciativa desenvolve a horticultura perto das creches, das escolas e das associações de bairro, onde os agrônomos fornecem as sementes, o material e as ferramentas, além da orientação. Outra iniciativa organiza restaurantes e congêneres para distribuir alimento e o excedente aos carentes. A Secretaria Municipal da Saúde orienta o cultivo doméstico de ervas medicinais. Para ajudar os pobres a aumentar a renda e desestimular o abuso nos preços, a prefeitura experimentou um sistema telefônico computadorizado que informa os consumidores dos preços atualizados de 222 itens básicos nos dez maiores supermercados. Os Armazéns da Família compram alimento, produtos de higiene pessoal e limpeza por atacado e os revendem às famílias pobres a preços trinta por cento abaixo dos do varejo.

EDUCAÇÃO, CRECHES E EMPREGOS

Com quase cem crianças nascendo por dia, Curitiba gasta 27 por cento do orçamento em educação. Suas cento e vinte e poucas escolas, muitas das quais são utilizadas no ensino de adultos à noite, alcançaram um dos índices mais elevados de alfabetização do Brasil (acima de 94 por cento em 1996) e um dos mais baixos em evasão escolar. A educação ambiental também começa na infância e não como disciplina isolada, mas integrada a todo o currículo. Sendo uma das principais prioridades da cidade desde 1971, ela apresenta o meio ambiente não só como parques, mas como o lugar e o meio social que forma o cidadão do futuro. Dezenas de Centros de Educação Integrada funcionam perto das escolas convencionais, oferecendo professores mais preparados que conseguem instruir os alunos em metade do tempo.

A educação é só um elemento em uma extensa rede de serviços orientados para a criança. Mais de duzentas creches gratuitas para as famílias de baixa renda e abertas onze horas por dia (o suficiente para ajudar os pais que trabalham) situam-se perto de muitas escolas e servem quatro refeições por dia a cerca de 12 mil crianças que, do contrário, estariam vagando nas favelas enquanto os pais trabalhassem. (A fome também as levaria, como acontece em outras cidades brasileiras, a cheirar cola — uma prática de conseqüências fatais. Recentemente, Curitiba combateu esse vício propondo aos fabricantes que acrescentassem à cola uma substância nauseabunda, medida esta que pode levar à eliminação do vício de cheirá-la em todo o país.) Os centros também oferecem instrução no cuidado de crianças pequenas e na horticultura. Muitas empresas e indivíduos podem deduzir do imposto o que gastam no patrocínio de creches e berçários,

CAPITALISMO HUMANO

através de vales, o que ajuda a financiar novos centros. Uma medida da solidariedade comunitária, mediante negociações pacientes e sem o envolvimento da polícia, foi convencer as gangues locais, que inicialmente depredavam as creches, a comprometer-se com o trabalho. Do mesmo modo, quando as gangues começaram a destruir os canteiros de flores do Jardim Botânico, bastou interpretar seu vandalismo não como um gesto de hostilidade, mas como um pedido de socorro, para contratar seus membros como ajudantes de jardineiro.

As crianças que recebem ajuda também são estimuladas a trabalhar meio período, entregando jornais e revistas (coisa que também promove a leitura); a metade do que ganham é depositada em uma caderneta de poupança até que elas cheguem à maioridade. Também lhes é possível trabalhar no serviço de entrega ou de carregador de feira livre. Os estudantes que trabalham também contam com reforço escolar, esporte, cultura e cursos de informática. Os mais velhos recebem instrução profissional, empregos de aprendiz e treinamento, com freqüência na área ambiental — silvicultura, restauração ecológica, controle da poluição da água, saúde pública. Ganham meio salário mínimo nos parques, nas floriculturas e nos jardins particulares. O Programa de Integração da Infância e da Adolescência (PIÁ — que brinca com a palavra *piá*, de origem tupiguarani, que significa "menino"), uma iniciativa de seis a oito anos de duração para menores de sete a dezessete anos que estão fora da escola, tem 64 centros. Ao todo, o PIÁ atende a cerca de 30 mil meninos e adolescentes. Como ocorre com os outros programas sociais da cidade, o que não falta é fechamento de ciclo: por exemplo, as crianças aprendem a jardinagem plantando flores (a prefeitura entra com as sementes), vendem-nas nos parques da cidade, ganham dinheiro e auto-respeito, aprendem e se preparam para exercer uma profissão de verdade.

As poucas centenas de crianças de rua de Curitiba — bem menos que nas demais cidades brasileiras — estão registradas e são bem conhecidas pelos habilidosos assistentes sociais, que buscam conquistar-lhes a confiança e envolvê-las em muitos programas, abrigá-las e estimular quem lhes ofereça alimento, amor e apoio. As crianças que permanecem na escola recebem bolsa de estudo na forma de cesta básica e podem conseguir emprego como aprendizes, além de contar com atendimento médico, transporte e instrução profissional.

OS CARENTES E OS RECÉM-CHEGADOS

Uma série igualmente impressionante de esforços auxilia os sem-teto, os idosos e os deficientes pobres com diversos programas de múltiplos objetivos. Por exemplo, o Disque Solidariedade fica de plantão para recolher doações de móveis, eletrodomésticos e utensílios do dia-a-dia, que são reparados pelos alunos dos cursos profissionalizantes de marcenaria e estofaria do Liceu de Ofícios e, depois, vendidos a preços simbólicos (ou às vezes doados) em bazares realizados nos bairros carentes. A favela mais antiga teve, durante algum tempo, uma lona de circo itinerante na qual as crianças faziam brinquedos — para si, para as creches e para outras — com material reciclável. Parte desses brinquedos se baseava em protótipos criados por estudantes de desenho industrial: uma garrafa de água mineral se transformava em uma estação tubo de brinquedo. Os programas para a terceira idade são concebidos não como mera recreação, mas como fundamento de uma vida independente e ativa promovida por atividades como a ioga, a dança e a fisioterapia.

Outro objetivo-chave é dar um papel econômico aos indivíduos marginalizados, potencialmente alienados e ressentidos — integrando-os como cidadãos ativos, auto-suficientes, orgulhosos de sua contribuição para a comunidade. O mercado de trabalho ajusta os empregadores aos candidatos qualificados, porém os 1.700 camponeses que chegam mensalmente da zona rural, ainda que recebam orientação básica, geralmente têm dificuldade de conseguir emprego. A prefeitura está tentando organizar mil catadores, com carrinhos de mão, para que colham material reciclável e se propõe ajudá-los a obter um preço justo. Os engraxates e vendedores de rua também estão organizados e recebem a oferta de bons lugares onde exercer sua atividade em horários regulares: em vez de enxotá-los ou persegui-los, Curitiba os convida a ocupar seu lugar no tecido da cidade, concede-lhes licença, oferece-lhes um *status*, estabilidade e a vantagem comercial de ter bancas e carrinhos.

Em um projeto piloto de 170 moradias, algumas famílias pobres construíram suas próprias casas, modestas mas decentes, com financiamento municipal a longo prazo do terreno e do material ao preço de dois maços de cigarro por mês. Com a residência no primeiro andar e uma loja no térreo, essas pequenas "vilas comerciais" levaram serviços importantes às favelas, promoveram a dignidade e tornaram seus habitantes cidadãos ativos e vinculados ao bairro. Atualmente, Lerner está implantando no Paraná a política de abrir microcrédito e posse da terra em novas cidadezinhas rurais que, segundo se espera, receberão um quarto dos sem-terra do Estado em 1999, adiando por pelo menos uma geração sua migração à cidade.

Mesmo assim, o êxodo rural continua desafiando a capacidade de Curitiba de alojar os imigrantes nas cerca de 14 mil moradias de baixa renda espalhadas nos bairros existentes. Por isso, a municipalidade criou recentemente um novo distrito que deve alojar até 30 mil famílias imigrantes adicionais. Como muitos camponeses que chegam são bons pedreiros, a prefeitura criou um programa "construa você mesmo" que dá a cada família carente um terreno, um título de propriedade, material de construção, duas árvores — uma frutífera, uma ornamental — e uma hora de consulta com um arquiteto. A planta, com orientação sobre a seqüência da expansão posterior cômodo por cômodo, não traz nenhum custo adicional e gera um resultado muitíssimo melhor que os impessoais casebres de blocos de concreto. A singularidade de cada imóvel no desenho, na aparência e até na tecnologia de construção (exemplos da qual se alinham na Rua da Tecnologia) assinala o valor pessoal de cada novo cidadão do bairro. E entre os primeiros projetos de construção do distrito figurava uma estação tubo que o ligaria ao resto da cidade. Como diz Lerner, uma cidade com guetos — guetos de pobres e de ricos — não é uma cidade. Apesar de sua herança teutônica

CAPITALISMO HUMANO

conservadora, Curitiba não nega ajuda generosa aos pobres, porque essa ajuda é executada frugal e eficazmente. Tampouco os contribuintes se queixam da inoperância do governo, pois é evidente que ele trabalha. Curitiba é uma cidade pobre em cínicos e pródiga em cidadãos.

IDENTIDADE E DIGNIDADE

Reforçar a sociedade civil é o objetivo de muitos outros programas importantes de Curitiba. Os maiores terminais de ônibus contam com "Ruas da Cidadania": aglomerados de serviços públicos satélites que levam a prefeitura aos cidadãos no lugar onde eles fazem baldeação. (As "Filiais da Prefeitura nos Bairros", na periferia, são ainda mais antigas.) As Ruas da Cidadania também dão informação sobre treinamento profissional, empréstimos e oportunidades de trabalho; as maiores integram-se até com as feiras livres. Tal descentralização dos serviços ao nível mais local possível reflete a orientação favorável ao usuário de todos os serviços municipais. Sua estrutura é simplificada a fim de poupar o tempo do cidadão, de modo que basta um telefonema para que, por exemplo, uma mãe doente marque consulta com um clínico ou um especialista, obtenha vaga em uma creche ou qualquer outro apoio necessário. Os 4.500 leitos dos 36 hospitais e as 1.700 consultas médicas diárias também são despachados centralmente para a conveniência do usuário.

Outra importante ênfase, desde a infância, é a disponibilidade de informação pública com base no princípio sadio de que "quanto melhor o cidadão conhecer sua cidade, melhor há de tratá-la". A quantidade de telefones, de serviços de apoio e de recursos baseados na *Web* — assim como a solicitude dos funcionários e dos voluntários que atendem ao público — é digna de uma metrópole dez vezes maior. Há serviços de apoio não só para crianças em perigo, buracos na rua, vazamento de gás, mas também para a poluição do ar, da água, a sonora e a da terra e a derrubada criminosa de árvores. Só as linhas sociais atendem a 28 mil chamadas por dia — seis por cidadão por ano. A sensação de participação resultante é tão entranhada que, em vez de pichar os muros públicos, os curitibanos têm a gentileza de afixar poemas nos postes. Em comparação com os americanos que muitas vezes não conhecem o vizinho, os habitantes de Curitiba consideram-se todos vizinhos e, contradizendo seu retraimento histórico, começam a dar sinais de extrema afabilidade. Como diz McKibben, essa cidade vibrante é "um hábitat, um lugar onde *viver* — exata e deliciosamente o contrário de um *shopping center*".

Essas são, pois, algumas das maneiras pelas quais o enfoque criativo, coerente e de *design* altamente integrado de Curitiba transforma problemas isolados — o transporte público e a habitação, o lixo e o alimento, o emprego e a educação — em geradores inter-relacionados de novos recursos e de coesão social. Mesmo tarefas como cortar a grama dos parques refletem os objetivos de uma filosofia integral: em vez de utilizar um cortador ruidoso, com cheiro forte e que consome combustível, um pastor municipal passeia com seu rebanho de trinta carneiros por onde é necessário. Com o tempo, a lã e o carneiro também são recicláveis, transformando a grama excedente em mais renda para os programas sociais.

SÍNTESE

Desenredar os fios da intricada malha de inovações curitibanas revela os princípios básicos do capitalismo natural funcionando de maneira particularmente inspiradora. Lá se utilizam os recursos com frugalidade. Adotam-se tecnologias novas. Fecham-se os ciclos interrompidos. Elimina-se a toxicidade e se inclui a saúde. O *design* trabalha com a natureza, não contra ela. A escala das soluções corresponde à dos problemas. Um fluxo contínuo de valor e serviços recompensa todos os envolvidos na eficiência em contínuo desenvolvimento. À medida que a educação se conjuga com natureza e a cultura na vida cotidiana e no trabalho, uma miríade de formas de ação, aprendizado e atitudes reforça a cura do mundo natural — e, com ela, a da sociedade e da política. Pois Curitiba descobriu um modo de transcender o capitalismo natural, somando aos seus princípios e práticas outros que começam a concretizar aquilo que talvez possamos chamar de capitalismo humano. Walter Stahel observa que as metas ambientais tradicionais — a proteção da natureza, a saúde e a segurança públicas, a produtividade dos recursos — são capazes de construir, juntas, uma economia *sustentável*. Porém, prossegue ele, só adicionando a ética, o emprego e a tradução da sustentabilidade para outras culturas — e nós acrescentaríamos, a cidadania — é que se pode chegar a uma *sociedade* sustentável.[17]

Mas, afinal, como está funcionando essa cidade? Em pesquisas do início da década de 1990, 99 por cento dos curitibanos disseram que não queriam morar em nenhum outro lugar, setenta por cento dos habitantes de São Paulo achavam que a vida era melhor em Curitiba e sessenta por cento dos nova-iorquinos queriam mudar-se de sua gloriosa cidade. Entre as realizações notáveis de Curitiba,[18] avaliadas anualmente para estimular novos ganhos, figuram 95 por cento de alfabetização, 96 por cento de vacinação básica, 99,5 por cento de residências com água potável e eletricidade, 98 por cento com coleta de lixo, 83 por cento dos habitantes com pelo menos o segundo grau completo, três quartos das casas ocupadas pelos proprietários, um terço da média nacional do índice de pobreza e expectativa de vida de 72 anos. Os curitibanos contam com 86 por cento da circulação semanal de jornal, 25 estações de rádio, quatorze canais de televisão abertos e a cabo, três orquestras (inclusive uma famosa orquestra de gaita), vinte teatros, trinta bibliotecas públicas, 74 museus e centros culturais. O programa mensal de eventos da Fundação da Cultura, geralmente com ingresso grátis ou muito barato, tem mais de quarenta páginas. Com um PIB *per capita* de apenas 7.827 dólares — 27 por cento do norte-americano — os curitibanos criaram o que o bem viajado Bill McKibben classifica de "uma das melhores cidades do mundo".

Naturalmente, Curitiba ainda tem graves problemas a enfrentar: um terço das casas da região metropolitana carece de esgoto, oito por cento dos cidadãos continuam morando em favelas (comparados com um terço dos do Rio de

CAPITALISMO HUMANO

Janeiro) e quase a metade das crianças não concluiu o ensino básico. Devido ao seu sucesso, Curitiba atrai boa parte da miséria que a rodeia no sul do Brasil e, possivelmente, não dará conta de tudo isso. Porém, no conjunto, suas imperfeições são do tipo que McKibben cita da revista *Veja*: "Chove muito, as ruas são escorregadias e os motoristas ainda passam o sinal vermelho. À parte isso, suas virtudes são insuperáveis".[19]

Curitiba não se apresenta como um modelo perfeito a ser reproduzido literalmente, pois não existem duas cidades parecidas a ponto de uma copiar a outra. Lerner prefere dizer que a cidade "não é um modelo, mas uma referência".[20] Talvez a sua realização mais impressionante tenha sido que uma filosofia simples e a experimentação persistente criaram uma cidade do Primeiro Mundo em pleno Terceiro Mundo — rompendo com o que Lerner denomina a "síndrome da tragédia", que paralisa o progresso, e substituindo-a pela dignidade e a esperança. Desde 1971, o princípio político central de Curitiba é consistente e profundo: *respeitar* o cidadão/proprietário de todos os bens e serviços públicos, tanto porque todos os seres humanos merecem respeito quanto porque, como insiste Lerner, "Se as pessoas se sentirem respeitadas, elas assumirão a responsabilidade de ajudar a resolver outros problemas". Fechando o ciclo interrompido da política, esse princípio recicla os pobres e os famintos, os apáticos e os analfabetos, transformando-os em cidadãos que contribuem ativamente.

Lewis Mumford disse que as cidades são um "símbolo do possível".[21] No planalto meridional do Brasil, uma cidade se alçou, em meio a duras circunstâncias, pela força do bom *design*. Sua mentalidade de *design* trata uma ampla variedade de necessidades não com prioridades rivais a serem objeto de barganha ou simplesmente eliminadas, e sim como oportunidades interligadas de sinergias a serem otimizadas. Em Curitiba, os resultados mostram como combinar uma ecosfera sadia com uma economia vibrante e justa, e uma sociedade que cria humanidade. Tudo que existe é possível;[22] Curitiba existe; portanto, é possível. A existência de Curitiba acena com a promessa de que ela será a primeira de uma série de cidades a redefinir a natureza da vida urbana.

CAPÍTULO 15

Era uma Vez um Planeta

Cassandra se encontra com o Dr. Pangloss — O dilema do especialista — Os azuis, os vermelhos, os verdes e os brancos — Um manual de instruções — O maior movimento do mundo — Um currículo oculto — Reversão de várias centenas de anos — Reivindicação do futuro — Diretivas, princípios e declarações — Porque é possível

O debate ambiental se dá em um ciclo previsível: a ciência detecta um novo impacto humano negativo sobre o meio ambiente; os grupos comerciais e as empresas apresentam contra-argumentos; a imprensa mostra os dois lados e o tema acaba indo figurar na lista cada vez maior de problemas insolúveis. A questão não é que um lado esteja certo e o outro errado, e sim que a natureza episódica da notícia e o compartilhamento de cada problema sucessivo inibem as soluções. Os ambientalistas parecem ser a própria Cassandra; as empresas, Pandora em pessoa; os apologistas, o Dr. Pangloss. E o público se sente paralisado.

O relatório *1998 State of the World* [Situação no Mundo em 1998], do Worldwatch Institute, anunciou que a tendência dos indicadores ambientais era das piores: "As florestas estão diminuindo, o nível dos lençóis de água não cessam de baixar, a erosão do solo prossegue, os pântanos começam a desaparecer, a pesca está em crise, as pastagens se deterioram, os rios vêm secando, as temperaturas, aumentando, os recifes de coral continuam morrendo e as espécies vegetais e animais aproximam-se da extinção".

Como era de se prever, os críticos do Worldwatch alegaram que o relatório era excessivamente pessimista. "Em todos os relatórios dos últimos quinze anos, [o Worldwatch] disse que estávamos exaurindo a capacidade do planeta. Há quinze anos que essa instituição se equivoca em absolutamente tudo [*sic*]", declarou Jerry Taylor, do liberal Cato Institute. Taylor apresenta o aumento da expectativa de vida, o declínio da mortalidade infantil e o melhor nível de nutrição como provas de que o padrão de vida se eleva à medida que as populações crescem.[1]

O que a mídia prefere omitir é a possibilidade de ambos os dados estarem corretos. Não se pode questionar que a humanidade tenha feito progressos admiráveis. A expectativa média de vida não pára de aumentar, uma pessoa da classe média tem condições de viajar pelo mundo e os habitantes dos países industrializados gozam do mais elevado nível de vida da história. Todavia, esses fatos não fazem com que as observações do Worldwatch estejam erradas. As tendências aparentemente contraditórias do meio ambiente e da sociedade não deviam ser apresentadas como mutuamente excludentes. Ambos os conjuntos de dados são fidedignos e explicáveis pelo conceito de transposição do limite, ou seja, a possibilidade de exceder temporariamente a capacidade da Terra pode ajudar as pessoas a viverem mais, porém leva ao declínio do capital natural. Em outras palavras: a possibilidade de acelerar um carro com pouca gasolina não prova que o tanque está cheio.

Embora esses debates dêem boas matérias para os jornalistas e exponham as lacunas do saber, tal dissonância surte efeitos infelizes. Um deles é o "dilema do especialista". Se você, no seu *check-up* anual, fosse diagnosticado por dois médicos que divergissem e se pusessem a discutir a cada exame se a sua saúde vai bem ou mal, você sairia de lá confuso, atordoado e provavelmente irritado. Quando, assistindo ao *Nightline*, os cidadãos leigos em climatologia ouvem um cientista declarar que as emissões automotivas de CO_2 provocarão furacões devastadores e enormes perdas na agricultura, enquanto outro vocifera que deixar de utilizar combustíveis à base de carbono significa a derrocada da civilização ocidental, eles só podem ficar confusos e desanimados. As discussões televisivas abrem pouco espaço para o consenso ou para os parâmetros comuns. Embora ótimas em Ibope, essas polêmicas encenadas pela mídia deixam de lado a possibilidade da existência de soluções inovadoras e pragmáticas capazes de satisfazer à vasta maioria dos norte-americanos e tornar a discussão irrelevante.

Recordando a frase de Einstein a respeito da mentalidade, citada no começo deste livro, talvez seja útil rever a matriz das quatro visões de mundo sobre os parâmetros emocionais e intelectuais que as empresas, os cidadãos e os governos utilizam para negociar e escolher quando se trata de economia e meio ambiente. A biofísica Donella Meadows, professora de estudos ambientais do Dartmouth College, delineou-as em *The Economist*. Disse que passou a se interessar menos em ganhar o debate ambiental e a preocupar-se mais com a "natureza intransigente da discussão". Cada uma das visões de mundo discutidas abaixo — que se distinguem apenas nas nuanças — é um sistema que reflete uma perspectiva comum à empresa, ao trabalho, aos ambientalistas e aos "sintetistas", nesta ordem.[2]

Os *azuis* representam a corrente principal dos adeptos do mercado livre. Trata-se de pessoas que se inclinam de maneira muito positiva para o futuro com base no otimismo tecnológico e na força da economia. Elas se armam de estatísticas e apóiam-se nas economias vigorosas e dinâmicas do Ocidente e (até 1998) das nações asiáticas. Seu enfoque está profundamente enraizado na economia convencional e as cifras que apresentam revelam um mundo avançadíssimo e em rápida ascensão. Os azuis acreditam que a inovação, o investimento e a liberdade individual garantirão um futuro brilhante para a humanidade e um nível de bem-estar material capaz de fascinar praticamente todos os habitantes do planeta. Tal otimismo também se estende ao meio ambiente, pois eles sustentam que, na maioria dos casos, os mercados enviarão sinais de preço fortes e adequados que suscitarão a tempo as respostas necessárias, mitigando os danos ecológicos ou estimulando avanços tecnológicos em eficiência e produtividade.

Os *vermelhos* representam as mais variadas formas de socialismo. Embora se possa esperar que tenham ficado desacreditados com o colapso da antiga União Soviética, sua visão de mundo continua vivíssima. E é confirmada pelo horrível caos econômico que a ascensão do capitalismo gângster impôs à Rússia contemporânea, país cuja maquinaria econômica beneficia uma minoria à custa da maioria em desvantagem material e social. O abismo cada vez maior entre pobres e ricos, no mundo todo, corrobora a análise dos vermelhos, que é tão exata no que se refere à pobreza e ao sofrimento quanto o são as observações dos azuis com respeito ao crescimento e à mudança. Enquanto estes se concentram na promessa de crescimento e tecnologia, aqueles se fixam em seu lado sombrio e procuram distinguir-lhe as causas básicas. Vêm no trabalho — um dos aspectos do capital humano — a principal fonte de riqueza e consideram sua exploração a base da injustiça, da pobreza e da ignorância. Geralmente, pouco têm a dizer sobre o meio ambiente que, para eles, não passa de uma distração das questões sociais de importância fundamental.

Os *verdes* encaram o mundo principalmente em termos de ecossistemas e, por isso, concentram-se na depleção, no dano, na poluição e no crescimento demográfico. Enfocam os limites da capacidade do meio ambiente e querem que se compreenda melhor até que ponto a economia pode crescer sem depauperar o planeta. Sua política busca avaliar a quantidade, o número de pessoas e o impacto que cada uma delas pode ter sobre o ambiente. Eles não costumam ser tecnófobos; em sua maioria, vêm na tecnologia um instrumento importante para reduzir o impacto humano. Mais recentemente, alguns se interessaram pelos mecanismos do mercado e querem que os efeitos externos atualmente provocados pela sociedade se integrem totalmente aos custos do produtor e aos preços do consumidor para que o mercado se torne, na expressão de David Korten, "cauteloso". Os verdes e, até certo ponto, os vermelhos são muito numerosos porque abrigam uma diversidade maior e mais acentuada de pontos de vista. Mas isso também os conserva atomizados e imersos em disputas; eles tendem a unir os inimigos e dividir os amigos, o que sempre foi uma excelente receita de fracasso político.

Os *brancos* são os "sintetistas" que não se opõem nem concordam inteiramente com os outros três grupos. Tendo uma visão otimista da humanidade, acreditam que o processo há de vencer um dia, que as pessoas que se põem a dizer às outras o que é certo e errado levam a sociedade à perdição. Visto que tanto os azuis quanto os vermelhos e os verdes entram nessa categoria, os brancos os rejeitam a todos, preferindo o meio-termo da integração, da reforma, do respeito e da confiança. Respeitam as ideologias, sejam elas baseadas no mercado, nas classes sociais ou na natureza, e confiam que as pessoas informadas são capazes de resolver seus próprios problemas. No aspecto ambiental, alegam que todos os problemas são locais. No âmbito dos negócios, dizem que o campo de manobra uniforme é uma quimera, nunca existiu, por causa das imperfeições do mercado, dos *lobbies*, dos subsídios e da concentração do capital. Quanto aos problemas sociais, argumentam que as soluções surgirão naturalmente a partir do lugar e da cultura, não da ideologia. A liderança, no mundo dos brancos, é um resíduo do provérbio taoísta segundo o qual os bons governantes fazem com que os súditos se sintam bem-sucedidos por si sós. As soluções sociais e ambientais só surgirão quando as pessoas locais tiverem poder e forem respeitadas.

Embora muitos indivíduos apresentem traços de duas ou mais dessas tipologias, as diferentes visões tendem a isolar-se e a definir as demais por sua própria lógica interna. Os azuis acham os vermelhos anacrônicos e até fascistóides. Estes, por sua vez, devolvem o elogio e mal se dão o trabalho de pensar nos verdes que, segundo eles, tolhem o progresso e falam em nome de uma minoria privilegiada. Os azuis ganham pontos (entre os próprios azuis) dizendo que vermelhos e verdes são farinha do mesmo saco. Os três tendem a não fazer caso dos brancos, a não ser quando algum esquema do tipo branco vem reforçar a sua esfera. Meadows pergunta:

> Que veríamos se estivéssemos dispostos a enfocar a questão do crescimento populacional humano e dos limites planetários em termos puramente científicos? E se conseguíssemos nos despir das esperanças, dos temores e das ideologias para sopesar todos os argumentos e julgá-los com isenção? Eu creio que veríamos que todos os lados estão parcialmente certos e sobretudo são incompletos. Cada qual se concentra em uma peça de um sistema extremamente complexo. Cada qual vê essa peça corretamente. Mas, como nenhum lado enxerga o todo, nenhum consegue chegar a conclusões totalmente sustentáveis.
>
> Os verdes têm razão: o crescimento demográfico, que leva as pessoas a devastar as florestas e esgotar a terra, exacerba a pobreza. Os vermelhos têm razão: o desamparo da pobreza motiva os pais a terem muitos filhos, a única esperança de contar com quem os sustente um dia. Os azuis têm razão: o desenvolvimento econômico tende a baixar os índices de natalidade. Os brancos têm razão: os planos de desenvolvimento dão certo, mas não quando são impostos pelas grandes instituições burocráticas como o Banco Mundial. O capital pode ser o fator de produção mais escasso em certas épocas e lugares, o trabalho em outras épocas e outros lugares, os materiais, a energia e a capacidade de absorver a poluição podem escassear em outros. Os limites que os verdes apontam existem de fato. Do mesmo modo que as injustiças que revoltam os vermelhos. E os mercados e as respostas técnicas em que os azuis confiam. E também o saber das pessoas que os brancos tanto respeitam.[3]

Uma empresa bem-sucedida na nova era do capitalismo natural há de respeitar e compreender as quatro visões. Saberá que as soluções consistem em compreender a interligação dos problemas, não em enfrentá-los isoladamente.

Ademais, buscará um parâmetro comum no entendimento das funções da própria Terra e da dinâmica da sociedade. Se a interpretação de um dado depende da cultura, da educação e do ponto de vista, os princípios básicos que governam a Terra estão bem estabelecidos e, quanto a eles, há unanimidade entre todos os cientistas. Porém, dificilmente alguém se informará disso lendo os artigos da imprensa ou acompanhando os debates parlamentares. Embora as livrarias ofereçam obras que explicam as opiniões, os princípios e as normas de praticamente tudo, do golfe e do dominó à legislação tributária, ao judô e à guerra, não existe nenhum manual de instruções que ensine a viver e atuar na Terra, o sistema mais importante e complexo que conhecemos.

Com humor, David Brower, a eminência parda do movimento ambientalista, propôs tal manual anos atrás. As instruções seriam: (1) O planeta foi entregue em perfeitas condições de funcionamento e não pode ser trocado por outro. (2) Por favor, não regule o termostato nem a atmosfera — os controles já saem ajustados da fábrica. (3) A biosfera foi cuidadosamente testada e desenvolvida no período de amaciamento de 3 bilhões de anos e é alimentada por um reator atômico que dispensa manutenção e fornecerá energia nos próximos 5 bilhões de anos. (4) São limitados e insubstituíveis os estoques de ar e água; eles circularão e purificar-se-ão automaticamente se não houver passageiros demais a bordo. (5) Cada passageiro tem direito a uma só vida, a qual deve ser tratada com dignidade. Já se forneceram e codificaram, numa linguagem de computador cujo funcionamento é totalmente automático, instruções completas sobre o nascimento, o funcionamento, a manutenção e a disposição final de cada entidade viva. Se essas instruções se perderem ou se danificarem, a reposição pode ser bastante demorada. (6) Havendo demasiados passageiros ou se as instalações estiverem sobrecarregadas, leia o manual de emergência e tome o máximo cuidado para que nenhuma substância tóxica estranha se introduza no ar, no alimento e na água.[4]

Por que os habitantes da Terra precisariam de um manual? Em termos ideais, ele daria a todos um modelo mental comum do sistema que estão influenciando e do qual participam. Um conjunto de padrões e princípios geralmente aceitos no esporte, nas finanças, na educação e em outros setores habilita a sociedade a funcionar com eficiência, harmonia e segurança, permitindo-nos dirigir no trânsito, aterrissar um jato no aeroporto de O'Hare e comunicar-nos globalmente mediante a telefonia e os computadores. Todavia, a diferença fundamental entre um manual de instruções das atividades societárias e um das do meio ambiente é que as orientações quanto ao funcionamento da Terra são inerentes, não impostas. Não podem ser inventadas, só reconhecidas. O autor Bill McKibben o manifestou de maneira sucinta em um discurso para executivos de grandes empresas: "As leis do Congresso e as da física estão divergindo cada vez mais, e as leis da física não costumam ceder".

Dezenas de milhares de instituições, no mundo todo, já empreenderam a tarefa de reunir os ingredientes de um verdadeiro manual de instruções do planeta. Algumas estudam especificamente as responsabilidades e as oportunidades das empresas. Entre elas se acham o Rocky Mountain Institute, The Natural Step, o Instituto Wuppertal, o World Resources Institute, a SustainAbility (Londres), o CERES, o Redefining Progress, o Product-Life Institute, o Conselho Mundial para o Desenvolvimento Sustentável (Suíça), o Center for Clean Products and Clean Technologies da Universidade do Tennessee, o Programa Ambiental (UNEP) e o Programa de Desenvolvimento (UNDP) das Nações Unidas, o Institute for Sustainable Design and Commerce da Universidade da Virgínia (Charlottesville), o Forum for the Future (Londres), o International Institute for Sustainable Development (Canadá), o Businesses for Social Responsibility e o Instituto Ambiental de Estocolmo. Eles contam com a ajuda de uma centena de multinacionais e de dezenas de milhares de empresas menores que se comprometeram a ter papel ativo na reformulação da função da empresa no meio ambiente e na sociedade.

Ademais, dezenas de milhares de institutos, associações, fundações, escolas, universidades, igrejas, clubes e organizações não-governamentais vêm enfocando toda a extensão das questões ambientais. Aqui se incluem grupos notáveis como o Ecotrust, o Ashoka, a Society for Ecological Restoration, o Worldwatch Institute, o Friends of the River, a Environmental Research Foundation, o Development Alternatives (Delhi), o Land Stewardship Council, The Just Transition Consortium, o Instituto de Ecología Política (Santiago do Chile), a International Society of Ecological Economics, o International Institute for Industrial Environmental Economics (Lund), o Earth Island Institute, o Congress for the New Urbanism, o American Farmland Trust, a Energy Foundation, o Southwest Organizing Project, o RIVM (Holanda), o Center for a New American Dream, o One Thousand Friends of Oregon, a Cenozoic Society, a Indigenous Environmental Network, o World Wildlife Fund, o IUCN, o Friends of the Earth, e muitos outros. Juntas, essas milhares de organizações, independentemente de como sejam identificadas coletivamente, tornaram-se pouco a pouco o maior movimento ativista do planeta (e o de mais rápido crescimento). Atualmente, pode-se dizer que elas são os verdadeiros capitalistas do mundo. Abordando questões como a dos gases de efeito estufa, a justiça social, a contaminação química e a perda da pesca, dos corredores de vida silvestre e das florestas primárias, estão fazendo mais para preservar um futuro viável para as empresas do que a soma de todas as câmaras de comércio do mundo.

A maior instituição que discute os modelos mentais é a educação. As faculdades, as universidades e as escolas públicas podem modificar seu impacto sobre o meio ambiente de duas maneiras fundamentais. Elas criam os cidadãos, os administradores de empresa, os engenheiros e os arquitetos que fazem o mundo. Ao mesmo tempo, gastam 564 bilhões de dólares nisso, inclusive os 17 bilhões anuais aplicados na construção de novas escolas e universidades. O professor David Orr, do Oberlin College, principal porta-voz da integração do meio ambiente à educação, indica que a maior parte desse dinheiro se gasta na aquisição de energia, materiais, alimento e água das maneiras ineficientes que este livro descreve. Orr acredita que a alteração dos métodos, do *design* e dos investimentos do nosso sistema educacional representa um "currículo oculto" capaz de ensinar, "com tanta eficácia quanto qualquer currículo aberto, um modo mais abrangente de ver o mundo, que é o fundamento de um currículo radicalmente diferente daquele que hoje se oferece virtualmente em toda parte. Em todos os aspectos, é o desafio à nossa maneira de pensar que se transforma em um desafio às instituições destinadas a promover o pensamento. Grande parte da necessária mudança de ponto de vista e de perspectiva não ocorrerá a tempo a menos que as escolas, as faculdades e a educação compreendam isso".[5]

Só uma vez na história deste planeta — agora — os fluxos totais e os movimentos dos materiais de uma espécie igualaram ou excederam os fluxos planetários naturais. Os seres humanos lançam trezentas vezes mais chumbo no meio ambiente do que ele pode se dissipar naturalmente, 23 vezes mais zinco e 38 vezes mais antimônio.[6] A análise científica das bolhas do núcleo gelado de Vostok, na Antártida, mostra que o nível de CO_2 na atmosfera é o mais elevado em 420 mil anos; foram precisos apenas cem anos de combustão industrial para chegar a tanto.[7] Prevê-se que temperaturas globais, no próximo século, superarão um recorde de 10 mil anos.

As previsões tradicionais primeiro examinam os fatos, depois apresentam as tendências e antecipam as duas coisas para um amanhã provável. Esse método funciona a maior parte das vezes, mesmo no caso dos fatos naturais, desde que as projeções não avancem demais no futuro. Às vezes, no entanto, o planejamento tradicional fracassa catastroficamente, como quando um fato imprevisto altera todos os termos da equação. Quando o império soviético ruiu, o sul da Califórnia enfrentou uma crise com a perda de 250 mil empregos relacionados com a defesa. Os valores imobiliários subiram verticalmente, a arrecadação caiu, o alcoolismo e os comportamentos abusivos se ampliaram entre os desempregados e os efeitos colaterais foram parcialmente responsáveis pelo aumento do racismo, das leis contra a imigração e dos distúrbios sociais ocorridos em South Central Los Angeles. As previsões econômicas convencionais sobre o futuro da região erraram simplesmente porque ninguém havia projetado um cenário "otimista" no qual os Estados Unidos finalmente "ganhassem" a Guerra Fria.

Uma importante indagação para a sociedade é se ela está disposta a deixar seu destino por conta de previsões do tipo "por enquanto tudo bem", que presumem que não haverá nenhum problema ambiental significativo no futuro. A cada instante, é mais necessário levar em consideração os possíveis declínios para que uma crise ambiental, caso ocorra, tenha o menor efeito possível. A dificuldade, aqui, é que o meio ambiente nunca "erra" deveras, simplesmente se altera de acordo com os princípios da natureza. Nesse contexto, o mais improvável cenário ambiental é o de que nada improvável há de acontecer. A maior surpresa não será uma surpresa. Embora seja insensato acreditar em qualquer projeção ambiental para o futuro, é importante ter em mente que a natureza dá o último chute *e* ela é a dona da bola.

Hoje o planejamento abrangente é difícil para qualquer instituição. As empresas enfrentam exigências cada vez maiores em todas as frentes, inclusive a globalização, a vida útil mais curta dos produtos, a Internet, o limite da capacidade, as regulações complexas, a volatilidade da moeda e as políticas governamentais cambiantes. Em tal mundo, é problemático ter uma visão a longo prazo que seja responsiva aos eventos futuros e os complemente. As empresas e os governos geralmente se esquivam da tarefa de planejar tendo em conta as questões relacionadas com as mudanças ambientais e sociais sempre visíveis no horizonte, pois os desafios e o tempo de modificação requerido em outras áreas são medidos em anos, quando não em meses. Contudo, qualquer tentativa de avaliar coerentemente o futuro sem levar em consideração o que está acontecendo com o capital natural e humano é um pensamento estratégico incompleto.

A lição deste livro sobre a previsão é simples e clara: seja qual for o futuro em que se acredite, introduzir no nosso planejamento os princípios do capitalismo natural tornará mais firmes os fundamentos da sociedade. Em cenários nos quais o meio ambiente começa a alterar-se rapidamente (ou nos quais seus serviços vêm declinando a olhos vistos), a produtividade dos recursos pode também ganhar tempo, protegendo a sociedade contra mudanças bruscas. Como aconselha o futurista Peter Schwartz, a melhor opção para um futuro incerto é a que deixa mais opções abertas.

O professor Stuart Hart, da Escola de Administração da Universidade da Carolina do Norte, perguntou se as empresas estão maduras para a revolução do capitalismo natural. Tipicamente, as revoluções empresariais não irrompem no interior das indústrias existentes, mas a partir de forças externas. Hart acredita que enfrentar a multiplicidade de desafios que se erguem diante das empresas e da sociedade há de provocar descontinuidades econômicas sem precedentes em proporção e amplitude, o que exigirá que as empresas adotem novas abordagens. Elas terão que passar por cima das tecnologias existentes em vez de aperfeiçoá-las aos poucos. Isso pode significar o abandono da pesquisa dos produtos mais importantes enquanto eles ainda são os "vencedores", simplesmente porque produtos ou sistemas novos são capazes de desempenho muito melhor . Por que alguém haveria de querer aperfeiçoar as válvulas a vácuo quando o transístor já assomava no horizonte? De modo semelhante, os três grandes fabricantes de automóveis serão obrigados a determinar o momento preciso em que a reengenharia do motor de combustão interna se tornará antieconômica. Talvez esse momento já tenha chegado.[8]

Para compreender as oportunidades oferecidas pela revolução da produtividade dos recursos e os demais princípios do capitalismo natural, as empresas devem peregrinar nos setores industriais e solicitar a colaboração dos concorrentes, dos críticos e até dos mais notórios adversários. Pode ser que isso pareça coisa que nenhuma firma sensata faria, mas é justamente o que um número cada vez maior de empresas importantes está fazendo. Instituições como o World Resources Institute e o Rocky Mountain Institute oferecem-lhes regularmente consultoria, assim como aos governos e às comunidades. Uma das maiores firmas de produtos florestais do mundo vem se reunindo com a Rainforest Action Network e com o Greenpeace, seus antigos arquiinimigos, a fim de formular planos estratégicos para o futuro. A Mitsubishi Electric trabalhou com 160 organizações ambientais não-governamentais para forjar uma nova visão da empresa.

É bem possível que o sucesso da produtividade dos recursos, enquanto estratégia social, prognostique uma relação inteiramente nova entre empresa e governo. Assim como a atividade industrial tradicional deixa de ser econômica à medida que o capital natural se converte em um fator limitante, as regulamentações governamentais relaxadas, que outrora "beneficiavam" as empresas, talvez as prejudiquem na atualidade. Quando estas perceberem que sua existência está sendo ameaçada pelas funções decrescentes do ecossistema, pode ser que se vejam forçadas a tomar posições diametralmente opostas às anteriores e até a reclamar uma legislação mais rigorosa. Por exemplo, a indústria petrolífera, com poucas exceções, foi levada a combater a legislação que impunha limites às emissões globais de CO_2. Essa estratégia tem tanto sentido quanto defender a máquina de escrever. Embora, a longo prazo, seja sombrio o futuro que a indústria petrolífera tem pela frente, não o é o das empresas de energia, principalmente o das de fornecimento. Mas a regulamentação pode exercer pressões seletivas que favoreçam o ágil, o alerta e o verde. Por combater na batalha errada, a maioria das petrolíferas adiam a inovação e pavimentam o caminho de novos e poderosos concorrentes.

Pelo contrário, a OK Petroleum, a maior refinaria e distribuidora de gasolina da Suécia, preconizou impostos mais elevados sobre o carbono porque já não se considera uma petrolífera: ela é uma empresa de energia limpa. Depois de haver formulado a gasolina de baixo teor de carbono, descobriu que estava sendo punido pelos impostos por litro de combustível recolhidos na Suécia. Como estes eram calculados com base na quantidade de gasolina, não no conteúdo de carbono que cria gases de efeito estufa, a OK se uniu a outras 24 empresas com o fim de fazer *lobby* para que o governo *elevasse* a tributação sobre o carbono. Essas empresas estavam pensando a longo prazo. Como já haviam avançado muito na produtividade dos recursos, queriam o "empurrão" dos incentivos para ir mais além. Com o aumento dos preços dos recursos, as empresas suecas também acharam (do mesmo modo que a Alemanha e o Japão antes delas) que podiam colher mais vantagem sobre os concorrentes norte-americanos, os quais a energia artificialmente barata tornou lerdos e sonolentos. Do mesmo modo, as empresas dos Estados Unidos que se empenham em criar carpetes mais recicláveis ou reaproveitáveis, embora sejam concorrentes fortíssimas, obteriam vantagem competitiva se se unissem em um *lobby* a favor da proibição do carpete que abarrota os aterros sanitários, exercendo forte pressão sobre os vagarosos do setor.

Assim como estão começando a encarar a perda do capital natural ou das funções do ecossistema como algo prejudicial aos seus interesses tanto a curto quanto a longo prazo, pode ser que as empresas também venham a perceber que as desigualdades sociais são igualmente nocivas aos seus interesses. Quando um tribunal farsesco da ditadura militar nigeriana condenou à forca o escritor africano Ken Saro-Wiwa e sete colegas por haverem liderado os protestos contra a degradação ambiental da Ogonilândia, causada pelas multinacionais do petróleo, os postos Shell da Alemanha foram incendiados, os boicotes na Holanda comprometeram as vendas e os empregados, em Londres, foram violentamente criticados pelos familiares e amigos. A partir de então, a Shell passou a reexaminar suas políticas racial, econômica e ambiental. Mesmo assim, ainda não se desculpou por suas atitudes, na Nigéria, que levaram à execução de Saro-Wiwa, de modo que os protestos contra a empresa prosseguem.

Ao enfrentar semelhantes desafios, é fácil deixar de ver a parte social e ocupar-se diretamente da técnica. As questões sociais são humanas e complicadas. Incluem as crianças, as mulheres, os idosos, a geração vindoura e o governo. É difícil comprometer-se com questões que parecem pouco relacionadas, a começar pelos direitos, a saúde, a educação e as oportunidades econômicas das mulheres. Mas o exemplo de Curitiba mostra que o *design* que integra o social à inovação técnica é necessário e promove as duas coisas.

Não será inútil estabelecer políticas sensíveis. Para dar ênfase à produtividade dos recursos é necessário reverter duzentos anos de políticas tributárias, trabalhistas, industriais e comerciais destinadas a estimular a extração, a depleção e o gasto.[9] As comerciais terão de remodelar-se a fim de proteger o capital ambiental, a herança cultural, os direitos dos índios e a justiça social.[10] No presente, as políticas comerciais do mundo inteiro seguem o rumo exatamente oposto. A economia global atualmente concebida e imposta a todos os países só pode, como diz Wendell Berry, "institucionalizar a ignorância global, na qual os produtores e os consumidores são incapazes de conhecer-se ou de se preocupar uns com os outros, na qual se perderá a história de todos os produtos. Em tais circunstâncias, é inevitável a degradação dos produtos e dos lugares, dos produtores e dos consumidores".[11]

No setor financeiro, os bancos centrais, os que fazem empréstimos, os investidores, os fundos de pensão e as agências reguladoras terão de engajar-se para que as alocações de capital respondam pela perda de capital natural e social. Tais instituições terão de criar um sistema financeiro no qual todo valor seja incluído na folha de balanço e no qual nada seja marginalizado nem exteriorizado, pois os valores sociais ou biológicos não se "enquadram" nos procedimentos da contabilidade.

Em uma década caracterizada pelas megafusões no setor bancário, um sinal auspicioso foi o vigoroso surgimento do movimento do desenvolvimento financeiro da comunidade. Desde os fundos de empréstimo de escala reduzida até os investimentos iniciais de um banco, e contando com o apoio privado e o federal, todo um conjunto de instituições comunitárias oferece crédito às inovações no nível da comunidade, reconstruindo o capital humano e social em centenas de cidades grandes ou pequenas. Não surpreende que tenha sido aqui, e não na corrente principal dos bancos comerciais, que a atividade bancária centrada no capital natural criou raízes. A Shorebank Corporation, pioneira no desenvolvimento comunitário, associou-se ao Ecotrust, com sede em Portland, no Estado de Oregon, para criar o ShoreBank Pacific, um banco comercial dedicado ao desenvolvimento comunitário e à restauração ambiental nas áreas metropolitana e litorânea da região Nordeste do Pacífico. O banco e sua filial sem fins lucrativos, a Shorebank Enterprise Pacific, já emprestaram milhões de dólares a pequenas e médias empresas que aumentam a lucratividade mediante a administração ambiental avançada e o empenho na justiça social. Os empréstimos que concedem têm a cobertura dos "ecodepósitos" dos cinqüenta Estados da federação norte-americana.

Em resumo, a empresa começa a assumir e a comprometer-se com as questões e os diálogos que até agora vinha evitando. Se o capital natural diminui à medida que o manufaturado se expande, ela deve criar sistemas de produção e distribuição capazes de reverter a perda e de, enfim, aumentar o estoque de capital natural. Isso envolverá mais que o *design* do produto, mais que a mercadologia e a competição. Significará uma reavaliação fundamental dos papéis e das responsabilidades empresariais.

No entanto, como demonstrou este livro, as empresas receberão grandes e inesperados benefícios. Se o aumento da produtividade do trabalho exige enormes investimentos de capital, materiais e estoques de energia para manter o impulso, o aumento da produtividade dos recursos libera uma grande quantidade de capital que pode ser investido no reforço da empresa, na reconstrução do capital humano e na restauração do natural. As empresas que rumam para a produtividade avançada dos recursos também estão descobrindo uma conseqüência cultural inesperada de seus atos. Sim, elas economizam energia e dinheiro, criam vantagem competitiva e ajudam a restaurar o meio ambiente. Porém, o que é ainda mais importante, salvam as pessoas. Não só reequilibram os papéis dos trabalhadores e das máquinas alimentadas com recursos como também criam e renovam o sentido de objetivo e missão. Pela primeira vez, as atividades dos empregados, no trabalho, alinham-se plena e diretamente com o que é melhor para os seus filhos e netos em casa.

Pode ser que, em poucas décadas, os historiadores escrevam a história da nossa época mais ou menos nos seguintes termos: agora que o setor privado ocupou seu devido lugar como principal implemento de práticas sustentáveis, simplesmente porque elas funcionam melhor e custam menos, o enfoque das décadas de 1970 e 1980 da microadministração por intermédio de regulações governamentais intensivas é apenas uma triste recordação. As batalhas entre a indústria e os ambientalistas limitam-se aos países atrasados, onde as indústrias ineficientes e poluentes se agarram à vida por trás do escudo do planejamento central. Hoje as questões decisivas, para as indústrias sensatas e bem-sucedidas — sendo que ambas são cada vez mais idênticas — referem-se não a como produzir melhor os bens e os serviços necessários à satisfação da vida — coisa já resolvida — mas ao que vale a pena produzir, ao que nos tornará seres humanos melhores, a como deixar de tentar satisfazer necessidades imateriais com meios materiais, e ao quanto é suficiente.

Para muitos, a perspectiva de um sistema econômico baseado no aumento da produtividade com que utilizamos o capital natural, eliminando o conceito de desperdício e reinvestindo nos sistemas vivos da Terra e nas pessoas, é de tal modo otimista que chega a questionar sua viabilidade econômica. Para responder a essa pergunta, basta invertê-la e indagar: como nos foi possível criar um sistema econômico que nos diz que é mais barato destruir a Terra e exaurir as pessoas que nutrir a ambas? É racional ter um sistema de preços que vende o passado e cobra do futuro? Como foi que criamos um sistema econômico que confunde liquidação do capital com renda? Devastar os recursos para auferir lucros está longe de ser justo, destruir as pessoas para elevar o PIB não aumenta o nível de vida e arruinar o meio ambiente a fim de obter crescimento econômico nada tem de econômico nem de crescimento.

Para que as pessoas gozem de mais bem-estar não são necessárias novas teorias, basta o bom senso, basta partir da simples proposição segundo a qual *todo* capital tem valor. Embora talvez não exista uma maneira "certa" de avaliar uma floresta, um rio ou uma criança, o errado é não lhes atribuir valor nenhum. Se há dúvidas sobre como avaliar uma árvore de setecentos anos, mais vale perguntar quanto custaria criar uma nova. Ou uma nova atmosfera, ou uma nova cultura. O que há de notável neste período histórico é o grau de consenso que está se formando globalmente sobre a relação entre os sistemas humanos e os vivos. As dezenas de milhares de organizações que trabalham por um mundo sustentável são, no conjunto, diversificadas, locais, mal financiadas e frágeis. Espalhadas no mundo, da Sibéria ao Chile, do Quênia a Bozeman, no Estado de Montana, as pessoas e as instituições estão se organizando para defender a vida humana e a do planeta. Embora em grande parte descoordenadas e desvinculadas entre si, as incumbências, as diretivas, os princípios, as declarações e outras afirmações de propósito delineados por esses grupos são extraordinariamente constantes. Atualmente estão se juntando a elas as vozes mais graves das organizações internacionais e das empresas grandes ou pequenas. O Relatório de Brundtland ("Nosso Futuro Comum"), a Estratégia de Conservação do Mundo da International Union for the Conservation of Nature, os Princípios CERES, a Declaração de Siena, o Caráter Mundial da Natureza das Nações Unidas, a Convenção sobre a Diversidade Biológica e a Convenção Estrutural sobre a Mudança do Clima, da Eco 92, os Princípios de Hannover e centenas de outros documentos conhecidos e desconhecidos estão sendo publicados, circulam e impulsionam a ação. São importantes por três motivos. Em primeiro lugar, as declarações não tratam precisamente de preferências: muitas vezes propõem soluções práticas que emanam dos princípios do pensamento do sistema como um todo. Segundo, elas representam o amplo consenso que está emergindo do seio da sociedade, não somente de suas estruturas de poder. Terceiro, nunca na história grupos tão diferentes e independentes criaram parâmetros comuns de compreensão em todo o mundo. Isso jamais aconteceu na política, na economia nem na religião, mas está acontecendo no movimento cada vez maior — e, atualmente, com cada vez mais apoio da religião e da ciência — pelo que pode se chamar de "sustentabilidade". Os empresários e os governos deviam prestar muita atenção. Nessas declarações o futuro está escrito na mais clara das linguagens.

Ernst von Weizsäcker, membro do *Bundestag* alemão, o expressou assim: "Estamos entrando no século do meio ambiente, queiramos ou não. Neste século, todos aqueles que se consideram realistas serão obrigados a justificar seu comportamento à luz da contribuição que dá à preservação do meio ambiente".[12]

Distante da estridência discorde da mídia e da política, as pessoas são notavelmente consistentes quanto ao futuro que querem para os filhos e os netos. O resultado potencial do capitalismo natural e da sustentabilidade também se alinha quase perfeitamente ao que dizem os eleitores norte-americanos: eles querem escolhas melhores, um meio ambiente melhor, comunidades mais seguras, empregos que sustentem a família, mais segurança econômica, maior apoio à família, impostos mais baixos, governos mais eficazes e mais controle local. Nisso nós somos como todas as pessoas; e elas, como nós.

O capitalismo natural não pretende fomentar levantes sociais. Pelo contrário, eles serão a conseqüência inevitável se não se enfrentarem os problemas sociais e ambientais fundamentais com responsabilidade. O capitalismo natural refere-se às escolhas que podemos fazer para começar a dar um sentido mais positivo aos resultados econômicos e sociais. E isso já está acontecendo: porque é necessário, possível e prático.

Notas

Capítulo 1:
A Próxima Revolução Industrial

1. Marine Conservation Biology Institute, 1998, U.S. National Academy of Sciences and British Royal Society, 1992.

2. Daily, 1997.

3. Coral Reef Alliance, 1998.

4. Fundo Mundial pela Natureza (Europa), 1998.

5. Costanza *et al.* 1997, pela cotação do dólar em 1994, o valor é estimado em pelo menos 33 trilhões de dólares.

6. Detalhes *in* World Bank 1995, pp. 57-66, e 1997.

7. Deane & Cole, 1969.

8. Vitousek *et al.* 1986, 1997.

9. Organização Internacional do Trabalho, 1994.

10. Daily, 1997.

11. Schmidt-Bleek *et al.*, 1997.

12. Estiveram no Clube em setembro de 1996: Jacqueline Aloise de Larderel, diretora, UNEP-IE, Paris; Willy Bierter, diretor do Institut für Produktdauer-Forschung, Giebenach, Suíça; Wouter van Dieren, presidente do Institute for Environment and Systems, Amsterdã; Hugh Faulkner, ex-diretor executivo do Business Council for Sustainable Development; Claude Fussler, vice-presidente/meio ambiente, Dow Europe; Mike Goto, diretor, Institute of Ecotoxicology, Gakushuin University, Tóquio; Leo Jansen, diretor, Dutch Sustainable Technology Programme; Ashok Khosla, presidente do Development Alternatives, Nova Delhi; Franz Lehner, presidente do Institute for Labor and Technology, Gelsenkirchen, Alemanha; Jim MacNeill, MacNeill & Associates, ex-secretário geral da Brundtland Commission, Ottawa, Canadá; Wolfgang Sachs, presidente do Greenpeace alemão; Ken Saskai, Universidade de Osaka; Friedrich Schmidt-Bleek, vice-presidente do Wuppertal Institute; Walter Stahel, diretor do Institute de la Durabilité, Genebra; Paul Weaver, diretor do Centre for EcoEfficiency and Enterprise, Universidade de Portsmouth; Ernst Ulrich von Weizsäcker, presidente do Instituto Wuppertal; Jan-Olaf Willums, diretor do World Business Council for Sustainable Development, Genebra; Heinz Wohlmeyer, presidente da Austrian Association for Agroscientific Research; Ryoichi Yamamoto, presidente do MRS-Japan, Institute of Industry Science, Universidade de Tóquio.

13. Gardner & Sampat, 1998, p. 26, oferece um proveitoso resumo de muitas dessas iniciativas.

14. Romm & Browning, 1994.

15. Ayres, 1989.

16. American Institute of Physics, 1975, voltou-se para o progresso e para as novas descobertas desde então.

17. Stahel & Reday-Mulvey, 1981.

18. Friend, 1996.

19. Etahel cunhou também o termo "responsabilidade estendida do produto" (REP), que é "berço-a-berço" do ponto de vista do fabricante. A REP vem se tornando um padrão obrigatório ou voluntário em muitas indústrias européias.

20. Stahel & Børlin, 1987.

21. Emerson, l994, p. 26.

22. Ao que se sabe, o termo "nutriente técnico" foi usado pela primeira vez por Michael Braungart em uma conversa com William A. McDonough.

23. Stahel, 1981.

24. Womack & Jones, 1996; contato pessoal de Womack em 28 de fevereiro de 1999.

25. *San Francisco Chronicle*, 1998.

26. Kaplan, 1994, 1997.

27. Yergin, 1991.

28. Gleick, 1998.

Capítulo 2: A Reinvenção da Roda

1. Os que preferirem uma alternativa mais simples ao termo, que é Marca Registrada do Rocky Mountain Institute, podem usar "híbrido ultraleve".

2. James Womack, contato pessoal, 23 de fevereiro de 1999.

3. Williams, Moore & Lovins, 1997.

4. Tipicamente, a eletricidade fica armazenada em um "dispositivo nivelador da carga" relativamente pequeno e leve. Esse dispositivo de armazenamento também ameniza as flutuações temporárias entre as taxas de energia gerada e exigida, aliviando o motor das exigências da locomoção, o que lhe permite ser menor.

5. Cumberford, 1996, Brooke, 1998, Lovins, 1996a, Moore, 1996, 1996a, 1997, Moore & Lovins, 1995, Mascarin *et al.*, 1995, Brylawski & Lovins, 1995, 1998, Lovins *et al.*, 1997, Cramer & Brylawski, 1996, Fox & Cramer, 1997, Williams *et al*, 1997.

6. Lovins, 1996a, fig.1.

7. Há uma cronologia atualizada no *site* www.hypercarcenter.org.

8. Brooke, 1998.

9. Projetados para os carros elétricos a bateria, como o EV-1 da GM, esses pneus de alta pressão aderem muito bem à pista, apesar da menor pressão que os automóveis mais leves exercem sobre eles, pois são mais estreitos — o que conserva mais ou menos inalterada a pressão na área de contato — e contêm, em sua composição, materiais especialmente aderentes, como a sílica.

10. Mascarin *et al.*, 1995, Lovins, 1997, Lovins *et al.*, 1997.

11. Brylawski & Lovins, 1995, 1998, Lovins *et al.*, 1997. Prosseguem os esforços para validar essa hipótese.

12. Lugar & Woolsey, 1999.

13. Aqui se descreve a célula de combustível do tipo Membrana Proton-Exchange (PEM) [membrana de troca de próton] porque ela oferece as mais claras perspectivas de baixo custo e alto volume de produção. Há diversos outros tipos de célula de combustível em uso comercial ou experimental, sendo que alguns também prometem baixo custo potencial. Vide, em termos gerais, Cannon 1995, e, sobre o conjunto da estratégia da transição do hidrogênio, Lovins & Williams, 1999.

14. Port, 1998.

15. Diversos estudos independentes (*e.g.*, Lomax *et al.*, 1997) se serviram de técnicas convencionais de engenharia industrial para calcular um custo aproximado de 20-35 dólares/kW das células de combustível. O uso de acessórios simplificados pouco aumentaria esse custo.

16. Williams *et al.*, 1997.

17. Consiste em um "reformador" — um reator termoquímico, geralmente catalítico, que extrai o hidrogênio do combustível de hidrocarboneto — e de dispositivos que removem o monóxido de carbono, o exofre e outras impurezas residuais capazes de envenenar o catalizador da célula de combustível.

18. Lovins & Lehmann, 1999.

19. Directed Technologies, Inc., 1997.

20. James *et al.*, 1997.

NOTAS

21. Bain, 1997.

22. President's Council of Advisors on Science and Technology (PCAST) [Assessoria do presidente em ciência e tecnologia], 1997, pp. 6-34.

23. Williams, 1996.

24. Lovins & Lovins, 1991, Lovins *et al.*, 1981, Samuels, 1981, *Automotive News*, 1983, Goldenberg *et al.*, 1983.

25. Como os veículos fechados para duas pessoas Swiss Twike e S-LEM: www.twike.com e www.s-lem.ch/. Na primavera de 1998, esses fabricantes estavam vendendo dez unidades por semana a 12 mil francos suíços cada.

26. Como o CyberTran experimental: von Weizsäcker *et al.*, pp. 124-125 e o Plate 10; Dearian & Plum, 1993, Dearian & Arthur, 1997. CyberTran Development Co., 1223, Peoples Ave., Troy NY, 12180, 518/276-2225, fax -6380, transit@transit21.com, www.cybertran.com.

27. Lovins, 1998.

28. Lovins *et al.*, 1997.

29. Hoje em dia, pode-se substituir o propano e o gás natural, matérias-primas do polímero, por carboidratos vegetais: Lugar & Woolsey, 1999. Henry Ford produziu um automóvel de composto vegetal em 1941; os materiais de hoje são melhores: *Carbohydrate Economy*, 1998.

30. Lovins *et al.*, 1997.

31. Cramer & Brylawski, 1996, Fox & Cramer, 1991.

32. O termo em inglês "feebate", uma combinação das palavras "fee" [taxa, honorários] and "rebate" [desconto, reembolso] é creditado ao Dr. Arthur H. Rosenfeld. Embora a criação do conceito lhe tenha sido atribuída por Amory Lovins nos anos 70, é possível que ele tenha sido empregado anteriormente por um cientista da IBM, o Dr. Richard Garwin.

33. Em 1989, o Legislativo da Califórnia concordou em aprovar um taxasconto "Drive+" a uma margem de 7:1, embora o governador Deukmejian, em fim de mandato, o tenha vetado. Dois anos depois, a província de Ontário abriu o precedente ao introduzir um taxasconto com apoio dos sindicatos, dos fa-bricantes e das concessionárias de automóvel, de outras indústrias, dos ambientalistas e do governo, embora, como ocorre na Áustria, o taxasconto de Ontário seja fraco: Flavin & Dunn, 1997, pp. 33-34.

34. Um desconto de vários milhares de dólares a cada diferença de 0,02 litros por quilômetro cobriria de 5 mil a 15 mil dólares do custo de um carro eficiente. Isto colocaria rapidamente automóveis limpos e eficientes nas estradas, retirando os sujos e ineficientes: os veículos mais poluentes, que correspondem a mais ou menos um quinto da frota, produzem aproximadamente três quintos da poluição do ar. Tais incentivos para a "sucatagem acelerada" podem ter diversas variantes.

35. Lovins *et al.*, 1997. Os hipercarros são uma boa novidade para indústrias como a eletrônica, a de sistemas integrados, a aeroespacial, a de *software*, a petroquímica e mesmo a têxtil, que conta com técnicas automáticas de tecelagem da fibra. Geralmente, ainda que possa haver alguns desvios nos tipos de trabalho que os hipercarros oferecem, deve aumentar o número total e melhorar a qualidade dos empregos, as oportunidades de trabalho se distribuirão muito mais amplamente por locação e ocupação, e alguns empregos serão transferidos da manufatura ao setor de acessórios: atividades de personalização e *upgrading* análogas às da indústria de computadores. Isso reduziria o abuso perigoso e irresponsável dos metais e o tedioso labor na linha de montagem aumentaria a aptidão de tornar mais leve cada peça e de otimizar todo o *software*. Em geral, as indústrias novas e dinâmicas criadas ofereceriam, no mínimo, a mesma quantidade de emprego que provavelmente se perderá a julgar pelas atuais tendências nas indústrias relacionadas com a automobilística.

36. *Business Week*, 1998.

37. Flavin & Dunn, 1997, pp. 13-14.

38. Schafer & Victor, 1997.

39. Johnson, 1993.

40. MacKenzie *et al.*, 1992, Ketcham & Komanoff, 1992, Cobb, 1998.

41. Conforme o Global Burden of Disease de 1996, um estudo anual da Organização

Mundial da Saúde, do Banco Mundial, e da Escola de Saúde Pública de Harvard (Reuters, 1997). A principal causa de óbito entre crianças de cinco a quatorze anos, em Nova York, é o atropelamento (Walljasper, 1998).

42. Gibbs, 1997.

43. *The Economist*, 1997.

44. Estudos de caso da Association for Commuter Transportation, ACTHQ@aol.com, 202/393-3497.

45. *Financial Times*, 1998, Shoup, 1997a; contato pessoal com o prof. Donald Shoup, 10 de agosto de 1998, Departamento de Planejamento Urbano, UCLA, 310/825-5705.

46. Shoup, 1997.

47. Buerkle, 1998.

48. Idem.

49. *The Economist*, 1996.

50. Buerkle, 1998; May & Nash, 1996. (Flavin & Dunn, 1997, cita Krakow como outro exemplo interessante.)

51. Gibbs, 1997.

52. Newman & Kenworthy, 1992; cf. Plowden & Hillman, 1996.

53. *New Urban News*, 1997, 1997a.

54. Durning, 1996, p. 24.

55. Komanoff & Levine, 1994.

56. Gardner, 1998.

57. Lowe, 1990.

58. Komanoff & Levine, 1994, Gardner, 1998, Brown *et al.*, 1997.

59. Gardner, 1998, p. 19, citando Todd Litman, Victoria (B. C.), Transport Policy Institute.

60. Gardner, 1998, pp. 21-22.

61. von Weizsäcker *et al.*, pp. 128-130, Petersen, 1994; Stattauto.Hamburg.Reese@t-online.de.

62. Os efeitos, naturalmente, são mais extensos e complexos: Cairncross, 1997, Mokhtarian, 1997.

63. North, 1997.

64. Holtzclaw, 1998.

65. Nivola, 1999.

66. Gibbs, 1997.

67. Seal-Uncapher *et al.*, 1997, p. 69.

68. Idem, Kinsley & Lovins, 1995.

69. Goldstein, 1996.

70. Holtzclaw, 1998, 1994, Holtzclaw & Goldstein, 1991.

71. Tyson, 1998.

72. Durning, 1998.

Capítulo 3: Não Desperdice

1. Womack & Jones, 1996.

2. Anderson, 1998.

3. Kranendonk & Bringezu, 1993.

4. Liedtke, 1993.

5. Wackernagel & Rees, 1996.

6. Weber, 1996.

7. Rathje & Murphy, 1992, pp. 3-9.

8. Wernick & Ausubel, 1995.

9. Correspondência particular, Collins & Aikman, Inc.

10. Nadis & MacKenzie, 1993.

11. Chemical Manufacturers Association, 1993.

12. United States Bureau of the Census, 1993.

13. USGS, 1995, http: //h20.er.usgs.gov/public/watuse/graphics/octo.html.

14. Só a água responde por 544.320 quilos por pessoa por ano. É compreensível que a maior parte das análises de fluxo de materiais exclua a água, porque ela minimiza todos os demais que entram e saem e porque, afinal de contas, é mais ou menos cíclica. Sem embargo, a água, enquanto material, requer energia para movê-la ao entrar e sair dos processos necessários (Gleick, 1994) e devia ser incluída nos estudos gerais, pois já deixou de ser potável e pura. Pelo menos vinte por cento da água (3 bilhões de toneladas) apresentam tanto perigo que não podem ser liberados no meio ambiente e são injetados no solo.

15. *New York Times*, 1995, Eckholm, 1998.

16. *New York Times*, 1996a; Mark Miringoff; contato pessoal, 914/332-6014, 21 de dezembro de 1998. O índice, apresentado com defasagem de dois anos, era de 76,9 em 1975 (correspondente a 1973) e de 43,1 em 1998 (correspondente a 1996), ligeiramente acima dos 37,5 de 1996 (correspondente a 1994).

17. Dados de http://europa.eu.int/comm/dg05/empl&esf/docs/joint.htm.

18. Wilson, 1996.

NOTAS

19. Mergenhagen, 1996.
20. *San Francisco Chronicle*, 1998a.
21. *Criminal Justice Newsletter*, 1995.
22. Rowe, 1996.
23. Fato ocorrido durante uma palestra de Paul Hawken na diretoria, em fevereiro de 1994, cidade de Nova York.
24. Schor, 1991.
25. L. Mishel *et al.*, 1997.
26. No final da década de 1990, a metade das famílias norte-americanas e cerca de oitenta por cento das negras e hispânicas tinham reserva financeira para menos de três meses.
27. *The Economist*, 1996.
28. Lovins, 1990.
29. Pear, 1993.
30. *New York Times*, 1994.
31. Pear, 1993.
32. Brody, 1995.
33. *New York Times*, 1996.
34. Perlman, 1998.
35. Drug Policy Foundation, 1994.
36. Butterfield, 1996.
37. Rowe, 1996.
38. Daily, 1997, 1998.
39. Halstead, Rowe, & Cobb, 1995.
40. Tal como citado em Abramovitz, 1998.

Capítulo 4: Como Fazer o Mundo

1. Ao contrário da fissão nuclear, onde a diferença de massa é extremamente pequena.
2. Interlaboratory Working Group, 1997, pp. 4-35.
3. Sheldon, 1994. Os microfluidos (Amato, 1998) podem aproximar os rendimentos de cem por cento, permitindo reduções na ordem de magnitude dos custos de capital e energia à medida que eliminam a necessidade de separar subprodutos indesejáveis.
4. *Wall Street Journal*, 1998; Stein *et al.*, 1998.
5. Lovins, 1998a.
6. Eng. Lock Lee, contato pessoal em 28 de dezembro de 1997 (ele dirigiu este proje-

to e o seguinte); respectivamente, Zagar 1998 e dados do proprietário.
7. Robertson *et al.*, 1997. Nós nos apoiamos muito nesta referência e na discussão com o autor na maior parte do resto desta seção.
8. Interlaboratory Working Group, 1997, pp. 4.1, 4.35.
9. No *design* de vórtice biestável da Air Sentry (Lab Crafters, Inc., 2085 5th Ave., Ronkonkoma, NY, 11779, 516/471-7755, fax -9161). Outros avanços de tamanho comparável são disponíveis por meios complementares (Lunneberg, 1998, p. 9, métodos 3 e 4), elevando a economia para 70-80 por cento (J. Stein, E SOURCE, contato pessoal, 4 de agosto de 1998). Os exaustores muitas vezes respondem por 50-75 por cento do consumo total de energia pelos laboratórios.
10. The Sentry, da Progressive Technologies, 200 Ames Pond Dr., Tewksbury, MA 01876-1274, 978/863-1000.
11. Arbeus, 1998.
12. Thompson, 1998.
13. Interlaboratory Working Group, pp. 4.39.
14. Idem, pp. 4.43.
15. Contato pessoal com o Dr. Michael Braungart em 8 de fevereiro de 1998.
16. Amato, 1998.
17. Service, 1998, 1998a.
18. Jim McCloy, então chefe do planejamento estratégico, declaração da Georgia Power Co., fim da década de 1980.
19. Interlaboratory Working Group, pp. 4.36.
20. Wann, 1990, Abe *et al.*, 1998.
21. Atmospheric Pollution Prevention Division (USEPA), 1997.
22. Vide Pollard, 1979.
23. Alternativamente, a cerca de 249 °C submetendo a olivina à autoclave a vapor (Kihlstedt, 1977).
24. Benyus, 1997, p. 98ff.
25. Idem, p. 135.
26. *New York Times*, 1998.
27. Prof. Dr. Hanns Fischer (contato pessoal, 4 de dezembro de 1997) Physikalisch-Chemisches Institut der Universität Zürich, Winterthurerstraße 190, CH-8057 Zürich, Suíça, fax ++ 411+ 362-0139, hfischer@pci.

unizh.ch. Devemos este exemplo ao vice-presidente da Dow européia, o Dr. Claude Fussler. Vide Fischer 1991, 1991a, 1994, e Kating & Fischer, 1995.

28. Brown & Levine (orgs.) Interlaboratory Working Group, 1997, pp. 4.41.

29. Atualmente, a implementação completa desse projeto está suspensa.

30. Bob Salter, Osmotek, PO Box 1882, Corvallis, OR 97339, 541/753-1297, rsalter@praxis.com, contatos pessoais em 1998.

31. McDonough & Braungart, 1998.

32. Foresight Institute, http://www.foresight.org/homepage.html.

33. Este parágrafo é uma paráfrase das anotações que o dr. Benyus endereçou aos membros do E source Forum em 8 de outubro de 1998, Aspen, Colorado (www.esource.com).

34. Gardner & Sampat, 1998, p. 35, citando as análises do grupo de Walter Stahel.

35. Willis, 1996.

36. Womack & Jones, 1996, p. 20.

37. Seissa, 1991.

38. Talvez alguma rebarba a ser removida e reciclada, porém muito menos que as aparas de metal que deixam a fundição e as máquinas.

39. Roodman & Lenssen, 1995 e RMI, 1998, p. 303.

40. Interlaboratory Working Group, pp. 4.45.

41. Idem, pp. 4.40.

42. Williams, Larson & Ross, 1987, p. 112.

43. Womack & Jones, 1996, p. 316, n. 10.

44. Joel Makower (editor do *Green Business Newsletter*, www.greenbiz.com), contato pessoal em 3 de fevereiro de 1998, citando dados da empresa.

45. The Design Council, 1997, p. 13.

46. OTA, 1992, p. 28.

47. Anderson (1998) diz que é a mesma quantidade de energia que a fábrica requer, mas a ecometria descobriu posteriormente que o náilon economizado correspondia ao dobro do que se calculou originalmente (Jim Hartzfeld, contato pessoal em 7 de janeiro de 1999).

48. Krol, 1997; vide também Young & Sachs, 1994.

49. Idem, p. 3.

50. Segundo Warshall (1997), no mundo, cerca de 4,5 milhões de quilos de carpete vão diariamente para os aterros sanitários.

51. Baldwin, 1996.

52. Interagency Workgroup, 1998 (citando estudo do Instituto Fraunhofer de Stuttgart).

53. Interagency Workgroup, 1998. A estimativa do tamanho deve-se ao professor Robert Lund, da Universidade de Boston (Deutsch, 1998), que, sem dúvida, será revista pelo Remanufacturing Industries Council International.

54. OTA, 1992, p. 41.

55. Batizado originariamente de "Phoenix", a empresa passou a chamar-se Miller SQA, abreviação de Simple, Quick, Affordable [Simples, Rápido, Acessível] (www.sqa.net).

56. Deutsch, 1998.

57. Interagency Workgroup on Industrial Ecology, 1998.

58. Rocchi, 1997, p. 19.

59. McLean & Shopley, 1996.

60. John Elter (VP New Business Development, Xerox Corporation), contato pessoal em novembro de 1997. Os engenheiros projetaram o produto depois de um curso de uma semana de preservação ambiental.

61. Deutsch, 1998.

62. Nielsen & Elsbree, 1997. Digital Equipment Corp., 111 Powdermill Rd, MSO_{2-3}/C_3, Maynard, MA 01754.

63. Gardner & Sampat, 1998, p. 37.

64. Idem, p. 45.

65. Graedel & Allenby, 1996a, p. 99.

66. Rocchi, 1997, p. 20. A empresa desenvolveu também um novo tipo de pasta de solda cujo aglutinante é sublimado à temperatura de fusão. Pode, então, ser condensado e recuperado, eliminando a necessidade da linha de limpeza do consumidor.

67. McLean & Shopley, 1996.

68. Gardner & Sampat, 1998, p. 46. Isso ilustra a importância do "ecossistema industrial", como no já conhecido protótipo de Kalundborg, Dinamarca. Se as indústrias não se coadjuvarem para que os resíduos de uma se transformem na matéria-prima de

NOTAS

outra, a interatividade de seus ecossistesmas se esfacelará e o alimento potencial se converterá em lixo.

69. *Green Business Letter*, janeiro de 1998, fala na First American Scientific Corp.'s Kinetic Disintegration Technology.

70. Andreeva, 1998.

71. A *Automotive Industries* (1995) resumiu matéria publicada em 1928: "Ford aproveitava nos veículos a madeira dos caixotes, cortando-a em pedaços menores para fazer outros caixotes e destinando o resto para o papelão. As ferramentas chegavam a ser reaproveitadas oito ou dez vezes, as velhas latas de tinta se transformavam em baldes da limpeza e os restos das correias de transporte serviam para acabar com o ranger e o trepidar dos carros [...] Nas fornalhas, ele jogava aparas de laminação, escória de barras de ferro, restos de oficina e até pregos usados, criando uma mistura de aço da qual quase cinqüenta por cento era reciclada".

72. Reciclar o aço consome de um a dois terços menos energia que produzi-lo a partir do minério, de modo que, normalmente, dois quintos do aço bruto do mundo é recuperado das sobras. Na Mitsubishi's Diamond Star Motors, uma mudança semelhante para os contêineres reutilizáveis, que são devolvidos e reaproveitados, está se aproximando de uma taxa de 95 por cento de reutilização dos contêineres, sendo que a Mitsubishi Motor Manufacturing of America reduziu em 99 por cento o uso dos caixotes de madeira, ou seja, de 345 para 0,6 toneladas por ano, reaproveitando a madeira e substituindo-a pelo aço: Kim Custer, Mitsubishi Motor Sales America (Cypress, CA), kcuster@mmsa.com, contato pessoal em 1995 e 1998.

73. Gardner & Sampat, 1998, p. 45.

74. A empresa está desenvolvendo uma "rede de distribuição invertida" a fim de alimentar sua fábrica da Carolina do Norte de 50 mil toneladas/ano. A partir de 1991, tais inovações ajudaram o negócio do filme a sair da beira da falência para colocar-se à frente em um mercado de 57 empresas e dobrar suas rendas. Goodman, 1998.

75. Interagency Workgroup on Industrial Ecology, 1998. Entre 1970 e 1993-94, a utilização do chumbo aumentou quinze por cento nos Estados Unidos, mas a reciclagem aumentou 120 por cento, o uso na gasolina foi praticamente eliminado, os outros empregos dissipadores se reduziram e, no conjunto, as perdas em chumbo diminuíram 44 por cento. Naturalmente, o melhor seria eliminar totalmente esse material tóxico, como as tecnologias atuais estão muito próximas de possibilitar.

76. Do Phenix Biocomposites, Inc., St. Peter, Minnesota, 800/324-8187. Outros interessantes biomateriais estão relacionados na p. 16 do Summer 1997 *Whole Earth*.

77. As embalagens convencionais chegam a ser tão complexas que é difícil, quando não impossível, reciclá-las. Por exemplo (OTA 1992), um saco de batata frita padrão de apenas seis milésimos de centímetro de espessura pode ter nove camadas — copolímero, polipropileno, copolímero, tintas, polietileno, metalização de alumínio, copolímero, polipropileno e copolímero. Em contraste, uma nova técnica (da Energy Conversion Devices de Troy, Michigan) é capaz de oferecer uma excelente barreira ao ar (a fim de evitar a oxidação do alimento) com uma película de sílica de apenas alguns átomos de espessura, em uma camada única de plástico totalmente biodegradável. No aterro sanitário, ele se decompõe rapidamente, transformando-se em solo.

78. Roodman & Lenssen, 1995 e RMI, 1998, p. 299.

79. Por exemplo, menos aço para fabricar os hipercarros, menos cimento para pavimentar as rodovias por onde transportar o aço, menos aço para construir as siderúrgicas e as fábricas de cimento etc. Com a tecnologia dos anos 70, ainda predominante em boa parte do mundo, produzir meio quilo de fertilizante à base de nitrogênio exige não só energia operacional equivalente a cerca de 2,5 quilos de carvão como também um investimento inicial na fábrica de meio quilo de aço. Transportá-lo e espalhá-lo requer ainda mais trabalho. Portanto, agricultura orgânica e solo mais sadio significam menos fertilizante, menos energia e menos aço, e também menos transporte, menos capacida-

de das estradas etc. Pouco se pesquisou sobre a estrutura insumo-produção de um equilíbrio econômico com intensidades de materiais radicalmente reduzidas.

80. American Institute of Physics, 1975.

Capítulo 5: Ferramentas Básicas

1. Browning, 1992, Rocky Mountain Institute, 1998.
2. Corbett, 1981.
3. Estes três projetos estão entre os 84 apresentados em um livro intitulado: *Green Development: Integrating Ecology and Real Estate* (RMI, 1998).
4. Idem, p. 299, citando Roodman & Lenssen, 1995, p. 22.
5. RMI, 1998, apresenta inúmeros exemplos.
6. Idem.
7. Cramer-Kresselt Research, 1996, citado nas pp. 2-10 do National Laboratory Directors, 1997. Vide também Houghton, 1995.
8. Romm & Browning, 1994.
9. Browning, 1997, 1997a.
10. Idem, Romm & Browning, 1994.
11. Romm & Browning, 1994, Browning, 1997.
12. A "tonelada" é uma unidade norte-americana da taxa de refrigeração fornecida por um condicionador de ar ou um sistema similar de refrigeração. Medida a 12 mil btu por hora, ou 3,52 quilowatts térmicos, essa é a taxa de refrigeração fornecida pela fusão de uma tonelada curta (907 quilos) de gelo, o método de refrigeração do século XIX, em um período de 24 horas.
13. Houghton *et al.*, 1992, Lovins, 1992a.
14. Eley, 1997.
15. Lovins, 1992a.
16. Idem.
17. Em www.usgbc.org.
18. von Weizsäcker *et al.*, 1997, pp. 191-197.
19. Vide www.pge.com/pec/act2/acsaasum.html.
20. No prédio de Antioch economizaram 38 por cento e custaram um sexto a menos do que se economizou.

21. Kerry Tremain (ktremain@earthlink.net), contato pessoal em maio de 1999.
22. Lovins & Sardinsky, 1988, Piette *et al.*, 1989.
23. Jim Rogers PE, contato pessoal em 5 de fevereiro e 6 de outubro de 1998 (jimrogers@mediaone.net, 508/256-1345, FAX - 2226, 1 Blacksmith Rd., Chelmsford, MA 01824).
24. Komor, 1996, Lovins & Heede, 1990.
25. Franta & Anstead, 1996.
26. Strong, 1996, p. 54.
27. Vide von Weizsäcker *et al.*, 1997, p. 62, Houghton *et al.*, 1992, p. 9. Para o mesmo prédio, o melhor projeto submetido ao Design Challenge do PG&E, pelo ENSAR Group, teria economizado cerca de 87 por cento do consumo total de energia. Outros edifícios descritos abaixo alcançaram cem por cento de redução da refrigeração em climas quentes.
28. Mesmo nos edifícios muito grandes isso geralmente é viável em climas quentes, principalmente se os dias de mais calor também forem secos e se o *design* utilizar ventilação de deslocamento e cem por cento de ar externo — duas coisas vantajosas em muitos outros aspectos.
29. *The Economist*, 1998.
30. Froeschle, 1998 e Lynn M. Froeschle AIA, contato pessoal em janeiro de 1998.
31. RMI, 1998, p. 299 citando Roodman & Lenssen, 1995, p. 22.
32. *Environmental Building News*, 1995.
33. RMI, 1998, pp. 300-301.
34. De dez estudos de caso de reciclagem de resíduos de construção, seis apresentaram custos de construção inalterados; e quatro, reduzidos: *Environmental Design & Construction*, 1998.
35. Idem.
36. *Pacific Northwest Energy Conservation & Renewable Energy Newsletter*, 1997. Vide também www.etbl.lbl.gov/aerosolcommercialaps.
37. Rosenfeld, 1999.
38. Heederik, 1998, Rosenfeld, 1999, Aeroseal Inc. (www.aeroseal.com, Austin, TX, 512/445-2504).
39. Butti & Perlin, 1980.

NOTAS

40. Lovins, 1991b.

41. Em Göteborg e Malmö, conforme o *Svenska Dagbladet*, 30 de julho de 1998.

42. Boonyatikarn, 1997.

43. www.pge.com/pec/act2/astansum.html.

44. Vide von Weizsäcker *et al.*, 1997, pp. 25-26.

45. Atmospheric Pollution Prevention Division, 1997.

46. Bancroft *et al.*, 1991.

47. EPRI (www.kcpl.com/about/micro-wave.htm), atualizando Lamarre, 1997.

48. Para mais detalhes, vide von Weizsäcker *et al.*, 1997, pp. 33-36, e George *et al.*, 1996, p. 39.

49. Efetivas em 2001, bem que, em abril de 1997, o Department of Energy [Ministério da Energia] o tenha relaxado para 29 unidades. Sem embargo, na época, em comparação com os níveis de eficiência prevalecentes em 1974 (mas sem contar o então esperado crescimento anual de seis por cento no uso por geladeira à medida que elas se tornavam maiores e mais sofisticadas), espera-se que os padrões dos Estados Unidos tenham economizado o equivalente a 45 usinas de mil megawatts: Rosenfeld, 1999.

50. Vide Shepard *et al.*, 1990, Stickney 1992.

51. Nørgård, 1989, resumido *in* von Weizsäcker *et al.*, 1997, pp. 29-33.

52. von Weizsäcker *et al.*, 1997, p. 93, citando pesquisa de Walter Stahel.

53. Chelman, 1998.

54. *New Urban News*, 1997, 1997a, Walljasper, 1998.

55. Durning, 1996.

56. Oldenburg, 1997.

57. Rosenfeld *et al.*, 1996.

58. Rosenfeld, 1999.

59. Idem, nº. 8.

60. Mott-Smith, 1982.

61. Wassman, 1999.

62. Rocky Mountain Institute, 1998, Weissman & Corbett, 1992.

63. Real Estate Research Corporation (RERC), 1974. Vide também Frank, 1989.

64. Inclusive estradas (6.09 em vez de 9,14 metros de largura), entradas de carro, árvores nas ruas, esgoto, fornecimento de água e drenagem.

65. W. D. Browning, contato pessoal em 6 de janeiro de 1999.

66. Em Tannin (Orange Beach, Alabama): Chapman, 1998. Vide também *Wall Street Journal*, 1996, *New Urban News*, 1997b, 1997C, RMI, 1998.

67. Kinsley, 1992.

Capítulo 6:
Como Abrir um Túnel na Barreira do Custo

1. Design Council, 1997a, p. 20.

2. Romm, 1994.

3. Romm & Browning, 1994.

4. Lovins, 1995, 1996.

5. Lovins & Sardinsky, 1988, Piette *et al.*, 1989.

6. O sr. Lee é diretor técnico do Supersymmetry Services Pte Ltd, Block 26 Ayer Rajah Crescent #05/02, 139944 Cingapura, 65/777-7755, fax 779-7608.

7. Mais precisamente, a da casa de Davis teria custado menos se fosse um projeto normal de construção, não uma experiência científica única, e a casa de Lovins custou de fato menos para ser construída, em 1983, considerando os 99 por cento de poupança da energia de aquecimento do espaço e sem contar as outras economias.

8. Lovins, 1991b.

9. Davis Energy Group, 1994.

10. Esta frase é atribuída ao *designer* solar Ed Mazria.

11. Lovins, 1995. A redução do tamanho do condicionador de ar ficou empiricamente confirmada em outro lugar: RMI, 1998, pp. 43, 50.

12. Inclusive prédios (Capítulo 5), sistemas de iluminação (Lovins & Sardinsky 1998), sistemas motores (Lovins *et al.*, 1989), sistemas de aquecimento de água (Bancroft *et al.*, 1991), *design* de automóveis (Capítulo 2) e até projetos de computadores; vide também Lovins, 1993.

13. Lovins *et al.*, 1989, Lovins & Sardinsky, 1988.

14. Vide Lovins & Sardinsky, 1988.

15. Vide Houghton *et al.*, 1992 ou Cler *et al.*, 1997.

16. Berry, 1981.

17. Alexander, 1977.

Capítulo 7: O *Muda*, o Serviço e o Fluxo

1. Womack & Jones, 1996, resumo, 1996a. Vide também Romm, que apresentou vários argumentos semelhantes (1994), relacionando-os estreitamente aos conceitos de produção limpa.

2. Womack & Jones, 1996. Agradecemos também ao Dr. Womack os proveitosos comentários sobre este capítulo; ele é presidente do Lean Enterprise Institute. www.lean.org.

3. Ohno, 1988.

4. Womack & Jones, 1996, p. 66.

5. O engano se deve ao uso de medições erradas. Como ressalta Womack & Jones (1996, p. 60), "as máquinas que produzem rapidamente peças indesejáveis durante cem por cento de suas horas disponíveis e os empregados que executam com diligência tarefas desnecessárias em todos os minutos disponíveis nada fazem senão produzir *muda*".

6. Womack & Jones, 1996, p. 216.

7. Os naturalistas têm amplo conhecimento disso: Haldane, 1985, Colinvaux, 1978.

8. Lovins & Lehmann, 1999.

9. Womack & Jones, 1996, p. 24.

10. Womack, Jones & Roos, 1990.

11. Csikzentmihalyi, 1990.

12. Lenssen & Newcomb, 1996, citando a Fedération Nationale de la Gestion des Equipements de l'Energie et de l'Environnement (FG&E) (sem data).

13. Sprotte, 1997, p. 18.

14. Sobre a resposta rápida dos Elevadores Otis, vide Davis & Meyer, 1998, pp. 24-25.

15. Lacob, 1997, descreve o passo seguinte.

16. Rocchi, 1997, p. 26.

17. Vide www.epa.gov/opptintr/greenchemistry/asrca98.htm.

18. Ron van der Graaf, diretor, Van Vlodrop Milieutechnologie (Vierlinghweg 32, 4612 PN Bergen op Zoom, Holanda, ++31164+265550, fax + 258125) contato pessoal em 1998.

19. Rocchi, 1997, p. 20.

20. Idem, p. 21.

21. Idem, p. 18.

22. Deutsch, 1997.

23. Sprotte, 1997.

24. Jan Agri (gerente de projetos, Assuntos ambientais, Electrolux, Estocolmo), contato pessoal em 9 de março e em 1º de agosto de 1998, jan.agri@notes.electrolux.se.

25. Davis & Meyer, 1998, p. 14.

26. Idem, p. 21.

27. Idem, p. 183ff.

28. Agri, *loc. cit. supra*; Sjöberg & Laughran, 1998.

29. A Interface recomenda que as placas de carpete sejam instaladas soltas, porém é possível que, mesmo assim, alguns instaladores usem adesivo. Por volta de 1993, no esforço de mitigar as emanações da instalação de grandes carpetes, a Interface já tinha introduzido colas à base de água, as quais foram rapidamente adotadas pela maior parte da indústria.

30. Contato pessoal em 23 de dezembro de 1998.

31. Anderson, 1998. Anderson espera que a derradeira etapa seja voltar aos aterros sanitários a fim de extrair o 1,8 bilhão de quilos de carpete que chega anualmente: um recurso no lugar errado.

32. Womack, contato pessoal em 27 de fevereiro de 1998.

33. Idem. Nós ficamos agradecidos por sua importante contribuição na discussão sobre a estabilização do ciclo empresarial.

34. James Womack, contato pessoal em 27 de fevereiro de 1998.

Capítulo 8: Os Ganhos de Capital

1. Meadows *et al.*, 1972.

2. Ayres, 1996a, 1998. A verdade é que o modelo das equipes do MIT incluíram, sim, o *feedback* do preço nos recursos, na limpeza da poluição, no serviço de saúde e em outros investimentos. No submodelo original de recurso (Behrens, 1973), por exemplo, a

NOTAS

vinculação ao preço ficou bem explícita: como *The Limits to Growth* explicava, na página 63, que o submodelo "leva em conta as muitas inter-relações entre fatores como os variados graus de minério, os custos de produção, as novas tecnologias de mineração, a elasticidade da demanda do consumidor e a substituição por outros recursos". A seguir, *Limits* dava um exemplo (pp. 63-67) explicando as relações entre preço, custo e tecnologia. No entanto, a maioria dos leitores não levou em conta essa referência ao preço. Em parte é porque quando os submodelos revelaram que não havia diferença significativa entre moldar explicitamente o *feedback* do preço e fazê-lo implicitamente, pelo exame das tabelas, os pesquisadores adotaram a forma condensada a bem da simplicidade (Behrens, 1973, Meadows & Meadows, 1973, Meadows *et al.*, 1992, p. 165).

3. O que a imprensa interpretou como previsão da depleção do recurso foi explicitamente apresentado como ilustração matemática da aritmética do crescimento exponencial, e estava absolutamente correto nas suposições levantadas. Também as perspectivas e os efeitos do aumento das reservas como conseqüência, por exemplo, do aumento da escassez, do preço, da exploração e da tecnologia, ficaram claramente descritas nas páginas 62 e 66. A conclusão que se tirou sobre a depleção do recurso foi meramente (pp. 66-67, alterada a ênfase) a de que, "em face dos índices de consumo atuais [1970-72] *e do aumento projetado desses índices*, a grande maioria dos recursos não renováveis atualmente importantes será extremamente custosa dentro de cem anos [...] independentemente das hipóteses mais otimistas quanto às reservas não descobertas, aos avanços tecnológicos, à substituição ou à reciclagem, *enquanto a demanda de recursos continuar crescendo exponencialmente*". Esta afirmação adequadamente qualificada estava certa em 1972 e continua certa hoje. Infelizmente, muita gente confundiu tudo com as ilustrações iniciais.

4. "Reservas", como a equipe do MIT sabia perfeitamente, é um conceito econômico cuja dimensão numérica varia com o tempo: elas fazem parte da base de recurso geológico cuja localização é conhecida e que pode ser extraída lucrativamente aos preços atuais e com o uso de tecnologias atuais.

5. *World Oil*, 1997.

6. Meadows *et al.*, 1972.

7. As conclusões concisas que a equipe do MIT apresentou em 1972 não eram nenhuma previsão, mas uma explicação das escolhas e de suas conseqüências. O livro incluía, enfatizava e advogava especificamente uma transição viável para a sustentabilidade, baseada sobretudo no aumento decisivo e rápido da produtividade dos recursos. Ou seja, os autores faziam uma advertência, mas também enviavam uma "mensagem promissora", a qual sua análise "justificava então [...] e continua justificando" vinte anos depois, mas que hoje, olhando para trás, podia ser afirmada ainda com mais veemência: Meadows *et al.*, 1992, p. xiii, xv-xvi. No entanto, a imagem fictícia da "profecia apocalíptica" dominou a cobertura do livro pela imprensa e, desde então, vem moldando a percepção que a maioria das pessoas tem de sua mensagem.

8. Recer, 1996, Ehrlich *et al.*, 1997.

9. Um economista que não acreditava nisso foi convidado a entrar em uma enorme redoma, com todo o dinheiro que quisesse, e ver quanto tempo agüentaria.

10. Calvin, 1998.

11. Uma explicação clara de resposta não-linear nos sistemas sociais (Gladwell, 1996) ilustra o conceito de experiência cotidiana: "*Ketchup*/ No frasco,/Primeiro não sai nada,/Depois vem tudo de uma vez".

12. Stevens, 1998.

13. Ayres, 1995. Excepcionalmente, as reações nucleares convertem, sim, massa em energia, porém, tanto quanto se sabe, sua soma permanece constante.

14. Os leitores técnicos reconhecerão este conceito como "negentropy", rigorosamente analisado por Nicolas Georgescu-Roegen em seu denso texto *Entropy and the Economic Process*.

15. Hillel, 1991.

16. Gardner, 1998a.

17. UNEP, 1996.

18. Abramovitz, 1998.

19. *San Francisco Chronicle*, 1998c.

20. As principais referências são revistas *in* Brown *et al.*, 1998, p. 52.

21. Yoon, 1998.

22. Tais organismos, como as algas, os micetozoários e os mastigóforos, têm núcleo celular, mas não são animais, nem vegetais, nem fungos.

23. Eisenberg, 1998, p. 27-28.

24. Idem, p. 23.

25. Stuart & Jenny, 1999.

26. Eisenberg, 1998. Pelos mesmos motivos, descobriu-se que o sistema de raiz do azevém jovem chega a estender-se por uma área de 2,09 metros quadrados — 130 vezes maior que a da planta na superfície — e a rede de fungos em trinta gramas do solo rico de uma floresta, se fosse possível espalhá-lo, ocuparia facilmente uma extensão de 3,2 quilômetros: Idem, p. 24.

27. Conforme a citação de Margulis e Sagan, 1997, p. 18.

28. Conforme citação *in* Daily, 1997.

29. Abramovitz, 1998.

30. Gary Paul Nabhan e Steven Buchmann promoveram a Forgotten Pollinators Campaign [Campanha pelos Polinizadores Esquecidos] a fim de informar o público sobre a ameaça cada vez maior que as atividades humanas representam para as culturas domésticas e as plantas silvestres. Os polinizadores esquecidos incluem as 4-5 mil abelhas silvestres nativas da América do Norte, mas também os beija-flores, as borboletas, os besouros, as mariposas, os morcegos e até certas espécies de mosca. The Forgotten Pollinators Campaign, Arizona-Sonora Desert Museum, 2021, N. Kinney Road, Tucson, AZ 85743; 520/883-3006, fax-2500, fpollen@azstarnet.com.

31. McHugh, 1998.

32. Newman, 1997.

33. De Groot, 1994 (trata-se de uma versão corrigida e reformulada da lista de Funções, Regulação, Carreira, Produção e Informação de de Groot); Cairns, 1997 (que contém um quadro muito útil à compreensão das condições de sustentação do capital natural, em parte baseado na obra do Dr.

Karl-Henrik Robèrt, fundador de The Natural Step).

34. A análise publicada no *Nature* incluía dezesseis biomas específicos — regiões geográficas com comunidades específicas de flora e fauna — e identificava o valor de dezessete serviços do ecossistema segundo a atividade econômica no interior de cada um deles. Os biomas incluíam ambientes marinhos e terrestres: o oceano (33,2 milhões de hectares), os estuários (180 milhões de hectares), os mantos de plantas marinhas e algas (200 milhões de hectares), os recifes de coral (62 milhões de hectares), as plataformas continentais (2,6 milhões de hectares), os lagos e os rios (200 milhões de hectares), as florestas tropicais (1.900 milhões de hectares), as florestas temperadas (2.955 milhões de hectares), as campinas e pastagens (3.898 milhões de hectares), os mangues (165 milhões de hectares), os pântanos e as várzeas (165 milhões hectares). Os valores econômicos incluíam renda líquida, custo de reposição, valor de mercado, produção de recursos, valores imobiliários no caso de serviços culturais, prevenção de danos, os preços da sombra, os custos externos mitigados, rendas diretas ou estimadas no caso do lazer, custos e danos evitados, renda perdida em caso de erosão, custos de restauração no caso de controle da erosão, valor de opção, aluguéis, custos de oportunidade, tarifas portuárias no caso dos produtos marinhos, controle de enchentes e análise do fluxo de energia. O trabalho serviu-se de 117 estudos, pesquisas e dissertações anteriores como dados principais e fontes de avaliação. O estudo não incluía o valor dos combustíveis e minerais não-renováveis nem o da própria atmosfera.

35. Noss *et al.*, 1995, Noss & Peters, 1995.

36. Nós agradecemos a Susan Meeker-Lowry, que enfatizou este aspecto em carta ao editor a propósito do já citado artigo de Jane Abramovitz no *Worldwatch* (Abramovitz, 1998): "A natureza não presta serviço como um garçom, um mecânico ou um médico. Os diversos processos e espécies que constituem os ecossistemas fazem o que fazem naturalmente [...] Colocar neles uma

etiqueta com preço é terrivelmente desorientador, pois, afinal, ninguém pode comprar a natureza porque ninguém pode criá-la".

37. Peter Raven, correspondência particular, 15 de fevereiro de 1999.

38. Segundo citação de Hobsbawm, 1996.

39. Daily na p. 22 *in* Jansson *et al.*, 1994.

40. Idem.

41. Myers, 1998.

42. Idem, e Roodman, 1996.

43. World Bank, 1995, p. 48.

44. Primeiramente, o Rocky Mountain Institute analisou detidamente os subsídios federais ao setor de energia dos Estados Unidos no ano fiscal de 1986, depois ajudou a Alliance to Save Energy [Aliança para Economizar Energia] a atualizá-los no ano fiscal de 1989. As únicas avaliações oficiais, seja do governo norte-americano, seja de organismos internacionais como a International Energy Agency, a OECD, a ONU e o Banco Mundial, continuam omitindo a maioria dos subsídios, em parte por um motivo especial: alguns deles também estão à disposição de certas outras indústrias (mas não de investimentos, por exemplo, na poupança de energia). Está aumentando um pouco a transparência na política de subsídios de alguns países europeus.

45. *The Economist*, 6 de dezembro de 1997. Deve-se reconhecer que os subsídios federais ao setor petrolífero dos Estados Unidos, ao contrário de outras indústrias de combustível fóssil, foram praticamente eliminados em virtude dos impostos federais recolhidos sobre os produtos no varejo.

46. Myers, 1998.

47. Roodman, 1996.

48. U.S. Congress, 1998; Friends of the Earth, 1998.

49. Kinsella *et al.*, 1999.

50. *The Economist*, 13 de dezembro de 1997.

51. Idem.

52. Sarah Gray, Farm Service Agency, USDA, contato pessoal em dezembro de 1998.

53. Todos os exemplos são do Banco Mundial (1995), pp. 55-65.

54. Caulfield, 1989.

55. Zepezauer, 1996.

56. Idem.

57. Randy O'Toole, correspondência, abril de 1998. The Thoreau Institute. www.ti.org. Este valor é uma aproximação das perdas anuais das vendas de madeira da National Forest.

58. Bagby, 1996.

59. Ayres, 1996a, 1998.

60. Idem.

61. Gardner & Sampat, 1998, p. 48.

62. Axelsson, 1996.

63. Gardner & Sampat, 1998, p. 43.

64. Roodman, 1998.

65. Um dos melhores trabalhos recentes na área de desvios fiscais é Hammond *et al.*, 1997.

66. Myers, 1998; *San Francisco Chronicle*, 1998b.

67. Anderson, 1997.

68. No quinto ano, diversas circunstâncias externas, sem relação com o trabalho de sustentabilidade da Interface, prejudicaram a empresa que, no entanto, continuou lucrativa.

Capítulo 9: Os Filamentos da Natureza

1. McPherson, 1994.

2. Walton, 1999.

3. Warshall, 1997, pp. 4-7, e material suplementar pp. 8-21.

4. Niklas, 1996 e Willis, 1996.

5. Warshall, 1997, p. 6.

6. Idem, p. 7.

7. *Earth Impact*, 1997, Harmony Catalog Newsletter, www.simplelife.com.

8. von Weizsäcker *et al.*, pp. 88-89.

9. Chouinard & Brown, 1997.

10. *Organic Cotton Directory*, 1998-99.

11. Warshall, 1997, pp. 7, 10.

12. Wernick & Ausubel, 1995.

13. Os estudos de caso de The Sustainable Forestry Working Group nos Estados Unidos, em 1998, estão disponíveis na Island Press, www.islandpress.org. Vide também Chipello, 1998.

14. Nilsson, 1997, p. 121.

15. FAO, 1995.

16. World Resources Institute, 1994, p. 15.

17. Ou 8.094 hectares por ano com derrubadas cinco dias por semana. Isto pressu-

põe que se utilizam 35,78 m³ de madeira por tonelada de polpa, uma média norte-americana de 1.167 m³ de madeira por hectare e uma grande fábrica química de papel com capacidade de produção de mil toneladas curtas/dia. Baseado em cifras citadas *in*: Haynes, 1990, pp. 52, 262.

18. Grieg-Gran *et al.*, 1997.

19. Segundo a American Forest & Paper Association, *download* de 15 de fevereiro de 1998, www.afandpa.org.

20. International Institute for Environment and Development (IIED) 1995; sintetizado *in* Grieg-Gran *et al.*, 1997; citado *in* Rice, 1995, p. 103.

21. Rainforest Action Network (RAN), 1995, p. 10; e Recycled Paper Coalition, 1993.

22. The Paper Task Force (Duke University, Environmental Defense Fund, Johnson & Johnson, McDonald's, The Prudential Insurance Company of America, Time Inc.), 1995, p. 54. Sintetizado por Blum *et al.*, 1997.

23. Lotspeich, 1995, p. 26.

24. Macht, 1997. Hire Quality está em 773/281-6924.

25. Torben Petersen, gerente de tecnologia de informática, Oticon AS (Strandvejen 58, DK-2900 Hellerup, fax 45 39 27 79 00), contato pessoal em 24 de março de 1998.

26. Leica AG, CH-9435 Heerbrugg, Suíça, fax ++ 4171 + 727-3127.

27. BankAmerica, 1997.

28. O catálogo do DesignSuite está descrito *in* Port, 1998.

29. Dudley & Stolton, 1996; citado *in* Brown, 1997, p. 68, nº 12. O professor Paul Barten, da Yale School of Forestry and Environmental Studies, estima em cerca de 40,5 hectares de polpa de árvores (contato pessoal em 25 de outubro de 1995).

30. Paper Task Force, 1995, pp. 57-58.

31. Rice, 1995, p. 60; RAN, 1995, p. 10; Ayres & Ayres, 1996, p. 219; Friends of the Earth, 1993.

32. IIED, 1995, Richert & Venner, 1994.

33. Puder, 1992.

34. Brownstein *et al.*, 1997, relatório de uma pesquisa independente de 1995-98 coordenada pelo RMI, intitulada Systems Group on Forests, que buscava meios de reduzir a pressão sobre as florestas primárias de modo

a beneficiar as empresas de produtos florestais. A fórmula aqui sumariada é heurística, não exaustiva. Por exemplo, não leva em conta os avanços na proteção do clima e, portanto, o tempo de vida da madeira estrutural ao ar livre, nem os métodos indiretos, como poupar as florestas com o uso mais eficiente da eletricidade em vez de inundá-las com as barragens das hidroelétricas. A estrutura linear da fórmula pressupõe que as variáveis são independentes entre si, quando, na verdade, oito termos têm interações complexas tanto nas relações de preço quanto nas físicas (subproduto, co-produto etc.). Os termos dessa fórmula não explicam todos os tipos de pressão sobre as florestas: elas são degradadas ou destruídas de muitas outras maneiras, além da mera extração de fibra ou do desmatamento para as pequenas propriedades rurais. Há também ambigüidades quanto ao lugar, entre os oito termos, em que uma determinada inovação devia ser classificada, embora isso provavelmente não tenha importância enquanto cada opção for contada uma e só uma vez.

35. Brownstein, *et al.*, 1997.

36. IIED, 1995 relata que a duplicação parcial cortou cerca de quinze por cento do custo do papel da AT&T.

37. Penzias, 1995.

38. Warshall, 1997.

39. Brownstein *et al.*, 1997.

40. Calculado como $(1 \div 0,9)$.

41. Por exemplo, de 3 a 15 m³/ha-ano de produção de madeira; cf. Sedjo, 1994, p. 11; tal produção corresponde à quantidade média ou típica. Por exemplo, a extração média nas florestas naturais dos Estados Unidos, de cerca de 100 m³/ha, equivale aproximadamente a um sexto do volume da extração de uma boa plantação de madeira-branca de trinta anos na Nova Zelândia. A taxa média da produção de madeira de 20 m³/ha-ano é "rotineiramente viável nas madeiras-brancas temperadas (para produzir aproximadamente 700 m³/ha de trinta anos)" (Andy Pearce, Landcare Research New Zealand Ltd., contato pessoal em 8 de setembro de 1998).

42. Cf. o exemplo da EDF *in* Paper Task Force Final Report, p. 57. O peso básico mede a quantidade de fibra por unidade de área.

NOTAS

43. A bem da simplicidade heurística, aqui se retirou esse termo de sua posição habitual entre os avanços no ciclo de materiais.

44. Capítulo 4, www.pge.com/pec/act2/ada vssum.html e Davis Energy Group, 1994, *in* App. F.

45. Davis Energy Group 1994, PG&E, 1993.

46. Gorman, 1998.

47. www.bellcomb.com ou 612/521-2425. Via de regra, a empresa só vende componentes menores, não para construção, mas demonstrou a conveniência do conceito nas pequenas construções.

48. *Composites News*, 1995.

49. Machalaba, 1998, Resource Conservation Alliance, 1998.

50. Por exemplo, o redesenho do palete e do padrão de empilhamento da Eastman Kodak economizou mais de 3.175.200 de quilos de madeira e 380 mil dólares em um ano: *Inform Reports*, outono/inverno, 1997.

51. 1809 Carter Ave., Bronx, NY 10457, 212/222-7688, fax -2047.

52. RAN, 1995, pp. 29-30.

53. American Forest & Paper Association, 1994.

54. Isto vale somente para o papel em si; em 1993, a reciclagem já respondia por mais de cinqüenta por cento no de jornal e por mais de sessenta por cento no caso do papelão ondulado.

55. FAO, 1998 (dados de 1996).

56. Warshall, 1997, p. 6. Esta comparação não leva em conta as diferenças de umidade e se baseia nos dados de remoção de 1991 de Haynes *et al.*, 1995, tabela 34, p. 41, utilizando os fatores de conversão de Haynes, 1990, tabela B-7, p. 262.

57. Joe Haworth, Sanitation District of Los Angeles County, 562/908-4202, contato pessoal em 1999.

58. *Boxboard Containers*, 1993, pp. 44-45; *Pulp & Paper Week*, 1993, pp. 24-28.

59. 59 Fountain St., Framingham, MA 01702, 508/620-0421, www.decopier.com.

60. Inicialmente, a tinta foi proposta como experiência pelo químico alemão Michael Braungart. Embora praticamente possível, não se deu continuidade, ao que sabem os autores, principalmente devido às barreiras institucionais à sua aceitação.

61. Mann, 1998, p. 60; Horrigan *et al.*, 1998.

62. Sedjo, 1995, pp. 177-209; *in* Bailey (org.), 1995, p. 180. Na p. 202, ele calcula a área total de florestas, no mundo, em "pouco menos de 4 bilhões de hectares" ou cerca de 9,9 bilhões de acres. Quanto a isso, as definições e os dados diferem muito, além de se alterarem com o tempo: Brown, 1997, p. 96 fala em 3,45 bilhões de hectares de florestas, excluindo as artificiais, que têm árvores mas não contam com copa fechada. Para o propósito deste livro, adotamos a estimativa mais elevada de Sedjo.

63. Isto implica uma produtividade de 8 m^3/ha-ano. A produtividade *média* das florestas de madeira-branca temperadas e boreais norte-americanas é de apenas dois (Roger Sedjo, Resources for the Future, contato pessoal em 12 de setembro de 1996) ou três (Haynes, 1990, dados de 1986 na Fig. 29, p. 54) m^3/ha-ano. Não obstante, é comum as espécies e plantações de crescimento rápido fornecerem mais de 20 m^3/ha-ano — o álamo do Noroeste chega a produzir 30-50; o choupo da Louisiana, 30-45 — sendo de se esperar que os avanços da engenharia genética gerem uma produtividade duas ou três vezes e meia mais elevada (40-70 m^3/ha-ano). Coincidindo com a linha de raciocínio de Sedjo, o IIED descobriu que, em princípio, as florestas artificiais poderiam cobrir toda a necessidade de polpa de madeira do mundo, cerca da metade da extração industrial total, em uma área de apenas 40 milhões de hectares, o equivalente ao território da Suécia somado ao do Paraguai (IIED, 1996, pp. 64-66). É apenas um por cento (eles falaram em 1,5 por cento) da área florestal mundial ou cerca de um terço da área *atual* de florestas artificiais ou ainda menos de quatro vezes a área atual de florestas artificiais de alta produção.

64. Admitindo 40-70 m^3/ha-ano. O extremo mais baixo dessa amplitude "é viável [...] em algumas plantações temperadas e tropicais de madeira de lei, principalmente de eucalipto, tanto o temperado quanto o tropi-

cal" (Andy Pearce, loc. cit.), ao passo que o extremo mais elevado pode ser viável "em plantações de rotatividade acentuadamente breve de madeira-branca", cuja sustentabilidade a longo prazo ainda não se estabeleceu. Warshall (1995) descobriu que as florestas artificiais ocupavam, recentemente, cerca de 100-135 milhões de hectares, inclusive 40 milhões de plantações industriais, dos quais 11-14 milhões de hectares eram de alta produção. As plantações correspondem a, no máximo, quatro por cento da área florestal mundial, mas geram aproximadamente 34 por cento da extração total.

65. Supondo que essa perda tenha sido de 12,8 milhões ha/ano: FAO, 1997.

66. Sedjo, 1997, pp. 10, 30.

67. Sem embargo, Pearce (loc. cit.) acerta muito ao observar que, em geral, uma floresta não pode, simultaneamente, reduzir as inundações, repor a água subterrânea e *gerar* mais água de superfície: "sendo o equilíbrio da água um jogo de soma fixa, normalmente é impossível ter as três coisas ao mesmo tempo". Mas tais serviços podem ser prestados em grau significativo em diferentes lugares ou tempos.

68. Krause *et al.*, 1989, pp. I.3-49.

69. Pearce (loc. cit.) diz que, no 1,2 milhão de hectares de plantação de madeira-branca exótica da Nova Zelândia, o valor da fibra correspondia a cerca de quarenta por cento do valor do ecossistema, porém ocorre que essas florestas tropicais são cerca de seis vezes mais produtivas em fibra que uma floresta natural típica dos Estados Unidos, e, sendo ecologicamente mais diversas, pode-se presumir que têm valor de capital natural mais baixo.

70. Wang & Hu, 1998.

71. Warshall, 1997, p. 12.

72. Atchison, 1995.

73. Smith, 1997, p. 76, citando a FAO, 1993.

74. Ayres, 1993, p. 6.

75. Warshall, 1997, p. 7.

Capítulo 10: Alimento para a Vida

1. Naylor, 1996 — a principal fonte dos três próximos parágrafos.

2. Berry, 1999.

3. Benyus, 1997, pp. 20, 53.

4. FAO, 1998. Os fertilizantes à base de nitrogênio correspondem, atualmente, à metade da energia consumida por uma propriedade agrícola em culturas de alta produtividade.

5. Ayres, 1996, p. 12. Berner & Berner, 1996, p. 101, mostra 158 milhões de toneladas métricas anuais de fixação do nitrogênio humano e 123 milhões de toneladas métricas do natural.

6. Conway, 1997, p. 33; vide também 108-139.

7. Lal *et al.*, 1998, p. 17.

8. Idem, pp. 18-19.

9. Os cientistas do solo Lal *et al.* (1998, p. 32) afirmam que a taxa de erosão do solo, nas plantações dos Estados Unidos, diminuiu cerca de um terço no período 1982-92.

10. Lal, 1995.

11. Eisenberg, 1998, p. 31.

12. Idem, p. 26.

13. Naylor, 1996, p. 117.

14. Idem, p. 111.

15. Sears, 1935, Carter & Hale, 1974, Hillel, 1991.

16. Eisenberg, 1998, p. 31.

17. Reddy *et al.*, 1997, p. 47, citando WRI, 1992. Outros 728,5 milhões de hectares estão ligeiramente degradados e podem ser restaurados mediante boas práticas de conservação do solo.

18. Naylor, 1996.

19. Sedjo, 1997, p. 27. Posteriormente, essa queda foi eliminada com processamento mais eficiente.

20. Diamond, 1997, p. 132.

21. Wes Jackson observa que aproximadamente 85 por cento da ingestão calórica humana provêm de uma família de gramíneas de 65 milhões de anos, sendo que nenhuma delas é venenosa.

22. Benyus, 1997.

23. Um número reduzido de grupos sem fins lucrativos, como o Seed Savers Exchan-

NOTAS

ge (3076 N. Winn Rd., Decorah, IA 52101, http://nj5.injersey.com/~jceres/garden/sse.html) tem envidado esforços heróicos para preservar tal biodiversidade, porém os recursos de que dispõe estão muito aquém da tarefa.

24. Graedel & Allenby, 1996, p. 331.

25. National Research Council, 1996.

26. Prof. David Pimentel (Cornell U.), contato pessoal em setembro de 1998.

27. Specter, 1998, citando estimativas do Programa Mundial da Alimentação da ONU.

28. Benyus, 1997, p. 18.

29. Idem. Além disso, atualmente, quase cinqüenta espécies de ervas resistem aos herbicidas (Conway, 1997, p. 209).

30. DeVore, 1996, oferece exemplos elucidativos.

31. *Gene Exchange*, 1998, citando Gould *et al.*, 1997, e Tabashnik *et al.*, 1997, 1997a; Mellon & Rissler, 1998. Também os insetos benéficos podem ser prejudicados: Halweil, 1999.

32. Conway, 1997, p. 153.

33. Prof. Richard Harwood (Michigan State University), contato pessoal em 1º de novembro de 1998.

34. Isto corresponde aproximadamente ao triplo de seu consumo de ferro e aço: Wernick & Ausubel, 1995, p. 470.

35. Daily & Ehrlich, 1996.

36. Krause *et al.*, 1989, pp. I.3-14.

37. Conway, 1997, Lovins & Lovins, 1991.

38. Testado com sucesso no USDA Grain Marketing Research Laboratory, 1515, College Ave., Manhattan, KS 66502, 785/776-2728; contato com o engenheiro agrônomo Harry Converse.

39. Bloome & Cuperus, 1984.

40. von Weizsäcker *et al.*, pp. 51-53, baseado no trabalho de Wouter van Dieren e Geert Posma, e em contato pessoal com aquele.

41. Wade, 1981; vide também UNDP, 1996.

42. van Weizsäcker *et al.*, pp. 117-121.

43. National Laboratory Directors, 1997, p. B-33.

44. Frantzen, 1998, Lane, 1998.

45. Eisenberg, 1998, pp. 23, 29. Vide também Warshall, 1999 e artigos seguintes.

46. Epprecht, 1998; vide também Ho & Steinbrecher, 1998, Ho *et al.*, 1998, e www.ucsusa.org.

47. Prof. Robert M. Goodman (University of Wisconsin), contato pessoal em 7 de outubro de 1998.

48. Bintrim *et al.*, 1997.

49. Worster, 1993.

50. Warshall, 1999.

51. Lovins & Lovins, 1991.

52. Krause *et al.*, 1989, pp. I.3-32. Contrariamente à suposição conservadora apresentada por Harmon *et al.* (1990), os dados citados por Krause apresentam uma perda de dez por cento do carbono do solo quando uma floresta natural passa a ser administrada.

53. Ross & Steinmeyer, 1990.

54. Lal *et al.*, 1998, p. iv.

55. Idem, p. vi.

56. Idem, p. 83 estimam que o seqüestro total de carbono e o potencial de eliminação dos cerca de 136,4 milhões de hectares de terras agricultáveis dos Estados Unidos são de 120-270 milhões de toneladas métricas de carbono por ano, ou de 0,8-1,7 toneladas métricas por hectare por ano.

57. Idem.

58. Para comparação, os diagramas dos testes do USDA/Beltsville, na década de 1980, apresentaram 0,2-0,6 por cento de ganho anual de carbono mediante leves (40 t/ha-ano) aplicações de adubo composto e esterco.

59. Idem, p. 92, Lal, 1997.

60. Krause *et al.*, 1989, pp. I.3-20, Gardner, 1998a.

61. Gardner, 1998a.

62. Haruki Tsuchiya (contato pessoal em 22 de junho de 1998) calcula que a respiração dos animais emite 3 bilhões de toneladas métricas de CO_2 por ano, comparados com os 2 bilhões da população humana da terra, os 54 bilhões dos automóveis e os 21 bilhões da queima de combustível fóssil.

63. Krause *et al.*, 1989, EPA, 1989.

64. Crutzen *et al.*, 1986.

65. Soden, 1988.

66. Browning, 1987.

67. EPA, 1989, pp. VII-270.

68. Krause *et al.*, 1989, pp. I.3-19.

69. Gardner, 1998a.

70. Idem.

71. Savory & Butterfield, 1999; Center for Holistic Management, 1010 Tijeras NW, Albuquerque, NM 87102, 505/842-5252, center@holisticmanagement.org.

72. Dana Jackson, Land Stewardship Project, contato pessoal, 30 de setembro de 1998; DeVore, 1998.

73. DeVore, 1998a.

74. Idem.

75. Gardner, 1998.

76. Esta mais do que dobrou na pastagem rotativa, em comparação com a contínua, em uma experiência de Wisconsin: Dansingburg & DeVore, 1997.

77. Citado em DeVore, 1998.

78. NRC, 1989. Detectaram-se benefícios econômicos semelhantes em muitas centenas de diferentes propriedades agrícolas norte-americanas e alemãs: Brody, 1985, Bechmann, 1987, Bossel *et al.*, 1986.

79. NRC, 1989.

80. Jackson *et al.*, 1984.

81. Conway, 1997, p. 200. O sucesso desse modelo depende, naturalmente, do atendimento não só das necessidades agrícolas, mas também das do contexto social, principalmente o papel da mulher, o microcrédito e a posse da terra.

82. von Weizsäcker *et al.*, pp. 99-101, The Land Institute, 1993, Ecology Action, 1993.

83. Benyus, 1997, pp. 36-37, Fukuoka, 1978.

84. Conway, 1997, pp. 177-178.

85. Idem, p. 279.

86. Como a alga azul-esverdeada que fixa o carbono, a *Anabaena azollae* na cultura do arroz: Conway, 1997, pp. 231-232.

87. Krause *et al.*, 1989, pp. I.3-23, 24.

88. Benyus, 1997, pp. 12-13.

89. Idem, pp. 36-46.

90. Idem, p. 25.

91. von Weizsäcker *et al.*, pp. 97-99, The Land Institute, 1993.

92. Pimentel, 1997.

Capítulo 11: Soluções Hídricas

1. Os 35 milhões de quilômetros cúbicos de água doce restantes encontram-se nas calotas polares, em lençóis freáticos inalcançavelmente profundos. Vide, de modo geral, a U.N. Commission on Sustainable Development (UNCSD), 1997.

2. Cerca de 3,3 milhões de pessoas, três quartos das quais são bebês e crianças, morrem anualmente de diarréia, sendo que 1,5 bilhão está infectado de vermes intestinais que se disseminam, igualmente, pela contaminação oral-fecal: Simpson-Herbert, 1996, pp. 47-53, citando a Organização Mundial da Saúde, 1995. Em 1990, a OMS estimava que 1,3 bilhão de pessoas, no mundo subdesenvolvido, não tinha acesso à água potável sadia e abundante, e 2,6 bilhões careciam de condições sanitárias adequadas: http://206.168.2.226/information.html, *download* de 14 de janeiro de 1998; UNCSD, 1997; Gleick, 1998, p. 40. A poluição geralmente é densa, em larga escala e industrial: na China, quatro quintos dos rios mais importantes são excessivamente tóxicos para os peixes (Brown & Halweil, 1998). Nos Estados Unidos, em 1997, depois de décadas de restauração, somente dezesseis por cento das 2.111 áreas banhadas por rios, nos 48 Estados baixos, apresentavam água de "boa" qualidade, a de 36 por cento era "moderada", 21 por cento tinha problemas mais sérios, sendo indeterminável a qualidade de 27 por cento. (O acesso ao Index of Watershed Indicators da U.S. Environmental Protection Agency, 1997, é possível em http://www.epa.gov/surf/iwi; Surf your Watershed acha-se um nível acima [sem iwi]. Instruções adicionais e cópia [o Index é uma publicação #EPA-841-R-97-010] estão acessíveis no National Center for Environmental Publications and Information, PO Box 42419, Cincinnati, OH 45242-2419, 513/489-8190, fax-8695.) O Ministério da Agricultura dos Estados Unidos considera 46 por cento dos distritos norte-americanos, com 54 milhões de pessoas que bebem água subterrânea, suscetíveis de contaminação devido aos agrotóxicos, sobretudo o herbicida *atrazine* e o inseticida *aldi-*

carb: U.S. *Water News*, novembro, 1997. A metade da população norte-americana depende da água potável oriunda dos lençóis subterrâneos (Benyus, 1997, p. 19). Não surpreende que a importação de água engarrafada tenha mais do que dobrado na década passada (Kummer, 1998).

3. Chao, 1995, citado por Gleick, 1998, p. 70.

4. Brown *et al.*, 1998, p. 169.

5. Idem, pp. 5-6.

6. Brown & Halweil, 1998.

7. Gleick, 1998, pp. 125-131, uma compilação de cinco milênios de conflitos sobre a água.

8. Gleick, 1994, explica que a dessalinização, o recurso tecnológico de último caso para os que carecem de água doce, mas são ricos em dinheiro e energia, abastece apenas um milésimo do consumo de água doce do mundo. A inviabilidade econômica de um aumento significativo dessa fração é desanimadora. O mínimo de energia teoricamente necessária para dessalinizar 3.800 litros de água do mar é 10,6 megajoules — a energia contida em 311 gramas de petróleo. Não obstante, as melhores estações de dessalinização em larga escala, em funcionamento em 1994, gastavam cerca de trinta vezes esse limite teórico, e é improvável que consigam reduzir tal consumo em mais de um terço.

9. Postel *et al.*, 1996.

10. Idem, estima em dez por cento o potencial de aumento do fluxo acessível nos próximos trinta anos, ao passo que a população cresce a uma taxa de cerca de 45 por cento.

11. Em valores mesclados do dólar: Rogers, 1993.

12. Bredehoeft, 1984, p. 17.

13. Rogers, 1993, parafraseado *in* Gleick, 1998, p. 6.

14. Duas coisas até certo ponto análogas e geralmente relacionadas: Gleick, 1994.

15. Postel *et al.*, 1996, estima que a fração do fluxo acessível de água apropriada para uso humano, na terra, pode aumentar de 54 por cento, em 1995, para mais de setenta por cento em 2025.

16. Gleick *et al.*, 1995. Reisner (1986/93) calculou que a água utilizada na irrigação dos pastos que alimentam o gado da Califórnia é suficiente para cobrir as necessidades dos 13 milhões de habitantes de Los Angeles.

17. Jackson, 1980.

18. O Ogallala fornecia um décimo da irrigação total dos Estados Unidos, e abastecia dois décimos da terra irrigada do país.

19. Bredehoeft, 1984, pp. 38-39.

20. Agradecemos estes *insights* ao Dr. Wes Jackson, do Land Institute (Salina, KS 67401). A prof. Jackie Giuliani, da Antioch University (Los Angeles) observa que, para preparar e servir uma única refeição rápida constituída de hambúrguer, fritas e um refrigerante, são necessários mais de 5.677,5 litros.

21. *US. Water News*, abril de 1992; a amostra ultrapassou setecentas operações em quatro Estados.

22. Idem.

23. Gleick, 1998, p. 10.

24. Solley *et al.*, 1998.

25. Gleick, 1998, p. 12.

26. Brown & Halweil, 1998.

27. Pinkham & Dyer, 1993, pp. 9-10.

28. De 185.878 para 265.540 m^3 por ano em 1991. Em virtude da seca de 1992-96, a taxa de depleção tornou a subir para algo entre 800 mil e 1,06 milhão de metros cúbicos em 1997, porém a constante melhora na eficiência prossegue. Wayne Wyatt, High Plains Water District, 2930 Ave. Q, Lubbock, TX 79405, 806/762-0181, contato pessoal em 16 de fevereiro de 1998, e Laird & Dyer, 1992, pp. 4-5.

29. Em grande parte graças ao alinhamento do canal e à melhor administração: Laird & Dyer, 1992, p. 5-7, Pinkham & Dyer, 1994, pp. 10-12.

30. Gleick, 1998, p. 23.

31. Sobre os estudos posteriores, vide Gleick, 1999.

32. Tais desenhos, como aplicação de precisão de baixa energia, chegam a elevar a eficiência do irrigador de 60-70 para 95 por cento (Postel 1997).

33. Polak, 1998, cortesia do diretor da RMI, o Dr. Michael Edesess.

34. DeSena, 1997.

35. The Global Cities Project, 1991, p. 61. Vide o apanhado geral de Chaplin, 1994.

36. *U. S. Water News*, 1992.

37. Knopf, 1999.

38. Patchett , sem data. *Midwest Real Estate News*, 1992.

39. Jim Patchett, contato pessoal em 1997-98.

40. A instalação é tipicamente 4-23 vezes e a manutenção 7-21 vezes mais barata, dependendo das condições locais.

41. A água relativamente limpa, mas impotável, filtrada depois de recolhida nas pias, nas banheiras, nos ralos dos chuveiros e nas máquinas de lavar prato e roupas.

42. Postel, 1997, Jones, 1993.

43. Osann & Young, 1998; Pape, 1998; *Australian Plumbing Industry* 1992; vide também Ecos Catalog, "Tools for Low-Water and Waterless Living", 152 Commonwealth Ave., Concord, MA 01742-2842, 978/369-3951.

44. Waterless Co. LLC, 1223 Camino del Mar, Del Mar, CA 92014, 800/244-6364, www.waterless.com.

45. Uma reforma de 42 unidades, para evitar novas instalações hidráulicas em um prédio antigo, ao substituir os mictórios de uso contínuo, economizou de 159 mil a 204 mil litros por unidade por ano, com retorno de 3,4 anos sem um desconto do Seattle Water Department, ou de 1,7 com ele: Nelson, 1995.

46. Drangert, 1997 *in* Drangert *et al.*, 1997. Uma pessoa excreta por volta de 500 litros de urina e 50 litros de fezes (3/4 de água) por ano.

47. O que complica muito o manuseio seguro econômico e sustentável das duas coisas: Jönsson, 1997, *in* Drangert *et al.*, 1997.

48. Conforme "On-Site Waste Treatment - What Are the Benefits?" [Tratamento local dos dejetos — quais são os benefícios?] Clivus Multrum, Inc., 15 Union St., Lawrence, MA O1840, 978/725-5591, 800/962-844, fax 978/557-9658, www.clivusmultrum. com/. Idem dá a proporção de 36-360 na prática sueca.

49. Simpson-Hebert, 1996. A quantidade de nutrientes excretados por uma pessoa equivale, aproximadamente, à necessária produção de cereais que a alimentariam durante um ano. Drangert *et al.*, 1997; Jönsson, 1997.

50. Nos países em desenvolvimento, 95 por cento do esgoto é descarregado sem tratamento: World Resources Institute, 1992. Mesmo os países mais ricos não podem custear o tratamento terciário e a disposição final segura dos dejetos industrialmente contaminados.

51. Simpson-Hebert, 1996.

52. Rogers, 1997, Kalbermatten *et al.*, 1982.

52a. WaterHealth International, 1700 Soscol Ave., Suite 5, Napa CA 94559, 707-252-9092, fax: 1514. www.waterhealth.com. Alternativamente, purificadores de água domésticos muito baratos foram desenvolvidos por Susan Murcott, murcott@mit.edu.

53. Cerca de 88 por cento de N, 67 por cento de P e 71 por cento de K: Jönsson, 1997. A urina também libera muito menos amônia quando não exposta a uma enzima secretada pela *Micrococcus urea*, uma bactéria presente nas fezes.

54. Mesmo diluída em água na proporção 10:1, a urina de uma pessoa é adequada para fertilizar 10-20 metros quadrados de horticultura intensiva. Essa mistura de urina com a água suja doméstica é um fertilizante essencialmente perfeito, capaz de fechar o ciclo nutriente da alimentação de um adulto: Drangert, 1997 em Drangert *et al.*, 1997.

55. Idem, Del Porto & Steinfeld, 1999. Carol Steinfeld informa que, na Suécia, a Ekologen e a Dubbetten oferecem modelos que separam a urina.

56. Por exemplo, os do Energy Technology Laboratories, 2351 Tenaya Drive, Modesto, CA 95354, 800/344-3242, www.savewater.com.

57. Dependendo da pressão; o vendedor é o ETL (nota anterior).

58. A Omni Products, Chronomite Laboratories, 1420 W. 240th St., Harbor City, CA 90710, 800/447-4962, oferece modelos com taxas nominais de fluxo de 5,6, 7,5 e 9,4 lpm.

NOTAS

59. No começo de 1998, os modelos norte-americanos incluíam o "Neptune", da Maytag (http://neptune.maytag.com), o "LTA85", da Amana (www.raytheon.com/rap/amana) e o "Gallery", da Frigidaire (www.frigidaire). Vide Lamarre, 1997a.

60. Posh Wash, à noite 503/257-9391.

61. *Consumer Reports*, 1997.

62. A Hart Industries, de Laguna Hills, na Califórnia, hoje aparentemente desativada; mas a idéia parece viável.

63. *U.S. Water News*, abril de 1992, p. 18.

64. Ian Michaels, New York City Department of Environmental Protection, Room 2454 Municipal Bldg, 1 Center St., Nova York, NY 10007.

65. Liebold, 1995.

66. North American Residential End Use Study (vide Nelson, 1997).

67. Chernick, 1988.

68. City of Boulder, "Water Conservation Facts and Tip," P.O. Box 791, Boulder, CO 80306, 303/441-3240.

69. A Watersense e a Northern Indiana Public Service Company estão empreendendo, em 1998, instalações-piloto de um sistema programável, o WatersOff!, capaz de levar ao fechamento ou à notificação quando se detecta vazamentos importantes (tipicamente acima de 3,75 litros por minuto) e também de registrar vazamentos lentos (menos de 0,18 litro por minuto). A notificação pode integrar-se a um telefonema ao encanador de emergência providenciado pelo serviço de fornecimento. Kevin Shea, Watersense, Inc., 83 Second Ave., Burlington, MA 01801, 617/273-2733, kevinshea1@aol.com

70. Fritz, 1984-89.

71. *U. S. Water News*, 1998.

72. Bill Ferguson, Water Development Planner, Public Works Dept., P.O Box 1990, Santa Barbara, CA 93102, 805/564-5460.

73. Beth O'Connor, Utilities Market Services, City of Palo Alto, P.O. Box 10250, Palo Alto, CA 94303, 650/329-2549.

74. Preston, 1994.

75. Vickers, 1990.

76. John Wallace, Office Administrator, San Simeon Acres Community Services, Rt.

1, Box S17, San Simeon, CA 93452, 805/544-4011.

77. A uma média de 0,22 ppm por ano desde 1987. Pinkham, 1994 e contato pessoal em 6 de fevereiro de 1998, Ron Bishop, General Manager, Central Platte Natural Resource District, 215 N. Kaufmann Ave., Grand Island, NE, 308/385-6282.

78. Sharpe *et al.*, 1984, p. 12, Rubin, 1982.

79. Vide também Postel, 1992, citando Wilson, 1997, p. 10.

80. Gleick, 1998, pp. 20-21.

81. Dados do teste preliminar de Philip Paschke, Community Services Division, Seattle Public Utilities, 206/684-7666, contato pessoal em 5 de fevereiro de 1998. O gerente de operações local é John Terry, 206/455-2000.

82. Dennis Brobst, diretor, Water and Sewer Division, Calvert County, 175 Main Street, Prince Frederick, MD 20678, 410/535-1600.

83. von Weizsäcker *et al.*, 1997, pp. 82-83.

84. Idem, p. 83, com agradecimentos a Wendy Pratt of California Futures (Sacramento).

85. Alan Niebrugge, contato pessoal em 1994. Então gerente do Environmental Services. Contato com Mike McMahan, GS Technologies, 8116 Wilson Road, Kansas City, MO 64125, 816/242-5638.

86. Da Intel: http://www.intel.com/intel/other/ehs/management.html.

87. Usando a nova média de 168,8 lpcd (litros *per capita* por dia) da AWWA; uma residência "não-conservante" tem a média de 244,5.

88. Esta é a norma rural do Texas, embora o Dr. McElveen, médico, utilize o raio ultravioleta no tratamento da água.

89. *U. S. Water News*, 1992a.

90. Wymer, 1997.

91. Para comparação, a inundação canônica de 133 anos é 25,4 cm em 24 horas.

92. Elas podem atender à demanda local ou ser "despachadas" remotamente pelos administradores da água da cidade. Esse despacho de um "reservatório ligado a uma re-

de" também poderia esvaziar as cisternas a tempo no caso de tempestades previstas.

93. O pacote de *software* TREES, assim como as informações relacionadas, está disponível no Tree People (12601Mulholland Drive, Beverly Hills, CA 90210, 818/753-4600) ou no administrador do projeto PS Enterprises (310/393-3703, fax-7012). TREES é a sigla da Transagency Resources for Environmental and Economic Sustainability, que abrange diversos grupos governamentais, comunitários e ambientais.

94. Jeff Wallace e Andy Lipkis, contato pessoal em 30 de outubro de 1998.

95. *Re safety*, vide City of Los Angeles, 1992, Warshall 1995a.

96. John Irwin, Thetford Systems, Inc., Box 1285, Ann Arbor, MI 48106. O projeto atende mais de 1.100 pessoas.

97. Joe Towry, Public Utilities Department, 290 16th St. N, St. Petersburg, FL 33713, 727/892-5095.

98. Chuck W. Carry, Sanitation Districts of Los Angeles County, Box 4998, Whittier, CA 90607.

99. Adler & Mace, 1990; Prof. Avner Adin (Universidade Hebréia de Jerusalém, Div. de Ciência Ambiental, contato pessoal em 23 de dezembro de 1998).

100. *Sanitation and Disease*, citado por David Venhuizen, PE (5803 Gateshead Drive, Austin, TX 78745, 512/442-4047, fax-4057, waterguy@ix.netcom.com).

101. Lovins & Lehmann, 1999.

102. Clark & Tomlinson, 1995.

103. Clark, Perkins, & Wood, 1997, pp. 70-71; Clark, 1997.

104. Venhuizen, 1997, e em sua dissertação de 1996, "Is 'Waste' Water Reclamation and Reuse In Your Future?" [A recuperação e a reutilização da água está no seu futuro?] http:/www.geocities.com/RainForest/Vines/5240/FutureWaterUse.html, *download* de 5 de fevereiro de 1998.

105. Living Technologies, Inc., 431 Pine St., Burlington, VT 05401, 802/865-4460, fax-4438, http://www.livingmachines.com. jtodd@cape.com.

106. Wilson & Malin, 1996, pp. 13-17.

107. Osann & Young, 1998, pp. 27-52 apresentam numerosos estudos de caso. Por exemplo, o Baysaver Program, de Santa Mônica, teve retorno de cerca de dois dólares por dólar investido e reformou quase sessenta por cento dos toaletes. Para um guia geral de implementação, vide Rocky Mountain Institute Water Program, 1991.

108. O objetivo de quinze por cento de redução geral foi atingido alocando 0-45 por cento da redução residencial, 10-20 por cento da agrícola e quinze por cento da comercial e industrial, dependendo do uso corrente do consumidor. Portanto, as casas que já eram moderadamente eficientes não foram afetadas pelas restrições.

109. Larry Farwell, ex-coordenador da Water Conservation do Goleta Water District, atualmente consultor particular: 2476 San Marcos Pass Road, Santa Barbara, CA 93105, 805/964-8486, lfarwel@earthlink.net.

110. O consumo *per capita* diminuiu dezesseis por cento no período 1991-97: Osann & Young, 1998, p. 38.

111. CTSI Corporation, 2722 Walnut Ave., Tustin CA 92780, 714/669-4303; Chaplin, 1995.

112. Osann & Young, 1998, p. 35, Gomez & Owens-Viani, 1998. Este esforço instalou mais de 750 mil toaletes novos só nos primeiros quatro anos.

113. Water Management, Inc. (117 Clarmont, Alexandria, VA 22304, 703/658-4300, fax-4311, www.watermgt.com) é uma típica "water service company" [companhia de serviço de água] ou WASCO.

114. Jim Reed (Especialista em conservação da água, Denver Water, 1600 W. 12th Ave., Denver, CO 80254, 303/628-6347,www.state. co.use/gov+dir/ec), contato pessoal em 3 de fevereiro de 1998.

115. Jones & Dyer, 1994; Jones *et al.*, 1993 pp. 17-21.

Capítulo 12: O Clima

1. A fração da radiação solar total interceptada pelo disco da terra é 3 x 10^{-10}.

NOTAS

2. O calor que vem do interior da terra, impulsionado pela decomposição radioativa, é responsável por 0,018 por cento do aquecimento do planeta, sendo que 0,002 por cento provém do atrito das marés (força de atração da lua). Berner & Berner, 1996, p. 10.

3. Isto é, cerca de 2×10^{17} watts.

4. Em 1990, os combustíveis fósseis abarcavam aproximadamente 87 por cento do consumo comercial primário de energia da terra. A energia não comercial utilizada acrescentou outros onze por cento estimados ao consumo comercial. Reddy *et al.*, 1997, p. 110.

5. Aqui não se incluem os 0.5-2.5 bilhões de toneladas métricas oriundos do desmatamento e de outros decréscimos líquidos na biomassa existente. Sobre estes e outros dados dessa introdução simplificada em climatologia, vide Intergovernmental Panel on Climate Change (IPCC) 1990, 1992, 1996, 1996a, e os suplementos posteriores.

6. Esta metáfora é de Matthias Schabel.

7. IPCC, 1990.

8. Algumas das melhores e mais acessíveis descrições da história e da ciência do aquecimento global encontram-se *in* Weiner (1990) e Schneider (1997).

9. Isto não significa que o *ar* fica mais quente. Como a reirradiação, de cima para baixo, do calor captado pelo CO_2 atmosférico aquece a superfície, ela resfria igualmente a atmosfera, a não ser perto da superfície, onde o ar é aquecido diretamente por sua proximidade da terra.

10. Aproximadamente 30 por cento desse aumento, no período 1850-1990, provieram de mudanças no uso da terra, como o desmatamento e a simplificação ecológica, o resto se deve à indústria. Do aumento total, cerca de 65 por cento procederam dos países desenvolvidos, que atualmente compreendem um quinto da população do globo (Austin *et al.*, 1998).

11. A coluna de ar média contém vapor de água equivalente a 2,5 cm de chuva, retirado pela precipitação e reposto pela evaporação de onze em onze dias.

12. IPCC, 1996. As medições por satélite atualmente coincidem com as de superfície: Wentz & Schabel, 1998, Hansen *et al.*, 1998.

13. Stevens, 1998a, citando compilação da World Metereological Organization de dados da NASA Goddard Institute for Space Studies, do British Meteorological Office, do U.S. National Climatic Data Center, do NASA Marshall Space Flight Center e da University of Alabama, do International Research Institute (Nova York), e do Climatic Prediction Center (Washington, D.C). Dados de outubro de 1998, os últimos disponíveis quando da conclusão deste livro.

14. Flavin, 1998.

15. McKibben, 1998.

16. Vaughan & Doake, 1996.

17. Kerr, 1998.

18. Linden, 1996, p. 65.

19. Shindell *et al.*, 1998.

20. Schneider, 1997.

21. IPCC, 1990, 1994, 1996.

22. Browne, 1997.

23. The President's Council of Advisors on Science and Technology [Assessoria presidencial em ciência e tecnologia] (PCAST), 1997.

24. Arrow *et al.*, 1997, uma belíssima explicação de por que os modelos teóricos diferem se encontra *in* Repetto & Austin, 1997.

25. Samuelson, 1997.

26. E. g., Lovins *et al.*, 1981, ICF, 1990, Okken *et al.*, 1991, Evans, 1992, IPSEP, 1993 & 1994-8, Koomey *et al.*, 1991, Krause, 1996, Brown & Levine, 1997.

27. Há uma documentação detalhada sobre cada uma dessas matérias, omitindo-se apenas os mais recentes desenvolvimentos, como os hipercarros, nas 188 referências de um trabalho de investigação anterior no diário de registro: Lovins & Lovins, 1991. Muitas referências mais antigas, se bem que ainda úteis, encontram-se em seu predecessor da década anterior, Lovins *et al.*, 1981.

28. NRC, 1989, Lovins & Lovins, 1991.

29. Por exemplo, só no período 1990-96, enquanto seus ganhos e os preços de suas ações subiam, a DuPont reduziu pela metade as emissões totais de gases de efeito estufa por unidade de produção, principalmente ao eliminar os CFCs, dos quais era a princi-

pal fabricante. Espera-se que, no período 1996-2002, suas fábricas poupem mais da metade das emissões restantes desses gases, continuando a reduzir o efeito estufa de seus produtos por unidade de produção (Krol, 1997). Nos primeiros seis meses de funcionamento de uma única fábrica (a Sabine River Works, no Texas), um "redutor", que transforma em ar o subproduto óxido nitroso, poupou o equivalente a 3,2 *bilhões* de quilos de CO_2. É o mesmo que retirar três milhões de carros da rua. Entrementes, o subproduto Solutia, da Monsanto, levou a descobrir, em 1997, que o óxido nitroso não é apenas um incômodo indesejável e prejudicial ao clima, mas também um valioso reagente para transformar o benzeno em fenol, cujos preços são competitivos — uma conversão clássica de limão em limonada.

30. Há seis gases que podem ser menos emitidos ou mais armazenados ou seqüestrados. Cada enfoque oferece muitos métodos — muitos tipos de eficiência, de substituições de mudanças de processo etc. Alguns deles também oferecem diversos tipos de economia pelo preço de uma: Lovins & Lovins, 1991.

31. Lovins, 1997a.

32. Um avanço de quatro a seis vezes em cinqüenta anos implica uma média anual de aperfeiçoamento de 2,8 a 3,6 por cento. Na verdade, os norte-americanos reduziram 3,4 por cento ao ano da energia primária consumida por dólar de PIB real no período 1979-86. Os dados preliminares, não corrigidos pelo clima, correspondentes ao breve período 1997-99, sugerem a possibilidade de que estejam recomeçando a ocorrer economias comparavelmente rápidas, desta vez impulsionadas não pelo preço, mas pela aptidão, pela atenção e pela concorrência.

33. Nelson, 1993; atualmente na KENTEC, Inc., 8118 Oakbrook Drive, Baton Rouge, LA 70810, 225/761-1838, fax-1872, kentech@compuserve.com.

34. Mills *et al.*, 1991 (refrigeradores domésticos suecos); dados da Universidade de Lund anotados por T. B. Johansson, 1992, e dados industriais recentes de Gunnar Hofstadius, da ITT Flygt (contato pessoal em 31

de agosto de 1998) (bombas industriais); Howe *et al.*, 1996, p. 133, Fig. 8-8 (motores; a equipe da Motormaster confirmou, em particular, a falta de correlação eficiência/preço até pelo menos 200 hp); Houghton & Hibberd, 1998, p. 9, Fig. 6, para 5,4-20 toneladas de unidades de ar-condicionado de telhado embaladas. As válvulas são identificadas pela simples observação de que as válvulas de retenção de esfera têm muito menor atrito (menor perda de carga) do que as válvulas globo, que custam aproximadamente a metade.

35. Howe *et al.*, 1996.

36. Lovins *et al.*, 1989, Fickett *et al.*, 1990. Sem levar em conta as demais economias correnteza abaixo, ou seja, no sentido do consumo, que geralmente são maiores, mais baratas e deviam ser feitas em primeiro lugar.

37. Interlaboratory Working Group, 1997.

38. Lovins, 1998a.

39. O vice-presidente da STMicroelectronics, Murray Duffin (1998) já havia anunciado uma estratégia semelhante.

40. Casten, 1997.

41. Groscurth & Kümmel, 1989.

42. Johansson *et al.*, 1993, Romm & Curtis, 1996.

43. Mansley, 1995.

44. *Shell Venster*, jan./fev. 1998, o boletim informativo interno da Shell, que afirma: "Em 2050, uma proporção 50/50 em fóssil/renováveis é um cenário provável, de modo que nós temos de entrar nesse mercado já!" *Cf.* Kassler, 1994.

45. *The Economist*, 1998a.

46. Flavin & Dunn, 1997, p. 47, citando dados de outubro de 1997 da California Energy Commission.

47. Brown *et al.*, 1997, p. 52; vide também PCAST, pp. 6-14; National Laboratory Directors, pp. 2-38.

48. SERI, 1990.

49. Interlaboratory Working Group, 1997, *e. g.*, pp. 1-14.

50. Sørensen, 1979, Lovins *et al.*, 1981, Reddy & Goldemberg, 1990, Johansson *et al.*, 1989 & 1993.

51. Flavin & O'Meara, 1998, p. 25.

52. Lovins & Lehmann, 1999.

53. Johansson *et al.*, 1993, p. 23ss.

54. Vide também Prophet, 1998.

55. Williams *et al.*, 1997, Lovins, 1998.

56. Edwards, 1997.

57. *The Economist*, 1998.

58. Keepin & Kats 1988, 1988a.

59. Bodlund *et al.*, 1989.

60. Reddy & Goldemberg, 1990.

61. Esses estudos têm abrangência que vai da Califórnia (Calwell *et al.*, 1990) e da Nova Inglaterra (Krause *et al.*, 1992) à Europa Ocidental (IPSEP, 1993, 1994-98) e ao resto do mundo (Lovins *et al.*, 1981, Goldemberg *et al.*, 1988).

62. Reid & Goldemberg, 1997, Flavin & Dunn, 1997, pp. 26-29. Vide também Levine *et al.*, 1993, Reddy *et al.*, 1997, Yergin, 1997.

63. Gadgil *et al.*, 1991.

64. Lovins & Gadgil, 1991.

65. Idem.

66. Lovins, 1976, Nash, 1977.

67. Lovins & Lovins, 1997.

68. Por exemplo, no período 1983-85, dez milhões de pessoas atendidas pela empresa Southern California & Edison, contando com um programa abrangente de financiamento, informação e outros tipos de apoio, aumentaram sua eficiência elétrica tão rapidamente que, se todos os norte-americanos fizessem o mesmo, a *cada* ano eles diminuiriam em cerca de sete por cento a necessidade de fornecimento de força e luz uma década depois. Para implementar essas economias, a eficiência custaria cerca de um décimo da construção, hoje, da mais barata usina nova. Lovins, 1985, pp. 180-183, Fickett *et al.*, 1990.

69. Interlaboratory Working Group, 1997, p. 2-10.

70. Jaffe & Stavins, 1994, Sanstad & Howarth, 1994, Krause, 1996.

71. von Weizsäcker *et al.*, pp. 143-209.

72. Todd, 1997, Brandt, 1997, Lovins & Lovins, 1997, na n. 147.

73. Stewart, 1997.

74. Clinton, 1997.

75. David, 1997 [David, G., 1997: endereçado ao Earth Technologies Forum, em 26 de outubro].

76. A folha de pagamento total dos mineiros do carvão dos Estados Unidos é de cerca de 5 bilhões de dólares ou um por cento da despesa nacional de energia. É menos do que os ganhos espontâneos em eficiência energética *economizam* em um ano típico. Os norte-americanos gastam cerca de 24 bilhões de dólares anuais em carvão. Se os piores temores dos mineiros se tornarem realidade e o consumo diminuir cinqüenta por cento, o país terá condições de restituir-lhes integralmente o salário perdido — com os 9 bilhões de dólares que sobrarem por ano. (Para ilustrar: os consumidores poderiam pagar anualmente 11,5 bilhões de dólares a menos de carvão, 2,5 bilhões para cobrir a folha de pagamento dos mineiros demitidos, e ainda sobrariam 9 bilhões). Um cálculo mais rigoroso seria muito mais sofisticado e opaco, porém daria aproximadamente a mesma resposta.

77. Goodstein, 1999.

78. DeCanio, 1997.

79. *Christian Science Monitor*, 1997.

80. Nitze, 1997.

81. No entanto, extensas pesquisas européias sugerem que uma combinação de iniciativas de preço e de transformação do mercado pode, interativamente, aumentar mais a eficiência econômica e o bem-estar do que a soma de suas partes: Krause, 1996.

82. NREL, 1997.

83. DeCanio, 1997.

84. Carey, 1998, Lovins, 1999.

85. Cushman, 1999. A DuPont figura atualmente entre as indústrias que preconizam leis que garantam crédito para as reduções precoces de emissões.

86. Climate Neutral Network, c/o Sue Hall, 509/538-2500, suehsea@gorge.net.

87. Assim como o Green Mountain Power, PO Box 850, South Burlington,VT 05402, 802/660-5672, www.gmpvt.com.

88. Lovins, 1999, conforme o Dr. Richard Sandor, vice-presidente, Chicago Board of Trade (contato pessoal em 2 de dezembro de 1998).

Capítulo 13:
Como Fazer os Mercados Funcionar

1. *Cf.* Buchan, 1997, pp. 239-240.

2. Lovins, 1992, citando Kempton *et al.*, 1992, Lutzenhiser, 1992.

3. Korten, 1999.

4. Schmidheiny & Zorraquin, 1996.

5. Interlaboratory Working Group, 1997.

6. Howe, 1993.

7. DeCanio, 1994.

8. A fórmula mágica é: o retorno líquido do investimento é igual a (1- taxa fiscal em forma decimal) / (reembolso simples em anos - 1). Assim, se a taxa fiscal marginal total (federal, estadual e municipal) somar, por exemplo, 36 por cento ou 0,36 (o valor que supomos), o retorno líquido do investimento correspondente a dois anos de reembolso simples será (1-0.36) /(2-1) = 0,64, ou 64 por cento ao ano. Portanto, o retorno do investimento tende ao infinito quando o reembolso simples se aproxima de um ano, de modo que, nos retornos em um ano ou menos, o retorno do investimento fica convencionalmente estabelecido ao infinito. Simplificando, a fórmula presume uma convenção de fim de ano sobre quando os investimentos serão feitos e reservados (uma hipótese diferente de *timing* alterará o resultado), e não leva em conta efeitos fiscais, como as despesas com os custos de energia e a capitalização dos investimentos em eficiência.

9. DOE, 1997.

10. As taxas de desconto reais anuais implícitas na compra de eficiência chegam, tipicamente, a 30-60 por cento: Rosenfeld & Hafemeister, 1998; Koomey *et al.*, 1991, Levine et al., 1995, Hausman, 1979, Hartman & Doane, 1986, Wolf *et al.*, 1983.

11. Nadel, 1990, Lovins, 1994.

12. von Weizsäcker *et al.*, pp.166-167.

13. Udall, 1997.

14. Lovins & Lehmann, 1999.

15. Lovins & Gadgil, 1991.

16. Vide também von Weizsäcker *et al.*, pp. 155-176.

17. Compromissos de patente assumidos pelo RMI e parcialmente sumariados *in* Lovins 1998a.

18. Rajendran, 1997 e dados particulares.

19. Audin & Howe, 1994.

20. *Wall Street Journal*, 1997.

21. Rosenfeld, 1999, Mills, 1995.

22. DeCanio, 1993, 1994, 1994a, 1994b.

23. Lovins, 1996.

24. Bradford, 1998.

25. Moskovitz, 1989, Lovins, 1996.

26. Bradford, 1998.

27. *E.g.*, Sauer, 1997, 1998.

28. CDA, 1996.

29. Idem.

30. EPA, 1993.

31. DeCanio, 1994b.

32. EPA, 1993.

33. EPA, 1998.

34. Geller & Nadel, 1994.

35. Udall, 1997.

36. Iniciativa de Byron Kennard, diretor executivo do Center for Small Business and the Environment, PO Box 53127, Washington, DC 20008, csbe2000@aol.com.

37. Lovins, 1995a.

38. Arnold & Day (1998) oferecem uma taxinomia parcial dos benefícios das práticas sustentáveis para as empresas.

39. Tobias, 1993. Até agora, seu esforço não teve sucesso devido à oposição do *lobby* das indústrias que preferem auferir seus lucros nos moldes atuais.

40. Gil Friend, contato pessoal em 1998.

41. Mills & Knoepfel, 1997; Schanzenbacher & Mills, 1997 e Mills, 1997; http://eande.lbl.gov/CBS/Climate-insurance/Going-Green.html.

42. Savory & Butterfield, 1999, descrevem um modo de fazê-lo particularmente abrangente e ecológico.

Capítulo 14: Capitalismo Humano

1. Conway, 1969, Harrisson, 1965, Cheng 1963.

2. E podem até nos ajudar a viver mais: a longevidade, em 282 regiões metropolitanas dos Estados Unidos, correlaciona-se

NOTAS

muito mais com a renda relativa do que com a absoluta, o que aparentemente reflete o vínculo entre as tensões psicológicas e a saúde (Lardner, 1998).

3. Esta é uma reafirmação menos modesta das metas do Economic Renewal Project [Projeto de renovação econômica] do Rocky Mountain Institute (1983-), que utiliza a produtividade dos recursos e outros princípios para ajudar a construir economias locais sustentáveis a partir de zero. Isso quase sempre gera benefícios sociais colaterais, como a resolução de conflitos e o desenvolvimento da liderança. O projeto mostrou que seu processo analítico e organizacional é flexível e replicável, sendo que desenvolveu uma variedade de instrumentos testados em campo, inclusive manuais e registros de caso como o Kinsley, 1997, Hubbard & Fong, 1995, e Cantrell, 1991. A lista completa das publicações se encontra em: www.rmi.org.

4. Max-Neef, 1992.

5. Certos produtos chegam até a fingir satisfazer uma necessidade, daí a oportunidade de tentar novamente de outras maneiras, ou a satisfazer uma necessidade de um modo que impede, simultaneamente, a satisfação de outras, criando ainda mais oportunidades de mercado: Max-Neef, 1992.

6. As cidades médias, de 0,5 a 5 milhões de habitantes, abrigam quatro vezes mais a população do mundo que as grandes metrópoles de dez milhões de habitantes ou mais: O'Meara, 1998.

7. A população da própria cidade quadruplicou em trinta anos. Em 1996, era de 1,5 milhão, sendo que a região metropolitana contava 2,4 milhões de habitantes.

8. O seguinte relato provém de contatos pessoais, entre 1991 e 1998, com Jaime Lerner e seu ex-assessor Jonas Rabinovitch (atualmente consultor de desenvolvimento urbano e chefe da equipe de desenvolvimento urbano do Programa de Desenvolvimento da ONU, jonas.rabinovitch@undp.org, fax 212/906-6973); o *website* em português da cidade é www.curitiba.arauc.br; seu CD-ROM de 600-MB em português, castelhano e inglês *Enciclopédia da Cidade de Curitiba*; o vídeo *Bom Dia Curitiba*; as brochuras em inglês Curitiba 1997, Curitiba s/d, e FAS s/d; Lamounier & Figueiredo, 1996; de Vega, 1996; Rabinovitch, 1992,1993, 1995, 1996; Rabinovitch & Hoehn, 1995 (que apresenta outra bibliografia); Rabinovitch & Leitman, 1993, 1996; McKibben, 1995 (o estudo mais amplo e acessível em inglês); Linden, 1996; e O'Meara, 1998. Ficamos especialmente agradecidos pela cuidadosa revisão de Jonas Rabinovitch do esboço deste capítulo, embora seja totalmente nossa a responsabilidade pelo seu conteúdo.

9. Linden, 1996, p. 62.

10. Foi de valor inestimável contar com semelhante base para institucionalizar o desenvolvimento contínuo da estratégia da cidade. Atualmente com uma equipe de duzentas pessoas, esse centro de pesquisa independente e sem fins lucrativos serviu de incubadora vital e de reservatório da criatividade, tendo treinado três prefeitos e muitos de seus melhores assessores. (Rabinovitch ingressou nele em 1981 e chegou a ser seu diretor.) Tendo iniciado um plano estratégico, em 1965, que ganhou a concorrência depois de um amplo debate público, o IPPUC o aperfeiçoou nos traços gerais e nos detalhes, amadurecendo-o até 1971, quando, com a eleição de Lerner, pôde iniciar sua implementação.

11. Berry (1995, p. 56): "Se quisermos levar a sério a preservação, temos de deixar de pensar o nosso trabalho como uma seqüência de respostas especializadas e temporárias a uma seqüência de emergências especializadas e temporárias. Temos de reconhecer que o nosso trabalho é econômico. Temos de dar respostas competentes, práticas e locais para as mais humildes questões humanas: Como devemos viver? Como administrar nossa casa? Como nos abastecermos de alimento, roupa, moradia, aquecimento, luz, educação, lazer e de tudo o mais? Em suma, como vamos usar o mundo?"

12. von Weizsäcker *et al.*, pp. 126-128; fotografia, Lâmina 11. No meado de 1998, havia 223 *estações tubo* em uso.

13. Linden, 1996, p. 62.

14. Linden (1996) informa que Lyons e Vancouver estão entre as cidades que pensam em adotar o metrô de superfície.

15. A cidade está experimentando métodos inovadores de tratamento de esgoto e já pensa no abastecimento de água de qualidade dual, o fornecimento e a coleta em cisterna; porém, até a recente eleição de Lerner para o governo do Paraná, certas questões no relacionamento entre a cidade e o estado impediam a inovação e a descentralização dos sistemas de água e esgoto.

16. Esta campanha foi lançada com publicidade na televisão e programas escolares com atores representando a Família Folha.

17. Disponível em www.product-life.org/history.htm. Stahel denomina essas duas últimas etapas "ecologia social" e "ecologia cultural".

18. Pelo menos, observa Rabinovitch, na "cidade formal", que conta com a existência de boas estatísticas: "É impossível obter dados confiáveis sobre a cidade informal, que muda diariamente e deve apresentar porcentagens mais baixas. Esse é um fato universal".

19. McKibben, 1995, p. 110.

20. Linden (1996, pp. 63-64) especula que a escassez de exemplos como o de Curitiba talvez reflita uma confluência inabitual de liderança bem-dotada e cidadãos preparados.

21. Citado em idem.

22. Um aforismo do economista e iconoclasta professor Kenneth Boulding.

Capítulo 15: Era uma Vez um Planeta

1. Briscoe, 1998.

2. Meadows, 1994, pp. 25-30.

3. Meadows, 1994.

4. Brower, 1995, pp. 155-159. Isto se baseia em um trabalho final publicado em 1975 no *New York Times* intitulado *The Third Planet: Operating Instructions* (300 Broadway, Suite 28, San Francisco, CA 94133-3312) e aqui prafraseado com autorização.

5. D.Orr, contato pessoal em 1º de fevereiro de 1999.

6. Ayres, 1992.

7. Holling, "New Science and New Investments for a Sustainable Biosphere", p. 57 *in* Jansson *et al.*, 1994, Callahan, 1999.

8. Hart, 1999.

9. Ayres, 1995a.

10. Costanza, "Three General Policies to Achieve Sustainability", p. 392 *in* Jansson *et al.*, 1994.

11. Berry, 1999.

12. von Weizsäcker, 1994.

Bibliografia

Abe, J. M., Dempsey, P. E., e Basset, D. A., 1998: *Business Ecology: Giving Your Organization the Natural Edge*, Butterworth-Heinemann; The Business Ecology Network, PO Box 29, Shady Side, MD 20764-9546, 410/867-3596, fax – 7956, www.naturaledge.org.

Abramovitz, J. N., 1998: "Putting a Value on Nature's 'Free' Services", *WorldWatch* 11(1):10, janeiro/fevereiro.

Adler, R. W., e Mace, T., 1990: "Water, water...", Natural Resources Defense Council, *Los Angeles Times*, 29 de abril.

Alexander, C., 1977: *A Pattern Language*, Oxford University Press, Nova York, NY.

Alliance to Save Energy, American Council for an Energy-Efficient Economy, Natural Resources Defense Council, Tellus Institute, e Union of Concerned Scientists 1997: *Energy Innovations. A Prosperous Path to a Clean Environment*, junho, ASE, 1200 18th St. NW, Suite 900, Washington, DC 20036, www.ase.org.

Amato, I., 1998: "Fomenting a Revolution in Miniature", *Science* 282:402-405, 16 de outubro.

American Forest and Paper Association 1994: *Fast Facts*, 1111 19th St. NW, Washington, DC 20036, 202/463-2737.

American Forest and Paper Association, www.afandpa.org, copiado da Internet em 15 de fevereiro de 1998.

American Institute of Physics 1975: *Efficient Use of Energy*, American Physical Society Studies on the Technical Aspects of the More Efficient Use of Energy, Conf. Procs. Nº. 25, AIP, Nova York, NY.

Anderson, R. C., 1997: Interface Sustainability Report, Interface Corp., La Grange, GA.

— 1998: *Mid-Course Correction*, Peregrinzilla Press, Interface Corp., Atlanta, GA.

Andreeva, N., 1998: "You Deserve a Starch Container Today", *Business Week*, p. 115, 5 de outubro, dtwoct@businessweek.com.

Arbeus, U., 1998: "The N-Pump — A New Concept", *Scientific Impeller* 5:23-27, ITT Flygt AB, Solna, Suécia, ++ 46 8 + 627-6500, fax – 6900.

Arnold, M. B., e Day, R. M., 1998: *The Next Bottom Line: Making Sustainable Development Tangible*, World Resources Institute, Washington, DC.

Arrow, K., Jorgenson, D., Krugman, P., Nordhaus, W., Solow, R., *et al.*, 1997: "The Economists' Statement on Climate Change", 13 de fevereiro, disponível no Redefining Progress, San Francisco, CA, 415/781-1191, www.progress.org.

Atchison, J., 1995: "Nonwood Fiber Could Play Major Role in U.S. Papermaking Furnishes", *Pulp and Paper* 67(9):125-131.

Atmospheric Pollution Prevention Division, USEPA 1997: "Role of Technology in Climate Change Policy", súmula, Washington, DC, novembro.

Audin, L., e Howe, B., 1994: Success at Zero Net Cost: *Columbia University's Achievements in Energy Efficiency*, CS-94-1, E SOURCE, Boulder, CO 80301, www.esource.com.

Audin, L., Houghton. D., Shepard, M., e Hawthorne, W., 1998: *Lighting Technology Atlas*, E SOURCE, Boulder, CO.

Austin, D., Goldemberg, J., e Parker, G., 1998: "Contributions to Climate Change: Are Conventional Metrics Misleading the Debate?", *Climate Notes*, outubro, World Resources Institute, Washington, DC, http://www.wri.org/wri/climate/.

Australian Plumbing Industry 1992: "'Leading Edge' Technology", outubro/novembro.

Automotive Industries 1995: publicação referente ao centenário ocorrido em julho, p. 124.

Automotive News 1983: "Cats 3306B Makes It Big in the Real World", 7 de novembro.

Axelsson, S., 1996: *Ecological Tax Reform*, Naturskyddsföringen (Sociedade Sueca para a Preservação da Natureza), Estocolmo, outubro.

Ayres, E.,1993: "Making Paper Without Trees", *Worldwatch 6*, setembro/outubro.

Ayres, R. U., 1989: *Technology and Environment*, National Academy of Sciences, Washington, DC.

— 1992: "Toxic Heavy Metals: Materials Cycle Optimization", *Proc. Natl. Acad. Scis.* 89:815-820, fevereiro.

— 1995: "Thermodynamics and Process Analysis for Future Economic Scenarios", *Envtl. and Res. Ecs.* 6:207-230.

— 1995a: "Economic Growth: Politically Necessary but Not Environmentally Friendly", *Ecol. Ecs.* 15: 97-99; vide também "Achieving Eco-Efficiency in Busi-

ness", World Business Council for Sustainable Development, Genebra.

— 1996: "Industrial Metabolism and the Grand Nutrient Cycles", monografia, 96/54/EPS, INSEAD, Boul. de Constance, 77305 Fontainebleau Cedex, França.

— 1996a: "Turning Point: The End of the Growth Paradigm", monografia, 96/49/EPS, Centre for the Management of Environmental Resources, INSEAD, Fontainebleau, França.

— 1998: *Turning Point: The End of the Growth Paradigm*, Earthscan, Londres.

Ayres, R. U. e L. W., 1996: *Industrial Ecology*, Edward Elgar, Cheltenham, Glos., UK, e Brookfield, VT.

Bagby, M. E., 1996: *Annual Report of the United States of America*, HarperBusiness, Nova York, NY.

Bain, A., 1997: "The Hindenburg Disaster: A Compelling Theory of Probable Cause and Effect", *Procs. Natl. Hydr. Assn. 8th Ann. Hydrogen Mtg.* (Alexandria, VA), 11-13 de março, pp. 125-128.

Baldwin, J, 1996: *Buckyworks: Buckminster Fuller's Ideas for Today*, John Wiley, Nova York, NY.

Bancroft, B., Shepard, M., Lovins, A. B., e Bishop, R., 1991: *The State of the Art: Water Heating*, COMPETITEK/Rocky Mountain Institute, outubro., E SOURCE, Boulder, CO 80301, www.esource.com.

BankAmerica 1997: *BankAmerica Environmental Program 1997 Progress Report*, BankAmerica, Los Angeles, CA.

Barten, P., 1995: contato pessoal em 25 de outubro, Yale Forestry School.

Bechmann, A., 1987: *Landbau-Wende: Gesunde Landwirtschaft — Gesunde Ernährung*, S. Fischer, Frankfurt.

Behrens, W. W. III, 1973: "The Dynamics of Natural Resource Utilization", Cap. 6 pp. 141-162 *in* Meadows, D. L. e D. H., 1973, *Toward Global Equilibrium: Selected Papers*, Wright-Allen Press, Cambridge, MA.

Benyus, J. M., 1997: *Biomimicry: Innovations Inspired by Nature*, William Morrow, Nova York, NY.

BIBLIOGRAFIA

Berner, E. K. e R. A., 1996: *Global Environment: Water, Air, and Geochemical Cycles*, Prentice Hall, Upper Saddle River, NJ.

Berry, W., 1981: "Solving for Pattern", *in The Gift of Good Land*, North Point Press, San Francisco, CA.

— 1995: "Private Property and the Common Wealth", *Another Turn of the Crank*, Counterpoint, Washington, DC.

— 1999: "Back to the Land", *The Amicus Journal* 20(4):37-40, Inverno, Natural Resources Defense Council, Nova York; versão mais extensa, "The Whole Horse", publicado no jornal britânico *Resurgence* 188, maio/junho de 1998.

Bintrim, S. B., Ireland, J. S., Joseph, D. A., Donohue, T. J., Handelsman, J., e Goodman, R. M., 1997: "Molecular and computational analyses reveal vast phylogenetic diversity of bacteria in soil", *Proc. Natl. Acad. Scis.* 94:277-282.

Bishop, Ron, 1998: contato pessoal em 6 de fevereiro, General Manager, Central Platte Natural Resource District, 215 N. Kaufmann Ave., Grand Island, NE, 308/385-6282.

Bloome, P. D., e Cuperus, G. W., 1984: "Aeration for Management of Stored Grain Insects in Wheat", n° 84-3517, 1984 Winter Meeting (Nova Orleans), Am. Soc. Ag. Eng. (2950 Niles Road, St. Joseph, MI 49085), 11-14 de dezembro.

Blum, L., Denison, R. A., e Rusfon, J. F, 1997: "A Life-Cycle Approach to Purchasing and Using Environmentally Preferable Paper", *J. Indl. Ecol.* 1(3):15-46, Verão.

Bodlund, B., *et al.*, 1989: "The Challenge of Choices: Technology Options for the Swedish Electricity Sector", pp. 883-947 *in* Johansson, T. B., *et al.*, orgs., *Electricity*, Lund University Press, Lund, Suécia.

Boonyatikarn, S., 1997: "The Energy Conserving House", Energy Expert Co. Ltd., fevereiro, disponível com o autor (Assoc. Prof. of Arch. and Dep. Dir. for Res. Affairs), Chulalongkorn U., Phyathai Rd., 10330 Bangkok, Tailândia, ++ 66 2 + 218-80 90 66, fax + 254-7579.

Boulding, K.: "The Economics of Spaceship Earth", *Environmental Quality in a Growing Economy*, Jarret, H., org., Johns Hopkins Press, Baltimore, MD.

Boxboard Containers 1993: "Case Closed", pp. 44-45, outubro.

Bradford, P.A., 1998: "No one gets out alive: the hijacking of the electric industry", Energy: Buildings, Economics, and the Earth Conference, Nova York, Earth Day, 21 de abril.

Brandt, M., 1997: contato pessoal em 13 e 21 de agosto, Commonwealth Edison Company, Chicago, IL.

Braungart, M., 1998: contato pessoal em 8 de fevereiro.

Bredehoeft, J., 1984: "Physical Limitations of Water Resources", pp. 17-44 *in* Engelbert, E. A., com Scheuring, A. F., orgs., *Water Scarcity: Impacts on Western Agriculture*, University of California Press, Berkeley.

Briscoe, D., 1998: "State of the World", 10 de janeiro, Associated Press, Washington, DC.

Brody, J. E., 1995: "Annual Health Care Cost of Meat Is Billions, Study Says", *New York Times*, 21 de novembro.

— 1985: "Organic Farming Moves into the Mainstream", *New York Times*, p. 20, 8 de outubro.

Brooke, L., 1998: "Amory Lovins: Composite Crusader", *Automotive Industries*, pp. 59-60,63, setembro.

Brower, D., 1995: *Let the Mountains Talk, Let the Rivers Run*, HarperCollins, Nova York, NY.

Brown, L. R., e Halweil, B., 1998: "China's Water Shortage Could Shake World Food Security'", *Worldwatch* 11(4): 10-21 de julho/agosto.

Brown, L. R., Renner, M., e Flavin, C., 1997: *Vital Signs 1997*, Worldwatch Institute, Washington, DC, www.worldwatch.org.

Brown, L. R., Flavin, C., e French, H., 1998: *State of the World 1998*, Worldwatch Institute, Washington, DC, www.worldwatch.org.

Browne, J., 1997: Address at Stanford University, 19 de maio, www.bp.com.

Browning, W. D., 1987: "Steaks and Mistakes: A Study of U.S. Beef Production",

Rocky Mountain Institute, memorando de circulação interna.

— 1992: "NMB Bank Headquarters: The Impressive Performance of a Green Building", *Urban Land*, Urban Land Institute, pp. 23-25, junho.

— 1997: "Giving Productivity an Energy-Efficient Boost", *Consulting-Specifying Engineer*, pp. 40-44, janeiro.

— 1997a: "Boosting productivity with IEQ improvements", *Building Design and Construction*, pp. 50-52, abril.

Brownstein. E., Hall, S., e Lotspeich C., com Lovins, A. B., 1997: "Resource Efficiency in Wood Fiber Services: A 'Soft Fiber Path' for Forest Products Markets", Systems Group on Forests, Rocky Mountain Institute, Snowmass, CO, julho, esboço para ser publicado em 1999.

Brylawski, M., e Lovins, A. B., 1995: "Ultralight-Hybrid Vehicle Design: Overcoming the Barriers to Using Advanced Composites in the Automotive Industry", 28 de março, monografia para o 41º Simpósio Internacional e Exibição, Society for the Advancement of Material and Process Engineering (SAMPE), Anaheim, CA, reeditado, RMI Publication n⁰ˢ T95-39.

Brylawski, M., e Lovins, A. B., 1998: "Advanced Composites: The Car Is at the Crossroads", monografia para o 43º Simpósio Internacional e Exibição, Society for the Advancement of Material and Process Engineering (SAMPE), 31 de maio — 4 de junho, Anaheim, CA, SAMPE J. 35(2): 25-36 (março, abril de 1999), RMI Publication n⁰ˢ T98-1.

Buchan, J., 1997: *Frozen Desire: The Meaning of Money*, Farrar Straus and Giroux, Nova York, NY.

Buerkle, T., 1998: "Using Taxes as Stick, U.K. Aims to Cut Car Travel", *Intl. Herald Tribune* (Nova York ed.), p. 7, 21 de julho.

Business Week 1998: "A New Iron Age", p. 103, 12 de janeiro.

Butterfield, F., 1996: "Survey Finds That Crimes Cost $450 Billion a Year", *New York Times*, 22 de abril.

Butti, K., e Perlin, J., 1980: *A Golden Thread: 2500 Years of Solar Architecture and Technology*, Cheshire Books, Palo Alto, CA.

Cairncross, F., 1997: *The Death of Distance: How the Communications Revolution Will Change Our Lives*, Harvard Business School Publishing, Boston, MA.

Cairns, J. Jr., 1997: "Defining Goals and Conditions for a Sustainable World", *Environmental Health Perspectives* 105(11):1164-1170, novembro.

Callahan, R. 1999: "Ice Core Shows Greenhouse Gases", Associated Press, 6 de junho.

Calvin, W. H. 1998: "The Great Climate Flip-Flop", *Atlantic Monthly*, janeiro.

Calwell, C., Edwards, A., Gladstein, C., e Lee, L., 1990: *Clearing the Air*, Natural Resources Defense Council, San Francisco, CA, www.nrdc.org.

Cannon, J., 1995: "Harnessing Hydrogen: The Key to Sustainable Transportation", INFORM, Nova York, NY, ISBN 0-918780-65-9.

Cantrell, P., 1991: *The Food and Agriculture Workbook*, Economic Renewal Project, Rocky Mountain Institute Publication N⁰ ER91-7, www.rmi.org.

Carbohydrate Economy, The, 1998: "Growing Cars", 1 (3):1-7, Verão, Institute for Local Self-Reliance, Chicago, www.carbohydrateeconomy.org.

Carey, J., 1998: "Look Who's Thawing in Global Climate: "*Business Week*, pp. 97-98, 9 de novembro.

Carter, V. G., e Hale, T., 1974: *Topsoil and Civilization*, University of Oklahoma Press, Norman.

Casten, T., 1997: Remarks to White House Climate Conference, 6 de outubro, Trigen Energy Co., White Plains, NY.

Caulfield, C., 1989: *Multiple Exposures: Chronicles of the Radiation Age*, HarperCollins, Nova York, NY.

Chao, B. F., 1995: "Anthropogenic impact on global geodynamics due to water impoundment in major reservoirs", *Geophys. Res. Letts.* 22:3533-3536.

Chaplin, S. W., 1993: "Group Bridges Toilet Rebate Gap", *Home Energy*, p. 9, maio/junho.
— 1994: *Water-Efficient Landscaping: A Guide for Utilities and Community Planners*, Rocky Mountain Institute Publication n° W94-8, www.rmi.org.
Chapman, R., 1998: "New urban projects yield solid returns", *New Urban News* 3(1): 1 e 8-11 de janeiro-fevereiro.
Chelman, Chester, 1998: contato pessoal baseado em pesquisa nos arquivos da Traffic Engineering Society archives, White Mountain Survey, Box 440, Ossipee, NH 03864, 603/539-4118.
Chemical Manufacturers Association 1993: *United States Chemical Industry Statistical Handbook*, CMA, Washington, DC.
Cheng, F. Y., 1963: "Deterioration of Thatch Roofs by Moth Larvae after House Spraying in the Course of a Malaria Eradication Programme in North Borneo", *Bull. WHO* 28:136-137.
Chipello, C. J., 1998: "MacMillan Bloedel to Unveil Plan to Restrict Scope of Its Logging", *Wall Street Journal*, p. B2, 10 de junho.
Chouinard, Y. e Brown, M., 1997: "Going Organic: Converting Patagonia's Cotton Product Line", *J. Indl. Ecol.* 1(1): 117ss, Inverno.
Christian Science Monitor 1997: "21ˢᵗ Century Weather", editorial, p. 20, 6 de agosto.
City of Los Angeles 1982: "Graywater Pilot Project, Final Report", Office of Water Reclamation (que foi extinto recentemente), novembro.
Clark, R. D. S., 1997: *Water Sustainability in Urban Areas: An Adelaide and Regions Case Study, Report Five: Optimum Scale for Urban Water Systems*, Water Resources Group, South Australia Department of Environment and Natural Resources, Adelaide, julho.
Clark, R. D. S., Perkins, A., e Wood, S. E., 1997: *Water Sustainability in Urban Areas: An Adelaide and Regions Case Study, Report One: An Exploration of the Concept*, Water Resources Group, South Australia

Department of Environment and Natural Resources, Adelaide, julho.
Clark, R. D. S., e Tomlinson, G. W., 1995: *Optimum Scale for Water Services in Metropolitan Adelaide: Part I, Least Cost Scale for Sewerage Systems*, Dept. of Environmental and Natural Resources, Water Resources Group, Austrália Meridional, setembro.
Cler, G., Shepard, H., Gregerson, J., Houghton, D. J., Fryer, L., Elleson, J., Pattinson, B., Hawthorne, W., Webster, L., Stein, J., Davis, D., e Parsons, S., 1997: *Commercial Space Cooling and Air Handling Technology Atlas*, E SOURCE, Boulder, CO, www.esource.com.
Clinton, W. J., 1997: Climate policy speech, National Geographic Society, Washington, DC, 22 de outubro.
Clivus Multrum, Inc., "On-site waste treatment – what are the benefits?", 15 Union St., Lawrence, MA 01840, 978/725-5591, 800/962-8447, fax – 978/557-9658, www.clivusmultrum.com.
Cobb, C. W., 1998: "The Roads Aren't Free: Estimating the Full Social Cost of Driving and the Effects of Accurate Pricing", Monografia n° 3 sobre a Reforma Fiscal Ambiental, Redefining Progress, San Francisco, CA, www.rprogress.org.
Colinvaux, P., 1978: "Why Big Fierce Animals Are Rare", *in An Ecologist's Perspective*, Princeton University Press, Princeton, NJ.
Composites News: Infrastructure 1995: "Reinforced Glulam Beams May Cause Materials Revolution", 30:1-4, 18 de agosto, Composites Worldwide, Solano Beach, CA 619/775-1372, fax – 5271; ver também "Composites Lead to Revolutionary Wood Beams and Bridges", 4:1-3, 11 de abril, 1994.
Consumer Reports 1997: "Less Noisy, Less Thirsty", janeiro., pp. 42-45.
Conway, G. R., 1969: "Ecological Aspects of Pest Control in Malaysia", 467-488 (veja 483-484) *in* Farvar, M. T., e Milton, J. P., orgs. 1969/1972, *The Careless Technology*, Natural History Press, Nova York, NY.

— 1997: *The Doubly Green Revolution*, Penguin, Londres; também 1999, Cornell University Press, Ithaca, NY.

Copper Development Association (CDA) 1996: "One Wire Size Up Means Big Savings", A6008/93/96, CDA, 260 Madison Ave., Nova York, NY 10016, 800/CDADATA ou 212/251-7200, fax – 7234, http://energy.copper.org.

Coral Reef Alliance 1998: "Reefs in Danger: Threats to Coral Reefs Around the World", 22 de outubro.

Corbett, M., 1981: *A Better Place to Live*, Rodale Press, Emmaus, PA.

Costanza, R., d'Arge, R., de Groot, R., Farber, S., Grasso, M., Hannon, B., Limburg, K., Naeem, S., O'Neill, R. V., e Paruelo, J., 1997: "The Value of the World's Ecosystem Services and Natural Capital", *Nature* 387:253-260, 15 de maio.

Cramer, D., e Brylawski, M., 1996: "Ultralight-Hybrid Vehicle Design: Implications for the Recycling Industry", *Procs. Soc. Plastics Engs. Div.'s 3rd Ann. Recycl. Conf.*, 7-8 de novembro, Chicago, IL, Rocky Mountain Institute Publication n° T96-14.

Cramer-Kresselt Research 1996: *Facilities and Real Estate Strategies*, preparado por National Summit on Building Performance, novembro.

Criminal Justice Newsletter 1995: "30 Percent of Young Black Men Are in Corrections System, Study Finds", 26:19, 20 de outubro.

Crutzen, P. J., *et al.* 1986: "Methane Production by Domestic Animals, Wild Ruminants, Other Herbivorous Fauna and Humans", *Tellus* 38B: 271-284.

Csikszentmihalyi, M., 1990: *Flow: The Psychology of Optimal Experience*, Harper and Row, Nova York, NY.

Cumberford, R., 1996: "New cars for the new millennium", *Automobile* 11(7), outubro, e "Lightness is all", *idem* 11(8), novembro, ambas republicadas pela RMI Publication n° T96-13.

Curitiba (Prefeitura Municipal) 1997: "Curitiba: Indicadores Sociais e Econômicos, 1997", Secretaria da Indústria, Comércio e Turismo, Rua da Glória, 362, CEP 800.030-060 Centro Cívico, Curitiba, Paraná, Brasil, ++ 055 41 + 352-4021, fax + 352-4201, sict@sict.curitiba.arauc.br.

Curitiba (Prefeitura Municipal) s/d: "Crianças e Adolescentes — Cidadãos de Curitiba", Secretaria Municipal da Criança, Rua da Glória, 362, Centro Cívico, CEP 80030-060 Curitiba, Paraná, Brasil, ++ 55 41 + 352-4129, fax – 4184, dacyla@smcr.curitiba.arauc.br, www.pr.gov.br/curitiba.

Cushman, J. H. Jr., 1999: "Industries Press Plan for Credits in Emissions Pact", *New York Times* (ed. posterior, N.Y.), 1: 1, 3 de janeiro.

Custer, Kim, 1995: contato pessoal em fevereiro, Mitsubishi Motor Sales America, Cypress, CA.

CyberTran: CyberTran Development Co., 1223 Peoples Ave., Troy, NY 12180, 518/276- 2225, fax – 6380, transit@transit21.com, www.cybertran.com.

Daily, G., Alexander, S., Ehrlich, P., Goulder, L., Lubchenco, J., Matson, P. A., Mooney, H. A., Postel, S., Schneider, S. H., Tilman, D., e Woodwell, G. M.,1997: "Ecosystem Services: Benefits Supplied to Human Societies by Natural Ecosystems", *Issues in Ecology*, n° 2, Ecological Society of America, Washington, DC.

Daily, G. C., org., 1997: *Nature's Services: Societal Dependence on Natural Ecosystems*, Island Press, Washington, DC.

Daily, G. C., e Ehrlich, P. R., 1996: "Global Change and Human Susceptibility to Disease", *Ann. Rev. En Envt.* 21:125-144.

Daly, H. E., 1994: "Operationalizing Sustainable Development by Investing in Natural Capital", p. 22 *in* Jansson, A., *et al.*, orgs., *Investing in Natural Capital*, Island Press, Washington, DC.

— 1997: "Uneconomic Growth: From Empty-World to Full-World Economics," Rice University, DeLange-Woodlands Conference *Sustainable Development: Managing the Transition*, Houston, TX, 3 de março, em vias de publicação na Columbia U. Press conference volume.

BIBLIOGRAFIA

— 1998: "Beyond Growth: Avoiding Uneconomic Growth", Intl. Soc. Ecol. Ecs. 5th Bien. Conf., Santiago, Chile, novembro.

Dansingburg, J., e DeVore, B., 1997: "Canary in a Farm Field", *The Land Stewardship Letter* 15(6):1, 10-11 de dezembro, Land Stewardship Project, 2200 Fourth St., White Bear Lake, MN 55110.

David, G., 1997: Address to Earth Technologies Forum, 26 de outubro.

Davis, S., e Meyer, C., 1998: *Blur: The Speed of Change in the Connected Economy*, Addison-Wesley, Reading, MA.

Davis Energy Group, Inc., 1994: "ACT² Davis Site Final Report", relatório n° 008.1-93.18, Pacific Gas and Electric Co. (PGandE), 3400 Crow Canyon Road, San Ramon, CA 94583, fevereiro, www.pge.com.

de Groot, R. S., 1994: "Environmental Functions and the Economic Value of Natural Ecosystems", p. 151 *in* Jansson, A., *et al.*, orgs., *Investing in Natural Capital*, Island Press, Washington, DC.

de Vega, Z. M., 1996: "Curitiba: Um Modelo Mundial de Desenvolvimento Urbano", *Iberoamericano*, Agência EFE, tradução imperfeita concedida em agosto de 1998 pela webmaster@curitiba. arauc.br.

Deane, P., e Cole, W. A., 1969: *British Economic Growth, 1688-1959*, 2ª ed., Cambridge U. Press, Cambridge, Inglaterra.

Dearian, J., e Arthur, R., 1997: "Ultra Light Rail Transit: The Wave of the Future", disponível na CyberTran International, www.cybertran.com.

Dearian, J. A., e Plum, M. M., 1993: "The Capital, Energy, and Time Economics of an Automated, On-Demand Transportation System", 28th Intersoc. En. Cons. Eng. Conf., 8-13 de agosto, Atlanta, GA (de J. A. Dearien, c/o Lockheed INEL, PO Box 1625, Idaho Falls, ID, 83415-3765).

DeCanio, S. J., 1993: "Barriers Within Firms to Energy-efficient Investments", *En. Pol.* 21(9): 906-914, setembro.

— 1994: "Why Do Profitable Energy-Saving Investment Projects Languish?", *J. Genl. Mgt.* 20(1), Outono.

— 1994a: "Agency and Control Problems in US Corporations: The Case of Energy efficient Investment Projects", *J. Ecs. Bus.* 1(1):105-123.

— 1994b: "Energy Efficiency and Managerial Performance: Improving Profitability While Reducing Greenhouse Gas Emissions", a 86-101 *in* Feldman, D. L., org., *Global Climate Change and Public Policy*, Nelson-Hall, Chicago.

— 1997: *The Economics of Climate Change*, Redefining Progress, San Francisco, CA, outubro, www.rprogress.org.

Del Porto, D. e Steinfeld C. 1999. *The Compostina Toilet System Book*, Chelsea Green, White River Junction, Vermont.

Department of Energy (DOE) 1997: *IPMVP: International Performance Measurement and Verification Protocol*, DOE/EE-0081(97), setembro., U.S. Department of Energy, Washington, DC 20585, www.ipmvp.org.

DeSena, M., 1997: "Integration of Aqua-Culture and Agriculture Saves Water, Boosts Economy", *U.S. Water News* 14(11): 15 de novembro.

Design Council 1997: "More for Less", outubro, p. 13, Haymarket House, 1 Oxendon St., Londres SW1Y 4EE, Inglaterra.

Design Council, 1997a: id., p. 20.

Deutsch, C. H., 1997: "A New High-Tech Code: From Widgets to Service", *Intl. Herald Tribune*, Nova York, pp. 1 e 7, 8 de janeiro.

— 1998: "Second Time Around, and Around", *New York Times*, pp. C_1 e C_3, 14 de julho.

DeVore, B., 1996: "Reflecting on What the Land Has to Teach", *The Land Stewardship Letter* 14(5):1, 9-10, outubro/novembro, Land Stewardship Project, 2200 Fourth St., White Bear Lake, MN 55110.

— 1998: "A Land of Milk and Money", *The Land Stewardship Letter* 16(1):1, 10-12, janeiro-março, Projeto de Intendência da Terra.

— 1998a: "Rotational grazing offers financial incentive to help environment", *Minneapolis Star Tribune*, p. A11, 26 de outubro.

Diamond, 7., 1997: *Guns, Germs, and Steel*, W. W. Norton, Nova York, NY.

Directed Technologies, Inc., 1997: "Direct-Hydrogen-Fueled Proton-Exchange Membrane Fuel Cell System for Transportation Applications: Hydrogen Vehicle Safety Report", preparado pelo U.S. Department of Energy pela Ford Motor Co., Dearborn, MI 48121, DOE/CE/50389-502, maio.

Drangert, J. O., 1997: "Perception of Human Excreta: A Point Source Pollution or Diffuse Pollution?", *in* Drangert, J. O., Bew, J., e Winblad, U., orgs., 1997: *Ecological Alternatives in Sanitation — Procs. SIDA Sanitation Workshop*, Ballingsholm, Suécia, 6-9 de agosto, Publications on Water Resources: n° 9, Swedish Intl. Devel. Coop. Agency, Dept. of Natural Resources and the Environment, Estocolmo.

— : "Perceptions, Urine Blindness and Urban Agriculture", *in* Drangert, J. O., Bew, J., e Winblad, U., orgs., 1997: *Ecological Alternatives in Sanitation — Procs. SIDA Sanitation Workshop*, op. cit.

Drug Policy Foundation 1994: Will the Next $150 Billion Make You Safer"?", *New York Times*, anúncio, 27 de fevereiro.

Dudley, N., e Stolton, S., 1996: "Pulp Fact: The Environmental and Social Impacts of the Pulp and Paper Industry", World Wide Fund for Nature, 8 de maio, www.panda.org/tda/forest/contents.htm.

Duffin, M., 1998: apresentação do 16° Seminário sobre Microdispositivos da Nikkei, Tóquio, 28 de maio, disponível para autores, Corporate VP, TQEM, STMicroelectronics, murray.duffin@ st.com.

Durning, A. T, 1996: "The Car and the City", Northwest Environment Watch Report n° 3, NWEW, Seattle, WA.

— 1998: Remarks to Nordic Council Environmental Symposium, Göteborg, 28 de fevereiro.

Earth Impact 1997: Harmony Catalog Newsletter, Inverno, www.simplelife.com.

Eckholm, E., 1998: "Joblessness: A Perilous Curve on China's Capitalist Road", *New York Times*, 20 de janeiro.

Ecology Action 1993: *Annual Report*, 5798 Ridgewood Road, Willits, CA 95490-9730, 707/459-0150, fax – 5409.

Economist 1996: "Living with the Car Survey, 'The Hidden Costs'", 22 de junho.

— 1997: "Jam Today, Road Pricing Tomorrow", 6 de dezembro, "How Subsidies Destroy the Land", 13 de dezembro, e "Plenty of Gloom", 31 de dezembro.

— 1998: "Power to the people", 28 de março, pp. 61-63.

— 1998a: "When virtue pays a premium", 18 de abril, pp. 57-58.

Edwards, R., 1997: "Nuclear Firms Want Special Treatment", *New Scientist*, 14 de junho.

Ehrlich, P., 1996: "Ecological Economics and the Carrying Capacity of the Earth", p. 38 *in* Jansson, A., *et al.*, orgs., *Investing in Natural Capital*, Island Press, Nova York, NY.

Ehrlich, P., *et al.*, 1997: "No Middle Way on the Environment", *Atlantic Monthly*, dezembro.

Eisenberg, E., 1998: *The Ecology of Eden*, Alfred A. Knopf, Nova York, NY.

Electrolux 1997: *The Global Appliance Company: Environmental Report* 1991, AB Electrolux, Group Environmental Affairs, S-105 45 Estocolmo, ++ 46 8 + 738-6598, fax + 738-7666, environmental.affairs@electrolux.se, www.electrolux.se.

Eley, C., AIA PE 1997: apresentação das tarifas baseadas na Performance, Eley Associates, San Francisco, 415/957-1977, fax – 1381.

Emerson, R. W., 1994: *Nature and other writings*, Shambhala, Boston, MA, a 9-10.

Environmental Building News 1995: "What's New in Construction Waste Management", 4(6):14, novembro/dezembro, EBN, 28 Birge St., Suite 30, Brattleboro, VT 05301, 802/257-7300, fax – 7304, ebn@ebuild.com, www.ebuild.com.

Environmental Design and Construction 1998: "10 Building Projects Follow System to Recycle Waste", 36-38, janeiro/fevereiro.

EPA 1989: *Policy Options for Stabilizing Global Climate*, relatório resumido para o Congresso, Lashof, D. A., e Tirpak, D., orgs., 2 vols., fevereiro.

BIBLIOGRAFIA

EPA 1993: "Introducing the Green Lights Program", EPA 430-F-93-050, novembro.

EPA 1998: Green Lights advertisement, *Environmental Design and Construction*, janeiro/ fevereiro, texto da quarta-capa.

Epprecht, T., 1998: "Genetic engineering and liability insurance: The power of public perception", Suíça, Zurique, publications@swissre.com.

FAS (Fundação de Ação Social), s/d: "A Solidariedade em Curitiba Tem Nome: FAS", FAS, Avenida Paraná 2272 – Boa Vista, Curitiba, PR, CEP 82510-000, fone/fax ++55 41+ 42/356-7272, pmcta@lepus.celepar.br, www.celepar.br/curitiba/curitiba. html.

Fédération Nationale de la Gestion des Equipements de l'Energie et de l'Environnement (FG&E), "Défense et illustration...d'un métier", p. 25 (5, rue de Téhéran, 75008 Paris, ++ 331 + 4075 0411, fax + 4075 0407).

Fickett, A. P., Gellings, C. W., e Lovins, A. B., 1990: "Efficient Use of Electricity", *Sci Amer*. 263(3):64-74, setembro.

Financial Times 1998: p. 3, 2 de novembro.

Fischer, H., 1991: "Ausbindungsintegrierter Umweltschutz durch Chemie", *Chemie in unserer Zeit* 25(5): 249-256.

— 1991a: "Environmental Protection by Practical Chemistry: A General Chemistry Laboratory Course with a Minimum of Chemical Waste", *Chimia* 45(3):77-80, março.

— 1994: *Praktikum in Allgemeiner Chemie*, Verlag Helvetica Chemica Acta eVCH (Basiléia e Weinheim), Parte 1 e 2, ISBN 3-527-29204-7 and 3-906390-10-1, 1994-5,2ª ed., também disponível em russo.

— 1997: contato pessoal em 4 de dezembro, Physikalisch-Chemisches Institut der Universität Zürich, Winterthurerstrasse 190, CH-8057 Zurique, Suíça, fax ++ 411+ 362-0139, hfischer@pci.unizh.ch.

Flavin, C., 1998: "Last Tango in Buenos Aires", *Worldwatch* 11(6):10-18, novembro/dezembro.

Flavin, C., e Dunn. S., 1997: "Rising Sun, Gathering Winds: Policies to Stabilize the Climate and Strengthen Economies", memorando n° 138, Worldwatch Institute, Washington, DC, novembro, www. worldwatch.org.

Flavin, C., e O'Meara, M., 1998: "Solar Power Markets Boom", *Worldwatch* 11(5):23-27, setembro/outubro.

Fox, J., e Cramer, D., 1997: "Hypercars: A Market-Oriented Approach to Meeting Lifecycle and Environmental Goals", Society of Automotive Engineers (SAE) memorando n° 971096, Rocky Mountain Institute Publication n° T97-5.

Frank, J. E., 1989: *The Costs of Alternative Development Patterns: A Review of the Literature*, The Urban Land Institute, Washington, DC.

Franta, G., e Anstead, K., 1996: *Glazing Design Handbook for Energy Efficiency*, American Institute of Architects, Washington, DC.

Frantzen, T., 1998: "Deep-Bedded Facilities Changed Our Lives!", *Practical Farmers of Iowa Newsletter*, p. 33, Primavera.

Friend, G., 1996: "Ecomimesis: Copying ecosystems for fun and profit", *The New Bottom Line*, 4 de fevereiro, gfriend@ igc.apc.org.

Friends of the Earth 1993: *Packaging and Packaging Waste*, Evidence to House of Lords Select Committee on the European Communities, Londres.

— 1998: "Dirty Little Secrets", FOE, Washington, DC, www.foe.org/DLS.

Fritz, D., 1984-89: "Salt Ash Peak Occupancy Flow Report", Hawk Mountain Development Corp., Box 64, Plymouth, VT 05056, 802/672-3811.

Froeschle, L., 1998: "Renovating Ridgehaven into a successful green office building", *Environmental Design and Construction*, pp. 55-61, janeiro/fevereiro.

Froeschle, Lynn M., AIA, 1998: contato pessoal em 14 de janeiro.

Fukuoka, M., 1978: *The One Straw Revolution: An Introduction to Natural Farming*, Rodale Press, Emmaus, PA; também 1985: Friends Rural Centre, Rasulia, Hoshangabad, Madhya Pradesh, Índia.

Gadgil, A. J., Rosenfeld, A. H., Arasteh, D., e Ward, E., 1991: "Advanced Lighting and

Window Technology for Reducing Electricity Consumption and Peak Demand: Overseas Manufacturing and Marketing Opportunities", 3:6.135-6.152, *Procs. IEA/ENEL Conf: on Advanced Technologies for Electric Demand-Side Management*, Sorrento, 2-5 de abril, publicado pela OECD/IEA, Paris, e como LBNL-30389, revisto por Lawrence Berkeley [National] Berkeley, CA, www.lbl.gov.

Gardner, G., 1998: "When Cities Take Bicycles Seriously", *Worldwatch* 11(5):16-22, setembro-outubro.

— 1998a: *Recycling Organic Waste: From Urban Pollutant to Farm Resource*, Worldwatch Paper 135, Worldwatch Institute, Washington, DC, resumido na Brown *et al.*, orgs., 1998, pp. 96-112, "Recycling Organic Wastes".

Gardner, G., e Sampat, P., 1998: "Mind Over Matter: Recasting the Role of Materials in Our Lives", Worldwatch Paper 144, Worldwatch Institute, Washington, DC, dezembro.

Geller, H., e Nadel, S., 1994: "Market Transformation Programs: Past Results, Future Directions", *Procs. ACEEE Summer Study Energy Effic. Bldgs.* 10:187-197, American Council for an Energy-Efficient Economy, Washington, DC.

Gene Exchange, The, 1998: "New Reports Spell Trouble for Bt-Resistance Management", Union of Concerned Scientists, Agriculture and Biotechnology Project, 1616 P St. NW, Suite 310, Washington, DC 20036-1495, www.ucsusa.org/publications/pubshome.html#Gene.

George, K., Gregerson, J., Shepard, M., Webster, C., e David, D., 1996: *Residential Appliances: Technology Atlas*, E SOURCE, Boulder, CO 80301, 303/440-8500, fax – 8502, www.esource.com.

Gibbs, W. W., 1997: "Transportation's Perennial Problems", *Sci. Amer.* 277(4):54-57 (outubro).

Gladwell, M., 1996: "The Tipping Point: Why Is the City Suddenly So Much Safer – Could It Be That Crime Really Is an Epidemic?" *The New Yorker*, pp. 32-38, 3 de junho.

Gleick, P. H., 1994: "Water and Energy", *Ann. Rev. En. Envt.* 19:269-299.

— 1998: *The World's Water 1998-1999: The Biennial Report on Freshwater Resources*, Island Press, Washington, DC; atualizado na www.worldwater.org.

— org., 1999: *Sustainable Use of Water: California Success Stories*, Pacific Institute for Studies in Development, Environment, and Security, Oakland, CA.

Gleick, P. H., Loh, P., Gomez, S., e Morrison, J., 1995: *California Water 2000. A Sustainable Vision*, Pacific Institute for Studies in Development, Environment, and Security, Oakland, CA.

Global Cities Project 1991: Building Sustainable Communities: An Environmental Guide for Local Government, Center for the Study of Law and Politics, 2962 Fillmore St., San Francisco, CA 94123, 415/775-0791, abril.

Goldemberg, T., Johansson, T B., Reddy, A. K. N., e Williams, R. H., 1988: *Energy for a Sustainable World*, Wiley Eastern, Nova Delhi.

Goldstein, D., 1996: "Making Housing More Affordable: Correcting Misplaced Incentives in the Lending System", Natural Resources Defense Council, San Francisco, CA, www.smartgrowth.org/library/housing_afford_goldstein.html.

Gomez, S., e Owens-Viani, L., 1998: "Community/Water Agency partnerships to save water and revitalize communities", *in* Gleick 1999, op. cit.

Goodman, A., 1998: "New Helmsman, New Goals", *Tomorrow*, pp. 20-21, março/abril.

Goodstein, E., 1999: *What Trade-Off? Fictions and Facts About Jobs and the Environment* (título provisório, no prelo), Island Press, Washington, DC.

Gorman, T. M., 1998: "Structural Products Made from Small Diameter and Under Utilized Trees", a conferência *The Greening of Yellowstone and Beyond* (Bozeman, 14-16 de maio), disponível com o Prof. Gorman, Forest Products Dept., U. of Id., Moscow, ID 83844-1132, 208/885-7402, fax – 6226, tgorman@uidaho.edu.

BIBLIOGRAFIA

Gould, F., et al. 1997: "Initial frequency of Alleles for Resistance to Bacillus thuringiensis Toxins in Field Populations of Heliothis virescens", Procs. NAS 94:3519-3523.

Graedel, T E., e Allenby, B. R., 1996: Industrial Ecology, AT&T e Prentice-Hall, Englewood Cliffs, NJ.

— 1996a: Design for Environment, AT&T e Prentice-Hall, Upper Saddle River, NJ.

Green Business Letter 1998: "First American Scientific Corp.'s Kinetic Disintegration Technology", janeiro, makower@greenbiz.com.

— 1998a: "Fade to White", Agosto, makower@greenbiz.com.

Grieg-Gran, M., et. al. 1997: "Towards a Sustainable Paper Cycle", J. Indl. Ecol. 1(3):47-68, Verão.

Groscurth, H.-M., e Kümmel, R., 1989: "The Cost of Energy Optimization: A Thermoeconomic Analysis of National Energy Systems", Physikalisches Institut der Universität Würzburg, 16 de maio.

Haldane, J. B. S., 1985: "On Being the Right Size" and Other Essays, org. por J. M. Smith, Oxford U. Press, Nova York, NY.

Halstead, T., Rowe, J., e Cobb, C., 1995: "If the GDP Is Up, Why Is America Down?", The Atlantic Monthly 276(4):59-78, outubro.

Halweil, B., 1999: "Unintended effects of Bt Crops", Worldwatch 12(1):9-10, janeiro/fevereiro.

Hammond, J., et al. 1997: Tax Waste, Not Work – How Changing What We Tax Can Lead to a Stronger Economy and a Cleaner Environment, abril, Redefining Progress, San Francisco, CA, 800/896-2100 ou 415/781-1191, www.rprogress.org.

Hansen, J. E., Sato, M., Ruety, R., Lacis, A., e Glascoe, J., 1998: "Global Climate Data and Models: A Reconciliation", Science 281:930-932, 14 de agosto.

Harmon, M. E., Ferrell, W. K., e Franklin, J. F., 1990: "Effects on Carbon Storage of Conversion of Old-Growth Forests to Young Forests", Science 247:699-702, 9 de fevereiro.

Harrisson, T.,1965: "Operation Cat-Drop", Animals 5:512-513.

Hart, S., 1999: "Global Sustainability and the Creative Destruction of Industries", aceito para publicação in Sloan Mgt. Rev., março.

Hartman, R. S., e Doane, M. J., 1986: "Household discount rates revisited", En. J. 7(1):139-148, janeiro.

Hausman, J., 1979: "Individual Discount Rates and the Purchase and Utilization of Energy-Consuming Durables", Bell J. Ecs. 10(1):33-54.

Hawken, Paul, 1997: "Natural Capitalism", Mother Jones, março/abril.

— 1994: Speech to the Conference Board, fevereiro, Nova York, NY.

Haynes, R., coordenador, 1990: An Analysis of the Timber Situation in the United States: 1898-2040, U.S. Forest Service, Ft. Collins, CO, General Technical Report RM-199, dezembro.

Haynes, R. W., Adams, D. M., e Mills, J. R., 1995: "The 1993 RPA Timber Assessment Update", RM-GTR-259, U.S. Forest Service, março.

Heederik, G., 1998: "Daddy's Duct Sealing Method", Home Energy, pp. 44-45, janeiro/fevereiro.

Hillel, D., 1991: Out of the Earth, Civilization and the Life of the Soil, The Free Press, Nova York, NY.

Ho, M.-W., e Steinbrecher, R. A., 1998: Fatal Flaws in Food Safety Assessment: Critique of the Joint FAO/WHO Biotechnology and Food Safety Report, TWN Biotechnology and Biosafety Series 1, Third World Network, Penang, Malásia, ISBN 983-9747-29-0.

Ho, M.-W., Traavik., T., Olsvik, O., Midtredt, T., Tappeser, B., Howard, C. V., von Weizsäcker, E. U., e McGavin, G. C.,1998: Gene Technology in the Etiology of Drug-resistant Diseases, TWN Biotechnology and Biosafety Series 2, Third World Network, Penang, Malásia, ISBN 983-9747-35-5.

Hobsbawm, E., 1996: The Age of Revolution, Vintage, Nova York, NY.

Holling, C. S. 1994: "New Science and New Investments for a Sustainable Biosphere", p. 5, in Jansson, A., et al., orgs., Investing *in Natural Capital*, Island Press, Washington, DC.

Holtzclaw, J., 1994: "Using Residential Patterns and Transit to Decrease Auto Dependence and Costs", Natural Resources Defense Council, San Francisco, CA, www. nrdc.org.

— 1998: *But I Have to Drive! Why? Analysis of 3 Regions: San Francisco, Chicago and Los Angeles*, The Location Efficient Mortgage Partnership (Natural Resources Defense Council, San Francisco; Center for Neighborhood Policy, Chicago; Surface Transportation Policy Project, Washington, DC), maio.

Holtzclaw, J., e Goldstein, D., 1991: "Efficient Cars in Efficient Cities", Natural Resources Defense Council, San Francisco, CA.

Horrigan, J. B., Irwin, F. H., e Cook, E., 1998: *Taking a Byte Out of Carbon: Electronic Industries Alliance, and International Cooperative for Environmental Leadership*, World Resources Institute, Washington, DC.

Houghton, D. J., Bishop, R. C., Lovins, A. B., Stickney, B. L., Newcomb, J. J., Shepard, M., e Davids, B. J., 1992: *The State of the Art: Space Cooling and Air Handling*, COMPETITEK/Rocky Mountain Institute, Agosto, complementado e atualizado pela Cler *et al.* 1997.

Houghton, D. J., e Hibberd, D.,1998: "Packaged Rooftop Air Conditioners: A Buyer's Guide for 5.4 to 20 Ton Units", TU-98-1, E SOURCE, Boulder, CO, www. esource.com.

Houghton, D. J., 1995: "Demand-Controlled Ventilation: Teaching Buildings to Breathe", TU-95-10, E SOURCE, Boulder, CO.

Howe, B., 1993: "Distribution Transformers: A Growing Energy Savings Opportunity", TU-93-l0, E SOURCE , Boulder, CO, dezembro.

Howe, B., Shepard, M., Lovins, A. B., Stickney, B. L., e Houghton, D. J., 1996: *Drivepower Technology Atlas*, E SOURCE. Dados atualizados periodicamente pelo banco de dados Motor Master, patrocinado pela USDOE (800/862-2086, fax 360/586-

8303, Motor Challenge Information Clearinghouse, Box 43717, Olympia, WA 98504-3171).

Hubbard, A., e Fong, C., 1995: *Community Energy Workbook*, Economic Renewal Project, Rocky Mountain Institute Publication n° ER95-4, RMI, Snowmass, CO 81654-9199, www.rmi.org.

INFORM Reports 1997: 17(3), Outono/Inverno, INFORM, Nova York, NY.

Interagency Workgroup on Industrial Ecology, Material and Energy Flows 1998: *Materials*, relatório final, janeiro, White House Council on Environmental Quality *et al.*, 800/363-3732, www.oit.doe.gov/mining/materials.

Interlaboratory Working Group 1997: *Scenarios of U.S. Carbon Reductions: Potential Impacts of Energy Technologies by 2010 and Beyond*, Lawrence Berkeley [National] Laboratory (Berkeley, CA) and Oak Ridge National Laboratory (Oak Ridge, TN), LBNL-40533, ORNL-444 setembro,www.ornl.gov/ORNL/Energy_Eff/ CON444.

International Institute for Environment and Development (IIED) 1995: *The Sustainable Paper Cycle*, Relatório Crítico, segundo esboço, IIED/World Business Council on Sustainable Development (WBCSD), Londres.

International Labor Organization 1994: *The World Employment Situation, Trends and Prospects, press release*, ILO, Washington, DC, e Genebra, Suíça, 6 de março.

IPCC (Intergovernmental Panel on Climate Change) 1990: Climate Change: *The Scientific Assessment*, Cambridge U. Press, Cambridge, Inglaterra.

— 1992: *Climate Change 1992*, Cambridge U. Press.

— 1996: *Climate Change 1995: IPPC Second Assessment Report*, 2 vols., Cambridge U. Press.

— 1996a: *The Economic and Social Dimensions of Climate Change*, Vol. 3 do *Climate Change 1995: IPPC Second Assessment Report*, Cambridge U. Press.

IPSEP 1993: *Energy Policy in the Greenhouse, Vol. II, Pt. 1: Cutting Carbon Emissions: Burden or Benefit?*, relatório do Dutch Ministry of Environment, International Project for Sustainable Energy Paths, El Cerrito, CA 94530, ipsep@igc.org.

— 1994-8: *Energy Policy in the Greenhouse, Vol. II, Pt. 2-6: The Cost of Cutting Carbon Emissions in Western Europe*, id.

Jackson, W., 1980: "The Great Plains in Transition", *The Land Report* 10:29-31 (Verão 1980), The Land Institute, Salina, KS 67401, 785/823-5376, fax – 8728.

Jackson, W., Berry, W., e Colman, B., 1984: *Meeting the Expectations of the Land*, North Point, San Francisco, CA.

Jaffe, A. B., e Stavins, R. N., 1994: "The Energy Efficiency Gap: What Does It Mean?", *En. Pol.* 22(10):804-810, outubro.

James, B. D., Thomas, C. E., Baum, G. N., Lomax, F.D. Jr., e Kuhn, I. F. Jr.,1997: "Making the Case for Direct Hydrogen Storage in Fuel Cell Vehicles",*Procs. 8th Ann. U.S. Hydrogen Mtg.*, National Hydrogen Association, 11-13 de março, Alexandria, VA.

Johansson, T. B., *et al.*, org. 1989: *Electricity: Efficient End- Use and New Generation Technologies, and Their Planning Implications*, U. of Lund Press, Lund, Suécia.

Johansson, T. B., Kelly, H., Reddy, A. K. N., e Williams, R. H., orgs., e Burnham, L., editor-executivo 1993: *Renewable Energy*, Island Press, Washington, DC.

Johnson, E. W., 1993: "Avoiding the Collision of Cities and Cars: Urban Transportation Policy for the 21st Century", American Academy of Arts and Sciences; ver também "Taming the car and its user: should we do both?", *Bull. Amer. Acad. Arts and Scis.* 46(2):13-29,1992.

Jones, A. P., 1993: "Better toilets, fewer dams", *The Nation* (Bangkok), 31 de janeiro, Rocky Mountain Institute Publication n° W94-7.

Jones, A. P., e Dyer J., 1994: "Partnerships on the Frontier of Innovation", Rocky Mountain Institute Publication n° W94-6.

Jones, A. P., Dyer, J., e Obst, J., 1993: "Pulling Utilities Together: Water-Energy Partnerships", *Home Energy*, julho/agosto.

Jönsson, H., 1997: "Assessment of Sanitation Systems and Reuse of Urine", *in* Drangert, J. O., Bew, J., e Winblad, U., orgs., 1997: *Ecological Alternatives in Sanitation — Procs. SIDA Sanitation Workshop*, Ballingsholm, Suécia, 6-9 de agosto, Publications on Water Resources: n° 9, Swedish Intl. Devel. Coop. Agency, Dept. of Natural Resources and the Environment, Estocolmo (o autor está no Dept. de Eng. Agrôn., Swedish U. of Ag. Scis., hakan.jonsson@lt.slu.se).

Kalbermatten, J. M., Julius, D. S., Gunnerson, C. G., e Mara, D. D., 1982: "I. Appropriate sanitation alternatives: A technical and economic appraisal" e "II. A planning and design manual", World Bank Studies in Water Supply and Sanitation, Johns Hopkins U. Press, Baltimore, MD.

Kaplan, R., 1997: "'The Future of Democracy", *Atlantic Monthly*, dezembro.

— 1994: "The Coming Anarchy", *Atlantic Monthly*, fevereiro.

Kassler, P., 1994: *Energy for Development*, Shell Selected Paper, Shell Intl. Petroleum Co., Londres, novembro.

Kating, P., e Fischer, H., 1995: *Chemie in unserer Zeit* 29(2):101-106, VCH Verlagsgesellschaft mbH, W-6940, Weinheim.

Keepin, W.N., e Kats, G., 1988: "Global Warning" [*sic*], *Science* 241:1027, 26 de agosto.

— 1988a: "Greenhouse Warming: Comparative Analysis of Nuclear and Efficiency Abatement Strategies", *En. Pol.* 16(6): 538-561, dezembro, e o suplemento, "Greenhouse Warming: A Rationale for Nuclear Power?", disponível na RMI.

Kelly, K., 1994: *Out of Control, the Rise of Neobiological Civilization*, Addison-Wesley, Reading, MA; ver também *New Rules for a New Economy*, Penguin Group, Nova York, NY, 1998.

Kempton, W., Feuermann, D., e McGarity, A. E., 1992: "I always turn it on super: user decisions about when and how to operate room air conditioners", *Energy and Buildings* 18(3):177-191.

Kerr, R. A., 1998: "Warming's Unpleasant Surprise: Shivering in the Greenhouse?", *Science* 281:156-158, 10 de julho.

Ketcham, B., e Komanoff, C., 1992: "Win-Win Transportation, A No-Losers Approach to Financing Transport in New York City and the Region", Transportation Alternatives, Nova York, NY.

Kihlstedt, P. G., 1977: "Samhällets Råvaruförsörjning under Energibrist",' IVA-Rapport 12, Ingenjörsvetenskapsakademien, Estocolmo.

Kinsella, S., org., 1999: "Welfare for Waste: How Federal Taxpayer Subsidies Waste Resources and Discourage Recycling", Grass Roots Recycling Network (Athens, GA, zerowaste@grrn.org), Friends of the Earth, Taxpayers for Common Sense, and Materials Efficiency Project (www.cnt.org/materials) (todos de Washington, DC), abril.

Kinsley, M., 1992: *Economic Renewal Guide*, Projeto de Renovação Econômica, Rocky Mountain Institute Publication nº ER92-23, RMI, Snowmass, CO 81654-9199, www.rmi.org.

Kinsley, M., e Lovins, H., 1995: "Paying for Growth, Prospering from Development", Rocky Mountain Institute Publication nº ER95-5.

Kinsley, M.,1997: *Economic Renewal Guide: A Collaborative Process for Sustainable Community Development*, Projeto de Renovação Econômica, Rocky Mountain Institute Publication nº ER97-2.

Knopf, J., 1999: *Waterwise Landscaping with Trees, Shrubs, and Vines: A Xeriscape Guide for the Rocky Mountain Region, plus California and the Desert Southwest*, no prelo, Primavera 1999, 320 Hollyberry Lane, Boulder, CO 80303, 303/494-8766.

Komanoff, C., e Levine, J., 1994: "Where Everybody Bikes", *Transportation Alternatives*, setembro/outubro, p. 15.

Komor, P., 1996: "Cooling Demands from Office Equipment and Other Plug Loads", TU-96-9, E SOURCE, Boulder, CO 80301, www.esource.com.

Koomey, J. G., Atkinson, C., Meier, A., McMahon, J. E., Boghosian, S., *et al.* 1991: *The Potential for Electricity Efficiency Improvements in the U.S. Residential Sector*, LBL- 30477, Lawrence Berkeley [National] Laboratory, Berkeley, CA, julho.

Korten, D., 1999: *The Post-Corporate World: Life After Capitalism*, Barrett-Koehler, San Francisco, CA.

Kranendonk, S., e Bringezu, S., 1993: "Major Material Flows Associated with Orange Juice Consumption in Germany", *Fresenius Environmental Bulletin*, agosto.

Krause, F., 1996: "The Cost of Mitigating Carbon Emissions: A Review of Methods and Findings from European Studies", *En. Pol.* 24(10/11):899-915.

Krause, F., Bach, W., e Koomey, J., 1989: *Energy Policy in the Greenhouse*, anúncio para o Dutch Ministry of Housing, Vol. 1, Physical Planning and Environment, International Project for Sustainable Energy Paths, El Cerrito, CA, setembro.

Krause, F., Busch, J., e Koomey, J. G., 1992: *Internalizing Global Warming Risks in Power Sector Planning: A Case Study of Carbon Reduction Costs for the New England Region*, LBL-30797, 2 vols., Lawrence Berkeley [National] Laboratory, Berkeley, CA 94720, novembro.

Krol, J. A.,1997: Remarks at the CIED World Forum on Energy and Environment, Caracas, 18 de novembro.

Kummer, C., 1998: "Carried Away", *New York Times Magazine*, pp. 38ss, 30 de agosto.

Lacob, M., 1997: "Elevators on the Move", *Scientific American* 277(4):136-137, outubro.

Laird, C., e Dyer, J., 1992: "Feedback and Irrigation Efficiency", Rocky Mountain Institute Publication nº A92-20.

Lal, R., 1995: "Global soil erosion by water and carbon dynamics", pp. 131-142 *in* Lal, R., Kimble, J. L., Levine, E., e Stewart, B. A., orgs., *Soils and Global Change*, CRC/Lewis Publishers, Boca Raton, FL.

— 1997: "Residue management, conservation tillage and soil restoration for mitigating greenhouse effect by CO_2, enrichment", *Soil and Tillage Res.* 43:81-101.

BIBLIOGRAFIA

345

Lal, R., Kimble, J. L., Follet, R. F., e Cole, C. V., 1998: *The Potential of U.S. Cropland to Sequester Carbon and Mitigate the Greenhouse Effect*, Sleeping Bear Press, 121 S. Main St., Chelsea, MI 48118.

Lamarre, L., 1997: "The New Line on Laundry", *EPRI.*, pp. 14-23, novembro/dezembro.

— 1997a: "Less Noisy, Less Thirsty", *Consumer Reports*, pp. 42-45, janeiro.

Lamounier, B., e Figueiredo, R., I996: "Curitiba: A Paradigm", tradução imperfeita para o inglês proporcionada em agosto, 1998 pela webmaster@curitiba.arauc.br, citação original publicada in As cidades *que dão certo: experiências inovadoras na administração pública brasileira*, MH Comunicação, 1996.

Land Institute, The, 1993: *Annual Report*, Salina, KS 67401, 913/823-5376.

Lane, J., 1998: "Farmers, researchers put their heads together on hoops", *Leopold Letter* 10(1):10 (ver também 3ss), Primavera, 1998, Leopold Center, Ames, IA, 515/294-3711.

Lardner, J., 1998: "Americans' Widening Gap in Incomes May Be Narrowing Our Life spans", *Sunday Washington Post*, p. C01, 16 de agosto.

Lenssen, N., 1995: *Local integrated Resource Planning: A New Tool for a Competitive Era*, Strategic Issue Paper IV, E SOURCE, Boulder, CO 80301, www.esource.com.

Lenssen, N., e Newcomb, J., 1996: *Integrated Energy Services: The Shape of Things to Come?*, Strategic Issue Paper VIII, E SOURCE, Boulder, CO.

Levine, M. D., Koomey, J. G., McMahon, J. E., e Sanstad, A. H., 1995: "Energy Efficiency Policy and Market Failures", *Ann. Rev. En. Envt.* 20:535-555.

Levine, M. D., Liu, F., e Sinton, J. E., 1993: "China's Energy System: Historical Evolution, Current Issues, and Prospects", *Ann. Rev. En. Envt.* 17:405-435.

Liebold, W. C., 1995: "Financial and 'Integrated Resource' Planning and New York City Water Efficiency Programs", Seminário sobre Instalações Hidráulicas e Preservação da Água, American Water Works Association, Dept. of Conservation, NYC Dept. of Environmental Protection, 9 de junho.

Liedtke, C., 1993: "Material Intensity of Paper and Board Production in Western Europe", *Fresenius Environmental Bulletin*, agosto.

Linden, E., 1996: "The Exploding Cities of the Developing World", *For. Aff.* 75(1):52-65, janeiro/fevereiro.

Lomax, F. D., Jr., James, B. D., e Mooradian, R. P., 1997: "PEM Fuel Cell Cost Minimization Using 'Design for Manufacture and Assembly' Techniques". *Procs. 8th Annual U.S. Hydr. Mtg*, National Hydrogen Assn. (Alexandria, VA), 11-13 de março, pp. 459-468.

Lotspeich, C., 1995: "Economic and Environmental Aspects of Reducing Demand for Wood Fiber in the Pulp and Paper Sector", Projeto de Mestrado não publicado, Yale School of Forestry and Environmental Studies.

Lovins, A. B., 1976: "Energy Strategy: The Road Not Taken?", *For. Aff.* 55(1):65-96, Fall, Rocky Mountain Institute Publication nº E-1, www.rmi.org.

— 1990: "Make Fuel Efficiency Our Gulf Strategy", publicado no *New York Times*, 3 de dezembro, Rocky Mountain Institute Publication nº S90-27a.

— 1991b: *Rocky Mountain Institute Visitor's Guide*, Rocky Mountain Institute Publication nº H-1, Snowmass, CO 81654-9199.

— 1992: "Air Conditioning Comfort: Behavioral and Cultural Issues", Strategic Issue Paper nº 1 (SIP I), E SOURCE Boulder, CO80301, www.esource.com.

— 1992a: "Energy-Efficient Buildings: Institutional Barriers and Opportunities", *Strategic Issue Paper* nº 2 (SIP II), E SOURCE, Boulder, CO.

— 1993: "What an Energy-Efficient Computer Can Do", Rocky Mountain Institute Publication nº E93-20.

— 1994: "Apples, Oranges, and Horned Toads: Is the Joskow and Marron Critique of Electric Efficiency Costs Valid?", *EI. J.* 7(4):29-49, maio.

— 1995: "The Super-Efficient Passive Building Frontier", resumo de discurso de centenário, *ASHRAE J.* 37(6):79-81, junho, Rocky Mountain Institute Publication nº E95-28.

— 1995a: "Comments on FERC's Mega-NOPR", 24 de julho, Rocky Mountain Institute Publication nº U95-37.

— 1996: "Negawatts: Twelve Transitions, Eight Improvements, and One Distraction", *En. Pol.* 24(4), abril, RMI Publication nº U96-11.

— 1996a: "Hypercars: The Next Industrial Revolution", *Procs. 13th Intl. EI. Veh. Sympos.* (Osaka), outubro, Rocky Mountain Institute Publication nº T96-9, *download* possível em www.rmi.org.

— 1997: "Auto Bodies Lighten Up", carta à *Technol. Rev.*, MIT, pp. 6-8, maio/junho.

— 1997a: "Climate: Making Sense *and* Making Money", discurso sobre diretrizes básicas da International NGOs' Research Conference "Sustainability Vision 21: Energy Policies and CO_2 Reduction Technologies", Kyoto, 6 de dezembro, Rocky Mountain Institute Publication nº E97-13, *download* possível em www.rmi. org/catalog/climate.htm (não confundir com Lovins and Lovins 1997, *id.*).

— 1998: "Putting Central Power Plants Out of Business", discurso feito no Aspen Institute Energy Forum, 7 de julho, RMI Publication nº E98-2.

— 1998a: "Negawatts for Fabs: Advanced Electric Productivity for Fun and Profi", apresentação feita em forma de slides, para a indústria de semicondutores, sobre meios de economizar energia ao fabricar microchip, Rocky Mountain Institute Publication nº E98-3, disponível no http://redtail.stanford.edu/seminar/presentations/lovins3/index.htm.

— 1999: "Smart Companies Aren't Waiting Around for Climate Treaty Ratification", *Worldwatch* 12(1):7, janeiro/fevereiro.

Lovins, A. B., Brylawski, M. M., Cramer, D. R., e Moore, T. C., 1997: *Hypercars: Materials, Manufacturing and Policy Implications*, 2ª ed., março., 317 ref.; matéria de capa, RMI Publication nº T96-7 (28 pp.),

download possível em www. hypercar.com.

Lovins, A. B., e Gadgil, A., 1991: "The Negawatt Revolution: Electric Efficiency and Asian Development", Rocky Mountain Institute Publication nº E9l-23, condensado *in Far E. Ec. Rev.*, 1º de agosto.

Lovins, A. B., e Heede, R., 1990: *Electricity-Saving Office Equipment*, COMPETITEK/ Rocky Mountain Institute, setembro.

Lovins, A. B., e Lehmann, A., 2000: *Small Is Profitable: The Hidden Economic Benefits of Making Electrical Resources the Right Size*, no prelo, Rocky Mountain Institute, www.rmi.org.

Lovins, A. B., e L. H., 1991: "Least-Cost Climatic Stabilization", *Ann. Rev En. Envt.* 16:433-531, Rocky Mountain Institute Publication nº E91-33.

— 1997: "Climate: Making Sense *and* Making Money", Rocky Mountain Institute Publication nº E97-13, *download* possível em www.rmi.org/catalog/climate.htm (não confundir com Lovins 1997a, *id.*).

Lovins, A. B., e L. H., Krause, F., e Bach, W., 1981: *Least-Cost Energy: Solving the CO_2, Problem*, relatório para German Federal Environmental Agency, reeditado em 1989 pela Rocky Mountain Institute Publication nº E89-17.

Lovins, A. B., Neymark, J., Flanigan, T., Kiernan, P. B., Bancroft, B., e Shepard, M., 1989: *The State of the Art: Drivepower*, COMPETITEK/Rocky Mountain Institute, Snowmass, CO 81654-9199, atualizado e complementado pela Howe *et al.* 1996 q.v.

Lovins, A. B., e Sardinsky, R., 1988: *The State of the Art: Lighting*, COMPETITEK/Rocky Mountain Institute, Snowmass, CO 81654-9199, atualizado e complementado pela Audin *et al.* 1998, q.v.

Lovins, A. B., e Williams, B. D., 1999: "A Strategy for the Hydrogen Transition", *Procs. National Hydrogen Assn. Mtg*, 7-9 de abril, Arlington, VA, RMI Publication nº E99-7, www.hypercar.com/go/whatfgo.html.

Lowe, M. D., 1990: "Alternatives to Automobile Transport: Transport for Livable Cities", Worldwatch Institute, Washington, DC.

Lugar, R. G., e Woolsey, R. J., 1999: "The New Petroleum", *For. Aff*: 78(1):88-102, janeiro/fevereiro.

Lunneberg, T., 1998: "High-Efficiency Laboratory Ventilation", TU-98-4, E SOURCE, Boulder, CO 80301, www.esource.com, março.

Lutzenhiser, L., 1992: "A Question of Control: Alternative Patterns of Room Air Conditioner Use", *Energy and Buildings* 18(3): 193-200.

Machalaba, D., 1998: "Hitting the Skids", *Wall Street Journal*, 1 de abril, p. A1.

Macht, J., 1997: "Pulp Addiction", *Inc.* 19(4):43-46.

MacKenzie, J. J., Dower, R. C., e Chen, D. D. T., 1992: *The Going Rate: What It Really Costs to Drive*, World Resources Institute, Washington, DC.

Mann, C. C., 1998: "Who Will Own Your Next Good Idea?", *Atlantic Monthly* 282(3): 57-82, setembro.

Mansley, M., 1995: *Long Term Financial Risks to the Carbon Fuel Industry from Climate Change*, Delphi Group, Londres.

Margulis, L., e Sagan, D., 1997: *Microcosmos: Four Billion Years of Evolution from Our Microbial Ancestors*, University of California Press, Berkeley, CA.

Marine Conservation Biology Institute 1998: "Troubled Waters: A Call for Action", MCBI, Redmond, WA, janeiro, www.mcbi.org.

Mascarin, A. E., Dieffenbach, J. R., Brylawski, M. M., Cramer, D. R., e Lovins, A. B., 1995: "Costing the Ultralite in Volume Production: Can Advanced Composite Bodies in-White Be Affordable?", International Body Engineering Conference, Detroit, 1 de novembro; reedição revista, 31 de agosto, Rocky Mountain Institute Publication nº T95-35.

Max-Neef, M., 1992: "Development and human needs", pp. 197-214 *in* P. Ekins e M. Max-Neef, orgs., *Real-life economics: Understanding wealth creation*, Routledge, Londres.

May, A. D., e Nash, C. A., 1996: "Urban Congestion: A European Perspective on Theory and Practice", *Ann. Rev. En. Envt.* 21:239-260.

McDonough, W., e Braungart, M., 1998: "The Next Industrial Revolution", *Atlantic Monthly* 282(4), outubro.

McHugh, P., 1998: "Rare Otters Surface *in* S. F. Bay", *San Francisco Chronicle*, 17 de janeiro.

McKibben, B., 1995: Ch. 2, "Curitiba", *in Hope, Human and Wild*, Little, Brown, Boston, MA.

McKibben, B.,1998: "A Special Moment in History", *Atlantic Monthly* 281(5):55-78, maio.

McLean, R., e Shopley, J., 1996: "Green light shows for corporate gains", *Fin. Times* (Londres), 3 de julho.

McPherson, N., 1994: *Machines and Economic Growth*, The Greenwood Press, Westport, CT.

Meadows, D. H., 1994: "Seeing the Population Issue Whole", nas pp. 23-33 *in Beyond the Numbers*, Mazur, L. A., org., Island Press, Washington, DC.

Meadows, D. H., e D. L., 1973: "A Summary of *The Limits to Growth*: Its Critics and Its Challenge", *Futures*, fevereiro (primeira apresentação na Yale U., setembro, 1972).

Meadows, D. H., e D. L., Randers, J., e Behrens, W., 1972: *The Limits to Growth: A Report for the Club of Rome's Project on the Predicament of Mankind*, Potomac Associates, Washington, DC, reeditado em 1974 pela Universe Books, Nova York, NY.

Meadows, D. H., D. L., e Randers, J., 1992: *Beyond the Limits*, Chelsea Green Publishing Co., PO Box 130, Post Mills, VT 05058.

Meeker-Lowry, S., 1998: "You Can't Put a Price on Gaia", carta do editor em resposta a questão abordada no artigo de Jane Abramovitz em janeiro/fevereiro de 1998, *Worldwatch* 11(2), março/abril.

Mellon, M., e Rissler, J., orgs., 1998: *Now or Never: Serious New Plans to Save a Natural Pest Control*, Union of Concerned Scientists, Washington, DC.

Mergenhagen, P., 1996: "The Prison Population Bomb", *Am. Demogr.*, fevereiro.

Midwest Real Estate News 1992: "Native Midwesterners Retake Suburban Landscape", pp. 35-36, julho.

Mills, E., 1991: *An End-Use Perspective on Electricity Price Responsiveness*, Tese de Ph.D, Department of Envtl. and En. Syst. Studies, U. of Lund, Lund, Suécia.

— 1995: "From the Lab to the Marketplace", LBNL-758, Lawrence Berkeley [National] Laboratory, Berkeley, CA, http://eande.lbl.gov/CBS/Lab2Mkt/LabtMkt.html.

— 1997: "Going Green Reduces Losses", 19 de novembro, http://eande.lbl.gov/CBS/Climate- insurance/GoingGreen.html.

Mills, E., e Knoepfel, I., 1997: "Energy-Efficiency Options for Insurance Loss Prevention", LBNL-40426, Lawrence Berkeley [National] Laboratory, Berkeley, CA, 9 de junho.

Mishel, L., *et al.*, 1997: *The State of Working America, 1996-97*, M. E. Sharpe, Nova York, NY.

Mokhtarian, P L., 1997: "Now That Travel Can Be Virtual, Will Congestion Virtually Disappear?", *Scientific American* 277(4):93, outubro.

Moore, T. C., 1996: "Tools and Strategies for Hybrid-Electric Drivesystem Optimization", *SAE (Society of Automotive Engineers) Future Transportation Technology Conference*, Vancouver, BC, SAE Paper n°. 961660, Rocky Mountain Institute Publication n° T96-12.

— 1996a: "Ultralight Hybrid Vehicles: Principles and Design", *Procs. 13th Intl. El. Veh. Sympos.* (Osaka), outubro, Rocky Mountain Institute Publication n° T96-10, *download* em www.rmi.org.

— 1997: "HEV Control Strategy: Implications of Performance Criteria, System Configuration and Design, and Component Selection", *Procs. Inst. El. and Electronic Engs. (IEEE), Control Systs. Soc. 1997Am. Control Conf:*, Albuquerque, NM, 4-6 de junho, Rocky Mountain Institute Publication n° T97-7.

Moore, T. C., e Lovins, A. B., 1995: "Vehicle Design Strategies to Meet and Exceed

PNGV Goals", *SAE (Society of Automotive Engineers) Future Transportation Technology Conference*, 4 de agosto, Costa Mesa, CA, SAE Paper n° 951906, Rocky Mountain Institute Publication n° T95-27.

Moskovitz, D., 1989: *Profits and Progress Through Least-Cost Planning*, National Association of Regulatory Utility Commissioners, Washington, DC.

Mott-Smith, J., 1982: "Residential Street Widths", SolarCal Local Government Commission, Sacramento, CA.

Myers, N., 1998: *Perverse Subsidies: Tax $s Undercutting Our Economies and Environments Alike*, Intl. Inst. for Sust. Devel., 161 Portage Ave. E., 6th Floor, Winnipeg, Manitoba R3B oY4, 204/958-7700, fax — 7710 info@iisd.ca.

Nadel, S., 1990: *Lesson Learned*, New York State Energy Research and Development Authority, New York State Energy Office, Niagara Mohawk Power Corp., American Council for an Energy-Efficient Economy, Rep. 90-8, Albany, NY, abril.

Nadis, S., e MacKenzie, J. J., 1993: *Car Trouble*, World Resources Institute, Beacon Press, Boston, MA, 1993.

Nash, H., org., Lovins, A. B.e L. H., 1977: *The Energy Controversy: Soft Path Questions and Answers*, Friends of the Earth, San Francisco, CA.

National Laboratory Directors 1997: *Technology Opportunities to Reduce U.S. Greenhouse Gas Emissions*, outubro, www.ornl.gov/ climate_change, 2 vols.

National Research Council (NRC) 1989: *Alternative Agriculture*, National Academy Press, Washington, DC.

National Research Council (NRC) 1996: *Lost Crops of Africa: Volume I: Grains*, National Academy Press, Washington, DC.

Naylor, R. L., 1996: "Energy and Resource Constraints on Intensive Agricultural Production", *Ann. Rev. En. Envt.* 21:99-123.

Nelson, Jon Olaf, 1997: "1997, Residential Water Use Summary", download de janeiro de 1998, http://www.waterwiser. org/wateruse/main.html, resultados preliminares do North American Residential End-Use Study patrocinado pela American Water Works Association Research Foundation.

Nelson, K. E., 1993, "Dow's Energy/WRAP Program", Aula ministrada em 1993 Indl. En. Technol. Conf., Houston, 24-25 de março; agora na KENTEC, Inc., 8118 Oakbrook Dr., Baton Rouge, LA 70810, 225/761-1838, fax – 1872, kentech@ compuserve.com.

Nelson, K. L., 1995: "Following Energy Utilities' Model, Water Cos. Offer Incentives for Efficiency", *En. User News* 20(6), junho.

Newman, S., 1997: "Super Typhoon", Earthweek, *San Francisco Chronicle*, 12 de dezembro.

Newman, P., e Kenworthy, J., com Robinson, L. 1992: *Winning Back the Cities*, Pluto Press Australia Ltd, Leichhardt, New South Wales, Austrália.

New Urban News 1997: "Narrow streets are the safest", 2(6):1 e 9, novembro-dezembro, PO Box 6515, Ithaca, NY 14851, 607/275-3087, fax 607/272-2685.

— 1997a: "ITE prepares to tentatively endorse narrow streets", 2(5):1 e 14, e "ITE fails by ignoring street widths", *id.*, 2.

— 1997b: "New Urbanism premium' identified *in* Kentlands", 2(6): 1 e 3, novembro-dezembro.

— 1997c: "Neotraditional projects proliferate in many parts of the U.S.", 2(5): 1 e 5-13, setembro-outubro.

New York Times 1994: "420,000 C-Sections a Year Called Unneeded", 22 de maio.

— 1995: "In China's Southwest, a Battle to Contain the Spreading Scourge of Heroin", p. A6, 15 de novembro.

— 1996: "Clean Air: Adding it Up", 1 de dezembro.

— 1996a: "Index of Social Well-Being Is at the Lowest in 25 Years", p. Al, 14 de outubro.

— 1998: "Oil Spills? Ask a Hairdresser", 9 de junho.

Niebrugge, Alan, 1994: contato pessoal, Mgr. of Envtl. Services, GS Technologies, 8116

Wilson Rd., Kansas City, MO 64125, 816/242-5840.

Nielsen, L. J., e Elsbree, J. F. Jr., 1997: "Integration of Product Stewardship into a Personal Computer Product Family", IEEE/Intl. Sec. Ecol. Ecs., Digital Equipment Corp., 111 Powdermill Rd, MSO2-3/C3, Maynard, MA 0l754.

Niklas, C., 1996: "How to Build a Tree", *Natural History* 105(2):48-52, fevereiro.

Nilsson, S., 1997: "Roundtable Conclusions — So What?", *J. Indl. Ecol.* 1(3):115-123, Verão.

Nitze, P. H., 1997: A "A Cold-War Solution for a Warming World", *Washington Post* op-ed, p. A22, 2 de julho.

Nivola, P., 1999: "Fit for Fat City?: A 'Lite' Menu of European Policies to Improve Our Urban Form", Policy Brief 44, Brookings Institution, Washington, DC, fevereiro, www.brook. edu/es/urban/urban. htm.

Nørgård, J. S., 1989: "Low Electricity Appliances — Options for the Future", *in* Johansson, T. B., *et al.*, *Electricity*, University of Lund Press, Lund, Suécia.

North, D., 1997: "Is Your Head Office a Useless Frill?", *Canadian Business*, pp. 78-82, 14 de novembro.

Noss, R. F., e Peters, R. L., 1995: *Endangered Ecosystems of the United States: A Status Report and Plan for Action,* Defenders of Wildlife, Washington, DC.

Noss, R. F., LaRoe, E. T., Scott, J. M., 1995: *Endangered Ecosystems of the United States: A Preliminary Assessment of Loss and Degradation*, Biological Report 28, USDI National Biological Service, Washington, DC.

NREL 1997: "Clean Air Act Amendments: Projected versus Actual Costs", Policy and Environmental Analysis Team, Center for Energy Analysis and Applications, National Renewable Energy Laboratory, Golden, CO, 8 de julho.

Office of Technology Assessment (OTA), U.S. Congress, 1992: *Green Products by Design*, OTA-E-541, U.S. Govt. Printing Office, Washington, DC, outubro.

Ohno, T., 1988: *The Toyota Production System: Beyond Large Scale Production*, Productivity Press, Portland, OR.

Oldenburg, R., 1997: *The Great Goon Place*, Marlow and Co., Nova York, NY.

O'Meara, M., 1998: "How Mid-Sized Cities Can Avoid Strangulation", *Worldwatch* 11(5): 8-15, setembro-outubro.

Organic Cotton Directory 1998-99: Organic Trade Association/Organic Fiber Council, PO Box 1078, Greenfield, MA 01302, 413/774-7511, fax –7433, ofc@igc.org.

Organização Mundial de Saúde (OMS) 1995: *Community Water Supply and Sanitation: Needs, Challenges, and Health Objectives*, Relatório do diretor geral na 48ª Assembléia Mundial da Saúde, Genebra.

Osann, E. R., e Young, J. E., 1998: *Saving Water, Saving Dollars: Efficient Plumbing Products and the Protection of America's Waters*, Potomac Resources, Washington, DC, abril, disponível na American Council for an Energy-Efficient Economy, 202/429-0063, fax –0193, ace3pubs@ix.netcom.com.

Pacific Northwest Energy Conservation and Renewable Energy Newsletter 1997: "Leaky Ducts: Res. Ductwork Increasingly Viewed as Promising En. Conservation Target", http://www.newsdata.com/enernet/iod/conweb/conweb13.html # cw13-5.

Pape, T., 1998: contato pessoal em 1° de junho; Chair, Interior Plumbing Committee, AWWA Water Cons. Div., c/o Best Management Partners, 1704 Elm St., El Cerrito, CA 94530, 510/620-0915.

Paper Task Force 1995: "Paper Task Force Recommendations for Purchasing and Using Environmentally Preferable Paper", Anúncio Final, Environmental Defense Fund, Nova York, NY. (Duke University, Environmental Defense Fund, Johnson and Johnson, McDonald's, The Prudential Insurance Company of America, Time Inc.)

Paschke, Philip, 1998: contato pessoal em Community Services Division, Seattle Public Utilities, 5 de fevereiro, 206/684-7666.

Patchett, J., s/d: "Cost Estimates Comparing Native Landscapes versus Traditional Landscape Treatments", Conservation Design Forum, 1750 E. Diehl Rd., Suite 102, Naperville, IL 60563, 708/955-0355.

Pear, R., 1993: "$1 Trillion in Health Costs Is Predicted", *New York Times*, 29 de dezembro.

Penzias, A., 1995: *Harmony: Business, Technology, and Life After Paperwork*, HarperCollins, Nova York, NY.

Perlman, D., 1998: "Cost of Cardiovascular Ailments Soaring", *San Francisco Chronicle*, 1° de janeiro.

Petersen, M., 1994: *Ökonomische Analyse des Car-sharing*, Stattauto, Berlim.

PG&E 1993: "New Wall System at Davis Residential Site", fact sheet, ACT² (Advanced Customer Technology Test for Maximum Energy Efficiency), Pacific Gas & Electric Co. (San Ramon, CA 94583), dezembro.

Piette, M., Krause, F., e Verderber, R., 1989: *Technology Assessment: Energy-Efficient Commercial Lighting* LBL-27032, Lawrence Berkeley [National] Laboratory, Berkeley, CA 94720, abril.

Pimentel, P. F., 1997: "How Well Does ICI Conservation Work?", *Procs. Workshop Industrial/Commercial/Institutional Conservation: More Bang for Your Conservation Buck!*, American Water Works Assn., 3 de fevereiro, Los Angeles, ou ERI Services, Boston, MA 02111, 617/542-8567.

Pinkham, R., e Dyer, J., 1993: "Linking Water and Energy Savings in Irrigation", Rocky Mountain Institute Publication n° A93-ll.

Pinkham, R., 1994: "Improving Water Quality with More Efficient Irrigation", Rocky Mountain Institute Publication n° A94-4.

Plowden, S., e Hillman, M., 1996: *Speed Control and Transport Policy*, Policy Studies Institute, Londres, disponível no BEBC Distribution Ltd. (PO Box 1496, Poole, Dorset BH12 3YD, UK).

Polak, P., 1998: "Putting 100 Million Acres Under Drip Irrigation by the Year 2015", anotações para o encontro do International Development Enterprises, 28-29 de março (10403 West Colfax Ave. n° 500, Lakewood, CO 80215, 303/332-4336, www.ideorg.org, ide@ideorg.org).

Pollard, R. D., org.,1979: *The Nugget File*, Union of Concerned Scientists, Cambridge, MA.

Port, O., 1998: "A Warehouse of Virtual Parts", *Business Week*, p. 85, 6 de julho.

— 1998: "With These Gizmos, Your Cell Phone Can Run on Vodka", *Business Week*, p. 77, 16 de fevereiro.

Postel, S. L., 1992/97: *Last Oasis*, W. W. Norton and Co., Nova York, NY.

Postel, S. L., Daily G. C., e Ehrlich, P. R., 1996: "Human Appropriation of Renewable Fresh Water", *Science* 271:785-788.

President's Council of Advisors on Science and Technology (PCAST) 1997: *Federal Energy Research and Development for the Challenges of the Twenty-first Century*, relatório do Energy Research and Development Panel, 5 de novembro.

Preston, G., 1994: "The Effects of a User-Pays Approach, and Resource-Saving Measures, on Water and Electricity Use by Visitors to the Kruger National Park", *S. Afr. J. Sci.* 90:558-561, novembro/dezembro.

Prophet, T.,1998: "Distributed Generation as a Green House Gas Solution", AlliedSignal table n° MG3228 apresentado no fórum do Aspen Institute Energy, 7 de julho, usado com permissão.

Puder, F., 1992: *The German Packaging Decree, Multi-trip System Decree and the Consequences of the EC Packaging Directive*, trabalho apresentado na Milieudefensie Sustainable Packaging Conference, Dept. of Waste Economics, Umweltbundesamt, Berlim.

Pulp and Paper Week 1993: "Green Bay Studying Plan to Build Series of Regional Minimills Based on Recycled Fiber", 15(20):24-28, maio.

Rabinovitch, J., 1992: "Curitiba: toward sustainable urban development", *Envt. and Urbanization* 4(2):62-73, outubro.

— 1993: "Urban public transport management in Curitiba, Brazil", *UNEP Ind. and Envt.* 18-20, janeiro-junho.

— 1995: "A sustainable urban transportation system", *En. for Sust. Devel.* 2(2): 11-17, julho, International Energy Initiative.

— 1996: "Innovative land use and public transport policy: The case of Curitiba, Brazil", *Land Use Policy* 13(1):51-67.

Rabinovitch, J., e Hoehn, J., 1995: "A Sustainable Urban Transportation System: the 'Surface Metro' in Curitiba, Brazil", Monografia n° 19, The Environmental and Natural Resources Policy and Training Project (EPAT) / Midwest Universities Consortium for International Activities (MUCIA), U. of Wisconsin/Madison, 608/263-4781, fax 608/265-2993, eamaurer@facstaff.wisc.edu, maio.

Rabinovitch, J., e Leitman, J., 1993: "Environmental Innovation and Management in Curitiba, Brazil", Urban Management Programme, Monografia n° 1, United Nations Development Program/UNCHS (Habitat)/World Bank, Washington, DC, junho.

— 1996: "Urban Planning in Curitiba", *Scientific American* 26-33, março.

Rainforest Action Network (RAN) 1995: *Cut Waste Not Trees*, RAN, San Francisco, CA, www.ran.org.

Rajendran, V., 1997: "Energy Efficiency and Competition", discurso na Asean/E.U. conference (Bangkok) on behalf of Federation of Malaysian Manufacturers, available from author at Western Digital, Kuala Lumpur.

Rathje, W., e Murphy, C., 1992: *Rubbish! The Archaeology of Garbage*, HarperCollins, Nova York, NY.

Real Estate Research Corporation (RERC) 1974: *The Costs of Sprawl: Environmental and Economic Costs of Alternative Residential Development Patterns at the Urban Fringe*, 3 vols., preparado pelo President's Council on Environmental Quality, Dept. of Housing and Urban Development, and Environmental Protection Agency, U.S. Govt. Printing Office, Washington, DC.

Recer, P., 1996: "Living in Biosphere Just Didn't Work Out", *San Francisco Chronicle*, 25 de novembro. *Cf.*: www.biospherics.org.

Recycled Paper Coalition 1993: *Annual Report*.

Reddy, A. K. N., e Goldemberg, J., 1990: "Energy for the Developing World", *Scientific American* 110-118, setembro.

Reddy, A. K. N., Williams, R. H., e Johansson, T. B., 1997: *Energy After Rio: Prospects and Challenges*, Sales nº E.97 III.B.11, ISBN 92-1-12670-1, United Nations Development Program, Nova York, NY.

Reddy, W. V., e Goldemberg, J., 1997: "Are Developing Countries Already Doing as Much as Industrialized Countries to Slow Climate Change?", *Climate Notes*, World Resources Institute, Washington, DC, julho, www.wri.org.

Reisner, M., 1986/93: *Cadillac Desert: The American West and Its Disappearing Water*, Penguin Books, Nova York, NY.

Repetto, R., e Austin, D., 1997: *The Costs of Climate Protection: A Guide for the Perplexed*, World Resources Institute, Washington, DC, www.wri.org/wri/climate/.

Resource Conservation Alliance 1998: "Administration, Leahy Advocate Ban on Solid Wood Packing Material in Response to Asian Long-horned Beetle Infestation", lead story, *RCA Newswire*, 23 de novembro, roselle@essential.org.

Reuters 1997: "Car crashes a growing world cause of death", 2008 ET, 2 de dezembro.

Rice, T., org., 1995: *Out of the Woods: Reducing Wood Consumption to Save the World's Forests*, Friends of the Earth (FOE/UK), Londres, Inglaterra, abril.

Richert, W, e Venner, H., 1994: *Well Packed: Examples of Environment-Friendly Packaging Systems*, Milieudefensie, Amsterdã.

Robertson, C., Stein, J., Harris, J., e Cherniack, M., 1997: "Strategies to Improve Energy Efficiency in Semiconductor Manufacturing", reeditado pela *Procs. ACEEE Summer Study on En. Eff: in Ind.*, 9-11 de julho, Saratoga Springs, NY, patrocinado pela The American Council for an Energy-Efficient Economy, Washington, DC.

Rocchi 1997: *Towards a New Product-Services Mix: Corporations in the Perspective of Sustainability*, MS Thesis in Environmental Management and Policy, Lund University, Suécia, setembro, simona.rocchi@cesena.nettuno.it.

Rocky Mountain Institute 1988: *Negawatts for Arkansas: Saving Electricity, Gas, and Dollars to Resolve the Grand Gulf Problem*, Executive Summary, Report to the Arkansas Energy Office, KMI Publication nº U88-41.

— 1991: *Visitors' Guide*, Publication nº H-1.

— Water Program 1991: *Water Efficiency: A Resource for Utility Managers, Community Planners, and Other Decisionmakers*, relatório à EPA, Rocky Mountain Institute Publication nº W91-27.

— 1998: *Green Development: Integrating Ecology and Real Estate* (de Wilson, A., Seal-Uncapher, J. L., McManigal, L., Lovins, L. H., Cureton, M., e Browning, W.), John Wiley and Sons, Nova York, NY. Acompanha CD-ROM de 100 estudos de caso, *Green Developments*, disponíveis (como o livro) no Rocky Mountain Institute (1739 Snowmass Creek Rd., Snowmass, CO 81654, 970/927-3851, fax – 4510, www.rmi.org) com número de publicação D97-11 e D97-12, respectivamente.

Rogers, P., 1993: *America's Water: Federal Roles and Responsibilities*, Twentieth Century Fund, MIT Press, Cambridge, MA.

Rogers, P., 1997: "Water for big cities: Big problems, easy solutions?", Harvard University, esboço, citado por Gleick 1998, p. 22.

Rogers, Jim, 1998: contato pessoal em 5 de fevereiro, jimrogers@mediaone.net.

Romm, J. J., 1994: *Lean and Clean Management*, Kodansha, Nova York, NY, 1994.

Romm, J. J., e Browning, W. D., 1994: "Greening the Building and the Bottom Line: Increasing Productivity Through Energy-Efficient Design", Rocky Mountain Institute Publication nº D94-27.

Romm, J. J., e Curtis, C., 1996: "Mideast Oil Forever?", *Atlantic Monthly* 277(4):57-74, abril.

Roodman, D., 1996: "Paying the Piper", Worldwatch Institute, Washington, DC, dezembro.

— 1998: "Getting the Signals Right: Tax Reform to Protect the Environment and the Economy", Worldwatch Institute, Washington, DC, maio.

Roodman, D., e Lenssen, N., 1995: "A Building Revolution: How Ecology and Health Concerns Are Transforming Construction", Worldwatch Paper n° 124, Worldwatch Institute, Washington, DC.

Rosenfeld, A. H., 1999: "The Art of Energy Efficiency", *Ann. Rev. En. Envt.*, no prelo.

Rosenfeld, A. H., e Hafemeister, D., 1988: "Energy-efficient buildings", *Scientific American* 258(4):217-230, abril.

Rosenfeld, A. H., Romm, J. J., Akbari, H., Pomerance, M., e Taha, H., 1996: "Policies to Reduce Heat Islands: Magnitudes of Benefits and Incentives to Achieve Them", LBL-38679, Lawrence Berkeley [National] Laboratory, Berkeley, CA 94720.

Ross, M. H., e Steinmeyer, D., 1990: "Energy for Industry", *Scientific American* 88-98, setembro.

Rowe, J., 1996: "Major Growing Pains", *U.S. News & World Report*, 21 de outubro.

Rubin, A. R., 1982: "Effects of Extreme Water Conservation on the Characteristics and Treatability of Septic Tank Effluent", *Procs. Third Natl. Symp. on Individual and Small Community Sewage Systs.*, Am. Soc. Ag. Engs., St. Joseph, MI 64501.

Samuels, G., 1981: *Transportation Energy Requirements to the Year 2010*, ORNL-5745, Oak Ridge National Laboratory, Oak Ridge, TN.

Samuelson, R. J., 1997: "Don't Hold Your Breath", *Newsweek*, p. 57, 14 de julho.

San Francisco Chronicle 1998: "Natural Disasters Around World Cost Record $89 Billion in 1998", 28 de novembro.

— 1998a: "Number of Americans in Jail Rises Again", 19 de janeiro.

— 1998b: "Lobbyists Spend $100 Million a Month", 7 de março.

— 1998c: "Accidental Fishing Called Huge Threat", 21 de maio.

Sanstad, A. H., e Howarth, R., 1994: "'Normal' Markets, Market Imperfections, and Energy Efficiency", *En. Pol.* 22(10):811-818, outubro.

Sauer, G., 1997: "Cement, Concrete and Greenhouse Gas", CGLI Second Roundtable on North American Energy Policy, abril, disponível com o autor (Sr. VP Mfg., Holnam Inc., Dundee, MI 48131, 734/529-2411, fax – 5268).

— 1998: "S.W.O.T. Analysis for Cement and Concrete Industries", *Advances in Cement and Concrete*, Engineering Foundation Conference, Banff, 5 de julho.

Savory, A., e Butterfield, J., 1999: *Holistic Management: A New Framework for Decision-Making*, Island Press, Washington, DC; Center for Holistic Management, 1010 Tijeras NW, Albuquerque, NM 87102, 505/842-5252, www.holisticmanagement.org, center@holisticmanagement.org.

Schafer, A., e Victor, D., 1997: "The Past and Future of Global Mobility", *Scientific American* 277(4):58-61, outubro.

Schanzenbacher, B., e Mills, E., 1997: "Climate Change from an Insurance Perspective", *Update*, dezembro, Inst. for Business and Home Safety; publications of the Insurance Industry Initiative, UN Environment Programme.

Schmidheiney, S., e Zorraquin, F., 1996: "Financing Change: The Financial Community, Eco-Efficiency, and Sustainable Development", World Business Council for Sustainable Development, MIT Press, Cambridge, MA.

Schmidt-Bleek, F., *et al.*, 1997: "Statement to Government and Business Leaders", Wuppertal Institute, Wuppertal, Alemanha.

Schneider, S. H., 1997: *Laboratory Earth: The Planetary Gamble We Can't Afford to Lose*, Basic Books, Nova York, NY.

Schor, J., 1991: *The Overworked American: The Unexpected Decline of Leisure*, Basic Books, Nova York, NY.

Sears, P. B., 1935: *Deserts on the March*, U. of Ok. Press, Norman, OK.

Sedjo, R., 1994: "The Importance of High-Yield Plantation Forestry for Meeting Timber Needs: Recent Performance and Future Potentials", Discussion Paper 95-

08, Resources for the Future Foundation, Washington, DC, dezembro.

— 1995: "Forests: Conflicting Signals", pp. 177-209 in Bailey, R., org., 1995: *The True State of the Planet*, Free Press/Simon and Schuster, Nova York, NY.

— 1996: contato pessoal, Resources for the Future Foundation, em 12 de setembro.

— 1997: "The Forest Sector: Important Innovations", esboço, Resources for the Future, Washington, DC, 5 de março.

Seissa, R., 1991: apresentado ao U.S. National Research Council / Energy Engineering Board symposium, Committee on Fuel Economy of Automobiles and Light Trucks, Irvine, CA, on behalf of Dow Chemical Co., 8 de julho.

SERI 1990: *The Potential of Renewable Energy*, Interlaboratory White Paper, SERI/TP260-3674. Golden, CO, março.

Service, R. F., 1998: "The Pocket DNA Sequencer", *Science* 282:399–401, 16 de outubro.

— 1998a: "Miniaturization Puts Chemical Plants Where You Want Them", *Science* 282:400, 16 de outubro.

Sharpe, W. E., Cole, A. C., e Fritten, D. C., 1984: "Restoration of Failing On-Site Wastewater Disposal Systems Using Water Conservation", *J. Water Polln. Control Fedn.* 56(7).

Sheldon, R. A., 1994: "Consider the environmental quotient", *Chemtech*, American Chemical Society, pp. 38-47, março.

Shepard, M., et al., 1990: *The State of the Art: Appliances*, COMPETITEK/Rocky Mountain Institute, agosto, ampliado e atualizado nas edições posteriores de *Appliance Technology Atlas*, E SOURCE, Boulder, CO 80301, www.esource.com.

Shindell, D. T., Rind, D., e Lonergan, P., 1998: "Increased Polar Stratospheric Ozone Losses and Delayed Eventual Recovery Owing to Increased Greenhouse Gas Concentrations", *Nature* 392:589-592, 9 de abril.

Shoup, D. C., 1997: "The High Cost of Free Parking", *Access* 10:2-9, Primavera, U. of Ca. Transportation Center, Berkeley, CA

94720-1720, http://socrates.berkeley.edu/~uctc.

— 1997a: "Evaluating the Effects of Cashing Out Employer-Paid Parking: Eight Case Studies", *Transport Policy* 4(4):201-216, outubro.

Simpson-Herbert, M., 1996: "Sanitation Myths: Obstacles to Progress?", *in Safeguarding Water Resources for Tomorrow, New Solutions to Old Problems*, Proceedings of Sixth Stockholm Water Symposium, 4-9 de agosto, Stockholm Water Company, pp. 47-53.

Sjöberg, C., com Laughran, K., 1998: "A Crisis in the Oven", *Tomorrow*, p. 24, novembro/dezembro. Outras informações com Per Grunewald, Diretor de Meio Ambiente, Electrolux, per.grunewald@notes.electrolux.se, + + 46 8 + 738-6555, fax –7666.

Smith, M., 1997: "Perspectives on the U.S. Paper Industry and Sustainable Production", *J. Indl. Ecol.* 1(3):69-85, Verão; ver também *The U.S. Paper Industry and Sustainable Production: An Argument for Restructuring*, MIT Press, Cambridge, MA.

Soden, K., 1988: "U.S. Farm Subsidies", Rocky Mountain Institute Publication nº A88-22.

Solley, W. B., Pierce, R. R., e Perlman, H. A., 1998: *Estimated Use of Water in the United States in 1995*, U.S. Geological Survey, Circular 1200, U.S. Government Printing Office, Washington, DC.

Sørensen, B., 1979: *Renewable Energy*, Academic Press, Nova York, NY.

Sprotte, K., 1997: *A Strategic Fit for Tomorrow's Eco-Efficient Service Economy*, tese de MBA, University of Strathclyde, Escócia.

Stahel, W. R., e Reday-Mulvey, G., 1981: *Jobs for Tomorrow, the Potential for Substituting Manpower for Energy*, Vantage Press, Nova York, NY.

Stahel, W. R., e Børlin, M., 1987: *Strategie économique de la durabilité*, Société de Banque Suisse, Genebra, Suíça.

Stein, J., et al., 1998: "Delivering Energy Services to Semiconductor and Related High Tech Industries", multi-client study, E

SOURCE, Boulder, CO 80301, www.esource.com.

Stevens, W. K., 1998: "If Climate Changes, It May Change Quickly", *New York Times*, 27 de janeiro.

— 1998a: "How Warm Was It! A Record-Book Year", *International Herald Tribune*. (ed. de N. Y.), p. 7, 19-20 de dezembro.

Stewart, John W., 1997: contato pessoal em 9 de outubro.

Stickney, B., 1992: "Super Efficient Refrigeration Systems", TU-92-8, E SOURCE, Boulder, CO 80301, www.esource.com.

Strong, S. J., 1996: "Power Windows", *IEEE Spectrum*, outubro.

Stuart, K., e Jenny, H., 1999: "My Friend the Soil", *Whole Earth 96:6-9*, Primavera.

Tabashnik, B., *et al.*, 1997: "One Gene in Diamondback Moth Confers Resistance to Four *Bacillus thuringiensis Toxins*", *Procs. NAS 94:1640-1644.*

— 1997a: "Seeking the Root of Insect Resistance to Transgenic Plants", *Procs. NAS 94:3488-3490*

Thompson, S., 1998: contato pessoal em 28 de julho, Envirozone, Hilton Head, SC, 843/689-3101, fax – 6331, envirozone@aol.com.

Tobias, A., 1993: *Auto Insurance Alert: Why the System Stinks, How to Fix It, and What to Do in the Meantime*, Simon and Schuster, Nova York, NY.

Todd, J., 1997: contato pessoal em 7 de agosto, documentado no anuário *EMSD Accomplishment Reports*, Seattle City Light, Seattle, WA.

Tyson, A. S., 1998: "Seattle Neighborhoods Stem Suburban Sprawl", *Christian Science Monitor*, 9 de janeiro.

U.C.S. 1998: *A Small Price to Pay*, Union of Concerned Scientists and Tellus Institute, julho, *download* possível em www.ucsusa.org.

U.N. Commission on Sustainable Development, 1997: *Comprehensive Assessment of the Freshwater Resources of the World*, United Nations, Nova York, NY.

U.N. Development Programme (UNDP) 1996: *Urban Agriculture. Food, Jobs and Sustainable Cities*, Publication Series for Habitat II, 1, UNDP, Nova York, NY.

U.N. Food and Agriculture Organization 1995: *Forestry Statistics: Today and Tomorrow and Forest Products Yearbook*, FAO, Viale delle Terme di Caracalla, 00100 Roma, Itália.

— 1997: *State of the World's Forests*, FAO, Roma.

— 1993: *Pulp, Paper, and Paperboard Capacity Survey, 1993-1998*, FAO, Roma.

U.S. Congress 1998: *Estimates of Federal Tax Expenditures for Fiscal Years 1999-2003*, Joint Committee on Taxation, Washington, DC.

U.S. Water News 1992: "Leakage Varies Worldwide", abril, p. 18, "Less Watering, Less Mowing", outubro, p. 17, e "Conservation Is a Matter of Survival on High Plains", abril, pp. 1 e 17.

— 1992a: "Texas home lives by rain alone", 8(10):1, abril.

— 1997: "Freshwater Forum: Assessment of U.S. Watersheds Released by EPA", p. 7, novembro.

— 1998: "California Expert Says Innovative Water Rates Key to Conservation", p. 21, janeiro.

Udall, R., 1997: "The New Frontier: Grid-Connected PV", cópia datilografada, *Community Office for Resource Efficiency*, Carbondale, CO.

United Nations Environmental Program (UNEP) 1996: "Poverty and the Environment: Reconciling Short-term Needs and Long-term Sustainable Goals", Press Release, Nairobi, 1 de março.

United States Bureau of the Census 1993: *Statistical Abstract of the United States 1993*, U.S. Govt. Printing Office, Washington, DC.

United States Geological Survey 1995: http://h20.er.usgs.gov/public/watuse/graphics/octo.html.

Vaughan, D. G., e Doake, C. S. M., 1996: "Recent Atmospheric Warming and Retreat of Ice Shelves on the Antarctic Peninsula", *Nature 379:328-331*, 25 de janeiro.

Venhuizen, D., 1997: "Paradigm Shift: Decentralized wastewater systems may provide better management at less cost", *Water Envt. and Technol.* 49-52, agosto, ver também "The Decentralized Concept of Wastewater Management", 1996, http://www.geocities. com/RainForest/Vines/5240/Venh_Decentralized_WW.html. *download* de 5 de fevereiro, 1998, e "Is 'Waste' Water Reclamation and Reuse in Your Future?", http://www.geocities.com/RainForest/Vines/5240/FutureWater Use.html, *download* de 5 de fevereiro, 1998 (5803 Gateshead Drive, Austin, TX 78745, 512/442-4047, fax −4057, waterguy@ix.netcom.com).

Venster 1998: Royal Dutch/Shell Group External Affairs newsletter, Londres/The Hague, janeiro/fevereiro.

Vickers, A., 1990: "Water-Use Efficiency Standards for Plumbing Fixtures: Benefits of National Legislation", *AWWA J.*, maio.

Vitousek, P., *et al.*, 1986: "Human Appropriation of the Products of Photosynthesis", *BioScience* 34:368-73, maio.

Vitousek, P. M., Mooney, H. A., Lubchenco, J., e Melillo, J. M., 1997: "Human Domination of Earth's Ecosystems", *Science* 277:494-99, julho.

von Weizsäcker, E. U., 1994: *Earth Politics*, Zed Books, Londres.

von Weizsäcker, E. U., Lovins, A. B. e L. H., 1997: *Factor Four: Doubling Wealth, Halving Resource Use*, Earthscan, Londres, disponível no North America exclusivamente para Rocky Mountian Institute, Snowmass, CO 81654-9199, www.rmi. org.

Wackernagel, M., e Rees, W., 1995: *Our Ecological Footprint: Reducing Human Impact on the Earth*, New Society Publishers, Gabriola Island, BC, Canadá.

Wade, E., 1981: "Fertile cities", *Development Forum*, setembro/dezembro.

Wallace, John, Office Administrator, San Simeon Acres Community Services, Rt. 1, Box S17, San Simeon, CA 93452, 805/544-4011.

Walljasper, J., 1998: "Road Warriors", *Utne Reader* 10 e 12, março-abril.

Wall Street Journal 1996: "Developers Discover Old Values Can Bring Astonishing Returns", Florida ed. 4 de dezembro, resumido na New Urban News, janeiro-fevereiro, 1997, p. 11.

— 1997: "Mitsubishi Electric Says It's Almost Met Goals of 5-Year Plan", p. B11A, 6 de outubro.

— 1998: "Chip-Industry Study Cites Sector's Impact on U.S. Economy", p. B13, 17 de março.

Walton, A., 1999: "Technology Versus African-Americans", *Atlantic Monthly* 283(1): 14-18, janeiro.

Wang, R., e Hu, D., 1998: "Totality, Mobility and Vitality: Feng-Shui Principles and Its Application to the Blue Network Development of Yangtze Delta", 34th International Planning Congress, Azores, 26 de setembro-2 de outubro; Research Center for Eco-Environmental Science, Chinese Academy of Sciences, Beijing 1000080, wangrs@sun.ihep.ac.cn.

Wann, D., 1990: *Biologic: Environmental Protection by Design*, Johnson Books, Boulder, CO.

Warshall, P., 1995: "Wood Supplies and Prices in the Next Decade", trabalho não publicado para a Global Business Network, novembro.

— 1995a: "Graywater Handbooks", Peter Warshall and Associates, City of Malibu, CA.

— 1997: "The Tensile and the Tantric", *Whole Earth* 90:4-7 (além do material suplementar 8-21), Verão.

— 1999: "The Soil Bank", *Whole Earth* 96:22—24, Primavera.

Wassmann, F., 1999: contato pessoal em 4 de janeiro, Studio for Ecology and Garden Art, Hofenstr. 69, CH-3023 Hinterkappelen perto Berna, Suíça, ++ 4131 + 829-2755.

Weber, B., 1996: "At The Dump. Wish You Were Here", *New York Times*, 27 de março.

Weiner, J., 1990: *The Next One Hundred Years*, Bantam, Nova York, NY.

Weissman, S., e Corbett, J., 1992: *Land Use Strategies for More Liveable Places*, Local

Government Commission (909 12th St., Suite 201, Sacramento, CA 95814).

Wentz, E. J., e Schabel, M., 1998: "Effects of orbital decay on satellite-derived lower tropospheric temperature trends", *Nature* 394:661-664, 13 de agosto. Ver também Gaffen, D. J., "Falling satellites, rising temperatures", *id.* 394:615-616.

Wernick, I. K., e Ausubel, J. H., 1995: "National Materials Flows and the Environment", *in* Socolow, R. H., Anderson, D., e Harte, J., orgs., 1995: *Ann. Rev. En. Envt.* 20:463-492.

Williams, B. D., Moore, T.C., e Lovins, A. B., 1997: "Speeding the Transition: Designing a Fuel-Cell Hypercar", *Procs. Natl. Hydr. Assn. 8th Ann. U.S. Hydr. Mtg.*, Alexandria, VA, 11-13 de março, Rocky Mountain Institute Publication n° T97-9, www.rmi.org.

Williams, R. H., 1996: "Fuel Decarbonization for Fuel Cell Applications and Sequestration of the Separated CO_2", Relatório de Pesquisa n° 295, janeiro, Princeton University Center for Energy and Environmental Studies, Princeton U., Princeton, NJ 08540.

Williams, R. H., Larson, E. D., Ross, M. H., 1987: "Materials, Affluence, and Industrial Energy Use", *Ann. Rev. En. Envt.* 12:99-144.

Willis, D., 1996: "Naturally Inspired", *Natural History* 105(2):53-55, fevereiro.

Wilson, A., e Malin, M., 1996: "Ecological Wastewater Treatment", *Envtl. Bldg. News* 5(4):13-17, julho/agosto.

Wilson, A., 1997: "Water: Conserving This Precious Resource", *Envtl. Bldg. News* 10, setembro.

Wilson, W. J., 1996: *When Work Disappears*, Knopf, Nova York, NY.

Wolf, J. L., Reid, M., Miller, R. S., e Fleming, E. J., 1983: *Industrial Investment in Energy Efficiency: Opportunities, Management Practices, and Tax Incentives*, Alliance to Save Energy, Washington, DC.

Womack, J. P., Jones, D. T., e Roos, D., 1990: *The Machine That Changed the World*, Rawson-MacMillan and Harper-Collins, 1991.

Womack, J. P., e Jones, D. T., 1996: *Lean Thinking: Banish Waste and Create Wealth in Your Corporation*, Simon and Schuster, Nova York, resumido no "Beyond Toyota: How to Root Out Waste and Pursue Perfection, *Harv Bus. Rev.* 140-158, setembro/outubro, reimpresso 96511.

World Bank 1995: *Monitoring Environmental Progress: A Report on Work in Progress*, Environmentally Sustainable Development, World Bank, Washington, DC.

— 1997: *Expanding the Measure of Wealth: Indicators of Environmentally Sustainable Development*, Environmentally Sustainable Development Studies and Monographs Series n° 17, World Bank, Washington, DC.

World Oil 1997: *World Trends* 218(8), agosto, Gulf Publishing Co., Houston, TX.

World Resources Institute 1992: *World Resources 1992-1993*, Oxford U. Press, Nova York, NY.

World Resources Institute 1994: *Competitive Implications of Environmental Regulation of Chlorinated Releases in the Pulp and Paper Industry*, Management Institute for Environment and Business (MEB), WRI, Washington, DC.

Worster, D., 1993: "A Sense of Soil", p. 82 *in The Wealth of Nature*, Oxford U. Press, Nova York, NY.

Worldwide Fund for Nature Europe 1998: "A third of world's natural resources consumed since 1970: Report", Agence France-Presse, outubro.

Wyatt, W., 1998: contato pessoal, High Plains Water District, 2930 Ave. Q, Lubbock, TX 79405, 806/762-0181, 6 de fevereiro.

Wymer, D., 1997: "Rainwater Tank Stormwater Drainage Benefit Analysis", fax para o Byron Shire Council Works and Services Department, como foi relatado e interpretado na Preferred Options, *The Rous Regional Water Efficiency Program, Final Report of the Rous Regional Demand Management Strategy*, março, pp. 95-98. Gentilmente concedido pelo Dr. Stuart White, diretor da Preferred Options (Asia-Pacific) Pty Ltd, PO Box 243, Lismore NSW 2480, Austrália, ++ 61 66 +

221-211, FAX + 223-233, stuartw@peg. apc.org.

Yergin, D., 1991: *The Prize: The Epic Quest for Oil, Money, and Power*, Simon and Schuster, Londres.

— 1997: Remarks to White House Climate Conference, 6 de outubro, Cambridge Energy Research Associates, Cambridge, MA.

Yoon 1998: "A 'Dead Zone' Grows in the Gulf of Mexico", *New York Times*, p. F1, 20 de janeiro.

Young, J. E., e Sachs, A., 1994: "The Next Efficiency Revolution: Creating a Sustainable Materials Economy", Worldwatch Paper 121, Worldwatch Institute, Washington, DC.

Zagar, V., 1998: "Energy Efficiency of ST-AMK Wafer Fab Case Study", seminário sobre Economia de Energia, Tecnologia Limpa e Reforma dos Incentivos Fiscais, Institution of Engineers (Singapore), 27 de fevereiro, disponível para o autor na STMicroelectronics, Singapore, vlatko. zagar@st.com.

Zepezauer, N. A.,1996: *Taking the Rich Off-Welfare*, Odonian Press, Tucson, AZ.

PRÓXIMOS LANÇAMENTOS

Para receber informações sobre os lançamentos da
Editora Cultrix, basta cadastrar-se
no site: www.editoracultrix.com.br

Para enviar seus comentários sobre este livro,
visite o site www.editoracultrix.com.br ou mande
um e-mail para atendimento@editoracultrix.com.br